P. MARTINON, libraire, rue du Coq-Saint-Honoré, 4.

DÉPÔT GÉNÉRAL DE PUBLICATIONS A BON MARCHÉ.

LES
ÉTRANGERS
A PARIS,

— Texte —

Par MM. Louis Desnoyers, Eugène Guinot, Jules Janin, Old-Nick,
Roger de Beauvoir, Léon Gozlan, Alphonse Royer, Méry,
Capo de Feuillide, Louis Huart, Marco de St-Hilaire,
E. Barraud, Gustave Vaez, Stanislas Bellanger,
Auguste de Lacroix, Destigny (de Caen),
Gustave des Essards, Mornand,
Paul Merruau.

Illustrations de

MM. GAVARNI, TH. GUÉRIN, H. ÉMY, BERTHAL, E. LORSAY, TH. FRÈRE.

Un magnifique volume grand in-8°,

publié en 50 livraisons à 30 centimes.

On a fait bien des histoires dont Paris est le héros; on en fait encore,
on en fera jusqu'à la fin du monde... et de Paris.

L'histoire que nous voulons publier sera tout à fait une histoire des
mœurs et de la vie parisienne, avec cette différence cependant que, cette
fois, notre histoire sera double : ici Paris, plus loin l'Europe entière;
l'hôtellerie d'abord, et ensuite le voyageur; la ville qui reste, l'étranger

1844

qui passe ; utile façon, selon nous, et pittoresque, de comparer aux usages, aux habitudes, aux costumes, aux préjugés de la grande ville, les habitudes, les lois, les opinions, les préjugés de l'univers entier. C'est l'histoire de Mahomet qui va à la montagne, mais en même temps c'est un peu l'histoire de la montagne qui va à Mahomet.

Ceci dit, il est facile de se figurer quelle sera la variété d'un livre dont le milieu est à Paris, dont le commencement et la fin se retrouvent aussi bien à Londres qu'à Pétersbourg, à Madrid qu'à Milan, à Copenhague qu'à New-York. Que d'États divers ! que de physionomies différentes ! Quelle plus utile et plus excellente façon de chercher et de trouver des contrastes à tout ce qui se fait, à tout ce qui se dit, à tout ce qui se passe ici et là-bas, chez les autres et chez nous ?

Dans cette comédie aux cent actes divers, vous les verrez tous passer, ces hommes et ces femmes des pays voisins, des pays lointains : vous les trouverez tels qu'ils sont, un peu dédaigneux, un peu sceptiques, ne s'étonnant de rien par vanité nationale, ne convenant d'aucune supériorité par orgueil, ou bien s'abandonnant tout à loisir à l'admiration, à la louange, à l'hyperbole ; mais cependant, de leur côté et par la loi des justes représailles, ils nous trouveront ce que nous sommes en effet, un peu hâbleurs, un peu trop fiers de nos arts, de notre civilisation, de notre liberté. Ainsi cette comédie sera double, eux se moquant de nous, nous leur rendant ironie pour moquerie, petite guerre à armes courtoises d'où dépendent le succès de l'écrivain et la vivacité du dessinateur. A tout admirer, on s'endort ; à se passer en revue d'un air narquois, on se prend à sourire. Dieu veuille que notre livre soit seulement aussi gai qu'une promenade dans la grande allée des Tuileries, quelques jours après les fêtes de Longchamps !

Nous n'avons pas d'autre prétention que d'être exact et vrai, et voilà pourquoi, parmi les écrivains populaires de ce temps-ci, nous avons choisi, non pas seulement les talents exercés à tout décrire, mais encore les observateurs à la vive allure, qui de Paris se sont abattus quelque jour tout près de Paris ou tout au loin, et qui sont revenus de ces lieux hospitaliers avec la double reconnaissance de l'esprit et du cœur.

Comme aussi nous avons fait en sorte que l'art du dessinateur n'eût rien à envier à l'art de l'écrivain. Si nos collaborateurs sont à bon droit célèbres par les grâces du style, nos artistes ne le sont pas moins par la variété et la vérité d'un talent déjà éprouvé ; au reste, il nous suffit de les nommer à l'avance : Gavarni, Th. Guérin, Emy, Th. Frère, Berthal, E. Lorsay, voilà pour les dessinateurs ; leurs compositions seront confiées au savant burin de MM. Pisan, Trichon, Montigneul, Vien, Pollet, Barbant, Pégard, etc.

CONDITIONS DE LA SOUSCRIPTION.

Les Étrangers à Paris, imprimés en caractères neufs, sur papier grand jésus superfin, glacé et collé, seront publiés en 50 livraisons à 30 centimes chaque, 35 centimes pour la province

Chaque livraison enveloppée dans un jolie couverture, se composera de huit pages, d'une magnifique gravure tirée à part, et de plusieurs vignettes imprimées dans le texte.

Il paraîtra une livraison par semaine à partir du 15 mars. L'ouvrage sera entièrement terminé en octobre 1844.

L'éditeur prend l'engagement formel de donner *gratis* aux souscripteurs toutes les livraisons qui dépasseraient le nombre de 50.

Les personnes qui payeront 30 livraisons à l'avance les recevront régulièrement à domicile, sans augmentation de prix.

Nouveautés de 1844 en vente

CHEZ LE MÊME ÉDITEUR.

LE
MAGASIN DES ENFANTS
PAR

Mme LEPRINCE DE BEAUMONT.

Un magnifique vol. gr. in-8°;

200 vignettes et lithographies.

PRIX : 10 FRANCS.

DON PABLO
DE SÉGOVIE,
SURNOMMÉ L'AVENTURIER BUSCON,

par G. de Lavigne.

Un beau vol. in-8°, illustré par H. EMY.

PRIX : 7 FR. 50 C.

ANALYSE
DU JEU DES ÉCHECS,
PAR PHILIDOR.

Un joli vol. in-18 orné de 42 planches et vign.

PRIX : 3 FRANCS.

BIBLIOTHÈQUE
DU
PENSIONNAT
SÉRIE

de jolis volumes in-12 richement illustrés.

De cette collection font partie les ouvrages suivants :

GALERIE DES PRIX MONTYON	3 f.
LE LIVRE DES ENFANTS BIEN SAGES	3 f.
LE LIVRE AMUSANT	3 f.
AVENTURES DE MUNCHHAUSEN	3 f.

MÉMOIRE
SUR L'IRLANDE
PAR

DANIEL O'CONNEL.

Un gros vol. in-8°. — 7 fr. 50 c.

Émancipation de l'Irlande
PAR

DESTIGNY (DE CAEN).

In-8°. — Prix : 1 fr.

NOTA. Cet ouvrage est donné GRATIS aux souscripteurs du mémoire ci-dessus.

Paris. — Typographie SCHNEIDER et LANGRAND, rue d'Erfurth, 1.

LES
ÉTRANGERS

A PARIS.

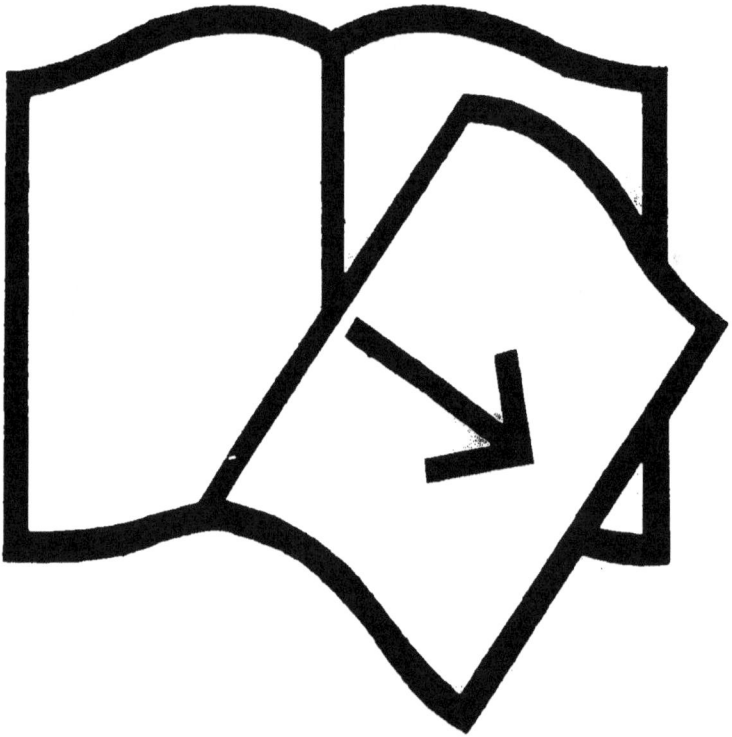

Documents manquants (pages, cahiers...)

NF Z 43-120-13

Cet ouvrage étant la propriété de l'éditeur, tout exemplaire qui ne sera pas revêtu de sa signature sera poursuivi comme contrefaçon.

Charles Waré

Paris. — Imprimerie Schneider et Langrand, rue d'Erfurth, 1.

HENRY·EMY·DEL·

LES
ÉTRANGERS

A PARIS,

PAR MM. LOUIS DESNOYERS, J. JANIN, OLD-NICK, STANISLAS BELLANGER, E. GUINOT,

MARCO SAINT-HILAIRE, E. LEMOINE,

ROGER DE BEAUVOIR, CH. SCHILLER, A. FRÉMY, F. MORNAND, P. MERRUAU, A. DE LACROIX,

A. ROYER, DESTIGNY,

L. COUAILHAC, L. HUART, CAPO DE FEUILLIDE ;

illustrations

DE MM. GAVARNI, TH. FRÈRE, H. ÉMY, TH. GUÉRIN, ÉD. FRÈRE.

PARIS,

CHARLES WARÉE, ÉDITEUR,

RUE RICHELIEU, 45 BIS.

1844

APERÇU GÉNÉRAL SUR LES ÉTRANGERS A PARIS.

CHAPITRE

OU SOUS PRÉTEXTE D'INTRODUCTION

IL EST QUESTION DE TOUT UN PEU, ET D'UNE FOULE D'AUTRES CHOSES.

'INGÉNIEUSE idée de ce livre devait nécessairement être mise tôt ou tard à exécution; car Paris est la ville des étrangers par excellence, et ce qu'on y rencontre le moins, c'est à coup sûr des Parisiens. Cette dernière proposition a l'air d'un paradoxe, au premier-coup d'œil; mais c'est l'effet que produit d'emblée toute vérité, jusqu'à ce qu'elle soit admise en proverbe; et alors on la méprise comme surannée, comme *rococo*. (Pardon de l'expression : il faut bien s'en servir, puisqu'elle a été imaginée tout exprès par la littérature contemporaine.) Si bien que, passant inévitablement de l'état de paradoxe à celui de vieillerie, du Jean-Jacques au Lapalisse, la Vérité n'a jamais chance de plaire. Il n'y a que l'Erreur qui paraisse tout d'abord pleine de sens et de logique, et qui reste éternellement jeune, pimpante et agréable.

Cela dit pour l'encouragement des études philosophiques, examinons les faits. On ne saurait nierabsolument qu'en cherchant bien on ne puisse rencontrer quelques Parisiens dans Paris, mais ce n'aura pas été sans peine. Jetez les yeux autour de vous, parcourez la liste de vos connaissances, et demandez à chacune d'elles son certificat d'origine : vous y verrez des provinciaux, des Anglais, des Russes, des Américains, des Belges, des Suisses, des Allemands, des Croates, des Pandours peut-être, et ce sera tout au plus si le Parisien y figure dans la proportion d'un sur cinquante.

La proportion serait bien plus faible encore si nous n'accordions la qualité de Parisiens qu'aux seuls individus nés à Paris, de père et mère également Parisiens de naissance; mais nous n'oublions pas que la recherche de la paternité est interdite par le Code, et qu'au surplus, fût-elle permise, ce serait une besogne encore plus fatigante qu'indiscrète dans un pareil capharnaüm.

Donc, est réputé Parisien tout individu né à Paris, ses père et mère fussent-ils Cochinchinois.

Voici, pour citer un exemple, la composition d'une maison de Paris entre mille. Nous choisissons l'une des plus élevées au-dessus du niveau de la mer, pour rendre l'exemple plus écrasant. Celle-là a huit étages trois quarts. Le premier quart d'étage s'entend de la soupente dans laquelle le portier et son épouse *demandent à un sommeil bienfaisant la réparation de leurs forces épuisées par les labeurs du jour*, comme eût dit M. Delille, sur sa lyre. — Le second quart comprend un entresol prélevé sur l'ancien premier étage, au moyen d'un plancher glissé entre les deux, ce qui fait que les fenêtres du premier d'à-présent descendent jusque sur le parquet, et que celles de l'entresol ne commencent qu'à moitié de la hauteur du mur et montent jusqu'au plafond. Les architectes sont d'habiles gens qui, si on les laissait faire, emballeraient toute la population de Paris dans le passage Delorme. Ce sont eux probablement qui ont inventé la manière d'encaquer les harengs. Enfin, le troisième quart s'entend des mansardes que ces mêmes architectes ont eu l'art de pratiquer dans l'angle aigu du toit. Il faut vingt-cinq minutes pour gravir, de la rue, dans ces trous aériens, éclairés par

en haut, au moyen de châssis vitrés, et dans lesquels on ne parvient,
du corridor supérieur de la maison, qu'à l'aide d'un escalier en forme
d'échelle. Il est inutile d'ajouter qu'on ne peut s'y tenir que couché dans
son lit. On s'habille sur le palier. Le propriétaire, qui est un philanthrope, comme tous les propriétaires, appelle ces trous : « Mes appartements d'en haut; » et, comme il faut bien faire quelque chose pour les
malheureux, il les loue, moyennant cent francs l'an, à quelques-uns de
ces pauvres diables, ou de ces pauvres diablesses, que l'*appât de l'or*, la
soif du vil métal, la *convoitise des richesses*, etc., etc., attirent incessamment
dans la *grande ville*, dans cet *enfer*, dans cette *moderne Babylone*, dans
cette *sentine*, dans ce *cloaque impur de boue et d'or*, etc., etc., de tous
les coins de la province et de l'étranger, et qui viennent demander les
jouissances du luxe, les *enivrements de l'opulence* à la couture ou au char-
bonnage. C'est là leur manière de jouir de l'existence. Mais redescendons.

Chaque étage de cet édifice, qui n'a pas plus de trente pieds de large
sur quatre vingt-quinze de haut, est subdivisé en trois logements, dont
un sur le devant et deux sur le derrière. Avec moins de modération, le
propriétaire eût pu en trouver quatre.

Or, ce propriétaire est un Alsacien qui a fait sa fortune à fabriquer
des briquets phosphoriques avant l'invention des allumettes chimiques.
L'architecte de la maison était Franc-Comtois; les maçons qui l'ont
bâtie avaient *reçu le jour* dans le département de la Creuse; les menuisiers, les peintres et les vitriers qui l'ont boisée, garnie et badigeon-
née, appartenaient à la Flandre et au Piémont; les serruriers étaient
du Cantal. Ainsi de tous les autres ouvriers. Quant à la statistique des
divers locataires qui l'ont *embellie de leur présence* depuis l'origine, je
n'en sais rien; mais en voici la population actuelle :

Le rez-de-chaussée se divise en deux boutiques, je devrais dire deux
magasins pour me conformer au vocabulaire moderne. L'une de ces boutiques est occupée par un herboriste dont *les yeux se sont ouverts à la
lumière sur les bords fleuris* du Perche; l'autre sert aux préparations
chimiques d'une crémière que Vaugirard peut revendiquer avec orgueil,

et qui régale tout le quartier d'excellent amidon et de délicieuse cervelle de cheval. Les bergers de Virgile étaient de bien grands niais, avec leurs vaches, leurs génisses, leurs brebis, leurs cityses, leurs prés, leurs romarins, leur lait parfumé et leur recette pour faire d'excellents fromages à la crème! Paris possède en fait de laitiers des Corydons bien plus forts et des Alexis bien autrement inventifs! Tout ce qu'on peut leur reprocher, c'est de ne pas être aussi beaux que leurs prédécesseurs.

La loge du portier, à laquelle conduit une allée intermédiaire, est resserrée au fond par les arrière-boutiques de ces deux droguistes. Le portier régnant est un vieux Polonais en *ski*, ravaudeur de son état, et expulsé de sa patrie, depuis plus de trente-cinq ans, pour cause d'opinions politiques. Le czar a regardé la présence de cet homme d'État en Pologne comme incompatible avec l'existence de son trône. La France, toujours hospitalière, a décoré le proscrit du grand cordon de... concierge. Son épouse est une ancienne femme de ménage dont les aïeux sont originaires de Carpentras, et qui, depuis trente-cinq ans, querelle incessamment son époux et le traite de *vieil imbécile* du matin au soir, sous prétexte qu'il n'a jamais pu s'initier parfaitement aux finesses de la langue française, et qu'il commet quelquefois des coq-à-l'âne dans les commissions dont on le charge pour les locataires. C'est ainsi que les femmes, dans leur ineffable délicatesse, savent consoler les infortunés des douleurs de l'exil. Leur dynastie se compose d'un seul présomptif, nommé Fanfan, à qui les registres du deuxième arrondissement ont conféré véritablement la qualité de citoyen français. Celui-là, par exemple, peut contempler la colonne tout à son aise, et avec toute la fierté possible. Il en a le droit incontestable. C'est, du reste, le seul Parisien de la maison. Le chat même, indomptable gourmand, qui partage avec Fanfan la tendresse et le café au lait de sa mère, leur a été apporté de Bougival dans un panier hermétiquement clos, avec l'intention machiavélique de lui faire perdre en chemin toutes ses notions géographiques. C'est un présent de la blanchisseuse en gros de la maison, qui n'était point fâchée d'en débarrasser la sienne, car cet autre proscrit la dépeuplait de gigots de mouton bien plus que de souris.

L'entresol est occupé, savoir : — sur le devant, par un dentiste pédicure dont l'Italie a fait cadeau aux canines et aux durillons de la capitale du monde civilisé ; — et sur la cour, par une fabricante de corsets, née à Carcassonne, qui est venue radouber à Paris les formes, un peu grêles parfois, de la plus belle moitié du genre humain. — Elle a pour voisin de carré un Genevois, homme d'affaires, qui se livre dans les coulisses de la Bourse à des spéculations incompréhensibles, comme tout le reste de son existence. Grâce au mystère qui l'enveloppe, et au soin religieux avec lequel il acquitte ses ports de lettre, son terme, ses impositions personnelles et mobilières, le petit pain d'un sou et les quinze centimes de jambon de son déjeûner, il passe généralement (dans l'opinion de la portière), malgré son habit râpé, son chapeau crasseux et ses bottes invernies, pour un millionnaire, pour un homme *cousu d'or*. Il ne vient chez lui que des figures parfaitement hétéroclites, qui doivent appartenir, ou à des recors, ou à des conseillers d'État, les deux classes les plus généralement laides de la société.

Le premier tout entier est occupé par un notaire royal, dont l'enfance s'est écoulée à l'ombre des pommiers paternels de la Normandie. Sa femme est Normande aussi ; c'est une seconde charge dont la dot a servi à payer l'autre. L'étude est ornée de huit clercs qui tous appartiennent à la province, et qui avant dix ans seront employés du gouvernement, vaudevillistes, consuls, marchands de chaînes de sûreté, sous-préfets, escamoteurs, tout ce que vous pourrez imaginer, excepté notaires, si ce n'est peut-être le premier et le second clercs.

Le second étage est honoré de la présence d'un député méridional, tout frais élu, qui a amené à Paris sa famille entière, y compris ses chiens de chasse, afin que sa femme et ses filles le vissent siéger chaque jour à la Chambre. Cet honorable en est à sa première session, et il a toute la sauvagerie d'un début parlementaire ou théâtral. Il tranche encore du paysan du Danube, comme une jeune première, qui a fait son entrée au théâtre la veille, tranche encore de la Jeanne d'Arc. Il passe devant les ministres sans les saluer; il affecte un air sombre et morose pendant ces discours d'ouverture, œuvres ministérielles, que, par un *lapsus linguæ* vraiment providentiel, un ministre appela « les discours de la Garonne; » il garde dans son costume, intact de tout ruban, la grotesque simplicité du crû, et enfin il pousse l'indépendance jusqu'à porter son chapeau à rebrousse-poils, à chausser des bottes sales et à ne se laver les mains que par hasard, ce qui lui paraît l'indice d'une conscience très-propre. Encore une session, et il se placera dans les couloirs sur le passage de M. Guizot pour attraper à la volée une banale poignée de main; il criera: Vive le roi! avant, pendant et après chaque séance royale; ses bottes brilleront du vernis de la corruption, ses mains seront plus pures si sa conscience l'est moins, et sa boutonnière s'ornera du ruban rouge, en même temps que son pantalon sera décoré du sous-pied de rigueur. Combien de vertus primitives ont fini ainsi par le sous-piedet la croix d'honneur!

Par un de ces rapprochements étranges si communs à Paris, les pures et charmantes filles de ce Montesquieu à cinq cents francs de contributions, ont pour voisine d'étage une de ces femmes, moins pures qu'elles, mais non moins charmantes, que l'ironie contemporaine, qui ne respecte rien, a baptisées successivement des sobriquets de lorettes, de madeleines, de boules-rouges, etc., etc., et dont la fonction sociale est d'embellir la vie des vieux célibataires, et de sécher les plâtres des maisons neuves. C'est à la Belgique que cette élégante Manon est redevable d'une patrie, ou, si vous aimez mieux, d'une contrefaçon de patrie. C'est un diplomate mexicain qui l'entretient dans les bons principes.

Le troisième étage est habité par une *sage-femme* qui en occupe les deux tiers. Je me suis toujours demandé quel était le sens de cette appellation dont beaucoup de praticiennes, dit-on, ne peuvent justifier la première moitié, par cela même qu'elles justifient trop bien la seconde. L'enseigne de cette matrone, qui est éclose à Brives-la-Gaillarde, représente une jeune mère qui vient d'accoucher, et qui sourit. La praticienne, debout près du lit, en élégante toilette, et coiffée d'un chapeau à grands marabouts, tient le nouveau-né dans ses bras, et sourit. Le nouveau-né sourit aussi. Rien n'est gracieux comme cette composition qui vous donne envie d'accoucher, rien qu'à la voir. L'enseigne d'ailleurs répète l'avertissement en anglais et en allemand, à l'usage, sans doute, des jeunes demoiselles d'outre-Manche et d'outre-Rhin que des préjugés de localité engageraient à venir faire leurs couches à Paris.

Le troisième étage a pour autre locataire un personnage des plus énigmatiques. C'est un jeune homme à barbe noire, à moustaches en croc, à teint bronzé, à redingote boutonnée jusqu'au menton, qui paraît ne pas savoir quatre mots de français, que son passeport a dit être Américain, qui a loué sous prétexte d'avoir un pied-à-terre à Paris quand il revient du Brésil, qui en revient probablement tous les huit jours, pour recevoir dans son appartement, qu'il n'habite jamais autrement, une cousine quelconque, jeune et jolie dame qui a un accent hollandais très-prononcé. C'est aussi un pied-à-terre pour elle, lorsqu'elle revient d'Amsterdam tous les huit jours. Quoi qu'il en soit, il ne serait pas impossible que cette charmante Néerlandaise augmentât quelque jour la clientèle de sa voisine. C'est dans cet espoir sans doute que la matrone, chaque fois qu'elles se rencontrent sur le palier, lui sourit de son plus engageant sourire d'enseigne.

Le quatrième étage est en proie à un ténor italien, chanteur de concert, qui passe douze heures par jour à chercher un *ut* de poitrine introuvable, au grand désespoir de ses voisins ; — à un littérateur de Leipsick qui *s'amuse* à traduire en teuton, pour un libraire d'Allemagne, beaucoup de nos romans nouveaux qui auraient grand besoin d'abord d'être traduits en bon français ; — et enfin à un marquis espagnol, don Beltram de las Marismas, de las Campanadas, de las Cardonas, de las Blagadas, de las... Hélas ! nos noms français sont bien mesquins en comparaison des noms de la Péninsule ! Le marquis vit seul, mange seul, boit seul, se promène seul. Il sort de bonne heure, rentre tard, ne parle à personne, marche lentement, posément, solennellement. Sa vie n'est du reste qu'une longue série de cigarettes.

Le cinquième étage est envahi par un légiste périgourdin, un de ces soi-disant jurisconsultes qui, selon l'expression consacrée, sont encore bien moins avocats sans cause, que sans cause pour être avocats.

L'autre envahisseur est un touriste anglais qui est venu étudier la France à Paris, et qui, arrivé depuis deux ans bientôt, n'a pas encore quitté quatre fois son poste d'observation. On pense qu'il y mourra. C'est du haut de son cinquième étage qu'il s'initie aux mœurs parisiennes.

Le troisième envahisseur de ce carré est un ex-étudiant des universités d'Allemagne, que ses parents subventionnent à Paris pour qu'il y perfectionne ses études philosophiques, en suivant les principaux cours relatifs à cette science. L'ex-étudiant n'a jamais étudié autre chose que le carambolage en fait de philosophie. On se plaint généralement dans la maison qu'*il empeste la pipe*, qu'il chante en fausset, à la manière tyrolienne, tous les airs du *Freischütz*, et qu'il passe plusieurs heures de la nuit à jouer les symphonies de Beethoven sur le flageolet. Son voisin le touriste, qui ignore l'origine allemande du virtuose, s'est hâté d'inscrire sur son livre d'observations cette remarque aussi neuve que profonde : « Les Français ont un grand défaut que tous les voyageurs « ont négligé à tort de leur reprocher : c'est de jouer du flageolet de « onze heures du soir à deux heures de la nuit. Tous les Français « jouent du flageolet de onze heures du soir à deux heures de la nuit. « On se demande pourquoi, et l'on s'étonne à juste titre que, jouant du « flageolet de onze heures du soir à deux heures de la nuit, ils aient pu si « longtemps passer en Europe pour le peuple le plus gai de l'univers. »

Il est plus évident que jamais, à la lecture de ces lignes, que les Anglais n'aiment pas la musique.

Le sixième étage sert de réceptacle à un vieux Suisse dont la journée se partage entre les expériences chimiques à travers lesquelles il cherche, depuis dix ans, pour payer sa dette de savant à sa patrie adoptive, une poudre fulminante qui puisse faire sauter toute une ville ennemie à très-bon marché — (le ministre de la guerre a l'infamie de ne répondre à aucun des mémoires qu'il lui adresse tous les huit jours à ce sujet), — et la vieille serinette au moyen de laquelle il s'efforce d'inculquer à un vieux serin, déjauni par l'âge et qu'une sorte de teigne a rendu chauve, quelques lambeaux du *Ranz des vaches*, dernier souvenir accordé aux poétiques vallées de sa terre natale.

Ce farouche destructeur de villes en théorie est, du reste, le locataire le plus paisible, le plus doux, le plus poli de la maison ; mais la dépense de ses poudres exterminatrices ne lui permettant pas d'être fort généreux à l'époque des étrennes, la portière, — bien qu'il ne mette pas le pied à la rue plus d'une fois par quinzaine, — le signale tout bas à l'animadversion générale comme un mouchard.

Cet espion d'étrange espèce a pour voisine, de temps en temps, une ex-vivandière, amenée de Portugal en France par un tambour-maître de la vieille armée dont elle était idolâtre, et qui, devenue veuve du régiment tout entier après le licenciement de la Loire, s'est engagée dans une troupe de saltimbanques qui embellit les fêtes des environs de Paris.

La vignette ci-contre vous représente la parade après laquelle notre héroïne entrera dans l'exercice de ses fonctions de femme sauvage, dévorant des animaux crus, comme tous les naturels de son lointain pays. Depuis les démêlés de la France avec la reine de Taïti, l'entrepreneur, toujours habile à exploiter la circonstance, a baptisé sa gracieuse pensionnaire du surnom de Pomaré, ce qui a beaucoup augmenté la vogue dont elle jouissait dans la banlieue. Il en résulte que les habitants des environs de Paris sont persuadés maintenant que les Taïtiens n'ont aucune idée de la fricassée de poulet, et que s'ils nous préfèrent les Anglais, c'est uniquement parce que les Anglais, comme eux, préfèrent à la viande cuite, qui est un de nos travers, la viande non cuite ou du moins presque crue. Telles sont les notions politiques et géographiques que leur a inculquées le saltimbanque dans ses explications. Il assure hautement, moyennant deux sols par personne (*messieurs* les enfants et *messieurs* les militaires non gradés ne payent que moitié place), que la question du protectorat n'est pas autre chose qu'une affaire de cuisine, et que Pritchard n'est qu'un marmiton intrigant. Du reste, il n'y a que le nom de changé; c'est la même femme sauvage qu'auparavant, de même que c'est toujours le même poulet cru qu'elle dévore avec le même acharnement.

Le second voisin du compatriote de Guillaume Tell est un vieux juif, à tête chauve et à longue barbe blanche, qui pose pour les Priams, les Saints, les rois Lear, les Évangélistes, et en général pour tous les vieillards vénérables dont la peinture contemporaine a besoin. Sa fille, qui demeure avec lui, est une belle brune qui pose pour les Niobé, les Vénus, les saintes Vierges, les Grâces, et en général pour toutes les nudités profanes ou orthodoxes. Chose singulière et cependant assez commune, cette jeune fille est restée sage, et, chose non moins commune dans sa profession, elle s'est fait une pudeur à elle, une pudeur qui s'effarouche d'une demi-nudité, et qui ne s'alarme aucunement d'une nudité complète.

Le septième étage appartient à une pauvre jeune fille, née en Bavière, abandonnée à Paris par le séducteur qui l'y avait amenée.

et qui gagne jusqu'à dix-sept sous par jour, à frotter pendant quinze heures des boutons de guêtre pour les brunir. Elle a pour voisin un Nantais, doreur sur métaux, qui lui a enseigné ce petit métier et qui lui procure de l'ouvrage chez son patron. Ce jeune ouvrier aide naturellement la jeune fille à payer son terme ; il lui fait présent de quelques futiles objets de toilette, et, quand il fait beau, il la mène à la promenade et au bal le dimanche. La femme du notaire, qui ne fait œuvre de ses dix doigts, qui entreprend successivement l'éducation fort coûteuse de tous les nouveaux clercs de son mari, et qui les fait renvoyer bien souvent, ajoute la chronique, tant elle a de goût pour les nouveaux visages ; la femme du notaire, disons-nous, est fort scandalisée de la liaison, parfaitement décente, des deux jeunes gens ; elle dit qu'il n'y a plus de mœurs en France, que les classes ouvrières sont perverties, que les jeunes filles du peuple sont des dévergondées, des fainéantes, qui ne rêvent que luxe et plaisirs, qui ne rougissent pas de se vendre à prix d'or, et qu'un pareil concubinage déshonore la maison. Comme la portière reçoit, de la cuisine du tabellion, des os de volaille pour son angora bougivalais, elle partage nécessairement la pudique horreur de madame. Les portières sont d'ailleurs les créatures les plus pudiques du monde. Celle-là vient donc d'obtenir congé pour le jeune couple, à l'aide d'histoires impossibles, abominables, atroces, qui auraient certainement fait dresser les cheveux au digne propriétaire, s'il lui en restait autant que de bons principes.

Pareil congé a été signifié au troisième habitant du même étage, mais uniquement pour des motifs de salubrité publique. Celui-là est un vieil Hongrois qui a fait la campagne de 1813 contre la France, et qui a par conséquent, lui millionième, renversé Napoléon. Il trouva que la chandelle française était excellente, non pas tant comme luminaire que comme comestible, et cela le fit hésiter à retourner dans son pays où cette friandise paraît être moins succulente. Il y retourna néanmoins, l'amour de la patrie l'emportant sur l'amour du suif. Mais étant revenu en 1815 renverser encore une fois Napoléon qu'il avait mal renversé en 1814, une autre espèce de friandise le décida tout à fait à abandonner son pays. Quelques mauvais plaisants, qui voyaient l'invasion de mauvais œil, parièrent qu'ils feraient manger à notre Hongrois et à ses compagnons une culotte de peau qui servait depuis quinze ans à un boucher d'entre eux, à monter à cheval pour courir les foires des environs. La vieille culotte fut déchiquetée en petits morceaux, semblables à du vermicelle, qu'on jeta dans un chaudron avec du saindoux, des orties et des chardons hachés menu : on laissa le tout sur un feu ardent pendant trente-six heures, puis on servit cette étrange bouillabaise à nos conquérants qui s'en régalèrent avec reconnaissance. C'est ainsi que la France véritable accueillait ceux que la France officielle appelait alors ses alliés, ses défenseurs, ses sauveurs, ses libérateurs. Quoi qu'il en soit, dix des libérateurs désertèrent du coup, et résolurent de fixer leur domicile politique en France, dans cette terre promise, dans ce pays de cocagne où l'art culinaire était arrivé à un si haut degré de perfection. C'est sans contredit un des beaux triomphes de la cuisine française qui est si justement réputée en Europe.

Notre Hongrois fut un des dix gourmands que la vieille culotte de peau retint en France. Il se cacha à Paris, au départ de ses compatriotes, et s'y créa un genre de commerce qui ne l'a pas conduit à l'opulence des Aguado et des Rothschild, mais qui lui assure assez d'aisance pour pouvoir manger de la chandelle tout son content. C'est un goût que les paysans hongrois partagent avec les Cosaques. Notre commerçant vend des asticots pour la pêche à la ligne. C'est lui qui en fournit un de nos chanteurs les plus distingués, M. Marié, qui pousse l'amour de cet art jusqu'à pêcher, de sa fenêtre, dans le petit bassin du jardin, qu'il a d'avance peuplé de goujons, quand le temps pluvieux ne lui permet pas d'aller à la Seine sans risquer de compromettre son beau ténor. Mais le Hongrois en question ne se borne pas à vendre des asticots : il en confectionne aussi. Son magasin est situé en plein air sur le Pont-Neuf, mais sa fabrique est chez lui, sous son lit, où il dépose les morceaux de viande qui doivent y faisander, laissant au temps et à la Providence

le soin d'opérer la métamorphose. Or, ce sont justement les conséquences de cette métamorphose qui ont motivé le congé. Lorsqu'il l'a
reçu, il s'est étonné qu'on le troublât dans l'exercice d'une profession
paisible et honnête. — C'est vrai, a répondu la portière, votre état
est parfaitement honorable ; mais les voisins ne le trouvent pas assez
inodore.

Le huitième étage est réservé aux domestiques de la maison, toutes
Lyonnaises, Bourguignonnes, Picardes, Bretonnes, Berrichonnes, etc. ;
et enfin le huitième trois quarts est occupé entièrement par des porteurs
d'eau, des commissionnaires de coin de rue, des ouvreurs de fiacre,
des ramasseurs de bouts de cigare, des allumeurs de réverbère, etc. ;
pauvres hirondelles de la civilisation, que l'espoir d'un ciel plus doux
attire à Paris de toutes les chaumières de la province, et qui s'en viennent
nicher, comme leurs sœurs ailées, au faîte misérable de nos somptueux
édifices.

Par la population de ce logis, jugez de celle de tous les autres, à peu
d'exceptions près : vous y trouverez un Fanfan sur quatre-vingt-neuf habitants.

C'est qu'en effet il y a à Paris des industries et des professions qui
sont exercées presque exclusivement par des provinciaux ou des étrangers.

Par exemple : les trois quarts pour le moins des avocats, des épiciers,
des notaires, des droguistes, des avoués, des médecins et des apothi-
caires, sont un bienfait de la province envers Paris, qui a le travers de
ne pas en être fort reconnaissant.

Tous les maçons lui sont expédiés par la Creuse et par le Limousin,
qui a bien plus de *Père Gâcheux* que de Pourceaugnac.

Presque tous les peintres en bâtiment sont Piémontais ou Italiens.

Tous les ramoneurs, tous les commissionnaires, tous les porteurs
d'eau, tous les remouleurs, tous les chaudronniers, etc., sont des Auvergnats de la Savoie, ou des Savoyards de l'Auvergne.

Beaucoup de mécaniciens sont Anglais.

Presque tous les charpentiers, les serruriers, les taillandiers, les menuisiers sont des enfants de la province.

Presque tous les ébénistes, les tailleurs et les bottiers sont des descendants des anciens Germains. Je me suis demandé souvent, sans pouvoir me l'expliquer, pourquoi les compatriotes de Goethe et de Schiller, à qui on accorde une imagination rêveuse, mélancolique et tendre, s'adonnaient avec tant d'ardeur à la confection des bottes et des pantalons. Je n'y vois pourtant rien de bien poétique.

Enfin, les neuf dixièmes des littérateurs sont des produits de la province, y compris Paul de Kock, qui pour ne pas venir au monde à Paris même, est allé naître à deux pas de là. Passy est sans doute bien près de Paris, mais il n'importe, c'est hors barrière.

Alexandre Dumas est de Villers-Cotterets ; Victor Hugo, Charles Nodier et Charles de Bernard, de Besançon; George Sand, du Berry; Balzac, de la Touraine ; Alfred de Menciaux, de Strasbourg, déjà passablement renommé pour ses pâtés de foie gras ; Eugène Guinot, Léon Gozlan, Taxile Delord, Barthélemi, Méry, Amédée Achard, de Marseille, une des villes qui ont le plus fourni d'esprit à la consommation contemporaine ; Stanislas Bellanger, de Tours, ville déjà réputée pour ses pruneaux, et qui va acquérir une bien plus grande célébrité, par la belle édition illustrée de cette province, que prépare mon excellent ami, avec notre éditeur Charles Warée ; Emmanuel Gonzalès, de Monaco, qui, selon toute apparence produit des écrivains de meilleur aloi que ses gros sous; Henri Monnier, de Normandie; les deux Nisard, de Château-Chinon ; Louis Viardot et madame Ancelot, de Dijon, qui se recommande par ses lumières bien plus encore que par sa moutarde; Gustave Vaëz, de Bruxelles, qui a voulu prouver qu'elle ne faisait pas que de la contrefaçon ; Hippolyte Lucas, de Rennes ; Jules Janin, de Saint-Étienne ; Charles Schiller, de Dresde ; Varin, de Nancy ; Élie Berthet, de Limoges ; Ourliac, et mon spirituel ami Chaudesaigues, du Midi ; Félix Pyat, du Berry ; Altaroche, de l'Auvergne ; Albert Cler, de Poligny ; Casimir Delavigne et M. Ancelot, du Havre ; Merle, de Montpellier ; l'illustre et à jamais regrettable Carrel, de Rouen ; Théophile Gautier, de Tarbes ; Arnoult Frémy, de Versailles ; l'impétueux et brillant Capo de Feuillide (auteur de la belle *Histoire illustrée du peuple de Paris*, que publie en ce moment l'éditeur Charles Warée), est du Midi, qui aura ainsi donné au peuple son histoire, avantage que les rois seuls avaient eu jusqu'alors ; A. de Ripert-Monclar, économiste et historien, à qui nous devrons bientôt une nouvelle histoire de la Provence, sa patrie, ornée des plus riches illustrations ; Alfred de Vigny, de Loches ; Châteaubriand, de Saint-Malo ; de Lamennais, de la Bretagne aussi ; les Arago (Étienne, François et Jacques), d'Estagel ; M. Viennet, d'*idem* ; Lamartine, de Mâcon ; votre très-humble serviteur, de peu importe. Nous pourrions augmenter de beaucoup cette liste, si l'espace nous permettait de le faire.

Il en est de même de la plupart de nos principaux éditeurs, à commencer par Paulin, qui est de l'Est, je crois ; Hingray, qui est de Nancy ; Dubochet, qui est d'origine suisse ; Hetzel et Curmer, qui n'ont pas des noms très-parisiens, et l'éditeur du présent livre, qui est Parisien, à la vérité, mais d'origine picarde.

Les beaux-arts, les sciences, la presse politique, la tribune parlementaire, le théâtre et même le calembour (pardon de ce rapprochement qui n'a d'autre but que de ne rien omettre dans la présente énumération), nous offriraient de semblables extraits de naissance, depuis Nourrit qui était de Montpellier, jusqu'à Bocage qui est de Rouen ; — depuis mon honorable collègue, M. Chambolle, qui est de Bourbon-Vendée, jusqu'à mon excellent camarade Martinet, qui est d'Argenteuil ; — depuis Marquet, qui est de Lyon, jusqu'à M. Ingres, qui est de Montauban ; — depuis M. Berlioz, qui est de Grenoble, jusqu'à Oscar Comettant, qui est, tout à la fois, un peu de Bordeaux, un peu de Rio-Janeiro, un peu de Caracas, un peu de Rennes, etc. ; — depuis les Ferdinand et les Odilon Barrot, jusqu'aux Havin, aux de Beaumont, aux Jacques Laffitte, aux Vergniaud, aux Mirabeau, etc. ; — depuis M. Thiers, qui est de Marseille, jusqu'à M. Guizot, qui est de Nîmes ; — enfin depuis le facétieux autant qu'éloquent M. S....., qui est de Lyon, jusqu'à

Odry, qui est de Versailles. Ces deux derniers représentent ici le calembour qui compte aussi le spirituel M. D.... (de la Nièvre), parmi ses
plus féconds improvisateurs.

Ainsi du commerce dans sa généralité. Allez acheter de la soie, du
gruyère, du drap, du vin, du calicot, des confitures : il y a beaucoup à
parier qu'on vous servira avec un accent plus ou moins champenois,
périgourdin, lyonnais, franc-comtois, bourguignon, quimpercorenti-
nois, etc.

Avez-vous besoin d'un de ces petits balais, en bois blanc, fendu menu,
qui ne peuvent servir à balayer, ni à quoi que ce soit, et que leurs fabricants confectionnent sans doute comme objets d'art, pour montrer jusqu'où peut aller l'intelligente industrie de l'homme : parlez, faites-vous
servir : voici l'Alsacienne au jupon court qui passe. L'Alsacienne est ordinairement plus laide que ne devraient l'y autoriser les règlements de
police.

Ainsi de toutes choses, excepté de la pâtisserie qui est généralement
confectionnée par de jeunes Parisiens appelés vulgairement mitrons.
Le Parisien cultive volontiers la pâtisserie, la bonneterie et l'imprimerie.

Mais rétrécissons maintenant le cercle de nos investigations, et bornons-nous à ceux des habitants de la capitale qui lui sont expédiés, non
point par la province concurremment avec l'étranger, mais par l'étranger exclusivement.

Deux catégories se présentent ici · celle des vrais étrangers, et celle
des faux.

Commençons par ces derniers :

Nous avons d'abord les faux Bédouins qui vous vendront des dattes ;
les faux Turcs qui vous empesteront de pastilles du sérail ; les faux
Chinois (ceux-là sont plus rares) qui vous approvisionneront de thé impérial ; les faux Anglais qui vous habilleront mystérieusement de cotonnades Liverpool ; les faux Belges, qui vous apporteront en cachette des
cigares de la Havane et d'excellent macouba ; les faux Polonais, les faux

Italiens, les faux Espagnols, qui ne vous apporteront rien, mais qui au contraire vous emporteront probablement quelque chose. Défiez-vous : la marchandise est aussi fausse que le marchand. Le macouba est une simple poudre travaillée, parfumée, dénaturée, qu'on trouve en trop grande abondance aux environs de Paris; les havanes sont fabriqués avec des feuilles de choux roulées; les cotonnades anglaises sont des rebuts de Saint-Quentin; le thé impérial a déjà servi une première fois; les pastilles du sérail sont originaires de la rue des Lombards; et les dattes.... Quant aux dattes, quoique ce soient des Bédouins du faubourg Saint-Marceau qui la plupart du temps les vendent, je suis forcé d'avouer qu'elles paraissent véritables et qu'elles pourraient bien être venues d'Afrique; mais encore n'est-ce là qu'une simple probabilité, car il y en a dans le nombre qui ressemblent étrangement à des hannetons qu'on aurait confits à la manière allemande. Le hanneton, si méconnu, si incompris, si vilipendé en France, jouit d'une très-grande estime dans certaines parties de l'Allemagne, s'il faut en croire quelques touristes. L'Allemagne, avec ses gigots de mouton à la gelée de groseille et ses hannetons confits, serait décidément très-avancée en fait de cuisine.

Nous avons ensuite, outre les femmes sauvages de contrebande dont j'ai parlé plus haut, les faux nègres, les faux Osages, les faux anthropophages, les faux clowns et les fausses almées qui peuplent nos ménageries, nos baraques de saltimbanques et parfois même nos théâtres. Rien n'est plus facile que d'opérer de semblables transformations, ainsi que vous le démontre la gravure de la page suivante. Désirez-vous, par exemple, de délicieuses almées? Vous prenez des femmes quelconques, bonnes sans place, duchesses ruinées, ravaudeuses sans ouvrage, Calypsos abandonnées par leurs Ulysses, n'importe quoi; vous prenez pareillement quelques marchands de contre-marques dont les théâtres sont en état de faillite ou de relâche; vous prenez enfin un pot d'ocre jaune et un pot de noir de fumée; vous badigeonnez tout cela. En quatre coups de pinceau, le tour est fait : la couleur locale est parfaite; les bayadères sont d'un cuivré magnifique, et les nègres d'un noir garanti bon teint pour huit jours. Vous affublez ensuite tout cela de guenilles orientales (ne pas oublier les faux cachemires); vous attachez des breloques au nez de ces dames, des pendeloques à leurs oreilles, des verroteries à leur cou, et des anneaux de melchior à leurs bras et jambes. C'est presque aussi bien que des bayadères de carnaval. Puis vous battez de la réclame quinze jours d'avance dans les journaux, et, le moment venu, vous faites monter sur le théâtre votre bande enluminée. Les marchands

de contre-marques en disponibilité, c'est-à-dire les faux nègres, s'ac-

croupissent, émettent des cris rauques et sauvages, et jouent, à contre-
mesure, sur de petits tambours fêlés, des airs incompréhensibles qui
rappellent les symphonies fantastiques de M. Berlioz. Pendant ce temps,
les bonnes, les duchesses, les Calypsos et les couturières exécutent des
danses aériennes, voluptueuses et sentimentales, dans le genre de celles
que professent, avec tant de verve pudique, les bayadères du bal Mabile
et de la Chaumière. A regarder les choses de bien près, on est même
tenté de croire qu'il n'y a pas la moindre différence. Quoi qu'il en soit, il
n'en faut pas davantage à Paris pour un immense succès de vogue. On
en a vu de deux cents représentations pour beaucoup moins.

Parlons maintenant des véritables étrangers ; mais hâtons-nous de
dire que nous nous abstiendrons soigneusement de toucher aux divers
sujets qu'ont traités spécialement nos confrères, les autres collaborateurs
de ce livre. Nous ne pourrions que mal refaire ce qui a été parfaitement
fait. Notre plan ne comporte que des généralités : nous ne voulons pas
en sortir.

Certains étrangers conservent obstinément leur costume national
pendant tout le temps de leur séjour à Paris, ou du moins n'y intro-
duisent que de très-légères modifications. C'est une question de patriotisme ou d'économie. Mais le plus grand nombre, qui ne pousse pas le
préjugé de la mode natale jusqu'à braver le ridicule, n'a rien de plus
pressé, en arrivant, que de courir chez quelque tailleur ou chez quelque
couturière dont les journaux de la fashion lui ont appris au loin la
gloire et l'habileté. Allez, par exemple, chez Humann (encore un tailleur allemand, soit dit par parenthèse) : vous vous trouverez dans l'élégant salon de ce premier ministre de la reine du monde, la Mode (*vieux
style*), avec trois lords, cinq princes russes, six grandesses, et je ne sais
combien de margraves, attendant là leur tour d'audience pendant deux
heures, avec autant de longanimité qu'en mettaient les empereurs et
les rois à faire antichambre chez Napoléon.

La seconde démarche des étrangers, c'est d'aller visiter le Jardin des
Plantes, le Palais-Royal et les Tuileries ; puis vient le tour des monu-

ments, des grands établissements, de Fontainebleau, de Versailles, de Saint-Cloud et des autres environs de Paris.

Les différents théâtres se disputent leurs soirées. L'Académie royale de Musique a surtout pour eux un vif attrait de curiosité. Le grand Opéra jouit encore à l'étranger de ce prestige qui, au dix-huitième siècle, en faisait un objet de convoitise pour la vie tout entière des mélomanes de la province, comme la Mecque en est un pour tout bon musulman. Un amateur de province avait une agonie cruelle, s'il se sentait mourir avant d'avoir *assisté*, au moins une fois en sa vie, au *premier coup d'archet* de l'Opéra. Je n'ai jamais compris cette immense réputation du premier coup d'archet de l'Opéra, surtout en réfléchissant qu'elle existait à une époque où les instrumentistes étaient assez peu forts pour que le chef d'orchestre fût obligé de leur dire, le cas échéant : « Attention, mes- « sieurs, et prenez garde à vous ! On démanche une fois dans ce morceau- « là. » Maintenant que nos violonistes sont de force à jouer une partition à première vue et sur une seule corde, le premier coup d'archet a perdu énormément de sa renommée. Ainsi naissent et passent les gloires de ce monde. La réputation vient toujours avant d'être méritée, et on la perd aussitôt qu'elle est juste. Aujourd'hui, quand on joue du *Lazzarone* — *solennité* qui n'arrive pas souvent, il est vrai, — le coup d'archet qui est le plus agréable au public, ce n'est pas le premier, c'est le dernier au contraire.

Les bals masqués de l'Opéra ont hérité un peu de cette vogue que le premier coup d'archet s'était faite jadis à l'étranger. C'est au cancan que l'Opéra est redevable de cette suprématie qu'il a conservée dans l'opinion des peuples voisins sur tous les autres Opéras. Le carnaval parisien a détrôné complétement le carnaval de Venise. On vient maintenant se masquer à Paris de toutes les parties de l'univers, et Chicard a contribué puissamment, avec Paul de Kock et M. Bouchardy, à conserver à la France, par la cachucha, comme les deux autres par le roman et le mélodrame, la prépondérance intellectuelle que les traités de 1815 avaient tenté de nous faire perdre sur l'Europe.

Les soirées particulières, depuis celles des Tuileries, des ministères et des ambassades, jusqu'à celles de la banque, du haut commerce, de la grande industrie et de la riche bourgeoisie, se disputent aussi, en hiver, avec le spectacle et la cachucha, les loisirs nocturnes des étrangers à Paris. Il n'est pas de pays en Europe où l'antique hospitalité se pratique avec autant d'empressement qu'en France, pour tout ce qui est dîners, soirées et bals. Tous les salons de Paris et toutes les salles à manger s'ouvrent aux étrangers sur la moindre recommandation. Nous leur prodiguons, en temps de paix, le punch, les petits gâteaux et la limonade gazeuse, avec autant de plaisir que nous en mettons à leur prodiguer les coups de fusil, de sabre et de canon, en temps de guerre.

De toutes ces causes de mouvement perpétuel chez les étrangers à Paris, il résulte que vous ne sauriez y faire un pas sans rencontrer quelqu'un de nos hôtes exotiques.

Promenez-vous sur le boulevard de Gand, et demandez à un flâneur de cette localité où il y a tant de flâneurs, des renseignements sur les divers personnages que vous y verrez circuler, comme des ombres, au milieu de l'épaisse fumée des cigares; on vous répondra : — Celui-ci, c'est le général anglais ***, qui commandait les pontons anglais où nos pauvres prisonniers eurent à subir tant de privations, tant de souffrances : il loge à Paris dans un magnifique hôtel que tient un de ces mêmes prisonniers, car il en est quelques-uns qui ont survécu. — Celui-là, c'est le colonel espagnol ***, qui a été condamné à mort pour cause de conspiration contre Espartero : il se promène en ce moment, bras dessus, bras dessous, avec le colonel qui présidait la commission militaire par laquelle il a été condamné, et qui vient à son tour d'être condamné à mort par le parti de l'autre, pour cause de conspiration en faveur de ce même Espartero. Ce sont deux fusillés par effigie, qui se dévoreraient au delà des Pyrénées, mais qui vivent en excellents compatriotes en deçà. — Cet autre est un général portugais qui, dans la guerre de l'indépendance, a fait scier en deux une foule de nos soldats. — Cet autre est le général polonais ***, qui a décidé la dernière révo-

lution de Pologne : il allume en ce moment son cigare à celui d'un
prince russe, le prince ***, vous savez? qui tenait le bras gauche de
Paul Ier pendant qu'on étranglait ce czar.

Ainsi de cinquante autres promeneurs. Toutes les célébrités aventureuses du monde semblent se donner continuellement rendez-vous sur
le boulevard de Paris, depuis la rue Taitbout jusqu'à la rue Grange-
Batelière. Il n'y a pas dans l'univers deux semblables lanternes magiques,
nous ne dirons pas précisément de renommées, mais d'excentricités de
tout genre.

Allez rue de la Paix, rue Castiglione, rue de Rivoli : c'est un vrai
quartier de Londres transporté sur les bords de la Seine. Vous y remarquerez particulièrement de ces familles entières, comme la Grande-
Bretagne en produit seule, lesquelles sont composées de vingt personnes, père, mère, garçons et filles, marchant presque toujours sur
une seule ligne, se tenant tous par le bras, en commençant à droite par
le père, non point parce que c'est le père, mais parce que c'est le plus
grand, et finissant à gauche par le plus petit des fils, de manière à
former à peu près cette figure géométrique, assez semblable à une
montagne russe, que nous vous présentons ici pour contribuer autant
qu'il est en nous à l'illustration de ce livre :

Traversez la Seine : vous avez grande chance d'apercevoir, au bas de
quelque pont, un de ces grands bateaux qui doivent conduire au Havre
une cargaison d'Alsaciens, de Suisses ou d'Allemands, hommes, femmes,
jeunes filles, jeunes garçons, enfants, armés d'ustensiles de toute espèce,
allant demander au sol vierge de l'Amérique le pain qu'une avare patrie
ne peut plus leur fournir. Encore des victimes de cette Ogresse contemporaine qu'on appelle la Réclame. Ce sont des agioteurs qui entre-
prennent, la plupart du temps, ces expéditions d'agriculteurs pour des

Eldorados qui n'existent parfois que dans les prospectus. Mais, que voulez-vous? la traite des noirs étant prohibée, il faut bien que le commerce se rabatte sur les blancs. Le commerce, cette âme des peuples civilisés, ne peut point ne pas trafiquer de personne.

Allez au Musée : vous y verrez des étrangers lever contemplativement le nez vers des Raphaël, des Michel-Ange, des Salvator Rosa, des Van-Dick, des Murillo, — ou vers des statues grecques, ou vers des momies d'Égypte, ou vers des carquois de sauvages.

Parcourez les cours de linguistique : vous y entendrez des professeurs de langues orientales, qui parleront toutes sortes de langues, excepté la langue française. On n'est même pas bien sûr que la langue qu'ils parlent parfaitement soit une langue quelconque. Tout le monde se souvient de cette entrevue qui eut lieu, sous la restauration, entre un professeur de je ne sais quel idiome de l'Inde et de véritables Indiens, charmés de trouver en France à qui parler. Ils parlèrent beaucoup, ces pauvres Indiens, et le professeur aussi, c'est une justice à lui rendre ; mais quoiqu'ils parlassent la même langue, tout en continuant de s'estimer sans doute, ils ne purent jamais parvenir à se comprendre.

Allez à la chambre haute : vous trouverez, parmi ces autres représentants du pays, des ex-étrangers qui sont pairs de France.

Allez aux Champs-Élysées : les plus fringants équipages appartiennent à des Russes, à des Anglais ; je devrais même dire à des négresses, si, en matière d'observation, on pouvait jamais faire une règle de l'exception. Chacun se souvient, en effet, d'une jeune négresse au nez excessivement épaté , aux lèvres excessivement grosses , aux cheveux excessivement crépus, au cou excessivement long, au teint excessivement noir, c'est-à-dire, en un mot, excessivement belle au point de vue de l'art nègre, qui, dédaignée par les blancs, et dédaignant à son tour les noirs, s'en vint l'an dernier à Paris, chercher l'époux que lui refusaient les colonies espagnoles, où le préjugé de la couleur est encore tout-puissant. En France, il n'y a plus qu'un seul préjugé : c'est celui de l'argent. Avec cinquante mille livres de rente, la fille d'un exécuteur

des hautes œuvres — on sait que la dénomination de bourreau a été prohibée par les tribunaux, comme manquant de l'exquise politesse à laquelle ces fonctionnaires publics ont droit, — la fille d'un exécuteur des
hautes œuvres, disons-nous, sera un parti des plus recherchés. Jugez
donc si les cinq millions de la jolie négresse se virent entourés d'adorateurs! Elle n'eut que l'embarras du choix. Elle se décida pour le cadet
d'un grand dignitaire, non pas tant à cause de la qualité du père, qu'à
cause du teint extrêmement pâle du fils. Elle voulait un mari blanc, elle
a pris le plus blanc qui se soit présenté. Elle n'en a pris qu'un, la
vertueuse jeune fille, mais en y mettant moins de modération, elle eût
pu en prendre vingt. Avec cinq millions, elle eût même pu pousser jusqu'au Cobourg.

Allez au Jardin des Plantes : vous y verrez avec quel luxe d'égards
pour les singes, les lions, les tigres, les boas, les girafes, les zèbres et
les dromadaires, et quel luxe de jardiniers et de serres chaudes pour
les plantes exotiques, Paris pratique l'hospitalité envers tout ce qui lui
vient de l'étranger, même lorsqu'il ne s'agit que de végétaux et d'animaux. Combien, en visitant le Jardin des Plantes, combien de pauvres
femmes voudraient être girafes! combien de pauvres jeunes filles seraient
heureuses de devenir panthères! combien de pauvres enfants doivent
porter envie à la destinée qu'on y fait aux singes!

Vous plaît-il d'entendre d'excellente musique étrangère, admirablement exécutée par des étrangers, devant un auditoire aux trois quarts
étranger? Le Théâtre-Italien vous ouvre son élégante enceinte. La seule
difficulté est d'y trouver place, à moins de se faire inscrire trois ans
d'avance.

Vous plaît-il au contraire d'entendre de la musique nationale, comme
disent les patriotes en matière musicale? Allez à l'Opéra-Comique : vous
y entendrez *Joconde*, musique du Maltais Nicolo; *Richard Cœur-de-Lion*,
du Liégeois Grétry; *le Prisonnier ou la Ressemblance*, de l'Italien Della
Maria, sauf erreur; les *Deux Journées*, du Florentin Chérubini; *le
Puits d'amour*, de l'Anglais Balfe, etc., etc.

Ou bien encore, allez au Grand-Opéra, où l'Allemand Gluck et les Italiens Lulli, Piccini, Sacchini, et Spontini, avaient déjà fait jadis tant de belle musique française, vous y entendrez, en fait de musique nationale moderne : *Guillaume Tell*, *Moïse*, *le Siége de Corinthe* et *le Comte Ory*, musique de Rossini, di Pezaro ; *les Huguenots* et *Robert le Diable*, du Prussien Meyerbeer ; *Dom Sébastien*, *les Martyrs* et *la Favorite* chantée par madame Stoltz, une charmante provinciale, musique du Bergamois Donizetti ; *la Sylphide*, musique de Schnetzhœffer (je vous demande pardon pour l'orthographe de ce nom, beaucoup moins mélodieux que le talent de l'artiste qui le porte). Vous y admirerez, en outre, des décorations magnifiques de Cicéri, et vous y applaudirez la danse aérienne de Taglioni, qui est née à Stockholm d'une bulle de savon que son père avait épousée ; et aussi la danse vraiment espagnole de l'Allemande Fanny Elsler; et aussi la danse charmante de la Danoise Lucile Grahn ; et aussi la pudique désinvolture de ce gracieux flocon de gaze que l'Italie nous a expédié sous le nom de Carlotta Grisi.

Que si vous n'êtes point encore rassasié de musique nationale, et qu'il vous plaise de parcourir les innombrables concerts qui font de Paris, l'hiver, un vaste et perpétuel componium : vous y entendrez Sivori, Thalberg, Listz, Dœhler, Dreischock, Ernst, Dancla, Servais, Haumann, Bériot, Panofka, la Brambilla, etc., etc., etc. ; l'orchestre sera conduit par Habeneck, le piano tenu par Tadolini ; la musique sera de Rossini, de Donizetti, de Meyerbeer, de Kreutzer, du Hollandais Beethoven, de Mendelssohn, etc., etc.; publiée par Pacini ou par Maurice Schlesinger.

Comme on pensait que ce n'était point encore assez de musique nationale, on a essayé à plusieurs reprises de nous doter d'un opéra allemand, où tout fût allemand, poëme, partitions, chanteurs, choristes, orchestre, ouvreuses, etc. Mais on a négligé de servir dans les entr'actes de la choucroute et des hannetons aux confitures, et l'essai n'a pas été goûté.

Il en a été de même du théâtre anglais pur sang, qu'on avait tenté d'établir à la Porte-Saint-Martin, et où nous avons vu Shakspeare succomber sous une mitraille de pommes, qu'un esprit d'hostilité, plus politique que littéraire, avait, je le crains bien, empêché de faire toutes cuire suffisamment.

Mais laissons le théâtre, et entrons en passant dans un cabinet de lecture : vous y trouvez le *Times*, le *Herald*, le *Morning-Post*, le *Courrier des États-Unis* (rédigé à New-York, avec tant de succès, par notre compatriote Frédéric Gaillardet); le *Diario di Roma*, le *Nacional* de Madrid, les journaux allemands, les journaux belges, les journaux suisses, les journaux groënlandais, etc., etc.

Allez au Ranelagh, au bal de l'Opéra, dans les concerts publics, dans les coulisses des théâtres, partout où règne, avec sa capricieuse galanterie, cette charmante population de Ninons à tant par mois qui n'est pas un des moindres attraits de Paris aux yeux des riches étrangers. Pour peu que vous soyez Lovelace, quelque Clarisse vous offrira probablement une place à côté d'elle dans l'élégant brougham qu'un prince russe, un lord, un baron prussien, un diplomate allemand lui a offert avec son cœur, et qu'elle a accepté, l'un portant l'autre. C'est ce qu'on peut appeler, en attendant mieux, prendre une revanche de Waterloo.

Présentez-vous dans une maison particulière où les usages modernes aient pénétré : vous y serez reçu par des nourrices, des bonnes, des femmes de chambre, empruntées à l'Angleterre, à l'Allemagne, à l'Italie, à l'Espagne, et chargées d'apprendre aux enfants, par le charme seul de leur conversation, les différents patois de ces pays. Je dis patois, car je n'imagine pas que ces jeunes filles puissent apprendre autre chose que ce qu'elles savent elles-mêmes. Figurez-vous une Auvergnate, une Bretonne, une Normande, chargée à Londres, en qualité de nourrice ou de femme de chambre, d'apprendre le français à de petits Anglais. Quel français, bon Dieu! Pensez-vous que ce soit bien vraiment celui qu'on parle à l'Académie? Du reste, chacune de ces maîtresses de langue a ses heures spéciales d'enseignement, selon les fonctions domestiques qu'elle remplit. L'enfant tette en allemand, joue en anglais, déjeune en italien, fait sa toilette en espagnol, et... ainsi de suite. Quoi

qu'il en soit des inconvénients de cette méthode d'instruction, elle a
certainement des avantages, et nous ne pouvons que l'approuver, tout
bien examiné. Dans vingt ans, il n'y aura pas d'autre manière d'enseigner les langues, et il faudra être polyglotte pour devenir cuisinière, et
bachelier ès lettres pour occuper dans une bonne maison les fonctions
éminemment littéraires de palefrenier.

C'est une perspective brillante pour une foule de jeunes gens que
l'encombrement de toutes les carrières libérales oblige à végéter obscu-
rément, misérablement, et que, dans son insouciance, le gouvernement,
qui donne de l'instruction à qui en veut, sans donner en même temps
les moyens d'en tirer parti, réduit à l'alternative de mourir de faim, ou
de faire de mauvais livres, de méchants tableaux, d'imprudentes émeutes et même des tragédies, toutes choses fort pernicieuses à la société.

Enfin, vous serait-il agréable de vous faire couper quelque cor ou de
vous faire arracher quelque canine? Vous n'avez qu'à choisir : l'Angleterre, l'Allemagne et l'Italie vous ont expédié d'habiles opérateurs, qui,
la plupart, ne vous prendront pas plus cher que des Français, et qui cependant vous feront souffrir une fois plus. C'est une supériorité incontestable.

Les Trois-Royaumes, mais surtout l'Allemagne et l'Italie nous ont toujours fourni, non-seulement beaucoup de charlatans, mais aussi beaucoup
de génies excentriques, témoin : l'Écossais Law, ce créateur de l'économie politique, laquelle consiste surtout à économiser les deniers publics à
son profit ; — l'Italien Casanova, ce créateur de la défunte loterie, autre
espèce d'économie politique ; — l'Italien Cagliostro, rénovateur de l'al-
chimie ; — l'Allemand Mesmer, ce fondateur du magnétisme animal ; —
et enfin l'homéopathie, l'hydropathie, et une foule d'autres sciences
plus ou moins occultes, en *pathie*, qui ont joui successivement de toute
notre sympathie.

L'Allemagne, en revanche, a toujours eu à Paris des représentants,
moins scientifiques, mais plus spirituels. Le créateur du genre fut le
célèbre Grimm, que tous les princes du Nord soudoyaient à Paris, avec

mission d'expédier, à chacun d'eux, un exemplaire manuscrit du journal qu'il écrivait à leur usage seul, sur les hommes et sur les choses du
dix-huitième siècle. Grimm étant son journal à lui tout seul, les princes
s'abonnaient à Grimm, moyennant telle somme et tel nombre de tabatières
par trimestre, comme les peuples s'abonnent maintenant au *Siècle*, au
National, au *Constitutionnel*, au *Courrier*, à la *Patrie*, etc. Or, les véritables princes de notre temps, ce sont les journaux, et non plus les
souverains. Les principales feuilles d'Angleterre et d'Allemagne pension-
nent donc à leur tour un certain nombre de Grimm, chargés de les tenir
au courant de tout ce qui se dit et se fait à Paris. C'est une rude besogne. Mais voilà pourquoi nous ne savons guère ce qui se passe chez nous
que par les journaux étrangers. Cela rappelle l'aventure de ce corrégi-
dor, dont la police était parfaitement au courant de toutes les intrigues
de la ville, excepté de celles que sa femme entretenait dans sa propre
maison.

Il ne faut pas vous imaginer, du reste, que vous distinguerez au
premier coup d'œil tout étranger d'un indigène. L'étranger arrivé d'hier
se remarque sans doute à son costume, à son accent, à sa démarche flâ-
neuse, à ses manières timides, à sa physionomie ahurie, comme doit se
remarquer à Londres, à Vienne, à Pétersbourg, tout Français récemment débarqué. L'étranger nous arrive, en général, avec des idées très-
fausses sur la France. Il en est plus d'un qui, jugeant de Paris par les
grands procès qui ont retenti au loin, et par les récits des journaux judi-
ciaires qu'ont répétés les feuilles de leur pays, s'imaginent voir un voleur, un assassin, une empoisonneuse dans tout homme et dans toute
femme qui passent. Je sais un jeune Belge, par exemple, qui avait apporté la monomanie du filou, et qui, à chaque pas dans la rue, frappait
vivement de la main sur ses poches, pour s'assurer que sa bourse et son
mouchoir n'avaient point passé dans celles de quelque *fransquillon*. Ce
jeune Batave marchait armé de deux pistolets, et il se barricadait la nuit
comme une place de guerre. Mais la plupart des étrangers ne tardent
pas à se dénationaliser extérieurement. Les Belges surtout, en raison de

leur esprit naturel de contrefaçon, les Russes et les Polonais qu'on a appelés les Français du Nord, les Italiens et les Espagnols qu'on devrait appeler les Français du Midi, peuvent passer en apparence pour des Français véritables, après quelques mois de séjour parmi nous. Et alors ils se font parfois un innocent plaisir, bien plus que les véritables Français eux-mêmes, d'infliger de petites mystifications à leurs propres compatriotes plus récemment advenus. On dirait d'élèves de seconde année vis-à-vis d'élèves de première. J'ai entendu, par exemple, un Bavarois demander au garçon un *dire-pode*, pour déboucher une bouteille de bourgogne. Le garçon des restaurants de Paris a pour habitude de répondre toujours : « Voilà, monsieur, » et pour règle d'apporter tout ce qu'on lui demande, pour peu que ce qu'on lui demande soit susceptible d'être apporté. Celui-là fut étonné de la demande, mais n'en apporta pas moins le tire-botte demandé. Le Bavarois se mit dans une violente colère, et crut que la France tout entière se moquait de lui. C'était simplement un de ses compatriotes qui se plaisait, chaque jour, à lui enseigner la langue française tout de travers, et qui lui avait dit notamment qu'un tire-bouchon s'appelait un tire-botte.

Les Allemands et les Anglais conservent, plus longtemps et plus profondément que les autres nations leur type originel. Les Anglais surtout se font souvent un point d'honneur d'affecter ce genre d'originalité qui leur est propre, et qu'ils ont nommé excentricité, au lieu de l'appeler tout bonnement bizarrerie. Il y en a un à Paris qui porte un habit coquelicot, un pantalon vert tendre, un claque empanaché, pour quinze cents francs de rubans à toutes ses boutonnières, et pour trois mille francs de breloques à ses quatre montres ; car il a quatre montres : une dans chacun de ses goussets, et une dans chacune des deux poches de son gilet.

Un autre s'est plu pendant quelque temps à jeter de l'argent par les fenêtres, chaque jour, de quatre à cinq heures de l'après-midi. La police a fini par s'opposer à cette munificence, qui formait sans doute un contraste trop humiliant avec certaines grandes avarices. L'*excentricité* de cet insulaire est loin d'ailleurs d'être imitée par ses compatriotes, qui, après avoir passé longtemps pour des prodigues en Europe, sont devenus les plus marchandeurs de tous les touristes.

Enfin la rue de Laval possède un Anglais qui passe sa vie à élever des araignées. Ce gentleman-rider d'un nouveau genre croise les races, les engraisse, les *entraîne*, les améliore au physique, les éduque au moral. Il a obtenu déjà de bien beaux résultats, et il montre avec orgueil à ses rares visiteurs une araignée pur sang qui n'est pas moins grosse que le poing, qui répond au nom de Victoria, qui fait à volonté toutes sortes de gentillesses, et qui certainement remportera le prix de course, si jamais on vient à fonder un New-Markett pour les araignées. L'astronome Lalande faisait mieux encore : il les mangeait; mais il faut bien pardonner quelques distractions aux savants. Il est d'ailleurs équitable de reconnaître, s'il y en a encore des gourmands parmi les astronomes, qu'en fait de produits anglais, ils préfèrent généralement le bifteck.

Que si l'on recherche la cause de cette affluence toujours croissante des étrangers à Paris, on la trouvera dans le nombre incomparable de ses monuments, dans l'animation sans pareille de ses boulevards, dans l'agrément unique de ses théâtres, dans la splendeur de ses promenades, dans la beauté de ses environs, dans la richesse de ses musées, dans l'opulence ptoléméenne de ses bibliothèques, dans la perfection de ses arts, dans la supériorité de ses lois, dans l'excellence de sa cuisine et de ses drames, dans la sociabilité de ses habitants, dans sa tolérance pour les idées religieuses, dans son indulgence pour les ridicules, dans sa liberté de mœurs sans excessif dévergondage. On va trafiquer à New-York, on visite Londres, on va voir Pétersbourg, on passe par Berlin, on traverse Vienne, on parcourt l'Italie, on ne va que le moins possible en Espagne, on vient vivre à Paris. Paris est la seule ville de l'univers où l'on puisse bien vivre, dans la plus complète latitude du mot : vivre à sa guise, sans gêne, sans contrôle, s'amuser du matin au soir, du soir jusqu'au matin, tous les jours de l'année, y compris les dimanches et fêtes, sans risquer de voir lapider sa maison; ce qui fait, sur la vie de New-York et de Londres, par exemple, une économie d'au moins cent vingt jours d'ennui par an.

Mais, en arrivant au terme de ma tâche, je m'aperçois que j'ai commis un bien grave oubli dans cette longue énumération. Il y a en effet, parmi la population de Paris, une masse de gens qui n'ont jamais visité aucun de ses monuments, qui ne connaissent de ses environs que la Courtille et Vaugirard, qui ne savent de ses grands théâtres que leur nom, qui n'ont fait qu'entrevoir ses jardins publics, qui n'ont jamais mis l'œil dans ses musées, qui ne savent pas le chemin de ses bibliothèques, qui, en un mot, ne prennent aucune part aux splendeurs, aux jouissances, aux progrès et au bien-être de la civilisation. Et ces gens-là, qui sont-ils? Des Russes, des Allemands, des Anglais, des Italiens, des Hottentots, des Taïtiens? Non, hélas non! ce sont des Parisiens. On vous en montrera, dans certains arrondissements, qui, depuis quarante ans, n'ont pas dépassé les frontières de leur quartier, de leur rue, de leur maison peut-être. Donc, si ce qui constitue la qualité d'étranger est de ne rien savoir du pays qu'on habite, il est parfaitement juste de dire que le véritable étranger à Paris, c'est, en général, le Parisien lui-même.

Louis DESNOYERS (Derville).

LES ANGLAIS A PARIS

L'ANGLAIS.

Prêts à faire feu sur « nos ennemis naturels, » voici qu'un scrupule
nous arrête ; le même qui vint aux
officiers des gardes françaises à la bataille de Fontenoy ; — et, le chapeau
à la main, l'épée basse, nous allions
nous écrier comme le brave comte
d'Anterroche :

« Tirez les premiers ! nous sommes
Français ; nous faisons les honneurs ! »

Lorsque justement un numéro du *Blackwood's Magazine* tombe sous nos yeux ; et dans ce *Magazine* un article intitulé : *les Étrangers à Londres* ; et, dans cet article, voici ce qui concerne les Français :

« S'il vous arrive jamais de flâner aux environs de Regent's-Street, du Quadrant et de Waterloo-Place, par quelque belle après-midi, vous ne pourrez vous empêcher de remarquer un grand nombre de promeneurs exotiques, portant chapeaux de soie vivement lustrés, moustaches épaisses, favoris à l'avenant, habits étroits et roides, gilets de satin voyant, pantalons ridiculement plissés sur les hanches, bottes vernies à s'y mirer, joailleries de Birmingham et pierreries de Bristol à profusion. Ces chevaliers errants fument avec une activité remarquable, bavardent à grand bruit, prennent des airs victorieux et lancent d'impudents regards aux dames qu'ils rencontrent...

..... Le genre d'affaires auxquelles se livrent ces péripatéticiens barbus semble environné d'un certain mystère. On dirait qu'ils s'occupent principalement de contrebande, et que, fidèles à leur origine, ils négocient surtout les *articles de fantaisie* : des fleurs artificielles, — des beautés faciles, — des dentelles passées en fraude, — des dés pipés, — des voiles de Chantilly, — des cordes à violon, — des banquiers de roulette, — des montres de chrysocale, — et des chevaliers d'industrie.

» L'*habitat* de cette espèce d'animaux, pour parler comme les naturalistes, se trouve aux environs de Leicester-Square où abondent les Hôtels français, les Cafés à la mode de Paris, les Diners à la carte, les Vins à tout prix et le Pain à discrétion. De ce côté, d'ailleurs, se trouvent la plupart de ces maisons de jeu inférieures que l'on désigne sous le nom d'*Enfers d'argent*, et où tant de jeunes gens sont si lestement débarrassés du superflu de leurs finances : — puis, les boutiques équivoques où la vente des cigares n'est que le prétexte de mille autres marchés moins avouables, — les magasins de vieilles armes et de *bric-à-brac*, ou de livres et d'albums plus que gais, — les entrepôts de moules et de coquillages : — enfin toutes sortes de trafics indescriptibles. »

La politesse est mince, comme vous voyez, et le portrait peu flatté. Sans réclamer le privilège d'une aussi virulente satire, disons mieux, d'une *charge* aussi grossière, nous userons, sans remords, du droit de réplique. Les honneurs sont faits ; à nous la seconde volée.

Si donc il vous arrive, ô lecteur, d'errer dans l'espace compris entre le rond-point des Champs-Élysées, l'Hôtel de l'ambassade anglaise, la rue d'Anjou-Saint-Honoré, la rue Saint-Lazare, la rue de la Chaussée-d'Antin, le boulevard, la rue Richelieu et le Pont-des-Arts ; et si, dans cette

zone privilégiée, — plus particulièrement sur le trottoir de la rue de la
Paix, — vous rencontrez un *gentleman* bien rasé, les cheveux courts, le
menton pris entre les deux pointes hérissées d'un col de chemise beaucoup trop haut, chapeau mal fait, gants verts, pantalon gris, gilet jaune,
guêtres fauves, l'œil étonné, la lèvre pendante, le parapluie sur l'épaule;
si ce monsieur trébuche sur un petit chien, coudoie une femme, manque
un omnibus, prend des notes au crayon, s'introduit chez un pâtissier pittoresque, et, d'un air profondément affligé, dévore une effroyable quantité
de petits gâteaux, vous pouvez, sans hésiter, le reconnaître pour Anglais.

S'il aborde avec un serrement de main convulsif et un sourire mécanique une grande personne déhanchée, montée sur des pieds énormes,

ornée de lunettes bleues et dont vous distinguez, sous un chapeau folle-
ment coupé, la coiffure aux papillotes excentriques: si cette belle dame
livre aux échos une foule d'*oooh yes!* et d'*oooh noo!* discordants: si ces

deux êtres accusent, par le laisser-aller de leurs gestes, par l'éclat immodéré de leur dialogue, une sorte d'égoïsme hautain et désobligeant ; s'ils se séparent, — sans que le mâle daigne ôter son chapeau, — après un *shake-hands* (littéralement un *secoue-mains*) aussi robuste que le premier ; vous pouvez encore, sans risquer une erreur, conclure de tout cela que votre homme a rencontré une de ses aimables compatriotes.

Suivez le premier, vous le verrez infailliblement se diriger vers la *Circulating library* de la rue Vivienne, où, sans quitter sa physionomie mélancolique, sans cesser de prendre des notes au crayon, il dévorera sept à huit journaux de plusieurs mètres carrés, comme il dévorait les tartelettes de tout à l'heure. Au physique ou au moral, un Anglais mange toujours. La vie de ces ogres n'est qu'un long dîner. Et quel estomac robuste ne suppose-t-il point ? Quel autre peuple vivrait ainsi de *roast-beef* et de *Morning-Post*, de *plum-pudding* et de *Quarterly Review*, le tout sans sel, mais en revanche assaisonné de poivre de Cayenne, et arrosé, grâce à O'Connell, de quelque agitation politique ; — bière assez forte en apparence, mais qui s'évapore en mousse.

La femme, elle, est un bas-bleu. Montez sur ses pas l'escalier de l'hôtel garni où elle se réfugie ; pénétrez, nonobstant sa pudique résistance, dans sa chambre à coucher, — *bed-room*, — soigneusement fermée à tout être porteur du vêtement inexprimable, — *inexpressibles*, — et vous allez surprendre sur son bureau un travail curieux. Ce sont les impressions de voyage de cette lady littéraire, sa critique de la France et des Français, ses observations judicieuses sur nos mœurs, notre littérature, notre état social ; je présume qu'il ne vous déplaira pas d'en lire au hasard quelques fragments.

ESQUISSES D'UNE BLASÉE.

Au rédacteur en chef de la *Trash's Miscellany*.

« ... Les Français sont des êtres de vif-argent : leur tempérament mercuriel ne peut s'astreindre aux façons reposées, au ton sobre et doux qui font chez nous les délices de la société. Il faut bien en convenir, on ne trouve que dans la compagnie des Anglais élégants et spirituels un repos complet, un confortable bien-être : cela tient à ce qu'ils ne visent pas ou du moins ne semblent pas viser à l'éclat ; leurs manières sont bienveillantes et calmes ; le diapason de leur voix ne s'élève jamais au delà d'une certaine note où il cesserait d'être agréable. Jamais de flatteries incommodes ;

L'ANGLAIS.

la seule qu'ils se permettent trouve accès dans l'esprit le plus délicat ; elle consiste à choisir certaines conversations et à laisser voir tout l'intérêt qu'ils y prennent. La vivacité inquiétante des Français, leurs impétueuses petites façons de maître à danser ne s'accommodent pas de tant de ménagements. Ils sont bien plus obséquieux, bien plus attentifs auprès des femmes, et l'exubérance de leurs esprits animaux se révèle à chaque instant par des saillies phosphorescentes, des observations remplies d'un venin subtil. Leur éclat ne saurait se nier, mais il laisse quelquefois à regretter la quiétude pleine de charmes où vous maintient la conversation d'un gentleman anglais.

« D'ailleurs l'immoralité de ce peuple me surprend et m'effraye. Un de mes amis, M. Hockinson, m'en donnait l'autre jour une preuve bien remarquable. Il s'est trouvé dans une foule, à côté d'une comtesse qui parlait anglais, et qui, après quelques paroles échangées entre eux, eut l'effronterie de l'engager à lui rendre visite dans son hôtel, voisin de la Bourse. Je n'ai pas besoin de faire ressortir l'indignité d'un tel procédé.

« Quant à moi, voici ce qui m'a été dit l'autre soir dans un salon de la *très-excellente compagnie*.

« Je causais avec la baronne B..., lorsque madame de J... passa près de nous appuyée sur le bras de M. de C.... J'avais plus d'une fois été surprise de l'intimité qui existe entre elle et ce gentleman. Il a toujours l'air d'être chez lui quand il est chez elle. Je m'aventurai à demander à la baronne si par hasard ils étaient frère et sœur?

« *Jésus et Marie!* s'écria l'aimable papiste, *il faut penser que non, car il est son mari.*

« — Pourquoi donc ne porte-t-il pas le même nom?

« — C'est qu'ils sont mariés *bonâ fide.* »

« Puis, me voyant surprise et choquée, la baronne m'expliqua que le premier mari de madame de J... était d'une naissance beaucoup plus illustre que M. de C.... Il y avait aussi quelques difficultés pour les arrangements de fortune. Comprenez-vous que tout cela dispense du sacrement, et qu'une femme bien née s'expose volontairement à une pareille mésinterprétation?

« — Tenez, me disait encore la baronne, vous voyez ce gentleman qui est si assidu près de madame d'E... ; vous avez peut-être remarqué combien sa politesse ressemble à de l'affection : ce n'est que de la convenance.

« — Comment cela?

« — *Hors de doute*, puisque c'est un mari près de sa femme. M. d'E... accompagne madame d'E... aux soirées et aux bals, il l'entoure de soins, lui met son châle, la reconduit à sa voiture. Ils retournent chez eux comme deux fidèles tourtereaux... mais une fois-là, M. d'E... saute en cabriolet et court au logis de... »

« La baronne me nomma ici une des plus célèbres actrices parisiennes. Je m'abstiendrai de la désigner, même par son initiale, pour ne pas imiter la médisance indiscrète de ma spirituelle voisine.

« Ce même soir, il me fut donné de voir deux hommes politiques *du premier numéro*, M. T... et M. M.... Le premier est fort remarquable. C'est un véritable Prométhée, dont l'intelligence créatrice jette autour de lui le mouvement et la vie. Il porte perruque, et ses doigts sont chargés de bagues en brillants. Chacune de ses remarques est empreinte d'une pénétration remarquable. Il avait ce soir-là une chemise à jabot et un habit noir couvert de crachats ; sa physionomie mobile accompagne dans toutes leurs variations ses rapides paroles. Il n'est pas d'ailleurs d'une haute stature, et ses formes manquent d'une régularité satisfaisante. Sa légèreté, son *excitabilité* me paraissent tout à fait dangereuses pour une constitution monarchique, surtout en France, où la témérité, l'audace exercent sur l'enthousiasme national une irrésistible influence. Il faudrait tout le bon sens du peuple anglais pour tenir tête à des casse-cous politiques aussi séduisants que celui-ci. Chez nous, il ne serait point à craindre, car Napoléon lui-même ne nous eût pas fanatisés.

« M. M... ressemble à Byron. Il a, dit-on, la plus belle voix de ténor qui soit en Europe, après celle de Rubini ; et, ce qui est étrange pour un philosophe, pour un historien, on assure aussi qu'il se livre quelquefois à des excès de table, préjudiciables à sa belle voix et à ses discours académiques... »

Vous remarquerez peut-être de graves erreurs dans les biographies hasardées par le bas-bleu britannique. Ce n'est pas notre faute, car nous nous bornons à copier. Ce n'est pas la sienne, car elle se démêle comme elle peut des mauvais propos qu'un infidèle écho lui transmet. Ce qui manque à ses récits, en fait de vérité et de vraisemblance, se compense par ce qu'ils ont d'original et de bien trouvé. On lui doit l'histoire d'un enlèvement où George Sand, — ce jeune homme romanesque, — jouait le rôle de ravisseur. La personne ravie était mademoiselle Flore, charmante ingénue du théâtre des Variétés.

Elle a des renseignements littéraires puisés aux sources les plus secrètes et les plus sûres. Vous apprenez d'elle, par exemple, que M. de B..., le plus fécond de nos romanciers, a débuté dans la vie littéraire par une trentaine de volumes publiés sous le pseudonyme : *Horace de Raison*, et que M. J.-J. n'est pas étranger aux *Mémoires* de madame Lafarge.

« ...... Ce qui ne l'a pas empêché ; continue-t-elle, de se permettre une raillerie cruelle contre cette femme. En parlant de son premier adorateur qui fut, comme on sait, un apothicaire : « S'il l'avait épousée, disait le feuilletonniste, elle lui aurait fait manger *ses fonds* en un an. »

Enfin, et pour terminer, voici quelques fragments, où l'esprit d'observation et le sentiment patriotique se disputent la palme :

« Une des notabilités parisiennes est M. *Coupe-Toujours*, marchand de galette. (La galette est une sorte de gâteau qui se distribue à un sou la tranche sur le boulevard.) M. Coupe-Toujours s'est illustré en imaginant ce commerce lucratif. Il en sépare et distribue lui-même cinquante mille mètres par an. Deux membres du Jockey-Club, M. le comte d'A... et M. le marquis de P..., — vrais *mirliflors pur sang*, — ont parié cent *louis d'or*, tout dernièrement, que d'une tranche à l'autre il n'y aurait jamais une différence de deux grains. La gageure a tourné en faveur de M. le comte d'A..., le plus confiant des deux parieurs. Mais l'Angleterre pourrait opposer à M. Coupe-Toujours le découpeur de l'ancien Vaux-Hall, qui offrait de couvrir toute la surface du jardin avec les tranches d'un seul jambon.

« *Connu ! connu !* — telle est l'expression dont on se sert maintenant en France, quand on est à bout de raisonnements. C'est ce que m'a répondu un des orateurs les plus distingués de la chambre des pairs, à qui je demandais pourquoi le musée de Versailles, salle *des Victoires*, renferme un tableau de la bataille de Toulouse. Et comme j'insistais : « Connu ! « connu ! » me répliqua-t-il en s'éloignant. »

Imitons le noble pair. Laissons là l'aimable et spirituelle correspondante de la *Trash's Miscellany*; ses bévues les plus énormes ne rachèteraient pas longtemps l'effet désagréable de sa prose fluente et fade. D'ailleurs, d'autres physionomies nous appellent.

En voici une toute rose et gracieuse : c'est Suky, la bonne d'enfants. A cause de ses grands yeux bleus toujours baissés vers la terre, à cause de cette rougeur timide si facilement amenée sur ses joues, à cause de son tablier si blanc, de ses beaux bras nus, et aussi parce qu'elle ne correspond avec aucun *Magazine*, pardonnons-lui de représenter en France un préjugé de fraîche date. Ce préjugé consiste à croire que nos enfants ne sauraient passer pour bien élevés, s'ils ne parlent pas, dès l'âge le plus tendre, un idiome que leurs parents ignorent. Le grec et le latin sont, Dieu merci ! passés de mode ; mais...

Qui nous délivrera maintenant de l'Anglais!

Et qu'est devenu ce temps d'héroïque mémoire où la convention s'occupait avec ardeur des moyens d'*universaliser* la langue nationale?

Si quelques grammairiens de la force de Napoléon avaient secondé ses
vues, à coup sûr Paris n'aurait pas reçu en 1844 la visite de M. Mac-
Simpleton. Ce brave compatriote de Dominus Sampson et de l'auteur de
Waverley nous est arrivé l'autre jour, tout frais émoulu des examens de
Glascow. Que de choses inutiles ne sait-il pas? quels trésors d'érudition
à jamais perdus? Il vous dira justement de quel bois était le cheval introduit dans les murs de Troie, ou quel âge avait Homère quand il écrivit le
cinquante-septième vers de la *Batrachomyomachie*. Figurez-vous maintenant ce pauvre diable à Paris. Paris sera dupe de cette espèce de
lexique ambulant ; Paris, tout en se moquant de lui, ne manquera point
de lui confier quelques marmots , en lui recommandant de ne leur enseigner que sa langue naturelle. Et le sauvage obéira si religieusement
à cet ordre, qu'après cinq ou six ans de leçons assidues, après avoir
usé vingt dictionnaires anglais, vingt grammaires anglaises, ces heureux
pupils parleront l'édimbourgeois le plus pur, — un effroyable patois,
traînard et gémissant, à peine bon pour une homélie en plein air.

Fréquentez-vous le *turf?* comptez-vous parmi les *gentlemen riders?*
savez-vous discerner un *blood-hound* d'un *stag-hound?* nourrissez-vous
vos chiens *to a mouthful?* au toucher du *pudding* qui leur est destiné,
diriez-vous bien quel *âge* a le gruau dont il se compose? ou bien vous en
reposez-vous sur le talent de votre *kennel-man?* Êtes-vous abonné à la
Bell's Life? suivez-vous exactement les *steeple* et les *hurdle-races?* vous
tenez-vous en selle comme le célèbre John White? connaissez-vous de
réputation Tom Crane et Gorsey, ces piqueurs illustres? citez-vous à
propos les classiques du *sport*, M. Burke, sir Maxwell Wallace, As-
sheton Smith et Nimrod? les annales de Newmarket, d'Epsom et d'As-
cott vous ont-elles gravé dans la mémoire les exploits des Chiffneys et
de leurs glorieux successeurs, les Butler, les Edwards, les Flatman, les
Robinson ?

Gageons que non. Trois contre un que vous ne me dites pas sur place
le nom des deux premiers jockeys anglais qui ont couru en France?
O ingratitude! L'un s'appelait Snip, — ne l'oubliez pas, — et l'autre Crab,
— souvenez-vous-en. — Snip montait *Tuccer*, fils de *Northumberland*,
au marquis de Conflans ; Crab courut sur *Comus*, fils d'*Othon*, au comte
d'Artois. *Comus* gagna. Il s'agissait, non pas de 50 centimes, mais
de 2,500 livres. C'était en 1776, dans la plaine des Sablons. Voilà de ces
choses qu'il n'est pas permis d'ignorer. Pour vous punir, je ne vous dirai

pas combien *Crucifix*, en une seule année, a rapporté à son noble maître lord Exeter.

Voulez-vous voir, en revanche, des *grooms* de toute taille, de toute encolure, de toute robe, de toute vitesse, nous vous mènerons chez Katcombe, le tavernier de Petits-Champs-New-Street. Vous les trouverez là, sur les six heures du soir, chacun dans sa stalle, en face d'un *beef-steak* saignant

et d'un pot de bière couronné de mousse, actifs et silencieux, dévorant et ruminant tour à tour. *John Bull*, — Jean Taureau, — c'est bien cela. Même stupidité, même puissance de mâchoires, même regard vague, mêmes broiements baveux. Il semble qu'on voie la chair se tasser, la graisse enfler, le sang épaissir : *Quel bren ceux-ci font!* s'écrierait Rabelais, s'il était de la partie.

Taisez-vous, joyeux curé! ne vous hâtez pas de porter envie à ces « bons déclicquoteurs de quenottes. » Le printemps, sous peu de jours, chassera l'hiver; et le printemps amène un triste régime pour un jockey! Au mois de mars, le coureur défait sa bedaine du mois de décembre. Couvert de laine, nourri d'eau chaude, ouaté des pieds à la tête, marchant du matin au soir, il se harasse, il transpire, il diminue par tous les moyens en son pouvoir. Avant de dormir il se pèse. S'il n'a pas assez perdu, pas de sommeil. Il se pèse encore en s'éveillant; et si le sommeil, par hasard, l'a rendu plus lourd, pas de déjeuner.

Un trop long séjour parmi ces misérables acteurs de nos parodies équestres, — elles n'ont encore abouti qu'au ridicule, — donnerait à ces pages l'odeur du chenil, de la bière forte et du wiskey. Et si vous ne craignez pas une brusque transition, nous franchirons d'un seul élan toute la distance qui sépare un jockey d'un diplomate... Est-elle si énorme? ne trouverait-on pas facilement quelque analogie entre un *steeple-chase* et certaines intrigues politiques? La question d'Orient, par exemple, n'a-t-elle pas été disputée à grand renfort de cravaches et d'éperons? Aujourd'hui lord Palmerston avait la tête; le lendemain, c'était M. Thiers. Dans le concert européen, les *entrées* se discutaient avec autant d'acharnement qu'on en mit à contester la légitimité du jeune étalon *Beggarman*, quand le duc d'Orléans, — malheureux jeune homme! — eut gagné le prix aux courses de Goodwood. Bref, on reconnut en fin de compte que le ministre français n'avait pas le surpoids voulu; et, faute de quelques livres de plomb qui manquaient à sa cervelle, abandonné par son royal maître, cet infortuné groom fut éliminé.

C'est à l'aide de cette comparaison sans cérémonie que nous prétendons nous introduire de plein saut dans les salons de l'ambassade anglaise un soir de grande réception. La rue du faubourg Saint-Honoré ne suffit pas à la circulation des voitures armoriées, à la foule des valets chamarrés de galons, à l'entassement des curieux échelonnés sur les trottoirs. Justement voici M. H. B..., le caustique secrétaire, — long et maigre comme Potier dans le rôle du *Solliciteur*, — roide et gourmé comme il convient à un parvenu, — infatué de son mérite, comme le sont tous les membres de la famille *Cheveley*, à laquelle il appartient. Nous ne lui demanderons pas de nous présenter; ce serait user d'une trop grande familiarité vis-à-vis d'un gentleman si *formal*; — mais nous nous glisserons, invisibles, sur ses pas, et nous y gagnerons d'écouter sa conversation intime avec le duc de Gl..., dont il est l'ami depuis longtemps, et le collègue, à Madrid, depuis seulement trois mois.

M. H. B..., qui s'élève parfois aux considérations générales, — témoin son livre sur la *France politique et sociale*, — excelle aussi dans le portrait individuel et tant soit peu satirique. Ce sera grand profit, pour nous et nos lecteurs, que de lui emprunter quelques croquis à mesure qu'il les fait passer rapidement sous les yeux de son jeune et sérieux compagnon.

« Vous ne savez peut-être pas, mon cher duc, lui dit-il à demi-voix, pourquoi notre aristocratie, dont vous allez voir bon nombre d'échantillons, est la plus fière et la plus réservée du monde entier. Cela tient précisément à ce qu'elle n'a pas les priviléges extérieurs partout ailleurs accordés à la caste noble. Nos mœurs sont ainsi faites, et notre état social tellement constitué, que, sauf le droit de faire monter derrière sa voiture deux ou trois laquais *armés de cannes*, un lord ne saurait afficher, sans se ridiculiser, d'autre luxe que celui de tout le monde, ou, pour mieux dire, de tout homme riche. Quant aux prétentions de rang, il sent la nécessité de les cacher, comme étant de nature à révolter inutilement les classes qu'il domine ; il les a néanmoins ; et c'est ce conflit qui engendre tant de gaucheries, une familiarité si clairement dédaigneuse, toute cette morgue maladroite et mal assise que vous remarquerez sans peine, ce soir, autour de vous.

« Il y a cependant des nuances qui vous échapperont, et dont vous pourrez me demander l'explication. Par exemple, si je ne vous la disais, trouveriez-vous la raison de la supériorité que s'arroge sir G. W... sur le fils aîné de lord P... Tous deux sont égaux par la naissance, égaux par la fortune : tous deux sont assis côte à côte sur les bancs du parlement ; il semble qu'ils devraient, partout ailleurs, comme là, se traiter en collègues et marcher de pair. Mais sir G. W... s'estime, *en vertu de ses relations*, bien au-dessus de M. B... Ses *connexions*, comme nous disons (ici vous diriez ses *connaissances*), son intimité avec un des membres du cabinet Peel, le bon accueil qui lui est fait chez lord Wellington, les invitations amicales qui lui ouvrent, pendant l'été, Drayton-Manor, Alnwick-Castle, les châteaux de cinq ou six ducs et d'autant de marquis ; tout cela lui donne sur son ami un ascendant incontestable, que celui-ci reconnaît tacitement par l'humilité servile qu'il met à rechercher les dédaigneuses boutades, les caprices hautains de sir G. W...

« Vous comprenez maintenant, j'espère, l'empressement que déploient mes chers compatriotes non titrés à courtiser ce qui reste à Paris de véritable ou de fausse aristocratie. Ignorant combien votre grande révolution a profondément sapé l'édifice féodal, et prenant pour bons tous les marquis, comtes, vicomtes et barons qui fleurissent encore timidement à l'ombre de ses ruines, on les voit se ruer autour de ces fantômes de noblesse; et ceux-ci se moquer eux-mêmes de l'importance inutile qui leur est accordée par le caprice de la bourgeoisie britannique.

« Comme toute manie, celle-ci prête à la mystification, et ce n'est pas à Paris que manquent les mauvais plaisants. Aussi m'est-il arrivé de rencontrer, en vingt occasions différentes, des nobles de contrebande, maquignons déguisés, joueuses sur le retour, etc., etc., qui s'affublaient d'un blason quelconque pour tenter la crédulité de quelques nouveaux débarqués. Les journaux et leurs annonces se sont faits complices de ces plaisantes roueries. On y a vu des comtesses offrir un logement garni aux *gentlemen* célibataires, et des chevaliers du Léopard et de l'Aigle rouge se proposer pour maîtres de langue ou de piano. De ces appâts aucun n'est trop grossier pour l'appétit de John Bull. Il ne se connaît pas mieux en parchemins qu'en tableaux, et on lui fabrique un pseudo-marquis tout aussi aisément qu'un faux Titien.

« Pour en revenir à l'orgueil aristocratique, où le trouverez-vous plus splendidement établi que sur la figure vénérable de ce vieux baronnet tory que vous voyez s'avancer donnant noblement le bras à sa femme et

précédé de ses quatre filles. Ce cortége a quelque chose de majestueux,

convenez-en, et le regard fixe, arrêté, parfaitement impassible et droit,
que ces six personnages promènent sur l'assemblée, atteste une confiance
absolue dans le magique pouvoir du nom que l'huissier vient 'de prononcer.

« C'est, en effet, un des noms les plus retentissants de la chambre
haute. Quant au représentant actuel de l'antique famille des H..., vous
ne trouverez pas facilement un personnage plus universellement considéré. On vante partout sa délicatesse, sa bienveillance, ses mœurs hospitalières, sa probité surtout : il la pousse jusqu'au scrupule. Grâce à ses
relations avec l'évêque de ***, il a cependant obtenu pour son cadet le
plus riche bénéfice ecclésiastique de toute l'Angleterre ; et cet heureux
jeune homme, si bien renté par le culte anglican, n'est pas précisément
l'idéal du pasteur. Tant qu'il aura une meute de *pointers* à sa disposition, tant que le billard lui offrira la chance de perdre ou de gagner cent
guinées en deux heures, il ne donnera certainement pas une pensée à ses
ouailles, à moins cependant que parmi elles ne se trouve quelque jolie
miss au regard fripon, au sourire engageant. Sir H... aurait pu réfléchir
à cette incompatibilité de mœurs avant de solliciter, pour un gaillard pareil, la cure spirituelle de vingt ou trente mille chrétiens. Mais sir H...
serait bien étonné si vous lui faisiez ce reproche. Qu'a-t-il voulu par ces
démarches, si ce n'est « veiller aux intérêts de sa famille ? »

« La générosité de sir H... est des plus fastueuses. Pendant l'hiver, chaque semaine, on distribue en son nom, aux indigents qui se pressent
à sa porte, une charretée de pain, et le pain coûte cher en Angleterre.
Mais ne hasardez pas cette dernière remarque, si vous ne voulez vous
attirer la colère du baronnet. Il croira que vous demandez la réforme des
lois sur les céréales et l'abaissement des prix du blé. Or, ce bienfaiteur
des pauvres ne tolérera jamais une mesure aussi démocratique. Et si vous
vous étonnez qu'un particulier si charitable s'apitoie aussi peu sur le sort
des travailleurs mal nourris, il vous répondra qu'il a une mission sacrée :
« la défense des intérêts territoriaux. »

« Cet excellent homme a fait jeter en prison, dans le cours d'un seul automne, vingt-cinq à trente braconniers, et pourtant il n'avait pas pu prendre
sur lui de déférer à la justice les innombrables friponneries de son intendant. D'où vient cette inconséquence ? L'intendant ne volait que sir H...
Les assassins de gibier portent atteinte « aux droits d'une classe respectable, celle des *country gentlemen*. »

« Cet homme intègre a déjà distribué, en cinq fois, plus de trente mille
livres sterling aux électeurs d'un petit bourg très-pauvre, qui, moyennant

ce sacrifice pécuniaire, envoie à la chambre des communes un député choisi par sir H... — Mais, c'est de la corruption? dites-vous. — De la corruption? Allons donc! quel mot malséant! Sir H... n'a jamais corrompu qui que ce soit. S'il achète, moyennant finance, le vote consciencieux de trois cents électeurs, c'est dans un but qu'il avoue et qu'il peut, — sachez-le bien, — avouer hautement : il s'agit « d'assurer un défenseur à la constitution menacée. »

« Du reste, il est rare de trouver à Paris les hommes de ce parti et de cet âge. Ils abhorrent nécessairement un pays d'égalité sociale et de libre pensée qui ne prend au sérieux, ni les vieux préjugés, ni les inconséquences que l'on peut remarquer entre les actions et les paroles d'un chacun. Le ridicule, cette arme légère que le Français manie avec tant de dextérité, les effraye et les déconcerte.

« Tout au contraire, et par un attrait facile à concevoir, l'homme des idées progressives est attiré vers ce foyer de la civilisation intellectuelle. Il n'est pas un philosophe, pas un littérateur, pas un politique du parti populaire qui ne vienne s'inspirer ici.

« Et justement voici le type de nos radicaux : voici M... dans toute sa gloire. Il est de l'ancienne école du radicalisme, comme sir H... de l'ancienne école tory. M... est l'homme politique par excellence : il comprend le dîner politique, la conspiration politique, le *meeting* politique. Ce qu'il comprend moins, c'est la philosophie politique. Il n'entend rien à ses dogmes abstraits avant qu'ils se traduisent à coups de poing dans une élection, ou à coups de fusil dans une émeute. Il est du parlement et n'y parle jamais que pour exalter les mœurs américaines, la constitution américaine, la liberté, l'industrie, le suffrage universel, tels qu'on les pratique au bord du Mississipi. Ce qu'il aime en France, c'est justement ce que le baronnet tory n'y peut supporter, le *non-respect* du rang, l'indépendance des manières, du langage, et surtout le peu de vénération qu'on y témoigne à la royauté. Rien que pour voir combien peu de gens tournent la tête quand vient à passer un équipage de la cour, — et se consoler ainsi des hommages puérils dont l'Angleterre environne sa petite reine, cet ennemi des tyrans ferait une fois par an le voyage de Londres à Paris. Mais il a pourtant quelques autres motifs accessoires. Sans cela, choisirait-il de préférence la saison d'hiver? Le verrait-on si assidu aux bals de l'Opéra? si connu *de ces dames?* si versé dans la science des soupers fins ? science à laquelle l'ont graduellement initié, — nonobstant ses dispositions négatives, — sept à huit de vos plus sémillantes *lorettes*, aidées en ceci par la lecture assidue de Paul de Kock. Paul de Kock, — soit dit en

L'ANGLAIS.

passant, — est l'idole littéraire de mes chers compatriotes. L'un d'eux
me vantait, l'autre jour, *l'esprit philosophique* de ses romans. Je voudrais
avoir là-dessus l'opinion de M. Cousin.

«Une occasion se présente, — et j'en suis charmé, — de vous montrer
deux espèces différentes du genre animal appelé *dandy*. Regardez ces
deux jeunes gens que la foule a peu à peu repoussés dans une embrasure de croisée, et dites-moi si jamais la fatuité, — qui semble au premier coup d'œil une exagération du désir de plaire, — s'est jamais révélée par des manières aussi volontairement déplaisantes.

« Ces six pieds de substance humaine, revêtus de drap par un irréprochable tailleur, constituent tout ce que le monde connaît de lord M...
Son habit et lui sont tellement identifiés, qu'on les croit nés le même jour
dans un de ces ateliers où se fabriquent les mannequins, et doués d'une
vie factice par un procédé pareil à celui de Méphistophélès ou de Fran-
kenstein. Quelques personnes soutiennent, de plus, que la métamorphose
est partielle, et que l'assimilation s'arrête aux bras et aux jambes de cet
être ambigu. Le corps et la tête seraient restés en carton. Des paris sont
ouverts sur le mérite de cette bizarre hypothèse qu'on vérifiera le jour où
quelque matamore, impatienté par le calme dédaigneux de notre impassible automate, voudra bien se donner la peine de lui passer son épée au
travers du gilet.... j'allais dire au travers du corps; mais ce serait pré-
juger la question.

« En attendant, — on peut, n'est-ce pas, en convenir? — lord M... est
un modèle de mise correcte. Rien d'outré dans sa toilette, dont la propreté, la précision vont seules jusqu'à l'excès. Pas un bijou, pas un atome
d'or, pas une pierrerie n'altère la sévérité de l'ensemble. En revanche, la
blancheur du linge est éclatante; les escarpins vernis rayonnent comme
s'ils étaient en diamant noir. Vous retrouveriez ce bon goût dans la livrée
de lord M..., dans les harnais de ses chevaux, dans la forme et la couleur
de son cabriolet. Par exemple, ne lui en demandez pas davantage, n'exi-
gez pas de lui qu'il se meuve autrement qu'avec la désolante régularité
d'un rouage d'horlogerie parfaitement entretenu et poli. Ne lui demandez
ni une larme pour l'infortune la plus tragique, ni un sourire pour la meilleure plaisanterie du monde. Ne vous informez pas du sens qu'il attache
aux journaux qu'il lit, du bout du doigt et du coin de l'œil, avec la résignation la plus exemplaire. Lord M... ne pleure et ne rit jamais, jamais
ne s'agite, jamais ne pense. Il s'habille, et c'est beaucoup. Il met sept
paires de gants par jour; il sait au juste comment on nuance une civilité,
comment on choisit une cravate, et si les pantalons de nankin se portent

avec ou sans sous-pieds. Quand il a fait cinq visites, ni plus ni moins, diné chez Véry et non pas ailleurs, passé sa soirée aux Italiens ou à l'Opéra, il s'endort dans le calme de la conscience et le sentiment du devoir accompli. Jamais une ride sur son front. La vie, qu'il regarde à travers son lorgnon, comme une scène de ballet, ne lui paraît pas digne d'un souci réel. Les États changent de maîtres, les villes périssent, les guerres s'allument ou s'éteignent, il n'en tient compte, et rougirait de mentionner ces bagatelles dans sa causerie ordinaire composée de trois : *hum!* et de trois autres sons inouïs qui ressemblent au bruit d'un gargarisme aérien. Enfin il ne manque rien à lord M... pour être le type le plus parfait de l'égoïsme insignifiant et inoffensif; rien, si ce n'est peut-être d'exister. Selon toute apparence, il n'est pas. C'est à son cabriolet, par conséquent, et à son habit, que revient l'honneur de n'avoir jamais froissé personne.

« Quant à son voisin, je n'en dirai pas autant. Sir Paul S... appartient à la pire espèce du dandysme, à celle qui mord, qui cherche à blesser, et, n'y pouvant parvenir, contrarie. Il n'a pas d'esprit à lui, mais il est frotté de l'esprit des autres. D'ailleurs il ne manque pas d'une certaine érudition désobligeante qu'il vous jette aux jambes, si par hasard vous avez, en racontant un bon mot, commis un anachronisme, ou dépaysé à l'étourdie une anecdote historique. Sir Paul n'a qu'une manière de faire effet sur vous, c'est de se rendre à vos yeux éminemment désagréable. Aussi ne néglige-t-il aucun des moyens que l'art peut lui fournir pour ajouter aux défauts dont la nature l'a si libéralement pourvu. Il monte sa voix criarde jusqu'au fausset le plus élevé; il ne regarde jamais quelqu'un sans hausser le sourcil, comme s'il préméditait une impertinence. Bref, pour se grandir, il tâche à rapetisser tout ce qui l'entoure. Chose singulière, il a réussi. Sa manière brutalement dédaigneuse l'a imposé à certains cercles, à certaines grandes dames intimidées, et l'on n'ose plus se brouiller avec un homme si bien *connexionné!* Ne vous étonnez donc pas que sa méthode fasse fureur, et que mille petits avortons, aussi disgraciés, aussi mal mis, et avec aussi peu de tenue que celui-ci, se soient crus autorisés à lui emprunter l'effronterie médisante, l'impertinence agressive de ses propos, puisque ce défaut semble suffire à racheter tous les autres.

« Je ne souhaiterais pas d'autre amant à lady B..., cette grande et majestueuse personne tout orgueil et prétentions aristocratiques. C'est elle, ou je me trompe fort, dont un de vos romanciers a fait le portrait. C'est une de ces illustres ladys à demi souveraines, pour lesquelles l'humanité n'est qu'une fourmilière; une de ces femmes placées constamment entre la mort et la vie sociales, et dont l'audace hypocrite trouve dans la double nécessité du plaisir et de la considération les ressources les plus inouïes ; femmes blanches, sveltes et frêles, à la main molle, au poignet nerveux, épicuriennes par la tête et par les sens, qui veulent pour la pâture de leur cœur des condiments enflammés ; une de ces femmes dont Byron avait connu la corruption profonde, et sur lesquelles il déverse dans les derniers chants de son poëme railleur les flots amers d'un mépris inexorable. Elle a des mots qui la peignent tout entière. Par exemple, son apostrophe dédaigneuse à un de nos orateurs libéraux, certain soir qu'ils se rencontrèrent sous le péristyle du Théâtre-Français : « Monsieur B..., vous qui avez l'habitude de parler en public, voulez-vous faire avancer ma voiture ? » Et cette autre parole à une amie qui, charitablement, la mettait en garde contre l'échancrure exagérée de son corsage : « Mon Dieu, ma chère, répondit lady B..., en faisant jouer sous les rayons de la lampe, ainsi qu'un diamant à facettes, ses épaules nacrées, sachez donc, une fois pour toutes, que rien n'habille comme le nu. »

« Si toutes celles qui professent la même doctrine et qui agissent d'après ce principe étaient aussi jeunes, aussi fraîches, aussi potelées que lady B..., nous n'aurions guère à nous plaindre, et c'est tout au plus si nous regretterions de voir nos audacieuses duchesses renouveler les célèbres exploits de madame Tallien et de Pauline Borghèse. Mais pour quelques-unes chez qui ces excès sont en quelque sorte légitimés, combien semblent avoir juré d'offenser en même temps et nos regards et la décence ! Jusqu'à soixante et dix ans, et souvent plus tard, — vous vous en apercevrez de reste, — nos Anglaises laissent à découvert leur poitrine et leurs bras. Ce n'est point, çà et là, quelque malheureuse abusée par de mauvais conseils ou cédant aux trompeuses inspirations de l'amour-propre, que l'on voit s'étaler ainsi, mais des salons entiers de femmes grasses, et même, — ô temps ! ô mœurs ! — de femmes maigres ! Nulle part on n'exhibe avec plus d'effronterie que dans un bal anglais, de longs cous revêtus de parchemin, et pliant sous le faix des pierreries ; nulle part, sous de riches dentelles, plus de bras maigres et difformes, de ces bras qui semblent faits pour remuer l'infernal chaudeau des sorcières de Macbeth !... Ces nudités presque posthumes sont-elles l'expiation de vanités passées ? Faut-il croire qu'elles ont pour but de rappeler aux femmes jeunes et belles ce que deviennent après quelques années la beauté, la jeunesse, ces dons périssables ? En ce cas, nous n'aurions rien à dire, si ce n'est que le symbole et la leçon qu'il cache sont aussi tristes, aussi décourageants l'un que l'autre.

« Vous ne serez peut-être pas étonné que ces considérations m'amènent à une histoire tragique ; mais quand je vous en nommerai l'héroïne, vous allez tressaillir, à coup sûr. En effet, vous qui connaissez lady T..., vous qui avez vingt fois partagé la gaieté dont les habitants des Bouffes sont saisis d'ordinaire quand cette majestueuse caricature s'installe avec bruit dans sa loge, vous ne vous doutez guère que sous ces rubans prodigieux, sous cet échafaudage stupéfiant de fleurs artificielles, de panaches, d'aigrettes, de satin, de feuillages, de fruits et de petits oiseaux, qui lui constitue la plus étrange coiffure de ce bas monde, il y a le souvenir d'un meurtre, et, pour ainsi dire, des taches de sang. Vous ne vous en doutez pas, ni lady T... non plus. Rien n'est cependant aussi certain.

« Vous saurez que lady T... possède huit bonnes mille livres sterling de rentes, dont elle consacre environ le quart à réaliser les caprices mons- trueux de son excentrique imagination. Vous saurez aussi qu'elle avait un neveu, tout aussi sensé, tout aussi timoré à l'endroit du ridicule, tout aussi susceptible et fier qu'elle est intrépide et assurée contre les regards de la foule. Ce jeune homme était officier aux gardes, et demanda tout exprès un congé pour venir à Paris passer quelques mois auprès de la parente dont il attendait toute sa fortune à venir. Nous le vîmes arriver calme et serein, dans toute la joie de l'échappé de cour, plus heureux peut-être qu'un échappé de galères. Il ne savait pas quelle chaîne il ve- nait chercher. Il ne savait pas, le malheureux ! que la mort l'attendait dans cet heureux pays au sein de toutes les joies du luxe, embusquée dans un foyer d'Opéra.

« Pour comprendre ce qu'il y a quelquefois de dramatique dans les circonstances les plus vulgaires, il faut avoir, comme moi, scruté la phy- sionomie de cet infortuné neveu, la première fois qu'il descendit sous le péristyle du Théâtre-Italien, donnant le bras à sa tante. Ce soir-là, fière de lui et voulant lui faire honneur, elle avait accumulé, sous la passe en éventail d'un énorme chapeau de satin rose tendre, un triple faix de camé- lias, de tulipes et de tournesols. Je ne sais quel bocage verdoyant entre- coupé de marabouts jaspés masquait la coiffe de ce singulier couvre-chef, et des oiseaux sans nom y étaient piqués sur de longues pattes en fil d'archal. Il y en avait de bleus, bleus de la tête aux pieds ; d'autres af- fectaient le plumage varié des perroquets ou la couleur éclatante du fla- mant. Bref, c'étaient autant de merveilles, comme échantillons d'une his- toire naturelle parfaitement impossible.

« Ce soir-là, plus encore qu'à l'ordinaire, les spectateurs qui avaient admiré de loin lady T... se précipitèrent sur son passage pour vérifier de

près, et une à une, les curiosités sans nombre de cette parure inouïe. Il y
eut littéralement émeute au bas des degrés, et ce fut à grand'peine que

les deux laquais dont lady T... marche toujours précédée lui frayèrent
un chemin au milieu des avides spectateurs. Bien loin d'être intimidée
par la joie non équivoque dont le bruit éclatait autour d'elle, l'imposante
personne s'avançait à pas lents et recueillait avec une satisfaction contenue
l'hommage de cette admiration qu'elle est accoutumée à inspirer. Mais
son neveu !... Pâle, défait, atterré, ne sachant comment répondre à tous
ces regards railleurs, ni comment écarter cette curiosité insolente, il ne
pouvait dissimuler sa mortelle angoisse. Assez courageux pour marcher
gaiement à l'assaut d'une redoute, ou pour monter de sang-froid les mar-

ches d'un échafaud, il se sentait, en face du ridicule, sans énergie et sans résignation. Les trente pas qu'il eut à faire entre deux haies de Parisiens moqueurs lui furent aussi cruels que si, condamné militaire, il eût subi le supplice des baguettes, et, rien qu'à la manière dont il se précipita dans le coupé de sa tante comme dans un lieu d'asile, on pouvait deviner qu'il se sentait défaillir.

« Le lendemain, il aborda d'un air consterné l'un de mes amis qui était aussi des siens, et qui m'a raconté leur conversation. Elle fut navrante, car, après s'être assuré qu'une scène à peu près pareille à celle de la veille au soir se renouvelait chaque fois que lady T... apporte une toilette nouvelle au théâtre dont elle est l'abonnée la plus assidue, le pauvre jeune homme s'écria d'un air convaincu : « Si cette abominable plaisanterie ne cesse pas, et si je reste encore quinze jours à Paris, je me brûlerai très-certainement la cervelle. »

« Il y resta cependant, et non pas seulement quinze jours, mais jusqu'à l'expiration de son congé. Son affectueuse tante ne lui permit pas de la quitter plus tôt ; mais à cette époque la santé du pauvre garçon avait déjà beaucoup souffert. Des chimères, sous la forme d'oiseaux bleus et jaunes, occupaient son esprit troublé. Il se regardait comme perdu par l'opinion, et faisant effort sur lui-même pour déguiser à sa tante l'horrible torture qu'elle lui imposait sans le savoir, il était tombé peu à peu dans un spleen des mieux caractérisés. Il ne mangeait plus, il ne buvait plus, il ne dormait plus, il était maigre à faire peur, lorsqu'à la fin de son trimestre nous le réembarquâmes dans sa chaise de poste. Pour ma part, je serrai sa main débile avec la plus douloureuse émotion, et, comme personne n'a plus entendu parler de lui depuis ce temps-là, nous supposons généralement que sa campagne de France lui aura coûté la vie ! Il sera mort du ridicule d'autrui, à une époque où beaucoup de gens vivent de leur propre ridicule. N'est-ce pas là un singulier guignon ?

« Je serais à jamais perdu dans l'esprit charitable de cette grosse et bénigne personne qui vient de passer devant nous, si elle me supposait capable de mettre en circulation des calomnies comme celle que vous venez d'entendre. Admirez ce noble échantillon d'une classe à laquelle mes compatriotes ont donné un nom générique : — *lady Bountiful.* —

« Presque toutes les femmes ainsi désignées ont ce même embonpoint placide et un peu mou, ces yeux ronds et bleu clair dépourvus d'expression, ces cheveux lisses et surabondants à la nuance indécise. Ce sont d'excellentes âmes, à obliger toujours prêtes : la mémoire farcie de petits remèdes anodins ; l'esprit orné de consolations banales, d'avis niais et sans portée, de trivialités sentimentales et religieuses qu'elles appliquent comme un cataplasme émollient sur les égratignures du cœur ou sur ses plaies profondes, — vrai taffetas d'Angleterre qui, dans leurs mains officieuses et maladroites, sert d'antidote aussi bien à une piqûre d'épingle qu'à la blessure faite par un stylet empoisonné.

« Nos ladys *Bountiful* sont en général très-fortes sur la Bible et sur la cuisine. Celle-ci vous dirait sans doute de quoi se composaient les collations qu'Abigaïl offrait naguère à David : elle vous nommerait les épices, les gommes et les essences que la reine de Sheba introduisit dans les cuisines de Jérusalem ; elle a découvert que le sirop de guimauve des temps modernes se compose encore d'après les recettes fournies par cette femme distinguée aux offices de Salomon. On la croit venue en France pour étudier la science des Carême et des Cussy, et pour rendre à la cuisine anglaise, stationnaire depuis la chute du cardinal Wolsey, l'éclat que cette cuisine faillit devoir à la gourmandise de la reine Anne, cordon bleu de droit divin. Au besoin, vous l'entendriez justifier sa tendance gastronomique par des considérations morales et religieuses. La science des *entrées* et des *petits-fours*, l'art du dîner fin et du *comfort* culinaire n'est autre chose dans sa pensée qu'un moyen de réforme domestique, un effort désespéré contre les clubs, une manière de rendre au *chez-soi* anglais, — à ce *home* tant célébré, — les attraits qu'il a perdus faute de bonne chère. Il faut savoir comment elle prêche ses compatriotes à ce sujet : « Si vous donniez, leur dit-elle, si vous donniez à votre cuisine seulement le quart du temps que vous perdez en discussions inutiles, vous serviriez à vos époux des dîners tout aussi élégants et tout aussi bons que ceux de *Crockford*, de l'*Athenæum* et du *Reform-Club*. Vous avez besoin pour vivre de philosophie et de littérature ! Que ne vous occupez-vous de la philosophie et de la littérature gastronomiques? Tout aussi intéressante et beaucoup plus substantielle que vos autres études, celle-ci produirait des résultats bien plus positifs. C'est le *roast-beef* national avec ses fibres dures et à demi cuites, c'est la soupe au jus, ce sont les têtes de veau et les *puddings* qui éloignent vos maris du foyer et du repas de famille. C'est la faim, c'est le désir de dîner en gentlemen et en chrétiens, avec toutes les recherches de la cuisine française, qui force les hommes mariés, les époux mécontents à partager avec les célibataires malheureux les maisons de refuge ouvertes pour ces derniers. Les clubs sont le tombeau de la moralité britannique; c'est par la cuisine qu'ils ont prospéré, c'est par la cuisine qu'il les faut détruire. A vos casseroles donc, ô femmes de l'Angleterre ! etc., etc... »

« Maintenant, jugez de quel air ces conseils sont accueillis quand ils s'adressent à cette variété de la femme anglaise qui prétend vivre uniquement de thé, de contemplation, de *muffins* et de sonnets, de larmoiements, de crises nerveuses et de quartiers d'oranges. Car, si Fielding ou Smollet nous a donné *lady Bountiful*, Sheridan a tracé un autre portrait, non moins fidèle et non moins proverbial, dans sa comédie des *Rivaux*. *Miss Lydia Languish* existe encore de nos jours, et nous n'irions pas bien loin dans ce salon sans la rencontrer avec ses allures craintives, ses yeux baissés, sa pudeur toujours prête à s'alarmer du geste le plus innocent, de la syllabe la moins équivoque. Cette pudeur souffre beaucoup sur le continent, où la pruderie intolérante trouve à se choquer aisément. *Shocking* est un mot que le laisser-aller parisien ramène souvent sur les lèvres de mes belles compatriotes. Une femme à pied, seule, dans la rue, allât-elle à la messe, est un objet *shocking*. *Shocking* est encore la permission donnée à l'ami le plus intime, — eût-il soixante ans, et ne fût-ce que pour cinq minutes, — d'entrer dans la chambre à coucher d'une femme mariée; toute formule galante est *shocking*; tout regard assuré, *shocking*. Vous serez *shocking* si vous prenez une de ces belles dames par le bras, pour l'empêcher d'être écrasée sous les roues d'une voiture. Vous serez *shocking* et, qui plus est, *vulgar*, si, valsant avec elle, vous abrégez de trois lignes l'espace qui doit rester entre la ceinture de sa robe et celle de vos *inexpressibles*. Mais en revanche, — l'étiquette anglaise n'y met nul obstacle, — quand les rafraîchissements viendront à circuler, vous verrez *Lydia Languish* sabler le champagne et le punch comme un dragon de la vieille garde, ce qu'à votre tour vous aurez, certes, le droit de trouver... *choquant*.

« Avec cela il est convenu que la femme anglaise est une perfection; qu'elle seule comprend le rôle sublime de l'épouse et les devoirs assidus de la maternité. Ainsi le dit-elle, du moins, et nul Anglais ne s'aviserait d'en douter. La femme française est à l'index chez nous, et tout en lui reconnaissant les qualités séduisantes d'une « femme secondaire, » comme disent les Chinois, nous redoutons, en général, de la donner pour mère à nos enfants, pour infirmière à nos vieux jours. Tout cela, faute de sérieux dans la forme. Rien ne nous effarouche plus que la gaieté; nous la jugeons incompatible avec les sentiments essentiels, les affections durables; et, quoique nos graves folies, la démence de nos sectaires, l'insanité manifeste de nos socialistes, la vague déraison de nos poëtes eussent pu depuis longtemps nous dégoûter de cette confiance chez nous accordée à une certaine solennité de dehors si souvent alliée à l'extravagance, la légèreté, la superficialité des sentiments intérieurs, nous persistons à regarder l'esprit, la vivacité, le brillant comme autant de symptômes fâcheux annonçant des dispositions à craindre. Ce qu'il y a de charmant, c'est que nous en jugeons ainsi sur la parole de nos femmes, personnellement intéressées dans la question ; et, ce qui est plus piquant encore, c'est qu'elles agissent au rebours de cette espèce de foi qu'elles propagent avec tant d'ardeur. Ces apôtres en jupon, tout en nous faisant peur des Parisiennes, acceptent, et de très-bon cœur, les maris que la France leur peut offrir. Concluez de là, si vous voulez, que, dans tous les pays du monde, les femmes ont plus d'esprit que nous. »

N'abusons de rien, pas même de la bonne compagnie, et, bien qu'il fût curieux d'écouter le spirituel secrétaire faisant à son noble ami les honneurs du bal diplomatique, quittons l'atmosphère parfumée où l'anecdote maligne éclôt, où la silhouette satirique se forme d'elle-même à la lueur des lustres chargés de bougies. Nous pourrions cependant écouter encore plus d'une bonne histoire, ne fût-ce que celle de cette grande dame légitimiste qui, pour venger un prétendant mal accueilli à Londres, traita

de « pécore » la souveraine adorée du Royaume-Uni. Ce fut un grand scandale dont le bruit retentit jusque dans les plus secrets appartements de Buckingham-Palace. Lady C..., l'ambassadrice, fut chargée d'exiger une réparation, un désaveu formel. On l'accorda verbalement; on le refusa par écrit. Il y eut plus de protocoles échangés pour ce seul petit mot que pour le partage d'un royaume.

Hélas! que de puérilités dans ce jargon convenu de ce qu'on appelle le « grand monde! » Un homme de bon sens, quoique philosophe, — et je pense que c'était Locke, — s'avisa un jour de sténographier la conversation de deux ou trois illustres seigneurs, en compagnie desquels il avait dîné. Plus tard, il les fit rougir, en la leur lisant à tête reposée. Pareil tour a été joué par un fin observateur aux cercles les plus exclusifs, et il s'est admirablement moqué des trois grâces de la conversation britannique : l'hésitation (*hesitating*), la *hem!* merie (*humming*), et la *traînerie* (*drawling*). Il faut bien créer des mots pour rendre ces formes bizarres de parler à la mode. Il faut, pour en deviner le sens tout conventionnel, connaître la valeur de certaines abréviations, suppléer à beaucoup de sous-entendus, et traduire en phrases complètes une quantité de syllabes purement explétives, destinées à combler les lacunes de phrases toujours inachevées.

Err (prononcez *curr*) est une de ces vagues et commodes consonnances. *Err* remplace également bien un verbe, un substantif, une épithète qui manquent à l'appel. *Then* ne fait pas mal comme définition; *so so*, — *you see*, — *in short*, — *and so forth*, sans tous ces mots, qui par eux-mêmes ne signifient rien, la conversation deviendrait impossible aux beaux et aux belles d'Angleterre. Celles-ci ont, de plus, deux adjectifs qu'il faut regarder comme indispensables à leurs jugements de tous genres : *nice*, délicat, recherché; puis *dear*, précieux, charmant, etc...

« Connaissez-vous lady Whataname?

— *O dear!* certainement : c'est une créature *délicate* (*a nice creature*).

— Très-*délicate* (*very nice*), certainement... Avez-vous vu le *précieux* petit cheval (*the dear little horse*) que lui a donné son mari?

— Non; mais cette attention ne m'étonne pas : lord Whataname est un si *cher* époux (*such a dear husband*)!

— Le cheval est, dit-on, fort rétif.

— Ah! vraiment?... Le *délicat* petit objet (*nice little thing*)! »

Il s'agirait d'un roman nouveau, du ministère Peel, d'une forme de robe, ou du docteur Pusey, que les expressions ne changeraient pas. Le chef des torys serait qualifié de *nice secretary*; le savant théologien d'Oxford deviendrait un *dear controvertist*.

Passons à de plus graves sujets. Après avoir signalé quelques ridicules, esquissé quelques portraits, accusé quelques travers, ne nous demanderons-nous pas si la présence de l'Anglais à Paris n'a pas ses avantages, comme elle a ses inconvénients? Et pourquoi non? Longtemps séparés par des préjugés, quand deux grands peuples entrent en communications quotidiennes, lorsque l'industrie jette, pour ainsi dire, un grand pont suspendu sur le détroit que la conquête menaçait jadis de traverser en bateaux plats, nous cabrerons-nous contre l'alliance des sociétés à laquelle prélude l'*entente cordiale* des gouvernements? Bien fous serions-nous de voir d'un œil inquiet se préparer de nouvelles luttes où, comme dans les luttes anciennes, nous pourrons, une fois aguerris, balancer, — que disons-nous? — obtenir à notre tour la victoire. La partie n'est pas encore égale, nous l'avouons. Distraits par des soins plus doux, viveurs plus heureux, travailleurs moins assidus, spéculateurs moins ambitieux et moins téméraires, novices encore dans ces grandes opérations qui demandent d'immenses sacrifices, et ne réalisant pas toujours les immenses bienfaits qu'elles ont promis, nous avons besoin que nos voisins d'outre-Manche viennent nous encourager de leur exemple et nous aider de leurs leçons. Mais, croyez-le bien, nous ne serons pas longtemps à nous affranchir de cette tutelle... Le *rail-way* rayonne à peine à vingt ou trente lieues de Paris, le *rail-way* que des ingénieurs anglais nous ont construit avec des capitaux à moitié anglais, et qui s'exploite à l'aide de machines anglaises, surveillées par des chauffeurs anglais. Quand il aura rempli son but, quand il aura imprimé à toute la France le mouvement énergique de centralisation et de diffusion qui doit accélérer, et les progrès du bien-être matériel, et ceux de l'intelligence, vous verrez s'émouvoir cette masse inerte, mais puissante, qu'annule et dévore le loisir mortel de la vie de province. D'autres siècles ont été moraux, philosophiques, héroïques, conquérants, religieux ; le nôtre est l'âge mécanique, l'âge des machines, l'âge de l'utile et de la force bien dirigée. Socrate est remplacé par Bentham, Bossuet par Adam Smith ; l'âme, la pensée abstraite se subordonne aux applications vivantes, bruyantes et fumantes de la vie pratique. L'abnégation et le dévouement, mis hors de cause, reculent dans les profondeurs de la tradition et de l'histoire. Les appétits du corps, la sensualité, l'argent, voilà le culte universel, la communion à venir de tous les peuples.

Est-ce un progrès? il faut en faire honneur à l'Angleterre, ou, pour mieux dire, à la civilisation teutonique, dont l'énergie spéciale a pour agents principaux la Grande-Bretagne et les États-Unis. Est-ce un mal-

heur? c'est encore à John Bull et aux *Yankees* qu'il faut s'en prendre.
Mais sans essayer de résoudre cette grave question, bornons-nous à une
certitude consolante : c'est que la France, une fois entrée dans le mouvement mécanique dont nous parlons, y portera cette influence bénigne,
ces tendances généreuses, cette loyauté chevaleresque dont elle n'a jamais abdiqué, dont elle n'abdiquera jamais le glorieux héritage. Elle sera,
comme elle l'a toujours été, le pays des conceptions vastes, de l'ordre
harmonieux, de l'équilibre intelligent, des besoins élevés, des aptitudes uni-
verselles. Sa royauté est à ce prix : elle la gardera, n'en doutons jamais.

Dans cent ans, comme aujourd'hui, tributaire de notre beau climat,
de nos mœurs élégantes, de nos théâtres, de nos musées, l'Anglais triste
et maussade viendra jouir de tout et médire de tout, à Paris. Alors il
trouvera chez nous ce qu'aujourd'hui nous sommes forcés d'aller admirer,
étudier chez lui, plus tout ce qui restera notre domaine exclusif, notre
opulence insaisissable. Nous aurons des chemins de fer, des houillères,
des machines à haute pression; nous tisserons les métaux comme le
chanvre; au lieu de mauvais *porter,* nous distillerons les vins généreux,
les liqueurs énergiques et puissantes, dans des bassins aussi monstrueux
que ceux de MM. Barclay et Perkins. Qui sait? nous aurons peut-être
des *docks* dans la plaine de Grenelle, et des vaisseaux à trois ponts, des
Indiamen, amarrés le long du quai d'Orsay. Puis, malgré cet accroisse-
ment industriel, nous ne serons devenus ni intolérants, ni gauches, ni
méthodistes, ni pédants, ni ennuyés, ni ennuyeux. Nous ferons également bien les calicots et le vaudeville; nous affinerons l'épigramme
comme l'acier; nous aurons des drames et des draps d'une trame également bonne; des journaux aussi grands, aussi riches que le *Times,* et
rédigés comme le... (remplissez ce blanc); des clubs aussi littéraires et
beaucoup plus fréquentés que l'*Athenœum*; des hommes d'État experts
comme sir Robert Peel, et amusants comme M. Thiers; bref, l'*utile* de
la Grande-Bretagne joint au *dulci* de notre belle patrie.

Ce jour-là, comme nous le disions, il y aura bien des Anglais à Paris;
mais, en revanche, on ne verra guère de Français à Londres.

                                                        OLD NICK.

LES ARABES A PARIS

L'ARABE.

Depuis quelques années les Parisiens voient avec étonnement des hommes à la physionomie austère, au costume biblique, à l'œil ardent et fier, se mêler à eux sur la voie publique, dans les promenades, au théâtre. Saisie à leur aspect, la foule se presse autour d'eux avec une muette curiosité et se demande si ce ne sont pas là des hommes d'un autre temps et d'une autre nature qu'elle. Telle fut sans doute l'impression que produisit à Rome l'arrivée des premiers barbares. Il appartenait à notre époque de voir l'Arabe quitter sa tente, et, imposant silence à ses haines religieuses, venir s'asseoir au foyer de l'infidèle, entraîné par le désir de voir toutes ces choses merveilleuses dont la renommée s'est étendue jusqu'au milieu de ses *douars*. Peut-être suppose-t-il, au reste, que l'on n'est guère plus chrétien à Paris qu'à Mascara ou à Tlemcen, et il se peut que cette circonstance contribue à lever ses scrupules. Quoi qu'il en soit, il commence à prendre volontiers le chemin de la moderne Babylone. Le pèlerinage de la Mecque pourrait bien se ressentir sous peu de cette dangereuse concurrence, et la ville impie menace fort de l'emporter sur la ville sainte. Notez bien que ce sont précisément les illustrations et les sommités algériennes qui donnent à leurs compatriotes l'exemple de cette déviation hétérodoxe ; et au nombre d'imitateurs que trouve déjà cet exemple, nous ne désespérons pas de voir quelque jour le désert à Paris , ce qui serait assez piquant.

Le premier Algérien qui mit le pied sur la terre de France et vint contempler les splendeurs de la civilisation dans le centre majestueux d'où elles rayonnent sur l'univers, fut ce grand philosophe pratique, ce Thémistocle barbaresque qu'un coup de chasse-mouches , désormais aussi célèbre que le fameux coup de bâton d'Eurybiade, précipita au bas du trône. Vers le milieu de juin 1831 débarqua sur la place Vendôme, à l'hôtel de Londres, l'ancien souverain de la régence algérienne, accompagné, pour toute suite , de deux vieux serviteurs, Turcs comme lui , Ibrahim et Mustapha, qui lui servaient de valets de chambre, de cuisiniers et de gardes du corps , non d'eunuques , il n'y avait pas lieu , car aucune sultane, brune ou blonde, n'avait suivi Hussein en France. Le vieux pacha était détaché de toutes les joies de cette terre, et ce pirate détrôné, en se soumettant docilement à l'arrêt d'en haut qui venait de lui ôter la puissance, s'était réfugié dans le sein de Dieu avec une piété ardente. Il ne vivait plus, pour ainsi dire, qu'en vue de cette autre vie meilleure promise par Allah à ses élus.

Son attitude fut à Paris celle d'un sage , et, Scythe d'origine, il se montra digne en tout point de son aïeul Anacharsis. Il admira profondément, mais avec un enthousiasme contenu et sans se départir d'une sorte de réserve hautaine, la vaste étendue de Paris, ses édifices imposants, le luxe et les raffinements de notre civilisation, mais surtout l'appareil de notre force publique, sa belle tenue, et les immenses ressources dont elle témoignait. Lorsqu'il eut assisté notamment à la grande revue de la garde nationale passée par le roi aux journées de juillet, et qu'on lui eut expliqué le but, l'origine et la formation de cette milice si nombreuse, son orgueil musulman plia, et il ne put s'empêcher de s'écrier, non sans une certaine amertume :

« Ah ! si, avant la guerre qui m'a conduit ici, j'eusse connu l'ennemi à qui j'avais affaire, je n'eusse certes point eu la folie d'engager une pareille lutte... On m'a trompé, on m'a trompé ! »

Sous sa dignité calme et sa résignation perçait par échappées une secrète tristesse. Le souvenir de son pays d'adoption en était probablement la cause, car, tout philosophe stoïque et fataliste que l'on soit, nul ne peut emporter, suivant l'énergique expression de Danton, le patin à la semelle de ses souliers, encore moins si cette patrie représente pour vous un trône. Hussein-Dey étant allé voir un jour le maréchal Clausel, celui-ci, après quelques questions sur la France et les impressions du visiteur, dit à celui-là :

« En somme, Votre Altesse doit se plaire chez nous. Paris ne ressemble pas à Alger, n'est-ce pas ?

— Il est vrai, répondit Hussein ; mais, écoutez, monsieur le maréchal, je vais vous dire un apologue :

« Le rossignol fut un jour pris par des oiseleurs, qui le vendirent au maître d'un grand palais, où on le mit dans une belle cage toute dorée.

« Là on lui servit à souhait des mets exquis et une eau limpide dans de jolis vases de cristal. Mais le rossignol n'avait pas d'appétit et effleurait à peine du bec les morceaux délicats que lui offrait une main hospitalière.

« Et lui qui, jusqu'à ce jour, n'avait cessé de chanter, ravissant tous les alentours par ses délicieux accents, resta morne et muet, et continua de se taire à l'heure même, à cette heure solennelle de la nuit où, les oiseaux et la terre elle-même faisant silence pour l'entendre, il avait coutume de dire ses mélodieuses chansons, sous la double inspiration du calme universel et de la solitude.

« Or, quelqu'un le voyant ainsi demeurer silencieux et triste, lui dit :

« De quoi te plains-tu donc ?

« — Je ne me plains pas, répondit en relevant fièrement la tête le rossignol, et, en effet, il ne lui était échappé ni gémissement ni soupir depuis son emprisonnement.

« — Mais enfin tu parais en proie à quelque peine intérieure ; tu ne chantes plus : que te manque-t-il ? lui dit son interlocuteur. N'habites-tu pas un beau palais ? ta demeure n'est-elle pas splendide et ta mangeoire toujours garnie abondamment de moucherons, de fourmis et de tous les menus insectes qui font les délices de tes pareils ? En un mot, n'as-tu pas ici à profusion tout ce qu'un rossignol peut désirer ?

« — Il est vrai, répondit le chantre des forêts ; ce lieu est le plus beau de la terre ; ma table est toujours bien servie et ma cage est dorée ; mais..... c'est une cage ! Qui me rendra le lieu rustique où j'ai vu le jour, le bocage sombre où j'aimais à me cacher, l'aspect du ciel et la liberté de mon vol ? Hélas ! ni les somptuosités de ce logis, ni la bonne chère, ni la nouveauté des objets qui frappent incessamment mes yeux dans ce palais rempli de merveilles, ne peuvent effacer de mon cœur le souvenir du bois natal, ni lui redonner l'allégresse que naguère exhalaient mes chants ! Et voilà pourquoi je suis triste et pourquoi tu ne m'entends plus.

« — Ainsi parla le rossignol, continua le dey d'Alger. Jugez maintenant, monsieur le maréchal, si je puis être joyeux à la vue des magnificences qu'enferme votre grande cité. »

Nous ignorons ce que répondit M. le maréchal Clausel ; mais ce que nous pouvons certifier, c'est l'authenticité à peu près littérale du petit poëme qu'on vient de lire. La communication nous en a été faite par ce pauvre M. Jouannin, secrétaire-interprète du roi, dont nous pleurons la perte récente, et qui avait été détaché auprès de Hussein-Dey pendant le séjour de celui-ci en France. Ce fut lui-même qui traduisit au maréchal cet apologue dont l'à-propos et la grâce le frappèrent vivement. Qui se fût attendu à trouver dans le vieux pacha barbaresque un Ésope de cette force ?

Nous devons également à l'obligeance de M. Jouannin la petite anecdote qui suit. Un peintre de beaucoup de talent, M. Jules Dupré, auteur d'un voyage pittoresque en Orient, justement admiré des artistes, avait été conduit par l'interprète du roi chez Hussein-Dey, dont il voulait faire le portrait. L'entreprise était difficile ; car, en matière religieuse, le vieux pacha était rigoriste dans l'âme, et pour rien au monde ne se fût prêté volontairement à un acte que réprouve la morale iconoclaste du Coran. Saisissant le moment où son pieux modèle, accoudé au balcon de son appartement, paraissait absorbé dans la contemplation d'une revue passée sur la place Vendôme, M. Dupré prit son crayon, et, à demi caché par les rideaux de la fenêtre, commença d'esquisser la vénérable face de l'altesse mahométane qu'il apercevait de profil. Tout tremblant d'être découvert, il jeta à la hâte sur le papier les principales lignes de ce mâle visage qu'encadrait une barbe blanche comme la neige. O bonheur ! le croquis allait être achevé, et le portraitiste y mettait la dernière main, lorsque tout à coup Hussein-Dey, qui, jusqu'à ce moment, avait conservé la plus parfaite immobilité, se retourne, et, par un mouvement comparable à celui d'un chat qui happerait une souris, lance sa main sur le papier que tenait M. Dupré, s'en empare et le met en mille pièces. Le rusé

vieillard avait feint de concentrer toute son attention sur les manœuvres militaires de la place ; mais il avait suivi de l'œil le manège du dessinateur et avait patiemment laissé se consommer l'œuvre du démon, jusqu'à ce que la voyant à peu près terminée, il crut bon de l'anéantir.

Heureusement, M. Dupré avait tellement dans la tête les traits du fanatique vieillard, que, de retour chez lui, il put restituer de mémoire le croquis outrageusement lacéré par la main de sa rébarbative altesse, et ce nouveau portrait fort beau que nous avons eu sous les yeux était, au dire de M. Jouannin, d'une ressemblance parfaite.

Hussein-Dey vécut à Paris fort retiré. Ses serviteurs, deux ou trois amis, entre autres M. Hassonna, Tripolitain de beaucoup de mérite et de savoir, et l'un des membres de la célèbre famille Bacri, formaient son habituelle — il serait plus exact de dire son unique société. Il fut présenté aux Tuileries et visita plusieurs fois le roi, dont il sollicitait, comme compensation de la perte de ses États, un subside qu'il n'obtint pas. Son étonnement fut grand, lorsqu'on lui répondit qu'il ne dépendait pas du *sultan de France* de lui allouer l'indemnité qu'il était venu demander. « Mais qu'est-ce donc qu'un roi chez vous? » s'écria-t-il. Et il partit, emportant une étrange idée de ce qu'on appelle en Europe un monarque constitutionnel.

Le seul plaisir qu'il se permit à Paris fut d'assister régulièrement aux représentations de l'Opéra, dans une loge qu'il avait louée et où quelques-uns de nos lecteurs se rappellent sans doute avoir vu apparaître sa calme et imposante physionomie, particulièrement les soirs où dansait mademoiselle Taglioni, qui faisait les délices de l'ex-potentat, et lui eût probablement tourné la tête si la chose eût été possible. On avait mené Hussein-Dey aux autres théâtres; mais il y bâilla profondément, si ce n'est au Cirque-Olympique, dont la pompe militaire parut l'émouvoir et le charmer. Après trois mois de séjour à Paris, il quitta cette capitale à la fin d'août, et regagna Livourne, d'où il ne tarda pas à passer à Alexandrie d'Égypte. Il y mourut l'année suivante : puisse la terre avoir été légère et le paradis d'un abord facile à ce saint homme de roi pirate! Puisse-t-il avoir rencontré au séjour de béatitude des houris aussi séduisantes, aussi accortes et moins maigres que les faciles bayadères de notre Académie royale de musique!

A la même époque que Hussein, ou environ, se trouvaient à Paris deux autres très-grands personnages algériens : c'étaient le More Mustapha-Ben-Omar, ancien bey de Tittery, et le koulougli Ben-Mustapha-Pacha, fils d'un ancien dey d'Alger assassiné par la milice turque, comme la plupart de ses pareils. Le tragique destin du père avait dégoûté le fils de la vie politique. Ce dernier vivait bourgeoisement et paisiblement à Alger des grands biens que lui avait laissés feu le dey Mustapha, et il fit le voyage de Paris en curieux, avec ses fils, sans dessein arrêté autre que celui de s'amuser le plus possible. Il y réussit sans nul doute, et rapporta de son voyage des idées assez progressives : je n'en veux pour preuve que les fêtes toutes françaises données par lui à son retour dans sa belle maison d'Alger aux habitants de cette ville. En 1833, lorsque nous visitâmes notre colonie africaine, nous eûmes le plaisir d'assister à l'une de ces piquantes réunions. Le bal fut magnifique et se prolongea une bonne partie de la nuit. L'amphitryon mahométan en fit les honneurs avec une grâce parfaite : il y eut des sorbets, du punch et du latassié à souhait, et chacun put voir les trois femmes de notre hôte qui, planant sur nous du haut d'une galerie supérieure, contemplaient, à travers les gazes transparentes de leurs voiles, le spectacle assez étrange pour elles des quadrilles français et de la valse allemande.

Mustapha-Ben-Omar, qui vint dans le même temps que Ben-Mustapha à Paris, était, comme Hussein-Dey, une grandeur déchue. Voici en peu de mots son histoire. Le bey de Tittery, Ben-Mezeag, ayant refusé de reconnaître la souveraineté de la France, avait été renversé par le général Clausel, qui mit à sa place Ben-Omar.

Ancien négociant et homme de mœurs paisibles comme il convient aux gens de cette profession, ce dernier n'était rien moins que propre à maintenir sous le joug la population turbulente de son beylik. Aussi ne put-il se faire reconnaître par une seule des tribus *qui lui obéissaient*. Au bout de peu de mois, il fallut envoyer un corps d'armée à son secours et le dégager par la force du milieu du blocus, où ses propres sujets le tenaient enfermé dans la capitale de ses États. Dégoûté du pouvoir, il demanda à mains jointes qu'on le ramenât à Alger : on accéda à sa prière, et il mit à profit son retour à cette bienheureuse vie privée, qu'il n'aurait jamais dû quitter, pour faire le voyage de France. Il fut reçu à Paris avec distinction et nommé chevalier de la Légion d'honneur, ainsi que son ami Ben-Mustapha-Pacha. Ils furent les deux musulmans algériens sur la poitrine desquels brilla cette étoile si prodiguée en France, mais qui, sous le ciel d'Afrique, le mérite de la nouveauté aidant, conserve encore son prestige.

A l'ex-bey de Tittery et au fils du dey Ben-Mustapha, succéda à Paris le More Hamdan-Ben-Amin-Secca, ancien agha (commandant en chef) des Arabes de la Metidjah. M. de Bourmont, qui l'avait élevé à ce poste difficile, en lui faisant délaisser un commerce d'épiceries assez florissant, lui avait rendu, ainsi qu'à la chose publique, un fort mauvais service. A peine entré en fonctions, Hamdan commit de si lourdes bévues et donna de telles preuves d'insuffisance, qu'il fallut pour toujours renoncer à ses services militaires. Agha *ad honores*, il vint réclamer à Paris différentes indemnités qu'il prétendait lui être dues à raison de son bref commandement, et s'il n'obtint pas précisément tout ce qu'il demandait, il emporta du moins, comme fiche de consolation, une femme... Ce trait est trop original pour ne pas être rapporté.

— Ni l'un ni l'autre : je suis général des Arabes.

— Entends-tu, Victorine ? cria la mère, ivre de joie à la jeune blonde

réfugiée dans sa soupente, où elle achevait à la hâte de se mettre sous les armes, afin de consommer la défaite du *Turc* qui, du reste, ne demandait pas mieux que de se rendre à discrétion. Viens donc vite, petite sotte, dire bonjour à monsieur, qui est général des Arabes et qui veut t'épouser. Est-elle heureuse, cette enfant-là ! Décidément, je ne regrette pas de l'avoir *éduquée* pour les modes, au lieu de la lancer à la *Grande-Opéra*, comme c'était d'abord mon idée !

La séduisante blonde ne tarda point à se rendre à l'invitation maternelle, et c'est quinze jours après cette heureuse entrevue que le couple, flanqué des quatre témoins de rigueur et de la triomphante portière, se présenta à la mairie du 2ᵉ arrondissement pour être admis à serrer authentiquement les nœuds de cet incroyable hyménée. Une vive rumeur, mêlée d'hilarité, éclata dans toute la salle à l'aspect des deux fiancés, et monsieur le premier adjoint, qui officiait ce jour-là en l'absence de son maire, ne put lui-même conserver toute la gravité voulue en pareille cir-

L'ARABE.

constance, lorsqu'après avoir lu aux comparants le chapitre du code civil relatif aux obligations et aux droits mutuels des conjoints, il adressa à chacun d'eux la question sacramentelle, à savoir s'il consentait à prendre l'autre pour époux. Sur leur réponse affirmative, il les déclara unis devant la loi, et ainsi se trouva accompli ce mariage *mixte*, s'il en fut.

A peu de jours de là, Hamdan repartit pour Alger, emmenant sa jeune femme et sa belle-mère. Mais, hélas! que de déceptions attendaient la mère et la fille dans cette ville à la fois française et orientale, comme le couple dont nous venons de raconter l'union passablement morganatique! En quittant Paris pour l'Afrique, l'honorable portière et sa progéniture avaient rêvé une existence féerique dans un de ces séjours enchantés que décrit l'auteur des *Mille et une Nuits*, ou que réalise fictivement à l'Opéra le prestigieux pinceau des Philastre, des Cambon, des Diéterle et des Desplechin. Or, le voluptueux harem de Sidi-Hamdan se trouva être une assez vieille et assez laide maison perdue dans le plus sombre quartier de la ville, et qui ressemblait infiniment plus à une prison qu'à un palais. Là, toutes deux furent confinées avec défense formelle de ne jamais dépasser le seuil du logis, l'étiquette mahométane ne permettant point aux honnêtes femmes de quitter leur appartement, si ce n'est pour respirer l'air sur leurs terrasses, et encore seulement la nuit venue, de peur que quelque œil indiscret les aperçoive, au grand scandale de tout ce qui, à tort ou à raison, prend le titre de vrai croyant. Si du moins, et pour compenser l'ennui de cette triste reclusion, elles avaient joui dans leur retraite de toutes les molles délices, de tout le somptueux comfort d'une opulente vie asiatique! Mais, hélas! sur ce point encore, il en fallut singulièrement rabattre. L'abondance ne régnait guère dans la maison, tout au contraire; les fêtes n'y avaient fait nullement élection de domicile, et les privations y étaient beaucoup plus connues que les plaisirs. L'ex-général des Arabes, vieil écervelé qui n'avait fait qu'ajouter une folie à beaucoup d'autres en épousant une grisette, était ruiné depuis longtemps. Il vivotait comme il pouvait à la grâce de Dieu, et tout le personnel de *ses nombreux esclaves* était représenté par une vieille négresse, la plus acariâtre et la plus fanatique créature de l'univers, qui ne savait quel genre de vexation inventer pour rendre la vie dure aux deux *chiennes de chrétiennes*, introduites contre son gré dans la maison. En fait de pierreries et de riches parures, madame Z... et sa fille durent se contenter des vieilles nippes d'une ancienne femme de Sidi-Hamdan, qui en était à sa vingtième pour le moins, sans compter les illégitimes. Ainsi accoutrées, les malheureuses ne ressemblaient pas mal à deux de ces faubouriennes

Le dimanche 22 avril, Mouloud fut admis à présenter au roi et à la famille royale les cadeaux de l'émir. Cette audience eut lieu dans le salon symbolique de la Paix : on avait pensé avec raison que la majesté royale ne devait point apparaître avec tout son éclat dans une entrevue de cette nature, et les splendeurs de la salle du trône ne furent point offertes aux regards de l'envoyé d'Abd-el-Kader. On remarqua la manière simple et expressive dont il salua le roi, en portant la main à son front, puis à son cœur, suivant l'usage des patriciens arabes. Il se retira fort satisfait de sa réception aux Tuileries, où il reparut le mercredi suivant pour s'asseoir à la table royale. Abouderbah obtint le même honneur, qui fut refusé à Ben-Durand : c'était justice.

Plusieurs ministres et M. le président de la chambre voulurent également recevoir les envoyés d'Abd-el-Kader. Mouloud-ben-Arrach avait assisté à plusieurs séances de l'assemblée élective, à une, entre autres, où M. Jaubert, l'apercevant dans la tribune diplomatique, avait, par une attention délicate, détourné entièrement la discussion pour la transporter sur le terrain d'Afrique, malgré les vives réclamations de ses adversaires, qui insistaient pour ramener l'honorable membre à je ne sais plus quel chapitre du budget. M. Jaubert avait sans doute pensé que chez le peuple le plus poli de la terre, on ne devait point s'occuper de détails d'intérieur devant un étranger. Quant au diplomate bédouin, il eût été assurément fort sensible à cette galanterie parlementaire s'il eût pu comprendre un seul mot à la discussion du jour.

Je le rencontrai un jour à la Bourse, où on lui faisait admirer les élégantes proportions de ce temple de l'agiotage. Il paraissait émerveillé du monument ; mais si son interprète parvint à lui faire concevoir les intrigues et les passions qui s'agitent quotidiennement dans cet antre aux somptueuses colonnades, je le tiens pour un habile homme.

De même que le dey d'Alger, Mouloud honora plusieurs fois de sa présence les représentations de l'Opéra. Mais il fut beaucoup moins sensible aux chefs-d'œuvre de Meyerbeer et de Rossini qu'à la danse voluptueuse et sémillante de Fanny Elssler dans les deux ballets alors en vogue : le Diable boiteux et la Chatte métamorphosée en femme. Les savantes combinaisons harmoniques de l'école allemande et les fioritures de la musique italienne ne pouvaient manquer d'échapper à une oreille novice qui, jusqu'à ce moment, n'avait connu d'autre musique que celle des chalumeaux et des tambours de la musique d'Abd-el-Kader. Mais les danseuses parlent une langue brûlante et intelligible à tous. Aussi le diplomate Mouloud professait-il pour les capricieuses évolutions du corps de ballet et la pantomime en général, une admiration profonde, admiration qui ne fut pas toujours purement platonique, s'il eût fallu en croire, du moins, à l'époque, les méchantes langues qui abondent toujours au foyer de la danse.

Une jeune actrice fort goûtée au boulevard, mademoiselle R.... du Cirque-Olympique, voulut bien également se charger de payer, au nom de ses compagnes, la dette de l'hospitalité au khalifah d'Abd-el-Kader. Elle anima et égaya de sa présence habituelle les conférences diplomatiques de l'hôtel Marbœuf, y introduisit, assure-t-on, le culte du champagne, et poussa même le dévouement jusqu'à faire le voyage de Toulon avec Mouloud, lorsque ce dernier quitta Paris pour retourner auprès de son maître, le jeune émir. Il semble qu'après un tel accueil et avoir reçu de telles marques de sympathie, le diplomate aurait dû se retirer à demi-nationalisé français. Eh bien, il n'en fut rien : le farouche Mouloud repartit plus Arabe qu'il n'était venu, et, depuis ce voyage en France, nous n'avons pas eu d'adversaire plus constant ni plus acharné que lui.

Nous avons eu plusieurs fois occasion de voir le second envoyé d'Abd-el-Kader, Abouderbah, dans les divers séjours qu'il a faits à Paris. C'est un homme de bonne compagnie, d'esprit, d'aplomb et de sang-froid. A un précédent voyage, mandé devant la grande commission d'Afrique, présidée par M. le duc Decazes, il avait étonné cette réunion politique par la justesse de ses aperçus et l'étendue de ses connaissances. Entre autres avis, il avait donné à la commission ce conseil, bien remarquable dans sa bouche, d'éloigner autant que possible les musulmans de la direction des affaires. Exempt de préjugés religieux, Abouderbah ne faisait aucune difficulté de s'asseoir à une table chrétienne et même d'y accepter, à l'occasion, un verre de bordeaux ou de bourgogne. Nous-même, qui écrivons ces lignes, avons eu plus d'une fois le plaisir de heurter le cristal avec lui, tout en écoutant sa piquante conversation et en puisant dans sa boîte d'or d'un excellent tabac d'Espagne, comme il n'appartient à nul d'en consommer, si ce n'est aux nez couronnés. Il était reçu à Paris dans les meilleurs salons, politiques ou autres, et c'était un de nos plus honorables généraux (M. Tholozé, alors commandant de l'École polytechnique) qui, en son absence, s'était chargé d'être le protecteur, le soutien, le second père de son jeune fils Ismaël. Pourquoi faut-il qu'Abouderbah, uni par tant de liens à la France (sa femme est notre compatriote), et doué d'une si belle et si vaste intelligence, ait abandonné notre cause pour passer dans le camp ennemi?

Quant à ce fameux Ben-Durand, enlevé aux finances et à l'intrigue par une fièvre pernicieuse peu après son retour en Afrique, nous avons eu également l'avantage de le voir souvent à Paris. Il était bon homme, au moins en apparence, causait volontiers et avec esprit, n'était point ennemi de la joie, et se plaisait à évoquer le souvenir déjà lointain de ses fredaines de jeune homme. On le rencontrait habituellement dans les promenades, dans les théâtres, dans les lieux de plaisir, en un mot, qu'il parcourait, et appréciait en homme qui sent tout le prix de la civilisation et n'estime la barbarie que pour ce qu'elle rapporte. Les plus anciens habitués du divan de la rue Lepelletier se rappellent sans doute avoir vu s'attabler souvent le soir, dans cet estaminet semi-oriental, à la sortie de l'Opéra, un gros homme en costume turc, doué d'une physionomie bénigne, d'un teint grêlé, d'une barbe brune et claire. Cette amphore à turban, ce Falstaff africain, cette façon de roi d'Yvetot à la mine gaillarde et rubiconde, c'était l'un des génies les plus astucieux, les plus fins qui peut-être aient jamais existé : c'était l'illustre Ben-Durand.

Peu de temps avant l'arrivée des envoyés d'Abd-el-Kader, Paris avait reçu la visite de ce brillant aventurier, de ce moderne Mourad-Bey, que tant et de si incroyables prouesses ont rendu célèbre sous le nom de Jusuf, et qui, simple mameluk à Tunis, lors de la prise d'Alger, commande aujourd'hui, avec le grade de colonel, tout le corps des spahis d'Afrique. Nous ne citons ici ce nom que pour mémoire, car Jusuf n'est point Algérien : il est Français et a conquis ses lettres de grande naturalisation à la pointe de son épée. D'autres, d'ailleurs, et parmi eux le plus spirituel des princes (Puckler-Muskau), ont raconté, mieux que nous ne pourrions le faire, la vie étrange, fantastique de ce preux quasi-sarrasin. Paris reçut le jeune héros de la Kasbah de Bône et l'adversaire d'Ahmed-Bey avec curiosité, faveur et même une sorte d'enthousiasme. Pendant tout un grand mois, Jusuf fut *lion* dans la véritable et bonne acception du mot. Les femmes surtout professèrent un culte passablement idolâtre pour ce jeune et séduisant coupeur de têtes. Les billets ambrés plurent par centaines rue Saint-Lazare, chez notre grand peintre Horace Vernet, qui, ayant reçu à Bône l'hospitalité de Jusuf, la lui rendait dans ses foyers. Les femmes voilées firent le siége de cette demeure artistique, et il fut un instant question de requérir des municipaux pour contenir et discipliner cette mystérieuse affluence.

Les voyages en France étaient alors à la mode parmi les chefs algériens, et le gouvernement favorisait de tout son pouvoir ces émigrations, qui, initiant nos nouveaux sujets aux merveilles de la civilisation et à la grandeur de notre pays, devaient contribuer à éteindre les haines et préparer une fusion si désirable entre les vainqueurs et les vaincus. Après les envoyés d'Abd-el-Kader, l'hôtel Marbœuf, loué dans cette vue par le département de la guerre et transformé en un véritable caravansérail, reçut successivement l'ancien bey de Tlemcen, Mustapha-Ben-Mukallech ; son ami, le scheïkh Abd-el-Kader-Ben-Daoud, et enfin le célèbre agha des douairs et des smélas d'Oran, le compétiteur souvent heureux et toujours redoutable de l'émir, le vieux général Mustapha-Ben-Ismaël avec tout son état-major.

Ce personnage vénérable, si aimé et si respecté des Arabes, ce patriarche des combats, qui, en récompense des services rendus par lui à notre cause, venait d'être promu au double grade de maréchal de camp et de commandeur de la Légion d'honneur, vint en France dans l'été de 1858, pour témoigner dans le procès instruit à Perpignan contre le général Brossard. Il se rendit ensuite à Paris avec son escorte, composée de dix ou douze personnes, sur l'invitation pressante du ministre de la guerre, qui pourvut largement à toutes les dépenses de son séjour au milieu de nous.

Mustapha passa deux mois à Paris, durant lesquels il visita tout ce que cette splendide capitale enferme de curiosités et de merveilles en tout genre. Il parut vivement impressionné de tout ce qu'il voyait ; mais deux choses le frappèrent surtout : les jeux équestres du Cirque-Olympique et l'aspect du roi Louis-Philippe.

Hâtons-nous de repousser le soupçon d'irrévérence que de prime abord peut faire naître un si étrange accouplement. A coup sûr, Mustapha était bien loin de vouloir offenser la majesté royale par ce rapprochement qui n'a d'irrespectueux que l'apparence. Mais, afin qu'on en juge mieux, laissons-le décrire lui-même ses sensations à M. Warnier, ancien chirurgien de la légation française de Mascara, qui, peu de temps après son retour à Oran, s'entretenait avec lui de son récent voyage en France, et auquel il venait de faire cette bizarre confidence.

— J'ai vu de bien belles choses dans ton pays, lui dit Mustapha après ce singulier aveu. On m'a conduit dans tous les théâtres, dans tous les établissements publics ; j'ai visité des monuments, des promenades magnifiques ; mais parmi tant de curiosités, celle que j'ai le plus admirée, c'est cette façon de petite lune (le Cirque) où l'on voit de si beaux chevaux et de si habiles écuyers. Ah ! c'est là un spectacle que je n'oublierai de ma vie !

— Je le conçois, dit M. Warnier ; tu te figurais peut-être qu'il n'y avait en France personne qui sût dresser un cheval ?

— J'en conviens, reprit Mustapha. J'avais vu vos chasseurs d'Afrique, intrépides soldats du reste, galoper en vrais casse-cous, trébuchant aux moindres broussailles, au plus petit accident de terrain, et je m'étais dit bien souvent : « Quel dommage que ces gens-là ne sachent pas mieux monter à cheval ! » Je croyais donc fermement les Français inhabiles à ce noble et mâle exercice. Mais lorsque j'ai vu dans ce lieu des jeunes gens, de petits enfants et jusqu'à des femmes manier un cheval mieux que moi-même, monter sur le dos de leurs coursiers, et s'y tenir en équilibre, chose que je n'ai jamais pu faire : ah ! j'avoue que j'ai été ravi en extase.

— Les gens que tu as vus au Cirque, répondit M. Warnier, passent toute leur vie à apprendre les tours de voltige surprenants qu'ils ont exécutés devant toi. Aussi se montrent-ils pour de l'argent. Il n'en est pas de même de nos cavaliers qui ne montent à cheval que pour le service du pays, et sont déjà hommes faits au moment où commence leur éducation équestre. Mais tu m'as parlé du sultan de France.

— Lorsque autrefois j'allais visiter, moi, agha du maghzen, et, je puis le dire, le premier entre les Arabes, mon seigneur et maître le bey

L'ARABE.

d'Oran, j'étais obligé de plier humblement la tête devant lui. Jamais il
ne m'était permis de lui adresser la parole, que je ne lui eusse fait trois
saluts jusqu'à terre et baisé respectueusement les pieds, les mains et les
genoux. Or, qu'est-ce, je le demande, qu'un roitelet pareil à Hassan ou
à Bou-Kabous, en présence de Louis-Philippe, de ce sultan de l'Occident,
qui commande à de si vastes flottes, à tant de valeureux guerriers, à un
territoire si riche et si immense, qu'un cavalier, après plus de trente
jours de marche, n'en verrait peut-être pas la fin? C'est ce que je me
disais tout le long de la route qui conduit de Perpignan à Paris, en dé-
couvrant à chaque instant des multitudes de villages et des villes beaucoup mieux bâties, plus grandes, plus belles, plus peuplées qu'Oran,
Mascara et Tlemcen. Dans chacune de ces villes, nous trouvions sur pied
de nouvelles troupes de soldats, et partout des corps d'officiers venaient,
leur général en tête, me rendre visite à l'auberge où j'étais descendu
avec mes gens. — Mais, par Allah! me disais-je, il faut que les soldats
soient aussi nombreux dans ce pays que les grains de sable au désert!
Évidemment, le sultan de France est le plus grand prince de l'univers.
Comment ferai-je, au nom du ciel! pour me présenter devant lui, et
quel hommage digne de lui pourrai-je lui rendre, moi qui courbais mon
front jusque dans la poussière en présence du bey d'Oran? Cette pensée
tyrannique me préoccupait sans cesse: elle me tourmentait à tel point,
qu'elle m'avait fait prendre en aversion les honneurs dont on me comblait,
et qu'à ce moment on ne pouvait me jouer un plus méchant tour que de
parler du souverain de France, de ses innombrables sujets, et de sa
puissance dont chaque nouvelle preuve venait augmenter mon malaise et
mes mortelles inquiétudes. Or, justement on aurait dit que tout le monde
s'était donné le mot pour ne me laisser aucun relâche, en s'acharnant à
me montrer ce dont j'étais déjà aveuglé. A Paris, ce fut pis encore. Bref,
le jour où on vint m'annoncer que le sultan de France m'attendait, j'é-
prouvai un tel saisissement, qu'un abîme ouvert sous mes pas ne m'aurait pas causé, je crois, plus d'épouvante. Il fallut pourtant me décider à
paraître devant ce grand souverain; mais j'aurais de bon cœur donné en
cet instant mille pièces d'or pour être bien loin. Je me rendis aux Tuileries, je gravis en tremblant les marches du grand escalier du palais; en
entrant dans la salle d'audience, je sentis mes jambes plier sous moi. Si
je l'avais pu, je me serais réfugié derrière ma suite. Tel était mon trouble, que j'oubliai complètement de me prosterner. Je restais donc debout,
n'osant pas avancer et ne sachant quelle figure faire, lorsque le roi, le
croirais-tu? le roi lui-même vient à moi, et, loin de paraître formalisé de

mon manque de civilité, me prend par les bras, m'attire vers lui, me serre la main cordialement, et me dit de l'air le plus gracieux et le plus affable du monde : « Comment te portes-tu? j'ai entendu parler de toi : je sais que toi et tes douairs, vous me servez fidèlement. Sois-le bienvenu parmi nous! » Il m'a reçu comme un ami, m'a fait asseoir à sa table avec sa femme et ses enfants, qui tous m'ont parlé et m'ont dit les choses les plus obligeantes, et j'ai rompu le pain avec eux comme pourrait le faire un égal. Explique-moi cela. Quant à moi, je me demande souvent si je n'aurais point par hasard rêvé ce que je viens de te conter!

— Et moi, je n'en suis point surpris, lui répondit M. Warnier. C'est ainsi que le roi reçoit les hommes de mérite et de cœur qui lui sont dévoués comme toi. Il a voulu te faire honneur, et te prouver par cet accueil qu'il avait su apprécier tes services, ton rang élevé...

— Mais, reprit Mustapha, ne rendais-je pas aussi des services à Osman, à Mohammed, à Hassan-Beys? J'étais l'agha de leur maghzen ; je me battais bravement pour eux toutes les fois qu'ils me l'ordonnaient. Et cependant de quoi avais-je l'air en leur présence? D'un esclave! C'est à peine s'ils daignaient jeter les yeux sur moi ; et quand, après m'avoir donné leur babouche et leur main à baiser, ils voulaient bien me convier à fumer avec eux une pipe, ou à prendre une tasse de café, c'était tout : leur hospitalité n'allait jamais au delà, et encore devais-je m'en tenir très-honoré, car ils ne poussaient pas tous les jours l'aménité à ce point. Comment donc m'expliqueras-tu la différence de leur accueil?

— Rien de plus simple, lui répondit M. Warnier. Tes beys d'Oran étaient des tyrans qui écrasaient leurs inférieurs, pour faire croire à une puissance qu'un souffle pouvait leur ôter. Ils étaient orgueilleux, parce qu'ils étaient faibles ; arrogants, parce qu'eux-mêmes tremblaient sans cesse devant le dey d'Alger. Quant au roi de France, il n'a besoin de fouler aux pieds personne pour paraître grand ; l'éclat de son haut rang brille assez par lui-même, et, s'il est bon et affectueux pour ses sujets, c'est qu'il est fort. Comprends-tu maintenant pourquoi il n'a pas imité les despotes dont tu te plaignais tout à l'heure?

Mustapha réfléchit un instant, sourit et répondit affirmativement. Puis il ajouta que jamais cette réception ne s'effacerait de sa mémoire, et que, jusqu'à son dernier soupir, il combattrait pour le souverain qui n'avait pas cru s'abaisser, en pressant dans sa main auguste celle du vieil agha de son maghzen. Il a tenu parole ; il est mort comme il avait vécu, les armes à la main, et le douloureux retentissement qu'eut au mois de mai dernier son trépas héroïque à la suite d'une expédition victo-

rieuse n'est point encore si affaibli en France, mais surtout en Afrique,
que la plupart de nos lecteurs n'en aient gardé le souvenir.

Mustapha ne se louait pas moins de l'accueil du duc d'Orléans, avec
lequel il avait combattu à Mascara sous les ordres du maréchal Clausel. Il
avait retrouvé chez le prince royal cette bienveillance native et cette absence de fierté qui l'avaient si fort étonné de la part du *sultan de France*,
et qui, jointes à ce ton de camaraderie familière et affectueuse que le duc
d'Orléans savait si bien prendre avec le moindre de ses compagnons
d'armes, avaient complétement subjugué le vieux chef. La brillante valeur du prince dont il avait été à même de juger, ses allures militaires et
sa prédilection bien connue pour le métier des armes, faisaient d'ailleurs
vibrer dans l'âme de Mustapha autant de cordes sympathiques.

Craint et vénéré de son entourage, Mustapha conservait en France, sur
ses officiers et les gens de sa suite, un empire aussi absolu, aussi arbitraire que s'il eût été avec eux sous la tente. A Perpignan, il arriva qu'un
de ses domestiques, étant allé se promener de par la ville, ne se trouva
point à son poste au moment où le vieux général avait besoin de ses services; Mustapha, qui était irascible, se pinça les lèvres et ne sonna mot.
Seulement, lorsque le délinquant reparut tout honteux de sa faute, il
donna gravement ordre à deux autres de ses serviteurs de lui appliquer
la bastonnade. Cette sentence reçut immédiatement son exécution dans
la cour de l'hôtel où logeait Mustapha, en présence de nombreux voyageurs attirés par les cris de douleur du patient.

Aussitôt grande rumeur dans tout le voisinage; au bout d'une heure il
n'était bruit dans la ville que de la manière cavalière dont le chef arabe
entendait le redressement des incartades de ses gens. La légalité jugea
elle-même à propos de s'émouvoir dans la personne de M. le commissaire de police qui, revêtu de son écharpe, se présenta chez le vieil agha et
lui adressa une mercuriale sur le mode un peu excessif de sa juridiction
seigneuriale. Mustapha écouta paisiblement la harangue du fonctionnaire,
se la fit traduire par son interprète, et n'en comprit pas un seul mot.

— Mais cet homme est à moi; je l'ai acheté et payé! s'écria-t-il pour
toute réponse; j'en puis donc faire ce que je veux.

— En Afrique, c'est possible, mais non point en France, répondit
M. le commissaire.

— Pourquoi cela?

Ici le magistrat s'évertua à faire comprendre au vieux chef la théorie lé-
gale en vertu de laquelle un homme, esclave dans un pays, peut cesser de
l'être tout à coup en mettant le pied dans un autre.

— Quoi ! ce qui est à moi ne serait plus à moi, dit Mustapha impé-
tueusement, parce que je suis ici et non point là ? Vous vous raillez !

— Au moins promettez-moi de ne plus battre vos gens, reprit le
fonctionnaire, voyant que son éloquence était prodiguée en pure perte.

— Je ne promets rien.

Et M. le commissaire dut se payer de cette assurance négative.

Le plus piquant de l'aventure, c'est que le battu de la journée, entendant le bruit du débat et en ayant appris la cause, fit comme la femme
de Sganarelle à l'encontre du voisin fâcheux qui trouble les querelles
conjugales, et, reconnaissant qu'il avait mérité d'être châtié, prit parti.

avec tous les gens de la suite de Mustapha, contre le plaisant magistrat
qui prétendait leur contester le droit de recevoir la bastonnade.

Moins rigoriste que le dey Hussein, Mustapha-Ben-Ismaël permit à un jeune peintre de talent, M. Vacherot, de venir esquisser à l'hôtel Marbœuf son portrait et celui de son jeune fils. Du reste, il remplissait avec ponctualité les devoirs de sa religion, ne buvait jamais de vin et observait le jeûne avec un scrupule sévère. Il se trouvait précisément à Paris, en 1838, au moment des longues abstinences du Ramadan, durant les trente jours duquel il n'est permis de prendre aucune nourriture avant le coucher du soleil.

Malgré le perpétuel exercice que lui faisaient faire ses cicerone, empressés à lui montrer les diverses curiosités de la ville, il se soumit héroïquement à toute la rigueur du précepte, et endura le jeûne jusqu'au dernier jour, au grand dépit de ses gens, forcés de l'imiter, et dont les bâillements désespérés témoignaient, bien avant l'heure fixée par les règlements canoniques, des terribles tiraillements de leur estomac insurgé contre la dure loi de l'Islam.

Une foule d'Algériens, petits ou grands (j'en passe, et des meilleurs), avaient déjà visité Paris sans que nulle femme arabe eût encore porté ses pas timides dans la moderne Babylone. Cette lacune fut enfin comblée en 1842.

Au mois d'août de cette dernière année, l'un des hôtels garnis de la cité d'Antin, paisible et élégant séjour qu'affectionnent de mystérieuses beautés, reçut une beauté plus mystérieuse mille fois que toutes celles dont le square isolé et silencieux a pu garder le souvenir. C'était une jeune femme de haute taille, au corps svelte et cambré, aux grands yeux noirs frangés de longs cils qu'ombrageaient deux sourcils fièrement arqués, aux lèvres rouges comme du corail, au teint pâle, à la chevelure d'un noir bleu lustrée comme l'aile du corbeau. Ses vêtements, tout d'or, de velours et de soie, étaient de coupe orientale, et son genre de vie n'était pas moins étrange que son exotique parure. Loin d'éprouver le moins du monde cette avide et frénétique curiosité qui s'empare d'abord de tout nouveau venu dans une cité telle que Paris, elle passait les journées sévèrement recluse dans son appartement, dont elle ne dépassait jamais le seuil, si ce n'est pour quelques rares sorties qu'elle faisait toujours en voiture et voilée de la tête aux pieds, telle qu'un blanc fantôme ou qu'on nous représente la vaporeuse protectrice du dernier comte d'Avenel.

Chez elle, les heures s'écoulaient, partie à aspirer, mollement étendue sur les divans de son salon, les parfums du latakié dans un narghilé de cristal (grande cause d'ébahissement pour les gens de service de l'hôtel), et partie à s'entretenir, dans une langue inconnue, avec son compagnon de voyage.

Ce dernier, vêtu à la turque, était un homme d'environ trente à trente-cinq ans. Il parlait passablement le français, bien qu'avec un accent méridional des plus prononcés. Ce fut lui qui se chargea de remplir toutes les formalités auxquelles est subordonné, dans ce pays de liberté par excellence, le droit d'arriver quelque part. En réponse à la demande d'usage faite au nom de dame police par le propriétaire de l'hôtel, il produisit un passe-port signé : *Bugeaud, gouverneur général de l'Algérie*, et, sur le registre des voyageurs, il écrivit lui-même les deux noms qui suivent :

« Mohammed, fils de Sid-Ahmed-Ben-el-Hamelaoui, ex-khalifah de Ferdjiouah, et la Sida Aïcha, femme de ce chef. »

C'était, en effet, la charmante et unique épouse de ce chef célèbre qui, la première entre toutes les femmes arabes, avait osé quitter le harem et s'aventurer, loin de son douar natal, au milieu du pays des Francs. Elle venait solliciter à Paris la grâce de son mari, vieillard septuagénaire, condamné par le conseil de guerre de Constantine à vingt ans de détention et emprisonné depuis le mois de septembre 1841 au fort de l'île Sainte-Marguerite.

Ce fut à la reine des Français qu'elle exposa d'abord le but de son voyage dans une supplique touchante où elle rappelait qu'Ahmed-Ben-el-Hamelaoui avait été le compagnon d'armes du prince que pleurait alors une mère désespérée et qui, de sa main, avait décoré le vieux chef arabe après le passage des Bibans.

« Il n'est pas une seule de nos tribus, écrivait la Sida Aïcha, qui ne connaisse et ne vénère le nom de la reine des Français. — Mes compagnes m'ont dit : *Aïcha, épouse de Ben-el-Hamelaoui, allez à la reine des Français*, et aussitôt je suis venue ! »

Cette naïve requête, le dévouement pieux de celle qui l'avait formée, mais plus encore le souvenir du fils qu'elle venait de perdre, émurent les entrailles de mère de la reine ; la mémoire de son premier-né ne devait point être invoquée en vain par la jeune et belle suppliante. Ahmed-Ben-el-Hamelaoui ne tarda point à obtenir sa grâce, et, quelques semaines après l'envoi de cette supplique, il se rendit du fort Sainte-Marguerite à Nogent-le-Rotrou, résidence qui lui avait été assignée par le ministre de la guerre. Peu après, il fut autorisé à transférer son domicile à Meaux (Seine-et-Marne), puis enfin à Paris, où il passa l'hiver de 1845.

Durant ce séjour, Hamelaoui se montra beaucoup plus sociable que
tous ceux de ses compatriotes qui l'avaient précédé en France. Il laissa
de côté, sans façon, sa réserve mahométane, et prit sans peine son parti
de vivre temporairement à l'infidèle. Il étendit même à sa compagne la
tolérance cosmopolite dont il usait pour son propre compte, et ne fit
nulle difficulté de la conduire dans les nombreux cercles, routs, soirées,
où il fut convié ainsi qu'elle.

C'est ainsi que nous eûmes l'avantage de les rencontrer tous les deux
à une grande soirée dansante donnée l'hiver dernier par le riche M. P...
En acceptant l'invitation qui lui avait été adressée pour lui et la Sida
Aïcha, Hamelaoui s'était expressément enquis si nul autre musulman
que lui ne figurerait à cette fête. Sur la réponse négative de l'amphitryon, il consentit sans répugnance à se départir, pour sa compagne, du
rigorisme musulman qui fait aux femmes des vrais croyants une loi de
fuir soigneusement tous regards autres que ceux de leurs maris. Les traits
de la belle Aïcha furent donc offerts, sans aucun voile, à l'admiration enthousiaste d'un nombreux peuple de *giaours*. Ajoutons que cet examen
— et qui connaît les Parisiens, mais surtout les Parisiennes, sait s'il dut
être scrupuleux — ne détruisit aucun des prestiges poétiques dont l'i-
magination se plaît à revêtir les beautés mystérieuses des harems.
Parée de l'élégant et riche costume moresque, la jeune épouse du
vieux chef supporta, sans déchoir en aucune façon, mais non pas
sans rougir et se troubler beaucoup, la féroce curiosité dont elle se voyait
l'objet.

S'apercevant de son embarras, le maître du logis s'empressa de lui
offrir son bras qu'elle accepta avec une joie évidente, et l'emmena dans
une belle galerie attenante à ses salons, afin de la soustraire un instant
aux regards dont elle était le point de mire, et sous prétexte de lui montrer les tableaux et les marbres précieux de sa vaste collection d'objets
d'art et d'antiquité.

On admira beaucoup aussi la noble physionomie de l'ex-khalifah de
Ferdjiouah, majestueux vieillard dont la longue barbe blanche et l'imperturbable gravité formaient un contraste frappant avec la figure juvé-
nile et la timidité de sa compagne. On eût dit presque, en le voyant, d'un
de ces personnages bibliques que nous retrace l'Écriture, du vieux roi
David, par exemple, aux côtés de la belle Bethsabé.

A peu de jours de là, M. le duc Decazes tendit, sans le vouloir, un
guet-apens insigne à Hamelaoui et à sa jeune femme. A peine le couple
arabe eut-il fait son entrée dans les somptueux salons de M. le grand

référendaire, Aïcha ayant comme toujours déposé son voile, que celle-ci aperçut à quelques pas d'elle, dans une attitude pensive et le visage grave assombri par une expression de reproche, un coreligionnaire, et, qui pis est, un prêtre, le Berbère Si-Ahmed, imam de la mosquée de Bougie, qui venait d'être mandé à Paris pour prendre part, avec MM. de Nully et Brosselard, fonctionnaires orientalistes du département de la guerre, à la rédaction d'une grammaire et d'un dictionnaire kabyles. Aussitôt la jeune Arabe rougit, cacha son visage dans ses mains et se réfugia toute confuse auprès de son mari, qui ne paraissait guère moins honteux ni moins embarrassé qu'elle. Tous deux ne tardèrent pas à se retirer à la suite de ce petit coup de théâtre, à la grande contrariété du noble amphitryon, et même à celle de Si-Ahmed, le meilleur homme du monde, qui, tout en blâmant le laisser aller d'Hamelaoui et d'Aïcha, se reprochait d'avoir chassé, en quelque sorte, ces pauvres gens du palais pairial et ducal.

Nous avons en ce moment à Paris une autre Aïcha qui ne le cède point en beauté ni en séductions à la femme du vieux chef arabe : c'est une des anciennes et nombreuses épouses du fameux Hadj-Ahmed, l'ex-bey de la province de Constantine. Elle était au nombre de ses femmes légitimes et l'une de celles que le sombre despote préférait. L'histoire de la grandeur et de la décadence de cette ci-devant sultane favorite serait des plus intéressantes, et nous regrettons que le défaut d'espace ne nous permette pas de vous la conter en détail. Italienne de naissance, elle fut enlevée en bas âge par des pirates barbaresques de l'île de Chios, où s'était établie sa famille. Son père et sa mère furent massacrés par les forbans, et son jeune frère emmené avec elle en Afrique. Conduite à Alexandrie, elle y fut exposée au bazar des esclaves et achetée pour le compte d'Ahmed, qui, épris de sa rare beauté, l'épousa encore tout enfant : elle avait à peine dix ans. Depuis 1830, époque de son arrivée à Constantine, jusqu'à la prise de cette ville, elle a mené la triste vie d'odalisque dans le harem du bey, dont elle s'échappa avec ivresse aussitôt que le drapeau français flotta sur les murs de la place. Rendue à la religion chrétienne par les soins de M. l'évêque d'Alger, elle épousa depuis un Français, M. N..., avec lequel elle est aujourd'hui fixée à Paris. Nous avons eu une ou deux fois le plaisir d'approcher cette jeune héroïne du plus triste roman du monde, et nous l'avons vue notamment dans son intérieur, où, à la simplicité de sa mise et de son maintien, nul n'aurait pu la distinguer d'une bonne ménagère campagnarde habituée dès son enfance aux rustiques travaux de la ferme. Madame Aïcha, qui est

encore dans tout l'éclat de sa beauté, était revêtue d'un costume à peu
près semblable à celui que portait Fleur-de-Marie à Bouqueval chez l'excellente madame Georges (ceci soit dit, je vous en prie, sans aucune comparaison).

Qui eût soupçonné, je vous le demande, sous ces humbles habits,
dont l'étoffe et la coupe agrestes lui seyaient pourtant à merveille, l'ex-
reine du harem d'Ahmed, celle pour qui les cachemires venaient d'Orient,
les perles d'Ophir et le corail du fond des mers? Étrange destinée! convenez-en; et que le musulman fataliste a raison de s'écrier quotidiennement :

« O Allah! mystérieuse volonté, toute-puissante intelligence, tes dé-
crets sont impénétrables! »

Revenons aux Algériens. Aussi bien le nom d'Ahmed-Bey nous rappelle
celui de son lieutenant, le farouche Ben-Aïssa, qui a fait, dit-on, couper
dans sa vie vingt mille têtes ou environ (il en avoue au moins dix mille),
et dont nous n'avons point encore parlé. Hâtons-nous de réparer cet
oubli.

Ben-Aïssa, emprisonné au fort de l'île Sainte-Marguerite, comme coupable de trahison et d'émission de fausse monnaie, obtint, en 1842, sa
grâce et la permission de se fixer à Montpellier, où, pour tuer le temps,
à défaut d'autre chose, il se mit à faire des chaudrons. Tandis qu'il éta-
mait le cuivre dans l'Hérault, son fils Hamdou semait l'or à flots sur les
bords heureux de la Seine. Ce jeune dandy constantinois étalait ici, l'hiver
dernier, ses lourdes grâces barbaresques ; on ne voyait que lui dans tous
les lieux de plaisir, au théâtre, dans les concerts, au restaurant de la Cité
et chez nos Aspasies modernes. Nous l'aperçûmes une nuit au bal de
l'Opéra, qu'il honorait habituellement de son agréable présence, dans
une bien critique position.

Au moment où ce gros fils de l'Atlas, flanqué, comme un énorme pot
de ses deux anses, d'un domino noir et d'un blanc, s'apprêtait, venant
de la salle, à franchir le seuil du foyer, un rébarbatif municipal l'arrêta
tout court en lui disant :

— On ne passe pas!

— Pourquoi cela? demanda M. Hamdou étonné.

— Vous n'avez donc pas lu l'affiche? reprit d'un ton bourru le gardien
de la tranquillité publique.

— Mais je l'ai très-bien lue, au contraire!

— En ce cas, vous devez bien savoir que *les costumes* n'entrent pas
ici.

— Quels costumes? demanda Hamdou tout effaré. Je n'en ai pas d'autre que le mien propre.

— Ah çà, est-ce qu'il veut me faire *poser*, ce méchant Turc de barrière? s'écria le municipal impatienté, en repoussant rudement notre homme.

Celui-ci, l'œil écarquillé et le turban tout en désordre, allait en effet prendre le parti de battre piteusement en retraite avec son double domino, lorsqu'un ami vint à son aide et expliqua au municipal que ce jeune monsieur méritait, malgré les apparences contraires, d'entrer au foyer, étant un Turc *pour de bon*.

Bien différente fut à Paris l'attitude de Hamouda, l'ancien hakem de Constantine, qui, exilé de cette ville pour nombre de méfaits qu'il serait trop long d'énoncer, sembla avoir pris à tâche de prouver parmi nous, par la rigidité de sa conduite, que ses accusateurs l'avaient calomnié. Loin de se mêler, comme Hamdou, au tourbillon des fêtes et des voluptés parisiennes, il passait son temps dans la retraite et l'abstinence, et affi-

chait une orthodoxie indomptable en matière d'hygiène et de mœurs. A
Constantine, on l'accusait de s'être pris de passion pour les produits de
nos vignobles; à Paris, il ne but que de l'eau. Un soir, passant sur le
boulevard, il laissa éclater une bouillante et assez comique indignation à
la vue de certains détails de coins de rue, dont sa vertu sauvage se refusait presque à admettre l'existence, ou même la possibilité. Il consignait,
au reste, et avec grand soin, ses remarques et impressions de voyage à
travers le monde civilisé sur un journal qui peut-être nous dotera un
jour d'une suite aux *Lettres persanes*.

Un frère puîné de Hamouda, le jeune Malek, avait fait avant lui le
voyage de Paris, et y avait porté, au degré le plus extraordinaire, une
morgue aristocratique dont l'ex-hakem de Constantine, fier de sa noble
extraction, n'est point lui-même dépourvu. Envoyé ici avec quatre autres
jeunes Arabes pour y être élevés aux frais du gouvernement français,
l'orgueilleux enfant ne songeait, au milieu de nos rues populeuses et des
distractions sans nombre que semblaient devoir lui apporter tant de spectacles nouveaux pour lui, qu'à maintenir scrupuleusement la préséance
qu'il croyait avoir le droit de s'attribuer sur ses jeunes compatriotes
moins élevés que lui en naissance. C'est ainsi que, durant leurs promenades communes, il refusait de marcher sur la même ligne qu'eux, af-
fectant de se tenir toujours, soit en avant, soit en arrière, de peur de paraître souscrire, s'il se montrait à leurs côtés, à un principe d'égalité
contre lequel se révoltaient ses préjugés nobiliaires. Par suite du même
instinct, il lui fut impossible de soumettre son humeur altière à la règle
de la maison où on avait voulu le placer. A peine y eut-il passé deux fois
vingt-quatre heures, qu'alléguant je ne sais quel prétexte, il sortit de
l'institution avec la ferme résolution de n'y jamais remettre les pieds, résolution dont rien au monde ne put le faire revenir.

Cette institution est celle de M. Demoyencourt, où de jeunes Algériens,
moins hautains et plus disciplinables que M. Malek, reçoivent, pour la plupart aux frais de notre gouvernement, une excellente éducation toute
française et toute libérale. Doués généralement d'une intelligence fort
vive, ils profitent à merveille des enseignements qui leur sont donnés, et de
retour en Algérie étonnent leurs familles par l'étendue et la variété des
connaissances qu'ils ont acquises chez les chrétiens. Le nombre de ces
élèves augmente chaque jour, et c'est avec grande joie qu'ils viennent
participer chez nous aux bienfaits de l'instruction. On le voit, pères et
enfants commencent à prendre volontiers le chemin de notre capitale, et
peut-être, la paix aidant, le jour n'est-il pas éloigné nous l'appelons de

tous nos vœux , où nous aurons dans Paris un *douar*, un faubourg,
un campement arabe, de même qu'il y a de temps immémorial une ville
franque à Constantinople

FÉLIX MORNAND.

LES MOLDO-VALAQUES A PARIS

LE MOLDO-VALAQUE.

En toutes choses, il faut procéder méthodique—

ment. Donc, qui parle de Moldo-Valaques, ou plutôt de Moldaves et de
Valaques, parle d'une Moldo-Valachie. Or, il nous semble assez rationnel, avant d'esquisser le peuple, de dire un mot du pays, surtout de
celui dont nous entendons parler ici.

La Moldo-Valachie... qu'est-ce que cela? Serait-ce une peuplade des
bords escarpés de l'Orénoque ou des confins glacés du Kamtschatka? Serait-ce une contrée? Serait-ce un fleuve, une île, un désert, une forêt? Voilà
pourtant ce que se demandaient, il n'y a pas encore quinze ans, une foule
de gens qui, quelque singulière que nous paraisse aujourd'hui cette question, n'en étaient pas moins de fort estimables citoyens, patentés pour la
plupart, électeurs, éligibles, etc. Car, ne vous y trompez pas, par le
temps qui court, très-petit est le nombre des initiés à la science des
Balbi, des Mac-Carthy, des Lapie.

Située sous le plus beau ciel du monde, entre le Danube, les Kra-
packs et le Pruth, la Moldo-Valachie nous a été révélée par la grande
question d'Orient: cette question, dont toutes les puissances européennes
semblent reculer à plaisir la solution définitive, afin de pouvoir torturer
plus à leur aise ce malheureux et tout à la fois majestueux empire des
Amurath et des Soliman. C'est l'Italie, moins les monuments. Un jour
ce sera le boulevard commercial de la mer Noire. Les Russes le savent
si bien, que, depuis cent cinquante ans, ils tendent de tous leurs efforts
à s'en emparer pour arriver de là à Constantinople. Le fastueux ministre de Catherine II, Potemkin, appelait ces deux principautés *la
grande route de Moscou à Byzance.*

Le prince Démétrius Cantimir a dit des Moldo-Valaques, sur lesquels
il régna, que le fond de leur caractère était l'orgueil, l'avarice et l'ignorance. Un consul allemand, M. Wolff, a ajouté : « Ce sont des hommes
hautains et durs envers leurs subordonnés, fins, rusés, jaloux et vindi-
catifs. » Enfin un touriste magyar, le comte de Karackzay, les dépeint
robustes, bien faits de leur personne, intelligents, adroits, — mais paresseux, ivrognes et adonnés au commerce des femmes.

Nous ne sommes pas chargé d'étudier les Moldo-Valaques chez eux ;
sans cela il nous serait facile de démontrer la vérité sous certains rapports,
l'exagération sous beaucoup d'autres, de ces divers jugements. Voyons-
les donc à Paris. Sachons, la loupe d'une main et le scalpel de l'autre,
quels sont, dans ce grand village, leurs impressions, leur manière d'agir,
leurs qualités, leurs défauts, leurs us et coutumes en un mot.

S'il est un lieu au monde qui fixe l'attention des étrangers, qui les appelle, les entraîne, les enlace et les captive, c'est assurément Paris. Que

nous parle-t-on de Londres et de son immense population ! de Vienne que
nous ne pouvons plus dépeindre après la peinture qu'en a faite M. de
Roquelaure dans un moment de joyeuse humeur ! de Saint-Pétersbourg
et de ses monuments en plein marbre ! de Berlin et de son admirable disposition architecturale ! de Madrid et de son Escurial ! de Constantinople et de son féerique Bosphore ! de Rome enfin, cette vieille, noble
et grandiose cité des Tarquins, des Césars et de notre saint-père le
pape ! Tout pâlit, tout disparaît à côté des rues étroites de Paris, de ses
maisons en forme de cages à poulets, de son ciel moins d'or que de
plomb, de son pavé boueux et glissant, de son gaz délétère, de son bruit
infernal et de ses bohémiens ! Un grand poëte ne nous a-t-il pas prouvé
que le beau c'est le laid ? Or, quel lieu au monde réunit à un plus haut
point que Paris toutes les conditions voulues pour justifier une pareille
allégation ? Quelle ville est plus une, plus seule, plus indivisible ? Quel
plus vaste gouffre ? quel plus inextricable dédale ? Où trouver autant de
luxe, de misère, de plaisirs, de douleurs ? tant de moyens d'amasser
de l'argent, tant de moyens surtout d'en dépenser ?

Paris ne peut donc pas plus manquer d'attirer tous les étrangers que les
mirages de l'Arabie les caravanes égarées, que la *Fata Morgana* les pauvres pêcheurs entre Messine et Reggio, que les lorettes les banquiers. A
cet égard, il en est des étrangers comme des artistes : il faut que, tous, ils
viennent se faire consacrer dans ce séjour des lettres et des arts. Nul ne
peut porter hardiment la tête s'il n'a reçu le baptême des élus, non dans
les eaux bénies du Jourdain, mais sur les rives de la Seine. *Sic fata
voluerunt !*

Et cependant les Moldo-Valaques furent longtemps insensibles aux
charmes de Lutèce. Longtemps la réputation de l'homérique Musard arriva jusqu'à Boucarest et jusqu'à Jassy, leurs villes métropolitaines, sans
qu'ils se laissassent séduire. Plongés dans leur orientale indolence, ils ne
songeaient pas à en sortir. Il fallut que les hordes moscovites apparus-
sent à leurs portes pour que soudain ils se réveillassent, comme si une
pile de Volta les eût brusquement touchés ; alors ils comprirent que,
pour tenir tête aux Barbares, il fallait que les Moldo-Valaques se fissent
de nouvelles relations ; que, ne pouvant leur résister par la force brutale,
ils devaient y arriver par la supériorité intellectuelle.

Le frottement entre eux, loin d'user les peuples, leur est au contraire
ce que la gymnastique est au corps, l'étude à l'esprit, la fortune à ceux
qui n'en ont jamais eu : il leur donne des forces. Quelques jeunes
boyards au cœur chaud, généreux, le comprirent. Bravant la rage des

ours et des loups, ils franchirent leurs alpes Bastarniciennes et arrivèrent à Kronstadt ; puis, de Kronstadt, ils descendirent jusqu'à Vienne, de Vienne à Munich, de Munich à Bade, et enfin de Bade à Paris. En 1830, *rari nantes in gurgite vasto,* — c'est-à-dire que l'on comptait à peine huit ou dix Moldo-Valaques à Paris : aujourd'hui il y en a pour le moins cinquante.

Leur première impression, en débarquant, est celle de ce bon provincial à qui l'on avait dit que la *capitale* était une *terre de Chanaan,* un *pays de Cocagne,* une *île des Plaisirs :* elle est froide. Pouvaient-ils penser qu'une ville qui a été habitée par un Napoléon, c'est-à-dire presque un Dieu, ne sera pas bien autrement splendide que celles dont Schéhérazade a orné ses contes au sultan Schariar? Leur désappointement est d'autant plus vif, qu'ils s'étaient déjà préparés à jouir du merveilleux effet que devait leur produire son aspect par les grandes et belles villes qu'ils ont successivement traversées pour y arriver. Mais cette fâcheuse impression dure peu. Bientôt les Moldo-Valaques subissent l'influence de l'air *inanalysable* que, de tous côtés, ils respirent, et ils reconnaissent qu'au lieu de voir le beau côté de la médaille, ils n'en ont aperçu que le revers. Si Paris ne possède pas tout à fait, comme ils se l'étaient imaginé, des palais de cristal, des hôtels de porphyre, des ponts en argent, des maisons en or, des pavés en bois de palissandre, Paris marche à grands pas vers la *perfection,* — nous allions dire vers la *décadence,* tant ces deux mots nous semblent se toucher. Un Moldo-Valaque de nos intimes, aujourd'hui l'un des jeunes hommes les plus distingués de son pays, écrivit huit jours après son arrivée à Paris, à ceux de sa famille : « Vous me demandez ce que je pense de cette grande ville? Je « puise mon opinion au fond d'un bouquin du poëte Scarron, qui s'est trouvé par hasard sous ma main. La peinture n'est pas d'hier, et cependant elle m'a paru assez exacte. La voici :

> Un amas confus de maisons,
> Des crottes dans toutes les rues ;
> Ponts, églises, palais, prisons,
> Boutiques bien ou mal pourvues ;
> Maint poudré qui n'a pas d'argent ;
> Maint homme qui craint le sergent ;
> Maint fanfaron qui toujours tremble ;
> Pages, laquais, voleurs de nuit,
> Carrosses, chevaux et grand bruit,
> C'est là Paris : que vous en semble ? »

Ce qui n'empêcha pas qu'au bout d'un mois de séjour à Paris, notre intime en était devenu fanatique, et qu'il disait avec le pompeux langage des Orientaux : « Le monde est un Sahara qui n'a qu'une oasis : « Paris ! »

Dans leur pays, où la vie est si facile, les Moldo-Valaques (les Moldaves surtout) sont fort riches : en France, leur fortune n'a rien d'extraordinaire. Avant de quitter le sol *qui les a vus naître*, ils se munissent de 2 ou 3,000 ducats, souvent moins, rarement plus. Avec cette somme, importante chez eux, ils espèrent qu'ils mèneront longtemps la vie de grands seigneurs, leur existence de prédilection. L'illusion n'est pas de longue durée; mais, chose étrange ! leur admiration s'accroît en proportion justement de ce que leur bourse diminue. Si donc, comme il arrive à beaucoup d'entre eux, pensant qu'à Paris on peut agir aussi largement que dans la cité des hospodars, ils ont été se loger dans l'un de ces hôtels qu'affectionnent les Anglais, rue de la Paix ou rue de Rivoli, et y ont mené un train de gentlemen, force leur est bientôt de se restreindre ou de rentrer au bercail. Leur curiosité n'étant pas encore satisfaite, ils restent; mais ils s'en vont bravement percher dans un plus modeste caravansérail. Du premier étage ils montent au cinquième : qu'importe ! ce n'est qu'une question de marches. Ce qui, dans cette réforme, leur est le plus pénible, ce n'est pas de déménager, — les Moldo-Valaques sont de leur nature essentiellement remuants; les Turcs les appellent *Yourouks* (nomades); ils ne peuvent demeurer plus de huit jours de suite dans un endroit; quinze jours serait le *nec plus ultra* de leurs forces; un mois cela ne s'est jamais vu. Nous en savons un qui est malade d'être malade, et, par cette raison, de ne pouvoir changer de logement. Il y a six semaines qu'il souffre, et comme ce fait est pour ainsi dire un phénomène de durée, on prétend que, s'il se prolonge seulement de quelques jours, l'infortuné en mourra. D'où leur vient ce besoin de locomotion, qui forme un contre-sens avec leur indifférence habituelle? c'est un problème que l'Académie mettra sans doute l'un de ces matins au concours.

Ergo, nous le répétons, ce qui leur est le plus pénible, c'est d'être obligés de se priver de domestiques, ou de n'en garder qu'un, ou, plus souvent encore, de n'en point avoir. Dans les premiers temps, cela leur semble impossible; on en fait à Boucarest et à Jassy une si énorme consommation ! Un esclave pour charger le chibouck, un second pour l'allumer, un troisième pour l'apporter, un quatrième pour regarder, debout, son maître fumer, un cinquième pour lui aller chercher une *doultchaz*, — confiture turque que l'on prend après avoir fumé, — un sixième le verre d'eau, un septième la serviette, un huitième pour ramasser son mouchoir ; cinq autres pour l'habiller, le raser, lui peigner la barbe, lui laver les mains, lui faire les cheveux ; cinquante autres enfin pour le service de la maison, pour les appartements, les habits, les voitures, les harnais, les chevaux ; sans parler des cochers, des valets de pied, des valets de course, et de ces beaux Albanais qui se tiennent derrière les calèches, dans les antichambres, et remplissent, dit-on, l'office attribué généralement en France aux pimpants chasseurs de nos grandes maisons. Et n'allez pas croire que ces esclaves puissent se suppléer : celui qui charge le chibouck ne l'allumerait pas, dût sa liberté en dépendre ; de même que celui qui allume se garderait bien de charger. Chacun sa besogne. Un jour, passant dans la rue du *Pódomogochoi*, attiré par des cris affreux, nous entrons dans une vaste cour, et voyons, se roulant dans la poussière, un *zigan* — esclave bohémien — qui venait de se trancher le poing droit d'un coup de hachereau. Nous demandâmes pourquoi il s'était mutilé ainsi : on nous répondit que c'était parce qu'on voulait le forcer à conduire la *dorozska* de son maître. Cette occupation avait été la sienne pendant plusieurs années, et il s'en était toujours acquitté avec adresse ; mais, depuis un mois, elle n'était plus dans ses attributions, et il lui semblait souverainement injuste qu'on exigeât qu'il la reprît. De là son exaspération et son désespoir.

On se fait à tout, même aux choses les plus dures. Cela est si vrai, que les Moldo-Valaques n'ont pas goûté depuis plus de huit jours la privation de domestiques, qu'ils savent s'en tenir lieu à eux-mêmes et qu'ils ne s'en trouvent pas plus mal. De retour dans leur pays, ils licencient leurs esclaves, frelons désormais incommodes, et s'acquièrent ainsi la qualité de philanthropes. Un proche parent du hospodar actuel de Valachie en a, du même coup, libéré *six mille !*

Les Moldo-Valaques adorent le *far niente* : qui ne l'adore pas ? Ils aiment à laisser errer leur poétique imagination dans l'espace, à faire de longs et beaux rêves, à fumer, à écouter le silence, à dormir. Sortir est pour eux une corvée, surtout lorsqu'il faut que ce soit à pied. Toutefois, comme ils ne sont pas venus en France pour observer le régime recommandé par ces rimes :

> Lever, manger, fumer à neuf,
> Dîner à cinq, coucher à neuf,
> Fait vivre d'ans nonante-neuf ;

ils se hasardent, après quelques jours de repos, mettent le nez à la

fenêtre, descendent dans la rue, et, à peine là, se trouvent pris. Paris
exerce sur leur imagination l'effet d'un verre de champagne, il les grise.
Ceux (le nombre en est très-restreint) qui échappent à l'enivrement et
s'en retournent avant que leur conversion soit achevée, ceux-là font du
tort à Paris et à leurs compatriotes empressés toujours de les interroger. Et cela se conçoit : doués, en général, d'un jugement plus prompt
que sûr, ils se hâtent trop de formuler leur manière de voir. Ils procè-
dent à la mode anglaise, par exception. Une femme leur paraît-elle avoir
des bas mouchetés de boue, ils disent : Toutes les femmes de Paris ont des
bas sales ; un restaurateur leur sert-il un plat équivoque : Tous les Vatels
sont des empoisonneurs. Qu'un ami leur emprunte cent sous, puis, le
lendemain, dix francs pour leur rendre les premiers cent sous, ils n'auront pas assez de voix pour proclamer le mérite de tous leurs amis.
Tel banquier leur ouvre-t-il un crédit : Les banquiers, là-bas, n'ont pas
leurs pareils ; tel ministre son hôtel : les Metternich, les Nesselrode et
les Palmerston ne sont que des mirmidons à côté des ministres français ; et ainsi de suite.

L'un des plus grands boyards de la Moldavie, le *bann* Balsh Philip-
pesco, dont la famille est depuis longtemps fixée en Valachie, donnait
les plus délicieux routs de Boucarest. Madame Balsh, de si regrettable
mémoire, recevait avec une grâce parfaite. Femme d'esprit autant que
de cœur, elle savait s'attirer l'affection de tout le monde. Sa table et
son salon étaient le rendez-vous habituel de nombreux convives et
d'amis. Nous avions l'honneur d'en faire partie. Un jour, après un dîner
splendide auquel avaient assisté, suivant l'usage, une trentaine de personnes, parmi lesquelles le consul général de France, M. A. Cochelet,
que les colons ne remplaceront peut-être jamais, un groupe de jeunes
gens se forma dans l'un des angles du vaste salon où les hommes se
réunissaient pour fumer. La conversation s'engagea. Suivant l'usage,
elle avait lieu en français. Nous nous approchâmes. Il était question de
Paris. Un jeune boyard avait la parole :

« Je sortais, disait-il, du bal de Valentino. J'étais vêtu d'un costume
de muletier espagnol. Cinq heures venaient de sonner à Saint-Roch. Par
un hasard inexplicable, il n'y avait pas de voitures dans la rue. Cela
me contrariait d'autant plus que je n'étais chaussé que de minces
escarpins. Néanmoins, tombant de lassitude et de sommeil, je pris
bravement mon parti et me mis en route. Je demeurais alors rue du
Bac. Au moment où je traversais le Carrousel, j'entends résonner derrière moi le bruit d'une voiture ; je me retourne, c'était un fiacre. J'in-

terpelle le cocher : il ne me répond que ce mot : *chargé!* Et en effet,
les stores étaient hermétiquement fermés, ce qui me donna à penser
qu'il était occupé par l'un de ces jeunes couples à la joie turbulente desquels je venais moi-même de prendre part.

« Le fiacre allait dans la direction de mon hôtel. Avec la légèreté
d'un gamin de Paris, je m'élançai derrière et me fis un siège de la planche
sur laquelle se tiennent les valets. Qui sait? me disais-je, peut-être pas-
sera-t-il devant ma porte. Arrivé sur le pont Royal, il s'arrête. L'une
des portières s'ouvre, et deux hommes en descendent portant dans leurs

bras un objet oblong, pesant, et comme enveloppé d'un suaire. Je fris-
sonnai ; une sueur froide me tomba subitement du front. Les deux
hommes s'avancent vers le parapet, lèvent les bras et précipitent leur fardeau dans le fleuve. La nuit était sombre, une pluie fine mouillait l'air,
les réverbères du pont ne jetaient plus qu'une clarté pâle et mourante.
Afin de n'être pas aperçu des deux misérables qui venaient certainement
de commettre un crime, et qui, s'ils se fussent douté de ma présence,
n'eussent pas hésité à m'assassiner, je m'effaçai le plus possible. Je l'ai
dit, la nuit était sombre, ils ne me virent pas. Tous deux ils remon-
tèrent dans le fiacre, et le cocher fouetta vigoureusement ses chevaux.

— Vous l'avez échappé belle ! s'écria l'un des auditeurs.

— Attendez, je n'ai pas achevé. « Au lieu de revenir sur ses pas, le fiacre se dirigea vers le quai Voltaire. C'était assez prudent, car l'une des sentinelles du Louvre ou des Tuileries pouvait avoir entendu la chute du cadavre dont on venait de se débarrasser. Au moment où il tournait l'angle du pont, je me mis à fuir. Malheureusement le cocher m'avait entendu et avait donné l'éveil à ses complices. Je n'eus pas fait dix pas, pouvant à peine me soutenir, que je me vis assailli par l'un des deux hommes. Je poussai un cri, il me porta sur l'épaule un coup de poignard, me saisit par le bras et me terrassa sous ses pieds. Ce qui se passa alors, je ne saurais vous le dire, je m'étais évanoui. Quand je revins à moi, vingt gardes nationaux m'entouraient. J'avais reçu huit blessures, qui toutes offraient, Dieu merci, peu de gravité. Un commissaire de police me demanda si j'avais retenu le numéro du fiacre, s'il me serait possible d'indiquer le signalement des deux hommes, celui du cocher, etc. Vous devinez quelle fut ma réponse. La peur vous donne où vous ôte toute présence d'esprit. Je n'avais rien remarqué.

« Le bras en écharpe, je me rendis, trois jours après cet événement, chez l'un de mes amis, étudiant en médecine, rue Serpente. Je le trouvai s'habillant pour sortir. Je lui contai ce qui m'était arrivé. Tout en parlant, je m'approche de la fenêtre. Cette fenêtre était bordée par une assez large gouttière en plomb au milieu de laquelle s'épanouissait, dans son pot de terre rouge, un magnifique rosier. Jamais je n'en avais vu de si vert et de si bien fleuri.

« — Tiens ! qu'est-ce que cela peut donc être ? dis-je tout à coup en m'interrompant pour montrer à mon ami un objet étrange qu'une pluie abondante avait fait sortir du fond de la terre dans laquelle le rosier puisait l'existence.

« Il me regarda, devint pâle, et balbutia :

« — Oh ! ce n'est rien.

« — Comment ! vous appelez cela rien ?

« Et j'attirai tout un squelette d'enfant.

« A cette vue, l'étudiant perdit la tête et se jeta à mes genoux, en disant :

« — Par pitié, pas un mot ; vous me perdriez !

« J'exigeai un aveu complet, sans détour ; il le fit, et ce ne fut pas long. Le malheureux avait une maîtresse qui était sur le point de devenir mère. Au moment où les premières douleurs se manifestèrent, il s'était cru assez habile pour la délivrer lui-même : mais il avait trop présumé de ses forces ; l'enfant lui était mort entre les mains. Alors, ne sachant qu'en faire, et craignant qu'on ne l'accusât d'infanticide, il l'avait enterré au pied de son rosier. — Je voulus bien croire à la sincérité de son récit ; je lui promis, si je parlais jamais de l'aventure, de ne point le nommer, et je le quittai à la hâte.

« Vous voyez donc bien, ajouta le jeune boyard en laissant échapper une longue bouffée de *latakié*, que j'avais raison d'affirmer que ce Paris contient plus de bandits que d'honnêtes gens, et qu'on est à chaque instant menacé d'y perdre la vie.

— Pardon, monsieur, dis-je en m'avançant à mon tour, vous connaissez bien la France?

— Parfaitement.

— Vous avez longtemps habité Paris ?

— Deux mois.

— Je le vois, vous êtes un grand observateur.

— Aussi grand, me répondit-il avec un à-propos qui tout d'abord me déconcerta, que ceux de vos compatriotes qui traversent notre pays à vol d'oiseau et qui trouvent le moyen d'en parler durant deux volumes. »

Si jamais quelqu'un a pu dire : « Je suis homme et sujet aux humaines faiblesses, » c'est le Moldo-Valaque. Trop peu certain nous-même d'être moins faible que lui, nous ne lui en faisons point un crime ; nous tâchons de le daguerréotyper à Paris, rien de plus. Dans leur pays, les Moldo-Valaques sont tous *boyards* ou *tschokoi*, c'est-à-dire grands ou petits nobles ; rien ne les distingue autrement de la plèbe. Une fois à l'étranger, surtout en France, ils sont tous ou à peu près princes. On peut dire, avec un solécisme, que la noblesse leur vient en voyageant. Quelques-uns la font remonter au temps des croisades ; d'autres, plus modestes, à certaine grande maison de France, dont l'illustration n'est pas tout à fait aussi ancienne ; beaucoup, d'Hozier ou Chérin à la main, se font plus gratuitement encore un arbre généalogique. Mais ceux-là ne s'aperçoivent pas que leur blason est traversé de la barre des bâtards ou couronné d'un battoir de blanchisseur. Que diraient-ils si on leur rappelait sérieusement que leurs plus grands noms datent d'hier, et sont, pour la plupart, étrangers au pays?

Ceux qui décemment ne peuvent prendre le titre de prince prennent celui de comte ou de marquis. Un gentillâtre, nommé Marine, *russifiait* son nom, et, après avoir cherché quelle pouvait être à peu près en France la qualité correspondante à celle qu'il possédait en son district, il se faisait appeler le comte *de Marinowitch.* Enfin, il y en a pour qui les particules nobiliaires ne sont rien, mais pour qui la métamorphose est beaucoup. *Scavinesco*, poëte moldave d'esprit et de cœur, avouait franchement cette manie. « En Russie, disait-il, j'étais *Scavinoff*; en Pologne, *Scavinsky*; en Allemagne, *Scavinoberg* ou *Scavinomann*; en Italie, *Scavinoli*; si j'étais allé à Paris, il est probable que c'eût été *Scavinonville*. J'aimais cette couleur locale; elle m'identifiait mieux avec les peuples au milieu desquels je me trouvais. »

On prétend que les Moldo-Valaques ont de l'orgueil; il faudrait dire de l'ostentation. Un Moang de l'une de ces tribus circassiennes qui vinrent, comme tant d'autres, visiter les bords riants de la Dembowitza, et qui, comme tant d'autres, s'y fixèrent, justifiant ainsi le refrain traditionnel :

Dembowitza apa doultché tchine bea nou ci maï doultché :

Dembowitza, tes eaux sont si douces, que quiconque en a bu ne peut plus les quitter;

ce Moang avait francisé son nom : il se faisait appeler Monge. Les deux noms avaient une certaine analogie, et puis, tant qu'à faire, autant valait-il, et même mieux, se donner tout de suite le nom d'un grand homme que celui d'un obscur vilain. La chose alla bien pendant plusieurs mois; rien d'extraordinaire à ce que l'on vit circuler dans les rues de Paris un homonyme de l'immortel auteur de la *Géométrie descriptive*. Le hasard a donné lieu, sous ce rapport, à d'assez grotesques rapprochements. Encouragé par cette espèce de succès, notre Moang dépassa les bornes de la licence; mais cette fois il échoua. Napoléon avait anobli l'illustre ami de Berthollet en le pourvoyant de la sénatorerie de Liége; le Moang prit son titre, c'était plus pompeux, et, sans y attacher d'autre importance que celle de se donner plus de relief dans le monde, il se fit présenter sous le nom de comte de Peluse.

Un jour, l'entendant annoncer ainsi dans les salons du marquis de V***, l'un des Mécènes les plus distingués du noble faubourg, un jeune homme s'avance aussitôt à sa rencontre, et lui prenant les deux mains :

« Permettez-moi, mon cher comte, lui dit-il, de vous adresser mes félicitations. »

Le Moang tressaillit.

« J'ignorais, poursuivit son interlocuteur, que vous fussiez à Paris, et même en France, et même en Europe. A vous l'avouer franchement, je ne vous croyais pas au monde, sans cela... »

Le Moang devint écarlate.

« Vous tenez sans doute de fort près, continua sur le même ton rail-

leur le jeune homme, à celui que les grenadiers d'Aboukir appelaient énergiquement le *vieux savant* : son petit-fils, peut-être ?

— Non... non, balbutia l'intrus.

— Son petit-neveu ?

— Non... non.

— Son petit-cousin, probablement ?

— Non... non.

— Alors, monsieur, qui êtes-vous donc ?

— Son parent, répliqua le Moang avec une factice assurance.

— Mais à quel degré ?

— Je suis son frère.

— En Jésus-Christ, c'est possible, quoique à bien prendre...

— Ne sommes-nous pas enfants de la même mère ? »

Pour être en état de faire une pareille réponse, il fallait descendre en
droite ligne de la grande famille de ce bon M. Tartufe dont l'un de nos
collaborateurs et amis, M. Louis Desnoyers, nous a si spirituellement dépeint les différents membres, ou tout au moins avoir vu le jour dans ce
fortuné pays qu'arrose la Garonne. L'interlocuteur du Moang, qui était,

autant que nous pouvons nous rappeler l'avoir ouï dire, M. Eschassé-riaux ou M. Marey-Monge, l'un et l'autre petits-fils de celui dont on usurpait le titre, n'eut pas plutôt vu à quelle sorte d'homme il avait affaire, qu'il résolut de le guérir à jamais de son outrecuidance. Mais celui-ci ne lui en laissa pas le temps. Profitant de l'inattention momentanée des personnes qui l'entouraient, et qui avaient été témoins de cette scène, il s'esquiva lestement. Depuis lors on n'en entendit plus parler.

Si le Français, né malin, créa le vaudeville, le Moldo-Valaque, celui du moins qui est né sur la pierre à fusil, dans le district de Craïowa ou dans les environs de Kimpowlongho, ne le lui cède en rien sous ce rapport; souvent même il le dépasse. Autant il est gai, spirituel, entraînant chez lui, autant, en France, il est froid d'abord, flegmatique, compassé. Mais ce masque, dont il se couvre à dessein, ne lui reste pas longtemps sur le visage. Le naturel revient au galop, et notre homme s'y abandonne entièrement.

Un Craïowien, connu sous le nom de Mikalaki, a laissé de fort gais souvenirs à Paris. C'était en beauté, en esprit, en courage, en adresse et en audace, le second tome du chevalier de Saint-Georges. Il comptait ses conquêtes par le nombre de jours qu'il passait en France ; or, comme il y est resté près de six ans, on peut, sans crainte de se tromper, affirmer qu'il n'est nabab ou pacha qui ait été dans toute sa vie aussi favorisé que lui. Mikalaki était le fléau des maris. Dans l'espace d'un seul mois, vingt-deux pétitions arrivèrent à la préfecture de police demandant son expulsion ; mais comme quatre-vingts lettres protestaient contre cette violente mesure, que les pétitions étaient signées par des hommes, tandis que les lettres exhalaient un doux parfum de femmes, et que d'ailleurs elles formaient une imposante majorité, la police leur donna gain de cause et respecta le droit des gens.

Cependant, quelque agréable que lui fût le séjour de Paris, Mikalaki sentait la nécessité de retourner au pays. Ses parents, ses amis, ses intérêts l'y rappelaient. Avant de partir, il voulut, ce que nous appelons en France, *se donner encore un peu de bon temps.* Chez nous on s'amuse rarement seul. L'égoïsme n'a pas encore pénétré dans le plaisir. Mikalaki choisit pour complice Mme de Valbelle, nom de guerre sous lequel se cachait une ex-actrice de la Porte-Saint-Martin, pour le moment l'une des plus sémillantes Laïs de la rue de Buffault. Mme de Valbelle flottait entre vingt-cinq et trente ans. Suivant un jeune *incompris,* l'un de ses adorateurs moins heureux que fervent, elle avait des cheveux d'ébène, des dents de nacre, un buste de reine, des mains de duchesse, des pieds de Chinoise, une taille de palmier, un regard de serpent. Le portrait peut être emphatique, mais l'original était une fort séduisante personne. Mme de Valbelle avait souvent entendu vanter les hauts faits du beau Craïowien : or, les femmes, quoi qu'elles disent, s'éprennent facilement d'un mauvais sujet : entre don Juan et Renaudin de Caen, elles n'hésiteront pas une minute. De son côté, Mikalaki savait à quoi s'en tenir sur le compte de la belle Laïs. Mieux que personne il pouvait apprécier son cœur.

Entre gens de pareille trempe, les conventions sont bientôt réglées. Et d'ailleurs, comme l'a dit Voltaire :

Boyards et rois vont très-vite en amour.

Mme de Valbelle réforma un vieux Turcaret qui, depuis trois mois, avait chez elle ses entrées, et Mikalaki, passant par la brèche, pénètra intrépidement dans la place. César n'eût pas mené plus rondement les choses.

Six semaines s'écoulèrent au milieu de plaisirs de toutes sortes. Mikalaki était riche, généreux, prodigue; il connaissait cet axiome de M. Scribe : l'*or est une chimère*, et il agissait en conséquence. Laïs savait si bien lui dire : « Je t'aime ! » que, quoique aguerri contre ce mot perfide, don Juan s'y laissait cette fois tout de bon prendre, et se trouvait largement payé de ses frais.

Au bout de ce temps, les événements prirent une autre face. Quelque riche qu'il fût, Mikalaki ne possédait pas le Pactole. Sa bourse avait reçu la plus rude atteinte. Il était temps qu'il y mît ordre, et cela d'autant plus promptement, que le jour fixé pour son départ n'était pas encore venu. Mikalaki renvoya d'un coup sa calèche, ses deux domestiques, ses fournisseurs brevetés et sa loge aux Bouffes.

« Bon Dieu! mon cher, d'où sortez-vous? lui demanda Mme de Valbelle en le voyant arriver un matin chez elle, son chapeau déformé par la pluie et ses bottes outrageusement couvertes de boue.

— Parbleu, de chez moi, en droite ligne.

— A pied?

— D'ici à la rue Olivier, il y a si peu loin !

— Par le temps qu'il fait?

— J'avais cru voir le soleil. Je ne me suis aperçu du contraire que dans la rue.

— Il fallait rentrer et faire atteler.

— Niska est malade.

HENRY-EM.

BAULANT

LE MOLDO-VALAQUE.

— N'aviez-vous pas Rasboï?

— Il s'est couronné des deux jambes.

— On envoie Ianko chercher un remise.

— Ianko a la fièvre. »

Les lorettes d'un ordre un peu relevé, lorsqu'elles ont acquis, avec l'âge, une certaine expérience des choses de la vie, sont difficiles à tromper. Elles ont une perspicacité de juge d'instruction. Mme de Valbelle, sous ce rapport, était passée maître. Elle regarda de son regard de serpent l'amoureux Mikalaki, et reprit après un instant de silence :

« Boyard, mon ami, je crois que vous vous rangez !

— Moi?

— Vous... Et cela m'afflige. Prenez garde ! »

« Que signifient ces mots, se demanda don Juan en rentrant chez lui, serai-je menacé d'ostracisme ? »

Il était assez habitué au manége des femmes, en général, et des Laïs de la rue de Buffault, en particulier, pour savoir que l'amour de ces dernières ressemble à un baromètre; qu'il hausse ou qu'il baisse suivant que le temps est aux billets de banque ou aux lettres de change protestées. Il se tint sur ses gardes.

L'événement justifia ses appréhensions. Mme de Valbelle toléra quelque temps encore ses visites, et mit adroitement tout en œuvre pour s'assurer de sa position financière; puis, bien certaine qu'il était plongé (qu'on nous pardonne cette pittoresque expression de la localité) dans la plus complète *débine*, elle se fit brusquement celer. Huit jours de suite il se présenta, huit jours de suite il reçut la même réponse : « Madame n'y est pas. » La dernière fois, voyant à ne pas s'y méprendre qu'on l'éconduisait, et qu'on y mettait assez peu de réserve pour recevoir après lui d'anciens adorateurs, il laissa éclater son mécontentement :

« Dame, monsieur, lui dit avec naïveté la soubrette chargée de le consigner à la porte, que voulez-vous? chez nous ce n'est pas comme chez vous : « *Pas d'argent, pas de Suisse!* »

Mikalaki rencontra un de ses amis, et lui demanda l'explication de ces six mots; car quoique les Moldo-Valaques parlent fort bien la langue française, il est certaines locutions qui leur sont peu familières.

« Mon cher, répondit l'interpellé, ils veulent dire que quand un habit est usé, on en change. Or, pour le moment, l'habit c'est...

— Moi ?

— Vous l'avez dit.

— Fort bien, murmura Mikalaki. » Et tout aussitôt ses batteries furent dressées. L'un des dandys les plus émérites de Paris, il n'était pas homme à se laisser ainsi jouer. Le souffrir, c'eût été compromettre d'un seul coup cinq années d'une réputation aussi intacte que glorieuse dans les fastes de la galanterie.

Ajoutons toutefois que, physiquement, intellectuellement et.... (nous ne trouvons pas d'adverbe convenable pour exprimer le surplus de notre pensée), Mme de Valbelle méritait qu'un homme, si gâté qu'il fût par les femmes, tînt à elle et mît tout en œuvre pour conserver ses bonnes grâces.

Le lendemain, Mikalaki avait repris un plus brillant équipage que celui dont il avait cru devoir alléger son budget; son groom portait une nou-velle livrée, et lui-même était vêtu avec une exquise recherche. En cet état, il revint chez son inhumaine. A sa vue, ne doutant pas (autre expression consacrée) qu'il ne se soit *refait*, la soubrette s'empresse de l'introduire, après avoir eu le soin d'aller prévenir sa maîtresse.

« Arrivez donc que je vous gronde, lui dit celle-ci en courant se pendre à son cou, méchant!

— Un moment, répond froidement le Craïowien; pas de fausses dé-monstrations. N'aggravons pas notre position. Hier, ma toute belle, vous me croyiez sans ressources...

— Il n'en est donc pas ainsi?

— Permettez que j'achève. Vous me croyiez, disais-je, sans ressources, et vous me traitiez en conséquence. Aujourd'hui que vous voyez le contraire...

— Ingrat! pouvez-vous bien penser...

— N'intervertissons pas les rôles, s'il vous plaît. Si quelqu'un ici est coupable, ce n'est assurément pas moi, ou, si je le suis, c'est de trop de confiance, de trop de bonhomie. J'ai donc résolu de vous punir.

— Quoi! vous supposeriez...

— Depuis longtemps, Clorinde, vous désiriez, entre autres menus objets de toilette, un châle de l'Inde, une toque albanaise, des babouches tur-ques et des essences de Roumélie?

— Ces objets, j'en conviens, eussent mis le comble à mes vœux.

— Ils me sont arrivés d'hier.

— Vous les avez? Je pourrai les voir?

— Dites : Les avoir.

— Bien vrai? vous ne me trompez pas? et quand cela, cher ange?

— Nous verrons.

— Oh! que ce soit bientôt!

— Ma conduite réglera la vôtre.

— Que faut-il faire pour mériter vos faveurs, vilain?

— Soumettre d'abord vos nombreux soupirants au traitement que vous m'aviez si cavalièrement infligé.

— Mes nombreux soupirants! quelle indignité!

— Ne nous emportons pas, soyons calme. Je sais que vous autres, chères dames, vous faites un peu de votre cœur comme les agents de change de leur charge, vous le fractionnez. Ce régime ne me convient pas. Il est surtout un certain baron de ma connaissance dont les empiétements ici me paraissent exorbitants. »

La charmante Mme d'Esparbès, que sa jolie figure avait fait surnommer le *Petit bec d'amour*, était l'une des maîtresses les plus choyées de Louis XV. Un jour, le voluptueux monarque l'accusait d'infidélité, et lui disait : « Comment voulez-vous que je vous aime? vous avez eu tous mes sujets pour amants. — Ah! sire! — Le duc de Choiseul. — Sire, il est si puissant! — Le maréchal de Richelieu. — Il a tant d'esprit! — Le comte de Marville. — Il a une si belle jambe! — A la bonne heure. Mais le duc d'Aumont, qui n'a rien de tout cela? — Ah! sire, il est si attaché à Votre Majesté!... »

Mme de Valbelle eût volontiers fait, à quelques variantes près, la même réponse à Mikalaki; mais elle savait trop bien qu'il ne s'en accommoderait pas. Elle promit tout ce qu'il voulut; puis, détournant la conversation du terrain trop brûlant sur lequel elle se trouvait :

« A propos, dit-elle en se penchant par la fenêtre, vous avez renouvelé votre attelage? L'élégant wiski! les beaux chevaux!

— Oui, j'ai fait maison nette, répondit don Juan avec distraction. Je voulais vous éprouver.

— Démon!

— D'ailleurs Niska et Rasboï n'allaient plus. Ceux-ci, vous les trouvez bien?

— Admirables!

— Peut-être parce que tout ce qui est nouveau exerce sur vous un charme puissant?

— Pouvez-vous dire cela! »

Pendant quinze jours Clorinde fut adorable. Jamais Mikalaki ne l'avait connue si aimante, si empressée, surtout si prodigue de ces mille petites cajoleries dont les femmes seules ont le secret. Un cardinal s'y fût laissé prendre. Le Craïowien, qui, zélé catholique, était cependant loin d'avoir la vertu d'un prince du saint-siége, n'y demeura pas insensible. Tout entier au bonheur dont l'enivrait la trop séduisante Circé, il oublia ses

Et qui les met en cet état de gêne? Ce sont les Russes. Le Moldo-Valaque a une frayeur instinctive, non des hommes individuellement, mais de
leur souverain maître. Du fond de son palais d'hiver, le Goliath du Nord les
fait pâlir et trembler. S'ils n'en disent rien, ils n'en pensent pas moins.
Donc, lorsqu'un Moldo-Valaque arrive à Paris, son premier soin est de
s'éloigner le plus possible de l'ambassade russe, et, quand il sort, de
regarder s'il n'est pas suivi par un espion attaché d'office à ses pas, et,
quand il parle, de le faire à demi-voix. De là cette physionomie fière et
diplomatique qui leur a fait attribuer un petit travers qu'ils n'ont assurément pas.

On connaît cette société musicale, espèce de *Caveau cosmopolite*, par
les statuts bizarres de laquelle tous ceux qui en font partie sont astreints,
chaque fois qu'ils entendent prononcer le mot *Nevers*, à simuler de la
voix et du geste l'instrument qu'ils ont adopté; il en est de même, à fort
peu d'exceptions près, des Moldo-Valaques : chaque fois qu'ils entendent
prononcer le mot *Russe*, ils ne simulent pas d'instrument, mais ils se
découvrent et font mentalement le signe de la croix, en disant à voix
basse : *Préservez-nous, Seigneur, du czar et de son knout!*

Un jour, par un de ces brouillards épais comme, en automne, il nous en
arrive souvent à Paris, nous marchions à deux pas d'un Moldo-Valaque.
Il ne se doutait pas plus que nous étions derrière lui que nous-même
ne nous apercevions qu'il était devant nous. Tout à coup, cependant, au
moment où il passait devant le bec de gaz d'un café, nous levons la tête
et le reconnaissons. Nous lui frappons sur l'épaule. Sous quelle impression fâcheuse il était, c'est ce que nous serions fort empêché de dire;
toujours est-il qu'au lieu de se retourner il se mit à fuir. Nous essayâmes
de le rejoindre; il nous jeta sa canne dans les jambes, en murmurant
une imprécation que l'on pourrait traduire par celle de saint Antoine :
Vade retro!

Le lendemain, quand il nous vit arriver chez lui : « C'était donc vous?
s'écria-t-il. — Vous en voyez la preuve. » Et nous lui remîmes sa canne.
« Ma foi, balbutia-t-il, je vous fais doublement mes excuses; je venais
d'acheter ceci chez un libraire, et je vous ai pris pour un agent russe. »

Ce qu'il avait acheté, c'était une toute petite brochure qui, sans avoir
fait autant de bruit que les quatre volumes de M. de Custines, n'en avait
pas moins blessé l'ombrageuse susceptibilité de l'empereur Nicolas.

Les plus petites causes, dit-on, produisent les plus grands effets : en
voici la preuve.

Un jeune couple, le mari et la femme, des environs de Slatina, était

depuis peu de jours à Paris. Le hasard les ayant amenés à la *Grande
Chaumière*, cet *El-Dorado* des étudiants de première et de dixième années, ils se promènent en tous sens, regardent les danses, qui, soit dit en
passant, ressemblent plus à la *serbéaska* d'un zigan ou au *fandango* d'un
Andalou, qu'à un quadrille français ; ils s'arrêtent devant les jeux et les
examinent en détail ; de là, ils se rendent à cet endroit du jardin où la
foule est la plus grande, où les cris de joie ont le plus d'éclat. Une
vingtaine de jeunes femmes, hirondelles échappées des sixièmes étages de
la rue de la Harpe, escortées d'autant de Bichat et de Troplong en herbe,
se laissaient bruyamment descendre en traîneau du haut d'une espèce de
chemin de fer en pente. La jeune Moldo-Valaque, que nous nommerons
Maritza, enchantée de ce spectacle, exprime le désir d'y prendre part.

« Comment appelez-vous ce jeu ? demande le mari à l'un de ses nombreux voisins ?

— Les *Montagnes russes*, » est-il répondu.

A ces mots, qui semblent le glacer d'effroi, le Moldo-Valaque prend
brusquement le bras de sa femme et l'entraîne en grommelant l'imprécation que nous avons rapportée plus haut. Depuis lors, il ne voulut pas
plus entendre parler de la *Chaumière*, que de *Tivoli*, que du *Ranelagh*,
que de tous les lieux publics enfin où il supposait pouvoir rencontrer
des montagnes. Mais il n'en fut pas de même de Maritza : elle avait dix-
sept ans à peine, elle était vive, ardente, capricieuse ; fille d'Ève avant
tout, ne devait-elle pas désirer ce qu'on lui refusait, et cela d'autant plus
vivement, qu'on semblait y mettre moins de bonne grâce ?

Et puis, d'ailleurs, qui l'assurait que son mari n'avait pas noué quelque
intrigue avec l'une de ces séduisantes et faciles grisettes aux joyeuses
folies desquelles ils avaient assisté ? que, l'ayant reconnue dans la foule,
ce n'était dans la crainte que sa femme ne se trouvât pas face à face
avec elle qu'il se refusait à la mener là où il supposait que la grisette
pouvait se rendre ? Son hésitation, son trouble, son emportement même
n'en étaient-ils pas les plus flagrants indices ? Une fois sur cette route,
l'imagination d'une jeune femme court la poste.

« S'il en est ainsi, se dit Maritza, je trouverai bien quelque preuve de
sa perfidie, et alors... alors nous verrons !!! »

Ce dernier mot prononcé, mot profond et dont les maris ne calculent
pas assez la dangereuse portée, Maritza s'élance vers le secrétaire de son
époux, l'ouvre avec précipitation, interroge l'un après l'autre les tiroirs
et parcourt d'un œil avide les papiers qu'ils contiennent. Ses recherches ayant été infructueuses :

« Rien ! murmurait-elle presque désespérée.

— Etes-vous satisfaite ? lui dit une voix derrière elle.

— Pas encore ! » répondit-elle fièrement en reconnaissant son tyran.

A partir de ce moment, une guerre intestine éclata, violente, implacable et tous les jours plus ardente. N'y pouvant tenir, le Moldo-Valaque alla conter ses chagrins à l'un de ses compatriotes.

« Pardieu, lui dit celui-ci, il est assez singulier que vous ayez à vous plaindre de ce dont j'ai tant moi-même à souffrir. La zizanie est chez vous ce qu'elle est chez moi. Seulement elle y existe par une raison diamétralement opposée à la vôtre.

— Ai-je bien compris ? Ce serait vous qui voudriez monter sur ces malencontreuses montagnes, tandis que votre femme ne le voudrait pas ?

— Justement ! J'ai pour principe qu'il ne faut jamais négliger la plus petite occasion de plaire à l'empereur, tandis que ma femme...

— Chacun sa manière de voir. Ainsi donc vous êtes comme nous en hostilités ?

— Du matin jusqu'au soir, et *vice versa*.

— Et cette existence vous plaît ?

— Elle m'assomme.

— Que n'y mettez-vous une fin ?

— Le moyen ?

— Il est facile. Changeons de femme ?

— Mais nous sommes en France.

— Qu'importe ! nous régulariserons les choses une fois de retour au pays.

— Parlez-vous sérieusement ?

— Comment donc !

— C'est une affaire entendue. »

Le jour même, ce bizarre échange, assez commun, du reste, en Moldo-Valachie, eut lieu ainsi qu'il avait été convenu. Les deux jeunes femmes n'y mirent point obstacle. Toutes deux, à peu près du même âge, elles n'étaient pas encore mères et pouvaient avoir, intrinsèquement, la même valeur : leurs maris n'eurent rien à se donner en retour. L'acte consommé, Maritza courut à la *Grande Chaumière*, et y passa plusieurs jours de suite avec son nouvel époux, flattant ainsi, sans s'en douter, l'amour-propre d'un puissant souverain. Les deux ménages continuèrent de se voir comme par le passé. Aucune pomme ne vint, au moins que nous sachions, jeter la discorde pami eux.

« Nous n'aurions pas à redouter la police russe, si active à Paris, nous

LE MOLDO-VALAQUE.

disait dernièrement encore un ancien *Isprawnick* de Tergowitz, qu'il
nous faudrait toujours, quand nous sommes dans un lieu public, comme
vous dites d'ordinaire, tourner sept fois notre langue dans notre bouche
avant de prononcer un mot.

— Pourquoi cela?

— Vous allez le savoir. Un matin, il faisait à peine jour, j'étais dans
mon lit, dormant du sommeil du juste, et rêvant comme un bienheureux. Tout à coup je suis réveillé par le bruit que fait une porte en s'ouvrant.

— Qui est là? dis-je sans me retourner.

« — *Domnoulé, sénatos?* me répondit une voix douce.

« Je pris une pièce de cinq francs dans ma bourse, et, tout entier sous
l'effet de mon rêve, je la jetai au solliciteur, qui se retira aussitôt.

« Peu d'instants après, je me levai. Voulant savoir l'heure qu'il pouvait être, je cherchai ma montre, elle avait disparu ; mon pantalon, mon
habit, mon chapeau, je ne trouvai plus rien. On m'avait volé jusqu'à mes
bottes !.. Je me rappelai alors que, la veille, causant avec une personne
dans le passage de l'Opéra, j'avais dit assez haut sans doute pour être
entendu de l'un des oisifs, que tous les matins, à Boucarest, à cette époque de l'année où l'on redoutait d'être envahi par la peste, un homme,
attaché au bureau sanitaire de la ville, entrait dans les cases et disait au
maître du logis : « *Domnoulé, sénatos?* — Monsieur, êtes-vous en bonne
santé? » S'il y avait quelqu'un de malade, on prenait immédiatement des
mesures pour que la maladie ne se propageât pas. Mais il était rare que la
police eût à exercer son office ; car, sachant les formalités auxquelles elle
vous astreignait en pareil cas, chacun cherchait à s'y soustraire en répondant au visiteur : « *Da!* oui ! » et en lui jetant une pièce de monnaie.

L'ex-isprawnick avait été victime de l'un de ces adroits filous connus
sous le nom de *bonjourien*. Ce qui l'exaspérait le plus, ce n'était pas tant
d'avoir été volé que d'avoir payé le voleur, comme pour le remercier de
son action.

Ne terminons pas cette incomplète revue sans relever encore les Moldo-
Valaques d'une inculpation sinon des plus graves, du moins des plus
fausses et des plus injustes. On a dit d'eux, qu'après un séjour à Paris de
plusieurs semaines, de plusieurs mois, voire de plusieurs années, ils ne
rentraient dans leur pays qu'avec *des habits bien faits*.

Si le reproche était exact, que prouverait-il? D'abord que Paris possède
d'excellents tailleurs, et qu'enfin les Moldo-Valaques tiennent à faire

valoir la taille svelte et bien prise qui les distingue du commun des mortels.
Mais, nous nous complaisons à le répéter, car nos sympathies leur sont
sincèrement acquises, ce fait est complétement controuvé. Ne pas le
désavouer, serait s'exposer à ce que les Moldo-Valaques pussent dire de
nous ce que nous avons dit d'eux plus haut : qu'ils jugent par exception.
De ce qu'ils comptent quelques beaux-fils, il ne faut pas en induire que
tous ceux qui viennent à Paris méritent cette qualification. Non, beaucoup
y accourent pour s'amuser, comme Mikalaki, et ils s'en donnent à cœur
joie ; beaucoup d'autres pour travailler, et ils ne négligent aucune occasion de s'instruire. Tous font leur devoir. Un jour viendra, et peut être
n'est-il pas éloigné, où ils prouveront à l'Europe qu'ils ne sont pas descendus dans la capitale du monde civilisé seulement pour étudier le
Journal des Modes.

STANISLAS BELLANGER.

LE HONGROIS.

Si jamais vous remarquez entre
midi et cinq heures . de la rue

Grange-Batelière à la rue du Mont-Blanc, cet *alpha* et cet *oméga* des jolies femmes, des désœuvrés et des tire-laines modernes de Paris, un homme de trente à trente-deux ans, à la taille svelte et bien prise, à la démarche martiale, à la physionomie caractéristique, aux longues moustaches noires, au regard fier, portant haut la tête et faisant manœuvrer sa canne comme un dragon son bancal, vous pouvez dire à coup sûr : C'est un Hongrois.

Nous ne parlerons point de son pays comme nous l'avons fait de la Moldo-Valachie. Qui ne sait où est située la patrie des vaillants enfants d'Arpad et de Mathias Corwin? Qui ne connaît son étendue? Qui n'a ouï vanter sa fertilité, son aspect patriarcal, ses troupeaux, ses bergers, et surtout l'irrésistible entraînement de ce sexe enchanteur dont, en Hongrie, la philanthropie égale la beauté? Qui n'a, en un mot, goûté de son tokai? La Hongrie ne nous est-elle pas aujourd'hui presque aussi familière que si nous l'avions tous visitée en détail? Il y a entre les peuples un lien sympathique qui les rapproche, les unit, les confond et leur fait voir avec les yeux de l'âme ce qu'ils ne peuvent voir avec les yeux de la tête. « Si nous étions aussi bien ce que nous ne sommes pas, nous disait un officier hongrois dont nous avons conservé le plus affectueux souvenir ; si la Hongrie occupait la place de la Suisse ou de la Confédération germanique, il y a longtemps que nous serions Français. »

Le Hongrois naît soldat et brave, comme le Titien est né peintre, comme Joseph Haydn est né musicien, comme Michel-Ange sculpteur. A voir la merveilleuse habileté avec laquelle il manie une arme, on serait tenté de croire que, de même que Minerve, il est sorti non du cerveau, ce qui serait un peu trop mythologique, mais, ce qui est beaucoup plus réel, du sein de sa mère, armé de pied en cap. A trois ans Mozart touchait du piano; à trois ans un Hongrois *tire le mur*. Aucun peuple ne pouvait donc être mieux en état d'apprécier le peuple français, « peuple guerrier, peuple de braves, » a dit un poëte dont nous déplorons la fin prématurée, que le Hongrois. Suivant lui, il n'y a dans l'histoire que trois grands hommes : Charles-Quint, Soliman et Napoléon, grands entre les plus grands, parce que tous trois ils avaient rêvé une monarchie universelle, projet dont l'exécution n'a été entravée que par suite d'événements qu'il n'était pas donné à l'espèce humaine de prévoir.

Allez, un jour de beau soleil, aux Champs-Élysées; prenez la contre-allée de droite, — peu importe l'heure, pourvu qu'il y ait encore des promeneurs; — arrêtez-vous devant les deux premières chaises qui s'offriront à vos yeux, et regardez les deux bons vieillards, l'un complétement

chauve, l'autre blanc comme la neige, qui les occupent. Celui-ci a aujour-
d'hui soixante-quatorze ans, l'âge qu'aurait l'empereur ; celui-là n'en a
que soixante-neuf. Tous deux sont décorés, le plus jeune d'une croix de
la Légion d'honneur ; le plus vieux d'une large et profonde balafre au
visage. N'étaient la grande houppelande quelque peu fanée du premier, et
la polonaise de l'autre, vous les prendriez pour deux invalides. Il n'en est
rien, ou plutôt ce sont bien des invalides, mais ils ne font point partie de
ce pieux asile ouvert par Louis XIV aux nobles défenseurs de la France.
Le légionnaire est, comme on l'a dit énergiquement, « un vieux de la
vieille ; » le balafré, son compagnon, un Hongrois. A la bataille de Wagram,
un artilleur français, Sibot, voyant fondre un hussard *kinserlich* sur l'intrépide général Colbert, se jette précipitamment à sa rencontre, lui coupe
le visage d'un coup de sabre et le fait prisonnier. « Il n'y avait qu'un
Français qui pût me traiter si bravement, » s'écria le hussard lorsqu'il
eut étanché le sang de sa blessure ; et depuis lors une étroite amitié le
lia à son heureux vainqueur. Le hussard était Hongrois. Il réalisa la petite fortune patrimoniale qu'il possédait aux environs de Raab, et vint
se fixer à Paris auprès du grognard, qui ne se doutait assurément pas
qu'en donnant un coup de sabre il s'acquerrait à la fois un ami sincère
et des rentes pour ses vieux jours. Depuis trente-cinq ans que leur amitié
dure, elle ne s'est pas un seul instant démentie. « Nous n'avons plus
qu'un désir, disent-ils tous les deux, c'est qu'au moment où il aura jugé
que nous avons assez vécu, le bon Dieu veuille bien signer en même
temps notre feuille de route pour le grand voyage. »

Il nous serait difficile de dire combien de Hongrois se trouvent à Paris.
Ce que nous pouvons affirmer, c'est qu'ils y sont toujours fort nombreux. Beaucoup y viennent, comme en général les étrangers, attirés par
l'immense renommée de cette grande ville ; beaucoup d'autres entraînés
par le puissant empire qu'exercent sur eux les idées françaises. Parmi
les premiers sont les nobles ; parmi les seconds, ce que l'on appelait autrefois chez nous le *tiers état*. La révolution de 89 donna le branle ; les
guerres de l'empire suspendirent un moment le mouvement ; 1830 raviva
l'enthousiasme. L'un des plus ardents patriotes de la Hongrie, le comte
Istwan de Széchényi, salua ce grand jour avec joie. Tout le monde l'a
connu à Paris, et tout le monde a pu admirer sa bonne grâce, sa générosité sans emphase, sa mâle énergie, le dévouement qu'il portait aux
siens, et surtout le profond respect avec lequel, tout en combattant les
principes politiques du vénérable comte Dessewfyi, il rendait justice à ses
loyales intentions.

On sait que la Hongrie est la terre classique de la féodalité. C'est là, c'est au milieu des vastes steppes de ce beau pays qu'elle s'est un jour réfugiée sous la sauvegarde des magnats. Est-ce un bien? est-ce un mal? Cette question est trop grave pour que nous nous permettions de la résoudre. Disons seulement que la féodalité produit en Hongrie ce qu'elle a produit en Autriche : l'accumulation des fortunes au sein de la noblesse. Aussi, certains de se voir confisquer leurs biens, s'ils s'éloignaient trop longtemps, les riches Hongrois qui visitent Paris n'y viennent-ils que temporairement, comme les Russes, avec le bon vouloir de l'*empereur* Metternich, autocrate de la même farine, sinon de la même importance que son frère de la Newa : tandis que ceux qui, comme Bias, n'ont rien à risquer, quittent leur pays sans dire mot, et n'y reviennent que lorsque cela leur convient.

Le noble hongrois, lorsqu'il arrive à Paris, n'éprouve tout d'abord d'autre sensation que celle d'un grand seigneur qui a fait une longue course dans une berline bien suspendue : il se met sur-le-champ au bain. Le Hongrois vilain est suffoqué d'émotion. Nous nous rappellerons toujours cet avocat de Comorn qui, franchissant le pont de Kehl, sauta comme un fou au cou du premier douanier français qui s'offrit à lui et faillit l'étouffer fraternellement dans ses bras, en murmurant cet alexandrin :

> A tous les cœurs bien nés, que la patrie est chère !

Au point de vue monumental, la moderne Capoue, — comme dit un cygne des bords de l'Arno, — n'éveille en rien la curiosité des Hongrois : le *Suburbium* de Bude, Pesth, l'imposante capitale de Marie-Thérèse, la splendide Munich du roi Louis, et enfin l'aristocratique ville de Carlsruhe, ont tour à tour émoussé leur exaltation. On les dirait imbus du *Nil admirari* d'Horace, tandis que ce sont, au contraire, les hommes les plus impétueux, les plus passionnés que nous sachions.

Leur première pensée, en arrivant à Paris, est consacrée à l'empereur; leur première visite à chacun des lieux où l'on a buriné son nom. Demandez, au bout d'une semaine de séjour, à l'un d'eux ce qu'il a vu, ce qu'il a particulièrement remarqué, il vous répondra : « Les Invalides, la colonne Vendôme, l'arc de l'Étoile, l'Institut, la Malmaison, Saint-Cloud, le petit hôtel de la rue de la Victoire. » Et n'ayez garde qu'aucun autre objet ait attiré ses regards : non ! l'astre avant tout, ses satellites ensuite, si les circonstances le permettent. Le vieux magnat de Wranyi

arriva à Paris le jour même où les cendres de Napoléon débarquaient à
Courbevoie, vint déposer une couronne sur son cercueil, et remonta dans
sa chaise pour retourner siéger à l'une des diètes les plus importantes de

Presbourg. Ce fait causa d'autant plus de sensation, que le magnat portait son riche costume national, une pelisse verte aux brandebourgs d'or,
doublée et bordée de martre zibeline; de longues bottes à la Suwarow
en cuir de Russie, avec de larges éperons; enfin un bonnet tartare dont
l'aigrette était plantée dans une grosse émeraude qu'entourait un cercle
de rubis. La personne qui nous a obligeamment transmis ces détails
remarqua que le noble étranger, suivant l'habitude de ceux de son pays,
avait les mains couvertes de diamants.

Le Hongrois est un raffiné d'honneur. Nous avons parlé de son allure
cavalière, et, en apparence, fanfaronne. Il y a quelques années, on
signalait particulièrement, sous ce rapport, un habitué de l'un de nos
plus célèbres estaminets. Cet habitué était jeune, ardent, spirituel, mais
susceptible comme le sont, du reste, tous les étrangers. Plusieurs fois
déjà sa démarche fière, son coup d'œil hardi et son imperturbable assurance lui avaient attiré des querelles. Il en était toujours sorti avec

avantage. Il se servait de toutes les armes, et son adresse était merveilleuse. Un jour, un Nantais, l'émule de Gâtechair, passant près de lui,
l'entendit appeler par son nom. Souvent il avait ouï vanter ses prouesses,
et comme elles avaient piqué son amour-propre, il s'arrêta, pour s'assurer probablement si le héros répondait à ce que l'on disait de lui.
Après l'avoir toisé un instant, il s'éloigna en haussant l'épaule et en laissant échapper un sourire dédaigneux. Personne n'eût toléré une semblable manière d'agir. Mais il n'eut pas fait dix pas que le Hongrois, qui
s'était élancé à sa poursuite, le prenant à l'écart, lui disait avec une politesse affectée :

« Monsieur, je me nomme Kesroü Garap.

— Et moi Jacques Menou. Après?

— Je vous serais obligé de m'expliquer ce que signifie le sourire de
pitié avec lequel vous m'avez regardé?

— Vous y tenez beaucoup?

— Beaucoup.

— Eh bien, mon cher monsieur, il signifie que si pour aller d'ici là
il n'y avait devant moi qu'une demi-douzaine de matamores comme vous,
je les prendrais tous à la fois et n'en ferais qu'une bouchée.

— Je n'en dirai pas autant de vous; vous êtes trop gros et trop grand,
je craindrais de m'étrangler.

— Que me voulez-vous alors?

— Vous couper les oreilles, si vous voulez bien le permettre.

— Insol....

— N'achevez pas, de grâce! j'y ajouterais une autre partie de votre
individu.

— Vous voulez une leçon?

— Admettez que ce soit moi qui aie prononcé ce mot, dit avec sang-
froid le Hongrois, et si vous n'avez rien qui vous arrête, rendons-nous
a Vincennes, nous saurons bientôt à quoi nous en tenir. »

Jacques Menou était prévôt d'armes. Sa réputation avait franchi les
limites du département de la Loire-Inférieure. Dans les assauts il faisait
merveille, et ses succès lui avaient donné une morgue que rien n'égalait.
Ne doutant pas qu'il n'eût facilement raison du Hongrois, et tout glorieux
de faire ainsi parler de lui à Paris où il se proposait de s'établir, il n'hésita
pas à accepter la proposition qui lui était faite. Jacques Menou ne se fût
pas commis avec le premier bretteur venu; il lui fallait un homme du
caractère et de la trempe de Kesroü.

« Vos armes? lui dit-il.

— Celles que vous voudrez.

— Ce sera donc l'épée et le pistolet.

— Soit.

— Et maintenant, votre heure.

— Midi.

— Le rendez-vous?

— Rond-point de Saint-Maur.

— C'est fort bien. »

A l'heure dite, les deux adversaires se trouvèrent en présence.

Les conditions du combat réglées :

« Messieurs, dit Kesroü, avec quelles armes entamons-nous la partie? Voici des pistolets, voici des épées.

— Échangeons d'abord deux balles, repartit le prévôt, nous verrons ensuite.

— Volontiers. Quelle distance?

— Dix pas.

— C'est trop peu. Si vous n'y voyez pas d'inconvénient, nous en mettrons trente.

— Auriez-vous peur? fit en ricanant le Nantais.

— De vous massacrer, c'est possible, répliqua le Hongrois avec calme; je suis comme les bons chasseurs qui aiment à tirer le gibier d'un peu loin.

— Va donc pour trente, murmura Menou; nous en serons quittes pour recommencer. Mais vous me laisserez libre de me poser de face au lieu de quart?

— Je n'ai rien à vous refuser. Seulement vous me permettrez de vous faire observer qu'en vous voyant choisir le pistolet au lieu de l'épée, j'avais résolu de modifier mes combinaisons.

— Ah !

— Oui. Je voulais non plus vous couper les oreilles, mais tout bonnement vous enlever l'une des belles boucles de cheveux qui tombent sur vos épaules.

— Eh bien?

— Eh bien, ce que vous me demandez là, de vous poser de face, me fera revenir à mes premiers projets.

— Je suis, ma foi, curieux de voir comment vous les mettrez à exécution.

— Vraiment !

— Comme j'ai l'honneur de vous le dire.

— Nous allons donc faire en sorte de ne pas vous faire trop attendre. »

Les distances mesurées, le sort favorisa le prévôt. Il prit un pistolet, se mit en ligne et tira.

« Vous aviez raison de trouver que la distance était un peu longue, » lui dit tranquillement Kesroü après avoir essuyé son feu sans dommage.

Puis, armant à son tour le pistolet qu'il tenait :

« A l'oreille droite ! » dit-il.

Le coup partit. Jacques Menou porta vivement la main à sa tête; son oreille avait disparu.

« Je ne vous ai pas demandé quelle était celle à laquelle vous teniez le moins, reprit l'impassible Hongrois; comme je me suis engagé à vous les couper toutes les deux, j'ai pensé que cela serait superflu. Maintenant, si vous le jugez à propos, nous allons procéder à l'enlèvement de l'autre ?

— C'est inutile, murmura le prévôt, moins mauvaise tête au fond qu'il n'en avait l'air : je vous avais mal jugé. »

Et le pauvre diable faisait, en disant ces mots, une grimace affreuse que lui arrachait la douleur.

« Cet aveu est sincère ?

— Très-sincère.

— Alors, votre main ?

— La voici. »

Et la paix fut faite. Mais Menou ne put se consoler de ce cruel échec. Il quitta le lendemain même Paris, et alla se fixer en Russie. Quant à Kesroü, il eut, peu de temps après, un autre duel à la suite duquel, heureux et, à la fois, malheureux, il tua son adversaire et fut obligé de prendre la fuite. Suivant la rumeur publique, il serait actuellement en Espagne, où il aurait pris du service.

On a beaucoup exalté l'excentricité des Anglais; on a, pour la peindre, employé toutes les expressions. Il en faudrait donc inventer de nouvelles pour donner une idée exacte de celle des magnats. Qui n'a entendu parler du riche comte Chandor faisant monter ses amis, fort peu rassurés sur ses intentions, dans une *heïlwagen* attelée de huit chevaux ardialiens, mêlant avec intention les guides, les jetant au hasard sur le dos des coursiers; puis, après les avoir bien excités du geste et de la voix, franchissant au triple galop, sans encombre, les dix-sept longues lieues qui séparent Presbourg de Vienne? Le comte Chandor gravissait à franc étrier et descendait de même les côtes les plus escarpées, les plus impraticables

LE HONGROIS.

du *Blocksberg*, au sommet duquel se dresse le palais du prince palatin. Qui ne sait la fastueuse ostentation des Esthérazy, ces seigneurs les plus opulents peut-être de l'Europe? L'un d'eux marchandant un cheval de 50,000 francs et lui faisant sauter la cervelle, afin de prouver au baronnet sir Charles Steel, qui le lui contestait, qu'un Hongrois peut acheter le plus bel étalon du monde et le perdre sans sourciller? L'autre faisant ferrer ses chevaux en argent et couvrir d'or tous ses équipages? Celui-ci portant un dolman de colonel brodé en diamants, et, à l'imitation de Buckingham, les détachant avec la lame d'un canif pour les laisser tomber derrière lui, dans le seul but de se procurer le ruineux plaisir de les voir ramasser par les fières dames de la cour? Le prince Esthérazy avait organisé à ses frais un régiment de hussards composé de cinq cents hommes, tous choisis parmi les plus beaux de la Transylvanie et du bannat de Temeswar. Chacun de ces soldats, équipé, lui revenait à cinq mille florins, et les officiers à quinze mille; de telle sorte que le régiment entier lui coûtait quelque chose comme *trois millions de francs!* Mais quelle sorte de fantaisie ne pouvait se passer un prince dont le *Sun* a dit : « Outre trois palais à Vienne et ses magnifiques terres de Bohême, il possède la treizième partie du sol de toute la Hongrie, c'est-à-dire trente-six domaines comprenant chacun de dix à vingt-quatre villages, et renfermant une population de trois cent soixante mille habitants? » Le prince Esthérazy n'a jamais rien su se refuser, pas plus qu'il ne sait refuser aux autres : aussi, malgré ses énormes revenus, a-t-il contracté, dit-on, quelques engagements, une bagatelle, 50 millions de francs.

Un jour, à Paris — il y a de cela plusieurs années — un artiste aussi pauvre et peu connu en ce temps-là qu'il est célèbre et riche aujourd'hui, vint le prier de vouloir bien lui prendre quelques billets d'un concert dont l'entrée avait été fixée à 10 francs. Le prince en prit un et remit à l'artiste un billet de banque de 1,000 francs. Surpris et au comble de la joie d'un aussi beau coup de fortune, celui-ci s'empresse de chercher dans sa poche quatre-vingt-dix-neuf autres billets.

— Que faites-vous donc? lui dit le prince.

— Votre Excellence ne m'a-t-elle pas remis 1,000 francs?

— Sans doute. Après?

— J'ai pensé que Votre Excellence désirait cent billets, et je me disposais à les lui compléter.

— Vous vous êtes trompé.

— Quoi! Votre Excellence.... dit le pauvre artiste désappointé, vous

n'auriez pas eu...; c'est, ajouta-t-il, en tournant le billet entre ses doigts,
c'est qu'il me serait pour le moment assez difficile de vous rendre...

— Pas plus qu'à moi de vous compter quatre-vingt-dix-neuf autres
mille francs. Aujourd'hui je ne suis pas en fonds.

— Quatre-vingt-dix-neuf autres mille francs !

— Vous paraissez tout ému, reprit le prince en souriant : auriez-vous
eu la prétention de me vendre plus cher vos billets ?

Tous ces traits, essentiellement caractéristiques, ne sont rien compa-
rés à ceux du comte Pylk. Le comte Pylk possédait et possède encore
une fortune qui, sans être aussi fabuleuse que celle des Esthérazy,
n'en est pas moins colossale. Comme autrefois le marquis de Nicolaï,
il disait : « J'ai autant de doubles ducats dans ma caisse que ma ca-
« vale favorite a de poils sur le dos. » Un grand nom, de la jeunesse,
de l'esprit, de l'*humour*, relevaient encore chez lui les dons de la
fortune. Personne n'était plus chevaleresque, plus aventureux, ni plus
excentrique. Rien ne lui semblait impossible. Aucun obstacle, de quelque nature qu'il fût, ne pouvait jamais l'arrêter. En 1822 ou 23, il donna
un bal à Paris qui lui coûta *cent mille francs*. Le lendemain, préludant

aux fastueuses folies de lord S....... il monta, déguisé en Plutus, sur un char, parcourut Paris en tout sens, et dispersa sur sa route pour *trente mille francs de pièces de dix sols.* Enfin, chacun s'en souvient, dans la matinée du mercredi des Cendres, il fit remettre à tous les bureaux de bienfaisance des sommes importantes, des vêtements et du linge. La démence et la générosité.

Tout le monde connaît l'histoire de ce Dalmate, le comte Bujowich, qui se laissa enfermer par un tailleur de la rue du Helder pour la misérable somme de *cinq mille francs;* passa résolûment ses cinq ans à Sainte-Pélagie; ne sortit pas une seule fois de sa cellule; de même que Siméon Stylite sur sa colonne, se tint constamment debout derrière l'une des vitres de sa fenêtre, portant des bottes vernies, un habit étroit, un gilet de velours et une cravate blanche, comme s'il eût dû à chaque instant partir pour le bal; ne reçut d'autre visite que celles de son coiffeur, qui venait régulièrement le bichonner tous les jours; vécut enfin fort modestement de la pitance ordinaire des détenus, — c'est-à-dire, non, obtint de son obligeant créancier un subside mensuel de cinquante francs. Le jour même où expirait le temps de détention de son illustre captif, l'incomparable tailleur vint lui-même lever son écrou et déposer humblement à ses pieds une cargaison de vêtements du dernier goût dans la poche desquels se trouvaient mille écus, somme destinée à donner au noble étranger la possibilité de se *décarémer,* — ce fut son mot, — pendant une quinzaine de jours. Ce laps de temps écoulé, il retourna le voir, lui remit de nouveau mille écus, lui fit signer, par-devant notaire, une obligation de *vingt et une mille livres,* chiffre auquel s'élevaient ses débours et ses fournitures; puis, le poussant dans une chaise de poste des mieux suspendues, il le renvoya gracieusement dans sa patrie, d'où on n'entendit jamais plus parler de lui que des engagements qu'il avait contractés à Paris.

Cette histoire est celle du comte Pylk. Blasé sur les plaisirs du grand monde, il alla demander aux prisons de nouvelles distractions; mais, comme le comte Pylk ne pouvait pas faire les choses en homme ordinaire, il se fit enfermer pour *cinq cent mille francs.* Seulement, plus loyal que son confrère le Dalmate, au bout de cinq ans, qu'il avait intégralement subis sans exprimer une seule fois le désir d'y mettre fin, il acquitta scrupuleusement toutes ses dettes, et, avec la bénédiction de ses créanciers, il emporta cette consolante conviction que tous les détenus pour dettes ne sont pas des martyrs, quand ils ont de l'argent.

Le comte Pylk eût été le digne héritier de l'Augsbourgeois Fugger, qui, pour témoigner à Charles-Quint combien il se trouvait honoré de ce qu'il eût daigné descendre chez lui, jeta dans la cheminée un fagot de cannelle, et y mit le feu avec 4,000,000 de billets dont le grand empereur lui était redevable. Le jour où il sortit de Sainte-Pélagie, Pylk rassembla, dit la chronique, ses compagnons de captivité les plus malheureux et leur fit servir un dîner splendide. Chaque convive — ils étaient huit — trouva sous sa serviette, bien et dûment acquittées, les pièces relatives à sa détention. Le dessert venu, notre Hongrois, à qui ce festin d'Apicius et ses accessoires ne coûtaient pas moins déjà de *trente mille écus*, demanda un bol de punch et y mit le feu avec un billet de 1,000 fr. Au lieu d'être d'honnêtes marchands, si les convives du comte Pylk eussent été autant de Charles-Quint, de quelle manière s'y fût-il pris pour les mieux traiter?

Le vrai peut quelquefois n'être pas vraisemblable.

En voici un exemple : Petits ou grands, riches ou pauvres, les Hongrois sont joueurs. La suppression du 113 à Paris, des maisons de jeu de *Frascati*, de la *place des Victoires* et de la rue *Saint-Marc*, porta un coup sensible à leur passion favorite. Peut-être se souvient-on de ce qui arriva à ce vieil hetman des Cosaques qui, après avoir perdu tout ce qu'il possédait, tout, même sa voiture et ses chevaux, à Saint-Pétersbourg, sortit du club le désespoir dans le cœur?

« Mais, monseigneur, lui fit observer son mougik, il vous reste encore le harnais.

— C'est juste ! » s'écria joyeusement l'hetman. Et il rentra dans la salle.

Moins d'une heure après, il avait, grâce à cette faible ressource, regagné tout ce qu'il venait de perdre, ce qui le rendit si joyeux, qu'il libéra sur-le-champ le mougik.

Une aventure du même genre arriva à l'un des armalistes du comtat de Sohl, que nous nommerons Zsadany. C'était le joueur le plus effréné peut-être de la Hongrie. Il passait sa vie dans les tripots, buvant, fumant, tenant les cartes et songeant à peine à manger. Après avoir dissipé plusieurs fortunes dans différentes villes de son pays, Zsadany vint à Paris. Bientôt il fut lancé, non dans les maisons de jeu connues de la police, mais dans celles qui, au contraire, cherchaient à se soustraire à l'impôt énorme que le gouvernement prélevait alors sur ces abominables lieux. Les joueurs ont promptement des amis : Zsadany s'en vit en peu de temps entouré. Ses premières tentatives furent heureuses . il gagna. Mais ce succès ne dura pas ; la fortune se déclara de nouveau contre lui. En moins d'une semaine il eut perdu non-seulement ce qu'il avait gagné, mais encore, ou à peu près, ce qu'il lui restait d'argent à son hôtel. Zsadany avait amené avec lui sa femme, l'une des plus charmantes personnes de Peterwardein. D'abord amoureux fou d'elle, il avait vu cette passion céder la place à une autre plus fougueuse encore, plus terrible, plus insatiable, le jeu ! Tel était le despotisme de cette dernière, que l'armaliste, après quelques mois seulement de mariage, avait pris sa jeune et belle compagne, sinon en aversion, du moins en une grande indifférence. C'était à peine s'il lui adressait la parole ; à peine si, depuis un mois qu'ils étaient à Paris, il avait songé à lui faire faire la moindre promenade. Il se levait à neuf heures et ne rentrait qu'à minuit ; souvent même il ne rentrait pas du tout.

Un jour, le lansquenet l'ayant encore plus maltraité que d'habitude, Zsadany, qui avait joué tout ce qu'il possédait, eut l'odieuse pensée d'offrir sa femme comme enjeu.

Terra malos homines nunc educat. . . . . .

Stimulé par la singularité de la proposition, son partner, qui savait d'ailleurs quelle était la valeur de l'*objet* qu'on lui présentait, n'hésita pas un instant. Les conditions arrêtées, la partie s'engagea : Zsadany perdit !

Il y a un proverbe espagnol qui dit : « *Tener su promessa, y morir.* » Zsadany résolut de le mettre en application. Ferme, comme tous les Hongrois lorsqu'il s'agit de remplir un engagement quel qu'il soit, il se lève sans dire un seul mot, sans proférer le moindre murmure, rentre à son hôtel, écrit à la hâte quelques lignes, les remet cachetées à sa femme, la fait monter dans un remise, et la prie de se rendre à l'adresse dont elle est porteur. Cet acte accompli (c'était vers le soir), il charge tranquillement un pistolet et se le pose sur le front. Tout à coup un écrin ouvert frappe ses regards ; cet écrin, c'est celui de sa femme ; d'ordinaire il contient un collier de perles fines. Pour le moment il est vide : serait-ce qu'elle le porterait à son cou ? Et tout aussitôt, remettant à un autre jour l'exécution de son funeste projet, Zsadany se mit à griffonner à la hâte le cynique billet que voici :

« Monsieur,

« Ma femme, oui ; le collier qu'elle porte, non. Ce collier vaut

« 2,000 écus. Si donc vous voulez bien m'accorder encore une revanche
« pour la valeur de ce bijou, je suis à vos ordres.

« J'attends.

« ZSADANY. »

Le malheureux ne se doutait pas qu'en signant ce fatal billet il signait
son arrêt de mort. Sa requête ayant été acceptée, il se remit sur le-

champ au jeu, et, par l'un de ces bizarres caprices que rien ne peut
expliquer, la chance lui fut cette fois favorable. En une nuit il regagna
non-seulement, comme l'hetman, ce qu'il avait perdu, mais encore une
soixantaine de mille francs.

Deux jours après, on lisait dans tous les journaux : « Un noble étran-
« ger, l'armaliste Zsadany, sortant d'une maison de jeu clandestine, a
« été frappé de trois coups de couteau au cœur. On attribue ce crime
« à deux repris de justice qui auraient eu pour but de dépouiller leur
« victime d'une somme considérable qu'elle venait de gagner. »

Toutes nos recherches à cet égard n'ont pu nous apprendre ce qu'est devenue depuis lors la jeune femme de notre Hongrois. Il est probable qu'elle sera retournée au sein de sa famille, à Peterwardein.

Qui n'a entendu parler du fameux bandit Schoubry, le Cartouche, le Rinaldo de la Hongrie? Schoubry, qui, quoique fils d'un simple paysan, avait reçu une éducation des plus distinguées, Schoubry était l'un des plus beaux cavaliers de son pays. A vingt-neuf ans, dégoûté du métier qu'il avait adopté par système, il l'abandonna. A cette époque, cent cinquante hommes, dont le dévouement égalait le courage, lui obéissaient. Profitant du bruit qui s'était répandu qu'on l'avait trouvé parmi les morts à la suite d'une chaude affaire que les siens avaient eue avec les troupes impériales, il prit la fuite et se retira à Hambourg où il vécut inconnu pendant dix-huit mois. Schoubry parlait aisément neuf langues. En 1838 il vint à Paris et entra chez un pharmacien de la Chaussée-d'Antin, qui lui donna les premières notions de son état. Au bout de dix-huit mois environ, pendant lesquels sa conduite et son aptitude avaient été admirables, il prit le parti de s'embarquer pour l'Amérique. Arrivé à New-York, n'ayant dans sa poche qu'un dollar et demi pour toute fortune, il se mit d'abord au service d'un épicier allemand, puis à celui de l'apothicaire Curtius. Possesseur de quelques menues économies, il quitta New-York pour se rendre à Philadelphie; là, il entra chez un imprimeur. Peu de temps après, il fit le commerce, pour son compte, de bijouterie ordinaire, d'épingles et de plumes d'acier, commerce dans lequel il amassa en peu de temps une petite fortune. Il y a deux ans, amené par ses affaires à la Havane, il y reprit l'état de pharmacien vers lequel ses goûts le ramenaient. Aujourd'hui il est établi à Charlestown où il a fondé une maison justement renommée. On l'y connaît, non plus sous le nom de Schoubry, qui n'était qu'un pseudonyme, mais sous celui de Papp, qui est celui de sa famille.

Bien que le défaut d'espace ne nous permette pas d'étudier plus amplement le Hongrois à Paris, nous ne terminerons pas cette esquisse sans dire que, parmi les nombreux étrangers qui peuplent notre grande ville, il a toujours été l'un des plus recherchés. Sa tenue est irréprochable, et sa modestie n'a d'égale que sa bonté. On a quelquefois fort mal interprété son silence lorsqu'il est dans le monde. Quelqu'un ayant demandé au jeune Kossut, le parent d'un riche et célèbre homme de loi de Pesth, pourquoi il écoutait toujours et parlait si rarement. « Monsieur, répliqua-t-il sans la moindre emphase, je vous répondrai avec les « paroles mêmes de Théophraste : « C'est parce que la nature nous a « donné deux oreilles pour écouter et une seule bouche pour parler. »

En 1815, lorsque les alliés vinrent en France, quelques régiments hongrois se trouvaient parmi eux. Leur conduite envers nous fut admirable. M. A. Barginet, de Grenoble, écrivit en les voyant arriver : « Ils « marchent avec toute la fierté qui appartient à cette belle race slave. « Leur taille est élevée; leurs traits réguliers, hâlés par le soleil et la « fatigue d'une longue marche, rappellent ceux de leurs belliqueux et « barbares ancêtres..... Il y a entre eux et nous une étonnante sym- « pathie. Ils nous saluent du regard et de la main, et le sourire qui ef- « fleure leurs lèvres n'annonce point l'insolente et dédaigneuse pitié « d'un vainqueur. »

Pourquoi faut-il que l'Autriche nous sépare de la Hongrie?

STANISLAS BELLANGER.

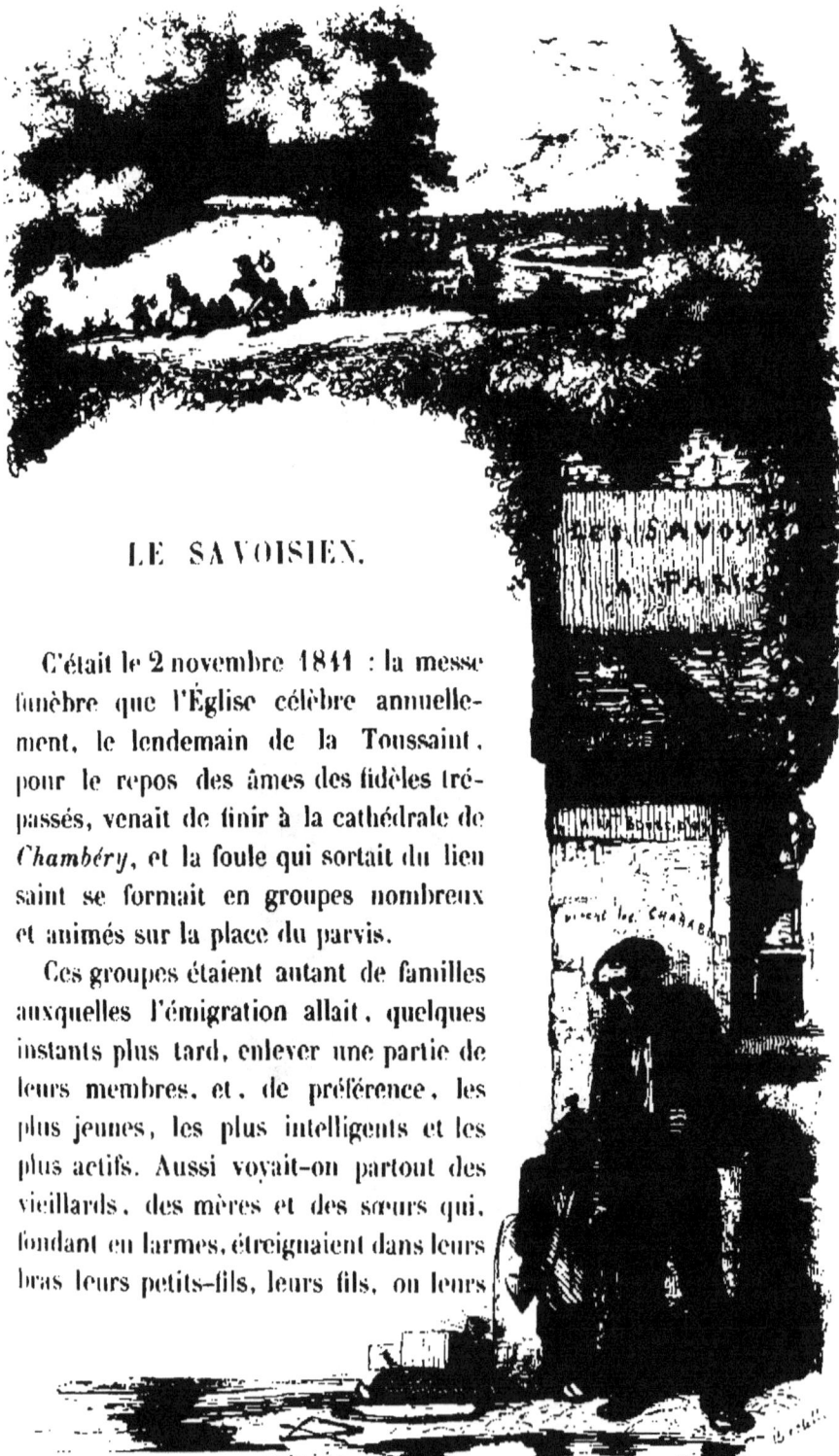

LE SAVOISIEN.

C'était le 2 novembre 1841 : la messe funèbre que l'Église célèbre annuellement, le lendemain de la Toussaint, pour le repos des âmes des fidèles trépassés, venait de finir à la cathédrale de *Chambéry*, et la foule qui sortait du lieu saint se formait en groupes nombreux et animés sur la place du parvis.

Ces groupes étaient autant de familles auxquelles l'émigration allait, quelques instants plus tard, enlever une partie de leurs membres, et, de préférence, les plus jeunes, les plus intelligents et les plus actifs. Aussi voyait-on partout des vieillards, des mères et des sœurs qui, fondant en larmes, étreignaient dans leurs bras leurs petits-fils, leurs fils, ou leurs frères et leur donnaient d'utiles conseils, leur bénédiction, le sac de grosse toile contenant toute leur garde-robe, et le pied de chêne brut et garni de son écorce qui devait leur servir de bâton de voyage.

L'office des morts, auquel les émigrants venaient d'assister avec un recueillement et une piété que l'on ne trouve plus guère que dans leurs montagnes, avait été comme un adieu de ces âmes candides à la cendre de leurs pères.... Les pleurs de leurs parents s'étaient mêlés aux leurs; ceux d'entre eux qui avaient déjà trouvé en dehors de la famille une affection plus tendre encore, venaient d'échanger aussi avec celles qui leur étaient chères des protestations d'amour et d'inviolables serments; toutes les dettes du cœur étaient payées, et la cloche de la cathédrale tintait les neuf coups de l'*Angelus* de midi.... C'était le signal du départ!

Chambéry avait été choisi, comme point central, pour le rendez-vous des fils de la *Savoie-Propre*, de la *Haute-Savoie*, de la *Tarentaise* et de la *Maurienne*, et les quatre provinces venaient de verser dans les rues de cette étroite capitale près de *trois mille* jeunes gens de seize à vingt ans, qui tous allaient chercher en France, et la plupart à Paris, du travail et du pain.

A leur arrivée, la caravane se grossit de quelques centaines de prolétaires nouveaux qu'elle entraîna, avec les plus agiles de leurs parents, jusque dans la campagne parsemée de mûriers qui environne Chambéry; puis elle s'incorpora les uns, et laissa les autres un à un, sur sa route, comme les grains d'une grappe qu'on détache en marchant.

Longtemps encore les anneaux vivants de cette chaîne rompue tentèrent, par des cris et des signaux sympathiques, d'opérer entre eux une sorte de rapprochement; mais nous ne les suivrons pas de colline en colline pour épier et compter leurs derniers adieux. Nous abandonnerons aussi le spectacle imposant de ces gigantesques glaciers, de ces montagnes qui, réunies en groupes, semblent vouloir s'entre-escalader, et de ces sommets rocailleux et pelés qui vont toucher le ciel; d'autres émigrants appellent notre attention vers la partie méridionale du duché de Savoie.

Ses quatre autres provinces, le *Faucigny*, le *Chablais*, *Carouge* et le *Genevois*, mettent en marche pour la même destination plus de *deux mille* paysans; le Faucigny seul en a fourni quinze cents, dont mille au moins deviendront maçons et tailleurs de pierres.

Mais, avant de suivre plus loin les émigrants, jetons un coup d'œil rapide sur les principaux traits qui les caractérisent.

Ces deux colonnes qui vont, dans le même but et à la même époque, franchir la frontière, traverseront à pied toute la France, et souvent, durant le voyage, se rencontreront aux mêmes étapes sans songer à se réunir.

Cette indifférence entre des enfants d'une même patrie tient à la disparité bien prononcée des caractères. Les habitants des provinces du Genevois, de Carouge, du Chablais et du Faucigny ont pris, à cause de leurs rapports commerciaux avec les Suisses, beaucoup de leurs goûts et de leurs habitudes; tandis que les Savoisiens des provinces de la Tarentaise, de la Maurienne, de la Haute-Savoie et de la Savoie-Propre, ont les habitudes et les mœurs des Français : ils sont laborieux, probes, humains, et d'une hospitalité qui ne peut être comparée qu'à celle des anciens Germains; ils prodiguent tout à l'étranger qui les visite.

Les paysans des environs de Chambéry et de la basse Maurienne sont faibles, maladifs, taciturnes, et les habitants du Faucigny et du Chablais sont vifs, gais et vigoureux. Ceux enfin qui habitent les hauteurs et vivent continuellement dans un air agité, pur, raréfié, au milieu des rochers dont un travail opiniâtre arrache avec peine aux glaces et aux neiges quelques produits, sont alertes, souples et robustes. Il est probable que les vents vifs et piquants des Alpes exercent sur les montagnards de la Savoie une influence que l'on peut comparer à celle que produit le *mistral* sur les Provençaux; ils les rendent impatients, remuants et presque fougueux, dans certaines localités.

Tous les voyageurs qui connaissent les habitants de ces montagnes s'accordent à dire qu'il existe peu de nations dont le caractère soit aussi doux, aussi affectueux et aussi compatissant que celui de ce peuple. J.-J. Rousseau, qui passa une partie de sa jeunesse à Annecy et à Chambéry, déclare, dans le cinquième livre de ses *Confessions*, que « l'accueil « aisé, l'esprit liant, l'humeur facile des habitants de la Savoie, lui rendirent le commerce du monde aimable. » Puis il ajoute :

« C'est dommage que les Savoyards ne soient pas riches, ou peut-être « serait-ce dommage qu'ils le fussent; car, tels qu'ils sont, c'est le meil- « leur et le plus aimable peuple que je connaisse. S'il est une ville au « monde où l'on goûte la douceur de la vie dans un commerce agréable « et sûr, c'est Chambéry. »

« Le climat de la Savoie, en modifiant l'organisation de ses habitants, dit un historien contemporain, les a rendus nerveux, excitables, sensibles et prompts; il leur a donné des sens vifs, un esprit perçant, une imagination mobile et inflammable : d'où sont nés l'inquiétude, l'impatience du caractère, la superstition, l'amour de la chasse, de la guerre et de l'indépendance que l'on observe chez tous, sans exception, quoiqu'ils soient sous l'influence d'un gouvernement qui cherche à étouffer dans leur sein tout sentiment, tout désir, toute émotion. »

En effet, les Savoisiens, descendants des Allobroges, ces énergiques montagnards que Rome estima assez pour leur opposer Fabius Maximus, l'un de ses plus grands capitaines, sont d'une humeur belliqueuse qui, malgré le joug écrasant qui pèse sur eux, se manifeste toujours par leur goût prononcé pour les amusements militaires et des danses guerrières que l'on rencontre encore dans quelques communes. La Savoie, d'ailleurs, a fourni à nos armées plusieurs colonels et officiers supérieurs justement recommandables. Les généraux comte Curial, Doppet et Desaix étaient Savoisiens.

L'affection que les Savoisiens ont généralement pour les Français détermine une grande partie de la jeune génération à quitter le pays d'où la chassent l'intolérance des prêtres, la misère, le manque absolu de travail et une sorte d'esclavage abrutissant. Cette émigration, qui augmente encore de jour en jour, est arrivée à ce point qu'il y a, à Paris, de trois cent cinquante à quatre cents personnes d'*une seule* commune de la Haute-Savoie, et que l'on compte en France plus de cent mille Savoisiens de naissance ou originaires de la Savoie.

Maintenant que nous avons suffisamment esquissé, tant au moral qu'au physique, le portrait de notre héros, hâtons-nous de rejoindre la double caravane.

La ville de Lyon, traversée par les émigrants, nous en a pris quelques-uns au passage ; d'autres, mais en petit nombre, sont restés dans les villes qui avoisinent la route, et la plus grande partie de la bande, bien que marchant à petites journées, vient de franchir la ligne des fortifications de la capitale.

Qu'importe! nous arrivons à temps pour recevoir nos héros à la *Barrière d'Italie.*

La colonne, divisée par groupes de douze à quinze individus, enfants de la même commune, s'est à peine engagée dans la grande rue Mouffetard, l'une des plus mal pavées et des plus sales de Paris, que déjà nos Savoisiens s'extasient sur le nombre et l'activité de la population et sur l'alignement et la propreté des maisons.

Quelque extraordinaire que paraisse cette première impression qu'ils éprouvent, elle n'a rien qui nous étonne. L'esprit de ces bons montagnards n'a pour point de comparaison que Chambéry, et à côté des masures dont se compose en très-grande partie la capitale de la Savoie, le faubourg Saint-Marceau est une agglomération de véritables palais.

Quelques-uns d'entre eux, qui ont déjà vu la grande ville dans une précédente excursion, s'amusent de l'étonnement des arrivants, et, pour y mettre le comble, ils les conduisent jusqu'au Panthéon, avant de se rendre dans les petites rues de la place Maubert, dernier terme de leur voyage. Mais, qui le croirait? à la vue de ce monument national, l'admiration des Savoisiens est plus calme, plus froide, car ils le comparent non plus à des édifices élevés par la main des hommes, mais à ces sublimes et éternels glaciers qui couronnent les Alpes, et le temple de la gloire est écrasé par cette comparaison.

Arrivés au bas de la *Montagne Sainte-Geneviève*, les Savoisiens se disséminèrent, par sociétés, dans toutes ces ruelles qu'habitent leurs compatriotes, et allèrent chez des maitres prévenus de leur arrivée prendre possession d'un gite provisoire.

Le groupe que nous nous proposons d'observer plus particulièrement

est composé de quelques individus que bientôt nous allons faire connaître

Ils s'engagent dans la rue de *Bièrre*, sorte de ruisseau bordé de maisons ventrues, aux murailles verdâtres et gluantes, qui s'étend, en serpentant, de la rue *Saint-Victor* à la rue des *Grands-Degrés*. Le Savoisien qui les dirige est un enfant de la Tarentaise qui a déjà fait trois fois le voyage de Paris, où il exerce, huit mois de l'année, l'emploi de commissionnaire. Aussi le cicerone possède-t-il une connaissance si parfaite du quartier et de ses moindres issues, qu'il s'élance résolûment, quoique à tâtons, dans une allée au fond de laquelle les plus hardis de ses quatre compagnons ne le suivent qu'en tremblant.

Après avoir franchi une centaine de degrés vacillants et brisés, avec une légèreté et une assurance qui prouvent assez qu'ils ont tous le pied montagnard, les Savoisiens pénètrent, par une porte étroite et délabrée, dans une vaste mansarde, véritable nid de paille, où dorment pêle-mêle quinze à vingt petits ramoneurs de dix à douze ans, dont les figures épanouies rappellent les tableaux de Hornung.

C'est là que les attend la simple et cordiale hospitalité de la Savoie.

Un homme de cinquante ans environ, de taille moyenne, vigoureux, mais sensiblement voûté par l'habitude de porter de lourds fardeaux, se lève vivement de son escabeau à trois pieds, met de côté sa soupe inachevée, et, tendant ses deux mains noires aux nouveaux venus, il s'écrie : « Eh ! bonjour, les enfants !... Bonjour, Grand-Pierre ! »

Ces quelques mots, prononcés d'une voix forte et accompagnés d'un gros juron du pays, bien ronflant, bien accentué, réveillent en sursaut tous les dormeurs qui, dressant à la fois leurs faces rondes et barbouillées de suie, offrent un de ces effets de scène dont l'imagination peut concevoir l'idée, mais que la plume est impuissante à décrire.

Nous devons dire, pour nous montrer digne de la confiance du lecteur, que tout ce personnel se compose en grande partie de petits Auvergnats et de quelques enfants des Alpes françaises, et que, le *maître* excepté, il ne s'y trouve pas un Savoisien. Mais nous éclaircirons ce point plus tard.

Le premier besoin de curiosité une fois satisfait, les diablotins, bien vite remis de la frayeur que leur avait causée l'exclamation de leur chef de *chambrée*, se replongent dans l'insouciance et dans le sommeil; toutes les têtes retombent sur la paille.

Laissons dormir ces pauvres enfants que viendront réveiller demain, de grand matin, des ouvriers fumistes pour les conduire, bon gré, mal gré, à de périlleux travaux, et faisons plus ample connaissance avec notre hôte.

André, natif d'une petite commune de la haute Maurienne, assise tout à fait au pied de ce rameau des Alpes qui sépare le duché de Savoie du Piémont, était venu à Paris à l'âge de douze ans. Il avait été confié par son père à un de ces hommes qui allaient alors chercher dans les Alpes des enfants dont ils se faisaient des esclaves, et sur le travail et la mendicité desquels ils fondaient pour eux-mêmes tout espoir de fortune. Durant cinq mortelles années, le pauvre André avait dû se soumettre à l'exigence insatiable du *maître*, et verser dans ses mains avides jusqu'au dernier *petit sou* qu'il était parvenu à obtenir de la charité des bourgeois pour la sécurité desquels il avait fait œuvre de son racloir. Mais, quand vinrent à sonner ses dix-sept ans, mieux éclairé sur ses propres intérêts, et fort impatient d'ailleurs de secouer un joug qu'une grossière tyrannie rendait depuis longtemps insupportable, André déclara d'un ton haut et net qu'il voulait être enfin son maître et profiter seul de son travail. Il avait craint, avant de se prononcer aussi énergiquement, que sa tentative d'émancipation ne lui attirât quelques horions; mais le développement progressif de son individu qui le rendait peu apte désormais à ses travaux habituels, et l'exemple d'insubordination qu'il donnait depuis quelque temps aux membres de la chambrée, militaient si puissamment en faveur de sa demande, qu'il obtint sans trop de contestation sa liberté immédiate.

Dès le lendemain, il était employé, en qualité de second garçon de magasin, dans une forte maison de papeterie en gros, qu'il quitta au bout de six mois pour entrer dans un dépôt de quincaillerie dont il fut l'unique *garçon de peine* durant dix années consécutives.

Au bout de ce temps, la déconfiture subite de son patron le jeta sur le pavé, sans économies et presque sans ressources; et, ne sachant que faire, il se mit sous l'autorité d'un vieux commissionnaire qui avait eu le bonheur de trouver un *coin* fructueux dans le quartier du Palais-Royal. Il partagea ses fatigues et son salaire durant trois années, après lesquelles il s'entendit avec lui pour l'achat de la *place*, qu'en raison de sa vigueur, de son activité et surtout de sa fidélité publiquement reconnue, il avait rendue plus lucrative encore.

Douze ans après, forcé lui-même de vendre ses crochets et sa *clientèle*, par suite d'une chute grave qu'il avait faite étant pesamment chargé, André avait employé ses économies à l'achat de la maison dans laquelle nous avons suivi nos Savoisiens, et dont il occupe tout le dernier étage, en compagnie des enfants qui lui sont envoyés des Hautes-Alpes, du Piémont et de l'Auvergne.

Voilà l'homme qui tout à l'heure a, par une exclamation et un juron

bien exempts de colère, fait trembler dans leur peau de bistre tous les
dormeurs. Ce n'est pas qu'il soit d'un caractère méchant; mais, tenu
dans son jeune âge sous une main de fer, il est convaincu que l'on ne
peut diriger les enfants que par la crainte, et il exerce de conviction sur
ceux qui lui ont été confiés la même tyrannie que celle dont, à dix-sept
ans, il jugea bon de s'affranchir. Quant au salaire qu'il avait autrefois
disputé à son maître, et qu'à son exemple il s'attribue aujourd'hui tout
entier pour se payer de quelques grossiers aliments et d'un misérable
gîte, l'accaparement arbitraire qu'il en fait s'explique par un usage en
quelque sorte traditionnel, et par le désir immodéré qu'il éprouve d'augmenter centime par centime le petit trésor qu'ont arrondi si péniblement
le travail de chaque jour et de dures privations.

Le Savoisien que nous avons entendu saluer, à son entrée, du nom de
Grand-Pierre est le commissionnaire qui a fait l'acquisition des crochets
et de la place du successeur d'André, et qui, après un voyage fait au pays,
vient en prendre possession définitive.

Quant aux quatre compatriotes amenés par lui, trois sont enfants d'un
petit village voisin de *Conflans*, chef-lieu de la province de Haute-Savoie,
et le quatrième est un petit Piémontais que, malgré leur antipathie pour
leurs concitoyens de par delà les Alpes, les émigrants ont consenti à
amener avec eux.

L'un, appelé *Pierre Gravier*, âgé de vingt-cinq ans, est accompagné
d'un frère nommé *François*, qui en compte dix-neuf à peine; et les
deux autres ont l'un dix-sept et l'autre de treize à quatorze ans.

Ce dernier, le plus jeune, vient grossir d'une tête le personnel de
maître André; celui de dix-sept ans va courir les barrières avec une
pacotille de menus objets, et se livrer au petit colportage; mais Pierre et
François ne savent encore quel parti prendre.

Doué des plus heureuses dispositions, d'un caractère doux et soumis,
et d'une physionomie ouverte qui prévenait en sa faveur, Pierre Gravier
avait dès ses premières années obtenu les bonnes grâces du desservant
de sa commune, et mérité qu'il s'occupât de lui enseigner, tant bien que
mal, une partie du peu qu'il savait. Le bon curé avait conçu l'espoir mal
fondé de travailler pour la plus grande gloire de Dieu et de l'Église : il
pensait que son élève devenu grand serait heureux de sortir de son obscurité, en entrant dans les ordres; mais Pierre, à dix-neuf ans, déjoua
tous les calculs du prêtre, et donna assez clairement à comprendre qu'il
préférait une femme à un bréviaire.

Nous sommes trop galant pour blâmer son choix, mais nous devons à la vérité de dire que cette détermination exerça sur son avenir une influence désastreuse.

Dès qu'il se fut nettement prononcé, le ministre d'un Dieu de miséricorde et de paix lui jura autant de haine qu'il lui avait jusqu'alors témoigné d'affection, et, ce qui porte à croire qu'en faisant ce serment il n'y avait pas dans son cœur la moindre restriction, c'est qu'il fit au malheureux Pierre une guerre de tous les instants; il alla jusqu'à déclarer au prône — « qu'il le croyait possédé du démon! »

Que l'on juge de l'effet que dut produire cet anathème sur l'esprit d'une population ignorante, crédule et superstitieuse! Pierre lutta durant six années contre cette injuste réprobation; puis, las de combats sans cesse renaissants, repoussé de toutes parts, et ne voyant plus de salut pour lui que dans l'émigration, il prit, avec son jeune frère et ses compatriotes, la route de Paris.

François, resté, lui, dans son ignorance native, plaignait sincèrement son frère, parce qu'il le voyait souffrir, mais il était loin de révoquer en doute la déclaration de son curé qu'il croyait infaillible; aussi se tenait-il en garde contre les conseils de Pierre qui ne pouvaient le pousser que dans une voie de perdition, et prenait-il secrètement la résolution de se séparer de lui aussitôt qu'une circonstance favorable viendrait à s'offrir.

Cette occasion, qu'il ne pouvait alors prévoir, ne se fit pas attendre. Les Savoisiens, vigilants d'ordinaire, mais moulus de fatigue, dormaient encore profondément dans le galetas hospitalier, quand, le lendemain matin, la porte s'ouvrit devant un visiteur très-élégamment vêtu, que le père André salua comme une vieille connaissance.

C'était *Beraudo*, Piémontais, né dans les environs de Turin, qui, à son arrivée à Paris, quelques années auparavant, avait dormi plus d'un somme dans le grenier du Savoisien.

Cet homme, que, malgré sa mise confortable, le père André ne voyait pas d'un très-bon œil, avait été d'abord ouvrier fumiste, ensuite mouleur en plâtre, puis clerc d'huissier, et, en dernier lieu, *homme d'affaires!*

C'est en cette *qualité*, et à titre de conseiller officieux, qu'il venait de s'introduire dans la maison, où il était sûr de rencontrer les deux frères Gravier, car c'est à eux seuls qu'il avait affaire.

Voici à quel propos.

Robert Gravier, oncle paternel des deux frères Pierre et François, avait quitté la province de Maurienne, en Savoie, à l'âge de quinze ans, pour venir exercer à Paris et dans les banlieues le modeste commerce de colporteur. Il s'était borné longtemps à la spécialité des almanachs et des aiguilles, dont il vendait une quantité considérable; mais, encouragé par les premiers bénéfices qu'il était parvenu à réaliser assez promptement, il joignit à ces articles de fonds quelques objets de petite quincaillerie qu'il vendit facilement et toujours avec avantage.

Cette industrie sera certainement qualifiée de misérable par celui qui ne s'est jamais rendu compte des résultats d'un travail persévérant : mais qu'importe !... poursuivons.

Au bout de douze ans, Robert avait économisé une trentaine de mille francs ; et, simple dans ses goûts, borné dans ses désirs, il suivait toujours le même sillon, en glanant, brin à brin, des épis que dédaignait la foule.

Notre petit marchand aurait probablement battu toute sa vie le sentier qu'il s'était si heureusement tracé ; mais le hasard, ou plutôt une Providence équitable vint l'en tirer et lui ouvrir bientôt une plus large voie.

Un soir du mois de mai 1825, à la chute du jour, le colporteur, revenant de Chaillot où, contre son ordinaire, il n'avait presque rien vendu, descendait lentement les Champs-Elysées, quand, à peu de distance du carré Marigny, un cheval ombrageux, subitement effrayé, se jeta d'un bond dans la contre-allée, prit le mors aux dents, et emporta son cavalier sans qu'il fût possible de l'arrêter.

Cent pas plus loin, Robert, qui sentit sous son pied un corps souple et d'une forme toute particulière, se baissa pour le ramasser. C'était un portefeuille garni de billets de banque, formant une somme de plus de deux cent mille francs !...

La première idée qui vint à l'honnête colporteur fut que ce trésor avait été perdu par le cavalier qu'emportait son cheval ; mais courir après lui, c'était peine inutile.... Robert feuilleta.... Le nom de M. D***, banquier, rue de Provence, se trouvait dans le portefeuille.

Le Savoisien fit un geste d'impatience, car la rue de Provence est bien éloignée de la rue de Pontoise, et il regardait comme un devoir de rassurer le banquier avant de regagner son gîte.

Cependant la voix de la probité fit taire le sentiment de la fatigue, et, clopin-clopant, Robert traversa la place, suivit la rue Royale, les boulevards et la rue du Mont-Blanc, puis parvint dans un vaste hôtel de la rue de Provence, au moment même où le banquier, descendu de cheval, allait rentrer chez lui.

« Monsieur !... monsieur ! » cria vivement le colporteur en l'apercevant de loin.

M. D*** se retourna ; mais en voyant celui qui l'appelait, il crut s'être mépris ou bien avoir affaire à quelque effronté mendiant, et, franchissant le perron, il gagna le grand escalier et disparut.

Robert, qui se disposait à le suivre, fut repoussé brutalement par le valet du banquier, menacé de voies de fait s'il ne se retirait en toute hâte, et les coups allaient pleuvoir à l'appui de l'injonction, quand, attiré par le bruit, M. D*** redescendit pour savoir ce que voulait cet importun.

Dès que Robert aperçut le banquier qu'il reconnut à ses vêtements, il tira de son sein le portefeuille trouvé, et le lui rendit en disant : « Ceci

vous appartient, monsieur ! Assurez-vous que rien n'y manque. » Et quand, vérification scrupuleusement faite du nombre de ses billets, M. D***, qui n'en avait appris la perte que par la restitution même, eut répondu que le portefeuille était intact, l'honnête colporteur tourna le dos et sortit, sans laisser au financier le temps d'articuler un seul mot de remerciment.

M. D***, vivement touché de cet acte de probité désintéressée, courut lui-même après Robert, et le détermina, à force d'instances, à l'accompagner jusque dans son cabinet; mais il ne put lui faire accepter la moindre somme à titre de récompense. Il crut même s'apercevoir que la susceptibilité du loyal Savoisien serait péniblement froissée par une plus longue insistance, et c'est alors que sa reconnaissance, de plus en plus excitée, eut recours à de nouveaux moyens.

Robert, interrogé avec bienveillance par le banquier sur sa naissance, sa famille, son séjour à Paris, ses habitudes, la prospérité de son modeste commerce et sur ses projets d'avenir, répondit à toutes ces questions avec une naïveté et une franchise qui étonnèrent l'homme positif et l'intéressèrent vivement au sort du montagnard. Bref, après avoir obtenu du colporteur la confidence du chiffre approximatif de ses bénéfices annuels, M. D*** lui en assura le double, s'il consentait à remplir dans sa maison l'emploi de premier garçon de recettes, ce qui fut accepté sans peine; et quelques jours plus tard, Robert Gravier était installé chez le banquier de la rue de Provence.

Deux ans après, le Savoisien, dont la conduite, l'exactitude, le dévouement et la fidélité avaient justifié de tous points l'excellente opinion que M. D*** avait d'abord conçue du colporteur, Robert passa de l'emploi de premier garçon de recettes à celui beaucoup plus lucratif de caissier de la même division; et il en remplissait depuis douze ans les fonctions, lorsque subitement atteint d'une maladie mortelle, il y succomba en moins de huit jours, après avoir toutefois, par un testament en bonne et due forme, institué l'aîné de ses neveux, Pierre Gravier, son légataire universel, sous la seule réserve d'une somme de mille francs au profit de son frère François.

La mort de Robert Gravier avait eu lieu le jour même du départ de ses neveux pour Paris. M. D***, dépositaire du testament et de la fortune de son employé, s'était empressé d'informer de ce malheur la famille du défunt, mais sa lettre avait dû se croiser en route avec nos émigrants; et c'était enfin le Piémontais Beraudo qui, fortuitement instruit des dernières dispositions du caissier, jouissait du privilége d'en apporter la nouvelle aux deux plus intéressés.

L'insinuant *agent d'affaires* avait, du vivant de Robert et en s'abritant derrière son excellente réputation, fait mille tentatives pour s'introduire, à quelque titre que ce fût, dans la maison de M. D***; mais, tenu à dis-

tance par le caissier lui-même, il n'avait pu réussir à s'ouvrir d'intelligence dans la place financière que par le moyen d'un employé subalterne.
Cependant ce ressort, quelque faible qu'il paraisse, devint bientôt dans
les mains de l'intrigant l'instrument de sa fortune. En effet, c'est par une
indiscrétion de ce commis que Beraudo avait été instruit des dernières
volontés de Robert Gravier, et de l'arrivée probable de son héritier; son
plan, tracé sur cet avis, était déjà en voie d'exécution quand il se rendit
dans le grenier du vieil André pour chercher une dupe qu'il avait l'espoir
d'y rencontrer, et le hasard lui en fournissait deux à la fois !

Mais n'anticipons pas sur les événements; suivons nos personnages
pas à pas; pour apprécier le Piémontais, il faut le voir à l'œuvre.

Lorsque Beraudo eut appris aux frères Gravier la mort de leur *cher*
oncle, dont il se disait le meilleur ami, et qu'il eut en conséquence donné
une larme hypocrite à sa mémoire, il s'empara de Pierre, le conduisit
dans une embrasure de porte, lui révéla tout bas l'existence du bienheureux testament qui le faisait riche au détriment de son frère, lui fit entrevoir adroitement que l'acte était loin d'être inattaquable, si l'exécution
n'en était conduite par un homme habile, et l'amena à le prier, lui Beraudo, de l'aider de son expérience et de ses conseils : ce qu'il lui promit,
après quelques difficultés et en lui recommandant de n'en rien dire, pour
ne pas le rendre suspect à son frère, dont il se promettait secrètement
d'exploiter aussi l'ignorance et la crédulité.

Ses batteries ainsi dressées vers le point important, il circonvint ensuite François, qualifia d'injuste et d'illégal le testament qui le frustrait
d'une part légitime, et lui promit formellement d'amener son frère aîné
à composition, s'il lui confiait, à lui Beraudo, la défense de ses intérêts.

Le pauvre déshérité, qui, grâce aux anathèmes du curé de Savoie, n'a-
vait pas pour son frère Pierre une estime profonde, accepta avec gratitude la médiation du Piémontais, et jura aussi de tenir secrets tous les
conseils qu'il en recevrait.

La trame était trop bien ourdie pour que les bons Savoisiens pussent
se soustraire à la perfide étreinte de l'homme d'affaires. Dès le jour même,
Beraudo les accompagna chez M. D***, et, se posant devant lui et devant
eux comme conseil et comme ami, il sut s'immiscer dans tous les détails
de la succession, et rassembler ainsi dans sa main tous les fils d'une intrigue infernale.

Pour capter la confiance du banquier lui-même, l'audacieux industriel
se dit l'ami intime du défunt, qui l'aurait consulté, à l'en croire, avant
d'écrire ses dernières volontés; et, dans le but évident de rendre son

assertion incontestable, il cita sommairement les dispositions testamen-
taires faites au profit exclusif de Pierre Gravier, avant que M. D*** en
eût donné communication, ce qui ne laissa plus à ce dernier le moindre
doute sur la sincérité d'un *ami* qu'il n'était pas, avant cette preuve, éloigné
de croire suspect.

M. D***, convaincu de l'identité du légataire, à qui il ne manquait plus
que quelques pièces pour se faire rendre compte d'un héritage de cent
soixante mille francs, fit avec une grâce parfaite au neveu de son fidèle
Robert des offres d'argent qui, sur un signe de Beraudo, furent acceptées
avec empressement. Mille écus lui furent immédiatement comptés, et le
banquier l'installa dans le petit appartement du défunt, à vingt pas de son
hôtel.

L'heureux Savoisien, ébloui par cette fortune qui lui paraissait inépuisable, se croyait assez riche pour acheter, au comptant, tout le royaume
de Sardaigne ; aussi demanda-t-il sérieusement à *son conseil* ce qu'il
pourrait jamais faire de tant d'argent.

Le Piémontais lui enseigna si bien la manière de le dissiper, qu'au bout
d'un mois Pierre, en fait de prodigalités, était passé maître.

François, au contraire, voyait déjà trop clair dans la conduite du rusé
Beraudo, pour consentir à rester plus longtemps sa dupe. Il accepta sans
contestation le legs de mille francs dont l'avait gratifié l'oncle Robert, et,
augmentant cet héritage de l'exemple qu'il lui avait laissé, il se composa
le jour même une légère pacotille de menus articles et se fit colporteur.

L'homme d'affaires, qui surpassait en cupidité tous les misérables de
son espèce, n'avait rien négligé pour obtenir, au nom de Pierre Gravier,
la mise en possession de l'héritage qui lui était dévolu. Un mois s'était à
peine écoulé depuis son arrivée à Paris, que déjà le Savoisien avait reçu
des mains de M. D*** toutes les sommes dont il était dépositaire.

L'héritier universel de Robert avait eu un instant l'idée de laisser la
plus grande partie de ses fonds dans la maison de banque qui avait fait
si heureusement fructifier les épargnes de l'honnête colporteur ; mais ce
calcul était trop sage pour que le Piémontais y trouvât son compte : il
fallait à l'avidité de ce chevalier d'industrie le maniement sans contrôle
de cette petite fortune tout entière, et son ascendant sur le crédule
Savoisien était tel, qu'il parvint à s'en rendre maître.

Voici à quels moyens il eut successivement recours pour arriver à ses
fins.

Bien que Pierre Gravier fût une dupe facile à exploiter, l'agent d'affaires n'usa pas moins de grandes précautions pour conserver à ses yeux

les dehors de la plus sévère probité et d'un désintéressement au-dessus de tout éloge. En dépouillant l'oison, il arracha si doucement, si doucement plumes et duvet, qu'il ne lui fournit pas même un prétexte pour se plaindre.

Non content d'avoir donné à celui dont il s'était fait l'intendant un train de maison qui aurait en deux ans absorbé l'héritage, Beraudo, s'adressant aux passions les plus impérieuses du jeune homme, introduisit adroitement dans son intimité la prétendue veuve de je ne sais quel colonel, aventurière insinuante et perfide, qui, par une résistance de jour en jour moins forte, sut irriter les désirs du soupirant, et lui faire acheter au prix des plus grands sacrifices ce qui, depuis longtemps, hélas! était du domaine public.

Il serait superflu de dire que cette intrigante était l'instrument de la perversité du Piémontais, et qu'elle partageait avec lui le produit de ses frauduleuses manœuvres; le lecteur a deviné que Beraudo n'était pas homme à introduire un tiers dans son entreprise de spoliation, s'il n'avait d'avance calculé les bénéfices qu'il se croyait en droit d'en attendre.

Douée de charmes naturels qu'une débauche précoce avait bientôt flétris, mais extrêmement habile à dissimuler les traces de son inconduite sous le masque d'une demi-langueur qui rehaussait encore ses attraits de vingt-huit ans, la digne associée de l'homme d'affaires enveloppa si bien l'aveugle moucheron tombé dans sa toile, qu'elle épuisa ses ressources jusqu'à la dernière, abrutit ses instincts et dessécha son cœur.

Deux mots suffiront pour faire comprendre à quel degré d'abjection l'influence fatale de cette femme avait réduit Pierre le Savoisien, c'est-à-dire l'homme le plus humain, le plus compatissant et le meilleur que fournissent les types hospitaliers de toute la chaîne des Alpes.

C'était en 1842, le troisième jour des promenades annuelles de la semaine sainte; les Champs-Elysées étaient inondés de promeneurs, les uns sur de superbes chevaux, d'autres à pied, — mais c'était le petit nombre, — et la plupart dans de brillants équipages qui formaient une double file, véritable guirlande de femmes parées, s'étendant de la place de la Concorde à la porte Maillot. Tout Paris élégant s'était donné, ce jour-là, rendez-vous à Longchamps; et Pierre Gravier, qui avait la sotte prétention de se croire à la mode, n'avait eu garde d'y manquer.

Il arriva des premiers dans un délicieux tilbury traîné par un cheval anglais qui lui avait coûté, la veille, et pour satisfaire un caprice de la misérable qui se pavanait à ses côtés, plus d'or assurément qu'il n'en restait dans son coffre. C'était un pur sang si beau, qu'il attirait les

regards et captivait l'admiration de l'élite des *sportsmen* dont s'enor-
gueillit le Jockey's-Club.

Le succès du noble quadrupède enivra tellement le vaniteux automé-
don, que Pierre, oubliant son ignorance absolue dans l'art de conduire,
voulut aiguillonner le bel animal pour le forcer à déployer toutes les
grâces de sa fière et bouillante nature; mais, au premier coup de pointe
qui cingla ses flancs, le cheval, tiraillé maladroitement par une main
novice, bondit sur lui-même, se cabra, et, sortant à reculons de la file
serrée des voitures, faillit écraser entre la roue et le tronc d'un arbre un
jeune homme qui, déchargé là d'un lourd paquet, prenait, en regardant
passer la foule, un instant de repos.

Ce jeune homme, c'était François Gravier, le colporteur!

Moins impressionné par l'idée du danger auquel il venait d'échapper
que par la vue de son frère en si riche équipage, le Savoyard s'écria :

« Eh! c'est le frère!... »

Puis, s'élançant vers la voiture remise en ligne, il tendit à Pierre
Gravier une main noire et gercée par les rigueurs d'un ciel d'hiver.

Cette exclamation et ce geste familier furent pour notre *lion* montagnard comme un coup de foudre; son visage devint pourpre de honte.
Se voir ainsi apostropher du nom de FRÈRE par un manant en veste de
bure, lui qui, tout à l'heure, était, — grâce à son beau cheval, il est vrai,
— le point de mire de cent lorgnons!... lui qui, la veille, avait fait peindre
sur les panneaux de son élégant tilbury je ne sais quelles armes orgueil-
leuses surmontées d'une couronne de comte!...

Il cherchait des yeux, à travers la foule qui grossissait autour d'eux,
le moyen d'échapper au ridicule, et pas une issue ne restait ouverte à sa
fuite!... De cruels éclats de rire augmentaient son embarras; et le maudit
marchand d'aiguilles, qui croyait sans doute ne pas avoir été entendu,
s'obstinait à crier :

« Eh! le frère!... Eh! *Piarre!*... »

La file de voitures, un instant arrêtée par ce grotesque incident, se
remettait en marche. Pierre Gravier croyait être à la fin de sa torture;
vain espoir! François, s'élançant au-devant du noble cheval, le saisit à
la bride....

Oh! cette fois, la vue de Pierre se troubla.... Ce n'était plus du dépit
qu'il ressentait, c'était de la fureur. Un vigoureux coup de fouet atteignit
le colporteur en plein visage, et traça sur sa joue un long sillon d'où
jaillit le sang!...

François lâcha soudain la bride, car il se sentait chanceler, et, se sou-

LE SAVOISIEN.

venant du curé de Savoie, il dit avec l'accent d'un profond désespoir :
« Oui, le frère est possédé !!!... »

Le tilbury partit comme un trait, poursuivi par des murmures d'indignation ; mais deux minutes plus tard les promeneurs n'y songeaient plus, la vanité de Pierre Gravier reprenait contenance, et François, en regagnant sa chambre du passage Dauphine, pleurait sur son frère.

Quelques jours avant l'achat du bel animal, cause première du déplorable événement que nous venons de raconter, Beraudo avait proposé au confiant et prodigue Savoisien de placer, dans ce qu'il appelait une affaire d'or, la moitié des derniers cinquante mille francs qui lui restaient. Il s'agissait de l'achat et de l'exploitation d'une part de privilége de théâtre dont le Piémontais serait le directeur et Pierre Gravier le petit sultan. L'entreprise, au point de vue de la spéculation, ne souriait guère à ce dernier, mais les prérogatives attachées au titre qu'on lui offrait le déterminèrent. L'argent fut compté entre les mains de Beraudo, qui, plus tard, prétendit l'avoir employé à rendre favorable à l'entreprise un personnage très-puissant dans ces sortes d'affaires. Le fait était faux, et nous n'hésitons pas à le déclarer impossible : cela s'est-il jamais vu ?...

Mais laissons là cette question, et constatons un fait : les vingt-cinq mille francs furent perdus, et la sultane favorite de Pierre Gravier, jalouse par calcul, se fit du projet avorté un prétexte de rupture, aussitôt qu'elle vit la petite fortune engloutie.

Quant aux vingt-cinq mille francs restants, plus de la moitié de cette somme fut employée à l'achat du tilbury et du beau cheval, que Beraudo fut chargé de vendre, après Longchamps, moyennant mille écus, non compris le tilbury que le Piémontais trouvait à sa convenance, et dont il s'arrangea au prix de cinq cents francs payables fin juillet, — le titre ne disait pas de quelle année.

. Enfin, complétement ruiné dans un court espace de temps, poursuivi par Beraudo lui-même qui se cachait derrière un prête-nom, et sur le point de se voir incarcérer pour dettes, Pierre Gravier ne dut sa liberté qu'à l'envoi anonyme d'un billet de mille francs, contenu dans une enveloppe dont l'adresse était grossièrement écrite. Le timbre laissait voir distinctement un G; l'envoi partait du quartier Dauphine !

Tous ces indices réunis furent pour l'esprit du Savoisien un éclair de lumière; il courut à la demeure du seul homme qu'il crût capable d'user envers lui d'une si noble générosité, et, presque fou de joie et de reconnaissance, il se jeta dans les bras de son frère !

La voix de son cœur ne l'avait pas trompé : François, instruit par ses camarades du malheur qui menaçait Pierre, lui avait à l'instant même adressé tout ce qu'il avait su prélever d'économies durant une année sur ses bénéfices de chaque jour, et, grâce à Dieu, la somme était arrivée à temps !

Nous n'essayerons pas de peindre l'excessive douleur de Pierre Gravier à la vue de la cicatrice, restée comme un témoignage ineffaçable de sa brutalité sur le visage de son frère...; il la couvrait de ses baisers, il la baignait de ses larmes, et son désespoir était si vrai, si déchirant, que François, pour le consoler, n'hésita pas à jurer que le coup de fouet ne lui avait pas causé le moindre mal.

La chambrée du passage Dauphine comptait le soir un Savoisien de plus. Pierre Gravier, de ridicule dandy, s'était fait bon commissionnaire ; et nous pouvons affirmer qu'il persiste dans sa courageuse résolution, car c'est de lui-même que nous tenons la plus grande partie de ces détails. Il occupe aujourd'hui l'un des meilleurs coins de rue du faubourg Saint-Germain.

Heureuse transformation ! excellent exemple qu'il ne serait peut-être pas inutile de recommander à certains *lions* du boulevard des Italiens !

Nous n'avons plus qu'un mot à dire de Beraudo. Aujourd'hui moins adroit que mille de ses pareils, l'*homme d'affaires* expie en prison le tort d'avoir souvent pris la caisse d'autrui pour la sienne.

Si ses remords l'ont purifié, que les chaînes lui soient légères !

Quant aux divers émigrants dont nous n'avons, à dessein, montré que la silhouette, ils se sont, dès le lendemain de leur arrivée, perdus dans la foule des Savoisiens : pour les retrouver avant de finir, il convient d'embrasser d'un même coup d'œil toutes les familles de ce peuple transplanté.

La Savoie revit, à Paris, dans sa population d'émigrés, avec le caractère, les mœurs et les habitudes qui sont propres à chaque province, à chaque localité. Les Savoisiens se partagent la grande ville en deux quartiers distincts, séparés l'un de l'autre par la Seine, et subdivisés en portions de territoire dont les limites, traditionnellement ou tacitement convenues, sont respectées par eux comme autant de frontières.

Les enfants de la Savoie-Propre, de la Haute-Savoie et de la Tarentaise occupent la rive gauche du fleuve. Le centre de cette grande division, composée presque exclusivement de la colonne d'émigrants que nous avons, au commencement de cette notice, fait partir de Chambéry, — moins toutefois les habitants de la Maurienne, qui se sont la plupart arrêtés à Lyon, — se trouve vers l'église Saint-Germain-des-Prés dans le faubourg Saint-Germain.

L'autre division, moins forte que la première, se compose des Savoisiens venus de Carouge, du Génevois, du Chablais et du Faucigny ; elle exploite la rive droite de la Seine, depuis les quartiers Saint-Martin et Saint-Denis jusque dans la Chaussée-d'Antin et le faubourg Saint-Honoré.

On confond généralement, à Paris, sous le nom de *Savoyards*, les Savoisiens, les Piémontais, les habitants des Alpes françaises et les Auvergnats. Aussi dit-on en voyant des porteurs d'eau, des charbonniers, des marchands de marrons, des fumistes, des petits ramoneurs, des porteurs de marmottes et de singes, des marchands de peaux de lapin, etc. : « Ce sont des Savoyards. »

C'est une erreur : la Savoie fournit à la capitale de la France presque tous ses commissionnaires ; des garçons de recettes, garçons de magasin et hommes de peine ; un grand nombre d'ouvriers maçons et tailleurs de pierre ; des colporteurs d'almanachs, d'aiguilles, de rubans et d'articles de petite quincaillerie ; mais ni porteurs d'eau, ni charbonniers, ni marchands de marrons : c'est de l'Auvergne qu'ils viennent presque tous, et l'on peut, à leur arrivée, les reconnaître facilement à leurs habits de grosse étoffe de laine d'un brun marron, ou de couleur tout à fait grise. Tous les fumistes, mouleurs, marchands de peaux de lapin, etc., nous sont envoyés par le Piémont, qui fournit aussi quelques ramoneurs ; mais la plupart de ces enfants et des porteurs de marmottes descendent des Alpes françaises.

Il est presque superflu de dire qu'il nous vient aussi de la Savoie des hommes d'une condition plus élevée, qui se livrent à des occupations moins modestes et vivent dans un tout autre monde : chaque pays fournit à Paris son contingent d'êtres privilégiés et de célébrités ; mais, dans cet article, nous n'avions pas à nous occuper de ces rares exceptions, et nous croyons pouvoir affirmer que la généralité des Savoisins est telle que nous l'avons peinte.

Les commissionnaires savoisiens, et plus particulièrement ceux venus des montagnes, sont presque tous d'une taille au-dessus de la moyenne. Leurs vêtements sont, pour l'étoffe, la couleur et la coupe, à peu près uniformes ; ils se composent d'un pantalon de velours bleu, d'une veste courte de la même étoffe et de pareille couleur, et d'un gilet croisé le plus souvent de drap ou de velours bleu à boutons de métal. Ils sont chaussés de gros souliers ferrés, et toujours coiffés d'une casquette de drap bleu. Leur tenue est toujours décente, et leurs vêtements du dimanche, bien que simples, sont d'une propreté remarquable.

Ils ne logent jamais en garni. Ils se réunissent au nombre de six ou huit, quelquefois plus, et louent à frais communs une grande pièce qu'ils habitent tous ensemble. C'est ce qu'ils appellent une *chambrée*. La plus notable partie de l'ameublement de ce dortoir consiste en grabats étendus sur le carreau; ils servent tout à la fois de siéges, de tables et de lits.

Les Savoisiens, surtout les commissionnaires, en raison de l'irrégularité des heures dont ils peuvent disposer, prennent souvent leurs repas où ils se trouvent et lorsque l'appétit les commande; cependant ils choisissent ordinairement, à proximité et en vue de la place qu'ils occupent, un lieu plus que modeste où ils vont manger assez fréquemment, mais presque toujours seuls et à la hâte. Ils se réunissent quelquefois, les jours de repos, pour se distraire avec des anecdotes de leurs montagnes et le verre à la main, mais en petit nombre et rarement, ce qui s'explique par leurs habitudes de sévère économie, leur sobriété naturelle, et surtout par l'éloignement extrême qu'ils éprouvent pour toute confidence entre eux de leurs intérêts personnels, du chiffre de leurs économies et de la nature de leurs projets.

Le seul lieu de rendez-vous où les Savoisiens, jeunes et vieux, ne manquent jamais de se trouver en grand nombre, c'est l'église qu'ils ont adoptée pour la prière du dimanche et des conférences auxquelles ils assistent avec un recueillement et une piété exemplaires.

Avant 1830, ils se réunissaient à l'église des Missions étrangères, rue du Bac, berceau d'une *œuvre* établie depuis plus d'un siècle pour l'instruction religieuse de ces étrangers; mais des raisons locales n'ayant pas permis d'y continuer ces pieux exercices, ils se rendent maintenant à Saint-Germain-des-Prés, dans la grande chapelle dite du *Catéchisme*. Vers cinq heures, un directeur des Missions étrangères vient leur faire une courte instruction, précédée des vêpres ordinaires et suivie de quelques cantiques qu'ils chantent à gorge déployée; puis, ce devoir accompli, ils sortent, et chacun d'eux regagne son quartier respectif.

Le temps que dure leur séjour à Paris peut être fixé, en moyenne, à une dizaine d'années, après lesquelles un cinquième environ s'y établit définitivement, et les quatre autres cinquièmes retournent en Savoie, où ils 'ont envoyé chaque année le fruit de leur travail et de leurs économies, les uns pour venir en aide à leur pauvre famille, et quelques-uns pour acquérir de petits coins de terre respectés çà et là, au flanc de leurs montagnes, par les neiges et les glaciers; mais le désir d'amasser un pécule, un petit *trésor* pour leurs vieux jours n'est pas porté par eux jusqu'à la cupidité, ni jusqu'à cette avarice sordide que l'on trouve souvent chez les Auvergnats qui viennent travailler à Paris.

Ces bons Savoisiens se cotisent par vingt ou trente, au moins une fois durant le temps de leur émigration, pour acheter tantôt des ornements, tantôt quelque vase sacré, et les envoyer dans la pauvre église de leur village respectif, comme un pieux souvenir de la patrie pendant leur séjour à l'*étranger*. Cette année encore, soixante enfants d'une commune de la province du Faucigny ont souscrit pour donner à leur église un *Chemin de la croix*, et les offrandes se sont élevées à *plus de mille francs !*

On peut évaluer à plus de quatre cent mille francs les sommes expédiées annuellement de Paris en Savoie par les émigrants. Ces économies sont emportées par les camarades qui retournent au pays, et, quand le transport en est confié à une administration, c'est ordinairement le roulage qui en est chargé, parce que ces envois sont presque toujours faits en billon, et pour cause. Les pièces de cinq francs sont pour les montagnes de la Savoie ce que sont les billets de banque pour la plupart de nos petites villes de province : on ne peut que difficilement les y convertir en monnaie.

Voilà tout ce que le cadre dans lequel nous sommes restreints nous

permet de dire des Savoisiens et de leur séjour à Paris. La position modeste de cette classe laborieuse au milieu des étrangers que compte dans
son sein la capitale du monde, nous réduisait à l'alternative d'écrire une
notice mensongère si nous voulions, pour faire briller nos personnages,
les introduire dans un monde qu'ils n'ont jamais vu, ou de nous borner
à des détails vrais, aussi simples que les hommes dont nous avons entrepris d'esquisser les habitudes et les mœurs ; c'est ce dernier parti que
nous avons pris, car c'était le seul qui convint à notre franchise et à
notre caractère.

J.-F. DESTIGNY (de Caen).

LES CHINOIS À PARIS

LE CHINOIS.

Paris, le 16e jour du 9e mois de la lune.

Moi, I-Sian-seng (le

docteur I), à *Tching-bit-Hé-Ki* (secrétaire de septième classe);

En recevant cette lettre, vous irez à *Houang-Szu*, le temple jaune de Fo, et vous brûlerez un bâton de camphrier pour moi, car je suis arrivé à Paris, vivant. J'ai fait cinq mille trois cent vingt *li*, depuis l'embouchure du *Hoang-Ho*, avec un péril de mort à chaque *li* sous mes pieds, et Dieu m'a toujours sauvé!

Que mes ancêtres daignent veiller sur moi, plus que jamais, en ce moment! Paris est un champ de bataille où les boulets sont remplacés par des roues et des chevaux. Ceux qui n'ont pas de roues et de chevaux périssent misérablement à la fleur de l'âge. Il y a dix-sept hôpitaux pour les blessés. J'ai vu un hôpital avec cette inscription en lettres énormes : Hospice des Incurables; les blessés que l'on y porte savent ainsi, en entrant, qu'ils n'en sortiront que morts. Ils sont avertis. C'est très-charitable de la part des docteurs. Voilà comme les Barbares comprennent la civilisation !

Malgré le sage précepte du *Li-Ki* et la loi de Menu, j'ai pris une voiture à quatre roues, en pleurant d'avance sur le sort de tant de malheureux que j'allais envoyer à l'hospice des incurables. Mais il n'y a pas deux manières de vivre à Paris, il faut écraser les autres ou en être écrasé. J'ai choisi le plus prudent.

Je me suis fait conduire à la rivière pour mes premières ablutions. J'étais sur le point d'accomplir cet acte sacré, lorsqu'un homme de police m'a menacé de son bâton. En regardant la rivière, je me suis facilement consolé. Elle n'a pas la transparence et le vert limpide de notre charmante *Yu-Ho* qui coule à Péking sous le pont de marbre *Pekhiao*. La Seine est bourbeuse et jaunâtre; aussi elle descend à la mer pour y prendre des bains. Je l'attends à son retour.

On m'a dit que les chrétiens se font apporter des ablutions à domicile, au prix de deux *fuen* : j'en ai demandé une. C'est une boîte de fer-blanc, assez semblable aux bières du cimetière de *Ming-tan-y*. On s'y couche, les mains sur la poitrine, comme un cadavre endormi dans la croyance de Fo.

J'ai payé l'ablution, et je l'ai renvoyée à son domicile, sans y toucher du bout du doigt, de peur de me souiller.

A Paris, chaque maison est gouvernée par un tyran, nommé portier ou concierge. Il y a vingt mille portiers qui désolent un million d'habitants, et leur font passer une vie bien dure. De temps en temps, Paris fait une révolution pour renverser quelque bon diable qu'on nomme un roi; mais il n'a jamais renversé les vingt mille portiers.

Mon portier accueille mes demandes par de longs éclats de rire: et lorsque je le menace, il me dit : « Vous êtes un Chinois! » Puisqu'il croit m'insulter en me criant le nom de mon pays, je lui ai rendu la pareille en lui criant : « Vous êtes un Français! » *Rendez insulte pour insulte*, a dit le sage législateur Menu.

Ces choses sont celles qui m'ont frappé en arrivant à Paris.

Mon premier devoir, en ma qualité de lettré du *Ming-tang*, la première société savante de l'univers, a été de visiter la Bibliothèque royale, surnommée ici *vaste dépôt de toutes les connaissances humaines*. Cet asile de méditation, de recueillement et d'étude est situé dans la rue la plus bruyante de Paris; les millions de livres qu'il renferme tremblent continuellement avec le pavé qui les soutient. C'est comme si nous allions nous recueillir, pour nous instruire, entre le pont *tchoung-yu-Ho-Khiao*, où l'on vend tous les chats de Péking, et la rue *toung-Kiang-mi-Kiang*, où l'on tire des feux d'artifice nuit et jour.

Un savant de l'endroit m'a reçu avec une grande politesse, et m'a présenté un fauteuil. « Monsieur, lui ai-je dit en français assez intelligible, je vous serais bien obligé si vous pouviez me prêter un instant l'histoire des dynasties des cinq frères Loung, et des soixante-quatre Ché-ty; vous savez que ces glorieux règnes commencent immédiatement après la troisième race des premiers empereurs, celle des *Jin-Hoang*, ou empereurs des Hommes, pour la distinguer de la seconde, les *Ty-Hoang*, empereurs de la Terre. »

Le savant n'avait pas l'air de savoir cela. Il mit dans son nez des grains d'opium noirci, et après avoir un peu réfléchi, il me dit : « *Lao-yé*, nous n'avons pas cela. »

Il paraissait fort content de savoir que *lao-yé* est l'équivalent de *monsieur*, et il me l'a répété mille fois dans notre conversation.

« Vous savez, monsieur, lui ai-je dit ensuite, qu'après les glorieux règnes de Koung-san-ché, de Tchen-min, de Y-ty-ché et de Houx-toun-ché, arrivèrent les règnes plus glorieux encore de soixante et onze familles, et que tant de gloire fut effacée par l'avénement de l'immortel empereur Ki, le plus grand musicien du monde et l'inventeur de la politesse chinoise. Je voudrais consulter, dans ce vaste dépôt de toutes les connaissances humaines, l'histoire de l'immortel Ki. »

Le nez du savant s'allongea une seconde fois sur la boîte d'opium noirci; il ouvrit ensuite un immense mouchoir de Madras, et fit, en secouant la tête, la main et le coude, un grand fracas assez semblable à un accord prolongé de *bin*. Quand cette tempête de cerveau fut cal-

mée, il replia son madras, le fit passer cinq fois sous son nez, et me
dit :

« Nous n'avons pas l'histoire de l'immortel **Ki**, votre empereur.

— Vous n'avez donc rien ! » lui dis-je avec ce calme qui vient de notre
sagesse, et qui humilie les savants des peuples barbares que le flambeau
de Menu n'a pas éclairés.

Le savant croisa ses mains, et inclina la tête en fermant les yeux ; ce
qui signifie : *Rien*, dans la langue de l'univers.

Je continuai pourtant mes demandes :

« Puisque vous n'avez pas de livres dans ce vaste dépôt de toutes les
connaissances humaines, avez-vous au moins des cartes géographiques?

— Oh! des cartes! dit-il avec un sourire de savant ressuscité, nous
avons toutes les cartes, depuis la carte de l'empereur romain Théodose
jusqu'à la *dame de Cœur*. »

Cette réponse, m'a-t-on dit depuis, est une plaisanterie d'homme sérieux qui se délasse de son travail par un bon mot.

« Veuillez donc me montrer, lui dis-je, la carte du céleste empire,
nommée *Tai-thsing-i-thoung-tchi*. »

Le mouchoir de Madras remonta sur la face du savant; la boîte d'opium
noir fut encore ouverte, et une ondulation de tête poudrée à blanc m'annonça que la carte demandée n'existait pas dans ce vaste dépôt.

« Attendez, me dit-il tout à coup avec une vive expression de joie, je
puis vous montrer un rayon de livres chinois dont vous serez content.
Suivez-moi, *lao-yé*. »

Je le suivis.

Nous descendîmes dans des galeries souterraines, pareilles aux temples
indiens d'Éléphanta; l'air était infecté de camphre et d'huile de baleine;
à droite et à gauche, on aurait pu voir, avec un rayon, une grande quantité de bustes de plâtre de tous les grands hommes de ce pays, tous morts,
parce qu'en France, m'a-t-on dit, il n'y a jamais de grands hommes
vivants.

« Voilà, me dit le savant, le rayon des livres chinois. »

Ces livres chinois sont persans; il y a le vocabulaire en langue *hoeï-hoeï*
et en chinois, et dix-sept lettres des princes de Tourfan, de Khamil et de
Samarkand.

Je remerciai le lettré avec cette politesse simple qui fut inventée par
notre immortel Ki, et je sortis de la Bibliothèque.

En traversant la grande rue voisine, je remarquai plusieurs groupes
de curieux à l'angle d'un carrefour étroit. Il y avait un amas de toiles et

d'échafaudages qui cachaient quelque chose de fort curieux sans doute, car tout le monde le regardait, quoiqu'on ne vît rien.

Je questionnai mon cocher; c'était un homme fort instruit, et qui me donna une haute idée de la science et de l'esprit de ceux de sa profession.

A l'angle de ce carrefour, on était en train d'élever un monument à la gloire d'un poëte célèbre, né à Paris et mort à Paris. Mon savant conducteur me fit en deux mots l'histoire de ce grand homme. Son nom était Molière; il composa des chefs-d'œuvre qui furent sifflés; il fut persécuté par les gens de cour, martyrisé par sa femme et ses créanciers, et mourut misérablement, sur le théâtre, entre deux chandelles de suif. On refusa les honneurs de la sépulture à son cadavre. La reconnaissance de ses compatriotes lui élevait un monument, pour le venger des douleurs de sa vie, deux cents ans après sa mort. En toute chose, le Français est très-vif; mais en matière de reconnaissance, il prend deux siècles de réflexion.

O nobles fils du céleste empire, lorsque la mère de Confutzée mourut, sous le règne de Suming, le grand sculpteur Sa-feï lui éleva ce beau monument où l'illustre femme est représentée allant demander à Dieu la fécondité sur le mont Ni-Kiew!

J'ai visité le palais impérial du roi; notre palais impérial de Péking, *T'su-kin-tchhing*, est toujours la merveille la plus étonnante qui existe sous la lune! Le palais impérial du roi des chrétiens est fort étroit, fort noir, mais il a des cheminées nombreuses, extrêmement élevées et ornées d'une tête rayonnante, ayant l'orgueil de figurer le soleil. J'ai demandé à des passants ce que signifiait ce soleil sculpté sur des cheminées; ils m'ont tous fait cette réponse qui ne répond pas : « Ah! c'est vrai, il y a un soleil! » et ils ont continué de passer.

Le jardin de ce palais est si petit et si bien aligné, que d'un coup d'œil on s'y promène, et tout est vu. On y chercherait en vain ce qui fait la grandeur et la poésie de notre *Tsu-kin-tchhing*, qui a six *li* de circonférence, et renferme un monde d'arcades, de galeries, de portes à tuiles jaunes, d'arbres superbes, d'arbres nains, de ponts, de fleurs, de canaux, de petites rivières, de cascades, de bassins à gerbes, de temples à toiture d'or, de tours d'ivoire à clochettes d'argent, de tigres à têtes de femme, et de graves lions aux cheveux bouclés. A Paris, il n'y a que la parole et la démarche qui soient joyeuses, et rappellent la fantaisie et le caprice : tout le reste est froid, exact, tiré au cordeau, calculé à la pointe du compas. On rencontre des chiffres partout, l'imagination nulle part. Savez-vous ce que l'on trouve chez leurs marchands de tapisseries? Des sujets mal peints, tous pris dans les scènes de la vie bourgeoise et réelle! Conçoit-on une pareille folie! ils veulent voir sur leurs paravents et leurs écrans de cheminées les mêmes choses qu'ils font eux-mêmes, avec leur ridicule costume européen! Ils n'auront jamais l'idée de matérialiser, sur une toile, un rêve de fleurs, de femmes, de fontaines, d'oiseaux d'or; une scène fantastique, éclairée par l'aurore du printemps, ou la pleine lune de l'été. Ils demanderont à leurs faiseurs de tapisseries une scène de nourrice, une noce de village, un départ de jeune soldat pour l'armée, un ménage de nouveaux mariés, un père maudissant son fils, une demoiselle qui touche du piano devant ses parents. Les paravents et les cheminées sont décorés de scènes de ce genre, de sorte que tout ce qui se fait sur la tapisserie se répète dans le salon. Cela les amuse beaucoup.

Il n'y a pas de grosse pierre qui n'ait l'orgueil d'imiter la montagne de Tyrgheton, dit un verset du *Li-Ki.* Donc, à Paris, ils ont eu l'idée d'imiter notre large et éternelle « rue de la Tranquillité, » *tchhang-ngan-Kiaï,* qui borde le palais impérial de Péking dans toute sa longueur, et aboutit à la plus belle des seize portes de notre grande ville, la « porte de la Gloire militaire, » *Thsiam-Men*. J'étais fier de traverser leur rue de Rivoli, en songeant qu'ils avaient voulu tenter une mesquine imitation de notre incomparable *tchhang-ngan-Kiaï*. Mon orgueil national triomphait.

C'est en suivant cette rue que je me suis rendu à un autre palais, habité par les quatre cent soixante-dix empereurs qui gouvernent Paris, la France et l'Afrique, et qu'ils appellent des députés. Il faut de petits morceaux de papier, assez malpropres, pour entrer dans ce palais. On donne les morceaux de papier à un monsieur qui a la figure rouge et le nez insolent, et l'on est introduit. Les quatre cent soixante-dix empereurs sont tous encaissés au fond d'un puits obscur, qui semble éclairé par la lune à son dernier quartier. Un empereur d'une figure douce et paternelle, nommé M. Sos-é, gouverne les quatre cent soixante-neuf autres en leur jouant des airs de sonnette. Ce spectacle est assez amusant. Les empereurs sont tous assez mal vêtus et mal coiffés. Ils causent beaucoup, ils se promènent, ils se font des espiègleries, ils dorment, ils écrivent des lettres à leurs épouses; pendant qu'un empereur, monté sur une estrade, chante à voix basse quelque chose de mystérieux, et sur un air monotone qui m'a rappelé notre hymne des ancêtres, sans l'accompagnement du *lo* national. Chaque empereur a le droit de monter sur cette estrade et de se chanter à lui-même son air favori, en tournant le dos à M. Sos-é. J'ai fait cette demande à un voisin : « Monsieur, comment appelez-vous ce jeu? — Le gouvernement représentatif, » m'a-t-il répondu.

On ne tire un feu d'artifice à Paris que pour la fête du roi, ce qui me rendrait le séjour de cette ville insupportable. Ce spectacle merveilleux n'amuse donc pas les Parisiens, puisqu'on ne le leur donne qu'une fois par an; et s'il ne les amuse pas, pourquoi brûle-t-on un feu d'artifice à la fête du roi? J'ai soumis cette question à un homme qu'on appelle un ami, à M. Lefort, mon voisin de chambre *dé*garnie; il m'a répondu : « Je ne vous comprends pas. » Au reste, cette réponse arrive presque toujours à mon oreille. On dirait que je leur parle chinois. Étant privé de ces beaux feux d'artifice qui réjouissent Péking, chaque soir je vais passer quelques heures à l'Opéra. C'est un théâtre où l'on paye des crieurs publics au prix de cinquante mille *tchakhi* par an. Lorsqu'un jeune homme désole sa famille par ses cris, on l'enferme dans un conservatoire, où un professeur de cris lui donne vingt-quatre lunes de leçons. L'élève entre ensuite à l'Opéra, et il fait son métier devant cinquante instruments de cuivre qui crient mille fois encore plus haut que lui. Vous comprenez bien que tout bon Chinois, habitué dès son enfance à la mélodie suave de l'hymne à l'Aurore, ne saurait subir deux fois les crieurs publics de ce théâtre; aussi j'avais fait à l'Opéra mes adieux le premier soir. Ayant appris ensuite que l'on y jouait, par esprit de contradiction française, d'autres pièces où personne ne disait un mot, je rentrai à l'Opéra. Ces pièces sont jouées silencieusement par des danseuses; on les appelle des ballets. J'avoue mon goût pour ce spectacle; il n'y a que cela d'admirable à Paris, mais on ne regrette pas même Péking, lorsqu'on le regarde. Figurez-vous cinquante femmes qui ne parlent pas, et qui dansent à ravir, avec des pieds chinois. J'ai pris une loge pour les ballets.

Il y a une danseuse nommée Alexandrine, et surnommée *Figurante* à cause de sa figure. Elle a des cheveux noirs superbes, et n'a presque pas de pieds; le peu de pieds qu'elle a se perd dans un tourbillon perpétuel d'entrechats et de pirouettes qui éblouissent les yeux. Pendant dix soirées — le croiriez-vous? — j'ai regardé cette danseuse avec une remarquable attention; j'avais oublié la haute mission dont je suis investi, et les quarante révolutions des douze lunes qui pèsent sur mon front.

Un soir, la porte de ma loge s'ouvrit, et un monsieur fort timide entra en s'inclinant, et me dit avec respect : « Rayon du céleste empire, étoile du *Tien*, j'ai une grâce à vous demander. »

Je lui fis le signe universel qui signifie : Parlez.

Il parla.

« Je suis un décorateur de l'Opéra, me dit-il, et je mets en ce moment la dernière main à un kiosque chinois qui doit figurer dans le ballet de *la Chine ouverte, ou les Amours de* MA. Flambeau de Péking, auriez-vous la bonté de venir, dans l'entr'acte, donner un coup d'œil à mon œuvre, pour m'indiquer d'utiles corrections?

— Monsieur, lui dis-je, votre demande m'est agréable; indiquez-moi mon chemin, je vous suivrai.

— Ciel! s'écria-t-il, je suis au comble de mes vœux! »

Nous marchâmes quelque temps dans des souterrains humides, et j'arrivai dans les coulisses de l'Opéra.

Le décorateur me montra son œuvre, et, vraiment, je n'eus que des éloges à lui donner. Le kiosque était du meilleur goût chinois.

Il y avait derrière nous un gazouillement de voix douces et enfantines qui me fit retourner avec une brusquerie involontaire. C'était un groupe de jeunes danseuses qui profitaient de la liberté de l'entr'acte, en causant comme des muettes délivrées d'un régime forcé.

Un éclair ferma mes yeux; mademoiselle Alexandrine était là!

Je cherchai le décorateur pour me donner une contenance; il avait disparu. J'invoquai les âmes de mes glorieux ancêtres, et je leur demandai le courage et le calme d'esprit, ces deux vertus qui font les héros dans les périls et les amours.

Mademoiselle Alexandrine avait une pose de reine; son corps svelte et souple n'était soutenu que par le pied gauche, sur lequel il se cambrait fièrement, tandis que le pied droit ondulait de droite à gauche, la pointe basse et recourbée en bec de vautour. Jamais Chinoise de Tong-chou-Foo n'a brisé son pied avec pareille vigueur pour séduire un Kolao en disgrâce. Mes yeux s'ouvrirent sur ce pied merveilleux, et ils ne s'en détachèrent plus.

Faites-vous une idée de mon étonnement, lorsque j'entendis la voix leste de mademoiselle Alexandrine qui m'adressait la parole avec la hardiesse d'un capitaine des tigres de la garde impériale. « Monsieur, me dit-elle, nous ferez-vous l'honneur d'assister à la première de notre ballet chinois? »

Je quittai le pied pour remonter à la figure de la danseuse, et je fis, avec un accent parisien assez bien imité, cette réponse polie : « J'y serai, madame, pour mettre mes yeux à vos pieds. »

Mademoiselle Alexandrine me prit cavalièrement le bras, et m'entraînant à la promenade dans une rue de paravents à roulettes : « Ah çà, mon bon monsieur, me dit-elle, il paraît donc que la Chine existe, et que le fleuve Jaune n'est pas un conte bleu. Voyons, parlez-moi franchement, tous les Chinois ne sont pas de porcelaine? il y en a donc qui marchent et parlent comme vous et moi? Je croyais qu'il n'y avait au monde d'autre Chinois qu'Auriol de Franconi. Connaissez-vous Auriol? »

Toutes ces interrogations me furent adressées avec une rapidité qui supprimait les réponses. A son dernier mot, la danseuse, rappelée en scène par un coup d'archet, quitta brusquement mon bras, et bondit comme une gazelle en fredonnant l'air du pas qu'elle allait danser. Je n'eus pas la force de la suivre, et j'atten is la fin du pas à la même place, dans l'espoir qu'elle viendrait me demander les réponses que je lui devais.

En effet elle reparut, et je lui offris mon bras. Elle n'avait plus l'air de se souvenir de ses interrogations. Sa gaieté avait disparu; un souci contractait son joli visage. « Avez-vous vu comme le public est froid, ce soir? me dit-elle. Y a-t-il un Opéra chez vous, dans votre pays?

— Non, madame.

— Ah! quel magot de pays, où il n'y a pas d'Opéra! Eh! que fait-on alors chez vous?

— On s'y ennuie, madame, puisque vous n'y êtes pas.

— Tiens! il est galant!... C'est égal! vous avez de beaux éventails dans votre pays. Le neveu d'un pair de France m'avait donné un éventail chinois, pour le premier de l'an; un bijou adorable : les lames étaient d'ivoire, avec des incrustations de filigrane d'argent, et sur l'étoffe deux chats jaunes qui jouaient avec un coq. Je l'ai perdu chez Musard.

— C'est bien facile à remplacer, madame; j'ai apporté trente-trois éventails de Zhé-Hol.

— Ah! mon Dieu! et que ferez-vous de cette collection?

— Ce sont des cadeaux pour les femmes des ministres et des ambassadeurs.

— Bah! les femmes des ministres se moquent bien de vos éventails! elles ont des figures glacées. Je ferais mourir de chagrin les premières danseuses si j'avais vos trente-trois éventails.

— Madame, ils seront à votre porte chez vous demain.

— On n'est pas plus Français que vous, monsieur.... Voilà pourtant des hommes que nous appelons des Chinois!... Je vais vous donner mon

LE CHINOIS.

adresse ; retenez-la bien : *Mademoiselle Alexandrine de Saint-Phar, rue de Provence,* ** *au premier.* Mon concierge reçoit mes cadeaux après sept heures du matin, et les remet scrupuleusement à ma femme de chambre après midi. » Elle fit une pirouette et disparut.

Rentré dans mon hôtel après le spectacle, je voulus faire de sérieuses réflexions, mais il y avait un grand trouble dans mon cerveau. Vous connaissez mon harem de Khé-Emil : c'est le plus modeste des harems ; à peine si l'on y compte quinze femmes de Zhé-Holl, de sang tartare, et quinze de Thong-Chou-fo, de pur sang chinois ; je ne parle pas d'une vingtaine de concubines qui sont un meuble d'amour-propre : eh bien, si mademoiselle Alexandrine de Saint-Phar entrait dans ce harem, elle éclipserait mes femmes les plus aimées, comme la pleine lune levée sur le mont Tyrgheton fait pâlir les petites étoiles de l'aurore. Oui, j'ai malheureusement senti que je réunissais sur une seule tête les trente amours que j'avais renfermés dans mon modeste harem. Ce sera un triste destin ! heureux les trois mandarins de septième classe qui m'ont accompagné à Paris ! ils dînent au *Rocher de Cancale* ; ils mangent du bœuf, à la barbe de Menu ; ils assistent aux soirées des kolaos, et ils ne connaissent pas le pied de mademoiselle Alexandrine de Saint-Phar !

Le lendemain, à huit heures, je remis au concierge les trente-trois éventails, avec une boîte de thé *Satouran.*

Après le milieu du jour, je m'habillai en homme de cour ; je me coiffai de ma plus belle calotte jaune-serin, ornée d'une plume de Leu-tze, et je revêtis ma robe mandarine couleur clair de lune, avec des manches de crêpe citron. Mon miroir me dit que je ressemblais au jeune Tcheou, le *prince de la Lumière,* qui ressuscita devant les portes du *Ming-Tang.*

Enhardi par mon miroir, je me présentai chez mademoiselle Alexandrine, et je fus introduit avec la plus surprenante facilité. Il me sembla que son costume de ville l'avait grandie ; son pied seul était toujours le même. Ce pied vivait d'un mouvement convulsif perpétuel ; on aurait dit qu'il renfermait l'âme de la danseuse, et que la jeune femme pensait avec ses orteils.

« Monsieur, me dit-elle en me prenant familièrement les mains, je suis la plus heureuse des femmes ; votre cadeau est vraiment royal. Asseyez-vous sur ce fauteuil, et causons un peu. Je vais vous présenter ma petite sœur ; un ange, vous allez voir. »

Une jeune fille de douze ans, espiègle comme un joli singe, se précipita sur ma robe, et me décoiffa.

« Comment trouvez-vous ma petite sœur ? me dit la danseuse.

— Je la trouve votre sœur, répondis-je avec un regard plein d'expression.

— Ah! le mot est joli! cher docteur.

— Comment se nomme cette belle enfant, madame?

— Elle n'a pas de nom encore, cher docteur; elle attend son parrain : c'est un usage de ballet. Voulez-vous être son parrain?

— Très-volontiers, madame.

— Voyons, cherchez un joli nom; un nom de vos pays....

— Eh bien, je la nommerai *Dileri*.... C'est un nom mogol....

— Qui signifie?...

— *Gaieté de l'œil*. Est-ce bien trouvé, madame?

— *Dileri* est charmant. Les Mogols ont des noms de cette douceur! et ils restent Mogols! c'est fabuleux! Mademoiselle Dileri, remerciez monsieur votre parrain....

— La destinez-vous au théâtre, cette belle enfant?

— Votre filleule au théâtre! fi donc! cher docteur, j'aimerais cent fois mieux la mettre au couvent! La vie d'une comédienne est un enfer. Les talents purs ne peuvent percer. La jalousie les tue; la cabale les brûle vifs à l'huile et au gaz. Il faut faire une cour respectueuse aux auteurs pour avoir un bout de rôle. On m'avait promis un *solo* dans *Giselle*, et je n'ai rien. Cependant, amour-propre à part, le public m'adore; mais je suis foulée aux pieds par mademoiselle Fatmé, qui est protégée par trois grands journaux et deux petits. Je hais l'intrigue, moi, et je n'ai jamais salué le portier d'un journaliste ou d'un auteur. Mon engagement fini, je donne ma démission, et je rentre dans la vie privée; voilà. »

Avec cette finesse merveilleuse que l'esprit de Fo a versée dans le cerveau de ses croyants, et qui nous rend si supérieurs à tous les hommes de la terre, je demandai nonchalamment à mademoiselle Alexandrine si elle avait du goût pour le mariage.

« Mon Dieu! me dit-elle en croisant ses jolis pieds sur un tabouret de velours, ce n'est pas le mariage que je crains, c'est le mari. Vous ne connaissez pas les maris français, mon cher docteur? Ah! quels égoïstes! Ils épousent une jolie femme pour avoir une esclave, malgré la loi qui prohibe la traite; et quand ils la tiennent enchaînée dans leurs fers, ils la montrent comme une curiosité foraine à leurs amis pour les désespérer. Eh bien, puisque la Chine est ouverte, nous irons chercher des maris en Chine. Cher docteur, vous ne trouveriez pas à Paris un époux qui donnât à sa femme trente éventails, là, sans façon, comme on donne le bonjour.... Les Chinois sont-ils bons maris, cher docteur?

— Madame, ce sont eux qui ont inventé la lune de miel.

— Je m'en doutais. Quel dommage que les Chinoises aient les yeux comme ça !

— Aussi, madame, nous viendrons chercher nos épouses à Paris.

— Vraiment, cher docteur, vous êtes adorable ! et je suis toute confuse de vos bontés...; je ne sais comment reconnaître vos compliments et vos cadeaux !... Puis-je vous offrir une loge de quatrièmes pour vos gens? on joue *Giselle* demain. Mon cousin a fait un drame à l'Ambigu; je vais lui demander une loge pour vous; on le joue ce soir. Voulez-vous accepter un abonnement d'un mois au chemin de fer de Rouen?...

— Merci, madame; je vous suis reconnaissant de vos offres comme si je les acceptais.... J'ai une grâce à vous demander.....

— Une grâce s'accorde toujours; demandez.

— J'ai apporté une feuille de papier et de l'encre de Chine, et je vous supplie de me permettre de faire le portrait de votre pied droit.

— Ah! quelle idée chinoise! s'écria la danseuse avec un éclat de rire infini; vous appelez cela une grâce!... Prenez votre crayon, cher docteur, je vous livre mon pied. Voulez-vous le copier au naturel, ou en sandale d'odalisque?

— Je veux le peindre tel qu'il est en ce moment.

— Comme vous voudrez. En attendant, je vais m'amuser avec ma petite sœur à regarder les illustrations de vos trente éventails. »

Au troisième éventail, j'avais en main le précieux pied, frappant de ressemblance; la danseuse, en y jetant un coup d'œil, poussa un cri d'admiration, et dit :

« Cher docteur, vous avez copié mon pied droit d'un trait de plume.

— Madame, lui répondis-je, on a dit de moi que je copierais le vent, si je pouvais le voir passer. J'ai copié votre pied qui est plus agile que le vent.

— Si cela continue, j'ai peur de vous aimer, cher docteur, moi qui ai fermé ma porte à un prince grec, l'autre jour, et à deux banquiers. »

La candeur de l'innocence était empreinte sur la figure de la danseuse; je m'inclinai avec respect devant cette femme ingénue qui m'ouvrait ainsi son cœur sans détour.

En prenant congé d'elle, j'eus le bonheur d'effleurer du bout de mes lèvres le bout de ses doigts, charmants comme ses pieds.

Le kolao des affaires étrangères m'attendait à cinq heures pour me demander des renseignements sur le cérémonial usité à Zhé-Holl et à Péking, à la réception des ambassadeurs européens, et pour me sonder sur les arcanes de la politique chinoise vis-à-vis de la reine Victoria. Pendant cette audience, je fus assailli de distractions, et je dus commettre bien des erreurs. Fasse le Tien que mes distractions n'attirent pas un jour des malheurs sur le céleste empire ! Pendant que le grand kolao des chrétiens me parlait, je pensais au pied de mademoiselle Alexandrine de Saint-Phar ! Vous verrez que ce pied bouleversera Péking.

Le soir, après mon dîner, on me remit un billet parfumé, dont le papier ressemblait à deux ailes de papillon. Voici ce que je lus :

« Cher docteur,

« On dit que vous avez apporté de votre pays une foule de chinoiseries
« adorables. Dileri, votre charmante filleule, s'est tant réjouie avec vos
« éventails, qu'elle veut connaître toutes les richesses de son parrain ; ca-
« price d'enfant ! Je lui ai promis de la conduire demain chez vous, à midi.
« Votre filleule vous donne son front à baiser, et moi je vous mets à
« mes pieds.

             « ALEXANDRINE DE SAINT-PHAR. »

Vous savez, mon cher Tching-bit-Ké-ki, que je n'ai pas embarqué une grande quantité de nos bagatelles. Je n'avais fait qu'une petite provision de cadeaux pour les kolaos et les agos. Heureusement, quand je reçus le billet de mademoiselle Alexandrine, rien de chinois n'était encore sorti de mon cabinet. Néanmoins je trouvais que mes pauvres richesses étaient indignes d'être honorées par les regards de la divine danseuse, et je résolus de me faire plus riche que je n'étais.

Mes renseignements pris à bonne source, je me rendis chez Darbo, rue Richelieu, et chez Gamba, rue Neuve-des-Capucines, deux marchands renommés pour leurs chinoiseries. J'achetai chez eux deux paravents ; une pagode en pâte de riz ; deux boîtes de clous de girofles ; quatre vases à tulipes ; deux services de porcelaine de table, avec un thé de harem ; une table de camphrier avec des incrustations de cyprès ; quatre mandarins en argile du Peï-Ho ; douze souliers de femmes ; un *abacus* de marchand ; un *lo* avec sa baguette ; deux feuilles de tam-tam ; un parasol ; deux lions frisés ; la charrue de l'empereur Tsieng-Long.

Une bonne moitié de ces chinoiseries était faite à Paris ; je me méfiai surtout de la charrue impériale : mais la contrefaçon était généralement réussie, et le regard seul d'un mandarin pouvait distinguer le vrai du faux. Aussi je ne marchandai pas sur la valeur des objets, et je les payai une somme énorme, trente-sept mille *lan*.

La nuit venue, je me disposai à faire des rêves de bonheur, et je m'endormis le pied à la main.

Les heures matinales du lendemain furent consacrées à mettre en ordre toutes mes richesses chinoises, et à leur donner un ensemble satisfaisant d'exhibition. « Quel bonheur, disais-je en moi-même, si elle daignait me désigner du pied la plus précieuse de ces bagatelles et me dire : — Cher docteur, donnez-moi cela pour mon boudoir! »

Enfin midi sonna, et la porte s'ouvrit.... Oh! la ville des houris sera un jour détruite pour avoir oublié d'enfanter mademoiselle Alexandrine de Saint-Phar! Sa beauté virginale me foudroya. La divine danseuse conduisait sa petite sœur par la main. Elle jeta son châle et son chapeau sur le premier fauteuil, me serra la main, et courut dans tout le salon, en pirouettant devant chaque chinoiserie, avec des cris d'admiration qui m'allaient au cœur.

Quand elle eut épuisé toutes les formules d'enthousiasme, elle me dit :

« Cher docteur, je suis vraiment fâchée, à présent, de vous avoir conduit votre filleule; elle demande tout ce qu'elle voit. Oh! les enfants! il ne faudrait jamais rien leur montrer! Il est vrai, cher docteur, que je suis un peu comme cela, moi. S'il me fallait choisir ici, je serais bien embarrassée. Je n'oserais rien prendre, de peur d'avoir un regret le lendemain. »

En disant ces mots avec une volubilité gracieuse, elle avançait son pied droit en dehors de la plus courte des robes; elle aurait séduit le plus vertueux lama de Lin-ching.

« Madame, lui dis-je, permettez-moi de vous indiquer un moyen de vous dispenser de choisir.

— Ah! oui, voyons, cher docteur, enseignez-moi ce moyen.

— Vous vous en servirez, madame..., vous le jurez?

— Je vous le jure....

— Vous tiendrez votre serment?...

— Je le tiendrai.

— Eh bien, madame, prenez tout. »

La danseuse souleva gracieusement ses bras, rejeta sa tête en arrière, et je vis son cou d'ivoire s'agiter sous les convulsions d'un éclat de rire, comme le gosier d'un oiseau qui chante de bonheur.

« En voilà un d'homme rare! s'écria-t-elle; après sa mort il faudra l'empailler!... Comment! cher docteur, vous ne connaissez donc pas les femmes! vous ne savez pas à quoi vous vous exposez? Que diriez-vous si je vous prenais au mot?

— Je dirais que vous êtes femme de parole, et que vous savez tenir
en serment

— Non, non, ne plaisantons pas.... Ce cher docteur! il voulait me
mettre à l'épreuve....

— l'oint du tout; je parle sérieusement. Toutes ces chinoiseries ne
m'appartiennent plus; elles sont à vous.

— Alors, vous êtes l'empereur de la Chine déguisé en monsieur. Vive
l'empereur!

EUSTACHE-LORSAY   BERNARD

— Je suis, m'écriai-je en tombant à ses pieds, je suis un simple
mortel qui a oublié sa sagesse devant votre beauté.

— Relevez-vous donc, docteur! relevez-vous, dit la danseuse avec un visage qui se fit subitement sévère; point de sottise devant votre filleule! Que voulez-vous que pense cette enfant? Elle ira faire mille cancans à la famille! Vous n'avez donc jamais vu les *Enfants terribles* de Gavarni? Ce sont des mouchards, ces innocents! »

Je me relevai confus, en m'excusant de mon mieux : sa colère parut se calmer; elle me tendit la main, et poussant un long soupir :

« Ah! vraiment! dit-elle, si j'avais toutes ces belles choses dans mon salon, je me croirais plus heureuse que la sultane Validé.

— Ce soir, madame, mon salon chinois sera chez vous.

— Eh bien, cher docteur, je vais lui préparer son logement. Pour la rareté du fait, je désire que votre promesse soit sérieuse; ne serait-ce que pour humilier les Parisiens! Voulez-vous me faire poser pour le pied gauche? ne vous gênez pas. Que ferez-vous d'un seul pied? il vous faut le pendant.

— Madame, je n'osais vous le demander....

— Ah! je suis généreuse, moi; je ne fais pas les choses à demi....

— Que de grâce et de bonté! Madame, ce n'est pas ce misérable salon qu'il faudrait vous offrir, je voudrais mettre à vos pieds la pagode du faubourg de Vai-lo-tchhing, qui a des soubassements de porcelaine et des tuiles d'or massif.

— Cela m'irait, cher docteur, surtout les tuiles!... Mon pied est-il bien posé comme ça?... Vous pouvez y mettre votre main, ce n'est pas une relique....

— Mon dessin est fini, madame, mais ma reconnaissance ne finira jamais. Pourrai-je aller vous présenter mes hommages demain?

— Demain... cher docteur... attendez, c'est un mauvais jour, je danse; j'ai cinq heures de battements....

— Après-demain?...

— Après-demain... c'est samedi; je dine chez maman tous les samedis.... Dimanche, je suis libre comme l'air. Voulez-vous aller à Versailles, dimanche? Nous mangerons un civet chez le garde champêtre, et nous boirons du lait.... Je sais des vers sur Versailles, je vous les réciterai.

> Grand palais du grand roi, Versailles, sous les arbres,
> J'aime à voir dans les eaux se réfléter les marbres;
> J'aime....

Vous acceptez? Bien! partie convenue! Oh! que j'ai besoin de respirer un peu l'air des champs!...

A dimanche donc, cher docteur : ma voiture sera devant votre porte à midi. Je suis exacte comme une montre de Bréguet. Adieu. »

Vraiment, en Chine, nous n'avons pas de femmes. La femme est la seule chose que nos aïeux ont oublié d'inventer. Si mademoiselle Alexandrine paraissait à Péking, elle ravagerait le céleste empire. Vous ne

pouvez vous faire une idée de cette charmante créature, vive comme l'oiseau, parlant comme il chante, marchant comme il saute, faisant à la fois toutes sortes de choses délicieuses, et vous lançant des regards doux et lumineux, comme des échantillons d'étoiles au bazar du ciel. En quittant mon salon, elle y laissa une tristesse sourde qui brisa mes nerfs. J'éprouvai le besoin de m'occuper de cette femme pour ne pas succomber au poison de l'ennui. Mes ordres coururent aux quatre coins de ma rue. Il me fallait des roues et des bras. En prodiguant l'argent, j'avais mis en chemin, au bout d'une heure, mon salon de chinoiseries. Avant l'heure du dîner, ma belle danseuse avait tout reçu.

Quelle douce nuit cela me donna ! J'avais un de ses pieds à chaque main, et je me disais : « A cette heure, elle me bénit ; elle élève ma générosité au-dessus du trône du Tien ; à ses yeux, un seul homme existe, moi ! le reste de la terre a disparu. »

Avec quelle impatience j'attendis ce bienheureux dimanche qui me promettait tant de bonheur ! J'aurais voulu briser toutes les horloges,

parce qu'elles semblaient avoir organisé contre moi une conspiration gé·
nérale pour éterniser le samedi. Malgré la mauvaise volonté du temps,
il faut toujours que les heures s'écoulent ; et le dimanche, un siècle après
onze heures, j'entendis sonner midi.

J'étais à mon balcon, et mes yeux dévoraient toutes les voitures....
A six heures, j'avais épuisé tous les fiacres et tous les cabriolets de Paris,
et j'étais seul !

Seul ! quand on s'est promis d'être deux ! Il y a dans cette déception
tout le délire du désespoir.

J'eus le courage d'attendre le lendemain.

Au premier moment convenable de visite, je courus au domicile de
mademoiselle de Saint-Phar. Un concierge sérieusement railleur me dit :
« Mademoiselle de Saint-Phar est partie à la campagne. — Et quand
reviendra-t-elle? demandai-je avec une voix de mort. — A Pâques ou à
la Trinité, » répondit le concierge.

En me retirant, j'entendis un de ces longs éclats de rire qui ont été
mis en musique par une famille de portiers.

Plus de nouvelles de mademoiselle de Saint-Phar! Chaque soir d'Opéra,
j'allais voir le ballet : elle ne dansait plus ; son nom avait disparu de l'affiche, comme son corps de sa maison.

Pouvais-je avilir ma dignité de représentant du céleste empire jusqu'à
mendier l'aumône des renseignements à propos d'une danseuse? qu'aurait dit et pensé de moi le grand kolao des affaires étrangères, dans son
palais du boulevard des Capucines? Il fallait souffrir et me taire ; je
souffris et je me tus.

Le quarantième jour après le fatal dimanche, je traversai une longue
et large rue dont j'ai oublié le nom. J'ai l'habitude de lire les enseignes,
et celle-ci me frappa de stupeur :

A LA VILLE DE PÉKING.

CHINOISERIES

A PRIX FIXE.

En donnant un coup d'œil à l'étalage sous vitre, je reconnus sans

peine une partie de mes anciens cadeaux, et j'entrai dans la boutique
pour connaître le prix fixe de mes marchandises, et les racheter si le
vendeur n'était pas trop exigeant.

Un cri involontaire sortit de mon gosier; le vendeur était une jeune
femme : c'était mademoiselle de Saint-Phar.

J'étais anéanti, et immobile comme mon compatriote de porcelaine
qui était marchandé à côté de moi. Mais la danseuse me fit un sourire
charmant, et sans interrompre un petit travail de broderie, elle me dit
avec un sang-froid sublime ·

« Eh! bonjour, cher docteur. Vous êtes bien aimable de nous faire
une petite visite. Voyez si nous avons ici quelque petite chose à votre
goût. Votre filleule a la rougeole. Elle demande tous les jours des nouvelles de son parrain, cette chère Dileri! »

Je croisai mes bras sur ma poitrine, et je secouai la tête; pantomime
que j'avais remarquée dans un drame de l'Ambigu, et qui signifie : *Infâme!*

Mademoiselle de Saint-Phar me regarda obliquement, haussa les
épaules, coupa un fil rouge avec ses dents, et me dit :

« A propos, cher docteur, je me suis mariée…. Vous voyez en moi
une dame de quinze jours : madame Télamon. Je vous présenterai mon
mari. Vous verrez un bel homme. Votre tête peut arriver à sa ceinture,
si vous vous haussez sur vos talons…. Tenez, le voici. »

Je saluai brusquement, et je sortis avec une fureur qu'il fallut maî-
triser en songeant au kolao du boulevard des Capucines. Un seul coup
d'œil jeté sur ce mari vrai ou faux m'avait suffi pour reconnaître ce prétendu décorateur qui était venu m'inviter à voir un kiosque de sa façon
dans les coulisses de l'Opéra. J'avais été la victime d'une horrible com-
binaison, rien de plus évident. Il fallut donc encore se résigner.

Une quinzaine après, je pris un déguisement subalterne, et j'eus l'im-
pardonnable faiblesse d'aller rôder, au crépuscule, devant la boutique
de mes chinoiseries, pour voir une dernière fois l'idole indigne de mon
amour.

Le mari colossal époussetait un mandarin de porcelaine, et je l'entendis murmurer ces paroles affreuses :

« Si ce magot de docteur I s'avise de remettre le pied chez nous, je
l'assomme, je le fais empailler, et je le vends quinze louis. »

Oh! non, je ne reverrai plus ce monstre de beauté; j'aurai le courage
de l'homme et du savant; je remplirai ma noble mission jusqu'au bout;
et tu me retrouveras bientôt digne de toi, ville sainte, que la lune éclaire

avec tant d'amour lorsque le mont Tyrgheton suspend cet astre à sa cime, comme une lanterne d'étoffe de Nanking !

Il y a dans cette ville de Paris des docteurs spéciaux pour guérir les maladies de l'humanité. Il y a des médecins qui ne traitent que les enfants à la mamelle ; d'autres qui ne les prennent qu'après le sevrage ; d'autres qui se consacrent aux malades sexagénaires et au-dessus. Il y a des affiches aux coins des rues et des annonces dans les journaux qui proclament mille recettes infaillibles pour les six cents maladies dont le célèbre Pi-Hé a trouvé le germe dans le corps humain ; on a inventé à Paris des procédés admirables pour placer un nez sur les figures privées de cet ornement, ou pour l'allonger lorsqu'il est trop court. On fabrique des dents d'ivoire pour les vieillards, des cheveux pour les chauves, des jambes pour les boiteux, des yeux pour les borgnes, des langues pour les muets, des cerveaux raisonnables pour les fous, des mains pour les manchots, des oreilles pour les sourds, des embaumements merveilleux pour faire vivre les morts.... Un seul remède a été oublié ! un remède contre l'amour malheureux ! En Chine, nous ne connaissons par l'amour. Cette passion a été inventée en France par un troubadour nommé Raymond. Depuis cinq siècles, elle cause de grands ravages. On évalue à onze millions sept cent trente-huit le nombre d'assassinats, de morts de langueur et de suicides causés par ce fléau. C'est presque le double des catastrophes domestiques attribuées au choléra depuis le règne d'Aureng-Zeb. Le gouvernement français n'a jamais pris aucune mesure pour combattre les progrès de cette épidémie ; au contraire, il paye avec opulence quatre théâtres royaux où l'on célèbre l'amour, et un autre fléau mortel appelé le champagne. M. Scribe a gagné cent mille francs de rentes en célébrant le champagne et l'amour pour le compte des théâtres du gouvernement.

En sortant de la boutique de mes chinoiseries vendues par mademoiselle Alexandrine de Saint-Phar, je reconnus que j'avais été saisi d'un accès d'amour, et il m'est impossible de vous dépeindre le mouvement de colère que j'adressai au troubadour Raymond. Cela fait, je songeai sérieusement à me guérir, et je dévorai en un jour toutes les affiches et toutes les annonces dans l'espoir de trouver un remède sauveur. Soins inutiles ! Je rendis une visite au médecin de l'hospice des incurables, et je lui demandai s'il n'avait pas dans l'établissement quelque sujet tourmenté de cette maladie morale inconnue dans nos harems. Le médecin haussa les épaules et me tourna le dos. Ma tête brûlait de tous les feux du délire ; mon cœur battait avec violence ; mes yeux se vitraient. Le fantôme de mademoiselle Alexandrine dansait toujours devant moi avec une grâce formidable ; mes oreilles étaient pleines de sa voix de bengali ; hélas ! je ne vivais plus !

« Médecin, a dit le sage Menu, guéris-toi toi-même ! » Cette sentence me réveilla comme en sursaut. Puisque les docteurs français n'ont rien inventé pour guérir l'amour, me dis-je un matin, inventons un remède, et attachons un nom chinois à cette grande consolation du monde européen souffrant.

Si je puis, m'ajoutai-je à moi-même, vivre huit jours sans penser à mademoiselle Alexandrine, je suis sauvé. Impossible de rester dans ma chambre ; là tout me rappelle la femme infidèle ; et d'ailleurs la solitude ne guérit jamais les blessures du cœur ; elle les envenime. Des promenades aux champs sont encore plus dangereuses. La campagne est une grande causeuse d'amour. Les rues, les boulevards, les théâtres sont pleins de femmes, et l'espèce rappelle trop souvent l'individu. Il faut pourtant vivre une semaine en oubliant une ingrate beauté. Une semaine d'oubli continuel !

Fo m'a inspiré. Rendons grâces à Fo !

Paris est plein de monuments fort élevés. J'en choisis quatre ; les tours de Notre-Dame, le Panthéon, la colonne Vendôme, la tour Saint-Jacques. En payant quelques *fuens*, on arrive au sommet de ces édifices, gardés par un concierge assez doux. Je résolus de consacrer mes journées à monter et à descendre les escaliers de ces monuments, sans prendre de repos. Seulement, pour briser la monotonie de ces descentes et de ces ascensions, lorsque j'arrivais sur la place Vendôme, je me précipitais en cabriolet, au bureau du chemin de fer de Versailles, et je parcourais six fois cette route, les yeux fermés. A la nuit venue, je rentrais chez moi, et après un léger repas, je m'endormais d'un profond sommeil. Dans mes rêves, je me figurais que des géants me balançaient dans une escarpolette accrochée à la lune, comme à un clou d'or ; et l'effroi qui m'agitait dans cette vision était si vif, qu'il éloignait le fantôme d'Alexandrine de l'espace infini, où je bondissais entre les étoiles et le Panthéon.

Au huitième jour, les quatre concierges me fermèrent la porte de leurs monuments publics, en me disant que j'abusais de ces édifices, et en m'invitant à me promener ailleurs. Ma guérison n'étant point encore complète, je me repliai sur le chemin de Versailles : je louai un wággon garni, et je roulai cinq jours pleins sur la rive droite et la rive gauche, avec le plus salutaire étourdissement. Au bout de deux semaines, le remède triomphait. En rejetant mes regards en arrière, à travers ce tourbillon d'escaliers noirs, d'escarpolettes infinies, de waggons volcaniques, j'aperçus, dans un lointain brumeux, l'image insaisissable d'Alexandrine, et je ne la reconnus pas. Il me semblait que l'histoire de mon amour appartenait à un siècle et à un monde éteints.

Un seul instant me ramena matériellement au souvenir de mademoiselle Alexandrine. En comptant les pièces d'or enfermées dans ma caisse, je m'attendris sur le vide énorme laissé par les 37,000 *lan* dépensés en chinoiseries chez Darbo et Gamba. L'esprit de commerce et d'industrie, fils du génie chinois, m'a bien inspiré en cette circonstance. Je suis à la veille de ressaisir mes beaux *lan* perdus. J'ai fait insérer à la quatrième page des journaux de toutes couleurs cette annonce :

GUÉRISON RADICALE

DE

L'AMOUR MALHEUREUX,

EN QUINZE JOURS!!!!

Consultations de midi à deux heures chez le docteur I, rue Neuve-de-Luxembourg.

On ne paye qu'avant la guérison.

Oh! je vous l'avoue! je ne m'attendais pas à mon triomphe! quelle ville! quel peuple! Comme les doctrines nouvelles se mettent promptement en vogue! Le premier jour, j'ai donné trois cents consultations de 20 francs. Le second jour, j'ai été forcé de demander quatre gardes municipaux à la préfecture de police; on prenait mon cabinet d'assaut. Maintenant, je donne mes consultations à douze personnes à la fois; cela marche plus vite. La semaine prochaine j'ouvre un cours public, dans la salle de l'Athénée, à 5 francs le billet. M. Lefort m'a dit que cette vogue ne sera pas longue, et qu'il faut profiter de la veine. On craint d'ailleurs que le préfet de police ne fasse fermer les portes des monuments. J'ai donc signé un bail pour un mois avec le propriétaire de la tour Saint-Jacques; il s'engage à traiter avec mes malades par abonnement de quinze jours. Les deux chemins de fer de Versailles sont encombrés. On m'a dit que si j'avais demandé un brevet d'invention au ministre, on m'aurait donné, comme à M. Daguerre, une bonne pension de six mille francs. Ma plus belle récompense est dans la bénédiction unanime

de mes clients heureux et guéris : ils vont me faire frapper une médaille d'or. C'est un enthousiasme inouï! Cinq malades invétérés, de
vingt à cinquante-sept ans, échappés, grâces à moi, aux ravages d'une
passion de vaudeville, se sont constitués les héritiers de mes doctrines,
et ils les feront fleurir après mon départ. Ils se proposent d'acheter, par
actions, la tour Saint-Jacques, et d'ajouter deux cents marches à son
escalier.

Le Tien n'a donné à ce monde aucun mal incurable ; il a placé le né-
nufar auprès du piment, et le bois qui fait l'écluse auprès du torrent de
Kiang-Ho. C'est à l'homme à découvrir le remède. Le Tien sait toujours
ce qu'il fait : et nous, nous faisons ce que nous ne savons pas.

Mon esprit est calme ; mon cœur est léger comme tout ce qui est vide.
Je vais maintenant faire mes adieux au kolao des affaires étrangères et
corriger toutes les fautes de diplomatie que j'ai faites lorsque j'étais
poursuivi par le pied de mademoiselle Alexandrine de Saint-Phar.

Le docteur I.

Pour copie conforme.

MÉRY.

POLONAIS A PARIS

LE POLONAIS.

Le grand Frédéric de Prusse appelait les Polonais *les Gascons du*

Nord : Napoléon, plus juste appréciateur des vertus héroïques de cette nation malheureuse, se plaisait à les nommer *les Français du Nord*.

Plus d'un point de ressemblance existe en effet entre les Polonais et les Français. Le même amour de la gloire, le même esprit chevaleresque distinguent les deux peuples. Dans les camps ils sont rivaux de bravoure et d'audace ; dans les cités ils révèlent encore leur commune origine intellectuelle, par leurs tendances, par leurs sympathies littéraires. Un salon de Varsovie est le même qu'un salon de Paris. L'atticisme le plus pur y brille, la conversation y est empreinte de ce cachet de bon goût, de cet esprit aimable et superficiel qui prend la fleur de toutes choses, et embellit les matières les plus graves, en y semant des aperçus pleins de finesse et de sel. Si le climat a nécessairement apporté quelques modifications à cette ressemblance, on ne peut nier, du moins, que la Pologne et la France ne soient deux sœurs éloignées, qui se livrent aux mêmes usages, aux mêmes plaisirs, aux mêmes espérances, au même culte : celui de l'honneur et de la liberté !

Les vices inhérents à la monarchie élective, les prérogatives d'une noblesse ambitieuse et quelque peu jalouse, ont jadis accumulé les obstacles pour le développement des forces morales de la Pologne. Depuis son partage, depuis surtout les efforts gigantesques tentés par cette fière nation pour soulever le suaire de servitude qui l'étouffe, ses forces morales, disons-nous, n'ont pu se faire jour davantage ; mais le germe de toute grandeur, de toute vertu, existe au fond des cœurs polonais, et vienne le moment si patiemment attendu, si vivement désiré, où le signal de l'indépendance sera propagé chez les peuples encore asservis, on verra la Pologne se lever comme un seul homme, et venir s'asseoir libre, quoique toute meurtrie de ses chaînes, de ses victoires et de ses luttes patriotiques, au banquet des nations européennes, en s'écriant : « Place à la couronne des Jagellons et des Sobieski ! Place à nous autres, l'avant-garde de l'Europe, qui avons su défendre la civilisation du monde contre les invasions successives des barbares de l'Orient et de l'Occident ! Place à nous autres, enfin, qui avons dit fièrement au Turc campé au delà du Danube : *Tu n'iras pas plus loin !* »

Cependant hâtons-nous de l'avouer ici : les malheurs incessants de la Pologne, ses dernières révolutions, ses récentes déceptions surtout, ont atterré l'âme de quelques-uns de ses enfants. Les tortures d'une patrie agonisante influent plus qu'on ne croit sur le moral d'un peuple. La tyrannie exercée par des maîtres inflexibles corrompt et transforme les plus nobles tendances du cœur, et finit par effacer tout à fait la dignité native. Une nation qui passe des mains d'un roi, sous le sceptre d'un autre roi, ressemble assez aux pièces de monnaie dont l'empreinte s'use et disparaît par l'échange continuel. La Pologne, en effet, a été en quelque sorte, depuis soixante-dix ans, l'*appoint* réservé à l'ambition des monarques du Nord, et les provinces du grand Sobieski ont eu une espèce de *cours* dans les marchés diplomatiques qui, sous le nom de *congrès*, métamorphosent depuis un demi-siècle les rois en bergers, les peuples en troupeaux, et les provinces en parcs.

Chez quelques enfants de la Pologne les qualités nationales se sont donc évanouies. La ruse, cette prudence de la faiblesse ; l'obséquiosité, cette caricature de la politesse : la fanfaronnade, cette ennemie du vrai courage, ont remplacé chez quelques-uns la franchise, la courtoisie, la modestie de l'homme libre et brave. Mais si d'aussi tristes exemples de démoralisation ont surgi des calamités de la Pologne, que de nobles langages, que de merveilleuses sollicitudes ont amplement racheté ces déplorables erreurs ! Ici c'est une princesse, madame Czartoriska, bonne et charmante femme exilée qui emploie les débris d'une immense fortune à soulager, à secourir ses concitoyens proscrits, et dont les plaisirs mêmes, comme ceux de l'Esther du livre saint, tournent au profit des malheureux. Là, c'est un littérateur illustre, M. Michaeli Sorliski, ancien professeur de philosophie à l'université de Cracovie, qui, sans autres ressources que le labeur de sa plume, refuse les dignités et les fonctions éminentes que lui offrent les oppresseurs de son pays. Ou bien c'est une poignée de négociants patriotes, MM. Preansiski entre autres, qui consacrent le tiers de leurs bénéfices commerciaux aux besoins de leurs concitoyens absents, et leur font passer des rives de la Baltique aux bords de la Seine, de la Tamise, du Nil et de l'Orénoque, des secours pieusement amassés et acceptés plus pieusement encore.

Non ! un peuple qui, tout mutilé, tout disséminé, tout sanglant qu'il est, sait conserver de si tendres liens, de si éloquents souvenirs pour la patrie qui n'est plus ; un peuple qui se passionne si facilement pour tout ce qui est grand, noble et généreux ; qui s'associe autant qu'il le peut au vaste mouvement social qui ébranle le monde aujourd'hui, comme au seizième siècle ; ce peuple, disons-nous, ne peut pas, ne doit pas périr ! Il se relèvera un jour ; il sortira victorieux des limbes où l'a jeté l'égoïste politique de ses dernières années de douleur, d'épouvante et de trahison. Que de fois n'avons-nous pas dit et écrit que la France et la Pologne étaient sœurs ? L'aînée, cette France si forte, si intrépide, si éloquente, quand elle le veut, saura bien un jour relever sa cadette et la placer sous sa formidable égide, jusqu'au moment où la Pologne debout, ayant ressaisi son glaive, lui dira, elle aussi : « Merci, ma sœur, à charge de revanche ! »

Pour bien juger un peuple, il ne faut pas le prendre dans un temps de crise ou d'éruption sociale ; à de semblables époques tous les caractères, toutes les âmes ont dû subir des atteintes plus ou moins profondes. Il ne faut pas non plus essayer de juger ce même peuple d'après les classes infimes ou les classes supérieures ; les derniers degrés, de même que les premiers degrés de l'échelle sociale, sont presque toujours pourris : ceux-ci par le luxe et par l'assimilation des mœurs étrangères ; ceux-là par la douleur et la privation continuelle de tout ce qui attache l'homme au sol du pays, à ses lois, à ses coutumes, à ses traditions. Pour bien peindre un peuple, c'est dans la région moyenne qu'il faut aller chercher ses exemples.

Le flot de l'émigration polonaise a amené dans tous les pays de l'Europe, et plus particulièrement en France, des milliers d'individus appartenant à des professions diverses. Comme les sauterelles de l'Égypte, ces hommes se sont répandus, avec une merveilleuse agilité, sur tous les chemins ; et, si tous n'y ont pas marché au premier rang, du moins s'y sont-ils maintenus avec une certaine persistance. D'ailleurs, à Paris, la qualité d'étranger n'est-elle pas le plus beau titre pour arriver à la popularité, à la fortune? Ce qu'un indigène n'obtiendrait pas à force de talent, de patience, de travail et de vertu, un exotique l'obtiendra sans coup férir. Aussi avons-nous dans la capitale des médecins, des avocats, des hommes de lettres, des peintres, des statuaires et des compositeurs de musique. Nos séminaires et nos lycées regorgent de lévites et de répétiteurs polonais. A nos hôpitaux, à nos bibliothèques, à l'Athénée, au Conservatoire des arts et métiers, les Polonais professent ; enfin, il n'est pas jusqu'au collége de France, où, suivant les statuts imposés en 1547 par son fondateur François Ier, on ne pouvait être admis au professorat qu'à la condition *sine qua non* d'être Français ; le collége de France, disons-nous, a créé une chaire pour un savant Polonais qui apprend aux compatriotes de Corneille, de Racine, de Bossuet, de Voltaire, de Molière et de Chateaubriand ce que c'est que la *littérature slave*.

Et que les étrangers viennent maintenant nous accuser d'égoïsme, d'ingratitude et d'indifférence à l'égard de nos frères de Pologne !

La classe infime de la nation polonaise n'est pas moins semée dans Paris que les classes supérieures. Nous comptons des mécaniciens, des coiffeurs, des tailleurs, des cordonniers, des luthiers et des accordeurs de pianos; et, dans un degré plus bas encore, des cochers, des palefreniers, des chauffeurs de locomotives, des hommes de peine, des laquais de toutes sortes et des concierges en masse. Les Polonais ont, de nos jours, détrôné les Suisses à la grande porte de nos petits hôtels. On nous citait dernièrement l'exemple d'un riche député de l'opposition qui avait congédié tous ses domestiques français pour prendre à leur place des Polonais, et qui avait fait remplacer ces mots : « Parlez au suisse, » écrits au-dessus de la loge de son portier, par ceux-ci : « Adressez-vous au Polonais. » Vouloir glorifier ainsi une nation est, à notre avis, l'avilir.

Le Polonais, ou plutôt la plèbe polonaise, a de l'intelligence, de l'audace, de l'astuce et toujours une présomption qui fait qu'elle ne doute de rien. Elle se met vite et bien au courant de tout ; imite avec adresse, sait flatter avec discernement et toujours à propos. Ces ressources, il faut en convenir, sont pour l'émigration autant de trésors que chacun de ses membres exploite d'autant mieux qu'il est plus ou moins soumis aux chances multiples du hasard.

Quoi qu'il en soit, nous le répéterons, le caractère polonais a une grande analogie avec le caractère français tel qu'il était au dix-septième siècle. Grandeur dans l'âme, élégance dans les manières, esprit dans la conversation ; et, sur les champs de bataille, bravoure à toute épreuve, et enfin, par-dessus tout, un amour excessif de la gloire qui a pour auxiliaire, dans un temps de calme, l'amour des sens, le plus impétueux, le plus noble de tous, lorsqu'il émane d'une belle âme et d'un cœur généreux. En voilà la preuve :

En 1811, à cette époque où l'éclat de nos victoires dorait encore les destinées de la patrie, le jeune comte Charles de K..., issu d'une des plus nobles familles de la vieille Pologne, servait en France, dans les lanciers rouges, en qualité de capitaine. Un courage brillant, un esprit cultivé, des talents agréables et un caractère plein de franchise rehaussaient encore, chez lui, les grâces d'une tournure élégante. Le capitaine avait été accueilli dans les plus élégants salons de la capitale, et l'effet qu'il y avait produit eût été de nature, pour tout autre, à inspirer des sentiments de fatuité et d'orgueil, si sa modestie native ne l'eût préservé des ridicules du *marquis de Moncade*, ce héros de la comédie de Dufresny. D'ailleurs, Charles de K.... était devenu passionnément amoureux d'une jeune personne dont la beauté était proverbiale dans le monde aristocratique de l'empire : c'était mademoiselle Cécile B...., fille unique du fameux banquier de ce nom.

Le capitaine, par ses assiduités, par ses regards, par ses discours, fit bien vite deviner à la riche héritière la violence d'une passion qu'il ne cherchait à dissimuler à personne.

« Monsieur de K..., lui dit un soir la jeune fille dont l'esprit ne le

cédait point à la beauté, j'ai pénétré sans peine les sentiments que vous nourrissez pour moi ; j'en serais heureuse et fière ; car si vous m'aimez, comme on le dit, je sens qu'il me serait difficile de vous haïr ; mais nos destinées ne peuvent être unies : vous êtes trop pauvre pour moi.

— Trop pauvre, mademoiselle ! répondit le capitaine plus qu'étonné qu'un semblable reproche sorti d'une aussi jolie bouche. Trop pauvre ! répéta-t-il ; mais, en vérité, j'étais loin de m'attendre à un ostracisme si laconiquement motivé. Je pensais qu'en amour.....

— Oh ! point de pastorale, point d'idylle, monsieur le comte, interrompit Cécile en riant ; je ne les aime pas. — Puis reprenant son sérieux : — Oui, capitaine, ajouta-t-elle ; vous êtes beaucoup trop pauvre pour moi. J'aime le luxe, les fêtes, la parure. Est-ce votre amour seul qui pourrait me doter de tous ces....... passe-temps qui sont pour moi des besoins?... Vous m'adorez, prétendez-vous? Eh bien! ne serait-ce pas pour vous un supplice de tous les moments que de me voir privée, par la force même des circonstances, de tout ce qui peut faire mon bonheur?... Le riche pèlerin, vous le savez, aime à parer la madone qu'il a invoquée dans le naufrage ; il aime à déposer sur ses autels de riches offrandes : un nœud de diamants, un collier de perles sont ordinairement les témoignages de sa dévotion ; mais, capitaine, ce pèlerin, une fois son vœu accompli, s'éloigne du temple et souvent n'y revient plus. Une épouse, au contraire, doit être une idole permanente : c'est une madone inamovible ; il lui faut chaque jour de nouvelles offrandes... Vous n'y pourriez suffire, monsieur le comte ; et, je vous le répète, vous serez malheureux. Qui sait même si, fatigué de mes plaintes, excédé de mes exigences, vous ne finirez pas par me haïr?

— Oh! jamais! mademoiselle , interrompit le jeune homme.

— Si ce n'est vous, ce serait peut-être moi qui vous haïrais, reprit Cécile : vous voyez ma franchise. La jeune personne de dix-huit ans qui vous est apparue jusqu'à présent avec l'auréole de la simplicité, de la douceur et de quelque peu de beauté, ferait place à la femme capricieuse, prosaïque , que sais-je! coquette même ; n'importe, capitaine, je préfère agir ainsi, plutôt que d'entretenir, dans votre âme, des illusions dangereuses qui rendraient le réveil plus affreux pour tous deux et qui empoisonneraient des jours dont nous pouvons, l'un et l'autre, faire un excellent usage : vous, en continuant de servir votre patrie adoptive avec distinction ; moi, en me livrant, sans réserve, au tourbillon du monde qui me séduit et m'entraîne. »

La famille du comte de K... était puissante et riche ; mais Charles n'était que cadet, et les grands biens de sa maison, selon l'usage de toutes les aristocraties européennes, devaient être l'apanage de son frère aîné. Une rente de 12,000 francs et les émoluments affectés à son grade de capitaine composaient toute sa fortune.

« Mon amour n'est point égoïste, mademoiselle, reprit Charles. Hélas! je le reconnais trop tard , je suis trop pauvre pour vous, c'est vrai ; mais en abandonnant l'espoir de jamais vous appartenir, ne me permettrez-vous pas, au moins, de me compter toujours au nombre de vos amis les plus respectueux et les plus dévoués ?

— Plus d'offres, monsieur de K..., interrompit Cécile; elles ne pourraient que m'humilier, et je vous crois trop galant homme pour me forcer à rougir. »

Le colonel, voyant bien qu'il ne pourrait ébranler une résolution prise avec tant de force de volonté, se retira et courut chez l'avoué de madame de La..., combinant dans sa tête les moyens de vaincre les scrupules exagérés de celle qu'il aimait plus que jamais.

« Monsieur, demanda le Polonais à l'avoué, où en est le procès de madame de La...?

— Hélas! monsieur, perdu en appel, ce matin même, malgré les efforts de notre avocat, répondit l'avoué; la cause était désespérée.

— Et la perte de ce procès?... ajouta le colonel.

— Réduit ma cliente à l'indigence. Elle n'avait que cela pour ressource, car je ne compte pas quelques tableaux, de maitres, il est vrai, qui font partie de son riche mobilier, et quelques bijoux dont la vente couvrira à peine mes frais... Que voulez-vous? aujourd'hui les choses se donnent pour rien.

— Et le domaine, objet du procès, à combien a-t-il été évalué, ou plutôt que rapporte-t-il?

— 15,000 francs de rentes, tout au plus. Il sera probablement vendu de 650 à 680,000 francs; mais il n'ira pas à 700.

— Diable! mais c'est fort cher! Vous me disiez tout à l'heure que les choses se donnaient pour rien.

— Oh! mais ceci est différent, fit l'avoué.

— N'importe! poursuivit le Polonais. Voilà un mandat de 700,000 francs sur mon banquier de Londres; rachetez ce domaine au nom de madame de La...; mais rachetez-le avec mystère et sans qu'elle en sache rien : ceci est important. De la discrétion que vous apporterez dans cette affaire dépend le bonheur de deux personnes.

— Monsieur le comte, répondit le jurisconsulte tout ébahi, la robe que je porte et les devoirs de ma charge doivent vous être garants de ma discrétion. »

Rentré chez lui, le colonel fit appeler Jean, qui était tout à la fois son confident, son intendant, en un mot son homme de confiance, après avoir été son inamovible *brosseur*, c'est-à-dire son valet de chambre.

Ce Jean était un brave lancier qui avait fait avec le comte de K... toutes ses campagnes. Français de naissance et Normand, puisqu'il était né aux environs de Falaise, Jean n'en était pas moins un intrépide soldat qui, grâce au sang qui coulait dans ses veines, avait une tendance toute particulière pour le brocantage. En Espagne, il achetait à vil prix de ses camarades les reliquaires, les chapelets d'or, toutes les pieuses et saintes amulettes que les lanciers pillaient dans les couvents, et les revendait, en gros, aux juifs établis orfèvres dans les grandes villes de la Péninsule. A ce commerce, fort peu orthodoxe pour un catholique romain, Jean avait amassé un petit pécule que la générosité de son maître augmentait tous les jours. Aussi Jean était-il dévoué à son ancien colonel jusqu'à la mort, au delà même, jusqu'à l'argent, ce qui n'est pas peu dire, pour un Normand et se serait-il fait hacher plutôt que de ne pas obéir aux moindres volontés du comte de K... Du reste, brave homme, serviable, sensible et même généreux dans l'occasion.

« Jean, lui dit le comte de K..., qui avait arrêté son projet, je veux te faire brocanteur à Paris.

— Moi! mon colonel? répondit ce fidèle serviteur en ouvrant de grands yeux; vous voulez rire. Si nous étions encore en Espagne, ou dans un pays de kinserlicks, je ne dis pas... peut-être y aurait-il *moillien* de *moillienner*, mais ici... rien à gratter, mon colonel.

— Je ne plaisante pas. Tu vas louer une petite boutique dans la rue Joubert; tu achèteras des meubles, des bronzes, des porcelaines, des tableaux, que sais-je! Enfin, tu te monteras un magasin de bric-à-brac; puis après, je veux que tu n'achètes d'objets qu'à une seule personne que je t'indiquerai.

— Vous voulez donc me ruiner indéfiniment! mon colonel? A pareille condition, dans un semblable bazar, j'en serai chaque jour pour mes frais. Si cela vous était inférieur, j'aimerais mieux monter une cantine un peu ficelée, comme qui dirait un petit magasin de comestibles ou de vins étrangers plus ou moins fins.... Au moins, si je viens à manger mon fonds, je....

— Je ne veux pas de cela et écoute-moi, interrompit vivement le comte de K... : tu t'insinueras peu à peu dans la confiance de cette personne, et...

— Mais, puisqu'elle m'est totalement inconnue, je...

— Veux-tu bien te taire et ne pas m'interrompre!... Tu n'es pas maladroit, poursuivit le comte, quand il le faut. — Ici Jean fit un geste en signe de doute. — Tu achèteras au meilleur marché possible...

-- Comme de juste, mon colonel; quand même je ne suis pas homme à m'embrouiller dans les feux de file...

— Tu m'ennuies à la fin! exclama le comte avec impatience; tu achèteras, le dis-je, les meubles de cette personne, qu'on te fera voir; et, si l'occasion s'en présente, tu lui feras des avances d'argent de façon à ce qu'un jour tu aies le droit de tout emporter de l'appartement qu'elle occupe : tu me comprends?

— Indubitablement, mon colonel. Quel jour me mettrai-je en campagne, pour commencer le feu?

— Dès demain.

— Sufficit, répondit Jean en souriant à la manière de Shiloc, ce juif de la comédie de Shakespeare. vous voulez que je traite la localité en question, de même que les dragons faisaient des couvents de moines, en Espagne?

— A peu près... Je prétends que d'ici à un an, il ne reste dans ce somptueux logis que les murs.

— Ce sera bien long, objecta le vieux soldat; mais n'importe, la chose est praticable en s'appliquant bien. Seulement, mon colonel, il faudrait me donner carte blanche, comme disait autrefois notre gros-major.

— Je te la donne, à la condition cependant que tu ne t'écarteras en rien des règles de la bienséance.

— Ah! mon colonel! oubliez-vous que j'ai servi pendant vingt ans sous vos ordres, et que je connais un peu les règlements de l'honneur?

— C'est vrai! mon pauvre Jean, c'est vrai! »

Puis, après avoir mis son fidèle serviteur au fait de tout, le comte ajouta :

« Maintenant c'est à toi de m'aider. Du succès de cette entreprise dépend le bonheur de ma vie.

— Assez causé, mon colonel. Je possède ma théorie : la particulière et tout son saint-frusquin sont à vous. »

Trois jours après, le vieux soldat était installé dans une boutique de la rue Joubert à quelques pas de l'élégante maison habitée par madame de La...., et, la semaine suivante, le brocanteur supposé avait si bien manœuvré, qu'il s'était créé des intelligences dans la place même; c'est-à-dire qu'il était au mieux avec le concierge et les domestiques de la veuve.

Un soir, à la nuit close, Jean va trouver son maitre :

« Mon colonel, lui dit-il avec mystère, je sais de la femme de chambre de madame de La..., une belle brune que j'ai légèrement enguirlandée, que sa bourgeoise voudrait se défaire de deux tableaux qui sont dans son boudoir; mais la honte la retient, parce qu'elle ne veut pas mettre trop de monde dans la confidence de sa détresse. Cependant, j'ai vu ces ta-

POLLET.   EUSTACHE L'PSIN

bleaux et je lui ai parlé à elle-même, comme je vous parle, mon colonel,
en personne naturelle. Elle voudrait avoir 6,000 francs. C'est bien
cher, attendu qu'ils sont tout petits.

— La dimension ne fait rien. Offre 4,000 fr., elle donnera ses tableaux : elle a besoin d'argent.

— Vous eussiez fait un négociant fini, mon colonel!... Mais ce n'est
pas tout encore, elle ne veut me les vendre qu'à rénuméré ou rémémoré,
je crois; enfin, c'est un mot comme cela, je n'ai pas bien compris l'affaire. Je crains qu'elle ne veuille, avec ses tableaux, nous monter une
couleur... Défiez-vous.

— C'est à réméré, je connais cela. N'importe, achète et paye : elle ne pourra les reprendre à l'époque fixée. »

Et les deux tableaux furent enlevés.

Bientôt après il ne se passa guère de semaine sans qu'un meuble de madame de Lá... ne passât de son appartement dans la boutique de Jean ; et, chaque fois que le vieux soldat annonçait à son colonel un nouvel achat de ce genre, ce dernier se frottait les mains et laissait percer une joie immodérée.

« Mais, mon colonel ! — ne pouvait s'empêcher d'exclamer Jean avec une surprise d'autant plus grande qu'il connaissait le bon naturel de son maître, — vous en voulez bien à cette pauvre femme, puisque sa débâcle vous cause tant de satisfaction... Elle a pourtant l'air bien agréable : elle pleure du matin au soir et, pour changer, du soir au matin, m'a-t-on dit.

— Certainement je lui en veux, et beaucoup. Je donnerais à l'instant la moitié de ma fortune pour que sa ruine fût complète.

— Excusez du peu ! fit Jean avec une grimace expressive ; mais consolez-vous, mon colonel, ça ne vous coûtera pas si cher, et vous n'attendrez pas longtemps. Du train dont va madame de La..., ses meubles, sans exception et au grand complet, descendront bientôt la garde, c'est-à-dire dans mon bazar. Avant le trimestre prochain, son appartement sera aussi net que le sac d'un kinserlick qui aurait passé par nos mains ; alors elle pourra prendre un congé de semestre et aller bivaquer dans un autre cantonnement... A propos ! mon colonel, j'oubliais de vous dire qu'elle n'a plus de domestiques. Elle a renvoyé sa brosseuse avant-hier au matin, je veux dire sa femme de chambre, la grande brune, vous savez ?... Si j'étais d'un autre sexe, je lui offrirais bien de lui faire son ménage gratis, mais...

— Je te le défends bien ! interrompit le comte... Tu pourrais tout gâter, ajouta-t-il en souriant avec amertume.

— En tout cas, ce ne serait pas les meubles... » grommela le vieux soldat en se retirant.

La prophétie de Jean ne tarda pas à s'accomplir. Six mois s'étaient à peine écoulés depuis la métamorphose du vieux lancier, que madame de La... ne possédait plus de son magnifique mobilier que son lit, dans lequel l'infortunée projetait d'expier, par le suicide, les erreurs de son imagination et les folles exigences de sa jeunesse.

Le moment était arrivé pour le comte de K... de triompher à son tour. Pendant six mois entiers, il s'était volontairement exilé du logis de la femme qu'il n'avait cessé d'aimer. Il y apparut tout à coup, comme le *Deus ex machina* des comédies antiques.

A sa vue, Cécile pâlit. L'effroyable dénûment qui l'entourait n'avait altéré ni la beauté de ses traits, ni la noblesse de ses manières, ni la limpidité de son regard ; mais un vif incarnat se répandit sur ses joues lorsque, prenant le colonel par la main et le conduisant vers une petite table, elle lui dit :

« Charles, vous avez douté de mon amour ; vous avez peut-être douté de mon amitié?... Eh bien, lisez ce que je vous écrivais... »

Le colonel prit la lettre et lut ce qui suit :

« J'approche du moment suprême, monsieur le comte. Je vais quitter
» volontairement la vie, et c'est à vous, après Dieu, que j'adresse ma
« dernière prière. »

« Comment, madame ! interrompit le colonel avec vivacité ; vous vouliez échapper à la misère par un suicide? Mais c'est affreux ! N'êtes-vous
donc pas chrétienne?

— Continuez de lire, monsieur le comte, reprit madame de La... avec dignité. »

Le colonel continua :

« Vous m'avez offert votre main ; j'ai dû la refuser. Une femme qui
« n'a pas su partager un sort obscur avec l'homme qu'elle aimait et dont
« elle était aimée est indigne de partager sa fortune.

« Je ne vous demande pour moi, monsieur le comte, qu'un souvenir
« quand je ne serai plus ; mais je réclame de toutes les forces de mon
« âme votre protection, votre appui, pour deux pauvres orphelins, pour
« mes deux chers enfants que je vais priver de leur mère.

« La vente successive de mes bijoux et de tout ce que je possédais en-
« core m'a mise à même de payer leur pension jusqu'à ce qu'ils aient
« atteint leur vingtième année ; mais à cette époque, monsieur le comte,
« ils se trouveront sans guide, sans ressource aucune. Charles, de-
« venez le tuteur, le père, le bienfaiteur de mes enfants : Dieu vous
« bénira. Songez que vous m'avez aimée et que la volonté des mourants
« doit être sacrée pour tous ceux qui ont une foi au cœur.

« Adieu, Charles. Je n'invoquerai pas en vain le souvenir d'une ten-
« dresse que mon cœur a partagée avec le vôtre... je vous le dis aujour-
« d'hui, mais que l'entraînement du monde a rendu inutile à votre bon-
« heur et au mien. Vous me pardonnerez : le repentir est la dernière
« vertu des femmes.

« CÉCILE B.... veuve DE LA... »

Le colonel avait été plus d'une fois forcé d'interrompre la lecture de l'épitre funèbre pour essuyer ses larmes. Quand il l'eut achevée, il la déchira en s'écriant :

« Et c'est ainsi, madame, que vous prétendiez célébrer mon retour auprès de vous? Mais trève aux reproches, reprit-il avec attendrissement; trève surtout à ce repentir dont vous me parlez et dont je rejette bien loin la nécessité. Cécile, je viens encore, après six mois de réflexions, vous offrir mon nom et ma fortune.

— Cher comte, répondit madame de La..., les mêmes obstacles existent... Vous êtes trop riche, vous ai-je dit déjà.

— Eh, madame ! vous l'êtes plus que moi maintenant ! — exclama le colonel en remettant à Cécile le contrat du domaine de son mari ; — et si vous n'avez réellement à opposer que cette raison, elle ne vaut plus rien.

— Ah ! mon ami, — répondit Cécile en se précipitant dans les bras de Charles, qui l'étreignit avec passion, — je fléchis sous le poids de vos bienfaits et de votre délicatesse. J'accepte ce nom glorieux que vous m'offrez avec tant d'instance; j'accepte cette fortune que vous mettez à mes pieds, mais c'est à la condition que je consacrerai chacun de mes jours au culte de l'amour et de la reconnaissance.

— Rayez ce dernier mot, Cécile; répliqua le comte au comble du ravissement; l'amour et la reconnaissance ne vont pas de compagnie : dans le premier mot se résumeront tous les bonheurs de ma vie. »

Le mariage du comte de K... avec la veuve de l'agent de change de La... se fit avec pompe dans le domaine qui avait été rendu à Cécile ; mais quelle ne fut pas la surprise de la nouvelle épouse en reconnaissant dans les appartements du château les tableaux, les meubles et toutes ces petites inutilités, si nécessaires à l'existence d'une femme du monde, qu'elle avait vendus naguère au brocanteur de la rue Joubert.

— Ma commandante, dit Jean, — que la comtesse ne reconnaissait pas sous le costume semi-militaire qu'il avait repris, — c'est moi qui vous ai débarrassé de toutes ces petites fanfreluches plus ou moins indispensables à l'usage du sexe. Vous voyez, madame la comtesse, que, tout Normand que je suis, j'ai de la conscience, puisque j'ai revendu la pacotille à mon bon colonel, ici présent, au prix coûtant. N'est-ce pas, mon colonel? demanda le vieux soldat en portant respectueusement le revers de la main à son front.

Un signe de bienveillance fut la seule réponse du comte de K...: mais la belle comtesse exigea de Jean qu'il lui racontât, de point en point, tous

LE POLONAIS.

les détails de la supercherie dont elle avait été l'heureuse victime, et s'amusa beaucoup du récit du vieux lancier.

« Mon bon Jean, lui dit-elle ensuite, je ne vois en vous que le marchand : d'après cela vous voudrez bien accepter ce petit tableau qui vous rappellera votre ancien métier. »

Le tableau était une charmante toile de Wouvermans, représentant un intérieur de corps de garde hollandais. C'était un cadeau de mille écus que le lancier-brocanteur recevait là.

« Merci, madame la comtesse, merci, ce n'est pas de refus. Cette peinture, soyez-en sûre, ne sortira pas de mes mains, parce qu'elle sera pour moi un tableau de famille. » — Puis Jean ajouta à part lui : « Je puis bien garder ce petit cadre comme une bague au doigt, puisque mon colonel m'a donné dix belles images de 1,000 francs chacune, pour avoir fait mon service à la satisfaction de mes chefs immédiats. Ah ! mon brave colonel, vous ne me disiez pas le fin mot de la chose, vous ne m'aviez pas conté que la déconfiture de madame de La... n'était qu'une frime de politique supérieure... J'ai vu aux lanciers bien des officiers ruiner des femmes, mais les épouser après... nisco. »

L'aventure du comte de K... fit peu de bruit dans les salons de Paris : mais le petit nombre de ceux qui furent initiés à ce mystère comparèrent la conduite du colonel à celle de ce cavalier espagnol qui brûla le logis de sa maîtresse pour avoir le plaisir de la sauver des flammes au péril de sa vie. Ces deux actions, l'une ingénieuse, l'autre héroïque, ne pouvaient partir que d'une âme belle et d'un cœur généreux.

A quelque temps de là Jean épousa l'ancienne femme de chambre de la comtesse, que celle-ci s'était empressée de rappeler auprès d'elle aussitôt son mariage ; et lorsque la piquante cameriste, curieuse comme elles le sont toutes, pressait son mari de questions relatives à leurs maîtres, le vieux soldat, à qui ces demandes paraissaient intempestives, se contentait de lui répondre avec un flegme imperturbable :

« Silence dans les rangs, madame Jean !... Je vous ai reconnu officiellement pour mon chef de file, c'est vrai ; mais voilà tout ! Je ne veux pas que vous m'interpelliez au sujet de monsieur le comte et de son épouse ; qu'il vous suffise de savoir que mon colonel est un vrai Polonais pur sang... Sur ce, allez faire votre service chez madame, et partez du pied gauche..... Vivement ! »

De même que tous les habitants de l'antique Normandie ne ressemblent pas à ce fidèle serviteur, dont nous venons d'esquisser le caractère, de même, malheureusement, tous les Polonais réfugiés à Paris ne ressemblent pas au noble comte Charles de K...; car, il nous faut le dire, dans cette multitude d'hommes qui sont venus invoquer les souvenirs et la générosité de notre pays, il s'est glissé quelques-uns de ces condottieri de l'époque, qu'on rencontre sous toutes les latitudes, et qui ont su exploiter merveilleusement les persécutions russes, en se drapant dans la tunique sanglante du martyr de la liberté pour venir spolier la bienveillance et l'appui qui ne sont dus qu'aux véritables opprimés. N'en pas convenir serait ignorer les choses de ce monde et les hommes d'à présent ; ce serait méconnaitre ce *macairisme* devenu maintenant une sorte d'apanage chez toutes les nations, depuis que la crainte de Dieu et les vieilles croyances sociales se sont évanouies. Abstraction faite de ces taches imperceptibles, l'émigration polonaise, prise en masse, est digne, surtout par la constance et la fermeté de conduite qu'elle a tenue, il y a quelque dix ans, au milieu des factions irritées qui voulaient l'enrôler sous leurs bannières, de la considération dont elle jouit plus que jamais. Et, quand cette noble proscrite, madame la princesse Czartoriska, a appelé l'élite de la société parisienne à l'*hôtel Lambert*, dont elle a su réveiller l'antique splendeur par sa magnifique bienfaisance, nous avons bien fait de répondre à son signal et de déposer, sous la hampe du drapeau des Sobieski et des Poniatowski, un peu de cet or qui régénère un peuple auquel le fer a manqué !

EMILE MARCO DE SAINT-HILAIRE.

L'ALLEMAND.

Je ne me rappelle plus quel spirituel écrivain — je
ne serais pas étonné que ce fût Méry — disait un jour

qu'il aimerait assez habiter l'Angleterre, mais qu'on y trouvait trop d'Anglais !

Le même reproche ne pourra pas être adressé à l'Allemagne dans un quart de siècle, si l'esprit d'émigration qui s'est manifesté dans cette contrée depuis quelques années continue encore à régner avec la même force, car alors on trouvera dans ce pays un peu de tous les peuples, excepté des Allemands.

Jadis les seuls indigènes de Nuremberg se mettaient en voyage pour la France, afin d'y importer leurs jouets d'enfant, et encore se hâtaient-ils de reprendre le chemin de leur patrie dès qu'ils avaient réalisé leur pacotille. Nous passons sous silence les marchandes de petits balais qui se vantaient d'être originaires de la forêt Noire, quand en réalité ces dames avaient vu le jour aux environs de Strasbourg ou de Colmar. Mais tel est l'esprit national dans notre belle patrie, que personne n'aurait consenti à donner deux sous pour un de ces petits balais s'il avait été annoncé comme français.

Maintenant l'émigration en Allemagne ne procède plus par individus isolés, ou même par familles, car, surtout dans la Bavière, ce sont des villages entiers qui se mettent en route, avec leur curé en tête, pour aller peupler les déserts d'Amérique sur la foi de prospectus qui leur promettent ce que promettent tous les prospectus du monde, — c'est-à-dire des choses magnifiques.

En attendant que tous ces pauvres diables fassent fortune sur les bords de l'Ohio, ils commencent par se ruiner complétement sur les bords du Rhin, en vendant à vil prix les terres et les fermes qu'ils tenaient de leurs pères.

Lorsqu'au printemps ou en automne on voyage sur la route de Paris à Strasbourg, on ne peut s'empêcher de ressentir un douloureux serrement de cœur en voyant ces longues files de chariots d'émigrants que l'on rencontre, pour ainsi dire, à chaque lieue. Dans ces tristes voitures, traînées par de maigres petits chevaux qui portent l'oreille basse et qui, eux, auront tout au plus la force d'arriver jusqu'au Havre, on voit entassées les misérables caisses qui contiennent les misérables effets de tous ces paysans, et ces caisses en bois blanc sont surchargées elles-mêmes des femmes, des vieillards, des enfants, et de tous ceux que la fatigue de la marche a déjà rendus infirmes. On croirait voir un convoi de blessés qu'on dirige vers la patrie après une guerre sanglante, si l'on n'apercevait sous la toile grise qui a la prétention de couvrir ces équipages, une foule de petites têtes blondes d'enfants rieurs et insouciants, qui, eux, prennent gaiement le chemin du pays lointain destiné à leur servir désormais de patrie !

Mais je quitte mes émigrants de la Bavière, car si je les suivais, cela me mènerait trop loin, puisque je dois simplement vous entretenir pour l'instant de l'Allemand à Paris. En appelant votre attention sur cette frénésie de pérégrination qui s'est emparée de presque tous les habitants de l'autre côté du Rhin, je voulais seulement vous prouver que dans peu d'années Méry aurait parfaitement le droit de dire : « J'aimerais assez habiter l'Allemagne, si on y trouvait plus d'Allemands ! »

Jadis l'Allemagne nous expédia le magnétisme, le somnambulisme et la craniologie, importations qui firent un certain bruit en France, grâce à Mesmer et au docteur Gall, qui furent à une certaine époque les *lions* des salons parisiens, si nous restituons à ce mot de lion sa véritable acception britannique.

De nos jours, les inventions allemandes qui ont eu le plus de succès à Paris sont les *allumettes chimiques* et les *petits pains viennois*.

Les allumettes germaniques ont eu de nombreuses contrefaçons toutes plus fulminantes les unes que les autres ; mais il faut rendre cette justice aux petits pains viennois, qu'ils sont restés inimitables jusqu'à présent.

L'importation du pain viennois en France a eu deux résultats : le premier a été de satisfaire le palais des connaisseurs les plus difficiles, et le second de détruire un préjugé enraciné, depuis une foule d'années, chez tous les Français qui n'avaient jamais voyagé de l'autre côté du Rhin. On s'imaginait très-généralement que l'Allemagne était un pays excessivement arriéré sous le rapport des jouissances gastronomiques, et vous n'auriez jamais pu faire croire à un Parisien pur sang qu'on mangeait à Vienne ou à Berlin autre chose que de la choucroute et du pain de seigle.

Toutefois la cuisine allemande serait peut-être moins goûtée en France que la pâtisserie viennoise, et nous croyons qu'il serait probablement imprudent de fonder à Paris un *restaurant viennois* : non pas que les mets mangés de préférence par les Allemands soient d'une cuisine trop primitive ; au contraire, on pourrait leur reprocher d'être d'une civilisation trop avancée ; car les gastronomes de l'autre côté du Rhin, à force de chercher des jouissances inédites, en sont venus à mêler la gelée de groseille et le veau froid, les pruneaux et les tranches de gigot ! Enfin ce sont des idées qui bouleversent tous les ouvrages classiques français écrits par Carême : c'est du romantisme culinaire poussé à ses dernières limites.

Et puis, ce qu'un restaurateur allemand ne pourrait pas importer à Paris, du moins pour les livrer aux consommateurs au prix où on les trouve sur les bords du Rhin, ce sont des carpes fabuleuses vendues presque au tarif des simples goujons de la Seine, des chevreuils qui coûtent moins cher à Munich que des moutons en France; bref, dans ce pays de cocagne les bœufs sont achetés à un bon marché inouï, et les veaux se donnent pour rien. Avec de pareils éléments, vous conviendrez que si on ne se nourrit pas bien, c'est qu'on y met de la mauvaise volonté!

Depuis très-longtemps, les Allemands ont à Paris, pour ainsi dire, le monopole de certains genres d'industries; les bottiers et les tailleurs de cette nation sont surtout tellement nombreux, qu'on pourrait croire que les Allemands seuls ont la vocation de ces professions, de même que tous les Auvergnats naissent commissionnaires ou charbonniers. Le nombre des bottiers ou ouvriers bottiers allemands s'élève bien à deux mille, et celui des tailleurs ou compagnons tailleurs à quatre mille. Presque tous ces ouvriers sont garçons, et vivent, pour ainsi dire, en communauté dans certains hôtels où on parle allemand du rez-de-chaussée aux mansardes. Le dimanche soir, tous ces compatriotes reviennent des barrières en formant des groupes de douze à quinze individus, et en chantant des tyroliennes qui ne plaisent pas toujours aux habitants de la rue de Vaugirard ou du faubourg du Temple, attendu que passé minuit la musique est peu goûtée par les bons bourgeois de Paris.

Une chose singulière, c'est la nuance profonde qui sépare les caractères des bottiers et des tailleurs; ces deux classes d'industriels ont beau avoir une commune patrie, hormis le goût pour les tyroliennes, ils diffèrent complétement du reste.

Autant le tailleur est éminemment poli, autant le bottier est prodigieusement incivil; de plus, le tailleur montre une confiance illimitée à quiconque se recommande seulement d'une personne qu'il connaît vaguement, tandis que le bottier ne fait crédit d'une paire d'escarpins qu'à un propriétaire qui possède au moins trois maisons libres d'hypothèques. Enfin le tailleur, pour peu que vous ayez une mine honnête, est toujours disposé à vous couvrir de ses bienfaits, et, à l'instar de la Providence, aux petits des humains il donne le paletot; tandis que le bottier laisserait aller pieds nus son meilleur ami, il lui payera même à dîner cinquante fois avant de pouvoir se décider à lui donner une paire de bottes!

C'est même dans cette avarice touchant leur cuir qu'on doit chercher l'explication du motif qui engage tous les bottiers, depuis un temps immémorial, à n'apporter jamais à leurs clients que des chaussures qui les blessent horriblement le premier jour; de la sorte ces fournisseurs sont certains que leur débiteur ne pourra pas facilement lever le pied.

Non-seulement les tailleurs allemands sont en très-grand nombre à Paris, mais encore il est à remarquer que tous les plus célèbres dans les annales de la mode nous sont arrivés d'outre-Rhin, et le bon goût français, si renommé en Europe, doit une immense partie de ses progrès à ces Allemands qui passent tout justement pour très-mauvais juges en fait d'élégance et d'ajustements.

Les tailleurs français reconnaissent si bien eux-mêmes la suprématie et la vogue obtenue par leurs émules d'origine étrangère, qu'ils cherchent très-souvent à se faire passer pour être d'origine transrhénane. Ainsi, par exemple, un tailleur qui arrivera de Champagne pour former un établissement à Paris se gardera bien d'inscrire sur son enseigne son nom véritable; s'il s'appelle *Lenoir*, il en fera *Lenoirmann*, *Jacobmann*, *Paulmann*, *Pierremann*, etc.

Sous le rapport artistique, et surtout sous le rapport musical, l'Allemagne est représentée magnifiquement à Paris; il suffirait de nommer l'auteur de *Robert le Diable* et des *Huguenots* pour prouver que cette contrée, que l'on est convenu, depuis un temps immémorial, de nommer toujours la froide, la nuageuse, la blonde Allemagne, pourrait être, à bon droit, qualifiée de mélodieuse Allemagne. Un pays qui a donné le jour à Beethoven, à Mozart, à Haydn, à Weber et à Meyerbeer peut le disputer en gloire à l'Italie elle-même.

Meyerbeer est un Allemand essentiellement Parisien, car il tient à ce que ses productions fassent leur première apparition au théâtre de la rue Lepelletier; et quoique les différents princes d'Allemagne l'accablent d'honneurs, de rubans et de tabatières, il ne se laisse pas aller à l'idée de donner sa fameuse partition du *Prophète* à aucun autre Opéra qu'à celui de Paris.

Chaque hiver, l'illustre compositeur vient passer deux ou trois mois à l'*Hôtel des Princes*, rue de Richelieu, et c'est dans ce lieu qu'ont pris naissance bien des mélodies qui vont ensuite charmer l'Allemagne et l'Europe entière.

Meyerbeer, qui, en sa qualité de grand artiste, peut se passer toutes ses fantaisies, en a une qui n'est pas ruineuse, car il a l'idée fixe de loger dans un grenier le piano sur lequel il compose toutes ses partitions, et il n'est jamais plus inspiré que lorsque, par un temps effroyable, il entend siffler le vent à travers la fenêtre et bondir la grêle sur les ardoises; si par hasard les cheminées sont culbutées, et si les tuiles dégringolent avec fracas, son extase est au comble, et il produit alors une mélodie qui est un chef-d'œuvre, — je veux dire qui est encore plus chef-d'œuvre que toutes les autres compositions du même auteur.

Je vous prie de croire que Meyerbeer loge seulement son piano dans un grenier; quant à lui, il se réserve un appartement beaucoup plus confortable, que lui rend d'ailleurs nécessaire l'état assez mauvais de sa santé.

Si l'on savait plus généralement dans le public que le piano de Meyerbeer se trouve ainsi dans les combles de l'*Hôtel des Princes*, les mansardes qui avoisinent ce grenier seraient louées à un prix fou pendant les semaines où le célèbre *maestro* habite Paris. Qui ne payerait volontiers deux ou trois cents francs pour entendre les mélodies inédites du fameux *Prophète*?

Puisque nous en sommes aux fantaisies bizarres de l'illustre auteur du *Prophète*, nous ne devons point passer sous silence son antipathie pour les chats. Autant Meyerbeer adore les orages, autant il déteste les chats;

et si la métempsycose était dans nos croyances, nous serions tenté de nous imaginer que Meyerbeer a été souris avant d'être compositeur.

Il est impossible de s'imaginer la répugnance inspirée par la vue seule de cet animal à notre célèbre artiste. Il pousse sa *chatophobie* si loin, qu'un jour ayant fait douze lieues pour aller passer une journée au château de *Montalais*, chez M. Scribe, Meyerbeer, ayant aperçu deux chats dans l'antichambre, referma immédiatement la porte, remonta en voiture et reprit la route de Paris !

Pour arriver à faire représenter son *Robert le Diable* à l'Opéra, Meyerbeer n'a pas hésité à avancer au directeur tous les frais de la mise en scène de cet ouvrage ; et si la pièce n'eût pas réussi, la perte était pour lui de près de cent mille francs. Tout le monde sait cela ; mais ce qu'on ignore plus généralement, c'est que Meyerbeer n'a pas seulement avancé les frais de mise en scène de *Robert*, il poussa encore plus loin les sacrifices pécuniaires faits en vue de sa gloire future.

Ayant appris que dans *Zampa*, pièce que l'on montait alors à l'Opéra-Comique, on se proposait d'introduire un morceau avec accompagnement d'orgue, à l'instar de celui qui se trouvait dans *Robert le Diable* également en répétition à l'Opéra, Meyerbeer courut chez les trois ou quatre facteurs d'orgue de Paris, leur acheta immédiatement les instruments qu'ils avaient en magasin et, de plus, leur fit des commandes pour six mois.

Dès ce moment, *Robert le Diable* était sauvé de la crainte de toute concurrence, et *Zampa* ne pouvait plus se procurer qu'un accompagnement d'orgue de Barbarie.

Du reste, dans cette affaire, Meyerbeer, qui courait le danger de se voir une vingtaine d'orgues lui rester sur les bras, eut le bonheur de les placer avantageusement ; et on assure qu'il gagna quelques milliers de francs par suite de cet accaparement singulier.

Ainsi, pour faire jouer *Robert le Diable*, Meyerbeer risqua la somme de *cent cinquante mille francs !* Il est peu de *grands prix* du Conservatoire qui puissent, à leur retour de Rome, se donner l'agrément de faire jouer leur premier ouvrage en y mettant une pareille somme.

Parmi les autres musiciens allemands qui ont établi d'une manière plus ou moins stable leur domicile à Paris, nous citerons en première ligne l'illustre *Franz Liszt*, qui, à vrai dire, en sa qualité de pianiste *humanitaire*, n'est pas plus Allemand que Français ou Italien ; il est citoyen du monde, et c'est le monde entier qu'il prétend moraliser à l'aide de ses sonates divisées en trois parties comme un sermon de Massillon.

Puis vient *Thalberg*, qui, pour avoir des prétentions moins vastes que son rival Franz Liszt, n'en produit pas moins beaucoup d'effet sur ses auditeurs, et il parvient à les convaincre tous... qu'il est un excellent pianiste.

Puisque nous en sommes au piano, nous ne devons point passer sous silence *Dreischock*, *Rosenhain*, *Wolff*, autres brillants exécutants qui nous ont été cédés par la Germanie. — Du reste, si nous voulions donner une liste exacte de tous les musiciens qui ont quitté Vienne ou Berlin pour venir cultiver le violon, le piano, le cor à piston ou même l'accordéon à Paris, il nous faudrait dresser une liste qui commencerait par la lettre A et finirait par la lettre Z.

Si les compositeurs et les instrumentistes allemands sont heureux à Paris et y obtiennent en général de brillants succès, le même bonheur ne suit pas les chanteurs; car, à l'exception de mademoiselle *Sontag*, il est peu d'artistes lyriques ayant obtenu une véritable célébrité à Paris.

Plusieurs fois des directeurs arrivés de Vienne ou de Berlin sont venus en France avec une troupe sur laquelle ils fondaient les espérances les plus dorées, et toujours la faillite et ses inséparables acolytes, les huissiers, sont venus fermer les portes du *Théâtre-Allemand* de Paris.

Nous ne savons expliquer ce non-succès; car *Don Juan*, le *Freyschütz*, la *Flûte enchantée*, et tant d'autres admirables partitions des grands maîtres allemands, devraient piquer la curiosité des dilettanti parisiens au moins autant que le répertoire du Théâtre-Italien, qui n'a pas varié depuis dix ans. — A cela vous me direz que des interprètes tels que Lablache, Mario et Grisi font trouver toutes les partitions éternellement jeunes; mais il est des artistes allemands qui ont aussi un grand talent : et si ce théâtre étranger ne réussit pas à Paris, c'est que la mode ne l'a pas encore pris sous sa protection.

Attendons encore dix ans, et peut-être alors ne sera-t-il du bon ton à Paris que d'aller passer ses soirées au *Théâtre-Allemand*.

En attendant que les douze ou quinze mille Allemands domiciliés à Paris puissent passer leurs soirées dans un théâtre national, ils se consolent en allant rire aux charges d'Arnal et d'Alcide Tousez. — Par suite de l'heureuse nature du peuple d'outre-Rhin, ces hommes, que l'on est convenu de faire passer pour de prétendus buveurs de bière, qui ne se complaisent qu'à fumer gravement leur pipe sans adresser un seul mot à leurs voisins, ces hommes, disons-nous, sont, au contraire, pour la grande généralité, d'excellents bons vivants qui aiment à rire autant que les Français eux-mêmes.

L'ALLEMAND.

Le nombre des vieilles légendes comiques est incalculable en Allemagne : et pendant que les Françaises ne savent raconter à leurs enfants que l'éternel *Petit Chaperon rouge*, les nourrices de l'autre côté du Rhin ont dans leur mémoire toute une bibliothèque d'aventures merveilleuses et réellement plaisantes arrivées au baron de *Münchhausen* ou à *Eulen-Spiegel*, etc.

Du reste, l'Allemand, le *flegmatique Allemand*, comme on dit dans tous les traités de géographie, aime tant la gaieté, qu'il y a dans chaque régiment un soldat qui est l'*Odry*, l'*Arnal* de la caserne ; dès qu'il paraît le matin, toute la compagnie se met à rire, et s'il ouvre la bouche seulement pour demander si la soupe est prête, — le bataillon entier se tord les côtes.

Ce personnage indispensable à tout rassemblement de troupe en Allemagne se nomme le *Lustig* (prononcez *Loustick*), et ne pourrait pas plus être supprimé que le *porteur de guitare* dans un bataillon de troupes espagnoles.

L'Allemand aime tant à rire, que, lorsqu'il va au théâtre des Variétés ou du Palais-Royal, il se dilate joyeusement la rate rien qu'en voyant rire toute la salle. — Vingt fois déjà sans doute il a dû vous arriver de vous trouver, comme moi, au spectacle à côté d'un bon gros habitant de Vienne ou de Berlin qui est venu faire son voyage d'agrément à Paris.

Toutes les fois qu'Alcide Tousez débite un calembour, les spectateurs se mettent à rire, et notre Allemand rit plus fort à lui seul que toute la salle. — Quand notre homme a repris haleine, il se penche vers vous et vous demande poliment : — *Qu'est-ce que avre dit l'agdeur ?..... je avre pas gombris...*

Alors, si vous êtes complaisant, vous expliquerez à votre voisin pourquoi il a ri... ce qui le fait *rerire* de plus belle ; et comme cette fois ce n'est plus de confiance, il s'en donne à cœur joie.

Pour compléter la liste des artistes célèbres allemands qui résident à Paris, nous devons citer les frères Scheffer, dont les tableaux obtiennent un si grand et si légitime succès. Du reste, les frères Scheffer, par le choix mélancolique et rêveur de leurs sujets, semblent donner un démenti à notre assertion que les Allemands sont naturellement disposés à la gaieté ; mais une exception ne prouve que mieux la règle générale.

La littérature allemande a depuis douze ans un représentant à Paris : — c'est *Henri Heine*, le célèbre poëte et romancier, qui, par suite de

ses opinions politiques, aime beaucoup mieux habiter la France que sa
patrie.

Paris était aussi devenu le séjour d'adoption du fondateur de la doctrine homéopathique ; c'est à Paris que l'illustre *Hahnemann* est venu mourir tout récemment à l'âge de quatre-vingts ans passés, maladie contre
laquelle tous les globules du monde sont impuissants. — Il y a cinq ou
six ans, le vieux docteur avait épousé une jeune et jolie veuve, qui est une
des plus ardentes sectatrices de la doctrine médicale de son second mari :
elle a même poussé la passion pour l'art de guérir jusqu'à se faire recevoir *doctoresse* par un jury de médecins homéopathes.

Ceci peut vous sembler étrange ; et suivant vos vieilles idées de médecine ancienne, si vous aviez la fièvre, vous ne songeriez pas à appeler à
votre chevet une jolie femme dont la vue seule suffirait pour redoubler
encore les battements de votre cœur ; mais en homéopathie cette recette
est excellente, puisque tout justement on guérit de la fièvre par la
fièvre.

Vous voyez donc bien qu'une jolie femme peut fort avantageusement
remplacer le quinquina.

En fait de princes allemands résidant à Paris ou y ayant résidé pendant
assez longtemps, les deux plus connus de nos jours, par suite de leur originalité, sont le prince de Kaunitz et le prince de Brunswick.

Le prince de Kaunitz, ayant la tête constamment ornée d'une calotte
grecque, est beau-frère de Metternich et vit à Paris depuis de longues
années. Il est peu de personnages qui soient plus connus que lui à
l'orchestre de l'Opéra et dans les meilleurs restaurants du boulevard
Italien.

Le prince de Brunswick, qui a quitté Paris depuis peu, se faisait encore
bien plus connaître par ses excentricités ; et pour n'en citer qu'une
seule, il avait dans son riche hôtel des Champs-Élysées une chambre
à coucher entièrement tendue de velours noir ; les ornements et les clous
étaient en argent ; de plus, les draperies étaient relevées dans l'alcôve
à l'aide de têtes de mort en ivoire.

Les divertissements favoris du prince de Brunswick étaient en harmonie avec cet ameublement funèbre : il ne manquait pas une exécution
capitale ; et les jours de grand spectacle en ce genre, il louait sa fenêtre
à une maison du rond-point de la barrière Saint-Jacques avec le même
empressement qu'un dilettante loue sa stalle aux Italiens le soir où il
doit entendre Lablache et Grisi.

Jadis le gros margrave d'Anspach, ce célèbre type des princes allemands du dix-huitième siècle, célébrait plus joyeusement la vie lorsqu'il passait son hiver à Paris, et la tradition de ses soupers est arrivée jus-

qu'à nous ; car il paraît qu'on s'amusait décidément mieux avant la révolution de 89 qu'après celle de 1830.

Aujourd'hui, passé minuit, on court risque de mourir de faim à Paris, si l'on n'a pas la précaution d'avoir à domicile au moins un pâté froid. — Les flâneurs attardés et affamés qui se permettraient d'aller frapper bien discrètement à la porte du *Café de Paris* lui-même à minuit dix minutes, seraient considérés comme tapageurs nocturnes par la patrouille grise, qui les emmènerait coucher à la salle Saint-Martin. — M. le préfet de police l'a encore décrété tout récemment : passé minuit, les Parisiens ne doivent plus avoir faim.

Le margrave d'Anspach commençait régulièrement ses soupers à onze heures et ils duraient jusqu'à trois heures du matin, et les plus jolies actrices de Paris en faisaient les honneurs. — Heureux temps que celui-là ! — du moins pour les margraves et les actrices.

A défaut de margraves, les danseuses de l'Opéra de nos jours ont encore la ressource des barons allemands, qui continuent à être estimés

grandement au foyer des *rats*. — Le *milord anglais* a beaucoup perdu de
sa réputation de générosité; le *duc espagnol* ne paye qu'en bons des cortès, le plus triste des papiers-monnaie; — mais le baron allemand est
toujours une réalité constante et soldante.

Quelquefois, il est vrai, ces infortunées dames du corps des ballets
tombent sur des *barons de Wormspire*. Mais cet événement fâcheux ne
se renouvelle pas trop souvent, et l'antique bonne foi germanique est
toujours digne, en général, de sa haute renommée.

L'Allemagne figure dignement dans les fêtes de l'hiver parisien. Nous
avons à Paris plusieurs grandes maisons allemandes appartenant à la diplomatie et à la finance : — ces deux splendides sommités de l'échelle
sociale. Au premier rang il faut placer l'ambassade d'Autriche : — à tout
seigneur tout honneur. L'hôtel de la rue de Grenelle, que madame la
princesse d'Eckmühl a cédé à M. le comte d'Appony, est devenu célèbre,
dans le monde élégant, par ses bals du matin, piquante importation
viennoise. La première fois que l'on vit circuler dans les salons aristocratiques des billets d'invitation ainsi conçus : « M. le comte et madame
« la comtesse d'Appony prient M. *** de leur faire l'honneur d'assister au
« bal qu'ils donneront jeudi matin. On se réunira à midi, » — cette nouveauté produisit beaucoup d'effet et parut du meilleur goût. On rechercha
avec un vif empressement la faveur d'être admis à cette fête originale, où
la lumière du jour devait remplacer les feux des lustres et des girandoles :
mais plus tard on s'aperçut que c'était là une épreuve dangereuse pour
les attraits parisiens. Plus d'une femme, habituée à briller aux bals du
soir, compromit quelque peu sa réputation de beauté dans cette rencontre matinale. Les héroïnes de M. de Balzac surtout, les femmes de
trente ans, trouvèrent que ce n'était pas là pour elles une heure favorable. Il fallait toute l'éclatante blancheur, toute l'inaltérable pureté du
teint allemand pour affronter le péril qu'offrait le bal du matin ; quelques dames de Vienne, de Berlin et de Francfort eurent les honneurs de
cette fête : on ne les avait jamais remarquées aux bougies, on les admira au grand jour. Ce fut un trait de lumière pour les esprits mal faits,
qui ne manquèrent pas de supposer que l'ambassadrice avait diplomati-
quement choisi l'heure de son bal pour assurer le triomphe de ses compatriotes.

Cependant, malgré le désavantage qui en résultait pour elles, les Parisiennes se montrèrent résolûment aux fêtes matinales de l'ambassade
d'Autriche. La malignité aurait interprété leur absence d'une manière
fâcheuse : il valait mieux faire bonne contenance devant le danger et

attendre que le temps eût fait justice d'une innovation passagère. Toutes les ressources de la parure, toutes les ruses de la coquetterie furent mises en œuvre pour lutter contre l'indiscrète lumière du jour, et, d'un autre côté, on travailla sourdement à démontrer que les bals du matin étaient un contre-sens, une anomalie dans nos mœurs, un dérangement dans nos usages, une fantaisie à laquelle on ne devait accorder qu'une courte durée.

Un des plus illustres avares de Paris, M. le marquis D'...., s'empara de l'idée de madame la comtesse d'Appony. Il s'était engagé à donner un bal, et il cherchait le moyen, sinon d'éluder sa promesse, du moins de la tenir au meilleur marché possible. Pouvait-il trouver mieux que le bal de jour? Le soleil économisait les frais de bougies : c'était un bénéfice important. Notre marquis rendit mille actions de grâces à la mode allemande, et il donna son bal par une belle journée du mois de mars. Cet exemple trouva des imitateurs dans quelques hôtels du faubourg Saint-Honoré et chez plusieurs banquiers de la Chaussée-d'Antin. On vit même un notaire royal et un avoué de première instance faire danser chez eux à midi. Dès cet instant le bal du matin n'était plus admissible dans le monde élégant ; on l'avait adopté seulement à cause de sa singularité aristocratique ; mais du moment qu'il devenait vulgaire, on pouvait l'attaquer de front et y renoncer ouvertement. C'est ce qui fut fait. Madame d'Appony essaya de le ressusciter pendant l'été à sa maison d'Auteuil : ce fut une vaine tentative. Bien que les Allemands aient à Paris une proverbiale réputation d'opiniâtreté, l'ambassade d'Autriche s'exécuta de bonne grâce, et ouvrit ses salons le soir, à la clarté des lustres.

Si les Allemandes triomphent au bal du matin, les Allemands brillent matin et soir. Il n'y a pas de fête complète sans eux ; aucune nation n'est plus recherchée dans les salons du beau monde parisien. A la rigueur on peut se passer de Russes dans un bal ; — les Anglais ne sont pas indispensables, bien qu'ils fassent assez bon effet quand ils sont en grand uniforme rouge et or ; — on supportera patiemment l'absence des Espagnols, des Italiens, des Américains, des Portugais et des sujets du prince de Monaco ; mais un bal privé d'Allemands perd la moitié de ses charmes, car les Allemands seuls savent valser : — c'est là une des plus remarquables spécialités de ce grand peuple qui a inventé la toupie. Les Français sont trop frivoles, trop étourdis, trop ardents surtout, pour exceller dans un art qui demande non-seulement de la légèreté, mais encore de la force, du sang-froid, du calcul, de l'adresse et du dévouement. Un bon valseur doit avoir un jarret d'acier, un pied de caoutchouc, un bras de fer, un coup d'œil d'aigle et un cœur de bronze ; il doit être maître de ses mouvements et de ses passions. Le précieux assemblage de tant de qualités diverses ne se trouve guère que chez ces organisations d'élite que fait éclore le ciel de la Germanie, — chez ces hommes fortement trempés qui naissent de l'autre côté du Rhin, sur les bords de l'Oder ou du Danube.

Aussi les salons qui se piquent de bien recevoir leur monde s'empressent-ils de faire des traités d'alliance et de nouer d'étroites relations avec tous les États de l'Allemagne. L'empire d'Autriche, les royaumes de Prusse, de Bavière, de Saxe, de Hanovre ; les grands-duchés de Mecklenbourg, de Hesse, de Bade et de Nassau, ne peuvent suffire aux demandes qui leur sont faites pendant l'hiver. Les billets d'invitation pleuvent dans les ambassades et dans les légations. Les secrétaires et les attachés sont accablés de sollicitations, de prévenances : ils ont dix bals tous les soirs ; on se les arrache, on les fait tourner depuis dix heures du soir jusqu'à cinq heures du matin. Pendant ce temps-là les protocoles souffrent, et, après Pàques, la diplomatie allemande est sur les dents, — au grand mécontentement de M. de Metternich, qui ne valse plus.

Grâce à leur talent national, les Allemands ont pris le pas sur tous les étrangers qui se donnent rendez-vous à Paris. La valse leur a ouvert le chemin des succès, et la littérature est venue, à diverses reprises, les mettre tout à fait à la mode. Jadis le roman de *Werther* avait enflammé les imaginations féminines, et les Parisiennes raffolaient de ce type sentimental dont l'Allemagne seule pouvait produire des copies satisfaisantes. Aujourd'hui c'est encore un Allemand qui est le héros du roman le plus célèbre de l'époque, et nos merveilleuses s'attachent à découvrir parmi les jeunes diplomates d'outre-Rhin quelques-uns des brillants avantages qui distinguent le grand-duc Rodolphe de Gérolstein.

La chronique citerait à ce sujet plus d'une aventure piquante, si les Allemands n'étaient pas d'une discrétion à toute épreuve. Cette qualité les recommande à la bienveillance du beau sexe, non moins que le solide mérite déployé par eux dans l'exercice de la valse. On pourra quelquefois leur reprocher une froideur apparente et une certaine pesanteur dans les allures ; mais cette enveloppe cache presque toujours un cœur sentimental et un esprit aventureux. Souvent même ces bons Allemands, d'un extérieur si calme, d'une physionomie si flegmatique, sont capables de faire des prodiges : témoin le baron de S....... qui émerveilla si fort le Jockey's-Club, il y a deux ans, par une gageure extraordinaire qu'il soutint courageusement, et qu'il gagna de la façon la plus brillante. Le sport, le vin de Champagne et l'amour faisaient le fond de cet étrange pari : et le jeune baron allemand prouva, dans le court espace de deux heures, qu'il était à la fois excellent écuyer, intrépide buveur et vaillant amoureux.

Il en est de même des Allemandes : ne vous fiez pas à leur air indifférent et impassible ; au besoin elles savent lutter avec les Parisiennes ; aucune des ressources de la coquetterie ne leur est étrangère, et leur esprit ingénieux sait se prêter, pour plaire, aux ruses les plus imprévues. L'hiver dernier, dans un des grands bals donnés à l'hôtel de ville par

M. de Rambuteau, une jeune et belle Allemande, madame de W....., valsait avec un auditeur au conseil d'État. Tout à coup sa coiffure se détache, et ce fut un beau spectacle : de magnifiques cheveux blonds descendant à grands flots jusque sur le parquet! Un académicien, M. J..., qui se trouvait là, compara cette splendide chevelure à une cascade d'or. Madame de W..... joua l'embarras en rattachant ses admirables cheveux ; mais la médisance prétendit que l'accident avait été prémédité : — et ce qui pourrait le faire croire, c'est qu'il se renouvela cinq ou six fois pendant l'hiver, aux fêtes les plus brillantes de la saison.

Parmi ces fêtes, les historiens du beau monde mettent au premier rang les bals charmants que donne M. le baron de D....., millionnaire allemand, qui reçoit toutes les semaines la fleur de la société parisienne dans son élégant hôtel, — une des plus riantes habitations du faubourg Saint-Honoré. Il est encore un autre salon, allemand d'origine, qui tient une place élevée dans le monde parisien : c'est le salon de M. de Roth-schild. L'opulent financier n'a pas oublié que Francfort-sur-le-Mein fut son berceau, et l'on est toujours sûr de rencontrer bon nombre d'Alle-mands dans le palais de la rue Laffitte, — véritable demeure royale toute resplendissante des merveilles du luxe et des chefs-d'œuvre de l'art.

Les Allemands de Paris ont perdu dernièrement un de leurs hôtes les plus aimables, M. le baron Schickler, qui se plaisait à recevoir ses compa-triotes dans son majestueux hôtel de la place Vendôme, et à les inviter aux grandes chasses qu'il donnait dans le parc de Rambouillet. Mais, du reste, ils n'ont pas à se plaindre, car les riches maisons allemandes sont assez communes à Paris. Sans parler des nombreuses ambas-sades ou légations germaniques, nous avons une foule de banquiers, petits et grands, venus du pays des florins et des thalers, les uns pour faire l'escompte, les autres pour placer les billets de la fameuse loterie allemande fondée par M. Reinganum et imitée des contes fantastiques d'Hoffmann, — loterie où une foule d'heureux inconnus ont gagné depuis dix ans une infinité de châteaux en Espagne.

Le restaurant allemand étant une chose complétement inconnue à Paris jusqu'à ce jour, les voyageurs qui nous arrivent de l'autre côté du Rhin n'ont pas, comme les Anglais et les Italiens, certains points de ral-liement, et nous ne connaissons guère, en fait de lieux publics, que le *Café de la Porte-Montmartre* et celui de *Mulhouse* où l'on rencontre assez communément une collection de visages germaniques; — encore en comptant comme Allemands un bon nombre d'Alsaciens qui jouissent de l'accent que vous connaissez.

Du reste, dans un temps comme le nôtre, où tout le monde fume et boit de la bière, il est assez difficile de distinguer au premier coup d'œil, dans un estaminet, un Allemand d'avec un Français, surtout depuis que les Français eux-mêmes ont quitté feu le cigare à quatre sous pour adopter la pipe, cette belle pipe culottée qui, au théâtre surtout, était l'apanage exclusif de l'Allemand pur sang.

Règle générale et sans exception, si vous voulez produire un grand effet sur le parterre en lui offrant un personnage dénommé Hermann, Peter-mann, ou Choucroutmann, vous n'avez qu'à lui faire dire : *Ia, monsir,* pour : « Oui, monsieur ; » et *Che aime pogou la bédide Figtoire*, pour : « J'aime beaucoup la petite Victoire ; » et ne manquez pas surtout de faire prononcer ces mots à votre personnage entre deux bouffées de tabac aspirées d'une longue pipe en écume de mer.

Le plus grand attrait que présente le *Café de la Porte-Montmartre* aux Allemands qui se trouvent à Paris, c'est un exemplaire de la *Gazette d'Augsbourg*, et autre *Allgemeine-Zeitung* !

En lisant ce papier public, qui lui rappelle sa patrie lointaine, l'allemand pourrait se croire à Stuttgard ou à Munich, si ce n'était le bruit incessant et monotone des dominos que l'on remue sur les tables de marbre. — Or, le domino est un divertissement éminemment français.

Du reste, depuis le commencement de la présente année 1844, les Allemands qui résident en France ont l'agrément de pouvoir recevoir un journal rédigé à leur intention à Paris même, et ayant pour titre : *le Vorwærts*. — Cette feuille, sous la direction de M. Henri Bœrnstein, paraît devoir devenir pour les Allemands à Paris ce qu'est depuis long-temps le *Galignani* pour les Anglais.

Une autre création encore plus importante pour les Allemands, et dont on vient de jeter les bases, c'est le *Comité de secours* organisé par les Allemands qui résident en France, pour venir en aide à ceux de leurs compatriotes qui sont dans la misère.

L'*Association allemande*, inspirée par l'idée de l'*Association française* de Londres, si philanthropiquement fondée par le comte d'Orsay, ne peut manquer de rendre les mêmes services à la cause de l'humanité. — Un comité composé de quinze membres, parmi lesquels nous avons remarqué les noms de MM. de Bornstedt, Boernstein, Avenarius, Steinitz, etc., et présidé par M. le baron de Kœnneritz, ministre de Saxe, et M. Weyland, envoyé de Saxe-Weimar, est chargé de la direction de cette œuvre utile. — Le succès de l'association allemande est d'autant moins douteux que, de nature même, l'Allemand est bon et charitable.

Nous venons de nous étendre assez longuement, trop longuement peut-être, sur l'Allemand à Paris, tel qu'il nous est apparu en 1844 ; mais que l'éditeur se hâte de faire paraître cet article, car dans quelque temps, dans quelques mois peut-être, grâce aux nombreux chemins de fer qui sillonnent toute l'Allemagne, et qui incessamment viendront aboutir aux frontières de France, l'Allemand à Paris ne sera plus qu'un voyageur qui apportera pour tout bagage son bonnet de nuit, attendu qu'il viendra régulièrement chaque semaine ou au moins tous les quinze jours pour assister à une représentation de l'Opéra ou à un bal Musard ; — et le lendemain matin de bonne heure, il se remettra en route pour Berlin par le premier convoi, après avoir pris le temps tout au plus d'aller bourrer sa pipe au bureau de *la Civette*.

Mais — j'y songe! — le chemin de fer de Paris à Strasbourg est confié aux soins des ingénieurs de l'État, et comme ces fonctionnaires suivent à la lettre le précepte du sage, et se hâtent lentement, ce chemin qui doit nous conduire à Berlin n'a encore vu se construire que onze lieues en deux ans. — Or, comme de Paris à Strasbourg on compte cent vingt lieues, je commence à me rassurer un peu, mon esquisse paraîtra encore en temps utile!

Louis HUART.

LE PRUSSIEN.

A première vue, il semblerait

inutile de consacrer un chapitre spécial au Prussien, après avoir traité
de l'Allemand en général ; mais de même qu'il y a fagot et fagot, de
même il y a Allemand et Allemand. J'irai même plus loin : je soutiens
— et cela n'est point un paradoxe — qu'il n'y a pas d'Allemands, qu'il
n'en existe pas. Il y a des Autrichiens, des Prussiens, des Saxons, des
Bavarois, des Wurtembergeois, des Badois, etc., etc. (je pourrais vous
nommer ainsi à la file trente-deux nations finissant en *iens* et en *ois* ;
quant à des Allemands, néant. Prenez le premier bourgeois transrhénan
venu, demandez-lui de quelle nation il est, il se gardera bien de vous
dire qu'il est Allemand. « Je suis Hessois, Brunswickois, Oldenbour-
geois, » et ainsi de suite. Donc il n'y a pas d'Allemands.

Voyez à Paris : y connaissez-vous un ambassadeur de l'Allemagne? il
n'y a même pas de représentant de la Confédération germanique. En
revanche, vous y trouverez une vingtaine de diplomates représentant les
souverains des différents pays dont je viens de parler. Plusieurs de ces
souverains, ne jouissant que d'une liste civile assez maigre, ou n'ayant
pas dans leurs États un assez grand nombre de sujets pour faire présumer qu'il y en ait beaucoup à l'étranger, se cotisent pour entretenir un
seul et même ambassadeur, lequel, selon l'individu auquel il a affaire ou selon le prince qu'il représente, endosse l'uniforme de tel ou
tel pays.

Parmi une foule d'autres preuves à l'appui de ma thèse, je n'en citerai
qu'une seule qui me paraît assez caractéristique pour rendre superflues
toutes les autres. La *Gazette universelle de Prusse* (ci-devant *Gazette
d'État*), le journal officiel de Berlin, en parlant des autres États de l'Allemagne, les place sous la rubrique : *Extérieur!*

Tout ce qui précède démontre donc jusqu'à l'évidence que le Prussien
est une spécialité, et que, par suite, j'ai le droit de vous en parler en
particulier. Mon droit établi, ne nous amusons pas davantage aux bagatelles de la porte, et entrons... en matière.

L'Angleterre nous envoie ses lords, l'Espagne ses fiers hidalgos, la
Russie et l'Italie ses princes ; la Prusse aussi a sa spécialité : elle nous
fournit ses barons et ses conseillers.

L'Allemand en général, et le Prussien en particulier, est friand de titres
et de distinctions honorifiques. C'est là la raison de cette multitude de
barons dont foisonne la monarchie du grand Frédéric et de la qualification de conseiller attachée aux fonctionnaires de toute sorte et de toute
espèce. « Voulez-vous des conseillers? on en a mis partout! » Nous
avons des conseillers de légation, des conseillers intimes, des conseillers

de justice, des conseillers criminels — les malheureux ! — des conseillers auliques, des conseillers de cour; des conseillers de médecine, de finances, de commerce, d'études, de régence : que sais-je encore! C'est peut-être à cette surabondance de conseillers qu'il faut attribuer la réputation de misère dont jouit la Prusse, sur les bords de la Seine, par la raison que *les conseilleurs ne sont pas les payeurs.*

Cette fureur des titres est commune aux femmes; elles regarderaient d'un fort mauvais œil toute personne qui, en lui parlant ou lui écrivant, ne lui donnerait pas la qualification à laquelle elle a droit de par son mari. Rien parfois d'aussi bouffon que de certains titres accolés à des noms de femmes, et pourtant rien d'aussi ordinaire. Jean-Paul en a laissé des exemples à désopiler la rate du plus spleenique des Anglais.

Ajoutez à cette manie des distinctions honorifiques une bonne dose de suffisance, de vanité, d'amour-propre; beaucoup d'instruction, un fort penchant à la gasconnade, une chevelure blonde et des moustaches rousses, un amour inné pour la musique, un goût prononcé pour le plaisir de briller, tempéré par un grand esprit d'économie; un habit fortement rembourré sur la poitrine, beaucoup de naïveté et d'esprit naturel, des gants de peau de daim, une montre du diamètre d'une pomme d'api, et une casquette verte à petite visière collée sur le front, le tout accompagné d'une pipe en écume de mer ou en porcelaine de Saxe ornée de peintures primitives, et vous aurez le portrait exact, au moral et au physique, de tout Prussien de la classe riche ou aisée qui débarque dans la cour des diligences royales ou Laffitte.

Le Prussien prolétaire, à part son caractère hâbleur et son dialecte provincial, n'a rien qui le distingue des artisans des autres pays de l'Allemagne; comme eux, il arrive pédestrement, assez généralement sans le sou, le sac sur le dos, coiffé de l'inévitable casquette verte, et portant fièrement sa pipe à tuyau flexible ou en bois odorant.

En Prusse et dans les autres États de la confédération germanique, le goût des voyages est dans les mœurs et dans la nature de toutes les classes de la société. L'ouvrier et l'artisan, avant de s'établir à demeure dans une ville et d'acquérir le droit de bourgeoisie ou celui de devenir membre d'une corporation, doit prouver qu'il a voyagé pendant un certain laps de temps, fixé ordinairement de deux à quatre ans. Dans les classes élevées, l'éducation et les études ne sont considérées comme complétement terminées qu'après un voyage de plusieurs années, voyage dont Paris est presque toujours le but.

Mais il n'est pas de roses sans épines. Sans doute, c'est fort bon ton et fort agréable pour un honnête baron prussien de pouvoir dire avec un petit air suffisant :

« Mon fils aîné Ludwig va voyager ; il se mettra en route la semaine prochaine pour Paris. J'espère que vous me ferez le plaisir de venir après demain assister au dîner d'adieu. Toute la famille y sera. »

Tout en se rengorgeant bien haut, il compte à part lui ce que ce voyage va lui coûter : le bonhomme se souvient des nombreux frédérics d'or qu'il a extorqués à son papa.

« Ah bah ! mon fils Ludwig est un garçon sage, rangé ; avec de bons conseils et de salutaires avis, il n'y a pas de danger qu'il se pervertisse et qu'il fasse une trouée trop forte dans ma caisse ! »

Et le bonhomme va continuer ses invitations pour le dîner d'adieu. Pendant ce temps, le jeune baron Ludwig d'Ehrenfels fait ses visites, et reçoit de toutes parts des félicitations et des recommandations.

« Mon neveu, lui dit sa vieille tante, la baronne Hedwige de Pappdorf, vous allez à Paris, c'est très-bien : un jeune homme de votre condition doit voir un peu de tout ; mais au milieu des distractions qui vous attendent, ne négligez jamais vos devoirs religieux, ne vous laissez pas influencer par les mauvais exemples que vous aurez sous les yeux. »

Ludwig, de chez sa tante, se rend chez son oncle maternel, le baron Hans de Kreuzfeld, vieux major de la garde.

« Mon cher oncle, je viens vous faire mes adieux.

— Ah ! te voilà, heureux coquin ! *Blitz Sapperment !* je voudrais bien être à ta place. Moi aussi j'ai été à Paris... il y a trente-cinq ans. *Donner und Wetter !* m'y suis-je amusé ! Seulement, mon garçon, défie-toi des femmes, vois-tu, j'en sais quelque chose. Tu es jeune, pas mal tourné, les occasions ne te manqueront pas ; mais méfie-toi, je ne te dis que cela. »

En quittant l'oncle, le futur voyageur se rend chez ses grands parents, M. le comte et Mme la comtesse d'Ehrenfels, respectables vieillards qui idolâtrent leur petit-fils.

« Mon petit Ludwig, dit la grand'maman en lui fourrant un rouleau de ducats hollandais dans la poche, je n'ai rien à te recommander : garde-toi à Paris de faire des connaissances indignes de ta naissance et du nom que tu portes. La jeunesse d'aujourd'hui est irréfléchie et confiante.

— Et surtout ne t'y lie pas avec des démagogues et des libéraux dont fourmille la grande capitale, ajoute le grand-papa, ancien conseiller de justice ; ils te pervertiraient et te feraient oublier les bons principes et les bons exemples que tu as toujours eus devant les yeux. Reçois ma bénédiction et gardes ces quelques thalers pour les menus plaisirs. Surtout sois économe et ne jette pas ton argent par la fenêtre. »

Enfin les visites sont terminées, le diner d'adieu a eu lieu, les préparatifs sont achevés, et le voyageur a été conduit par toute la famille jusqu'à la voiture; là, les adieux recommencent, on trouve encore moyen de glisser au jeune homme plusieurs avis et quelques recommandations, et l'*eilwagen* (la diligence) se met en marche.

Pendant que notre héros s'étend commodément sur les coussins et roule vers la terre promise, vers Paris, l'objet de toutes ses pensées, disons un mot des singulières idées que se font les étrangers qui viennent dans la capitale de la France, sur ses habitants, sur les plaisirs qu'elle offre, sur ses monuments et sur beaucoup d'autres choses.

Tout Prussien — si je ne craignais d'empiéter sur le domaine de notre spirituel collaborateur, M. Louis Huart, je dirais : tout Allemand; — tout Prussien donc est dominé à son arrivée à Paris par une idée fixe : voir le Palais-Royal, aller au Palais-Royal (prononcez Palais-Royâl). On lui en a compté tant de merveilles, que c'est là le sujet de ses rêves et sa première promenade au débotté. Aussi à son retour dans sa patrie, peut-il répondre *oui* avec orgueil à tout indigène lui adressant la question stéréotypée : « Avez-vous vu le Palais-Royâl? » Ce premier devoir accompli, chacun — selon son goût et son caractère — va ou se fait conduire aux Tuileries pour voir défiler la garde montante, se rend de là aux Invalides pour admirer le tombeau de Napoléon et les immenses marmites des pensionnaires de l'hôtel; d'autres préfèrent le Jardin du Roi avec sa nombreuse population, et le port de Bercy avec ses milliers de tonneaux pleins; d'autres encore, — les romantiques et les blasés, — ne dédaignent pas de visiter la Morgue. Malheureusement il ne leur est plus permis de pénétrer dans les catacombes.

Après le désir de voir le Palais-Royal, le Prussien comme tous ses compatriotes allemands est dévoré d'une autre envie : entendre et apprendre la *Marseillaise!* Ce sont presque toujours des Allemands qui aux théâtres, pendant les entr'actes, réclament *unisono* l'hymne de Rouget de l'Isle. Singulière contradiction! ce fut aux accents de la *Marseillaise* que les soldats républicains repoussaient l'invasion des Prussiens, et les jeunes gens de la Prusse sont avides de l'apprendre, et le refus de la faire exécuter faillit naguère provoquer une émeute à Berlin!

Inutile d'ajouter, à propos de théâtres, que ce sont les étrangers qui forment une grande partie du nombreux public remplissant tous les soirs les spectacles, et que parmi ces derniers c'est l'Opéra, le théâtre du Palais-Royal et le Cirque-Olympique qui ont la préférence.

C'est à la suite d'une des représentations de mademoiselle Déjazet, et après un séjour de six semaines dans la capitale, que nous retrouvons M. Ludwig d'Ehrenfels dans un joli appartement de la rue de Lille, qu'il n'habite que depuis huit jours. Docile aux recommandations d'économie dont il avait été comblé, il avait, à son arrivée à Paris, pris une chambre dans un hôtel plus que modeste de la rue Notre-Dame-des-Victoires, et cela n'avait pas été un de ses moindres étonnements de voir l'avarice sordide qui semblait avoir présidé à l'ameublement de ce que le propriétaire de l'hôtel nommait emphatiquement son appartement. Habitué à l'aisance confortable des classes aisées en Allemagne, il sentit un serrement de cœur en entrant dans cette chambre destinée à le loger, et jeta un coup d'œil de détresse sur les meubles sordides qui étaient censés la garnir. Froissé dans ses habitudes, dans sa vanité, dans sa propreté même, il n'y serait pas resté vingt-quatre heures, si le démon de l'avarice ne lui avait soufflé à l'oreille que la chambre n'était, à la vérité, ni propre, ni élégante, ni commode, mais qu'elle ne coûtait qu'un franc par jour, et que son papa avait dû faire bien des économies dans son budget domestique avant de pouvoir le mettre à même d'entreprendre son voyage. Ludwig se décida donc, malgré toute sa répugnance, à rester dans le taudis décoré du nom d'appartement garni.

Quelles avaient pu être les émotions d'un jeune homme jeté tout à coup, au milieu du tourbillon étourdissant de Paris? — Pour le savoir, nous n'aurons qu'à prendre connaissance d'une lettre adressée à un ami d'enfance, auquel il écrivait la première fois au bout de six semaines.

J'ai oublié de mentionner parmi les qualités ou les défauts — *ad libitum* — des Allemands, un vif désir de s'instruire dans la science du calembour, et je connais un haut employé des mines en Allemagne qui fit présent d'une riche collection de minerais à un jeune ingénieur français qui était parvenu à faire entrer dans la tête du brave fonctionnaire allemand plusieurs calembours de la force du suivant : « Quelles sont les bêtes les plus fortes en musique? *Réponse :* Ce sont les sangsues, parce que ce sont des *bêtes aux veines* (Beethoven). » Notez que le bonhomme parlait le français comme un Allemand qui le parle mal. Mais il était flatté de voir choisir un Allemand illustre pour sujet d'un calembour français.

Mais, voici la lettre dont il vient d'être question :

« Mon bon Frédéric,

« Voilà un mois et demi que je suis à Paris, et il me semble qu'il n'y a que deux jours. Mais aussi, quelle existence! Je suis tenté de parodier le dicton napolitain, et de m'écrier : *Voir Paris et puis mourir,* ou plutôt *Voir Paris et y rester;* et pourtant je ne voudrais pas y demeurer toute ma vie : l'existence y est trop rapide, l'on vit trop à la fois ; enfin je ne sais trop comment t'expliquer cette apparente contradiction, mais lorsqu'à ton tour tu seras venu à Paris, tu me comprendras mieux. Je m'aperçois à temps que je vais me livrer à la métaphysique, et il te faut à toi l'histoire de mes aventures, de mes tribulations et — le dirai-je? — de mes victoires et conquêtes. Ne te récrie pas, je te prie, sur ce dernier mot, c'est le plus souvent l'histoire du bâton flottant. Enfin n'importe! comme dit Lepeintre jeune, l'acteur le plus dodu de la moderne Babylone, nom donné à Paris par mon grand-père.

« Je te ferai grâce de mes impressions de voyage ; je serais même fort embarrassé d'en faire le récit, car je ne voyais et n'entendais rien : mon unique pensée était Paris. Enfin la diligence fait son entrée par la barrière Saint-Martin. Malheureusement il est six heures du soir, il fait nuit, et malgré d'innombrables réverbères et becs de gaz, je ne puis distinguer autre chose qu'un mouvement inouï, dont l'intensité augmente au fur et à mesure que la voiture pénètre dans l'intérieur de la ville.

« On arrête dans la cour des diligences Laffitte et Caillard, les voyageurs descendent, et je fais comme tout le monde. A ce moment je réfléchis au gîte qu'il me fallait chercher, chose fort embarrassante pour un novice de ma sorte, lorsqu'un commissionnaire, s'approchant de moi, me demanda s'il me fallait quelqu'un pour porter ma malle, et sans attendre ma réponse, il la chargea sur ses épaules et me dit :

« — Où faut-il vous porter ça, not' bourgeois?

« — Je n'en sais rien encore ; je ne connais pas d'endroit où.... —

« Mon commissionnaire me regarda quelques instants, puis il fit :

« — J'ai votre affaire ; un petit hôtel garni, rue Notre-Dame-des-Victoires, où j'ai déjà conduit beaucoup de vos pays. Vous êtes Allemand, n'est-ce pas, not' bourgeois?

« Je répondis oui à sa question, tout en me demandant comment il avait pu deviner la nation à laquelle j'appartiens. Il se mit en route, je le suivis ; mais pendant que nous arpentions le terrain, je me trouvais dans une affreuse position. Les récits que l'on m'avait faits sur les vo-

leurs dont Paris fourmille me revinrent à l'esprit en ce moment; en
outre, j'étais étourdi du bruit et de la rapidité des voitures. Craignant à
chaque instant d'être écrasé, je sautais précipitamment d'un trottoir à
l'autre; et pendant ces volte-faces perpétuelles, je craignais à toute minute voir disparaître mon homme avec ma malle renfermant tout mon
avoir. Je ne fus rassuré que lorsque je le vis arriver à une porte de
modeste apparence, devant laquelle il s'arrêta.

« — Nous voilà arrivés, not' bourgeois.

« Je demandai ce que je lui devais. Il me répondit : — C'est trente sous.

« Comme on m'avait recommandé de toujours marchander à Paris,
je dis au commissionnaire :

« — Vous me demandez trop, je ne puis vous donner que deux francs,
je crois que c'est raisonnable.

« L'homme me regarda d'un air fort singulier, tendit la main avec sang-froid et prit la pièce.

« — Dam', puisque vous le voulez, me dit-il, j'accepte. Je m'en vas toujours entrer votre malle, et vous vous arrangerez avec le maître de la maison.

« Je sus plus tard que trente sous équivalent à un franc et demi ; c'est ce qui avait contribué à rendre le commissionnaire accommodant sur ma proposition.

« Mes arrangements pris pour la location d'une chambre, me sentant fatigué et du voyage et des angoisses de ma première course dans Paris, je me mis au lit sans plus tarder, et ne me réveillai que le lendemain au grand jour. En ouvrant les yeux, j'aperçus assis contre ma fenêtre un homme grand et sec, à figure bourgeonnée, et dont les yeux étaient fixés sur moi. Involontairement je me rappelai ces histoires de voleurs dont j'avais déjà été tourmenté la veille. Voyant que l'inconnu gardait le silence, je me mis sur mon séant et lui demandai ce qu'il faisait là. Jugeant que j'étais bien éveillé, le grand sec s'approcha de mon lit à pas comptés.

« — *Sprechen sie deutsch?* (Parlez-vous allemand ?)

« — *Ia, warum?* (Oui, pourquoi ?) —

« L'inconnu alla alors chercher une chaise, s'assit à mon chevet, et dans un discours en allemand, prononcé d'une voix solennelle, il m'apprit qu'il avait eu des malheurs, et qu'il était obligé, pour subvenir à ses besoins et à ceux d'une nombreuse famille, d'exercer le métier de cicerone, et finit par m'offrir ses services en cette qualité. Mais comme il me demandait un ducat (11 francs 80) par jour, non compris la nourriture, et que pendant son discours je m'étais aperçu qu'il exhalait une odeur passablement prononcée de *schnaps*, je jugeai à propos de le remercier de ses offres. Il se retira avec un air de dignité offensée, non sans m'avoir emprunté une pièce de cinq francs, afin de pouvoir acheter des médicaments pour sa femme malade.

« Après avoir passé une huitaine de jours à parcourir la capitale de la France, à en visiter les monuments, les édifices, les musées, mais toujours seul, à cause de mon naturel timide qui m'empêchait de contracter des liaisons, je me décidai à faire usage d'une lettre de recommandation qui m'avait été donnée à Berlin pour un de nos compatriotes, M. Herman Leonhard, peintre de talent, fixé à Paris depuis dix ans environ. Je t'avoue, mon cher ami, que cette première visite me coûta beaucoup : mais je n'eus pas lieu de la regretter, car si je n'avais fait la

connaissance de Leonhard, j'aurais pu m'appliquer le dicton si souvent
et si justement employé :

Es flog ein Gœnschen überm Rhein
Und kam als Gœnsrich wieder heim !

(Traverser le Rhin comme un oison et revenir comme une grande oie.)

« Un matin donc je pris une résolution courageuse, et me dirigeai
vers la rue Madame où demeurait M. Leonhard. Arrivé à une maison
de fort belle apparence, le portier m'indiqua un petit appartement au
troisième étage, meublé avec luxe, et où régnait ce charmant désordre
que l'on remarque seulement chez les artistes. Introduit dans une petite
pièce d'entrée, je vis s'avancer vers moi un homme jeune encore, blond,
les cheveux taillés à la malcontent; une épaisse barbe couvrait à demi
une figure spirituelle, aux traits fortement accusés. Après avoir pris
connaissance de la missive de notre ami commun, il me dit en me
pressant affectueusement la main :

« — Mon cher compatriote, je suis enchanté de vous voir; la vue
d'un *landsmann* (compatriote) fait toujours plaisir. Si je puis faire quelque
chose pour vous servir, dites, je suis tout à votre service.

« — Monsieur, je vous remercie beaucoup de vos offres obligeantes.
Quant au motif qui m'amène, c'est justement le désir de voir un visage
ami ; depuis huit jours que je suis à Paris, entouré d'étrangers, n'ayant
personne à qui communiquer mes joies et mes chagrins, la solitude me
pesait, et j'ai pris alors la liberté....

« — Vous avez très-bien fait. Pour faire plus ample connaissance,
vous allez déjeuner sans façon avec moi, et puis nous tâcherons de vous
procurer quelques distractions, car vous devez être fatigué de vous promener seul. Il n'y a rien de plus fastidieux. —

« Il me fit entrer, tout en causant, dans un joli petit salon, m'offrit un
cigare, en alluma un lui-même, et après nous être installés sur un moelleux divan, il s'informa de Berlin et de ses amis. J'étais en train de lui
parler de la résurrection du théâtre grec dans la capitale de la Prusse,
lorsque la porte s'ouvrit, et je vis entrer une jeune femme blonde, mise
avec un goût que nos Allemandes n'atteindront jamais, qui alla en courant embrasser Leonhard. Je m'étais levé courtoisement, et m'adressant
au peintre, je lui demandai en m'inclinant :

« — C'est madame Leonhard que j'ai l'honneur de voir? —

« La jeune dame comprima une envie de rire, et Leonhard me répondit en souriant :

« — Pas tout à fait, mais c'est tout comme. —

« Je rougis ; je venais de m'apercevoir que j'avais fait une question indiscrète : le peintre était marié morganitiquement, ou mieux, d'après une locution parisienne que je t'expliquerai plus tard, il était marié au treizième arrondissement.

« Leonhard, voyant mon embarras, vint généreusement à mon secours :

« — Ma bonne amie, dit-il en s'adressant à sa jolie compagne, je te présente un compatriote, M. le baron Ludwig d'Ehrenfels, qui va nous faire le plaisir de déjeuner avec nous. —

« Elle s'inclina gracieusement, et moi... je restai sot. J'aurais voulu trouver quelque chose d'agréable à lui dire, mais mon imagination demeura stérile.

« — Tu vois, ma belle, que M. Ludwig est encore un peu timide : c'est le défaut commun de tous mes compatriotes ; mais nous le formerons. En attendant, à table ! —

« Encouragé par le laisser-aller et le sans-façon du peintre, si différents de la roideur et de l'étiquette ridicules de nos dîners berlinois, je perdis peu à peu de ma gaucherie ; le déjeuner n'était pas terminé, que déjà nous avions conclu et juré une amitié à toute épreuve.

« Depuis ce jour, je ne quittais plus la maison de Leonhard que pour rentrer me coucher ; plus je le voyais, et plus je m'attachais à lui. L'amitié qu'il me témoignait, les prévenances charmantes dont me comblait sa compagne, tout, jusqu'aux plaisanteries dont le peintre accompagnait les enseignements qu'il voulut bien me donner, m'inspira une sorte de fanatisme pour lui ; je considérais ses moindres paroles comme des oracles, et m'eût-il proposé les choses les plus extravagantes, je n'y aurais rien vu que de très-naturel.

« — Mon cher Ludwig, me dit-il un jour, ce n'est pas pour me flatter, mais je puis me vanter de vous avoir fait perdre pas mal de gaucheries et de préjugés qui sentent leur province d'une lieue ; mais, croyez-moi, il n'est pas d'éducation complète pour un jeune homme s'il n'a eu le bonheur d'avoir l'amitié d'une femme. Elles seules savent achever en un jour ce que tous les voyages possibles ne vous apprendraient pas pendant des années ; c'est aux femmes à faire de nous des hommes accomplis. Voilà pourquoi j'ai résolu de vous présenter à une amie, artiste comme moi, ayant de l'esprit comme un démon, des manières de duchesse palatine, un cœur comme un ange et de la malice comme une

femme. Si vous avez le bonheur de ne pas lui déplaire, vous aurez en
elle le meilleur instituteur que votre propre mère puisse désirer pour
vous. —

« Deux jours plus tard, je fus présenté par Leonhard à madame Laure
Lanoue. Je trouvai bien au-dessous de la vérité tout ce que mon ami le
peintre m'avait dit d'elle ; tu ne trouveras pas mauvais que je te fasse
son portrait en deux lignes, habitué comme tu dois l'être aux signale-
ments sans fin des héroïnes de nos romans allemands. Représente-toi
une femme de trente ans (je ne comprends, ma foi, pas comment les
Français peuvent plaisanter un de leurs meilleurs écrivains, M. de Balzac,
parce qu'il préconise les femmes de cet âge ; quant à moi, je partage
entièrement son opinion) ; je te disais donc, représente-toi une femme

LE PRUSSIEN.

de trente ans, assez grande; un buste magnifique (seule chose que les Françaises aient à envier généralement aux Allemandes); un pied mignon chaussé dans un brodequin de velours bleu; une main d'enfant emprisonnée dans une mitaine également en velours; une forêt de cheveux noirs qui se jouent en longues boucles sur ses épaules d'une blancheur à rendre jalouse la neige elle-même; des yeux pétillants d'esprit; une bouche souriante et légèrement moqueuse, une taille souple, aux gracieuses ondulations, et tout cela réuni à une voix d'un timbre merveilleux. Je fus ébloui de tant de charmes, et, selon ma louable habitude, je restai penaud. Heureusement que Leonhard vint à mon secours; je pus me remettre un peu de mon émotion. Honteux de ma timidité, j'essayai de la surmonter, et j'y réussis peu à peu. Notre visite se prolongea fort longtemps, et nous ne quittâmes madame Lanoue qu'après être convenus que nous irions le lendemain tous quatre, c'est-à-dire Leonhard et sa compagne, madame Lanoue et moi, à Saint-Germain, où je n'étais pas encore allé. Je quittai Leonhard dès que je pus le faire sans exciter ses plaisanteries, et courus me promener aux Champs-Élysées. Je venais de comprendre en un instant ce qui manquait, au dire de Leonhard, à mon éducation, mais, selon moi, à mon bonheur. Dans le cours de ma promenade, j'étais agité des sentiments les plus opposés. Lui ai-je plu? ne m'étais-je pas montré d'une gaucherie ridicule? Pourtant, si j'avais eu le malheur de lui déplaire, elle n'aurait pas consenti à nous accompagner le lendemain. Selon que l'une ou l'autre idée reprenait le dessus dans mon esprit, il me prenait envie tantôt d'embrasser tous les promeneurs, tantôt je m'enfonçais dans les allées les plus écartées. En un mot, j'étais fou, ou plutôt amoureux. Je compris Werther.

« Le lendemain arriva enfin; j'avais mis à ma toilette un soin inaccoutumé, et courus prendre mon ami. Tout se passa comme il avait été convenu; et après une promenade délicieuse dans le parc, nous allâmes dîner chez un des premiers restaurateurs de Saint-Germain.

« — Eh bien, monsieur le baron, me dit au dessert madame Lanoue, vous me paraissez bien sérieux! ou n'est-ce que la fatigue?

« — Madame, ce n'est certes pas la fatigue....

« — C'est vrai, m'interrompit Leonhard, vous restez là, Ludwig, la bouche entr'ouverte sans dire une parole, le couteau levé comme si vous vouliez en frapper quelqu'un, et, qui pis est, vous ne buvez pas!

« — Voyons, monsieur le baron, reprit madame Lanoue, se tournant vers moi, acceptez de ma main ce verre de champagne, et puis dites-moi en confidence la raison de votre tristesse.

« — Vous vous trompez, madame, ce n'est pas de la tristesse, c'est de l'envie.

« — De l'envie ! s'écria madame Lanoue.

« — De l'envie ! répéta le peintre.

« — De l'envie ! dit Adèle, la compagne de Leonhard.

« — Oui, madame, fis-je à cette dernière, et c'est vous qui en êtes la cause. Quand je vous vois ainsi tendrement appuyée sur celui que vous aimez, et, faisant un retour sur moi-même, je me vois seul et isolé, croyez-vous qu'il n'y ait pas de quoi être triste et envieux ?

« — Et croyez-vous donc à votre tour, dit Adèle en riant, qu'en restant pendant toute la journée comme le chevalier de la Triste-Figure, cela vous rend aimable ? Dirait-on à vous voir que vous êtes en partie de plaisir ? Vous m'avez l'air de vous amuser comme....

« — Pardon, madame, je m'amuse beaucoup, mais c'est intérieurement, cela ne paraît pas au dehors.

« — Allons, Adèle, ne tourmente pas ce pauvre garçon. Je suis bien sûr qu'il ne demande pas mieux que d'être aimable ; mais nous autres Allemands nous avons de la peine à nous y mettre : quand nous y sommes, c'est différent.

« — Je serai curieuse de l'y voir, dit en souriant madame Lanoue.

« — Cela ne tient qu'à vous, madame ! repris-je vivement, sentant que si je laissais échapper cet instant je passerais pour un triple sot. Et puisque vous me demandez la raison de ma tristesse, je vous dirai que c'est l'amour !

« — Ah bah ! s'écria Leonhard d'un ton plaisant.

« — Oui, l'amour ! Je n'ai qu'un seul désir, ô Laure, c'est d'être votre Pétrarque ! d'être votre esclave le plus soumis, votre adorateur le plus passionné ! Je sens que jusqu'à l'instant où j'eus le bonheur de vous voir, je n'ai pas vécu. Je n'ai qu'une seule crainte, c'est de vous avoir déplu, de vous avoir offensé. Dites que vous me pardonnez, dites que vous ne me repoussez pas, dites un seul mot.... —

« A ce moment, la porte du cabinet où nous nous trouvions s'ouvrit, et un garçon à la physionomie stupide, apportant des gâteaux de petit-four, m'interrompit tout court. Je l'eusse volontiers assassiné ; je me contentai de lui lancer un coup d'œil foudroyant, auquel il n'eut pas l'air de prendre garde.

« — Mon cher Ludwig, me dit Laure après que le garçon se fut retiré, mon cher Ludwig....

« (Tu dois t'imaginer, mon ami, quelle fut ma joie lorsque je l'entendis m'appeler par mon prénom, au lieu de me dire comme elle l'avait fait jusque-là : Monsieur le baron.)

« — Mon cher Ludwig, en vérité, je suis fort embarrassée pour vous répondre. Vous ne me connaissez que depuis deux jours à peine, et voilà que vous me faites une déclaration en règle avec une chaleur et une véhémence dont je ne vous aurais pas soupçonné; et d'ailleurs cette promptitude que vous avez mise à me faire l'aveu de votre amour a quelque chose d'offensant. Vous me jugez donc bien légère....

« — Oh! m'écriai-je vivement, gardez-vous d'une telle pensée! tout ce que l'amour a de plus respectueux, tout ce.... —

« La porte s'ouvrit de nouveau, et mon bourreau en veste bleue et en tablier blanc reparut, apportant le café. Je me levai avec rage : tout le monde éclata de rire, et il n'y eut plus moyen d'être pathétique.

« Nous revînmes à Paris. Quand nous eûmes reconduit madame Lanoue à sa demeure, Leonhard m'engagea à venir jusque chez lui pour y prendre le thé. J'étais redevenu morne et silencieux.

« — Monsieur Ludwig, me dit Adèle, prenant en pitié ma consternation, il ne faut pas vous désespérer; croyez-en ma petite perspicacité : une femme qui se fâche ou qui fait de grandes phrases est beaucoup moins insensible qu'une autre qui rit, et si vous savez vous y prendre, vous avez lieu d'espérer... beaucoup. Seulement permettez-moi de vous donner un avis amical, et croyez bien que c'est votre intérêt seul qui me fait vous parler ainsi. Vous n'êtes pas mal tourné, vous avez une figure assez distinguée....

« — Ne vas-tu pas lui faire une déclaration! interrompit Leonhard en riant.

« — Taisez-vous, mauvais plaisant! Mais, pour en revenir à ce que je disais, il faut opérer un changement complet à votre toilette et à votre costume. Allez-vous faire tailler les cheveux et coiffer à la parisienne; supprimez le col de chemise qui vous scie les oreilles; adressez-vous chez un de vos compatriotes en renom, pour mettre votre costume à la hauteur d'un lion de première classe, et vous m'en direz des nouvelles après. Voyez votre ami, le mauvais sujet ici présent, il doit à mes conseils sa transformation de petit-maître berlinois en dandy parisien. —

« Dès le lendemain, je suivis les leçons d'Adèle. Complétement métamorphosé, je me rendis chez madame Lanoue, qui parut visiblement surprise et flattée du changement qui s'était opéré en moi. Plus hardi, parce que nous étions seuls, je réussis à effacer peu à peu l'impression fâcheuse que ma sotte timidité avait pu laisser dans son esprit, et au bout de quatre semaines, pendant lesquelles je ne vis Leonhard que fort peu, tandis que je ne quittais pas ma Laure adorée; au bout de quatre semaines donc..., je te laisse le soin de deviner le reste.

« Enfin, mon cher ami, je me sens très-heureux; une seule chose m'inquiète un peu. Outre mes dépenses courantes, le renouvellement de ma garde-robe et l'ameublement d'un petit appartement rue de Lille (je ne pouvais décemment recevoir ma Laure dans le taudis de la rue Notre-Dame-des-Victoires) ont englouti les thalers de mon grand-père, lesquels sont allés tenir compagnie aux ducats de ma grand'-maman et aux frédéries d'or de papa; en d'autres termes, je suis maintenant tout à fait lion, je n'ai plus le sou. J'écris encore aujourd'hui à mon père pour lui demander de nouveaux subsides, et j'espère qu'il me mettra à même de continuer encore pendant trois mois au moins cette délicieuse existence. L'on a bien raison de dire que les voyages forment l'homme.

« Adieu, mon cher Frédéric; s'il survient quelque chose d'intéressant dans mes destinées à Paris, je ne manquerai pas de t'en faire part.

« Ton ami,

« LUDWIG D'EHRENFELS. »

Quinze jours après cette lettre, notre héros reçut la visite officieuse d'un conseiller de légation de l'ambassade de Prusse, chargé par le père de Ludwig de lui transmettre... ses reproches sur ses dissipations et sur sa conduite libertine et irréligieuse, ainsi que l'ordre de quitter Paris immédiatement. Le digne conseiller remit, à cet effet, au jeune baron la somme nécessaire pour faire la moitié de la route, afin de ne pas l'exposer à la tentation de profiter de la somme complète pour prolonger son séjour dans cette ville de perdition. A moitié chemin il recevrait les fonds indispensables pour opérer son retour à Berlin.

Le jeune baron obéit — ne pas obéir est une pensée qui ne se serait jamais présentée à son esprit, — comme on le pense bien, le cœur rempli de désespoir et la bourse vide. Mais il y a gros à parier qu'un jour, lui aussi dira, comme le vieux major, quand un neveu viendra lui faire ses adieux :

« Tu vas à Paris, heureux coquin! Moi aussi j'y étais il y a trente-cinq ans, et je m'y suis bien amusé! »

CHARLES SCHILLER.

L'ITALIEN.

Je ne sais pas de plus triste façon de faire la peinture des mœurs et des caractères que d'y apporter sans fin et sans

trève cette malheureuse ironie à laquelle le peuple le plus spirituel de l'univers — comme nous nous appelons nous-mêmes — ne renoncera pas de sitôt; ajoutez à cette triste habitude de nous moquer de chacun et de tous l'autre habitude, non moins enracinée, de nous accabler de notre propre admiration et de nos propres éloges. Si bien qu'à l'heure même où nous déversons sur nos voisins le ridicule et le blâme, nous tressons pour nos têtes superbes des couronnes de roses sans épines. Que voulez-vous! c'est l'habitude, et nous ne sommes pas plus hospitaliers que cela. Allons-nous dans quelque ville étrangère, tout au loin, l'étranger nous reçoit avec joie, il nous ouvre sa porte et son cœur, il nous raconte naïvement les petits mystères de sa vie. Oui, mais, à peine de retour, nous n'avons rien de plus pressé que de raconter comment cette malheureuse cité qui nous a si bien accueillis est un repaire de barbares: elle n'entend rien aux élégances de la vie, elle n'entend rien à la liberté, elle n'a pas d'esprit, elle n'a pas de goût! les hommes y sont si mal tournés! les femmes y sont si mal vêtues! Voilà comme nous payons l'hospitalité des étrangers. Mais au moins quand ce même étranger vient chez nous, quand il vient à nous, bienveillant, enthousiaste, disposé à tout admirer, soyons-lui bons et favorables; rappelons-nous ses empressements et sa bonne grâce quand il nous a reçus dans sa maison; que tout honneur lui soit rendu; rendons lui politesse pour politesse, et n'allons pas le regarder des pieds à la tête pour l'accabler de notre ironie et de nos mépris.

Pour moi, qui ne suis pas un grand voyageur, je me rappellerai toute ma vie les belles heures du voyage d'Italie: c'est le voyage poétique, c'est le voyage par excellence. Chacun te salue en passant, chacun t'adresse son plus aimable sourire. — Entrez! la porte est ouverte; promenez-vous dans le jardin, et cueillez les fleurs qui vous plairont. — Les églises, toutes remplies des calmes rayons du soleil, vous invitent à la prière; les musées, nobles murailles chargées des toiles les plus célèbres, vous convient à l'admiration. Si ce palais vous plait à voir, entrez sans crainte, le maître lui-même viendra vous recevoir; et que de fois, arrivé à un petit salon le plus retiré de la maison, avez-vous entendu une douce voix qui vous disait: *Entrez!* Une Parisienne surprise dans le négligé du matin se serait enfuie en poussant des cris d'effroi; au contraire, la dame de ces beaux lieux, simple et vraie, vient à vous avec le plus cordial sourire. « Regardez, dit-elle, le beau tableau du Titien, ou de Van-Dick! » Ainsi tout vous appartient dans ces deux royaumes de la poésie et des beaux-arts, le palais désert et la maison

habitée, l'église et le paysage, et la ruine que recouvre la mousse centenaire. Puis, le soir venu, au théâtre, quand la conversation se mêle à la
voix des chanteurs, vous allez rencontrer une foule charmante qui sait
déjà votre nom et qui ne demande pas mieux que de vous bien recevoir.
Donc à Dieu ne plaise que j'oublie ces belles journées, ces heures d'élite
dans la vie d'un jeune homme, ces fêtes de chaque instant, cette causerie
de chaque soir, cette hospitalité attentive et bienveillante, cette éternelle
bonne grâce de l'Italie. Surtout je n'oublierai jamais une des femmes les
plus charmantes, une des plus complètes et des plus ravissantes créa-
tions qui se puissent rencontrer de la rivière de Gênes à Florence, et de
Florence à Milan, — je veux parler d'une dame italienne dont vous avez
gardé le souvenir pour peu que vous l'ayez vue, seulement de loin, calme
et pensive, à demi penchée sur sa loge de la *Scala*.

Quand je passai à Milan, par les plus belles journées de ces automnes
qu'on prendrait pour notre mois de mai mêlé à notre mois de septembre,
la princesse Catrini était véritablement la reine de ce beau monde à
part, dans lequel toute main vous est tendue, toute porte vous est ouverte. A peine si l'on demande votre nom, et encore c'est qu'il faut le
savoir pour vous envoyer chaque matin une invitation nouvelle. Sois
le bienvenu, sois le bienvenu ; tu es nôtre. Tu vivras de notre vie ; tu
auras ta place partout où nous irons, à nos fêtes, à nos causeries, dans
notre loge le soir, dans notre salon où l'on danse, à côté de notre piano
incessamment ouvert aux mélodies faciles... Bonjour donc ! Et tant que
notre soleil... et notre visage te plairont, reste avec nous, reste avec
nous ! Tu partiras au premier froid ! tu partiras quand ne chantera plus
l'alouette du côté de Vérone, et le rossignol du lac de Cosme ! Bonne et
hospitalière nation, cette Italie ! Admirable et naïf pêle-mêle des plus
vieux noms des vieilles républiques et des plus jeunes renommées ; nobles
têtes chargées de siècles et de roses, artistes qui prodiguent au premier
venu leur génie et leur beauté. Eh ! comment ne pas les aimer avec
amour ? Comment donc les quitter, une fois qu'on les a connus, et ne pas
emporter au moins leur souvenir ?

La princesse Léonora Catrini est, à coup sûr, une des plus belles personnes et l'une des plus grandes dames de l'Italie. Elle est venue au
monde sous un petit coin de ciel bleu et diaphane qui appartient, en ce
moment, à S. M. l'empereur d'Autriche. Mais qu'importe ! l'Italie est
toujours l'Italie, la mère patrie des arts, de l'esprit, de la bonne grâce, du
beau langage à l'accent mélancolique et tendre. Le soldat autrichien de
Venise ou de Milan, bonne créature inoffensive, qui ne songe qu'à éco-

nomiser quelque argent sur l'argent que lui donne l'Empereur, est plutôt un ami qu'un gardien, plutôt un confident qu'un espion, pour ces heureux vaincus de l'Italie. A la porte des théâtres, le soldat autrichien vous porte les armes, et, sur le seuil de la loge, il tient le châle de la dilettante: trop heureux si, pour sa peine, il peut replacer le léger

HENRI EMY.

vêtement sur ces belles épaules, et encore, l'innocent! à peine ose-t-il y jeter un coup d'œil! Ainsi point d'esclavage, pas de remords; quelques regrets pour la liberté d'autrefois, mais des regrets bien vite effacés par le sentiment de la tranquillité présente. La vie est si courte! l'amour dure si peu! la belle voix qui chantait si bien les duos des grands maîtres reprend sitôt son vol dans les nuages! Vivons donc, soyons heureux d'abord; nos neveux seront libres plus tard. Ceux-là seu-

lement qui ont parcouru l'Italie peuvent se rendre compte de cette nonchalance sans art, mais non pas sans charme. Enfin ces jeunes femmes
sont belles d'une beauté si piquante ; elles ont tant de grâce dans leur maintien, tant d'abandon dans leur sourire, tant de douce joie bienveillante
au fond de leur cœur, qu'il y aurait méchanceté et tyrannie à les vouloir
réveiller en sursaut. — Libres ! à quoi bon être libres ? Elles sont mieux,
elles sont plus que cela, elles sont reines !

De cette touchante et admirable Léonora il n'est pas un étranger,
à quelque nation qu'il appartienne, qui ne puisse attester l'inépuisable
bienveillance. Elle avait dix-huit ans depuis deux ans à peine, et déjà, la
naïve ! elle s'était placée au rang des femmes qui ne sont plus tout à
fait de jeunes femmes. Elle avait de grandes beautés qu'elle négligeait à
plaisir, tant elle était peu occupée de les faire valoir : des dents si belles !
— et son sourire était sérieux ! — de longs cheveux noirs et souples comme
l'aile du corbeau, — et sa tête était couverte presque toujours d'un large
chapeau de paille ! — le bras d'une nymphe, — le bras était ganté ! — la
main d'une fée au geste d'or, — et la main allait et venait comme une
flamme. Nul ne l'a vue, sinon durant l'instant rapide comme l'éclair, où
cette main souple et forte tirait du piano obéissant les accords bondis-
sants de la chanson de Rossini. — Où était le pied de cette belle personne ? Elle le cachait sous l'ampleur de sa robe flottante, depuis qu'elle
s'était aperçue qu'en lui parlant, plus d'un regard était baissé vers la
terre. — De ses yeux elle eût pu faire deux soleils noirs, mais les deux
soleils restaient voilés sous leurs épaisses paupières ; seulement, de temps
à autre, le feu du regard se montrait à travers ce voile d'une soie ardente
et mouillée. — Le front haut, mais caché par quelque boucle rebelle. —
La taille ! — elle était souple comme un serpent ! On ne l'a jamais vue
droite : toujours penchée, ou couchée, ou bien emportée par le valseur
éperdu. — Elle parlait peu, avec tant d'esprit ! On la disait ignorante, et
elle riait du peu qu'elle savait ! — Elle en savait plus à elle seule que nos
illustres savants d'académies, car elle savait tout ce que le bon Dieu apprend
aux femmes, et tout ce que l'Italie enseigne aux âmes qui marchent dans
sa voie : elle savait Raphaël et Titien, Michel-Ange et Machiavel ; elle
savait Cimmarosa et Mozart, elle savait Dante et Pétrarque ; elle savait le
siècle de Léon X ; elle savait les Médicis et les Doria, Pise et Gênes,
Venise et Florence, la vieille langue des vieux peuples couchés au cercueil, et les mélodies nouvelles de la semaine passée ; elle savait le pape,
elle savait l'Empereur, Rome et Vienne ; elle savait qu'elle avait vu passer
sous ses yeux des prisonniers qu'attendait le Spielberg, et des cantatrices

attendues à Saint-Charles; elle était l'amie de Silvio Pellico et de la
Pisaroni; surtout elle savait que c'est par la bienveillance, par l'urbanité, par la confiance en soi-même et dans les autres, qu'une femme est
vraiment une princesse. Voilà ce qu'elle savait : et, dites-moi, quelle
femme, à Paris, en sait autant?

Était-elle riche? était-elle pauvre? Elle ne s'était jamais informée de
si peu. Elle avait épousé un jeune et beau gentilhomme de vieille souche,
qui ne savait guère mieux que sa femme sur quels revenus, elle et lui, ils
pouvaient compter. L'un et l'autre ils appartenaient à des aïeux qui avaient
occupé un trône : il avait eu un pape dans sa famille, elle avait eu deux
doges dans la sienne; il avait un palais à Rome, elle en avait un à Gênes :
deux ruines, ou plutôt deux écussons de pierre de taille. Et jamais l'idée
ne leur était venue d'arracher de ces nobles murailles les tableaux, les
statues, et les marbres et les meubles qui les décorent. Plus d'une fois,
d'imprudents amateurs et des antiquaires mal élevés, des Russes, des
Anglais, des Parisiens, avaient proposé au prince et à la princesse de les
débarrasser de ces vieilles toiles. — Il avait répondu par un grand salut
très-dédaigneux; elle avait répondu en riant aux éclats. « Seigneur comte,
disait-elle au marchand, que diriez-vous si je vous proposais de me
vendre votre blason ou votre enfant? » Ainsi ils n'étaient pas riches, justement parce qu'ils étaient princes, et parce qu'ils avaient précieusement
conservé toutes les charges de leur noblesse, sans songer jamais à en tirer le
moindre parti. Bonnes gens! d'une égalité d'humeur incroyable! Un jour
que la princesse était au lit, et grelottant sous la fièvre, on vint lui dire
qu'un peintre français quittait le palais, fort malheureux de n'avoir pas vu
le Fra-Bartoloméo de la chambre à coucher. — « Qu'il entre! » dit-elle.
Et la voilà qui cache sa tête dans les draps de son lit.

Toutefois ils avaient tout ce qui fait la vie d'un Italien bien élevé : une
grande et belle maison, une livrée nombreuse, trois ou quatre petits chevaux gris attelés à une vieille calèche d'un vieux style; le mari un habit
bleu : la femme une robe blanche et quelques gros diamants qu'elle portait
plus souvent dans sa poche qu'à son cou. Le dîner était servi au milieu
des fleurs, douces fleurs qui prêtaient leurs odorants mensonges à cette
diète de chaque jour; et encore la princesse trouvait que c'était perdre
bien du temps : un quart d'heure à table, et pourquoi faire? Elle ne mangeait pas, elle buvait de l'eau; elle quittait la table une fleur à son corsage,
un fruit à sa main; elle récitait ses grâces en chantant!

Tu n'as rien vu de plus frais, de plus fantasque, de plus joli, mon frère.
Tout le monde l'aimait, elle aimait tout le monde. Elle vous parlait

L'ITALIEN.

avec cet air étonné d'une jeune femme innocente et curieuse, qui eût ensorcelé les plus rebelles. A la première vue. on se croyait amoureux d'elle ; on rentrait la tête brûlante, le cœur vous battant d'une émotion irrésistible... et l'on était tout étonné de s'endormir ! C'est qu'en effet, après les premiers transports, le bon sens reparaissait tout de suite, qui disait : « Prends garde à toi, mon féal, tu vas faire une grande sottise ! tu vas te briser contre un écueil ! Tu vas te jeter aux pieds de cette femme qui te regardera d'un air hébété, et qui ne daignera pas même te tendre son petit doigt pour t'aider à te relever sans trop de honte ! Prends garde ! elle n'est pas de celles qu'on aime et qui se laissent aimer à première vue. » Ainsi parlait la raison, la bonne et sage raison qui fait les hommes modestes ; la raison parlait si bien, que tout de suite vous gagniez à cette leçon-là une bonne nuit d'abord, et ensuite tout le calme nécessaire pour jouir sans trouble importun, et sans envie, de cette grâce ingénue, de cette fraîche beauté, de ce merveilleux artiste qui voulait bien plaire à tous, mais à condition qu'elle n'aura à subir l'amour de personne. Rare et piquante probité de cette femme ! elle fuyait les hommages, les déclarations, les soupirs, les billets doux, les faveurs, les regards louches à force d'être tendres ; elle en avait peur, tant elle se sentait incapable d'en avoir pitié !

A coup sûr, elle aimait son mari ; elle l'avait accepté, elle l'avait même un peu choisi entre plusieurs : il était jeune et bien tourné, un peu nonchalant, un peu silencieux, un peu rêveur. un peu dormeur, mais bon, loyal, désintéressé, très-dévoué à sa femme, et, par-dessus le marché, assez fidèle ; il trouvait que les Anglaises étaient sans grâce, il se méfiait de la moquerie des femmes françaises ; il n'aimait que les femmes italiennes, et encore s'arrêtait-il sur les confins du royaume de Sardaigne : on lui avait tant dit que Turin c'était Paris.

Toutefois la princesse Léonora eût été bien inexcusable, et qui sait ? peut-être bien malheureuse, si elle n'avait pas eu à ses côtés, pour la suivre à la promenade, dans un salon pour la regarder d'un air tendre, dans son intimité pour la plaindre, au dehors de sa maison pour lui rendre toutes sortes de bons offices, un cavalier servant. C'est l'usage, c'est la loi, c'est l'*ananké* italien. A quoi bon servirait-il d'être le mari, s'il fallait encore être la dame d'atours de sa femme ? Et à quoi bon être mariée, s'il fallait renoncer aux petits soins, aux contemplations muettes, aux légers services de toutes les heures ? — Mon bouquet ? Mon éventail ? Mon cheval ? Ma musique ? Et suis-je belle aujourd'hui ? Que vous en semble ? Mettrai-je ma robe blanche ou ma robe cerise ? Vous m'aviez promis le

Journal des modes, chevalier, et le dernier sonnet de l'abbé Gaddo ! —
Fausse et innocente monnaie d'un amour autorisé, permis, reconnu, un
amour avoué comme l'attachement que vous porteriez à un beau chien, à
quelque joli oiseau. Cavalier servant, et trop heureux ; il ne demande rien
et ne désire pas davantage : entrer, sortir, revenir, servir enfin, et puis
s'aller coucher le soir en lisant un sonnet de Pétrarque, le cavalier servant de la belle Laure, et qui, j'en ai bien peur pour Laure et pour Pétrarque, n'a jamais été plus que cela ! Tel était le chevalier de madame
Léonora, et il était si peu digne d'envie, il ressemblait si fort à tous les
cavaliers servants de l'Italie, qu'on savait à peine son nom ; lui-même il
n'avait pas l'air d'être fier de sa servitude : c'est qu'en effet de ce doux
servage si franchement accepté, il n'avait à attendre rien de moins, et, ce
qui est peut-être aussi triste, il n'avait à espérer rien de plus.

Telle était la belle et douce vie de la princesse de Catrini ; tel l'adorable *far niente* dans lequel elle était plongée : c'était à donner envie de
rêver comme elle. Cette vie-là, c'était quelque chose comme un concert
sans fin chanté par des voix invisibles ; c'était comme une fête de la nuit
et du jour, de ces fêtes ineffables à l'innocent délire, et composées avec

rien : le vent qui souffle, la bise qui jette ses douces senteurs, le rossignol

qui chante, le fleuve qui coule, la causerie des quatre parties du monde
dans un coin du salon, chacun restant le maître de s'isoler derrière un
petit retranchement de carton peint ; poésie, littérature, musique, danse
au clair de lune, et, par-ci, par-là, quelques petits bouts de rubans venus
de Paris avec l'importance des chiffons parisiens, et sur lesquels la princesse jetait à peine un coup d'œil distrait. Des rubans ! des dentelles ! des
fanfreluches ! des robes à falbalas de la grande faiseuse ! Et elle bondissait,
elle riait, elle se moquait, elle appelait Carlina. « Carlina ! tiens, prends
tout ! ce ruban dans tes cheveux, cette dentelle à ta gorgerette, et cette
mantille si tu la veux. Tu verras comme ton amoureux Fabio te trouvera
belle ce soir ! » Et la Carlina de baiser la robe de sa maîtresse et de partir... sans même emporter les rubans.

Je voudrais pouvoir vous dire tout le charme qui se rencontrait autour
de cette créature divine, quand une fois elle était bien assurée que vous
ne viendriez pas la fatiguer et la gêner de vos soupirs. Elle était votre
amie comme si elle n'eût fait que cela toute sa vie. Bon accueil, bon
visage, jamais de tristesse ; au besoin même, et quand vous étiez silencieux, elle prenait la parole : alors disparaissait toute nonchalance, et véritablement la femme éloquente et bien inspirée se montrait à vous dans
tout son jour. Elle s'informait avec soin de votre patrie ; car, pour avoir
entendu parler si souvent des diverses contrées, elle les savait par cœur.
Étiez-vous triste, soudain elle se prenait à chanter, et elle avait deviné bien
vite vos mélodies favorites. Cela vous rendait-il heureux de vous parer
de sa beauté, en plein public ; mon Dieu ! qu'à cela ne tienne, elle vous
donnait le bras, et quand elle rendait ses saluts à la ville entière, elle avait
l'air de vous présenter et de dire à la ville : « C'est un brave garçon, un
peu fat, mais qui mérite cependant quelque attention de votre part, les
belles dames oisives ! » D'autres fois, quand le théâtre était fermé, quand
le Rubini ou la Grisi de l'endroit étaient partis, pour peu que la ville re-
grettât quelque opéra chanté avec trop de hâte, car, une fois loin, l'adieu
est éternel ! soudain la princesse Léonora convoquait la ville entière à
son théâtre. C'est grande fête chez elle. Le théâtre est construit dans la
salle des gardes (car autrefois ce palais immense où se blottit cette jeune
femme avait des gardes). De bonne heure la ville accourt à l'opéra. La
salle est à demi éclairée ; le rideau en mousseline transparente laisse apercevoir, pour toute décoration, un paravent fané ; le piano compose tout
l'orchestre, et cependant ces Italiens d'Italie sont attentifs déjà ! La causerie s'arrête ; on prête l'oreille aux chants qui vont commencer. Le rideau
est tiré. La prima donna, c'est la princesse ; la jeune fille qui chante avec

elle, c'est Carlina, sa suivante, Carlina aussi gentille que sa maîtresse
est belle, musicienne par inspiration et pour avoir entendu chanter les
plus grands maîtres : elle ne se doutait guère de toute la vivacité et de
toute la puissance de ce talent si naturellement incisif. Elle sera la gaieté
de cet opéra, dont *la Catrini* sera la tendresse. Quant au buffo-cantante,
au Lablache, c'est le prince lui-même en long manteau du temps des
croisades ; le maître de chant s'est chargé du rôle de Rubini. Les chœurs,
vous allez les reconnaître, quelques grandes dames mêlées à de véritables
choristes ; car telle est la liberté et la majesté de l'art, il égalise toutes les
conditions : la chanteuse des salons et la chanteuse de la rue sont égales
devant les mélodies de Bellini, pourvu qu'on chante ! pourvu que le
public vous comprenne ! Dans ce *théâtre de société*, comme on dirait à
Paris, chacun y va bon jeu et bon argent : l'opéra est chanté avec autant
de soin que s'il était chanté par des acteurs payés à cent piastres par
heure ; il est écouté avec autant de recueillement et de silence que si
chaque auditeur avait loué sa loge à l'année. Bientôt la passion des uns
et des autres éclate et brille. Le parterre, électrisé par cette cantatrice
nouvelle, bat des mains et s'écrie : *Fori! fori!* Elle, de son côté, vivement éprise de cette gloire qui la vient prendre, elle revient et elle salue
dans toute la modestie de son âme et de son orgueil. La fête devient
complète. Lui-même, poussé par la nouveauté de la situation, et peut-être
par la bonne envie de mériter les tendres coups d'œil qu'on lui jette à la
dérobée par derrière l'éventail, le prince se rappelle toutes les joies de
son rôle bouffon ; il chante avec grâce, avec esprit ; même dans son geste,
il apporte une sobriété et une politesse toutes princières, il se respecte lui-
même et il respecte son auditoire ; sa belle voix sert à merveille la voix
de sa femme, pendant que la Carlina, sur le devant du théâtre, rossignol
railleur, s'abandonne à tous les caprices d'une mélodie sans règle et non
pas sans charme. Les chœurs, de leur côté, excités à bien faire, se pas-
sionnent pour tout de bon ; ils prennent leur part d'animation et d'intérêt
dans cette mêlée musicale ; ils se poussent, ils s'excitent, ils triomphent,
et enfin ils entourent, avec des cris de joie, cette jeune femme qui les a
rendus si heureux. Grande mêlée et grand triomphe : les spectateurs
enivrés tendent la main aux comédiens, aux choristes, à tout le monde ;
on s'embrasse par-dessus le piano stupéfait ; puis la toile tombe, puis on
s'écrie de nouveau : *Fori! fori!* Rappelés au milieu d'une pluie de
fleurs, ils reparaissent tous les trois, le prince et la princesse tenant Carlina d'une main ; ils saluent, et Carlina salue moins bas que les deux
autres. Rentrée dans la coulisse : — « Carlina, dit la princesse, *presto*, il

faut m'ôter ce voile et cette robe noire, et cette guimpe brodée ; apporte-
moi mon peignoir ! » Une fois vêtue, Léonora reparaît au salon dans tout
l'éclat de la beauté et du triomphe ; alors la fête est générale, on se met à
danser, Carlina avec un comte du saint empire, les choristes avec des
ducs et des barons. La fête dure jusqu'au jour, et le matin venu, quand
la sentinelle allemande crie son *qui-vive* bon enfant, « Des gens qui ont
dansé toute la nuit ! » répondent ces malheureux esclaves de M. de Metternich !

Eh ! le moyen de se plaindre et de jouer à la mélancolie ? On vivait de
peu, on vivait de rien, on riait de tout. Léonora tenait dans sa jolie main
si frêle tous les délassements et tous les bonheurs de cette partie de
l'Italie. Elle jouait, dans sa ville bien-aimée, le rôle de ces belles œuvres
des grands maîtres qui suffisent pour attirer le voyageur à Parme, à Plaisance, même à Modène, ce grand royaume des fantômes qui ne reconnaît
pas la Révolution de juillet. Mais, hélas ! — on ne sait pourquoi ni comment cette idée vint à la princesse — toujours est-il que l'idée lui vint de
faire, elle aussi, son tour de France, et de visiter Paris la grande ville. Je
crois bien que ce fut pour avoir entendu un bon homme de nos amis qui
chantait à merveille cette heureuse chanson à laquelle Molière a fait le
plus grand honneur qui se pût faire à une chanson, quand il l'a mise dans
la bouche du Misanthrope :

> Si le roi m'avait donné
> Paris sa grand' ville, etc.

Paris, la grande ville ! revenait toujours au souvenir de la princesse ; elle
se demandait — en quoi Paris était plus grand que Rome, et elle ne
trouvait pas d'explication possible. Pauvre enfant ! c'était bien simple à
deviner cependant : si imposants que soient tous les siècles passés, il y a
quelque chose de plus vaste encore et de plus immense, c'est une seule
minute de l'avenir. L'avenir, c'est l'infini ! Or, Paris comparé à Rome,
c'est la ville naissante, c'est l'emplacement où sera bâti le Capitole, c'est la
charrue portée à bras, afin de laisser l'entrée des portes par où doivent
sortir les armées et les idées triomphantes des siècles futurs. Une fois
donc que la curiosité, le caprice, la lassitude, car le bonheur a ses journées de découragement et d'ennui, eurent pénétré dans l'âme de cette
jeune femme, elle ne dormit plus, elle n'eut plus de rêves ; le chant même
expira sur sa lèvre appesantie. Juste ciel ! un froid nuage s'est posé sur
ce beau front où se reflétaient naguère toute l'éloquence et tout le feu du
soleil ! Les Français, de leur côté, intrépides menteurs, étourdis et fri-

voles, qui, pour le plaisir de faire une hâblerie de plus, compromet-
traient les natures les plus honnêtes; les Français et les Françaises bien
accueillis chez cette jeune femme lui disaient : « Madame, venez chez
nous, vous y serez la bien reçue; venez, vous verrez que de joies, que
de fêtes! toutes les maisons vous seront ouvertes, tous les cœurs iront
au-devant du vôtre. Venez, venez, vous verrez comment nous saurons
vous rendre vos charmantes grâces hospitalières. » Ainsi parlaient les
hommes. Les femmes, de leur côté, se faisaient une joie véritable, quand
la princesse sera à Paris, de lui faire les honneurs, celle-ci de son salon,
celle-là de sa loge à l'Opéra ou aux Bouffes; cette autre, enfin, n'aura
jamais eu de plus grande joie que de présenter à l'aimable princesse son
mari et ses enfants! On la priait, on la suppliait. Elle était attendrie, et elle
ne cherchait pas à s'en dédire. Même il y avait là une certaine comtesse Eudora de Dampmartin, la souveraine du faubourg Saint-Honoré, disait-elle, un peu alliée, par mésalliance, à la place Royale, qui ne tarissait
pas sur son bonheur de posséder la princesse. « Mon hôtel sera le vôtre.
Venez, venez, madame, vous habiterez un beau rez-de-chaussée entre la
cour et le jardin; vous entendrez tous les jours, chez moi, madame Damoreau et Duprez, qui donnent des leçons de chant à ma jeune sœur: vous
verrez, le soir, M. Guizot, M. Molé et M. Thiers, M. Ingres et M. Eugène Delacroix, M. Hugo et M. de Lamartine, mes amis : ils viennent
chez moi comme sur un terrain neutre, et quand ils se disputent trop
fort, je les réconcilie par un sourire. » Telles étaient les promesses, tels
les serments; peu s'en fallait qu'on ne vînt l'attendre aux frontières; mais
à coup sûr nous irons à la barrière, princesse, et vous entrerez sans
passe-port.

Hâbleries! mensonges coupables! vaines promesses d'une amitié qui
ne va pas plus loin que le mont Cenis, quand elle va jusque-là. Arrivé à
ce séjour des neiges, et tout en déposant ses habits d'été pour prendre de
plus chauds vêtements, le voyageur (français surtout) dépose en même
temps, comme un bagage inutile, le bon souvenir de l'accueil reçu, la
reconnaissance pour l'hospitalité accordée, et surtout les promesses faites
au départ. A quoi bon transporter ces bons sentiments de l'autre côté de
la montagne? Donc soyez bien avertis que votre hôte, quand il s'en va, est
un indifférent qui part, et le traitez comme tel : aimez-le tant qu'il est
sous vos yeux, je le veux bien; mais, une fois parti, oubliez-le. Je puis
dire aussi que c'est un peu l'usage de l'Italie. Vous êtes bien vite oublié;
mais à qui la faute? sinon à quelques malhonnêtes gens qui n'ont pas
daigné se rappeler la maison ouverte à leur oisiveté.

Malheureusement pour elle, la princesse Léonora Catrini n'était pas de ces mémoires qui oublient si vite. Comme il y avait beaucoup de sincérité dans sa bienveillance, beaucoup de naturel dans sa bonne grâce, elle croyait, de son côté, à la sincérité des autres, et elle se fiait à ces amitiés dont elle ne se croyait pas indigne. Donc elle promit à ses amis de Paris qu'elle irait les rejoindre avant peu, et qu'elle prendrait volontiers sa part de leurs fêtes et de leurs plaisirs. « Faites comme j'ai fait, disait-elle, traitez-moi sans vanité et sans gêne; un peu de pain tout sec et beaucoup de musique, une grande liberté pour vous et pour moi; je serai bien un peu étrange et compassée chez vous, mais vous me pardonnerez mes non-chalances, tout comme je vous ai pardonné votre vivacité et votre pétu-lance; je vous ai montré toutes nos belles choses, vous me montrerez toutes les vôtres, vos musées, vos théâtres, vos poëtes, vos grands hommes, tous ces génies de là-bas qui font tant de bruit, que même ces bruits-là arrivent à nos oreilles italiennes. Bonjour donc, à chacun bonjour et bon voyage, et soyez sûrs que c'est : Au revoir! »

Disant ces mots, elle leur tendait la main, et — nos Parisiens! — de se

précipiter sur cette main qu'ils osaient à peine toucher de leurs lèvres. Quant aux dames, elles pleuraient au cou de la princesse; la comtesse

Eudora éclatait en sanglots. « Ah! princesse, chère princesse! disait-elle, comment pourrai-je jamais être· si longtemps sans vous voir? » Il fallut l'emporter à moitié évanouie, et la princesse un peu étonnée, de dire comme disait naguère le saint-père à une pauvre femme prosternée à ses pieds : *È una enthusiasta!*

A vrai dire, le projet de ce beau voyage n'était pas entré tout à fait dans les calculs du prince de Catrini. Il avait l'habitude de rester là où il était bien ; il venait de commencer une petite intrigue de cœur avec la signora Briança, qui ne le regardait pas de trop mauvais œil ; et enfin, faut-il le dire? l'idée d'un argent qu'il n'avait pas, et qu'il fallait demander à quelque fermier en retard, l'affligeait et l'arrêtait. Toutefois la princesse était si heureuse de voir Paris, et le prince aimait tant sa femme, qu'il finit par trouver de quoi entreprendre son voyage. Il vendit, non pas un tableau de sa collection, mais un petit coin de terre ; il céda à son banquier des actions sur les ponts suspendus et sur les mines de soufre ou de borax ; il calcula enfin que, grâce à l'hospitalité qui les attendait, ils reviendraient à Milan avec la moitié de cette même somme. Tranquille de ce côté, et même tranquille du côté de la dona Briança, il partit, très-heureux de passer quelques jours d'un calme tête-à-tête avec sa femme. Milan était désert quand ils partirent ; on était à la campagne ; on était à Florence, à Gênes, à Rome, à Ferrare, à Bologne, à Pise, à Lucques ; on était partout, excepté à Milan. Voyant partir celle qu'il servait avec tant de zèle, le cavalier servant de Léonora sentit en lui-même quelque chose qui ressemblait au désespoir, mais au désespoir italien, et cependant notre désespéré eut encore le courage d'apporter à la princesse son chocolat, son éventail et son ombrelle ; elle lui dit : « Adieu! » avec un *caro!* qui eût fendu les rochers. Sa voiture était déjà loin, que la dame agitait encore son mouchoir en signe de dernier adieu. Le *patito* la suivit d'un regard plein de larmes ; et le même soir, cet homme inconsolable, mais forcé par l'oisiveté de son esprit et de son cœur à servir quelqu'un ou quelque chose, devint le cavalier servant.... de la dona Briança, en attendant chastement votre retour, Léonora !

Les voilà partis ! — par le plus long chemin, c'est le plus court lorsque l'on s'aime, lorsqu'on est jeune, lorsque l'on n'a rien vu, lorsqu'on va un peu au hasard du cheval de poste, ce qui est la meilleure façon d'aller à son but. Les nouveautés de la route, les villages qui passent en vous saluant, les sources d'eau, les fleuves, les pluies brillantes, les nuits étoilées, la rapide calèche qui passe, vous jetant un œil curieux, le mouvement, le cahot, le sommeil interrompu par le cheval hennissant, la causerie de deux époux qui n'ont guère eu le temps que de chanter ensemble, et non pas de se parler, tant leurs journées sont prises à l'avance, c'étaient là autant de motifs de se trouver aimables et partant de se trouver heureux. La princesse chantait, elle se taisait, elle s'endormait, elle se réveillait, elle s'étonnait, elle avait faim; elle regardait la terre, le ciel, son mari et son chien. Sur le devant de la voiture était assise la Carlina pensive et fâchée : elle regrettait le beau Fabio, Fabio le chevaleresque, qui l'attendait sous la fenêtre le soir, Fabio le républicain affilié aux sociétés secrètes, don Fabio! Elle portait sur son cœur la croix d'or de la mère de Fabio. Les chevaux italiens vont très-vite quand ils portent des Italiens; ils vont moins vite s'ils traînent des Français; pour les Anglais ils sont poussifs : le noble animal va plus vite à mesure qu'on le paye moins. Fiers de traîner des compatriotes, les chevaux de poste ne s'arrêtaient guère; ils franchirent les plaines, ils gravirent les montagnes, ils ne s'arrêtèrent qu'à Genève, un jour de neige et de brume, un jour où le lac était en colère, où le Rhône naissant grondait déjà comme s'il était le Rhône du pont Morand; sombre journée, nuage funeste, nature en deuil! La princesse grelottante eut grand'peine à se réchauffer. Carlina eut pitié de sa maîtresse; elle l'entoura de ses bras, de son manteau, de ses petits mots encourageants. Le prince silencieux regardait ce ciel gris, et se demandait avec quel métal cela était fait.

Transis de froid et saisis de cette crainte vague qui entre si facilement dans les âmes timides, à toutes les choses inconnues, nos voyageurs se dirigèrent sur Paris. Mais, hélas! la course n'était déjà plus un triomphe; le cheval était devenu sombre et triste, le postillon mécontent et hargneux, le chemin austère et sauvage. Brisée sous les cailloux, cahotée dans les ornières, ouverte à tous les vents, la malheureuse calèche menaçait à chaque instant de rester engloutie dans ces chemins funestes. La roue, habituée à courir sur les dalles sonores, poussait un gémissement plaintif dans ces ornières fangeuses. La tristesse n'était pas moins grande dans la voiture : la princesse tremblait sous le froid et sous l'ennui, elle regardait d'un œil mélancolique cet épais nuage gris de fer; le prince regrettait les faciles causeries du *corso*; Carlina, si heureuse de vivre et d'avoir dix-sept ans, se demandait si elle n'était pas le jouet d'un rêve pénible. On allait au pas. La montée se gravissait avec peine, la descente amenait avec elle ses dangers et ses transes; la plaine était monotone, d'un aspect lamentable; et déjà commençaient à se montrer, à la droite et à la gauche des voyageurs, ces horribles maisons des provinces françaises qui n'appartiennent à la description d'aucun voyage. Ni la hutte du sauvage, ni la tanière de la bête fauve, ni la cabane de l'homme civilisé, ni la chaumière du paysan, ne peuvent donner une juste idée de ces masures. On ne sait à quoi les comparer. A quelle ruine? à quelle misère? à quel délabrement immonde? Est-il vrai que des créatures humaines habitent en effet sous ces toits fêlés, entre ces murailles de boue, dans ces niches malsaines, dans cette misère horrible? La maison pleure, elle est boiteuse, elle est affamée, elle est craintive, elle est pleine d'horribles plaies, d'enfants malsains, de femmes malades, d'affreux mendiants au regard hébété; on y entend des bruits étranges et des silences de mort; tous les genres de cris, de hurlements, de gémissements, de glapissements, de malédictions. Voilà donc par quelles guenilles suspendues aux fenêtres, par quels bouchons jouets du vent, par quels débris dont le seuil est jonché, par quelles misères et quelles hontes s'annonce la ville des rois, des princes et des poëtes? C'est à en avoir le vertige. Nos malheureux voyageurs regardaient, éperdus, épouvantés! Ils se demandaient si c'était bien là la digne avenue de cette nation si fière de ses libertés. Alors ils comparaient, tout bas, à ces misères, les opulentes campagnes, le beau soleil éclatant, les champs cultivés, la vigne mêlée à l'olivier, l'ombre au rayon, le fruit à la fleur, la Lombardie, la Toscane, l'opulence, les jeunes gens robustes, les jolies filles sur le bord du chemin, la gaieté, les sourires, les grands bœufs des pâturages chantés par Virgile, les vieilles églises cachées dans l'ombre du paysage, et dans le lointain les sons mélodieux de l'*Angelus!*

Enfin, enfin, les malheureux arrivent à la barrière, la barrière funeste, la Grève de la rue Saint-Jacques! C'était un matin; la foule était immense, un homme passait, escorté par la force armée : cet homme était un meurtrier qui allait mourir sur un échafaud voisin, et la foule le regardait passer! Vous jugez de l'épouvante! Peu s'en fallut que nos voyageurs ne vissent tomber la tête de ce misérable. A demi évanouie, la princesse aperçut à peine les hautes maisons menaçantes, les tristes murailles, les infortunes de ces quartiers perdus. Il fallut la porter dans un appartement de l'*hôtel du Nord*, situé dans ce qu'on appelle, à Paris, *le beau quartier*, le quartier des tumultes, des joies, des ambitions, des passions bruyantes. Mais, grâce à Dieu, le chemin s'oublie, la fatigue s'en va, les visions mauvaises disparaissent, emportées par le bon ange gardien. Voilà la princesse bien calmée, bien souriante et très-avide de tout voir, de tout savoir, de tout entendre, très-heureuse, voilà Paris! Nous n'avons plus qu'à tendre la main et à le prendre, il est à nous!

Donc la jeune femme, délivrée de ses frayeurs, envoie sa carte à ses bonnes amies de Milan, cela veut dire : Je suis arrivée, me voilà, je vous attends! Elle attendait, en effet, le résultat de ces promesses, de ces amitiés, de ce dévouement, de cette reconnaissance empressée; elle attendit un jour, et deux jours, personne ne vint : on se hâtait peu; on avait affaire autre part. Ce Paris est le tourbillon où tout se perd, où tout s'oublie, c'est la grande *voie scélérate*, où, pour aller plus vite, le fils passerait sur le corps de son père. On ne vint donc pas tout de suite saluer la nouvelle habitante de l'*hôtel du Nord*. La princesse avait surpris ses bons amis de Paris; ils ne l'attendaient pas si vite, en supposant qu'ils l'attendissent; chacun se consultait pour savoir comment il fallait recevoir cette belle Italienne si aimée, si fêtée, si bienveillante, chez elle, et dont la beauté pouvait déranger tant de combinaisons habiles. Une femme de plus — et très-belle — dans le monde parisien, c'est beaucoup. Et si elle va devenir à la mode, et si les hommes ne s'occupent plus que d'elle seule? Et si elle allait être acceptée comme un grand artiste qu'elle est, peut-être? Telles étaient les petites terreurs de ces belles dames du beau monde qui devaient la recevoir d'un cœur empressé : moi d'abord, disent-elles, et après moi que l'univers s'écroule; certes, elles seront contentes, pour peu que sur les ruines de l'univers croulant elle puissent sauver quelque petit bout de miroir!

Quand je dis que pas un ne se rendit à l'invitation de la princesse pendant les premiers jours de son arrivée à Paris, je me trompe; de tous ces amis empressés, un seul vint, un pauvre artiste, un humble et bon jeune homme, qui, dans son palais de Milan, avait admiré bien souvent la noble dame quand elle présidait à l'esprit et à la causerie de chaque soir. Il l'avait trouvée belle, sans le lui dire; il avait prêté l'oreille à ces chères paroles d'une mélodie touchante, et il en avait gardé le souvenir dans son cœur. Même un jour que la princesse avait voulu voir les dessins de l'artiste, et qu'il les lui avait montrés en tremblant, elle avait pris le crayon, et d'une main ferme elle avait retouché les contours d'une belle figure copiée dans la campagne de Rome. Ce dessin corrigé par elle, notre artiste ne l'eût pas donné pour un des cartons de Raphaël qui sont au Louvre. Voilà tout ce qui s'était passé entre elle et lui; il l'avait trouvée charmante, elle avait jugé qu'il était modeste et qu'il avait un vrai talent; même elle l'avait un peu oublié, et s'il fut averti de l'arrivée de la princesse, ce fut non pas, par madame de Catrini, mais par la petite Carlina! Carlina avait compris que si la princesse avait un ami à Paris, c'était le peintre Robert Simons.

Il vint donc, il vint en toute hâte; il fut reçu comme on reçoit l'ami

qu'on n'attend pas : il fut le bienvenu, parce qu'on vit qu'en effet il
arrivait avec joie, avec reconnaissance, avec bonheur. La princesse, qui
se croyait oubliée de tous, fut réjouie à voir ce franc visage, ce naïf sourire, ce beau regard. Un peu honteuse d'abord de la solitude qui l'entourait, elle finit par avouer à l'artiste qu'elle s'attendait à plus d'empres-
ment de la part de ses amis nombreux. « Nous sommes plus vifs que
cela, » disait-elle; et elle souriait, mais avec peine. Maître Simons n'eut
rien à répondre pour excuser ces froideurs dont il ne s'étonnait guère.
Il eût pu dire à la princesse qu'elle était trop belle pour être la bienvenue dans ce pays des beautés élégantes et médiocres; mais il avait le bon
sens trop hospitalier, pour se permettre le plus légitime compliment.

Huit jours ainsi passés, et déjà la princesse prenait son parti de l'abandon général, lorsqu'un soir, dans un salon du faubourg Saint-Germain, il
fut arrêté et décidé qu'il était impossible de ne pas rendre à la noble étrangère quelques-unes des politesses dont elle avait comblé tous ses bons
amis de Milan et de Florence. Un des hommes qui donnaient le ton à ce
beau monde des gens à la mode fut le premier qui se présenta à l'hôtel
de la princesse; celui-là venu, les autres vinrent à leur tour, les femmes
suivirent, et alors recommença le concert : Chère princesse! belle princesse! chère dame! quelle joie de vous voir! que vous êtes belle! Les
fleurs pleuvaient; les invitations! les bals! les fêtes! les concerts! l'Opéra!
Plus une heure de repos, plus de loisir, plus de liberté; madame de
Catrini ne s'appartient plus : elle est à la mode. Chacun la veut voir, la
veut connaître, la veut aimer. On se l'annonce, on se la prête; heureuse
la femme qui peut paraître en public avec cette brillante Léonora! Cet
engouement dura huit grands jours, huit jours, de triomphes, de
louanges, d'admirations unanimes. La princesse ne pouvait ni parler,
ni regarder, ni étudier, ni s'arrêter, ni se reposer, ni dormir : il fallait
aller partout, dîner partout, causer partout, goûter à tout; et le prince la
suivait, perdu dans cet ouragan. Heureusement l'enthousiasme de tout
ce monde fut ralenti par un nouveau météore arrivé depuis vingt-quatre
heures; ce météore, c'était, — peu importe? un danseur! un violoniste!
un Polonais! un Espagnol! un ambassadeur! un Cobourg! un boyard!
Ces femmes parisiennes! elles avaient deviné dans la princesse Catrini
une rivale, et, — les habiles! — elles avaient étouffé cette aimable
femme dans les caresses et sous les fleurs.

Il était temps, en effet, que cette furie française s'arrêtât, la princesse
était à bout et n'en pouvait pas supporter davantage. D'abord elle avait
été la dupe de ces embrassements, de cette admiration, de cet engoue-

ment universel ; mais bientôt elle comprit que, dans cette louange des femmes pour une autre femme, il entrait plus d'inquiétude et de peur que d'admiration véritable. En effet, à peine si elle avait pu répondre quelques monosyllabes à ces interrogations continues ; à peine avait-on pu la voir, étouffée qu'elle était de toutes ces femmes qui faisaient obstacle à sa beauté. Alors elle entrait en méfiance d'elle-même et des autres ; il lui semblait que tout cet enthousiasme n'était pas un enthousiasme de bon aloi, et qu'un peu plus d'attention accordée à son esprit, à sa beauté, à son talent, aurait mieux valu que tout ce bruit qui ressemblait fort à une chose arrêtée et convenue à l'avance. Ainsi avertie, la princesse se promit bien de ne pas rester dans le piége qu'on lui avait tendu ; mais comment en sortir ? Là était la difficulté, et, avant tout, la pauvre femme voulait consulter son artiste, son ami, son calme enthousiaste, maître Simons.

Simons trouvait que la princesse était belle, mieux que belle, il la trouvait simple et vraie ; il aimait son abandon, sa sincérité, son peu d'orgueil, son dévouement à ses amis. Avec l'instinct d'un honnête cœur, le jeune homme avait compris bien vite que cette femme était une honnête femme, et qu'à sa probité naturelle il fallait ajouter une grande tendresse pour son mari et beaucoup de respect au nom qu'elle portait. Aussi bien ne vous attendez pas à une histoire d'amour, il ne s'agit ici que d'une bonne et réelle amitié. D'ailleurs, en sa qualité d'artiste, maître Simons était engagé et depuis longtemps. Il appartenait à ces tristes mariages de la jeunesse et de hasard si communs à Paris et si funestes ; on est jeune, on se rencontre, on se marie sans trop de façons, et puis en voilà pour la vie ! Ça n'est pas plus difficile et surtout ça n'est pas plus amusant que cela. L'isolement dans lequel s'était trouvée la princesse de Catrini avait beaucoup ajouté à l'intérêt que lui portait maître Simons. Il avait été le témoin de toutes les promesses et de toutes les protestations dont la jeune femme avait été entourée ; et la retrouvant à Paris, perdue dans cette foule, il s'était fait un devoir de lui prouver que Paris contenait encore un cœur loyal et un dévouement désintéressé. Tant que la princesse avait été seule, notre artiste l'avait vue presque tous les jours ; il s'était mis à ses ordres avec une hospitalité chevaleresque ; il lui montrait Paris comme il faut le montrer à ceux qui veulent le bien voir, en détail, et chef-d'œuvre par chef-d'œuvre. Il aimait Paris un peu plus que l'on n'aime sa patrie ; il l'aimait beaucoup pour ses vertus et un peu pour ses vices ; il trouvait que c'était le plus beau lieu du monde, la patrie des arts, le point de départ et le point de mire de toutes les révolutions et de toutes les idées.

Il savait le nom de tous les hommes célèbres et de tous les hommes fameux. Sa louange était bien sentie, sa critique même était bienveillante. Il
s'était mêlé de bonne heure aux émotions parisiennes. Il avait eu sa part
de toutes les révolutions, il avait joué son rôle dans toutes les émeutes:
aujourd'hui derrière la barricade qu'il défendait avec le courage d'un
gamin de Paris, deux ans plus tard escaladant la barricade comme un
brave garde national qui a besoin de la paix pour achever ses tableaux
et pour les envoyer à l'exposition du Louvre. En un mot, il avait l'esprit, la verve et la probité de l'atelier, sans en avoir les cheveux gras, les
habits troués et les propos vulgaires. C'était une moitié de grand seigneur
et une moitié d'artiste, et la princesse avait fini par l'apprécier à sa juste
valeur, car elle le trouvait loyal et bon, d'un esprit incisif et vrai, d'un
cœur honnête, d'une raison nette, et d'un dévouement qui n'avait rien de
gênant même pour une femme si jeune et qui doit se méfier surtout des
bons sentiments de son cœur.

Lorsque enfin, après cette longue délibération que nous vous avons
racontée, la belle société parisienne eut accueilli la princesse de Catrini,
Simons, s'imaginant qu'enfin toute justice était rendue à cette aimable
femme, cessa de la voir aussi souvent qu'il avait fait d'abord. Maintenant
qu'elle était acceptée avec empressement dans le plus beau monde, Simons
se dit à lui-même qu'elle n'avait plus besoin de son secours, et que
désormais, par son talent, par son esprit, par les grâces naturelles de sa
beauté, madame de Catrini serait la reine des meilleurs salons parisiens.
Il lui en coûta bien deux ou trois gros soupirs, mais enfin il rentra bravement dans son atelier, et, de son côté, la jeune femme, emportée dans
le tourbillon des premiers jours, s'aperçut à peine de l'absence de son
ami. Pardonnez à la princesse cet oubli facile à comprendre, elle était tout
entière à cette joie naturelle d'une femme étrangère qui se figure qu'elle
va dompter la ville entière; elle ne pensait qu'à ses succès de chaque soir,
elle ne rêvait qu'à ses succès du lendemain. Entourée comme elle l'était
de ces illustrations du monde parisien, les hommes d'État, les philosophes, les orateurs, les peintres, les poëtes, les riches, ces puissants du
siècle, elle n'avait guère le temps de regretter ce brave et digne Simons.
Mais aussi, quand l'aimable femme eut bien compris toute la vanité de
son succès dans ce monde de l'avarice et du mensonge; quand elle eut
compris comment les femmes avaient estimé sa beauté, comment les
hommes avaient traité son esprit; quand elle se vit décidément écrasée par
les unes, méconnue par les autres, et que de toutes ces louanges rien
ne restait, pas même un peu de bruit et de fumée, alors elle se mit à

regretter l'humble artiste qui la regardait de tous ses yeux, qui l'écoutait de toutes ses oreilles, sans lui avoir dit une seule fois qu'elle était éloquente et belle.

Restée seule, l'aimable femme fit dire à Simons de revenir. Il ne revint que trois ou quatre jours après l'ordre reçu, et jugez dans quel accoutrement! en uniforme de garde national. Sa tête intelligente et fine était écrasée sous un bonnet fait avec la peau d'un ours, sur sa poitrine se croisaient d'énormes morceaux de peau de buffle; à gauche, un sabre dont la poignée était couverte de vert-de-gris; de l'autre côté du sabre, une espèce de sac destiné à contenir des cartouches. Ce singulier accoutrement était terminé aux deux extrémités par des guêtres grises et des gants blancs. Ainsi vêtu, le malheureux Simons était aussi honteux qu'un renard qu'une poule aurait pris.

Cependant il fit bonne contenance; il entra de son air le plus déluré, il ne chercha pas à excuser l'étrangeté de son habit; et comme le prince de Catrini paraissait fort intrigué de ce costume singulier, tout au moins : « Ah! dit le peintre, vous voyez, mon prince, l'habit des hommes libres;

la Charte est une belle chose, mais il faut la défendre. » Puis, en se croisant les mains d'un air héroïque : « Oh! liberté, que de vilains habits on porte en ton nom! — Et depuis quand, dit la princesse d'un air câlin, êtes-vous ainsi vêtu, mon cher Simons? — Et qu'avez-vous fait que l'on ne vous a vu depuis huit jours? ajoutait le prince. — Par le ciel! reprenait l'artiste, s'il est vrai que vous fassiez un voyage pour votre instruction, je suis bien aise de vous expliquer à vous, mon prince, et à vous, madame, la vie d'un citoyen libre comme on l'entend de nos jours.

« Figurez-vous que j'étais tranquillement dans mon atelier à terminer mon tableau de cette année, quand je reçois l'ordre formel de me rendre à huit heures du matin, au Palais-de-Justice, pour y juger mes semblables. C'est mon devoir de juré; la loi le veut, il faut obéir. Voilà donc quinze jours de ma vie à jamais perdus pour le repos, pour le travail et, permettez-moi de le dire, pour l'amitié. Ah! princesse, si vous saviez comme cela est triste de voir passer sous ses yeux tant de crimes et tant de misères; comme on se prend à être inquiet, lorsqu'on se voit l'arbitre suprême de la liberté et de la vie de tant de malheureux! Assis sur son banc de douleur, le juré prête une oreille attentive aux récits des plus grands crimes. C'est à lui que le juge s'adresse, c'est pour lui que l'avocat dépense toute son éloquence. Dans sa maison, le matin, il voit accourir la femme de l'accusé et ses enfants sans père, demandant grâce et pitié! Triste métier, madame! Et quand enfin l'homme est jugé, quand, par malheur, notre boule noire envoie cet homme au bagne ou à l'échafaud, si vous saviez quelle nuit terrible, quels rêves effrayants, quel réveil funeste! Au sortir de ce tribunal, toute pensée s'arrête, tout travail devient impossible, la réalité vous obsède, le cri de l'accusé retentit à votre oreille épouvantée. Et le moyen de redevenir, tout de suite après, un artiste inspiré? le moyen de commander à la couleur obéissante de rencontrer la grâce et la vivacité de la forme, quand on est à peine descendu d'un tribunal? Ainsi pendant quinze grands jours j'ai été un juge terrible, j'ai dit la main sur le cœur : *Oui, l'accusé est coupable! — Non, l'accusé n'est pas coupable!* et dans l'un et l'autre cas, je suis rentré chez moi plein de douleur et d'angoisses, tant j'avais peur d'avoir manqué à la justice ou d'avoir manqué à mon serment! »

Ici la princesse se prit à frémir. Elle ne comprenait guère que l'on pût faire un juge, de son ami Simons. Lui, un juge! lui si bon et si simple! Le prince, de son côté, n'était guère moins stupéfait. « Mais, dit-il, qu'est-ce donc que cet habit que vous portez aujourd'hui? Juge hier, soldat aujourd'hui! Je ne comprends guère tous ces changements extérieurs, monsieur Simons. »

Simons reprit : « Cet habit que vous voyez là, ce triste vêtement rongé
des vers, cet équipage plus que grotesque, cette giberne vide, ce sabre
mal effilé, ce fusil qui n'a jamais servi, ces guêtres mal faites, tout cet
ensemble peu chevaleresque compose un grenadier de la onzième légion.
Rude métier, mon prince; et il faut que la liberté française ait bien des
charmes pour décider tant d'honnêtes citoyens à s'affubler d'un pareil
chapeau, d'un pareil habit. Cette fois le juge, en effet, devient un soldat. Le soldat est debout de très-bonne heure; on le place à la porte
d'une mairie; sa journée est perdue sans profit pour lui et pour les
autres. Il passe la nuit à courir dans les boues de Paris, à visiter les ta-
vernes, à courir après les voleurs qui courent mieux que lui; rentré dans
sa caserne, il se couche sur un lit de camp, attendant l'heure de la déli-
vrance. C'est encore une journée perdue chaque mois, et pourquoi faire?
Pour empêcher les chiens d'entrer et les paquets de sortir. Mais cela est
écrit : *Liberté, ordre public!* »

Vains discours! plus maître Simons racontait les misères de notre état
social, et moins ces deux Italiens si facilement gouvernés, si heureux de
s'abandonner aux joies improvisées de l'heure présente, pouvaient comprendre ces sévères exigences. A voir Paris en courant, à juger de ses
libertés par le vil pamphlet de chaque matin, à lire les horribles vers des
mauvais poëtes, à voir tout ce qui est la puissance, l'autorité, la majesté
incessamment attaqués par les plus ignobles personnages, l'étranger se
figure que notre liberté est grande, qu'elle est sans limite, et que chacun
peut faire ce qu'il veut sur cette bonne terre de France; je ne vois pas
qu'il y ait grand mal à détromper ces bonnes gens. La liberté, à la bonne
heure! mais au moins faut-il dire ce qu'il nous en coûte pour être libres.
Comme il vit qu'on l'écoutait avec surprise, Simons poursuivit sa démonstration. Il est peut-être un peu long, un peu bavard, mais n'oubliez pas
qu'il est poussé à bout par son habit de garde national :

« Mon prince, reprit-il, me voilà donc membre du jury, il y a quinze
jours; garde national aujourd'hui. Vous pensez que mon office est accompli, détrompez-vous; nous sommes dans un mauvais mois pour les paresseux de mon espèce. Comptez plutôt : demain, au sortir du corps de
garde, encore tout brisé d'une nuit passée sans sommeil, je suis convoqué
pour nommer le maire et quatre adjoints à monsieur le maire; le surlendemain il s'agit d'envoyer un représentant au conseil général, et enfin la
grande élection, celle qui soulève toutes les ambitions, toutes les vanités,
toutes les espérances, la chambre des députés! C'est à n'en pas finir, ou
plutôt c'est à recommencer chaque jour. »

Le gentilhomme écoutait l'artiste et ses plaintes avec un étonnement mêlé de quelque joie. Au récit de ces petits labeurs, de ces petits devoirs, de ces exigences de toutes les heures, l'Italien comparait en lui-même les loisirs de sa vie, la promenade sans fin, la causerie piquante, l'amour éternel, la fête d'hier qui envahit la joie de demain. « Par le ciel ! pensait-il, nous ne sommes pas à plaindre. Voilà des gens libres plus malheureux que nous ! » Ce qu'il disait tout bas, la princesse se mit à le dire tout haut. « Merveille ! disait-elle, cela m'explique les étranges causeries des beaux salons de Paris. On n'y parle guère que de la chambre des députés, de la chambre des pairs, des ministres, des alliances, de l'Angleterre, de M. Guizot, de M. Thiers et de sir Robert Peel. Trop heureux encore sommes-nous quand on ne remplace pas les noms propres par des chiffres, 24 février, 18 octobre! alors la chose devient tout à fait obscure. C'est pitié de voir des chrétiens occupés à si peu! Un autre sujet de causerie très-funeste, c'est qu'on parle beaucoup de la fortune des gens, de la dot des jeunes filles, des apports, des terres, des procès. Ah! grand Dieu! qu'importe la fortune des gens? Pourvu qu'ils soient aimables, on leur permet d'être pauvres. Mais dites-moi, Simons, puisqu'on s'occupe si fort de la fortune du pauvre monde, ne ferais-je donc pas bien de mettre mes diamants une toute petite fois? »

Le peintre sourit. Les naïvetés même de cette charmante femme ajoutaient à l'intérêt et au respect que lui portait l'artiste. Il se fit expliquer par la princesse le genre de succès qu'elle avait obtenu; et il comprit, mieux encore que la pauvre femme, qu'elle avait été la dupe de la bienveillance parisienne. La princesse, de son côté, eut bien vite deviné ce qui se passait dans l'âme de ce jeune homme, et aussitôt sa résolution fut prise, résolution hardie pour laquelle elle ne demanda le conseil de personne; or, voilà ce qu'elle avait résolu.

A peine à Paris depuis deux mois, la princesse Léonora était fatiguée de ce bruit, de ces mensonges, de ces belles petites grâces, de ces bons visages, de ces cœurs secs et froids. Elle avait vu, de Paris, tout ce qu'on en voit d'ordinaire, la surface brillante et parée, les palais, les musées, les jardins, les théâtres. — « Palais humides, disait-elle, tristes musées dans lesquels nos maîtres de l'Italie, les grands peintres de l'œuvre divine, la nature et le ciel, appellent en vain un peu d'air et de soleil; jardins bruyants, théâtres silencieux! Tout au rebours de nos jardins où l'on n'entend guère que l'eau et les oiseaux qui chantent; tout au rebours de notre *scala* remplie de conversations et de causeries! » Elle voulait donc quitter Paris, mais non pas le quitter comme une dupe, sans avoir pris

L'ITALIEN.

sa revanche de toutes ces déceptions. Elle voulait un triomphe, un vrai triomphe dans ces salons dédaigneux; elle voulait laisser un souvenir d'esprit et de grâce au milieu de ce beau monde qui l'avait payée de tant de trahisons; en un mot, elle voulait que ces beaux messieurs et ces belles dames ne pussent pas ignorer que la princesse Léonora n'était pas leur dupe, sauf, plus tard, à se venger, en redoublant, en pleine Italie, pour ces ingrats, de prévenances, de bonne grâce et d'hospitalité, quand elle les retrouvera dans sa belle maison de Milan.

Sa résolution bien arrêtée, la princesse attendit patiemment une grande soirée sur un terrain neutre, une fête chez l'ambassadeur de Sardaigne, moitié France et moitié Italie. Grand danger que courait cette noble dame, lorsqu'elle mit en présence la vanité des deux pays! Les nôtres furent sans pitié, parce qu'ils comprirent que cette femme valait mieux qu'eux; les Italiens furent sans courage, parce qu'au contraire ils étaient trop habitués à cette belle et simple nature pour en deviner toute la portée. Placez la Vénus de Milo dans une réunion de vieilles marquises génoises et de marchandes de modes de la rue Vivienne, la Vénus de Milo sera sifflée honteusement.

Simons l'artiste était de cette fête; la princesse l'avait prié d'y venir, et il y était venu par obéissance. A dix heures, au moment où la foule compacte et attentive cherchait, d'un œil inquiet, le lion de la soirée, — car toute soirée doit avoir son lion, — l'huissier annonça à haute voix le prince et la princesse de Catrini. C'était la première fois qu'on leur donnait leur titre en public. Aussitôt l'ambassadeur, avec l'empressement d'un homme bien élevé, va au-devant de la princesse. Jamais Léonora n'avait été plus belle. Ses longs cheveux noirs encadraient à merveille ce bel et pâle ovale d'une si pure beauté; elle marchait la tête haute, le regard dédaigneux, le sourire superbe : elle était reine. Ceux qui la connaissaient le mieux la regardaient comme s'ils ne l'eussent jamais vue. Ce n'était plus en effet la même femme : c'était la princesse et c'était l'artiste. Elle était vêtue à merveille; elle portait à son cou le collier de sa famille, et à ses bras des perles, et à ses oreilles de gros diamants : belles choses, vieilles choses. La perle eût pu être plus blanche, le diamant mieux monté, le rubis plus clair; mais ces vieux bijoux avaient je ne sais quoi qui rappelait le vieux luxe des grands jours. Ils avaient brillé à la cour de Louis XIV, à la cour de Doria; ils avaient prêté leurs feux étincelants aux nuits vénitiennes, ils avaient été mis en gage chez les Médicis. Quels drames représentait ce collier! quelles amours, ces rubis! A quels bras avaient été attachés ces riches bracelets, trop grands pour le bras de la princesse, bracelets dessinés par Van-Dyck? A l'aspect de cette femme ainsi parée, les hommes se levèrent tout d'abord, les femmes restèrent immobiles d'étonnement; se demandant : Est-ce bien là la femme que nous avons écrasée? Pour comble de malheur, il y avait dans cette foule le grand poëte français qui a chanté avec tant de génie et d'amour les miracles de l'Italie. Le nom de la princesse lui rappela une enfant qu'il avait souvent admirée dans les jardins de sa grand'mère. « Est-ce vous, lui dit-il, est-ce vous, Léonora, que je retrouve mariée, grande et belle? et vous souvient-il que je vous lisais, à vous toute petite, mes premiers vers? » Elle alors elle reconnut le poëte, elle l'appela son père! Elle lui parla de ses premiers poëmes. « Le *Lac* et moi, disait-elle, nous sommes du même âge! » Disant cela, son œil était pur et mouillé. Peu à peu la foule, voyant ces deux êtres se parler avec l'abandon de la jeunesse et du génie, voulut savoir ce qu'ils pouvaient se dire ainsi. On les entoure, on les écoute, les vieilles femmes d'abord, les jeunes femmes ensuite; et la princesse parlait si bien, et avec tant de grâce et d'esprit elle faisait les honneurs de sa patrie italienne, que pendant toute une heure elle fut la femme à la mode de cette fête où elle avait été invitée, pour ainsi dire, par oubli.

Le bal commence, toute coquetterie est sous les armes. Ce n'est pas le bal, c'est la bataille qui commence! C'en est fait, la guerre est déclarée à la princesse. Chaque femme parisienne défend aux deux ou trois danseurs qui lui appartiennent, et leur défend d'un coup d'œil, de faire danser cette femme! A Paris où chaque femme est reine chez elle, où elle ferme à son gré la porte de son salon à qui ose lui déplaire, il est bien peu d'hommes qui osent désobéir à ces volontés suprêmes et railleuses. Une seule parole d'une Parisienne peut faire tant de bien et faire tant de mal à un pauvre danseur du conseil d'État, par exemple! Et puis Léonora, heureuse de son premier triomphe et bien décidée à le compléter ce même soir, faisait peur aux plus hardis. Il fallait en effet un grand courage, pour se hasarder en plein bal, avec cette femme étrange dont le regard faisait baisser tous les regards. Le moyen de regarder de près toute cette chevelure flottante sans être enivré; de sentir dans sa main cette taille souple comme un jonc, sans que la main soit brûlante! Et surtout le moyen de paraître un beau et bon danseur, à côté de cette panthère bondissante, arrivée là tout exprès pour tout écraser! Aussi pas un valseur ne se présenta pour faire valser la princesse; déjà cependant les dames parisiennes s'abandonnaient à ce tourbillon scintillant; et il fallait les voir comme autant de chiffons brillants, suspendues aux bras de ces cavaliers qui tournent. Léonora regardait ce tourbillon, et personne ne l'invitait !

Elle vit Simons appuyé contre la cheminée, de l'autre côté de la salle. Aussitôt la voilà qui se lève, et avec le pas d'une muse qui marche, elle va elle-même inviter l'artiste. « Valsons ! » dit-elle. Un peu étonné et déjà fort inquiet pour cette femme, Simons, le calme Simons, bonne et douce nature, qui croyait avoir jeté tout son feu aux rosières du chemin,

obéit à l'impulsion qui le pousse. Elle et lui, les voilà qui entrent dans la valse, lui d'un pas timide, elle déjà emportée et brûlante. Alors vous eussiez vu cette femme dominer ce jeune homme, et l'entraîner et le précipiter dans tous les enivrements de la danse. Lui, il la regardait ! elle, il l'emportait. Sur ses bras penchée, elle était comme une flamme qui vole.

Dès lors Simons voulut résister; mais qui donc résiste à ces forces soudaines? On ne résiste pas, on ne se débat pas, on obéit : il fut alors aussi beau qu'elle était belle, aussi emporté qu'elle était emportée, aussi léger qu'elle était légère! Belle et superbe Léonora! on voyait sa beauté çà et là bondissante : ses bras magnifiques, ses épaules d'un ton chaud, sa chevelure animée comme son regard, sa main, son bras, son pied... la valse s'était arrêtée pour laisser passer Léonora; les Parisiennes qui dansaient n'avaient pas osé lutter contre l'Italienne; tous les hommes vaincus s'écriaient : « Qu'elle est belle! » Un enfant de dix ans, qui déjà regardait les plus belles femmes d'un œil brûlant, s'écria : *J'ai touché sa main!* Léonora comprit son triomphe, et elle sourit à la mère de cet enfant!

Les applaudissements furent unanimes. Seul, maître Simons ne mêla pas sa voix à ce concert de louanges; il fit un profond salut à la princesse, et il se retira modestement dans un coin de la salle. Inutile précaution! déjà on murmurait tout bas : « Quel est donc, *ma chère*, ce beau valseur? — On dit, *ma chère*, que c'est un peintre. — Un homme sans nom! — *Elle* l'avait amené là tout exprès pour lui servir de partenaire! — Et quelle danse! — Cette femme est folle! — C'est une bacchante! — Quel ton! — Et quelle taille! — Et quels faux diamants! ajoutait la femme d'un banquier; au moins ne devrait-on pas les porter si gros! » Dix minutes plus tard, maître Simons passait pour l'amant de la princesse Léonora. « L'effrontée! disaient les dames, et encore elle n'a pas attendu que ce petit jeune homme l'invitât! »

Voilà le monde parisien! Quelques louanges à la surface, des calomnies et des injures au-dessous de ces louanges, comme est la vase au fond du lac. Mais Léonora n'y prit pas garde. Elle était heureuse, elle avait forcé ces gens-là de convenir qu'elle était noble, spirituelle et belle! elle était venue à bout de cette conspiration des femmes parisiennes, elle les avait vaincues par la toute-puissance de ses vingt ans! Vous pensez bien qu'il ne fut plus question, pour ces dames, de se remettre à la danse. Il faisait si chaud! et puis elles étaient si fatiguées d'avoir dansé tout l'hiver! Une d'entre elles, à qui madame Damoreau, elle-même, avait enseigné le grand art de chanter sans voix et de remplacer par des gestes et des coups d'œil tout ce qui est la vie et l'expression musicale, posa les doigts, d'un air distrait, sur les touches du piano; le piano rendit un son plaintif, comme s'il eût reconnu cette main malhabile. Aussitôt voilà ces dames qui s'écrient, aussi triomphantes que si elles se fussent adressées à la Malibran : « Oh! chère madame, chantez-nous quelque chose! » La dame

alors en minaudant : « Mais quoi chanter? Et puis je n'oserai jamais,
nous avons ici des artistes! » Et elle disait ce mot *artiste* d'un petit air
railleur. Mais la princesse était assise de l'autre côté du salon, tout occupée à regarder non pas ces dames, mais une belle tête du Corrége qui
faisait l'ornement du salon; Léonora était redevenue simple et bonne, e
elle se repentait déjà du peu d'orgueil qu'elle avait fait en entrant.

La dame en belle robe jaune se mit au piano, et elle chanta la *Folle.*
C'est le plus grand morceau de musique auquel les Françaises-amateurs
aient pu atteindre depuis dix ans. Cela se chante, ou plutôt cela se joue
les yeux à demi fermés, la tête penchée, le geste un peu hagard : *Ah! —
oui, — il — m'en — souvient!* Moins on y met de chant, plus la chose
est belle. Il n'est pas inutile de porter la main dans ses cheveux et de
découvrir son beau front! L'auditoire émerveillé s'écrie comme le marquis de Posa dans le *Carlos* de Schiller : « *Par le Dieu des miracles!* cette
femme est belle. » Il faut dire aussi que jamais la dame à la robe jaune
n'avait joué avec plus de désespoir et de vérité cette petite tragédie en
trois couplets. Son regard était plein de larmes, son sourire était joyeux,
toute sa personne était mise en action; et comme, du reste, elle avait la
main très-blanche, le bras très-beau, et beaucoup d'amis dans cette salle,
et comme ces dames voulaient surtout avoir un succès qui fût à elles,
je vous laisse à penser les cris, les applaudissements, la fête, les embras-
sades des bonnes amies : C'est parfait! c'est divin! la Pasta ne chantait
pas mieux. « Et vous voyez, ma chère, que, pour ne pas en faire son
métier, on en vient à bout aussi bien que tant d'autres. » Ce mot *tant
d'autres* allait directement à l'adresse de la princesse. La princesse
cependant, après avoir applaudi beaucoup, était en train de dire à
Simons : « Les Français excellent à composer ces petites musiques, et
les Françaises à les chanter. Tout cela se fait avec bien de la grâce et bien
de l'esprit. — Pensez-vous donc ce que vous dites là? dit Simons. —
Sachez, reprit la princesse, que je pense toujours ce que je dis! « Puis,
le voyant un peu troublé : « Il est vrai, a-t-elle ajouté, que je ne dis
pas toujours tout ce que je pense. »

De voir ce monsieur-artiste et cette princesse qui causaient ensemble
sans plus de gêne que s'ils eussent été établis derrière quelque paravent
d'un salon milanais, ces dames se fâchèrent, les hommes même ne furent
pas très-contents. Le mot fatal, le mot qui vous tue à Paris, le mot *sans-
gêne* circulait déjà dans ce groupe offensif, lorsqu'une dame d'un certain
âge déjà, la mère de ce joli petit garçon qui avait touché avec un transport si naïf la main de la princesse, voulut venir en aide à cette jeune

femme exposée sans défense au feu de la calomnie de ce beau monde. Elle se leva donc, et de l'air le plus gracieux s'adressant à la princesse : « Madame, dit-elle, nous vous prions de chanter à votre tour. » Cela fut très-bien dit, et avec une grande bienveillance. Or, si la calomnie a ses contagions, la bienveillance n'est pas sans avoir ses chères et charmantes influences. A cette invocation faite à la belle danseuse de tout à l'heure, les hommes répondirent par leurs plus tendres regards. Quant à la princesse, elle ne se fit pas prier davantage, elle alla tout simplement au piano; son mari la suivit pour l'accompagner. Le silence était grand ! Ces dames pressentaient le nouveau triomphe de l'étrangère; mais le moyen de l'empêcher?

Léonora chanta comme on chante quand on a cette voix, et cette âme, et ce génie. C'était la première fois depuis son départ de l'Italie qu'elle retrouvait la verve et l'inspiration de ses beaux jours. Elle savait par cœur les chefs-d'œuvre des grands maîtres, et elle semblait les lire dans le ciel, tant son regard ressemblait au regard de la sainte Cécile qui est à Bologne. Puissance de ce qui est vrai, de ce qui est grand dans les arts! ces mêmes femmes, tout à l'heure triomphantes à la chanson de M. Grisar, furent charmées et vaincues par cette voix vibrante, par ces éclairs de génie, par ce démon intérieur; elles auraient eu honte de se défendre plus longtemps. Peu à peu vous les eussiez vues se rapprocher du piano, entourer la femme qui chantait, battre des mains, mais en silence, et quand le chant eut cessé, l'écouter encore... Elles se rappelaient les belles heures passées à entendre mademoiselle Sontag.

L'émotion était si vraie, que la princesse, avec son intelligence accoutumée, comprit qu'elle ne pouvait pas quitter le piano si vite. Elle attendit qu'on la priât de chanter encore, et cette prière fut unanime. Sur la porte du salon entr'ouvert, la princesse reconnut Carlina, Carlina accourue à la voix de sa maîtresse, jolie comme on ne l'est guère, animée par la musique dont elle était privée depuis deux mois, et oubliant tout à fait que sa place était dans l'antichambre, non pas dans le salon. « Carlina ! » dit Léonora, et la jeune fille accourut. Et les voilà chantant l'une et l'autre, avec l'abandon de deux sœurs, les mille petites fantaisies de ces têtes italiennes, les câlineries, les barcarolles, les chants des lagunes, des balcons et des orangers en fleurs. Carlina suivait d'un regard animé les yeux de sa maîtresse; on eût dit deux rossignols qui se disputent le prix de la chanson des nuits d'été. Ainsi dérangés de leurs habitudes, et ne trouvant plus rien dans leur admiration qui pût suffire à toutes ces choses étranges, ces messieurs et ces belles dames du grand monde laissèrent aller où elles voulurent aller ces deux voix rivales; on se regardait, on s'étonnait, on n'écoutait plus. Soudain ce murmure retomba de la louange à la critique. « Mais elles chantent comme deux folles! » disaient les dames; puis elles ajoutaient : « A quoi pense la princesse de chanter avec sa femme de chambre ? » Mais Léonora et la Carlina n'y songeaient guère. A ce moment d'enthousiasme il n'y avait ni princesse ni soubrette; il y avait deux jeunes cœurs qui retournaient en Italie par le plus beau et le plus magnifique des sentiers.

Je vous laisse à penser toutes les clameurs quand la princesse fut partie, et comme on lui fit payer cher un instant d'enthousiasme irrésistible ! On la trouvait trop pâle, trop maigre, trop hardie. Sa danse était prévue dans les consignes du garde municipal; sa voix était belle, mais trop vibrante; et enfin quelle audace de mener avec elle, dans un pareil salon, une fille de chambre ! Enfin on murmurait tout bas, et de plus belle, le nom de ce M. Simons. Il fut donc bien décidé et arrêté, ce soir-là, que la princesse Léonora était une folle sottement éprise d'un peintre sans talent; elle passait sa vie dans les ateliers et dans les antichambres; c'était une princesse de hasard, elle portait de faux diamants. Et quant au prince son mari, fi donc ! un prince de la petite espèce, un dédaigneux qui n'a

fait la cour à personne, une façon de don Juan manqué. « Nous les verrons tous les deux, l'hiver prochain, monter sur le Théâtre-Italien, et
ils n'ont qu'à se bien tenir! » Et voilà l'hospitalité qui attend à Paris
toute étrangère assez hardie pour être belle de sa propre beauté, pour
avouer son talent, son esprit et son génie; assez hardie pour ne pas
demander son succès à la faiseuse de robes ou de chapeaux! A une
pareille femme, surtout si elle est vraiment belle, nos dames françaises ne pardonnent rien, pas un geste, pas un mot, pas un regard.

Deux jours après, Simons se rendit chez la princesse; il la trouva dans
la joie. — « Ah! dit-elle, félicitez-moi, je pars, je quitte votre grande ville,
je n'en veux plus. Adieu le brouillard, et vive le soleil! La Seine est belle,
mais j'aime l'Arno. Adieu. Je quitte cette masure, et je reprends mon
palais. Adieu la vieille glace où je me vois toute jaune, le vieux tapis non
pas fané, mais flétri; adieu vos fleurs entées sur des fils de fer! Point de
roses au mois de mars, point de feuilles! pas un arbre, pas un oiseau!
Adieu. A Naples on m'apportait tous les matins, pour les joies de mon
réveil, les plus belles corbeilles; ici, chaque matin, on me jette à la tête
d'affreux papiers tout noirs et fétides, et dans ces papiers, moi inconnue,
j'y suis traitée comme une mendiante! On se moque de mes diamants
et de mes épaules, de ma famille et de mon mari! J'arrivais toute Française dans le cœur; on me répond par des injures des halles. C'est votre
liberté, dites-vous, mais moi je n'en veux pas pour moi de cette liberté;
hé, que me font vos bruits, vos passions politiques, vos ambitions? qu'ai-je
à y voir? J'ai vu vos plus grandes dames pâlir sous le regard d'un ministre! Moi je ne sais pas ce que c'est qu'un ministre. Adieu donc!
Votre ville est belle, mais elle est bruyante; vous avez plus de chaumières que de palais, plus de nuage que de beau ciel. Vos artistes sont
habiles, mais ils aiment mieux l'argent que la gloire; où est celui qui
chante pour la joie de chanter? Où est la femme qui est belle, uniquement pour la gloire d'être belle? Vous êtes de grands calculateurs, et vous
avez fait de grands progrès dans la mathématique; c'est bien à vous.
Vous êtes passés maîtres dans l'art de savoir ce que rapporte un sourire,
un regard, un geste d'amitié, vous avez ce droit-là; comme vous êtes
tous à vous demander sans cesse quelque chose, les uns les autres, ne
fût-ce qu'une boule noire ou blanche, ou votre voix pour un grade
de caporal, vous passez votre vie à vous mentir, à vous tromper, à vous
faire des serments que l'heure emporte. Je vous connais, je vous ai bien
vus, toute sotte que je suis. Personne ne s'est gêné devant moi, pauvre
Agnès d'Italie, et j'ai vu à découvert d'étranges fourberies. Mais je ne

LE HOLLANDAIS.

vous en voulez pas, c'est votre instinct, c'est votre malheur. Vous voulez paraître plus que vous n'êtes, et tout le monde y perd, vous d'abord et ensuite ceux qui vous étudient. Adieu donc. Votre ville est belle, mais j'aime mieux la dernière de nos bourgades. Comment êtes-vous logés dans ces hautes maisons entre quatre murailles obscures? Vous vous contentez d'un espace si étroit, que c'est à peine si l'on y peut vivre; vous vivez entre quatre murailles si légères, que vous pouvez entendre à votre droite le râle du vieillard moribond, et à votre gauche le vagissement de l'enfant nouveau-né! Chez vous la vanité l'emporte sur les meilleurs sentiments et les plus nobles. Vous placez dans votre estime la fortune avant le talent, avant la noblesse, avant les services rendus à la patrie, avant la vertu. Vous savez gré à un homme d'être riche; que cet homme soit un avare infâme, qu'il se prive du nécessaire, qu'il pèse le pain de son enfant, qu'il soit l'éternel jouet de son orgueil et de sa bassesse, que l'idée ne lui vienne jamais de donner un écu à un pauvre, de réparer le grabat de son père, ou de sauver l'honneur de sa fille, et vous sentez votre sympathie augmenter pour ce misérable qui mettrait le feu à la ville s'il y avait quelque chose à gagner sans danger! Adieu donc! Nous ne sommes pas assez riches, le prince et moi, pour habiter ces murailles couvertes de papier mal peint, car il nous faudrait vendre nos André del Sarte et nos Paul Véronèse; nous ne sommes pas assez riches pour payer vos fiacres à l'heure, il nous faudrait vendre nos voitures dorées; il nous faudrait chasser nos vieux et fidèles domestiques, pour payer vos laides et difformes servantes dont Carlina ne voudrait pour essuyer son brodequin. Nous partons. J'ai vu vos belles choses, elles sont belles, mais çà et là renfermées : chez nous, toute belle statue est au soleil, au grand air; elle a l'espace et le regard des hommes. Vous avez vu Pise et Florence et les merveilles de la loge des Lanciers, et les chefs-d'œuvre de Jean à Bologne. Comparez, si vous l'osez, les candélabres mal dorés de cette place de la Concorde tachée du sang d'un roi, et ces monuments grecs, ces colonnes frileuses; comparez tout cet ensemble dont vous êtes si fiers au Dôme, au Baptistère, au *Campo Santo*, à la tour penchée de Pise! Dites-moi, que faites-vous de vos morts? dans quel trou les jetez-vous en toute hâte? Impies! qui ne savent pas garder le nom et le souvenir de leurs pères. Chez vous, le mort disparaît tout entier; chez nous, il reste l'habitant de la cité, son nom est inscrit sur des dalles exposées à tous les regards et à tous les respects des hommes : les morts habitent avec nous, dans les cathédrales, dans les cloîtres, dans les places publiques; à Bologne, le champ des morts tient à la cité par une longue suite d'arcades. Aussi chez nous on n'a pas peur de mourir ; vous, au contraire, vous éloignez ces tristes images. A peine avez-vous jeté un peu de terre sur la dépouille de vos plus grands hommes que vous vous trouvez quittes avec eux ; trop heureux encore si quelque révolution funeste ne porte pas ses mains parricides sur leurs tombeaux ! Et vos églises ? Comment prier dans ces vastes enceintes qu'habite l'hiver ? Oh ! parlez-moi d'un beau dimanche dans nos églises génoises ! Le soleil radieux remplit le sanctuaire de ses vives clartés, l'or et les peintures éclatent de toutes parts ; à la porte du temple flotte un grand voile de pourpre ; sous vos pieds la mosaïque éternelle étend son tapis de fleurs ; l'autel est paré, la sainte Madone a revêtu ses habits de fête, le *Bambino* tient dans ses mains les plus belles gerbes de la moisson ; l'orgue chante le cantique des cœurs heureux ; ce sont des voix, ce sont des prières, c'est de l'encens ; la prière parle tout haut, le chrétien se montre ; le prêtre, le moine, l'évêque, le soldat, le prince, le mendiant se mêlent dans la même foule et prennent leur part des mêmes bénédictions. Chez nous la prière est une joie, chez vous elle est un supplice. Votre église est sombre et triste ; la dalle résonne d'une façon lugubre, l'autel est entouré de grilles épaisses, le froid et le silence remplissent ces solitudes lugubres. Et puis l'on n'ose pas prier ; les voix ne se mêlent pas à la voix des prêtres. On trouvait que j'étais à genoux trop longtemps et trop courbée sous la sainte image du Sauveur ! Ville étrange, où l'on ne peut ni prier, ni chanter, ni prendre la main d'un ami et la serrer dans les siennes ! Et votre charité publique, où est-elle ? Sur vos hôpitaux vous inscrivez des mots affreux : *Hospice des Incurables, de la Vieillesse, hospice de la Bourbe, la Salpêtrière, Bicêtre !* Nous autres Génois nous avons un palais de marbre qui contient la plus belle œuvre de Michel-Ange, cela s'appelle l'*Auberge des Pauvres !* Vos femmes, pour la quête, se font belles et parées ; chacun a le droit de leur porter lui-même son argent, pour les voir de plus près. Chez nous, au contraire, qui fait l'aumône se cache ; le quêteur se couvre d'un masque, afin que Dieu seul puisse voir son visage ; quand vient son tour, le prince quête à son tour, et Dieu seul peut savoir que c'est le prince. A Florence, au milieu d'un bal, souvent nos plus galants danseurs disparaissent : c'est qu'ils ont entendu la cloche des agonisants ; chacun va prendre son masque et veiller sur le malade. A ce devoir sacré, personne ne manque, non pas même quand viendrait à sonner cette heure que vous avez faite sans mystère, que vous autres Français vous avez appelée l'*heure du berger.* Adieu donc encore une fois, je pars et pour ne plus revenir. Et comme per-

sonne ne peut nous voir, donnez-moi la main, et embrassez-moi. mon
ami. »

Ainsi parla la princesse. Simons, qui sentait combien elle était dans
le vrai, n'essaya pas de la retenir. Il était un de ces hommes sans égoïsme
qui veulent avant tout le bonheur de leurs amis, et qui s'effacent pour
leur laisser le champ libre. Il aimait cette jeune femme pour sa beauté,
pour sa jeunesse, pour son talent, pour sa rare modestie qui n'était égalée
que par sa grâce naturelle et simple; mais il savait très-bien que ces
belles et grandes natures, abandonnées à elles-mêmes dans cette ville
immense, sans guide, sans appui, sans l'expérience de ce monde à part
qui a étiolé tant de choses, finissent toujours par se perdre au profit de
quelque vanité, de quelque orgueil, de quelque mauvaise passion. La
princesse Léonora quitta Paris avec la joie du prisonnier qui voit s'ouvrir les portes de sa prison. Elle s'écriait comme dans Virgile : L'Italie!
l'Italie! Et quand enfin elle fut de retour chez elle; quand elle eut retrouvé ses vieux amis, sa belle maison, ses fêtes charmantes; quand
son cavalier servant fut revenu plus empressé et plus fidèle que jamais,
elle se demanda si elle n'avait pas été le jouet de quelque songe horrible. Et quand on lui voulait parler de son voyage : « Ne parlez pas

de Paris, disait-elle, ô mes amis! c'est comme le Vésuve! Tenez-vous à distance de la lave et regardez la flamme de loin. »

Quand la princesse Léonora eut quitté la ville où elle ne devait plus revenir, notre ami Simons, sûr d'avoir été oublié de cette femme à laquelle il songeait toujours, rentra dans sa pauvre maison ; il était triste de cette tristesse sans consolation et sans espérance que l'âme humaine ne saurait définir. Rentré chez lui, le malheureux retrouva son joug de fer, et ce joug lui parut plus pesant et plus honteux que jamais. Mais quoi ! il faut obéir à ces rudes nécessités! De temps à autre, Simons cherchait à se rappeler madame de Catrini; il retrouvait dans son souvenir charmé cette belle et éclatante Léonora ; il revoyait ce beau regard, ce fin sourire, cette fraîche et pure fleur d'au delà les Alpes, il la revoyait toute parée, toute brillante, ou bien à demi couchée dans la douce somnolence de l'âme et du corps. Vaine illusion ! une voix criarde, une jupe crasseuse, un glapissement de toutes les minutes, cette vilaine maitresse acharnée à la vie de ce pauvre homme, vulgaire et égoïste nature, venaient arracher l'artiste à cette heureuse contemplation.

Un mois après le départ de la princesse Catrini, dans ce même salon où nous l'avons vue pour la première fois, un des beaux messieurs de l'assemblée s'en revint tout effaré et d'un air mystérieux raconter à ces messieurs et à ces dames qu'il avait rencontré la signora Léonora avec son artiste. — « Ah! ah ! voilà une aventure, disait ce monsieur. Vous croyez votre princesse au fond de l'Italie, elle est ici! le prince sera parti tout seul avec la soubrette; la dame est restée avec son artiste, et Dieu sait ce qu'ils font à eux deux ! Toujours est-il qu'ils se sont juré de vivre et de mourir ensemble Je les ai vus, bras dessus, bras dessous, et je l'ai reconnue quoiqu'elle soit bien changée ! Elle avait à ses pieds de vieux souliers, un vieux châle sur ses épaules, et un chapeau neuf tout battant rose. Elle m'a paru un peu plus grande que de coutume. Quant à lui, il lui donnait le bras d'un air nonchalant et passablement ennuyé. Je les ai suivis pendant une heure, et ils ne se sont pas dit quatre paroles. Ainsi s'en va l'amour! »

Pauvre Simons! si ce monsieur, ce beau parleur bien informé avait suivi Simons et sa compagne plus longtemps, il les aurait vus entrer à l'auberge du *Sauvage*, il aurait entendu cette étrange *princesse* demander tout haut du vin, du pain, du fromage pour elle, et du tabac *pour son homme !*

JULES JANIN.

LES HOLLANDAIS - A - PARIS.

LE HOLLANDAIS.

S'IL est un peuple dont l'orgueil national méritât de passer en proverbe, c'est ce peuple, le croirait-on? d'origine toute germa-

nique, qui se nomma d'abord **Wattawer** (bande de sable ou pays bas ,
nom que les Romains, à l'époque où César arriva dans les Gaules,
transformèrent en celui de *Batavi*, c'est-à-dire Bataves ou Hollandais. Le
patriotisme est une belle chose, mais en tant qu'on ne le pousse pas jusqu'à l'exagération ; exagéré, il est aveugle et produit de fâcheux résultats.

Aux yeux du Batave, rien n'égale les plaines basses et uniformes de
son pays ; les alluvions, les tourbières, les marais dont il est couvert ; les
cours d'eau qui le sillonnent en tous sens ; les nombreux et profonds canaux qui le traversent comme autant d'artères, et, il faut le dire, lui
donnent la vie et le mouvement ; les redoutables écluses qui le protè-
gent ; les forteresses qui l'entourent ; et enfin l'air brumeux, humide et
rhumatismal qui l'enveloppe d'un voile éternel. Il en résulte que le
Hollandais préfère son pays, quelque déshérité qu'il soit du ciel, aux plus
magnifiques pays du monde. Tous les goûts sont dans la nature.

N'était son amour du lucre, la seule grande passion qu'on lui connaisse, mais aussi celle sur laquelle il concentre toutes ses affections, le
Hollandais ne quitterait pas plus ses marais que le castor l'édifice dont
il s'est fait si artistement l'architecte ; mais le désir de vendre et de rouler
sur l'or le fait sortir de son apathie. De sa nature il est essentiellement
pléthorique. Boërhaave a écrit quelque part que sur cinq Hollandais il en
mourrait trois d'apoplexie foudroyante, si les Phéniciens n'avaient inventé
le commerce.

Né commerçant, le Hollandais a tout ce qu'il faut pour se tirer avec
avantage du labyrinthe dans les inextricables détours duquel tant d'autres s'engagent et s'égarent. Le jour où il fut question d'entreprendre l'un
de ces travaux si gigantesques qu'il semble que Dieu seul puisse sérieusement y songer, — le desséchement de la mer de Harlem qui n'a pas
moins de cinq lieues de long sur deux et demie de large, et que l'on
voulait transformer en une *polder* d'une superficie de cinq mille hec-
tares ; — ce jour-là, le bailleur de fonds de la société qui s'était organisée dans ce but acheta publiquement une paire de brodequins de hasard qu'il marchanda vingt minutes. Le journal de la Haye signala le fait,
et, tant il est vrai que les plus petites causes produisent souvent de grands
effets, l'affaire du desséchement fut abandonnée. Le bailleur passa pour
un *cancre*, mais il sauva ses écus.

Dans une circonstance analogue à celle-ci, et qui dénote que quand
l'esprit de l'homme s'élance à la recherche du merveilleux il ne met plus
de frein à sa fougue, — il s'agissait de faire de Paris un port de mer, et
ce fut une société hollandaise qui en eut pour la première fois l'idée, —

le chef de cette société demeura huit jours à Paris. Eh bien, veut-on savoir quels y étaient ses moyens d'existence, à cet homme qui, pour nous servir d'une locution vulgaire, remuait les florins à la pelle? Il logeait dans un fort modeste hôtel de la rue Montmartre, déjeunait le matin dans sa chambre avec un petit pain d'un sou, et dînait, le soir, avec un second petit pain et un cervelas, tout en parcourant à grands pas cette partie de la rue des Jeûneurs que les édiles de notre bonne ville n'ont pas encore songé à doter du plus petit réverbère. Avait-il soif, il se dirigeait vers la fontaine située en face de la rue Feydeau, et là, se faisant de ses mains un gobelet, il se désaltérait à peu de frais. Si Paris n'a pas détrôné le Havre, au point de vue maritime, peut-être devons-nous l'attribuer à cette incroyable parcimonie.

Un dernier trait, sans doute fort connu, mais que nous ne pouvons nous dispenser de rapporter ici, tant il est caractéristique, est celui que l'on attribua dans le temps au Hollandais Roër, le plus célèbre usurier de la rue de la Huchette, où il demeura vingt et quelques années, dans une maison décrépite. Un jour il dit à son fils : « Je sors. Si un tel vient, je lui ai prêté mille francs; mais comme je prélève les intérêts composés, voilà cinq cents francs que tu lui remettras en échange de son billet payable dans deux ans. — Double! niais s'écria sa femme présente à la recommandation, et pourquoi ne lui prêtes-tu pas pour quatre ans, tu n'aurais rien à débourser? »

La vue de l'or produit sur les Hollandais l'effet d'une pile de Volta; morts, elle les galvaniserait. Il y a deux ans, un Hollandais de Berg-op-Zoom, qui, à en juger d'après le tremblement sénile de ses jambes, devait être fort âgé, et d'après le vêtement moins que luxueux qu'il portait, joint à son mobilier plus que modeste, devait être fort pauvre, fit appeler le célèbre docteur Gronovius, le descendant du philosophe de ce nom et le Gannal des Pays-Bas.

« Docteur, lui dit-il, d'une voix chevrotante, je me fais vieux. J'ai tantôt mes cent dix-huit ans. — C'est un fort bel âge. — Pas si beau que celui de notre aïeul Melchisédech! — Patience, vous irez peut-être plus loin que lui. — J'en doute. Docteur, j'ai un grand service à vous demander. — Lequel? — C'est que vous vouliez bien m'embaumer. — Rien n'est plus facile. — Un moment. Le procédé à l'aide duquel vous conservez les corps consiste, si je ne me trompe, à injecter dans leurs veines des poisons; je voudrais que pour moi vous innovassiez. — Je ne vous comprends pas. — Je vais être plus explicite. Ne pourriez-vous, au lieu de matières vénéneuses, employer de l'or? »

Gronovius regarda son interlocuteur d'une façon si expressive, que
celui-ci ne put s'empêcher de lui dire en souriant :

« Vous me prenez pour un fou, ou tout au moins pour un maniaque?
Et peut-être avez-vous raison. Mais qui n'a son faible ici-bas? *Homo
sum....* Or çà, vous consentez? — Et quand cela serait, où prendriez-
vous.... — La préparation nécessaire à mon embaumement? Docteur,
regardez. »

CUERIN

Le centenaire, en disant ces mots, ouvrit un vieux coffre dans les profondeurs duquel étincelaient de massifs lingots d'or.

« Il y en a treize, reprit-il après un instant de silence; douze me sont
destinés, le treizième est pour vous. Ma proposition vous convient-elle?
— Mais.... — Pas de mais : un oui ou un non, c'est tout ce que je vous
demande. — Vous me pressez tant qu'en vérité je n'ose.... — Ah! docteur, vous ne savez donc pas que c'est à cette fortune que je dois ma
belle et verte vieillesse? vous ne savez donc pas que j'ai passé cent ans
de ma vie à courir les mers pour amasser cet or, et que depuis deux ans

que je n'en ai plus de soucis, je me sens chaque jour dépérir? Quel plus rationnel usage pourrai-je donc en faire que de l'employer à conserver après ma mort ce qu'il a si bien entretenu de mon vivant? Et puis d'ailleurs, qui sait!... ajouta le vieillard avec l'une de ces réticences dont il est assez difficile d'expliquer le sens. J'ai, poursuivit-il, des héritiers : tous sont riches. Ils ne le seraient pas que je me garderais bien de leur laisser ces lingots, ce serait leur rendre un trop mauvais service. Vous acceptez? — J'accepte, répondit cette fois l'Esculape. — Donc, à demain, entre midi et une heure.— Comment, à demain? — Oui, à demain, entre midi et une heure; vous pourrez commencer l'opération, je serai prêt. — Entendons-nous, reprit Gronovius qui, revenu de sa première surprise, ne savait plus que penser du singulier personnage auquel il avait affaire. Que vous ayez des manies, je le comprends; mais que vous poussiez l'excentricité jusqu'à vouloir vous faire embaumer vivant, voilà ce qui me surpasse. — Eh! docteur, vous n'y êtes pas! Demain, entre midi et une heure, je serai mort, et ces lingots seront à votre disposition. »

Il ne disait que trop vrai. A sept heures du matin, Gronovius apprit que le centenaire venait d'expirer. Mais quelle voix secrète l'avait donc instruit de sa fin si prochaine? C'est ce que nous serons peut-être en état de vous apprendre un jour. En attendant, disons qu'il ne s'agissait plus que de procéder à l'exécution de ses volontés dernières. Malgré sa promesse, le docteur ne crut pas devoir les accomplir à la lettre; il en référa au conseil de la ville. Le conseil, assemblé extraordinairement, vu l'étrangeté de la circonstance, décida, ce qui eut lieu, que le défunt serait embaumé conformément aux règles ordinaires et enseveli dans un cercueil fait avec les douze lingots désignés dans son testament.

Cette royale fantaisie produira-t-elle sur lui l'effet des paroles du Christ sur Lazare? Nous nous permettrons d'en douter. Il est plus logique de croire que, retrouvé dans quelques milliers d'années d'ici, comme la momie d'un Égyptien ou d'un Guèbre, il servira à exercer les patientes recherches d'un savant, lequel ne manquera pas de déclarer que c'était, de son vivant, sinon un empereur, du moins un stathouder hollandais.

On dit le Hollandais égoïste; on prétend même que ce déplorable vice est la base de toutes ses actions. Hélas! trois fois hélas! de qui, au temps où nous sommes, n'en pourrait-on dire autant? « *Cave ne cadas*, car le terrain est glissant, » répliqua quelqu'un à qui nous en faisions l'observation.

C'est en se fondant sur la parcimonie bien reconnue du Hollandais que des malintentionnés ont osé prétendre que, très-inflammable malgré son épaisse écorce, il était peu délicat dans ses affections; qu'il choisissait ses maîtresses parmi ses servantes. Foin de la calomnie! Le Hollandais, nous le proclamons à haute voix, n'est pas encore parcimonieux au point de descendre jusqu'aux Maritornes, surtout à Paris. Il a la conscience de ce qu'il vaut; il se doit de porter plus haut ses regards. Pénétré d'ailleurs du célèbre système d'Azaïs, il sait bientôt rétablir l'équilibre dans ses affaires.

Un opulent financier de Paris, Néerlandais d'origine, devint amoureux fou de l'une des plus adorables gazelles de nos théâtres. Imaginez une jeune femme de vingt ou vingt-deux ans, aux cheveux blonds, au regard tendre, à la démarche la plus coquette et la plus gracieuse, au langage le plus spirituel. Entre le théâtre et la finance, il y a plus de points de contact qu'on ne pense, ne serait-ce que sous le rapport des profits et pertes. Toutefois, quand on a vingt ans on aime peu un soupirant de soixante; il faut que, pour faire pardonner son âge, celui-ci sache exhaler son amour dans un volume, non de poésies, mais de billets de banque, ouvrage dont il promettra de nombreuses éditions. En ce temps-là, la chronique citait un mot de notre gazelle, qui, s'il est réel, dénote une admirable entente des choses de la vie, et une vivacité d'à-propos peu commune. A la suite de l'un de ces enivrants et tout à la fois ruineux tête-à-tête qu'il lui arrivait de temps à autre d'accorder à bon escient, c'est-à-dire à ceux de ses nombreux admirateurs qu'elle savait en état d'apprécier d'une façon convenable cette insigne faveur, l'un d'eux s'imaginant avec une ingénuité charmante que, grâce à la manière royale avec laquelle il s'était comporté, il pouvait une fois encore y revenir sans être obligé d'avoir de nouveau recours à son portefeuille, lui dit au moment de se séparer d'elle : *Au revoir!* Mais, étonnée d'une pareille prétention : *Vous êtes donc bien riche, monsieur!* lui répliqua-t-elle froidement.

Les gazelles ont le flair des plus exercés : la nôtre n'eut pas besoin d'appliquer son financier à la même épreuve. Trois jours après leur première entrevue, tous deux ils étaient parfaitement d'accord : l'un, chaussé de bottes économiques et son parapluie sous le bras, s'en allait tendrement à pied, barbotant, comme un homme de lettres sans le sou, dans la boue; l'autre, mollement étendue dans le plus délicieux *brougham* qui soit jamais sorti de chez Desouches, se faisait conduire... où? La chronique prétend que ce n'était pas à l'église. De cette façon, tous deux ils établissaient une balance exacte dans leurs comptes. Le financier ne se serait pas plus permis de prendre un fiacre, même par l'un de ces jours où les cataractes du ciel s'épandent toutes en même temps sur Paris, que la gazelle ne se serait privée une seule fois de se rendre où nous n'avons pas dit qu'elle allait. Et tous deux ils étaient contents. Le suprême bonheur du Néerlandais consistait à faire atteler, aussitôt que la jeune femme exprimait le désir de prendre l'air, et, au moment où elle s'élançait dans la voiture, de lui envoyer de la main un baiser, en murmurant avec un sourire de faune ces doux mots : *A tantôt, chère! amusez-vous bien!* A quoi la sirène ne manquait jamais de répondre avec un petit hochement de tête non moins tendre : *Adieu, mon ange, pensez à moi!* Le brougham partait, et le financier, son parapluie toujours sous le bras, se rendait amoureusement à la Bourse, où, l'âme inondée d'une joie ineffable, le 3 pour 0/0, l'emprunt piémontais, le tiers consolidé, les quatre canaux et la rente d'Espagne avaient seuls le pouvoir de faire cesser son extatique ravissement

Il y a quelques mois à peine, notre gazelle tomba dans un état de langueur inquiétant. Troublé, le Crésus voulut savoir la cause de ce marasme. La Faculté, consultée, lui répondit par l'ordonnance suivante : « *Un coupé et des chevaux, surtout qu'ils soient plus beaux que ceux de mademoiselle Z***, de l'Académie royale de musique. Servir sans retard.* » Il s'empressa d'envoyer chez le préparateur habituel de ces sortes de potions ; puis, ne voulant pas qu'on pût l'accuser de lésinerie, il joignit de lui-même à l'envoi les plus magnifiques *ketten* de ses écuries. La guérison fut complète. Mais, si notre intéressante malade était peu sujette aux *chutes* sur la scène, elle l'était par contre beaucoup aux *rechutes* dans la vie privée. Moins de trois semaines après, de nouveaux symptômes se manifestèrent ; en peu de jours le mal devint des plus graves.

« Grand Dieu ! chère, que vous êtes pâle ! lui dit un jour le financier avec une visible émotion. Vous maigrissez à vue d'œil... — A qui le dites-vous ! — Mais enfin qu'avez-vous ? — Cela saute aux yeux. J'ai le *spleen.* — Et d'où vous vient cet ennui ? — De mon appartement, donc ! Un taudis ! »

Ce que l'on qualifiait ainsi, il est bon de le dire en passant, était l'une des plus ravissantes chartreuses de la Chaussée-d'Antin.

« Et quand je pense que mademoiselle X***, de l'Opéra-Comique, une petite fille de... rien, loge sa femme de chambre dans un réduit bien plus élégant que celui-ci !... Pécore, va ! »

Pendant que notre gazelle donnait ainsi carrière à son amertume, le Néerlandais promenait un regard stupéfait autour de l'appartement, dont l'ameublement était aussi frais que celui de la plus délicate petite-mai-

tresse. Tout à coup, ses yeux s'arrêtent sur une douzaine de petits pots
en porcelaine dorée, de boîtes en écaille et de flacons symétriquement
rangés sur le plateau de marbre d'une *duchesse*.

« Cela vous étonne? lui dit la malade en poussant un profond soupir.
Ai-je donc besoin de tout vous expliquer? Ici c'est du blanc, là du bleu,
plus loin du rouge. Que deviendrions-nous, pauvres femmes, sans cette
trinité aussi patriotique, du reste, que *beautifying*? »

A ce moment, la camériste parut, disant : « Le racahout de madame.
— Vous prenez du racahout? — Il faut bien que je rengraisse, je joue
prochainement un rôle d'odalisque. — Mais vous ne vivez donc qu'au
milieu des drogues? — Vous l'avez dit, répliqua la blonde et douce jeune
femme en brisant de colère un écran chinois. Aussi ai-je résolu d'en finir.
— Vous dites? — Je dis que si cela continue, mon directeur m'a menacée de demander la résiliation de l'engagement que j'ai signé dernièrement avec lui ; or, comme je tiens à faire encore les délices de ce bon
public qui m'adore, qui m'idolâtre, je vous préviens que si vous ne
m'aidez pas à sortir de l'état de *sorrow* dans lequel je me trouve, demain j'appelle un fripier, je fais maison nette, et.... — Et?... — Vilain!
fit tendrement la sirène en se suspendant au cou du Batave. *vous* savez
bien que je *t*'aime trop pour agir ainsi sans que *vous* le vouliez. *Tu* m'en-
verras ton tapissier, n'est-ce pas, mon ange? — Ce soir même. — Et vous
me laisserez carte blanche? — Cert...ai...ne...ment. — J'ai si bon goût,
vous verrez! »

En moins de huit jours, la métamorphose fut achevée; l'actrice et
l'appartement n'étaient plus reconnaissables : on ne voyait partout que
fleurs, meubles de boule, satin, velours, tableaux, statuettes, curiosités
de tout genre, tout ce que l'art enfin avait pu fournir de plus artistement
fait, de plus gracieux. L'heureuse directrice de toutes ces merveilles avait
exigé que personne ne mît le pied dans le temple avant que le prodige
fût totalement accompli.

Quand, par suite de l'axiome qui veut qu'à tout seigneur revienne tout
honneur, le financier fut admis à jouir le premier du coup d'œil, il fut
ébloui. Assise devant son piano, la gazelle étudiait un charmant motif du
Diable à l'école d'Ernest Boulanger, et le fameux *quadrille impérial*
d'Oscar Commettant. Elle accourut radieuse au-devant du Batave, et lui
dit dans un accès de gaieté folle :

« N'avais-je pas raison de vanter mon bon goût? — Vous êtes une
fée, chère ! »

Jamais épithète n'avait été mieux placée. Le soir, en rentrant chez lui, le financier trouva les mémoires ; ils s'élevaient, récapitulation faite, à la modeste somme (historique) de *cent vingt-deux mille francs!*

« C'est un peu dur, dit-il en payant, mais je rattraperai cela. »

L'occasion ne tarda pas à se présenter. Vers le même temps, il faisait bâtir un somptueux hôtel dans l'une des rues les mieux habitées du noble faubourg : il s'agissait d'une dépense de plusieurs millions. L'hôtel livré, il rassembla ses fournisseurs et leur tint à peu près ce langage :

« Messieurs, hier, par suite d'une fausse spéculation, j'ai perdu cent vingt-deux mille livres ; il faut que vous m'aidiez à les récupérer. Vos mémoires sont exagérés ; ce n'est pas ainsi qu'on agit avec un homme tel que moi. Réduisez-vous donc les uns et les autres jusqu'à concurrence de la somme dont je viens de vous parler, et sur-le-champ je vous paye ; dans le cas contraire, vous attendrez, et peut-être sera-ce longtemps. Je ne vous prends pas en traître. Ce que je suis obligé de faire aujourd'hui, je ne l'eusse peut-être pas fait avant-hier ; n'en accusez que les événements qui m'ont accablé. J'ai dit. »

Les fournisseurs murmurèrent ; mais comme chez eux le besoin d'espèces se faisait généralement sentir, force leur fut d'acquiescer.

« Voilà deux maladies, la dernière surtout, dont le prix est un peu élevé ; j'espère, chère, que dorénavant vous vous porterez à merveille, dit le financier en retournant le lendemain chez l'actrice. — Oh ! mon ange, tu me gâtes ! et mon bonheur serait parfait, n'était mon propriétaire qui veut à toute force me donner congé ! — Comment, congé ? — C'est dommage, n'est-ce pas, après y avoir fait tant de dépenses, de quitter mon joli petit appartement ? Et cela, parce qu'il veut que je vous fasse souscrire en mon nom un bail de quatorze ans, et que moi je ne veux pas. — Et qui vous fait ne pas le vouloir ? — Que vous importe ! vous ne m'aimez pas. — Je ne vous aime pas... moi ! ah ; vous savez bien le contraire, soupira le Hollandais en regardant langoureusement le plafond. — Eh bien, puisque vous y tenez, reprit la gazelle, si je n'ai pas voulu y consentir, c'est que je me suis dit : Les quatorze ans écoulés, je ne serai pas plus avancée qu'aujourd'hui, tandis que si je réunissais dès ce moment la somme seulement consacrée chaque année à mon loyer, je pourrais acheter, du côté des Champs-Élysées, un tout petit ermitage aussi confortable que celui de madame K***, des Français. Vous savez, celui qu'elle a obtenu dernièrement de son vieux pair de France ?

..... Historien fidèle, arrêtons-nous là. La négociation est entamée ; mais nous ne savons encore si elle est, si elle sera conduite et résolue au gré de notre gazelle.

Si l'on admire le flegme de l'Allemand et de l'Anglais, que dira-t-on du sang-froid de ce Batave qui, étant à table, à Paris, au milieu de vingt convives, reçoit une lettre de son pays, demande la permission de l'ouvrir, la parcourt d'un œil rapide, et, avec un calme stoïque et un visage impassible, laisse tomber ces mots : « Ma filature vient de brûler. — Eh quoi, lui dit son voisin, ce bel établissement que vous possédiez sur le bord de l'Escaut, et dont vous avez refusé deux millions? Il était assuré? — Non. — Quel malheur ! — Bah! j'avais intention de le faire rebâtir sur un autre plan. Cela m'évitera la peine de le démolir. »

Et cependant, cette filature, c'était à peu près toute sa fortune ; mais il avait sur-le-champ compris que, de sa part, la moindre expression de désespoir eût porté atteinte à son crédit, sa seule ressource désormais, et qu'alors sa ruine eût été complète. — La gravité du péril en avait fait un héros.

Les Hollandais sont fumeurs comme des Allemands, buveurs comme des Suisses, gourmands et gourmets comme des Anglais, taciturnes comme des quakers. Master Wandenhoop, le Milon de Crotone des Pays-Bas, venait exprès de Maëstricht à Paris pour manger, et il s'en acquittait d'une façon fabuleuse. Un jour, aux *Frères Provençaux*, après un dîner que Gargantua seul eût osé faire avec lui, tant les mets et les vins avaient été abondants, master Wandenhoop, qui n'était pas encore rassasié, demande à jeter un coup d'œil sur la carte. On s'empresse de la lui passer. Après un examen de quelques minutes, embarrassé sans doute du choix qu'il avait à faire :

« Garçon, dit-il, quels sont les plats les plus recherchés et les vins les plus exquis de votre maison? — Mon Dieu, monsieur, je serais fort en peine de vous le dire. — Eh bien, alors, garçon, servez-moi tout ce que vous avez. — Mais, monsieur, cela ne tiendra pas sur votre table. — Vous en avancerez une seconde, une troisième. — Monsieur, mais... — Garçon, je veux, entendez-vous, et quand je veux, on obéit. Allez! »

Obligé de céder à ce singulier consommateur, le garçon alla faire part à son maître de ce qui venait de se passer. Le maître, qui connaissait master Wandenhoop de longue date, ordonna qu'il fût fait suivant ses désirs. En moins de vingt minutes, master Wandenhoop eut toute la carte devant lui, depuis le plus petit hors-d'œuvre jusqu'à la plus forte pièce de résistance; depuis le vin le plus ordinaire jusqu'au vin le plus recherché. Master Wandenhoop satisfait se remit à la besogne comme s'il n'eût rien mangé depuis huit jours. Vingt personnes assistaient à ce haut fait... de fourchettes; toutes, ébahies à la vue d'un pareil spectacle,

oubliaient qu'elles étaient elles-mêmes venues pour dîner. Quoique l'épi
gastre du Hollandais fût, en apparence, d'une fort remarquable capacité.

on ne pouvait se rendre compte de sa gloutonnerie ; on se demandait dans
quel compartiment de son énorme abdomen il parvenait à caser la prodigieuse quantité de vivres qu'il faisait disparaître. Il s'était mis à table à
cinq heures ; à onze il se leva, et, sans se préoccuper le moins du
monde des sourires et des chuchotements qu'avait excités l'homérique
bataille qu'il venait de livrer, il sortit, paya largement sa consommation,
et alla passer le reste de sa soirée à l'estaminet de *l'Univers,* en face
d'une douzaine de pots de bière, du contenu desquels il trouva encore le
placement.

Autant master Wandenhoop professait d'estime pour la table, autant
— comme, du reste, tous ses compatriotes — il avait de respect pour les
cigognes. Par une belle matinée du mois de mai, il se promenait aux
Champs-Élysées, lorsque tout à coup apercevant un pauvre diable qui,
assis auprès d'une cigogne, raclait frénétiquement un sabot, lequel ne
portait certainement pas le nom de Stradivarius, il s'approche et paraît
l'écouter avec plaisir. Étonné de se voir un auditeur, l'artiste s'escrime
de plus belle ; tous ses efforts semblent tendre à tirer de son instrument

les sons les plus discordants. Le Hollandais ne bouge pas. Quel est donc cet étrange dilettante? L'artiste serait-il un Sivori incompris? Curieux de juger si la générosité de *son* *public* est à la hauteur de son admiration, il s'arrête brusquement et lui présente sa sébille. Au lieu de répondre à cet appel expressif, master Wandenhoop dit au musicien, en lui montrant la cigogne : « Combien cet oiseau? — Monsieur, il n'est pas à vendre. C'est mon gagne-pain. — Je vous en donne cent francs. — Monsieur, si.... — Deux cents francs. — Ma pauvre Jeannette! — Voilà cent écus : cela vous va-t-il? »

Faisant à part lui cette judicieuse réflexion qu'avec cent écus il pourrait se procurer non pas une, mais plusieurs autres cigognes, l'artiste poussa un profond soupir et consentit au marché. Quant à Jeannette, qui, pendant ce débat, était restée immobile sur l'une de ses longues pattes, elle n'y forma pas la plus petite opposition. Peut-être pensa-t-elle en sa plume qu'elle ne pouvait que gagner à cet accommodement. En conséquence, master Wandenhoop tira sa bourse, y puisa la somme convenue, la remit à l'artiste qui, en échange, lui percha Jeannette sur l'épaule, et, l'un portant l'autre, l'homme et l'oiseau s'éloignèrent. Trois semaines après, Jeannette se promenait gravement sur la place publique de Maëstricht, toute joyeuse de se trouver au milieu d'une foule de compagnes pour lesquelles les passants avaient les plus grands égards.

Master Wandenhoop jouissait d'une fortune immense. A soixante ans il en avait mangé — littéralement — la moitié, bu et fumé, ou à peu près, l'autre moitié, lorsque la mort le surprit. Il expira comme il avait vécu, le verre à la main, et fut enterré dans l'un des angles du Mont-Parnasse.

Il y a quelques années, un négociant d'Amsterdam vint se fixer à Paris, pour y fonder un établissement destiné à servir d'entrepôt aux divers produits de la Hollande et des vastes possessions que ce pays compte dans l'Inde. Ce négociant était ce qu'il est encore, riche, économe et adroit. Son arrivée fit grand bruit; ses relations s'en ressentirent, en peu de temps elles furent nombreuses. Chacun briguait l'honneur d'entrer en rapport d'affaires avec lui, et l'on y mettait d'autant plus d'empressement, que son crédit, on le savait, rejaillissait sur ceux qui l'approchaient. Vers le même temps, une société littéraire et artistique se forma. Créée dans toutes les conditions possibles de vitalité, cette société recrutait des *noms*, afin d'augmenter encore ses chances de succès en se plaçant sous le patronage d'hommes éminents. Un millionnaire est toujours un homme distingué. Le négociant d'Amsterdam fut l'objet de pressantes sollicitations. On voulait qu'il fût l'un des membres de la société les plus influents. Après avoir lu la lettre qui lui était adressée à ce sujet, il prit une plume, et écrivit la réponse suivante :

« Monsieur : en 18.., une société dont le siége est situé en ce moment « rue *Heerngraft*, à La Haye, s'organisa sous ce titre : *Felix meritis*. Son « but principal était le développement des sciences, de la littérature et « du commerce. Sous ce triple point de vue, elle méritait l'attention, je « dirai mieux, la sollicitude des notabilités du pays. On me fit l'honneur « de me mettre du nombre. Je souscrivis. Faut-il vous le dire, monsieur? « cette société — je ne lui en fais pas un crime — s'occupa de toutes « choses, excepté de celles qui pouvaient nous intéresser. Beaucoup de « ceux qui avaient concouru à sa formation se retirèrent. Je fis comme « eux. Vous le savez, les années s'écoulent, l'expérience arrive, on devient « méfiant, difficile ; je suis d'une effrayante incrédulité ; j'ai laissé bien « loin derrière moi saint Thomas.

« Aujourd'hui vous daignez m'écrire pour m'engager à m'associer à « l'œuvre que vous venez de fonder. Je ne veux pas savoir quelles sont « vos intentions, je les crois bonnes ; je tiens seulement à m'assurer des « résultats : si donc votre société est en état de me faire vendre mon in- « digo, ma cochenille et mes toiles de Frise, je suis dès ce moment des « vôtres. Dans le cas contraire, vous trouverez bon que je reste dans « l'humble obscurité que je me suis faite. Agréez, etc. »

Cette réponse eut de la publicité; on en induisit, légèrement sans doute, que les Hollandais étaient dégénérés, que pour eux le commerce était tout, les arts, rien. Nous ne sommes pas de cet avis. Il est possible qu'ils aient oublié que leur pays a vu naître Laurent Coster, à qui Faust et Gutenberg volèrent, dit-on, le secret de l'imprimerie; Thomas A-Kempis, qui passe pour être l'auteur de l'*Imitation de Jésus-Christ*; l'ingénieur Cohorn, le Vauban de la Hollande; l'auteur de la *République des Hébreux*, Leydeker; le savant Huyghens; le philosophe Grotius; l'illustre auteur des *Colloques*, Érasme; et enfin cette légion de peintres si justement célèbre dans le monde, et en tête de laquelle nous voyons marcher Wouvermans, Van-der-Helst, Rembrandt, Gérard Dow, Jérôme Bos et Coëpel; — il est possible, disons-nous, que les Hollandais aient quelque peu oublié que tous ces grands hommes ont illustré leur patrie, mais nous ne croyons pas que pour cela ils fassent fi des arts, des sciences et des lettres. Au besoin nous invoquerions l'empressement avec lequel on les rencontre partout où il y a un monument, un tableau, une statue, une arabesque, une amphore, un bahut, une curiosité quelconque digne de fixer l'attention.

Question artistique à part, les galeries habituelles du Hollandais sont la Bourse, la douane et les entrepôts. C'est là qu'il se trouve dans son élément ; car le Hollandais est un homme d'affaires, fort peu un homme de plaisir ; mais s'il hante rarement les salons, il fréquente beaucoup les cafés. Une chope de bière et une pipe, telles sont ses distractions les plus chères.

Toutefois, n'oublions pas de signaler ce goût qui naît avec lui et qu'il porte partout où il va, la navigation. Au temps des Romains, et même avant qu'ils se fussent mêlés à eux, les Bataves, à défaut de vaisseaux pour franchir les fleuves et souvent les mers, avaient dressé leurs chevaux à ce difficile et dangereux exercice. Ces fiers animaux traversaient d'effrayantes distances sans rompre leurs rangs, et telles étaient la précision et la sûreté de leurs mouvements, que jamais ils ne compromettaient la vie de leurs cavaliers. Ce fut grâce à eux que César gagna la célèbre bataille de Pharsale. Depuis, des navires ont remplacé les chevaux ; mais la race de ces précieuses bêtes ne s'est pas perdue. Bien qu'elle soit rare, on la retrouve encore dans certaines parties de la Frise. En 1835, un courtier de la rue des Lombards possédait trois de ces chevaux que montaient souvent son fils et l'un de ses amis, tous deux excellents cavaliers. A cette époque, les marins d'eau douce étaient nombreux à Paris ; on voyait souvent, à certains jours de la semaine et à certaines heures du jour, de légers canots sillonnant la Seine en tous sens. Parmi les rameurs se trouvaient toujours quelques jeunes Bataves. Pour eux, c'était un plaisir favori ; cet amusement leur rappelait la Hollande, si longtemps la reine des mers. Le dimanche était leur jour de prédilection.

Donc, un dimanche, une flottille, composée de cinq esquifs, descendait lentement du pont Royal à Saint-Cloud ; fouettées par la brise, de petites voiles latines auxquelles venait en aide le courant faisaient l'office des rameurs. Ceux-ci, au nombre de dix ou douze, vêtus en matelots, les bras nus et le chapeau de paille sur la tête, fumaient en causant. Tout à coup — ils doublaient le pont des Invalides — un *ohé!* retentissant se fait entendre. Ce cri, parti de la rive droite, est poussé par deux cavaliers qui ont peine à contenir l'impatience de leurs montures. Aussitôt un canot se détache de la flottille et fait signe aux deux cavaliers qu'il va se rendre à leur appel ; mais les cavaliers ne lui en donnent pas le temps : tous deux, fermes en selle, descendent sur la berge, s'élancent dans le fleuve avec autant de calme que s'il se fût agi d'aller fournir une carrière au Champ-de-Mars, rangent la flottille, nagent de conserve avec elle jusqu'en face l'île des *Cygnes* ; puis, une fois là, ils la quittent et rejoignent tranquillement la rive, au grand ébahissement de la foule que leur excentricité avait attirée. Ces deux jeunes gens étaient le fils du courtier batave et son ami dont nous venons de parler.

Il n'est personne qui ne sache quelle est la réputation, justement méritée, du reste, des Hollandais comme patineurs. A l'époque où nous avions à Paris, chaque année, régulièrement, un hiver, tous les patineurs lutétiens les plus fashionables se réunissaient aux Tuileries. Là, envahissant les deux bassins, sous la direction d'un jeune Hollandais nommé Woëdeck, ils se livraient aux plus fantastiques évolutions. Woëdeck était alors pour cet exercice ce que Cellarius est aujourd'hui pour la polka. Mille personnes, bravant les rigueurs de la saison, faisaient cercle autour d'eux ; mais celui de tous qui fixait le plus l'attention générale, et notamment celle des femmes, c'était, cela se conçoit, le jeune professeur.

Parmi ses admirateurs les plus enthousiastes, Voëdeck avait remarqué un vieux monsieur et une jeune dame, la jeune dame surtout. Le vieux monsieur pouvait avoir soixante ans, la jeune dame quinze ou seize : l'un était laid, quoiqu'il portât un ruban rouge à sa boutonnière ; l'autre était belle, gracieuse, élégante. Woëdeck crut d'abord que c'étaient le père et la fille ; il sut bientôt que c'étaient le mari et la femme. Woëdeck était Hollandais par les pieds, Français par l'esprit et le cœur. Un jour, s'étant rendu seul plus tôt que d'habitude aux Tuileries, il fut tout étonné de voir que deux personnes l'y avaient précédé. Ces deux personnes étaient le vieil époux et sa jeune compagne. La rencontre avait quelque chose de si étrange, de si providentiel, que, prompt à diagnostiquer en toutes choses, Woëdeck y lut à son profit la condamnation du premier. Toutefois, comme il pouvait se tromper, il résolut aussitôt de tenter une épreuve. Ses patins chaussés, il s'élance sur le théâtre de ses exploits habituels — le grand bassin, dont le large périmètre offrait le plus d'espace, — tâte la glace par quelques habiles circonvolutions ; puis, autant pour ménager le terrain que pour arriver plus promptement au but de ses désirs, il trace du talon ces trois mots : *Je vous aime !*

— A qui peut s'adresser cette déclaration ? se demanda le vieux chevalier, son binocle appliqué sur l'œil ; nous sommes seuls ici : ce n'est pas à moi, probablement ; serait-ce ?... »

Il regarda sa jeune femme, elle était rouge comme une cerise.

« Ah ! diable ! pensa-t-il, si, comme le dit la chanson, il est dangereux de glisser sur le gazon, ne serait-il pas plus dangereux encore de voir glisser sur la glace ? »

Woëdeck, de son côté, n'avait rien perdu de la vive émotion causée

par son ingénieuse tentative. Convaincu qu'il ne dépendait que de lui
de mener à bonne fin l'aventure, il était allé écrire sur un autre point
du bassin, sans avoir l'air d'y attacher d'importance, ce second membre
de phrase : *Cinq heures, ce soir, passage Vendôme.* « Bon ! très-bien ! j'y
serai, » se dit le vieux monsieur qui, sa jeune femme toute palpitante sous
le bras, venait d'arriver devant le patineur calligraphe au moment même
où il arrondissait l'*e* de Vendôme. Mais, si perspicace qu'il fût, le sexa-
génaire décoré ne l'était pas encore autant que nos deux jeunes gens ;
tous deux ils avaient deviné ses soupçons, et, d'un coup d'œil aussi
intelligent que rapide, changé leurs dispositions.

A l'heure dite, le chevalier se rendit au lieu indiqué : le passage Vendôme était, comme toujours, complétement désert.

« Je me serai trompé, murmura-t-il en reprenant le chemin de son
hôtel ; ce n'était pas à ma femme que s'adressaient les hommages du
Hollandais. »

Et néanmoins il fut huit jours sans retourner aux Tuileries. Au bout
de ce temps, voyant qu'on paraissait aussi peu le désirer que lui, il en
fit le premier la proposition. Elle fut acceptée. Comme précédemment,
chose assez bizarre, le bassin n'était encore occupé que par Woëdeck.
L'élégant patineur s'amusait à encadrer d'ornements ce nom : *Camille,*
qu'il venait de tracer d'un pied aussi léger qu'ingénieux.

« Eh ! voilà qui n'est déjà pas si mal tourné, dit à demi-voix le vieux
chevalier, tout en soufflant dans ses doigts. *Camille !* mais, j'y songe !
ce nom, c'est celui de ma femme !... Ah, bah ! il y a bien des... choses,
à la foire, qui portent le même nom. »

Tous les Étrangers ont fréquenté Tivoli, à l'époque où la spéculation
n'avait pas encore songé à promener sa faux destructrice au milieu des
bosquets de ce célèbre jardin. Tivoli n'existe plus qu'en souvenir !
Là où chantaient naguère de joyeuses bandes d'oiseaux ; là où de
piquantes grisettes, autres oiseaux d'un autre genre, venaient gaiement s'abattre et danser ; à la place enfin de ce ravissant Élysée où de
grandes dames ne dédaignaient pas de se rendre, où des distractions
de toutes sortes s'offraient aux promeneurs, s'élèvent à présent de longues et maigres maisons ! *Sic transit gloria mundi !*

« Ah ! monsieur Van-Brower, s'écria un jour maître Galabert, — le
restaurateur de la coiffure, — en voyant entrer précipitamment dans son
salon un jeune habitant de La Haye nouvellement marié à Paris. — Lui-
même, sortant de Tivoli, fut-il répondu avec un accent batave des plus

prononcés. — Vous avez chaud? — J'étouffe!... J'enrage! — Quoi? — C'était *lui!* — Vous en êtes sûr? — Aussi sûr que je suis certain que c'était *elle!* »

Maître Z*** n'est pas seulement, vous le savez, l'artiste capillaire le plus éminent de Paris, il est encore le confident obligé de ses clients, à quelque sexe qu'ils appartiennent.

« Comment! s'écria-t-il, madame Van-Brower aurait eu, avant son mariage, ce que nos voisins d'outre-Manche appellent une *criminelle conversation?* — Avant et pendant, si je n'y mets ordre. Oui, mon cher monsieur Z***. En *le* reconnaissant, elle se retourna et voulut payer d'audace; mais je ne pouvais m'y laisser prendre. Je m'emparai de sa main, elle tremblait dans la mienne; je tentai de l'entraîner, elle résista; je parlai en maître... cette fois je fus plus heureux : elle vint. Nous rentrâmes sans nous dire mot à l'hôtel. — Et maintenant, qu'allez-vous faire? — Abattez-moi ces moustaches. — Vous ne parlez pas sérieusement? — Je ne plaisante jamais. Jugez-en. Ce matin, je sors; derrière moi marchaient deux jeunes gens. L'un disait à l'autre : « Il a une bonne tête. Trouves-tu pas, continua-t-il, que ses moustaches ressemblent à deux virgules en tête à tête sous la surveillance d'une mouche? » Et de rire. Je me retourne : les rires redoublent. Aussi peu flatté de l'hilarité que de la plaisanterie, je me fâche.

« — Monsieur, me dit le persifleur, je tue un homme à vingt pas, je me nomme Viard, et je demeure passage Saulnier, 7. »

« Je lui répliquai fièrement qu'il m'importait peu de savoir son nom et son adresse; que ce à quoi je tenais, c'était à m'assurer s'il était en état de justifier son outrecuidance.

« Moins d'une heure après j'entrai dans le bois de Boulogne avec deux de mes amis pour témoins. J'y trouvai mon adversaire, qui, quelque diligent que j'eusse été, m'avait devancé. Il se *faisait* la main sur une espèce de cadran solaire placé à trente pas. « *Midi,* disait-il, *une heure, deux heures, trois heures,* » — et à chaque fois il piquait d'une balle l'heure qu'il venait d'indiquer. Il fit de la sorte le tour du cadran. Cet homicide coup d'œil un moment, je l'avoue, me surprit : je fus ému. Néanmoins je repris mon aplomb; le sang-froid me revint : la gravité du péril me l'avait rendu. Nous échangeâmes deux balles sans succès, ce qui me prouva que l'on peut être fort adroit sur une poupée, fort maladroit sur un homme.

« Mécontents tous deux de ne nous être pas légué le moindre souvenir, nous allions tenter une troisième épreuve : les témoins ne le permirent pas. — Et c'est pour cela que vous voulez abattre vos moustaches? reprit maître Z***. — Sans doute, elles sont trop reconnaissables, elles m'empêcheraient de mener à bonne fin l'expédition que j'ai projetée pour demain ; car j'ai résolu de surprendre demain ma femme à Tivoli, où je suis convaincu qu'elle a donné rendez-vous à... à mon prédécesseur. Je veux également que vous retranchiez le superflu de ma chevelure. — Quel dommage ! s'écria l'artiste en promenant ses doigts onctueux sur la tête de son client. — Z***, ne cherchez pas à m'attendrir ! » murmura le Batave.

Le sacrifice fut consommé ; mais M. Van-Brower ne put constater son flagrant délit. Le lendemain, grande fut sa surprise, au moment où il arrivait devant Tivoli, d'en trouver les grilles fermées et surmontées d'une énorme pancarte, sur laquelle on lisait ces mots en gros caractère : *Terrain à vendre.*

Nous avons dit, au début de cet article, que le lucre était la seule grande passion du Hollandais : nous n'étions pas exact. Le Hollandais a encore, et par-dessus tout, la passion des fleurs. Depuis Müntinck, qui était le plus célèbre horticulteur de la Hollande, jusqu'au bourgmestre Wandzell, qui en est le plus riche, il n'est personne, petit ou grand, riche ou pauvre, dans les Pays-Bas, qui ne s'occupe d'horticulture. Les jacinthes et les tulipes y sont les fleurs de prédilection. On a vu des Hollandais consacrer à l'achat d'un oignon de tulipe la somme que coûterait l'entretien annuel d'une lorette de haut parage, et ce n'est pas peu dire. L'habile jardinier en chef du Luxembourg, M. Hardy, aurait, à cet égard, de curieuses révélations à nous faire. Au moment même où nous écrivons ces lignes, il n'est question que de l'exposition du *Cercle horticole* tenue dans l'orangerie du Luxembourg. Sur deux mille curieux qu'elle attire, il y a pour le moins quinze cents Hollandais. Nous avons remarqué dans la foule un riche banquier de Rotterdam, qui, fort embarrassé de l'emploi de ses florins, est venu exprès à Paris pour voir par lui-même si M. Tripet-Leblanc n'aurait pas inventé une jacinthe, ou M. Paillet un rhododendron, ou M. Roblin une rose, ou MM. Martine, Cels, Rousseau, Souchet *e tutti quanti*, une fleur quelconque, dont la beauté fût d'autant plus merveilleuse que le prix en serait plus exorbitant. Sous ce rapport, le Hollandais ressemble à l'Anglais qui n'estime une chose qu'autant qu'elle est chère. Aussi, quand on se rappelle la parcimonie habituelle du premier, doit-on se dire qu'il faut que son *horticultomanie* soit bien grande pour qu'elle ne le fasse reculer devant aucun sacrifice.

On se rappelle l'événement dont un armateur d'Amsterdam fut victime.

On sait qu'ayant fait venir un baril de harengs pour sa consommation particulière, il en avait donné un des plus gros au commissionnaire, pour le récompenser de sa peine, en lui disant d'en faire son déjeuner. Le commissionnaire, au comble de la joie, se demanda d'abord de quelle manière il devait le manger; puis, comme il n'avait pas, ainsi que Domitien, de sénat à consulter sur les sauces, il eut recours à un expédient plus simple : cinq oignons gisaient sur le rebord d'une fenêtre; si l'on en jugeait par le germe qui les couronnait, ils ne devaient pas valoir grand'chose : mais quand on est doué d'un bon appétit, on n'y regarde pas de si près. Notre homme les prit et les croqua sans façon.

« Misérable ! cria l'armateur en accourant à lui au moment même où il achevait le dernier, que viens-tu de faire là ! — Je viens de déjeuner, répondit avec sang-froid l'homme de peine. — Tu as mangé mes oignons ! — Et je peux dire qu'ils ne valaient guère. — Mais, brigand, c'étaient des oignons de tulipe qui m'avaient coûté *dix mille francs* ! — Ah ! monsieur, balbutia le pauvre homme en faisant une grimace affreuse et en se pressant à deux mains le bas-ventre, je voudrais qu'ils vous eussent coûté dix mille fois moins cher et qu'ils eussent été dix mille fois meilleurs. »

M. ***, d'Ysselmonde, paya de sa bourse, — les médisants vont plus loin. — une méprise du même genre. M. *** habite depuis fort longtemps un splendide hôtel de l'un des plus brillants quartiers de Paris : c'est assez dire qu'il est riche et peut satisfaire ses caprices. M. *** est amateur de fleurs rares. Ayant appris qu'un pépiniériste, dont les serres sont situées derrière le Jardin des Plantes, possédait une fleur qu'il appelait *aurea spinatella*, et que l'on eût en vain cherché la pareille en France, peut-être même en Europe; que cette fleur, semblable à certaines plantes bizarres, ne s'ouvrait qu'à minuit pour se refermer avant l'aube, il alla le trouver et la lui acheta. Le jour même où il faisait cette importante acquisition, M. *** donnait un bal magnifique; tout Paris devait s'y trouver. A minuit, profitant du moment où les groupes étaient les plus animés et pouvaient se passer de sa présence, il songeait à s'éclipser pour aller jouir de son trésor.

« Ce n'est pas vous, lui dit sa femme en l'arrêtant par le bras, qui m'eussiez jamais donné une si belle fleur ! — Vous l'avez vue? fit en souriant le mari. — Tenez! répliqua la jeune femme en lui mettant sous les yeux un énorme bouquet, au milieu duquel s'épanouissait l'*aurea spinatella*. — Quoi!... vous avez osé la cueillir !!!... »

Et, en prononçant ces mots, M. *** était devenu blême.

« Moi, non; mais Henri, qui, plus galant que vous, me l'a gracieusement apportée. — Mon cher, dit au même instant un grand jeune homme fade pardessus l'épaule du Batave, c'est l'idéal du beau! — Vous trouvez?

— D'honneur. — J'en suis charmé. Seulement je voudrais..... — Vous voudriez? — Avancez un peu que je vous dise cela dans l'oreille. Entre nous, je voudrais que, quand vous serez en verve de galanteries, et que surtout vous tiendrez à me les faire payer, vous fissiez en sorte qu'elles fussent d'un prix un peu plus modéré. — Comment, cette fleur... — Me coûte mille écus. »

Le grand jeune homme fade se mordit les lèvres, et. — disent toujours les médisants. — lança à madame *** un coup d'œil à la dérobée, que l'on traduisit ainsi : « Il s'agissait de vous, pouvais-je faire mesquinement les choses? »

STANISLAS BELLANGER.

LE COLON.

Par une belle et tiède matinée du
mois de juin, l'un des vastes hôtels

de la rue Richelieu avait été mis en grande rumeur. Les gens de l'office
et des chambres laissaient leur imagination et leur langue se perdre en
conjectures sur l'identité d'un personnage qui venait d'arriver suivi d'un
fourgon de bagages et de colis de toutes dimensions, et qui, grelottant
sous ses habits de drap surchargés d'un manteau, avait demandé un feu
à se rôtir les jambes.

« Indien, Brésilien, Mexicain, hidalgo, général ou lord, s'écriait en
riant une chambrière dégourdie qui avait puisé son instruction dans le
cabinet de lecture voisin; vous lui faites trop d'honneur! S'il a, comme
vous le dites, une sacoche pleine de gourdes de Mexico, une ceinture
garnie de doublons de Bogota, d'onces d'or d'Espagne et de guinées
d'Angleterre : en revanche, il est possesseur d'une douzaine de caisses
remplies de confitures de goyave, de tamarin, de gingembre, de citrons
glacés, de conserves d'ananas. C'est tout bonnement un confiseur cosmopolite qui court le monde pour placer ses échantillons.

— Ou un épicier en gros, répliquait la femme de charge de l'hôtel;
j'ai vu deux ou trois barils de café.

— Mieux que cela! s'écriait un gros garçon à la mine réjouie, le bonnet
de coton sur l'oreille, un long couteau passé dans la ceinture à la hauteur
de sa veste d'une irréprochable blancheur; j'ai lu, moi, sur deux barils
cerclés en fer, ces mots qui font venir l'eau à la bouche : *Rhum de trente
ans*. L'individu est un négociant en vins de Madère.

— Pas du tout! c'est un marchand de cigares. Il en a de longs et de
courts, de bruns et de blonds, de la Havane et de Porto-Ricco, des *regalia*
et des *impériales*, s'écriait, avec l'humeur d'un concurrent désappointé,
un jeune garçon qui, sous prétexte de contrebande, avait le privilége de
vendre aux habitants de l'hôtel des paquets de cigarettes faites avec les
rognures des bouts ramassés dans les cafés, sur les boulevards, ou sous
le portique de la Bourse. Mais patience, ajoutait-il, je lui enverrai une
descente des droits réunis, et il m'en dira des nouvelles.

— J'en suis bien fâché pour vous tous qui escomptez votre zèle d'après
vos prévisions, disait le concierge arrivé sur ces entrefaites, mais c'est
tout bonnement un naturaliste ou un pauvre diable de mécanicien; j'ai
vu des meules de soufre, des cailloux entrelardés de parcelles d'or ou de
cuivre, d'argent ou de plomb, et surtout un fagot de roues, de cylindres,
de rayons, avec cette étiquette : *Mouvement perpétuel pour remplacer la
vapeur.* »

Cette dernière conjecture fut accueillie par l'un de ces longs et bruyants
éclats de rire que se permettent toutes les domesticités, quand elles trô-

nent sans contrôle dans les lieux consacrés à prendre la revanche de leurs faux airs de respect, de soumission et d'attachement. Les paris s'ouvraient déjà ; l'on engageait des citrons confits, des bouteilles de rhum, des cigares, toutes choses dont les bagages du voyageur auraient probablement fait les frais ; mais l'arrivée de deux personnages à la suite de l'étranger vint dérouter l'insolente assurance de ces chercheurs d'identité.

En dépit des apparences, M. Alcindor Olyphan du Roccou n'était rien de ce qu'on le présumait, ni lord, ni général, ni Mexicain, ni confiseur, ni épicier, ni naturaliste, et assez peu mécanicien.

Il était né de l'autre côté de l'Atlantique, dans l'une de ces îles verdoyantes et parfumées que les courants et les bouches des grands fleuves semblent avoir détachées du continent américain au devant duquel elles s'étendent, — ceinture d'émeraudes enchâssées dans l'azur.

Qu'il fût venu de la Guadeloupe, dont les mornes volcaniques oscillent sur un sol grondant comme les mâts d'un navire sur la mer, ou bien de la Martinique où les serpents se roulent au pied des cannes et s'enlacent aux lianes des forêts ; qu'il fût venu des marais fiévreux de la Trinidad, des plaines uniformes de l'industrieuse et bigote Antigoa, ou des montagnes bleues de la Jamaïque où la liberté et l'esprit de secte religieuse ont tué le travail en commun ; qu'il fût venu de la plantureuse île de Cuba où, par exception, la supériorité numérique de la race blanche laisse encore douter si l'œuvre de Christophe Colomb ne sera point, en définitive, comme dans Saint-Domingue, la proie sanglante des importations de la traite africaine ; qu'il fût venu enfin du cap haïtien lui-même où les affranchis d'hier s'en retournent à la barbarie par la liberté, M. Alcindor Olyphan du Roccou était un colon, — un colon, rien de plus !

Anglais, Espagnol ou Français, colon avant tout, partout et toujours ; à Madrid, à Londres, aussi bien qu'à Paris, il eût été un étranger. Sa patrie, sa véritable patrie était l'île où il était né, où il avait vécu, où il avait sa fortune et ses intérêts, qu'il était toujours prêt à suivre et à garder sous toutes les couleurs du drapeau qu'il plaisait à la conquête et aux traités de paix de lui envoyer : ce dont, hélas ! les destinées du Canada, de la Louisiane, de la Dominique, de Sainte-Lucie et tant d'autres concessions honteuses lui avaient fait un enseignement et une loi fatale. Aussi la métropole de laquelle son île relevait n'était-elle à ses yeux qu'une mère patrie accidentelle, que les chances de la guerre pouvaient changer d'un jour à l'autre, et pour laquelle il n'avait guère d'autre attachement, d'autre enthousiasme que ceux dont la mère patrie l'honorait en retour : — lui se plaignant des lois restrictives et des administrateurs sans contrôle que lui envoie la métropole; celle-ci se plaignant d'être forcée, pour un petit coin de terre perdu au milieu des mers, de rompre l'unité de son action gouvernementale et de suspendre sa marche progressive vers la civilisation ; — lui toujours disposé à exiger que les intérêts industriels, commerciaux et politiques de la mère patrie se subordonnent aux intérêts de la production de la colonie, et la mère patrie disant, non sans raison, que ces intérêts de production sont terriblement grevés par tous les genres de ruine qui viennent d'un jeu effréné, d'une vie sensuelle, d'un gaspillage sans nom, de l'ignorance routinière et obstinée de tout progrès industriel et agricole, et du gouffre béant de l'usure où se perdent à la fois le courage du présent, la confiance dans l'avenir, et le crédit qui sauverait encore le capital par les améliorations du travail ; — et lui toujours prêt alors, pour se venger de ses mécomptes, et sans souci du ridicule né de la différence du point d'appui et du levier, à trancher du Washington et de l'O'Connell, et à monter fièrement dans la petite chaire de sa législature locale pour fulminer à huis clos une emphatique menace d'indépendance et de rappel de l'union.

Tenant à la fois du marchand et du gentilhomme; âpre au gain, comme au plaisir; vantard, compromettant, engageant volontiers son avenir et l'avenir des autres; grand distributeur de paroles dorées; flairant bien ses intérêts; d'une amitié prompte, mais tenant peu contre le temps, l'espace ou les chances de la fortune; oublieux de ses promesses, moins par calcul que par mobilité d'esprit et inconstance d'humeur, contagion intertropicale! aussi facile à se laisser duper et exploiter par les plus pyramidales hâbleries qu'il l'est à les inventer lui-même par ardeur de tête, passe-temps ou intempérance de langue; du reste, bon, généreux et brave! un excellent maître..... pour un maître d'esclaves, M. Alcindor, en fait d'humanité et de commisération pratiques, aurait pu en remontrer à certains de nos bruyants et fanatiques amis de la chair noire, qui ne se font nullement faute de laisser la chair blanche souffrir et s'user à leur service, sans autre perspective, en échange des fortunes subites qu'elle élève, qu'un salaire insuffisant, l'hôpital, la révolte, la morgue ou le bagne.

Il venait en Europe pour la première fois; et ce qu'il en savait touchant la société, les mœurs, les idées, les lettres et les arts, il l'avait appris de quelques commandants de corvette qui n'en savaient pas grand'chose, de jeunes officiers de la marine royale qui n'en connaissaient que le côté divertissant, et de capitaines de la marine marchande qui ne lui en apportaient que l'esprit de spéculations aventureuses. Le reste lui était venu par les changements des drapeaux tour à tour abattus et relevés sur l'hôtel des gouverneurs; par les jeunes colons qui rapportaient d'Europe une éducation avortée, et mêlaient à la hâblerie de leurs récits l'importance incroyable de leur petite personnalité; et par le cri formidable d'émancipation des noirs qui, parti de la presse et de la tribune, le faisait rêver de pillage, d'assassinat, d'incendie et de Saint-Domingue.

Aussi la société coloniale, avec l'obéissance passive du travail forcé,

CHEVAUCHET   EUSTACHE=LORSAY.

l'absence de la mendicité, et le protectorat bienveillant et intéressé du maître, lui paraissait-elle avoir les seules bases inhérentes à la perpétuité d'un état social. L'éternelle loi de mouvement que Dieu a faite à l'humanité, et que les sociétés européennes expriment par une ligne sans fin sur laquelle les générations s'avancent vers la perfectibilité humaine et sociale, il l'exprimait, lui, par un cercle toujours le même de droits et de devoirs dans lequel l'espèce humaine était condamnée à tourner éternellement, invariablement parquée en deux races inégales, l'une faite pour travailler, l'autre pour recueillir, les esclaves et les maîtres, les noirs et les blancs, et l'une et l'autre portant, incarnée par Dieu même sur le front, le signe indélébile de la supériorité et de l'infériorité respectives et fatales de leur condition ici-bas. Pour tout dire, M. Alcindor Olyphan' du Roccou était un de ces colons que les habitants eux-mêmes des colonies, quand ils se sont un peu frottés aux idées de l'Europe, désignent par l'exact et pittoresque sobriquet de *créole à tous crins*.

Nous dirons toutefois, à l'honneur du caractère et du noble cœur de M. Alcindor, que ces idées sur la malédiction divine n'étaient point de son invention. Il n'aurait pas été homme à secouer sa douce quiétude équatoriale pour retirer des sophismes bouffons de quelques versets tordus de la Genèse, lui qui, pour ne rien changer aux habitudes de la fabrication, ne veut point apprendre à retirer de la canne à sucre les 40 à 50 pour 0/0 au-dessus de l'ancien rendement, qu'il y laisse se perdre en fumée ! Mais, un beau matin, un sophiste gascon lui expédia la Bible ainsi grotesquement frelatée, pêle-mêle dans un ballot avec des flacons de la médecine Leroy ; et depuis lors, M. Alcindor use au même titre de ce double empirisme, et dans une proportion égale de succès : l'un l'acheminant lentement à la ruine de sa santé, et l'autre à la ruine de sa fortune et de sa colonie. En se tâtant le pouls et en le tâtant à la société coloniale, il commence bien un peu à douter de l'efficacité de la panacée du sophiste comme de la drogue de l'empirique ; mais il en use encore à l'occasion, afin d'en avoir jusqu'au bout pour son argent, c'est-à-dire pour ses souscriptions en boucauts de sucre et en balles de café.

On peut s'étonner qu'avec le dédain profond qu'il professait pour la civilisation européenne sans cesse agitée, M. Alcindor du Roccou eût pu se résoudre à venir à Paris, le foyer et l'action des idées progressives. Mais, comme les représentants de Gênes dans le Versailles de Louis XIV, M. Alcindor aurait été lui-même bien plus étonné de s'y voir, sans les événements tragiques qui, en le frappant dans son cœur et dans sa fortune, lui avaient fait un besoin de l'expatriation et d'un retour amer sur l'excellence des résultats providentiels de l'esclavage et des mœurs de la société coloniale.

Il avait été marié à l'une de ces blanches et frêles filles d'Europe qui s'épanouissent et s'étiolent si vite aux ardeurs du tropique, et qui portent un de ces noms charmants, un de ces noms créoles dont l'euphonie n'a que le malheur de ne figurer dans aucun légendaire ou martyrologe chrétien. Mais, en deux ans, M. Alcindor l'avait vue languir et s'éteindre dans ces lentes et énervantes consomptions, vengeance infaillible d'esclaves, que les pays à esclaves connaissent seuls, et qui s'y appelle le poison.

Alors M. de Roccou s'était pris à réfléchir que peu d'années avant son mariage il avait trouvé dans Zéphyra, la belle mulâtresse, le mélange le plus attrayant de la souplesse nerveuse et des ardeurs du sang africain avec les gracieuses langueurs et les tons suaves et transparents des femmes blanches ; que de cette esclave qui se savait belle, et que lui avaient enviée les plus riches et les plus voluptueux colons, il avait fait une maîtresse dont il pensait avoir dompté les feux et les caprices en lui abandonnant l'autorité du maître comme il lui avait abandonné la raison et les sens de l'homme. Il se souvint aussi que le jour où il en eut un fils, il lui avait juré entre deux ivresses que, libre ou esclave, elle trônerait toujours sans rivale dans sa maison comme dans son cœur..., et qu'elle avait à son tour juré de se souvenir du serment, si lui venait à l'oublier. Alors il se sentit comme mordu au cœur, par cette pensée qu'un an plus tard il avait donné à la concubine l'épouse pour rivale et pour maîtresse, et à l'épouse la concubine pour esclave et pour servante.

Mais quoi? avait-il donc fait autre chose en cela que suivre un usage entré en quelque sorte, par la facilité des mœurs, dans la famille coloniale, et comme article secret aux contrats de mariage?

Sans doute beaucoup de jeunes et aimantes femmes mouraient de cet usage, lentement minées par le dépit, la jalousie, et les humiliations d'une préférence coupable et d'un abandon plus coupable encore : — tribut que la liberté paye à l'esclavage, poison moral qui tue aussi sûrement que le poison physique ! Mais, sur ce point, M. Alcindor se croyait en règle avec sa conscience, plus peut-être que ne l'eussent voulu son orgueil et ses désirs. Redevenue esclave, Zéphyra, soit calcul, soit fierté, avait refusé les hontes d'un partage adultère. Esclave résignée, servante soumise envers son maître, rien de plus ; elle semblait au contraire laisser déborder pour sa maîtresse le trop-plein des tendresses de son cœur qui s'épanchait incessamment en ces mille obséquiosités charmantes, inconnues à la domesticité à gage, et dont le souvenir ne se retrouve plus que dans les vieux rôles des nourrices de théâtre. Ce n'était donc ni de son amour dédaigné ni de sa légitime jalousie que madame Alcindor était morte ; de quoi dès lors serait mort son fils, pauvre enfant de deux ans, enlevé par le mal qui lui avait pris sa mère ?

Une idée affreuse lui traversa l'esprit ; c'était comme un instinct. M. Alcindor avait vu, durant les premiers jours de son veuvage, le visage de l'innocente créature se teindre de couleurs si rosés, qu'il en était presque venu à regretter que les longs dédains de l'esclave eussent tué en lui les souvenirs des voluptés de la favorite et la possibilité de se laisser prendre au retour capricieux des émollientes et coquettes provocations dont Zéphyra le poursuivait de nouveau : mais aussi la santé de l'enfant avait bientôt dépéri en raison directe de ces agaceries méconnues. Le désespoir du père fit des rapprochements qui avaient échappé aux lamentations de l'époux ; et M. Alcindor s'avoua, sans oser se demander où il s'arrêterait, que le poison était entré chez lui.

Dès ce moment, la vue seule de son ancienne maîtresse lui fit éprouver cette horreur magnétique et glaciale qu'il ressentait à l'aspect des serpents de son île, gardiens redoutables des fruits dorés de ces nouvelles Hespérides. C'était une lutte terrible dans laquelle l'esclave ou le maître devait être tué... Et Zéphyra ne voulait pas mourir.

Un soir, à l'heure où la cloche avait appelé les esclaves à la prière, Zéphyra, chassée depuis trois mois de l'intérieur de l'habitation, après avoir été frappée de vingt-neuf coups de fouet, mise au cachot les fers aux pieds, condamnée aux travaux les plus durs, s'en vint, l'œil sec, le visage impassible, se placer devant son maître.... Là, déposant à ses pieds le cadavre d'un enfant, de l'enfant qu'elle prétendait avoir eu de lui, elle lui dit froidement :

« Maître, vous dites que j'ai empoisonné votre fils, dites-moi qui a empoisonné le mien. »

M. Alcindor savait que pour éloigner les soupçons et s'assurer, avec l'impunité, la perpétuité facile de leur œuvre de destruction, les empoisonneurs d'Afrique la commencent sur leur famille même, l'étendant ensuite de leurs proches aux plus éloignés, et n'arrivant qu'à travers une hécatombe à celui-là même que dès le premier jour ils ont juré d'atteindre ; mais l'orgueil de la race blanche l'emporta sur ces tristes enseignements de l'expérience. La femme qui avait été la maîtresse d'un blanc, la femme qui avait un peu de sang blanc dans les veines, ne pouvait avoir des instincts aussi féroces que la race noire, en qui tout bon créole n'admet point les sentiments de la nature aussi développés que chez les bêtes fauves, dont une insuffisante raison ne pervertit point les instincts.

Aussi, oubliant que, trois ou quatre ans en çà, il lui avait fallu sa foi aveugle dans son mérite pour reconnaître sa progéniture dans la chair

EUSTACHE-LORSAY.

cuivrée, dans les cheveux crépus et soumis au redressement orthopédique le plus bouffon, dans le nez épaté, et les pieds plats à talons fuyant derrière des tibias cintrés, qu'on lui avait représentés comme engendrés de lui, M. Alcindor se prit-il à pleurer son petit métis presqu'à l'égal de son pur sang. Bientôt, par esprit d'expiation et de justice, il rendit à la mère les droits et le rang qu'elle avait occupés dans la hiérarchie du service des esclaves..., mais le poison, comme pour se jouer de l'infaillibilité du maître, fondit de nouveau sur l'atelier et sur les étables.

Les nègres de l'habitation Alcindor étaient de braves gens, toujours

prêts à bien faire selon la portée de leur puissance morale et physique,
aspirant sans doute vers la liberté qu'ils n'avaient jamais connue, mais,
par une anomalie étrange et explicable seulement pour les hommes qui
ont visité les pays à esclaves, ne la comprenant pas en dehors des conditions heureuses que leur maître leur avait faites; — acceptant ainsi
peut-être l'esclavage moins le mot, et rêvant la liberté moins la chose.

D'ailleurs n'avaient-ils pas été les premiers frappés dans leurs familles,
dans leur propriété?

Sur qui donc faire peser les soupçons et aussi une légitime vengeance
qui ne serait souvent que de la justice, si elle n'émanait pas du maître?

Il ne se trouvait sur l'habitation que deux êtres dont le fléau eût épargné
les intérêts et les personnes.

C'étaient un noir et un mulâtre.

Le noir s'appelait Narcisse, moins par une antiphrase moqueuse, —bien
que Narcisse abusât du droit de laideur même parmi les nègres qui en
abusent le plus, — que par un effet du dédain avec lequel les colons primitifs, ne pouvant se résoudre à donner des noms chrétiens aux choses
qui s'appellent des nègres, se sont mis à les asperger au hasard, en par-
ticipation avec leurs chevaux et leurs chiens, de tous les noms païens de
la mythologie.

Le mulâtre s'appelait Fête-Dieu, pour tout nom. Étant déjà dans la
hiérarchie de la couleur un peu plus qu'une chose, il avait eu droit à
voir honorer par le nom chrétien correspondant dans le calendrier au
jour de sa naissance, la portion de sang blanc que la fantaisie libertine
d'un blanc lui avait transmise.

Depuis l'âge de quatre ans, et il en avait trente-huit, Narcisse était
l'esclave qui, suivant l'usage colonial, avait été attaché au service personnel de M. Alcindor; il l'avait vu naître, remué au berceau, amusé sur
les nattes bariolées de l'Inde, porté sur les bras ou à quatre pattes sur le
dos, faisant la chasse aux moustiques et aux cris-cris dont les piqûres
et les chants stridents pouvaient tuméfier la peau et troubler le sommeil
de *petit blanc à lui*. Plus tard, quand M. Alcindor avait grandi avec les caprices, les volontés, l'égoïsme et les tyrannies tracassières de l'enfance, —
de cet âge qui, aux colonies, est plus sans pitié qu'ailleurs,— le corps de
Narcisse avait servi de plastron à tous les exercices de gymnastique et
de pugilat de son jeune maître, dont les révoltes et les malices contre
les leçons des pédagogues, l'intégrité des livres et l'autorité paternelle
étaient aussi châtiées sur son dos. Tour à tour caressé et battu par la
main où pour le compte de son maître; dans ce dernier cas, pleurant

moins de sa peine que du désespoir auquel M. Alcindor se livrait en voyant battre par d'autres que par lui la chose qui lui appartenait; s'attachant ainsi par la part même qui lui était faite, dans une espèce de communauté de petites misères. Narcisse avait fini par aimer M. Alcindor comme la moitié de lui-même ; réalisant ainsi à eux deux l'existence de cet être bicéphale, si ingénieusement découvert par le comte Xavier de Maistre dans un voyage autour de sa chambre, et dont M. Alcindor aurait été l'âme et Narcisse la bête, celui-ci se regardant, l'excellente et simple créature! comme le pied, l'œil, l'oreille et le bras de son maître, dont son maître lui aurait abandonné l'usage par indifférence ou paresse.

Quand le poison fut entré dans l'habitation, Narcisse se mit en quête, humant l'air, interrogeant les visages, flairant les vêtements, comme s'il eût attendu de son instinct ces répulsions mystérieuses, étranges, que les chiens ressentent à l'approche de l'ennemi inconnu de leur maître. Ce fut peut-être aux signes par lesquels ces répulsions s'étaient manifestées que M. Alcindor, subjugué malgré lui, dut ses premiers soupçons contre Zéphyra et bientôt contre Fête-Dieu.

Sans doute, Fête-Dieu était un mélange assez repoussant de bassesse et d'orgueil, de brutalité et de dissimulation, de vanterie et de couardise, de gloriole et de vilenie, de paresse et de cupidité : en sorte que ce métis du sang de l'Afrique et du sang de l'Europe paraissait n'avoir reçu de ces deux natures que la plus mauvaise portion de leurs influences physiques et morales. On disait aussi qu'il s'était montré fort contrarié du mariage de M. Alcindor, et plus encore de la naissance de l'enfant légitime qui était survenu; on ajoutait, — mais qu'en pouvait-on savoir? — qu'avant M. Alcindor Fête-Dieu s'était aperçu de la beauté de Zéphyra, comme celle-ci des mérites de Fête-Dieu; que la naissance de l'enfant de cette esclave avait causé à Fête-Dieu une joie plus grande qu'à M. Alcindor, et que, pour être issu d'un blanc, cet enfant avait conservé autant de couleur que s'il était issu d'un mulâtre.

Mais quoi! Fête-Dieu n'était-il pas né sur l'habitation du Roccou, cinq années avant M. Alcindor? sa naissance n'avait-elle pas été entre M. et Mme du Roccou la source amère d'une scandaleuse mésintelligence? Fête-Dieu n'avait-il pas été élevé sur l'habitation? le père du Roccou n'avait-il point donné par testament la liberté à Fête-Dieu et à sa mère, et recommandé à l'enfant légitime le bâtard mulâtre, dans le fidéi-commis par lequel il léguait à celui-ci une somme de vingt mille francs? Enfin M. Alcindor n'avait-il pas respectueusement exécuté les volontés pater-

nelles dans leur texte et dans leur esprit, en conservant Fête-Dieu
auprès de lui au titre et aux droits de géreur de son l'habitation?

Fête-Dieu était donc, non dans l'ordre de la loi civile, mais dans
l'ordre de la loi naturelle, le frère de M. Alcindor; la femme de celui-ci
était sa belle-sœur, et leur fils son neveu. Pour quel intérêt aurait-il
commis un crime contre son propre sang? en vue de l'héritage de
M. Alcindor? Mais, dans la société coloniale, la loi n'appelle pas les bâtards de couleur à hériter des blancs. Enfin, s'il était vrai que Fête-Dieu
eût pu entretenir un commerce criminel avec la concubine de son frère,
et que l'enfant mort dans les bras de celle-ci en fût le fruit quasi inces-
tueux..., comment s'arrêter à la pensée que Fête-Dieu pût être l'empoi-
sonneur de son propre fils?

C'était là ce que M. Alcindor ne manquait point de se dire, avec une
grande force de logique et d'émotion, toutes les fois qu'il voyait les répulsions instinctives de Narcisse se manifester par ses grognements
sourds, par les regards que dardaient ses yeux injectés de sang, et par la
pâleur subite de ses lèvres où frémissait l'écume d'une colère impuissante.

« — N'importe! répliquait alors Narcisse comme pour avoir le dernier
mot; tant que vous ne mangerez et ne boirez rien dont je n'aie bu et
mangé avant vous, ni vous ni moi nous ne serons empoisonnés.

« — Pourquoi cela, Narcisse? répliquait Alcindor entre deux bouffées
de cigare.

« — Parce qu'il ne l'osera pas.

« — Pourquoi ne l'osera-t-il pas?

« — Parce que je lui ai montré mon bras gauche.

« — Ton bras gauche, Narcisse? c'est donc pour cela que depuis mon mariage tu le tiens obstinément enfermé dans la manche de ta chemise. »

M. Alcindor se prit à sourire tristement. Il avait espéré apprendre
quelque chose, et son nègre venait de se livrer sans doute à l'une de ces
superstitions africaines qui, sous le nom de *pians*, font une si terrible
concurrence aux enseignements et aux cérémonies du christianisme.

— N'importe! répliquait à son tour le mulâtre quand M. Alcindor, s'aidant des preuves journalières de la tendresse et du dévouement de Narcisse, repoussait les hypocrites insinuations par lesquelles Fête-Dieu
cherchait à attirer les soupçons sur le nègre; n'importe! je mets Narcisse au défi d'oser soutenir contre moi l'épreuve du verre d'eau. »

Car c'était ainsi: Narcisse et Fête-Dieu se poursuivaient de leurs accusations avec une haine furieuse et vigilante: haine et vigilance de deux

hommes qui s'étaient lus dans le cœur; dont l'un sentait qu'il était deviné, dont l'autre luttait contre l'impuissance de prouver son intuition : dont l'un encore se disait que l'autre le laissait vivre uniquement parce que cette vie était nécessaire à perpétuer l'alternative dans laquelle les soupçons avaient été circonscrits, et dont l'autre s'avouait en frémissant cette nécessité où il était d'épargner le voyant de son crime. Mais lequel, de Narcisse ou de Fête-Dieu, était celui-ci, lequel était celui-là?

Aussi impuissant à prononcer entre eux qu'à rester le témoin impassible de malheurs qu'il ne savait comment conjurer, le pauvre M. Alcindor prit un parti qui, pour tout autre, aurait été la chose la plus simple et aussi la plus agréable du monde, mais auquel les habitudes, les préjugés, la nature enfin d'un *créole à tous crins* donnaient un touchant caractère de sacrifice.

Il se résolut à venir chercher en Europe sinon un terme, au moins

une distraction à ce drame mystérieux et terrible dont il ne pouvait pas plus prévoir le dénoûment qu'il n'en avait su apprécier les ressorts cachés. Peut-être espérait-il que les passions ardentes des feux de l'équa-

teur esclave, amorties au contact des mœurs et sous le ciel brumeux de
l'Europe libre, allaient se trouver sans aliment et sans issue? Et il partit
pour la France avec Narcisse et Fête-Dieu, jetant un long et douloureux
regard sur ce beau ciel si bleu, si parfumé des Antilles, son Éden terrestre, à lui, sans les coups de vent qui déracinent les forêts, sans les
tremblements de terre qui engloutissent les cités, et sans les métropoles
qu'il accuse d'ingratitude et qui le lui rendent bien.

II.

La surveillance que la haute et basse police exerce sur les étrangers
est une formalité de pure politesse, en comparaison du droit de visite
que, sous prétexte d'offres de services, se permettent les agents du
commerce et de l'industrie de Paris. A peine débarqué et installé dans
un hôtel quelconque, avant même qu'il ait pu se remettre du tumulte
de la grande ville, et se reconnaître, pour chercher sa route et le but
de son voyage, au milieu de ce dédale obstrué d'une population toujours active, toujours affairée, l'étranger se voit inondé sous un flot
étourdissant de circulaires, d'adresses et de prospectus à domicile, tout
comme si son nom figurait dans l'*Almanach des* 25,000 *adresses*, lequel
a du moins l'avantage de ne faire arriver les *allumeurs de chalands* que
les uns après les autres chez les gens de Paris.

Les garçons et les chambrières de l'hôtel de la rue Richelieu, suivant
l'usage de leurs pareils, n'avaient pas plutôt appris de la vanité de Fête-
Dieu et de la bonhomie de Narcisse la condition et la fortune de M. Alcindor Olyphan du Roccou, venu en France avec cinquante mille livres
en gourdes, doublons, traites et bons sur le Trésor, qu'ils s'étaient mis
en chasse de tous les métiers, professions et états avec lesquels un créole
peut entrer en relations d'affaires ou de besoins personnels. Suivant
l'usage encore, ils avaient inféodé la pratique de leur nouveau client aux
marchands que par expérience ils savaient être les plus faciles, les plus
fidèles à l'endroit de la remise du petit courtage, mobile intéressé de
cette officieuse entremise, c'est-à-dire aux marchands les plus aban-
donnés du chaland parisien, et par cela même les mieux fournis d'objets
de rebut et de mauvais goût. Et quel courtage, bon Dieu! Songez donc,
cinquante mille francs! dont, à moins de malheur, la dépense se ferait
dans l'hôtel même. Aussi, le soir même de son arrivée, M. Alcindor

vit-il le marbre d'un guéridon, étalant sa masse ronde au milieu de l'appartement, se couvrir des cartes nombreuses de messieurs les boutiquiers et de mesdames les boutiquières, fournisseurs inconnus, mais brevetés de messieurs les garçons de chambre, sommeliers, palefreniers et marmitons, et de mesdames les balayeuses, repasseuses, rentrayeuses et laveuses de l'hôtel.

Peu initié à l'habileté des civilités de la boutique parisienne, M. Alcindor se crut tout naturellement un personnage important dont l'arrivée avait fait sensation. Il se trouva flatté de tant d'aimables prévenances, et un imperceptible sourire de coquetterie égrillarde glissa sur ses lèvres lorsqu'ayant nonchalamment jeté les yeux sur ces adresses, il vit sur quelques-unes briller en lettres ornées les prénoms les plus séduisants des saintes du calendrier.

Dès huit heures du matin, le lendemain, ce fut, à la porte de M. Alcindor, une interminable procession de marchands, de confectionneurs, de spécialités de tout genre, de tout âge, de tout sexe, de tout état : spécialité de gants de fil écru, spécialité pour coiffure, spécialité pour pantalons, gilets, paletots, manteaux, cravates, et surtout spécialité pour chemises, avec brevet d'invention pour la coupe, l'ourlet et la piqûre. Toutes ces spécialités, à les entendre, avaient eu l'honneur de ganter, culotter, habiller, cravater, coiffer les étrangers les plus distingués des quatre parties du monde. Ce qui était vrai, c'est que chacune d'elles avait à se débarrasser de quelques-unes de ces nouveautés excentriques, rebut de tous les temps, destiné aux gens sans goût qui se laissent prendre à la bizarrerie de la forme ou à l'éclat de la couleur.

Aussi, avec cette habileté de physionomiste qui est le privilége des boutiquiers parisiens comme elle était celui des marchandes de légumes d'Athènes, ces spécialités s'empressaient-elles en entrant de barbouiller le créole de tous les titres usités dans la hiérarchie héraldique. C'était caresser à l'endroit le plus sensible sa vanité secrète.

M. Alcindor, en effet, prétendait, — de très-bonne foi, du reste, et par tradition de race, — avoir eu pour ancêtre colonial un cadet de famille, fils de comte pour le moins, et dont les titres auraient été engloutis dans le grand tremblement de quelque révolution; mais ses prétentions avaient toujours été matées par l'incrédulité et le rire moqueur des habitants de son île. Les anciens affirmaient tenir de leurs anciens que le fondateur de la race des Olyphan était arrivé avec une petite pacotille de perruquier, laquelle, après dix ans de coups de peigne donnés dans la noble frisure de messieurs les boucaniers et de leurs chastes épouses importées des lupanars d'Europe, s'était transformée en la plantation de l'arbre à teinture dont les Roccou prirent le nom.

Cette facilité que la capitale des arts et de la civilité puérile et honnête mettait à reconnaître en lui le rejeton d'une famille dont les d'Hozier coloniaux affirmaient que la souche n'avait point de racines sous le ciel d'Europe, ne laissa pas que de préparer M. Alcindor à reconnaître la supériorité du savoir-vivre de la société française sur la société coloniale. Dès lors, n'était-ce point faire acte de gentilhomme, que de ne contester avec des gens si bien appris ni sur le prix ni sur la qualité des marchandises offertes? D'ailleurs, que pouvait-il contester? tous ces objets du rebut de la mode et du bon goût parisien n'étaient-ils pas encore de grandes et de splendides magnificences pour un habitant des colonies, victime dévouée à toutes les mystifications, à toutes les pirateries que l'exportation se permet pour son plus grand bénéfice sans doute, mais aussi pour le discrédit toujours croissant de la fabrique européenne? M. Alcindor paya sans compter, comme il avait choisi sans voir.

Paris encore est plein de gens qui ont intérêt à ne pas se persuader que les oncles d'Amérique ont si bien cessé d'exister, qu'ils ne servent même plus au dénoûment des vaudevilles. Des neveux, des nièces, des cousins et arrière-cousins à des degrés qui ne comptent plus; des usuriers, des agents d'affaires qui avaient acheté, vendu ou escompté en espérances des titres, des procès, sur des successions vacantes, arrivèrent à la file chez M. Alcindor. Ils venaient, eux ou leurs ayants-cause. demander s'il n'avait point connaissance d'un oncle, d'un cousin, d'un parent quelconque, porteur de leur nom, qui, disparu depuis plus de trente ans, ou tout au moins réfugié de Saint-Domingue, et riche à millions, avait habité ou habitait encore les îles. — Les îles! nom générique sous lequel les Béotiens de Paris comprennent tous les pays d'outre-mer, de l'Orient et de l'Occident, de l'Atlantique et de l'Océan indien, dont ils font un État, et les plus savants un archipel fractionné comme la France en départements limitrophes, où les habitants peuvent communiquer entre eux par la poste et par le télégraphe.

M. Alcindor avait aussi à répondre à de pauvres diables d'aventuriers et de rêve-creux qui, prétendant que la terre et les encouragements leur manquaient en France, s'enquéraient sérieusement des moyens de doter les colonies d'entreprises agricoles ou industrielles sur une immense échelle. telles que défrichement de forêts, desséchement de marais, fabrication de tissus, de cordes et de papiers avec les filaments de certains produits de la végétation coloniale, soumise à des préparations plus ou moins chi-

miques, recherches et exploitation de mines d'or, d'argent, etc., etc.;
toutes extravagances pour lesquelles on se fait toujours fort d'avoir des
millions par quarantaine, soit au moyen de compagnies belges, allemandes ou anglaises, soit par une avance que l'État se trouverait fort
honoré de consentir, soit enfin par un appel que la commandite ferait aux capitaux des rentiers, et autres imbéciles généralement connus
sous le nom d'actionnaires! — Étalage magnifique d'un crédit qui, à la
troisième visite, se transforme, de la part de ces pauvres diables, en un
emprunt de quelques pièces de cent sous.

Jusque-là, M. Alcindor avait assez bien défendu son cœur et sa bourse
contre les entraînements de cette bonne foi et de ces fantaisies créoles
qui vont d'elles-mêmes au-devant de toutes les piperies et de toutes les
séductions de la parole et du regard. Qu'était-ce, en effet, que quelques
centaines de francs pour un homme habitué à ne compter que par
gourdes et par doublons? Mais quand il eut parcouru ces rues où, derrière les glaces vénitiennes des grands magasins, l'or, l'argent, les pierreries, les riches étoffes étincellent enchâssés dans des œuvres d'art
dont on ne peut dire si elles tirent plus de prix de la main de l'ouvrier
que de la matière première; quand il eut vu, sur des tables de marbre
blanc, s'étalant pêle-mêle les trésors culinaires de l'Océan et de la Médi-
terranée, de la terre et de l'air, des serres et des jardins de la France,
oh! alors ce furent chez M. Alcindor des tentations à troubler son sommeil, des fantaisies à se ruiner en un jour, des appétits à s'étouffer dans
un repas. Ses doigts, les plis de sa chemise, les nœuds de sa cravate
disparurent dans des anneaux chatoyants de pierreries, sous des boutons
de diamant, et sous les émeraudes, les rubis et les saphirs qui se dessi-
naient en fleurs bizarres ou se déployaient en ailes d'oiseaux. Il n'y
eut jamais de Lucullus soupant chez Lucullus qui, chaque jour, savourât
avec plus de délices les primeurs de tous genres. Enfin, enfin! il
mangeait des truffes, des petits pois, des haricots verts, — de véritables
truffes, de véritables pois, de véritables haricots verts, — lui qui en avait
nié l'existence, ne les connaissant qu'à l'état de marmelade rissolée dans
les *colins* du procédé Appert. Mais hélas! — tant il est vrai que l'homme
ici-bas ne peut jouir du parfait bonheur! — le véritable, l'unique assaisonnement y manquait : la farine de manioc! Paris ne possédait pas un
seul grain de farine de manioc! Paris fut du coup abaissé de cent cou-
dées dans l'estime de M. Alcindor. C'était une tache dans le soleil.

Mais, en revanche, Paris avait le mérite de posséder M. le chevalier
de Saint-Protais.

Activité de brouillon, ténacité d'atome crochu, avidité de happe-chair, âme de laquais cousue dans la peau d'un gentilhomme, M. le chevalier de Saint-Protais était un de ces pauvres diables d'industriels que les lauriers de la commandite appliquée à la publicité avaient empêché de dormir. Dans une de ces hallucinations fiévreuses que donne le besoin d'être et de manger, il avait trouvé que les colonies et l'orthodoxie étaient un nouveau monde où les Christophe Colomb de la commandite n'avaient pas encore jeté les filets de la presse; et le voilà qui fonde une trinité d'opérations littéraire, géologique et orthodoxe, distinctes par leurs titres et leurs statuts, mais réunies au moyen de revirements de fonds qui convergeaient vers une même caisse, comme les eaux d'un canal au moyen d'écluses vers un même bassin. Vivant au jour le jour, traqué par les commis de ses bureaux qu'il ne payait pas, par les hommes de lettres dont il était habile à escamoter *la copie*, par des colons et des chanoines de cathédrale qu'il harcelait d'emprunts forcés à titre de cinquièmes d'actions, il était invisible dès six heures du matin, excepté pour les actionnaires dont il avait flairé la crédule bonhomie, et qu'il allait exploiter entre deux sommeils. C'était le braconnier d'affaires le plus outrecuidant qui se fût jamais vu; chassé par la porte du salon, il rentrait par la fenêtre de l'office; jeté par l'escalier de service, il montait la garde sous le tambour du grand escalier, se plaignait en assez bons termes de la méprise dont il était l'objet, prenait au besoin un air de menace ou de sensibilité qui jurait avec la part de cœur que Dieu lui avait faite, et forçait ainsi le colon, le chanoine ou l'écrivain à lui donner audience, ou à le traîner à leur suite dans les rues de Paris, distancés à peine de la longueur d'une semelle, jusqu'à ce que, harcelés, déchirés, réduits aux abois, le colon, l'écrivain, le chanoine eussent laissé entre les dents du limier quelques plumes ou quelques poils, sinon toujours pied ou aile.

Ce fut dans une de ces chasses matinales qu'en humant les parfums des boues de Paris promenées en tombereaux, le chevalier de Saint-Protais avisa M. Alcindor Olyphan du Roccou. Plus expert que les gens de l'hôtel de la rue Richelieu, l'industriel reconnut tout de suite le créole à la naïveté de ses admirations, à la facilité merveilleuse avec laquelle il satisfaisait tous ses caprices sans marchander, et surtout à la présence de Narcisse qui suivait comme un chien en laisse.

— Oh, oh! se dit-il, un colon à Paris? un colon qui ne m'a point encore payé sa bienvenue, à moi, de Saint-Protais, le défenseur émérite de la cause coloniale. Est-ce que par hasard ces Barbares voudraient se soustraire à mon protectorat? Oh, oh! je leur ferai bien voir que l'exploitation coloniale est ma propriété, mon bien, ma chose.... Elle me coûte, parbleu! les cent mille écus que les colonies m'ont donnés, il est vrai;... mais qu'elles ne me rendent pas. »

Et le voilà qui s'attache aux pas de son colon, tarifant sur la dépense qu'il lui voyait faire la part qu'il aurait à lui réclamer.

Si, depuis trois années, le malheureux créole ne s'était point séquestré de toute société pour gémir sur les infortunes qui le frappaient coup sur coup, il aurait connu la véritable signification du nom et de la personne de Saint-Protais. Durant ces trois années, en effet, M. de Saint-Protais, fondateur-directeur de l'*Atlantique*, des *Curiosités caraïbes*, et autres recueils littéraires, scientifiques et orthodoxes, avait visité et largement pressuré les colonies. Là, se faisant de la résignation souffreteuse d'une jeune femme une sorte de paravent pour son outrecuidance, il avait forcé l'entrée des habitations, et, de la sorte, nourri, abreuvé, porté, battant la caisse et dressant ses tréteaux, il s'était donné la gloire d'avoir, en quelques mois, lassé l'hospitalité coloniale, qui jusqu'à lui avait eu le privilége d'être infatigables... Mais ignorant ces choses et beaucoup d'autres encore, M. Alcindor fut soumis à l'exhibition d'une *olla podrida* si impudente de gentilhommerie, de brocantage d'affaires, de sollicitude et de dévouement, qu'il sentit sa pensée et sa colère se monter successivement aux trois propositions suivantes :

« C'est un fou! je le consignerai chez le portier;

« C'est un mendiant qui demande le chapeau sur la tête! je vais le jeter par l'escalier;

« C'est un insolent! je me couperai la gorge avec lui. »

C'était lui faire trop d'honneur de moitié.

— Vos témoins, monsieur? dit le créole qui, prenant son chapeau, résuma à haute voix dans cette interrogation laconique la conclusion des prémisses qu'il s'était mentalement posées.

— Mes témoins? reprit Saint-Protais; je n'ai jamais permis à mes bonnes actions d'en avoir. Des témoins? et demain tout Paris saurait que j'ai à me plaindre des colonies. Dans quel moment?... au moment où, chaque dimanche, je déjeune d'un philanthrope et je dine d'un négrophile, *tandis que vos délégués se rôtissent les tibias devant un bon feu qui flambe!* J'ai formé, au capital de cent millions de francs, une ligue d'assurance mutuelle, offensive et défensive, entre toutes les colonies à esclaves. Le jour où, cédant aux criailleries des négrophiles, une seule des métropoles s'avise de proclamer l'émancipation, toutes les îles se soulèvent, embarquent les autorités, se proclament indépendantes, et nous aurons l'Union des Antilles, comme nous avons l'Union américaine. Ah ! ah ! nous verrons comment les métropoles s'en tireront, sans colonies, sans sucres et sans café, et, par conséquent, sans matelots, sans marine, et sans exportations. »

Ici M. de Saint-Protais s'arrêta pour juger de l'effet de sa fantastique improvisation : il était temps. L'œil en feu, la poitrine haletante, le visage épanoui, M. Alcindor était porté au plus haut degré du paroxysme de l'orgueil et de la joie ; se levant avec enthousiasme, il prit les mains de Saint-Protais, les serra affectueusement dans les siennes, et s'écria : « Ah ! monsieur, que ne vous doivent pas les colonies !

— Hélas ! reprit le chevalier d'un ton pénétré, demandez-moi plutôt ce qu'elles me doivent. Après moi, si elles me laissent tomber, qui voudra faire la guerre ? Personne. Les plus intrépides se diront entre eux : « La défense coloniale ? peste ! il n'y fait pas bon ! Voyez ce généreux M. de Saint-Protais ; en voilà un gaillard qui s'y était dévoué, avec son courage, son patrimoine et son génie !... Et les colonies l'ont abandonné sur la brèche... il y est mort.... » Et alors vous verrez, monsieur, ce que les philanthropes jaloux feront de vos belles Antilles, et les noirs de cette belle race blanche faite à l'image de Dieu ! »

Apercevant sur le visage du bon créole les traces de la consternation, Saint-Protais ajouta d'une voix rendue plus dolente encore par le bredouillement qui lui était familier :

« Et dire que cinq ou six mille francs, si je les avais là sur l'heure, nous sauveraient! car, dans un avenir prochain et assuré..... »

Et soudain il étala une foule de lettres plus ou moins apocryphes de prétendus ambassadeurs et grands-ducs, dont les agents faisaient queue dans ses bureaux pour avoir des exemplaires de ses *Curiosités caraïbes* coloriées, dont, par malheur, les enlumineurs n'avaient pas encore peinturluré les gravures.

Après une heure d'une conversation dont nous regrettons de ne donner qu'un bien faible spécimen, M. le chevalier de Saint-Protais sortit emportant un bon de cinq mille francs sur le Trésor, et le recueil des harangues prononcées par M. Alcindor dans les assemblées coloniales, et qui, reproduites dans les prochains numéros de l'*Atlantique*, devaient aller révéler aux colonies l'influence que leur auteur était appelé à exercer en Europe. Malheureusement l'*Atlantique* cessa de paraître. M. Alcindor voulut se plaindre ; mais dans une série de lettres fort divertissantes de sensiblerie et d'outrecuidance, le chevalier de Saint-Protais lui prouva très-clairement que lui, M. Alcindor, devait s'estimer très-heureux de ne pas être pris à partie pour des dettes contractées en vue de la défense coloniale dont chaque colon était solidairement responsable.

III.

Dès ce moment, comme il l'a dit depuis, M. Alcindor sentit le retour de l'influence maligne de son étoile. Pour la combattre ou pour s'étourdir, il se jeta avec ses sens, son imagination et le reste de ses cinquante mille francs dans toutes les distractions que la capitale peut offrir à l'oisiveté. Il eut des chevaux, une voiture, des amis et des femmes d'un jour qui l'aidèrent à promener tour à tour, dans les théâtres, dans les salons, aux champs, à Versailles, à Saint-Germain, sur les bords de l'étang d'Enghien, les curiosités impatientes de son initiation à la vie parisienne. Quand les brouillards des derniers jours d'octobre l'eurent forcé de rentrer dans la rue Richelieu, il reconnut que cette initiation lui avait déjà coûté vingt-quatre mille francs; mais, en véritable créole, insouciant de l'avenir et n'estimant l'or que pour les plaisirs qu'il donne en échange, M. Alcindor trouva que du moins il en avait eu pour son argent. D'ailleurs il comptait pour se refaire sur l'hiver qui approchait, et dont les jours sans soleil et les nuits sans étoiles ne pourraient, pensait-il, lui permettre d'autre existence que celle du mouton paresseux de son île.

Mais M. Alcindor avait compté sans Fête-Dieu, et *Qui a compagnon a maître* est un vieux proverbe avec lequel il allait faire connaissance.

Le temps que M. Alcindor avait perdu en joyeux ébattements, Fête-Dieu l'avait employé à former des amitiés qui lui apprirent par quels raffinements de civilisation le génie du mal, avec la loi pénale pour limites, pouvait obtenir les bénéfices du crime sans ses dangers, et quelquefois même les cumuler avec les honneurs de la vertu.

Un matin donc que les premières neiges avaient provoqué chez M. Alcindor cette torpeur des sens et de l'intelligence dont le créole faisait un commencement de sagesse, Fête-Dieu, ému, attendri, prenant, comme il le dit, son courage à deux mains, vint le prier de lui remettre à l'instant même les vingt mille francs qui lui avaient été légués par le fidéicommis de son père.

La demande était juste, mais, en revanche, de la plus gênante inopportunité.

La première pensée de M. Alcindor fut de prendre une rigoise et, pour le moment, de payer Fête-Dieu en monnaie d'habitant, sauf à régler plus tard en doublons; mais la veille, en lisant la *Gazette des Tribunaux*, il avait vu que la police correctionnelle n'avait pas le moindre respect pour ces soldes de compte qui sentaient la régence.

La seconde pensée fut de refuser purement et simplement. « Mais s'il plaide? — Je plaiderai. — Mais sur quoi? — Nier le fidéicommis? » Sa probité créole se révolta. — « Gagner du temps?... — Oh! un blanc l'obligé d'un mulâtre; un maître, d'un fils d'esclave; l'enfant légitime d'un bâtard! »

Sa fierté de race se souleva tout entière.

La troisième pensée fut de le payer en écus et de le chasser ensuite. « Non; vengeance mesquine; indigne accommodement de conscience! n'osant me brouiller avec la justice, je donnerais un coup de tourniquet aux dernières volontés de mon père?... »

Le courage et la générosité du créole s'indignèrent à la fois.

La conclusion de ce monologue fut la remise des vingt mille francs que Fête-Dieu réclamait.

Durant cet entretien, Narcisse, l'œil fixé sur le mulâtre, dans l'immobilité de la fascination, n'avait pas cessé de battre avec ses doigts l'air de la danse des nègres sur les parois d'une caisse vide, son siége ordinaire. C'était chez lui l'indice infaillible d'une agitation violente et d'une méditation profonde.

EUSTACHE-LORSAY.

Tout autre qu'un créole eût été inquiet de l'énorme brèche faite à ses capitaux ; mais la folle du logis, plus folle dans un cerveau passé au soleil des tropiques, s'abattit bientôt en aveugle sur les plus merveilleux châteaux en Espagne · M. Alcindor s'adresserait à ses correspondants du Havre et de Bordeaux pour leur engager la récolte prochaine ; le gérreur laissé sur l'habitation s'empresserait de rassembler tous les fonds disponibles pour se faire pardonner le silence inexplicable qu'il avait gardé jusqu'alors. Dans trois mois, au plus tard, M. Alcindor était sûr de toucher encore une cinquantaine de mille francs.

A la rigueur, six mille livres pouvaient conduire jusque-là. Mais quoi ! les amis et les femmes des plaisirs de Versailles et de Montmorency avaient, malgré les neiges, trouvé le chemin de l'hôtel Richelieu. Les amis étaient de si joyeux compagnons! les femmes moins ardentes, moins échevelées que les vampires sensuels des tropiques dont les yeux brûlent comme leur soleil, étaient si spirituelles et d'un laisser-aller si ravissant! Ma foi, s'il fallait attendre trois mois, amitiés et amours s'en seraient envolés et abattus ailleurs! Donc M. Alcindor, qui, tout en s'ingurgitant du champagne frappé, s'était laissé conter des récits fantastiques sur la facilité avec laquelle les capitaux se lançaient à la remorque d'une idée, sauta un beau matin en bas de son lit: et frappant le parquet du pied, comme s'il eût invoqué les esprits de l'abîme, il s'écria : « Moi aussi j'ai une idée!... j'ai deux idées; j'ai même trois idées! J'en serai l'action et le centre, c'est-à-dire le coffre-fort; un coffre-fort de trois millions, au moins. Un million par idée! c'est pour rien. »

Voici les trois idées de M. Alcindor. En un temps où la commandite est à bout de mines de houille et de plâtre, nous croyons rendre service à un grand nombre de capitalistes qui se lamentent chaque jour de ne plus savoir où enfouir leur argent.

M. Alcindor possédait dans son île, à l'extrémité de ses champs de cannes et de ses caféiers, un joli petit volcan, dont le soir il aimait à entendre les grondements qu'il comparait à ceux des cinq cent mille chaudières du diable. Du pied des mornes que ce Vésuve en miniature couvrait d'un soufre innocent et d'une cendre plus innocente encore, coulait une source d'eaux chaudes et ferrugineuses, qui suivaient dans leur cours tous les degrés du thermomètre, depuis quarante jusqu'à zéro ; — un véritable prodige dont on parlait au moins une lieue à la ronde, et devant lequel les sources des Pyrénées n'étaient que de l'eau de bains de Seine.

« On fonde là, s'écriait-il, un établissement tout en bois d'acajou; on suspend des cases au penchant des mornes, au milieu des forêts de magnolias odorants. C'est à la fois le climat de l'équateur, de l'Italie et de la Suisse. La fraise et l'artichaut y croissent à côté des pommes cannelles, cette crème parfumée de la végétation! Une révolution s'opère dans la médecine : le Brésil, l'Amérique, les îles du vent et de sous le vent envoyaient leurs malades mourir en Europe; l'Europe enverra les siens se guérir dans nos Antilles. Aujourd'hui que, grâce à la vapeur, il n'y a plus de distances, mes bains chauds seront le rendez-vous obligé de la bonne compagnie des cinq parties du monde; nous aurons la reine Pomaré! Et c'est moi, moi Alcindor Olyphan du Roccou, qui ferai pour mes baigneurs ce que cette France indolente et avare n'a pas encore fait pour son commerce et sa puissance maritime : je doterai le monde de bateaux transatlantiques. Fonds social : un million. » — Première idée.

Seconde idée. En sortant des bains chauds, il n'y a qu'à monter pour la trouver. On trouve le volcan. Le volcan, c'est l'idée.

« O France ignorante ! France dégradée ! qui consens toujours à être tributaire du commerce et de l'industrie de l'étranger ! tu te laisses juguler par les banquiers qui exploitent le soufre de Sicile.... Eh bien, moi, dans mes propriétés, j'ai du soufre en plus grande quantité qu'en Sicile, de qualité supérieure à celui de la Sicile ; la fine fleur de soufre, dont l'extraction se fait sans effort, sans douleur, par la puissance seule d'évaporation de mon volcan.... A ses flancs, à ses pieds, sur les mornes, dans les falaises, du soufre ! On gratte avec l'ongle, du soufre ! On frappe avec la houe, et la houe fait éclater d'énormes rocs de soufre cuit et durci depuis des siècles ! Du volcan à la mer il n'y a guère que trois ou quatre lieues. On aplanira les mornes, on comblera les falaises avec les forêts abattues, et du pied du volcan au niveau de la mer on aura une espèce de montagne russe naturelle, sur laquelle le soufre descendra de lui-même et s'en ira tomber en lest et en chargement dans la cale et dans l'entre-pont de mes navires transatlantiques.

« Je sais bien que dans ma colonie on m'a ri au nez de ce projet ; que l'administration prétend qu'il n'y a pas de quoi soufrer cent bottes d'allumettes, et que déjà quelques industriels ont fait payer cette triste conviction une vingtaine de mille francs ;... mais la colonie n'en a parlé que par ignorance, l'administration que par esprit de dénigrement.... Je fournirai un plan des lieux et les analyses de mes échantillons, avec des vues pittoresques, des dessins enjolivés et enluminés ; et nous verrons si je ne ferai pas à la compagnie des soufres de Sicile une concurrence de prospectus telle, qu'il faudra bien qu'elle m'achète au moins l'idée de mon volcan : un million ! — Et de deux. »

Troisième idée.

« Voici un essieu, voici un moyeu, voici des rayons, voici des pattes d'oie à ressort, rétractiles comme les griffes d'un chat. Rapprochez ces morceaux : passez l'essieu dans le moyeu ; autour du moyeu plantez les rayons ; au bout des rayons greffez les pattes d'oie : c'est bien ! Laissez aller... la roue tourne d'elle-même ; les pattes d'oie, en s'ouvrant et se fermant selon le degré du cercle auquel elles se trouvent, se servent tour à tour de poids et de contre-poids, et s'entraînent les unes les autres dans un mouvement de rotation dont on peut dire ce que le poëte disait du vent : *vires acquirit eundo*. Maintenant, aux deux bouts de cet essieu qui tourne avec une puissance proportionnée à

la résistance que vous voulez lui donner, placez les roues d'une voiture
ou d'un navire : adieu les chaudières qui éclatent ! adieu le combustible
qui ruine, la vapeur qui brûle, et le piston qui fait le vide dans les chemins atmosphériques ! J'ai détrôné le feu, l'eau et l'air. Je donne au
monde le mouvement perpétuel. Brevet d'invention en France et à l'é-
tranger : un million ! — Et de trois. »

Malheureusement les idées, même celles qui portent trois millions,
ne font pas leur chemin toutes seules. Il faut d'abord les gens qui les
écoutent, puis les gens qui les comprennent, ensuite les gens qui les
poussent, enfin les gens qui s'y laissent prendre ; et toutes ces personnes-
là coûtent cher à se procurer avant de rapporter... quand elles rapportent.

Après s'être enivré de ses propres paroles, M. Alcindor voulut donc
en griser les autres ; il commença par ses amis. Ses amis lui mangèrent
ses déjeuners et ses dîners, s'enivrèrent de son vin... mais fort peu de
ses idées, dont ils trouvaient le fond trop excentrique et le siége trop loin.
Il tourna le dos à ses amis, rien n'étant plus malsonnant que les conseils
d'une amitié sincère. Alors il appela, — toujours à ses déjeuners et à ses
dîners, — les capitalistes et les savants méconnus qui l'avaient visité dès
son arrivée à Paris. Ceux-ci trouvèrent les idées de M. Alcindor aussi généreuses que son vin ; des ingénieurs lui promirent des plans de bains
chauds ; des chimistes prirent jour pour lui analyser ses échantillons de
soufre ; des mécaniciens se firent forts de confectionner sa machine ; des
dessinateurs lui inventèrent des perspectives, des points de vue, des vol-
cans, des mornes d'après nature que nul ne reconnaissait, avec des montagnes russes par-dessus ; des écrivains lui improvisèrent, entre deux
bouteilles de champagne, des prospectus tout ruisselant d'eaux chaudes
et de fleur de soufre, converties par leur plume élégante, en louis d'or et
en billets de banque, allant et venant des tropiques en Europe sur des
chariots et des navires qui marchaient tout seuls ; des courtiers d'affaires,
dont Paris est tout grouillant, se chargèrent de la recherche du fonds social,
moyennant une prime ; des journalistes à gage, haut placés dans l'estime
des garçons de bureau de messieurs les ministres, engagèrent leur protection, moyennant quelques dîners et des promesses d'actions dont ils
couraient déjà l'escompte ; enfin les dessins, les prospectus et les pro-
tections étaient encore dans les brouillards, qu'il se trouva avoir distribué
plus d'emplois qu'il n'en faudrait pour administrer un royaume, et plus
de primes que ses trois millions n'en pourraient payer ; et comme les plus
avisés avaient voulu des à-compte solides sur des espérances qui l'étaient
peu, les trois millions qui flottaient condensés dans les vapeurs des eaux

chaudes, du volcan et de l'Atlantique lui avaient dévoré trois mille francs sur les cinq qui se pavanaient bien réellement dans son secrétaire.

Vous ou moi, Européens, nous serions restés sous le coup. Notre colon courut à une maison de jeu. Il était si beau joueur, et dans son île la fortune passait pour lui être d'une fidélité si fatale!

Il ne vit, il n'entendit d'abord que l'or qui était sur la table, les râteaux qui le relevaient, les frémissements des joueurs, et la voix monotone des croupiers. Il jeta cinquante louis, il gagna. Il doubla, il gagna encore. Une veine se déclarait. Il eut la fièvre. Il leva les yeux en souriant, et il rencontra les yeux et le sourire diabolique de Fête-Dieu qui était en face. Tout ce qu'il y avait en lui d'orgueil créole se souleva. Jouer avec le fils d'une esclave, qui avait été lui-même esclave! Pendant que les cartes couraient, il y eut lutte entre les préjugés de son orgueil de race, sa passion effrénée du jeu, et sa foi dans son étoile. Le croupier amena le coup : Fête-Dieu venait de perdre deux mille francs, et c'est M. Alcindor qui les aurait gagnés. Le sang blanc aurait eu satisfaction de l'audace du sang mêlé! la supériorité de race aurait eu le sort pour complice et pour vengeur! L'égalité devant le tapis vert eût été bonne à quelque chose.

M. Alcindor fit le jeu. Fête-Dieu perdit, et resta impassible sous le regard triomphant du créole. Les enjeux se triplent, puis se quadruplent…. Cette fois la rouge paye la couleur. — Inconstance de la veine, qui va revenir plus ferme que jamais! Mais la fortune fantasque prolonge son caprice ; et en trois tours de carte, M. Alcindor perd à la fois ce qu'il a gagné et jusqu'au dernier louis de sa première mise : Fête-Dieu avait relevé le tout. Malgré les inquiétudes du lendemain, la perte n'était rien, M. Alcindor en avait vu bien d'autres; mais le mulâtre a triomphé du blanc, voilà l'humiliation! Et là, devant lui, personne que M. Alcindor connût! chez lui, jusqu'au lendemain, rien pour prendre une revanche! Oui, une revanche; la lutte acceptée, il voulait aller jusqu'au bout. Le dépit du joueur venait de faire accepter au créole le principe de l'égalité sociale, contre lequel il n'avait su avoir ni assez de haine ni assez de railleries. Une fois sur cette pente, comment se retenir? Aussi, quand l'affranchi, avec une politesse habilement affectueuse, lui avança un portefeuille ouvert, l'ancien maître y puisa-t-il trois billets de banque sans plus de façon que dans le portefeuille d'un ami de collége. C'en était fait, M. Alcindor était *décréolisé*. Malheureusement ce sacrifice à la nécessité aveugle ne toucha point le cœur de l'aveugle fortune. En trois bonds, les mille écus repassèrent des mains du créole sur le tapis vert.

et du tapis vert dans le portefeuille de Fête-Dieu... mais cette fois M. Alcindor refusa de les y reprendre.

« Nous verrons demain, » dit-il.

Le lendemain c'était chose vue : dette de jeu, dette d'honneur. Et, sous l'influence de cet axiome qui fait le désespoir des porteurs de mémoires, de billets et autres titres, il avait passé le reste de la nuit à feuilleter les considérations philosophiques du fameux chapitre VI : *du Mépris des richesses*.

Qu'avait-il besoin d'une voiture l'hiver, lui qui grelottait même devant un feu toujours ardent? Rien d'ailleurs ne faisait gentilhomme comme d'aller à pied par une belle gelée. « Je me déferai de ma voiture. »

Et les chevaux? les faire sortir par ce temps de neige et de glace, alors que, pour épargner leurs équipages, les grandes maisons prennent des remises, ce serait vraiment se conduire en tiers d'agent de change, en véritable cocher de fiacre. A quoi bon, dès lors, tenir de gros paresseux à l'engrais? « Je vendrai mes chevaux. »

Et les diamants et les chaînes d'or? et les bagues et les épingles?... tout cela n'est plus porté que par des usuriers, des clercs d'huissier le dimanche, et par des marchands de bric-à-brac. « Comment diable n'ai-je pas compris cela quand mes amis m'appelaient en riant M. Chrysocale? Mes amis avaient raison, l'élégance, c'est la simplicité. Il n'y a que les créoles gâtés par le luxe pesant des mulâtresses qui ne sentent pas cela. Ma foi, diamants et chaînes y passeront. Le tout ensemble m'a bien coûté quinze mille francs; le tout est presque neuf : en y perdant un millier de francs, mettons deux mille; après avoir payé ce damné Fête-Dieu, il me restera dix mille francs.... Dix mille francs ce soir, et je fais sauter la banque! Et demain, je chasse Fête-Dieu; non, j'en fais un laquais galonné. J'avais une voiture, j'en aurai deux; il montera derrière.... Non, c'est trop beau pour lui, il cirera mes bottes et celles de Narcisse. Oh! si je n'étais pas en France! »

Amenés tour à tour par Fête Dieu, comme l'avaient été les ingénieurs, les dessinateurs et les chimistes, des carrossiers, des maquignons, des bijoutiers ayant l'air de céder aux instances de M. Alcindor et de Fête-Dieu à faire une offre quelconque, se risquèrent jusqu'à vouloir des bijoux, des chevaux et de la voiture pour cinq mille francs.

Cinq mille francs!... les bourreaux ! M. Alcindor eut envie de les jeter par la fenêtre; mais, se rappelant qu'il était en France, il s'abandonna aux plus tumultueuses pensées auxquelles la présence inexorable de Fête-Dieu, cloué à sa personne comme un recors qui attend son payement, ajoutait un singulier caractère de dépit et d'humiliation. Narcisse, les yeux flamboyants, les lèvres pâles, promenant ses regards de son maître au mulâtre avec une étrange énergie d'accusation et de regret, battait avec une fureur toujours croissante l'air d'une bamboula sur la caisse vide placée entre ses jambes. Cependant la nuit approchait, et avec elle la nécessité de prendre une détermination, l'impérieux désir de s'acquitter envers Fête-Dieu, et surtout la soif intolérable du jeu dont l'heure allait sonner.

« Je veux en finir ! s'écria-t-il enfin. Fête-Dieu, va chercher les juifs et leurs cinq mille francs ! »

Les bijoux livrés avec les chevaux et la voiture, et les trois mille francs

rendus à Fête-Dieu, M. Alcindor courut à l'infernale maison de jeu ; Fête-Dieu n'y parut point. M. Alcindor joua avec un bonheur insolent qui lui fit tomber mille louis dans sa bourse.... Mais il se désolait à la pensée qu'ils n'étaient point sortis de celle du mulâtre.

Le lendemain, vers midi, tandis qu'à sa fenêtre M. Alcindor laissait ses pensées et ses rêves heureux s'égarer à travers la fumée de l'un de ses derniers cigares de la Havane, il entendit le bruit d'une voiture qui

sortait de l'hôtel. Il se pencha dans la rue, et il reconnut sa voiture et ses
chevaux. Sa philosophie de la veille l'abandonna.... Le sang remonta à
ses tempes à les faire éclater. Plus de doute! Fête-Dieu avait acheté les
dépouilles de son maître, et s'en allait fièrement les étaler sur les boulevards et au bois de Boulogne, en fredonnant des airs de gentilhomme.

Oui, à Fête-Dieu la voiture de M. Alcindor, les chevaux de M. Alcindor,
les diamants de M. Alcindor! Le valet était monté à la condition de
maître... et le maître, si la fortune l'abandonnait au jeu, serait réduit à descendre à la condition de laquais?... M. Alcindor disait que
c'était pour en mourir... que c'était à commettre un meurtre ou un
suicide!

Cependant M. Alcindor, qui perdait toujours, finit par n'avoir plus
crédit sur parole ni chez Fête-Dieu ni chez les prête-nom de Fête-Dieu.
On demanda des garanties, une bonne et solvable caution et même des
hypothèques, ou tout au moins la vente de quelque portion des terres et
du bétail humain que M. Alcindor possédait aux Antilles. Enfin, au bout
de deux ou trois mois, Fête-Dieu, par lui-même et par ses prête-nom,
se trouva le propriétaire à réméré d'une caféière, d'un beau champ de
cannes et de trente esclaves à prendre parmi les plus valides de l'habitation du Roccou. Bientôt M. Alcindor, même à ces conditions, ne trouva
plus une seule pièce d'or à emprunter.... Ce ne fut qu'après des sollicitations infinies, que Fête-Dieu consentit à lui faire prêter mille écus sur
une lettre de change à six semaines, dont, par amitié pure et dévouement
désintéressé, il voulut bien se constituer le tireur, se chargeant aussi de
la faire escompter.

Ce jour-là, Fête-Dieu fit tout haut le serment de ne plus mettre les
pieds dans la maison de jeu, où il avait vu se préparer la ruine de son
maître, de son bienfaiteur, de celui que, dans l'expansion orgueilleuse de
sa douleur et dans l'insolente familiarité d'un créancier, il appelait son
cher frère du côté gauche.

Ce jour-là aussi, M. Alcindor se donna la volonté et le temps de
prendre la peine d'écrire lui-même à son géreur, et de ne pas se reposer,
comme il l'avait fait jusque-là, sur le zèle empressé de Fête-Dieu du
soin d'expédier la correspondance.

Ce jour-là enfin, la présence du mulâtre avait rendu les yeux de Narcisse plus flamboyants, ses lèvres plus pâles, et imprimé à la bamboula
qu'il battait sur sa caisse vide un mouvement plus précipité et plus frénétique. Il ne fut tiré de cette agitation fiévreuse qui tenait de l'hébête-
ment et de l'extase que par la voix de son maître, lui ordonnant d'aller

jeter à la grande poste les lettres adressées à son gérem et à son commissionnaire des Antilles.

« C'est singulier! dit M. Alcindor quand son nègre fut sorti, je n'ai jamais vu Narcisse me quitter avec plus d'attendrissement dans les yeux et un plus vif tremblement dans tous ses membres.... Le petit Porto-Ricco de madame Alcindor avait la même physionomie attristée le jour où il fut volé à sa maîtresse.... Est-ce que les bêtes auraient une âme, par hasard? Ma foi, ajouta-t-il avec le ton du sarcasme qui se venge, elles devraient bien la prêter à Fête-Dieu! »

Le soir, en rentrant de l'Opéra, où, du parterre qu'il occupait modestement, il avait vu Fête-Dieu se pavaner en loge au milieu de quelques femmes entre deux âges qui trouvaient que les diamants ne perdaient rien à être enchâssés dans une peau cuivrée, M. Alcindor fut tout étonné de ne point trouver Narcisse à l'hôtel, et fort empêché surtout de procéder lui-même aux menus détails de son coucher, dont, depuis plus de trente ans, son fidèle serviteur lui évitait les ennuis.

« Cet imbécile se sera perdu, » murmura-t-il. Puis il s'endormit en toute tranquillité d'esprit, sauf les souvenirs du jeu qui dansaient devant lui, et aussi les ressentiments vigoureux qu'il venait de puiser à l'Opéra contre la stupidité de l'égalité française.

Deux jours, trois jours encore, M. Alcindor se préoccupa de cette disparition. « Oh! la race nègre, dit-il, la voilà bien : où elle ne broute plus, elle ne reste pas. » Le quatrième jour, il ne s'en inquiétait que pour la destinée de ses lettres. « Bah! j'en écrirai d'autres, » dit-il. Le cinquième jour, il les écrivit, les porta lui-même à la poste, et il n'y pensa plus. Il ne faut pas lui en vouloir : nature de créole, l'oubli est sa vie!

Seulement le lendemain, à son réveil, il dut avoir un sentiment confus de ce qui pouvait s'être passé, car le maître de l'hôtel lui remit, en grand secret, une lettre qui, venue du Havre, avait été renfermée sous un pli à son adresse.

M. Alcindor ouvrit cette lettre. C'était tout bonnement une feuille de papier blanc, sans signature, sans écriture, mais d'une haute éloquence! elle enveloppait trois billets de banque de mille francs.

Comme il avait foi dans la protection que le ciel accorde toujours à l'innocence persécutée, et que, dans ses idées, plus le danger était grand, plus le Seigneur était proche, M. Alcindor reçut la manne dorée sans trop s'inquiéter d'où elle lui venait.... L'ingrat!

Fête-Dieu ne prit pas aussi bravement son parti de la disparition de Narcisse. A l'activité de la sollicitude qu'il mit dans ses recherches, on

eût dit d'un frère en peine d'un frère bien-aimé. Mais, chose étrange
assurément, à mesure que les faits lui apportaient la certitude que la
mort n'était pour rien dans l'absence prolongée du nègre, le mulâtre se
montrait plus triste et plus épouvanté. Devant M. Alcindor il disait bien
avec un dédain affecté, que, fatigué de tafia, Narcisse avait sans doute
vidé un quarteau de cognac frelaté, et avait été ramassé ivre mort au
coin d'une borne ; mais quand il était seul, les circonstances mystérieuses
qui environnaient le départ de Narcisse lui mettaient au cœur un froid
glacial. Il voyait encore le nègre, les yeux injectés de sang, la colère et
la menace aux lèvres, étendre fatalement vers lui son bras gauche, comme
aux Antilles. Il avait comme une vague prescience de ce que Narcisse
pouvait avoir tenté pour sauver M. Alcindor de la ruine comme il
l'avait sauvé du poison. Alors son front se plissait, ses yeux devenaient
fixes et perçants comme s'ils cherchaient à découvrir les traces d'un navire
à travers l'immense étendue que recouvrent les flots de l'Atlantique ; et,
comme si sa vie tout entière en eût dépendu, il se livrait avec une
activité fiévreuse à une correspondance copieuse, qu'il expédiait, par
duplicata et triplicata, à tous les navires et à tous les steamers possibles
qui faisaient voile ou qui chauffaient pour les Antilles. Il semblait que les
ports de France et d'Angleterre n'en auraient jamais en assez grand
nombre ni d'assez rapides pour son impatience ; il en serait desséché
sur pied, si, évoquant les souvenirs d'incroyables phénomènes des traversées de mer, il n'avait fini par se dire que, très-souvent, des navires
devançaient de huit et quinze jours l'arrivée d'autres navires partis cependant huit et quinze jours avant eux.... Et il ne demandait aux vents
et à la vapeur, pour sa correspondance, qu'une avance d'un jour, de
quelques heures ! Pourquoi cela ? C'était son secret.

Ce sera bientôt le nôtre.

IV.

Tandis que les deux antagonistes de l'hôtel de la rue Richelieu se
laissaient aller l'un aux penchants de sa nonchalante nature et l'autre
aux terreurs de sa conscience, un nègre arrivé de Paris se promenait
sur les quais du Havre, cherchant un navire en partance pour les Antilles.

« Où donc est ton maître ? lui avait demandé le capitaine du trois-mâts
l'*Émilie* en lui frappant sur l'épaule.

« — Oh! c'est vous, capitaine? la rencontre est heureuse. Mon maître est à Paris.

— Et toi, où vas-tu?

— Porter ses lettres à l'habitation. Et vous, capitaine?

— Moi, dans une heure, j'aurai fait hisser le grand foc, et en mer!

— Combien me prendrez-vous pour mon passage?

— Rien, si tu veux, comme à ton dernier voyage, remplacer mon cuisinier qui est toujours malade. Je te ramènerai au même prix.

— Dans combien de temps?

— Le temps de toucher et virer de bord, pas davantage; je reviens sur lest.

— C'est dit, capitaine. Maintenant un service! »

Ayant décousu un revers de son habit, le nègre en avait retiré trois chiffons de papier de soie, dont il disait n'avoir plus besoin; il avait prié le capitaine, fort émerveillé, de les mettre sous double enveloppe, d'y écrire les adresses, et après avoir jeté le paquet à la poste, il s'était rendu joyeusement à bord de l'*Émilie*, qui, à l'heure dite par le capitaine, avait dérapé du bassin, et filait bon vent dans la Manche, le cap sur l'Atlantique.

Le trois-mâts l'*Émilie* accomplit son voyage en raison inverse des éventualités malheureuses que, pour se consoler, Fête-Dieu souhaitait au navire inconnu qui, dans ses soupçons, emportait la providence à laquelle ses projets pouvaient se briser. En vingt-deux jours de traversée, les alizés le poussèrent dans l'archipel des îles embaumées dont Christophe Colomb dota l'ancien monde. Bien lui en prit; car trois heures plus tard, il fut suivi du vapeur anglais *le Flamer*, parti cependant six jours après et dont le sac portait les premières dépêches de l'impatient compagnon de M. Alcindor. Or le nègre de l'*Émilie* et la correspondance du *Flamer* avaient une destination commune, sinon égale. Restait à savoir qui du nègre ou de la correspondance arriverait le premier. La correspondance, lettre morte et scellée, ne pouvant ni savoir ce qu'il y avait à bord de l'*Émilie*, ni dire les motifs qu'elle avait d'arriver vite, dut se résigner à subir les procédés ordinaires du service des postes, si magnifiquement organisé aux colonies, qu'une lettre, quand elle ne se perd point au cabinet noir (de la Guadeloupe, par exemple), met à franchir les deux ou trois mornes qui la séparent de son point de départ, autant de jours qu'il en faut, en France; pour arriver du centre au point le plus éloigné de la circonférence dont les lieues se comptent par centaines. Le nègre, au contraire, lettre vivante et toute grande ouverte, lorsqu'il

entendit gronder la cheminée du *Flamer* au repos, eut l'intelligence
du coup qui le menaçait et du parti qu'il avait à prendre pour le parer.
Aussi, tandis que l'officier du *Flamer* dirigeait lui-même vers la terre
l'embarcation qui portait la malle d'Europe, le nègre de *l'Émilie*,
suivi du capitaine et de quatre vigoureux matelots, se jetait dans un canot à voiles que la brise de terre devait en moins d'une journée porter.

le long des côtes, à la pointe occidentale de l'île, où le facteur de la poste
officielle ne pouvait arriver qu'après une demi-semaine de marche à travers les terres.

Mais la journée, la demi-semaine elle-même s'écoula sans que le nègre
et les matelots de *l'Émilie* fussent plus arrivés à leur destination que la
correspondance du *Flamer*.

C'est que, quelques heures après que le canot eut perdu de vue le
grand mât de son navire, et que le facteur de la poste, sa petite malle
en cuir sur la tête, eut dépassé en courant les derniers tamarins qui
avoisinent le port, un épouvantable phénomène avait éclaté à la fois sur
la terre et sur l'Océan. Soulevée comme par la puissance d'une catapulte
assise dans les profondeurs de la mer, une vague immense avait bondi
vers le rivage, roulant avec elle le canot échoué au milieu de galets et de
quartiers de roche. Ébranlé jusque dans ses entrailles par des grondements souterrains pareils à ceux de tonnerres et de chars de guerre rou-
lants, le sol s'était crevassé et entr'ouvert, vomissant du feu, de la fange
et du soufre. Les sommets des mornes s'étaient affaissés et comblaient

des débris de leurs forêts les falaises, où ils arrêtaient le cours des fleuves. Seul, comme par dérision, le ciel était resté aussi bleu, l'air aussi parfumé, le soleil aussi radieux !

Éperdus, chancelants au roulis de la terre semblable au roulis d'un navire, les naufragés du canot avaient eu à chercher leur route, sans autre guide que le soleil le jour et les étoiles la nuit, à travers un pays dont un tremblement de terre venait de changer les sentiers connus en une surface informe et désordonnée. Enfin, après une marche désolée de deux jours et de trois nuits, à travers un chaos où le génie de la destruction avait semé çà et là des cadavres et des ruines, le nègre de l'*Émilie* crut reconnaître les champs au milieu desquels s'élevaient, debout encore, mais penchées, lézardées, tordues comme des arbres passés au feu du ciel et courbés par le vent des tropiques, les cases des esclaves et l'habitation de son maître.

Le pauvre noir étendit les bras et se jeta la face contre terre, qu'il couvrit de ses baisers et arrosa de ses larmes.... Mais les yeux exercés des matelots de l'*Émilie* aperçurent à l'autre bout de l'horizon, dans la transparence de l'air, la malle en cuir du facteur de la poste.... Ainsi, entre le *Flamer* et l'*Émilie*, la victoire allait encore être le prix de la course. C'était tout que de le savoir : or le facteur l'ignorait et s'en souciait peu ; aussi le nègre et l'équipage étaient-ils déjà arrivés à l'habitation, que le facteur s'en était rapproché à peine d'une centaine de pas.

« A vous le géreur ! dit le nègre, en remettant au capitaine les lettres de son maître. A nous la mulâtresse ! » dit-il aux quatre matelots qui se précipitèrent à sa suite vers la partie de l'habitation qu'il leur avait montrée.

Là étaient rassemblés les hommes de l'atelier; mais là l'habitation avait été renversée de fond en comble, et les esclaves, depuis trois jours, étaient occupés à déblayer le sol des matériaux qui le chargeaient. La présence inattendue du noir fut saluée par des cris de joie et des questions sans nombre; mais lui n'avait qu'une pensée, qu'un but.

« La mulâtresse ! s'écriait-il, la mulâtresse ! il nous la faut morte ou vivante ! »

Les esclaves lui montrèrent les décombres : « Ce matin encore on l'entendait gémir. »

Et alors le noir et les matelots se mirent au travail avec une ardeur furieuse. Quand tout ce qui avait été madrier servant à l'élévation et à la toiture fut retiré, on commença à découvrir les meubles poudreux défoncés et aplatis ; puis un lit écrasé sous deux énormes poutres disposées dans leur chute en croix de Saint-André, et dont l'une pesait dans toute sa longueur sur un monceau de chairs, de sang et d'os qui avaient été le corps d'un jeune et vigoureux esclave, et l'autre sur la partie inférieure du corps d'une mulâtresse qui respirait encore, comme si pour mourir elle eût attendu les témoins de ce honteux mariage de la mort qui, durant trois jours, l'avait clouée à un cadavre.

« Morte comme tu as vécu, lui cria le noir, à côté des cadavres qu'ont faits ton ambition, ta haine et ton libertinage ! J'en porterai la nouvelle à Fête-Dieu, qui te bénira pour ta fidélité. »

Et, sans se soucier autrement de ce qui était là sous ses yeux, brisé, souffrant ou informe, il plongea sa main dans le coton souillé des matelas de cette couche impure, et en retira pêle - mêle des bijoux, des pièces d'or, des actes publics et des lettres timbrées de France.

Il repoussa du pied l'or et les bijoux, et se jeta sur les actes et sur les lettres qu'il emporta vers l'habitation du géreur comme une bête fauve ferait d'une proie.

En ce moment le facteur de la poste arrivait porteur d'une lettre pour la mulâtresse. Et le visage du nègre s'illumina de l'éclat ironique du triomphe.

« Diable, lui dit le capitaine de *l'Émilie* qui, sur la prière du nègre, avait brisé le cachet; voici qui met sur la voie de révélations étranges et donne gain de cause à tes soupçons. Le mulâtre a merveilleusement flairé la cause de ta disparition subite; et, comme il comptait sur la vapeur pour que sa lettre arrivât avant toi, tu devais être reçu et fêté ici de manière à mourir de ton ivresse.... Quant à vous, monsieur, dit-il en se tournant vers le géreur, la mulâtresse était invitée à vous servir une barbadine assaisonnée au vin de Madère, et à jeter au feu toutes ses lettres de France.

— Eh ! eh ! fit le nègre souriant avec une amertume moqueuse. c'est un plaisir qu'il faut laisser au bourreau. »

Cinq jours plus tard, le navire *l'Émilie* faisait voile pour France, emportant à son bord huit cents doublons cordonnés qui, depuis plus de trois mois, attendaient dans la caisse du géreur les ordres du maître; mais ces ordres n'étaient point venus, sans doute parce qu'il se trouvait à Paris quelqu'un qui avait eu la volonté et le pouvoir de les intercepter au passage. Cinquante jours après que le navire *l'Émilie* eut quitté le bassin du Havre en destination pour les Antilles, le navire *l'Émilie* rentrait dans le bassin du Havre au grand émerveillement des négociants et armateurs qui en pouvaient à peine croire leurs yeux.

A l'expiration d'une quarantaine stupide, qui surcharge le budget d'une agrégation inutile de sinécuristes que, dans les ports de mer, on appelle sérieusement la santé, — augures qui ne peuvent se regarder sans rire, — le nègre, le capitaine et les quatre matelots de *l'Émilie* partirent en poste pour Paris, où ils arrivèrent vers huit heures du matin.

Le capitaine, porteur des papiers trouvés dans le lit de la mulâtresse, se fit conduire au parquet du procureur du roi.

Le nègre et les quatre matelots, portant les huit cents doublons cordonnés, se dirigèrent vers un grand hôtel de la rue Richelieu. Nous allons les y devancer.

V.

Depuis la disparition de Narcisse, M. Alcindor avait été frappé coup sur coup de nouveaux malheurs dans sa personne et dans sa position de fortune, déjà si compromise. On eût dit que le pauvre nègre avait été jusque-là pour son maître, comme ces génies familiers dont la présence seule peut conjurer les derniers malheurs.

L'expérience, qui d'ordinaire profite si peu à ceux-là même qui en parlent le plus, avait été chose complétement perdue pour M. Alcindor, qui n'y croyait pas et n'en parlait jamais. Les trois mille francs de la lettre de change à six semaines, réduits à deux mille par les frais d'escompte et de commission de la petite banque parisienne, s'en étaient allés, comme tout le reste, en ces mille riens pour lesquels les Anglais ont créé le *pocket-money*, tonneau des Danaïdes de la fantaisie et du caprice. Quinze jours après la réception des trois chiffons de papier du Havre, M. Alcindor s'était vu forcé, pour manger à son dîner quelques primeurs, de se défaire d'une excellente montre de Bréguet avec sa lourde chaîne d'or. Au bout d'une semaine ajoutée à ces quinze jours, et passée, comme eux, à attendre chaque matin l'arrivée de la cargaison du galion, M. Alcindor ne s'était laissé qu'avec le linge de corps, les bottes et les habits indispensables. Alors il se crut sérieusement menacé dans son existence.

La misère lui apparut; non la misère hâve, déguenillée et nue, mais la misère à frac noir, pelée, râpée, luisante, pisseuse, polie à la brosse et au cirage anglais... la misère honteuse de se montrer, la pire des misères, parce qu'elle arrive avant que le regard ait eu le temps de se faire humble et la tête de se courber. Il fut dévoré à la fois du mal du pays, et de cet autre mal sans nom qui envahit le luxe tombé dans le besoin et qu'on pourrait appeler la nostalgie de la richesse.

Le maître de l'hôtel, à qui il était dû trois mois d'un loyer de six mille francs, lui avait annoncé le plus poliment du monde que l'appartement du premier étage était retenu pour la fin de la semaine, mais que si monsieur le comte voulait monter au troisième, il aurait plus d'air, plus de lumière, une vue magnifique et moins le bruit de la rue; que, du reste, le troisième étage était fort recherché dans Paris. La semaine expirée, le troisième étage lui-même avait été occupé, la veille, par une famille anglaise qui de fondation, depuis six ans, venait y passer l'été : mais il y avait dans les mansardes deux fort jolies pièces fraîchement décorées depuis dix-huit mois, et où monsieur le comte aurait encore beaucoup plus d'air, de jour et de soleil, etc.... M. Alcindor se laissa hisser aux mansardes, très-persuadé que si on ne le congédiait pas définitivement, c'est que sa personne était le gage des loyers échus. Soumis à sa mauvaise fortune, mais non résigné, il passa deux nuits, — deux nuits d'insomnie provoquée par les caquets de la domesticité logée sous les toits, — à former des projets de vengeance et d'humiliations contre l'insolence et la rapacité du maître d'hôtel.

Enfin, une après-midi, au moment où, pour avoir économisé un déjeuner, s'étant senti trois heures plus tôt qu'à l'ordinaire le besoin d'aller se restaurer dans un cabaret à vingt-deux sous, il descendait discrètement l'escalier de l'hôtel, M. Alcindor vit sortir du troisième étage, non une famille anglaise, mais M. le chevalier de Saint-Protais, l'ancien monopoleur de la cause coloniale. Devenu millionnaire par héritage, vertueux par position, et comte de son autorité privée, M. de Saint-Protais, ganté, verni, pimpant, conduisait madame son épouse à un sermon de charité où elle devait faire la quête.

« Le drôle, murmura M. Alcindor, ferait mieux de me rendre les six mille francs qu'il m'a soutirés en me livrant des valeurs mortes. »

Mais le chevalier-comte de Saint-Protais n'entendit pas, et il aurait entendu, que c'eût été la même chose.

Un peu plus bas, M. Alcindor vit sortir de l'appartement du premier étage le mulâtre Fête-Dieu. Chaussé d'éperons retentissants, précédé d'un valet en livrée, l'affranchi, dans tout le luxe de mauvais goût des diamants et des chaînes d'or qui distingue la toilette des métis, allait faire montre au bois des leçons d'équitation reçues au manége de la rue Duphot.

Le pauvre M. Alcindor n'eut pas le courage d'aller plus loin; il remonta dans sa mansarde ; et bientôt se mit au lit, en proie à une fièvre ardente que les médecins, qui n'y comprenaient rien, dit le maître d'hôtel, appelèrent de noms contradictoires.

« Bon, bon, murmurait Fête-Dieu en souriant d'une façon étrange, quand le moment sera venu on pourra lui en donner un contre lequel le codex médical des facultés de l'Europe ne contient ni formules ni ordonnances. »

Or, à l'heure même où les marins et les passagers de l'Émilie faisaient leur entrée dans Paris, il entrait dans la mansarde de M. Alcindor quelques personnages dont la visite était bien faite pour réaliser, et de façon à n'y plus revenir, les prévisions du charitable mulâtre.

Le premier de ces personnages était un homme long, sec, maigre ; figure en lame de yatagan, yeux masqués par des lunettes à verres bleus embranchés dans du cuivre doré ; jambes de héron enfermées dans deux gaines de drap noir ; cou de sangsue dont les enroulements d'une immense cravate de batiste avaient de la peine à contenir les balancements. Vêtu d'un frac noir joignant mal sur un gilet en drap de soie de la même couleur, les mains très au large dans des gants d'un blanc sale, dont une forte odeur de térébenthine accusait le récent nettoyage, ce monsieur était l'un des mille exemplaires de ce type d'hommes d'affaires inhérent à la végétation parisienne, qui, après avoir été clercs d'huissier, employés de préfecture, commis greffiers de quelque justice de paix, saute-ruisseaux dans une étude d'avoué et de notaire, tout enfin excepté ce pourquoi ils voudraient bien qu'on les prît, vous lâchent à la première occasion une carte de visite ou une lettre, en tête de laquelle vous lisez cette enseigne pompeuse :

CABINET D'AFFAIRES
DE
M. DE PETIT-JEAN,
JURISCONSULTE.

Pour le Béotien de Paris, jurisconsulte veut dire avocat ; et que faut-il de plus à l'homme d'affaires ? Mais devant le tribunal de police correctionnelle, ces messieurs font bien remarquer la différence de signification, pour échapper à l'article du Code qui punit toute usurpation de titre légalement reconnu. De plus, si, pour ne se point brouiller avec la justice, ces gaillards-là ne s'affublent pas d'un état qui exige un diplôme, en revanche ils abusent étrangement de la particule depuis qu'il n'existe plus de sceau de titres; il n'est point de saint du calendrier dont ils ne compromettent la bonne réputation en le travestissant en gentilhomme du plumitif : car

> Huissier à cheval, c'est presque chevalier.

Quand M. Alcindor, qui avait rêvé la nuit de toute sorte de misères, vit, à travers le demi-jour de sa mansarde, s'avancer ce grand échalas habillé, roide, compassé, solennel, jouant l'importance, il le prit pour un employé du procédé Gannal ou des pompes funèbres, et il ne sut s'il devait lui éclater de rire au visage pour lui montrer qu'il n'avait nul besoin de son office. Mais quand, de ce long tuyau d'orgue, il entendit sortir une voix grêle et traînante qui, en style d'audience, lui psalmodia l'objet de sa visite; quand il vit ces bras et ces mains se développer en pattes d'araignée pour lui exhiber les titres dont ils étaient porteurs; quand il reconnut enfin à quelle besogne d'insinuations, d'inductions entrelardées de réserves, de moyens et de voies de droit, venait se livrer auprès de lui cette machine télégraphique, il se leva furieux sur son séant, et menaça de l'étouffer sous les couvertures de son lit s'il ne vidait la place au plus vite. Mais, avec cette ténacité d'insecte bourdonnant qui fatigue et met sur les dents le lion lui-même, le jurisconsulte enveloppa sa mission, qu'il appelait douloureuse, de toutes les circonlocutions de miel et de glu auxquelles les pauvres débiteurs se prennent par l'aile ou par la patte.

« Monsieur, finit-il par dire, les délais du réméré expirent aujourd'hui, votre créancier ne veut entendre à aucun sursis, à aucun accommodement; mais je prendrai sur moi, avant de vous lancer une assignation, d'attendre encore vingt-quatre heures... après quoi nous demanderons au tribunal l'envoi en possession.

— En attendant, allez au diable! » s'écria M. Alcindor, exaspéré, essoufflé, et sentant déjà gronder à son cerveau ces tumultes effroyables qui avaient été les premiers symptômes de sa dernière maladie.

En ce moment survint un personnage à cheveux mal peignés, pantalon festonné au bas des jambes, comme à l'emporte-pièce, par des talons de bottes éculées; chapeau cassé et graisseux sur les bords, habit noir râpé, luisant et dont les solutions de continuité étaient rapprochées çà et là à l'aide de fil blanc noirci avec de l'encre. Ce personnage se donna le nom de M. Doucet et le titre de praticien, demandant, de sa voix la plus flûtée, pardon de la liberté qu'il prenait de s'enquérir comment M. le comte du Roccou entendait terminer l'affaire de certaine lettre de change de trois mille francs venue à échéance depuis quinze jours, et pour laquelle il y avait jugement définitif du tribunal de commerce, avec contrainte par corps et pièces en état.

M. Alcindor avait à peine eu le temps de réfléchir à cette ques- tion, pour savoir si elle n'était pas indiscrète et impertinente, que sa man- sarde fut envahie par quatre croquants se disant aussi praticiens, mais d'une bigarrure de costumes à faire croire que c'était une exhibi-

tion vivante des friperies du Temple. Puis entrèrent majestueusement.

l'un soutenant l'autre, un grand et gros compagnon à la mine réjouie, au regard insolent, boutonné jusqu'au menton, et un tout petit vieillard irréprochablement vêtu d'un frac noir pisseux, coiffé d'un tout petit chapeau tenant à peine sur une perruque rousse et privée de cheveux, surmontant un visage couleur jus de réglisse encadré jusqu'aux oreilles entre les deux montants d'un énorme col de chemise, dont le matin même des ciseaux avaient égalisé les bords outrageusement effiloqués par le temps et les blanchissages.

Le gros compagnon était un de ces sbires du dieu *Écu*, qui s'appelaient des recors autrefois, et qu'avec sa manie de rehausser la vileté des choses par la rédondance des termes notre civilisation qualifie de gardes du commerce. Le petit vieillard était ce mannequin légal qui, promené en fiacre, flanqué de ses quatre estafiers en guenilles, joue, dans les saisies par corps, le personnage obligé de juge de paix d'un arrondissement quelconque, sans qu'il soit venu à personne l'idée d'en confronter, avec un bâton d'une main et l'Almanach royal de l'autre, le nom et l'identité, également apocryphes.

« Ma liberté ! s'écria le malheureux créole quand, à travers ce fatras de praticien dont il eut à subir la lecture et les compliments de condoléance, il comprit enfin ce que tout ce monde-là voulait de lui; ma liberté en payement de mille écus!... Mais je suis blanc de sang et de race; mais je ne peux ni être vendu ni me vendre moi-même; on ne peut faire de moi un esclave!... C'est donc la traite des blancs? »

Et, dans le paroxysme de sa fureur, il s'imaginait avoir affaire à des flibustiers qui venaient rendre à l'Europe, pour le compte des nègres, le commerce de chair humaine que l'Europe faisait sur la côte d'Afrique.

« Mais, monsieur, disait en souriant le garde du commerce, il ne s'agit ni d'esclavage, ni de chaînes, ni de cabanon, ni de ponton de navire; il s'agit tout simplement de vous conduire dans une maison spacieuse, avec promenoir couvert pour l'hiver, jardin pour l'été et bonne table pour votre argent. Vous y aurez toute liberté d'action et de pensée... hormis la liberté de sortir. De riches banquiers et de fort grands seigneurs l'ont préféré au plaisir vulgaire de payer leurs dettes.

— Ah! s'écria M. Alcindor rappelant un mot célèbre, vous avez des philanthropes pour dire que *le bien-être de l'esclave n'absout pas l'esclavage*, et vous n'avez pas un citoyen pour dire à l'Europe que le bien-être du prisonnier pour dettes n'absout pas le droit exorbitant que la contrainte par corps peut mettre aux mains d'un usurier! Votre Charte est un mensonge, votre liberté individuelle un traquenard, et vos deux révolutions une double glorification du veau d'or : voilà tout. »

Et, par un brusque effort, rejetant loin de lui les couvertures de son lit, il se précipita vers son secrétaire entr'ouvert pour y saisir une paire de pistolets, ni plus ni moins que s'il eût été dans le cas de légitime défense; mais, avant qu'il se fût retourné, cette surexcitation fiévreuse avait trouvé sa fin dans sa violence même, et il tomba dans les bras du jurisconsulte qui s'était avancé à temps pour l'empêcher de se briser le crâne sur le parquet.

Le garde du commerce dut se croire arrivé aux limites des instructions qu'il avait reçues; car, sur un coup d'œil lancé à l'un de ses estafiers, celui-ci se précipita hors de la mansarde et revint bientôt précédé de Fête-Dieu.

Après un long évanouissement, le créole, à l'aspect du mulâtre, éclata en reproches et en menaces sur l'abus qui avait été fait de sa signature; mais Fête-Dieu jura ses grands dieux qu'il était étranger à cette avanie, que la lettre de change ne lui avait pas été présentée à l'échéance, que, par un caprice inexplicable du tiers porteur, il n'avait pas même été compris dans les poursuites, et que la meilleure preuve qu'il en pouvait donner était que lui, Fête-Dieu, offrait sa caution à monsieur le garde du commerce qui voulait bien l'accepter.

« Seulement, ajouta Fête-Dieu, en faveur de la liberté que je vous rends, accordez-moi la liberté de Zéphyra.

— La liberté de Zéphyra! » s'écria le créole jetant sur le mulâtre un regard perçant qui lui fouilla jusqu'au fond de l'âme. Et il retomba sur son lit trempé d'une sueur froide, et fermant les yeux comme si tout un monde de révélations lui eût été offert et qu'il n'eût pu en supporter les horreurs.

« Ah! tu veux la liberté de Zéphyra! reprit-il bientôt d'une voix saccadée et mordante, expression du mépris et de la haine qui lui tordaient le cœur.... Oui, pour que le mulâtre épouse la mulâtresse! pour que l'esclave règne en maîtresse et en épouse là où elle a été servante et concubine! pour que le bâtard et sa famille triomphent de l'enfant légitime qu'ils ont dépouillé de sa fortune après lui avoir empoisonné sa femme et son enfant!... Non, non... Zéphyra est esclave, elle vivra esclave, elle mourra esclave!... O Narcisse! Narcisse! tu avais raison. »

Le jurisconsulte, le garde du commerce et le mannequin légal de la justice de paix se regardèrent avec étonnement, se demandant du regard s'il n'y avait pas là un commencement d'instruction à requérir.

Mais Fête-Dieu, qui savait que son innocence était protégée par quinze cents lieues de mer; Fête-Dieu, qui avait eu foi dans la marche des bateaux transatlantiques, et qui s'était habitué à l'absence de Narcisse, accueillit les paroles du créole avec un calme si parfait et un sourire de pitié si dédaigneuse, que les gens de la justice commerciale ne les prirent plus que pour une extravagance.

« Quoique vous ayez un peu perdu la raison, répliqua bientôt Fête-Dieu d'une voix goguenarde, il vous en reste assez pour vous souvenir que si, dans cinq minutes, vous n'avez point signé la liberté de Zéphyra, ces messieurs vont vous prendre la vôtre... et alors vous aurez cinq ans pour vous décider.

— Ni cinq ans, ni cinq minutes! s'écria d'une voix terrible un nègre qui se précipita dans la mansarde, précédant résolûment les quatre matelots de l'*Émilie* dont les bras vigoureux déposèrent un coffre en bois de fer sur une table qui craqua sous le poids.

— Narcisse! fit M. Alcindor. » Et il étendit les bras vers son serviteur comme si, dans cette apparition, il entrevoyait le terme de ses épreuves.

« Oui, Narcisse! répondit celui-ci, puisant dans la grandeur de son action le courage d'élever la voix devant son maître; Narcisse que vous avez dû croire ingrat et infidèle, et qui vous prie de lui pardonner le mal que cette pensée a pu vous faire. »

Pauvre nègre! il jugeait du cœur de son maître par le sien.

« Narcisse! murmura Fête-Dieu, l'œil atone et le visage blême, comme s'il voyait la terre s'ouvrir pour lui rendre en déceptions et en accusations les secrets de ses espérances et de sa vie.

— Oui, Narcisse! lui dit le nègre, se posant devant lui menaçant et froid, comme une hache prête à frapper; Narcisse, qui n'est pas plus mort du tafia avec lequel on devait le recevoir, que le gérant de la barbadine avec laquelle Zéphyra devait lui faire fête; Narcisse, qui vient tenir son serment de te montrer son bras gauche quand le moment serait venu.

— Ah! fit avec une joie féroce le mulâtre qui avait tremblé en retrouvant dans les paroles du nègre le contenu de sa correspondance; ah! tu te souviens donc aussi du serment que je te fis alors, d'en appeler au jugement du verre d'eau.

— Je m'en souviens, dit le noir; mais avant d'en appeler au jugement tu entendras l'accusation....

— Non, non! avant l'accusation ou jamais!...

Avant, soit! dit résolûment Narcisse. Et que l'ange de l'extermi-
nation sonne pour l'un de nous la trompette du jugement dernier.

Messieurs, dit le jurisconsulte, tout cela peut être fort instructif et
fort amusant pour vous ; mais je suis venu ici pour terminer une affaire
et non pour assister à une expérience. » Et il rappela en peu de mots
les termes des contrats à réméré.

« Très-bien, monsieur. C'est de trente-six mille francs que mon maître
est débiteur : les voici, répliqua Narcisse ; vous les emporterez, si monsieur — et il montrait Fête-Dieu — ne donne point quittance en les tenant
pour reçus. »

Et ouvrant le coffre en bois de fer, Narcisse en retira quelques piles
de cent doublons qui, comptés sur la table, firent ouvrir de grands yeux
aux estafiers de la justice, peu habitués à voir des pièces d'or de cette
dimension.

« Pardieu, monsieur Narcisse, dit d'un air comiquement agréable
monsieur le garde du commerce, s'il vous était possible de me compter
la bagatelle de trois mille francs de capital, avec mille francs en sus pour
les frais, les intérêts et mes honoraires, vous me rendriez personnelle-

ment un grand service.... J'ai encore à visiter une personne qui ne se
lève jamais avant midi, et dont, par politesse, je me propose de ne point
déranger les habitudes ; mais au coup de midi je veux être exact.

— Voici vos quatre mille francs, dit Narcisse.... Mais je pense que
monsieur — et il montrait encore Fête-Dieu — nous donnera quittance
comme du reste sans y toucher. Veuillez donc attendre ; ceci ne sera pas
long. Au surplus, messieurs, ajouta Narcisse.... personne ne sortira d'ici
avant le dénoûment. »

Et, sur un geste de sa main, les quatre matelots allèrent s'établir devant la porte, carrément et les bras croisés, de façon à prouver qu'en effet
la porte était murée.

Affaibli par de longues souffrances, brisé par la diversité des événements qui venaient de se succéder avec une si rapide péripétie, ébloui
par la vue de cet or dont l'absence lui avait été une source de si cruelles
humiliations, M. Alcindor promenait de Fête-Dieu à Narcisse, de Narcisse aux matelots et de ceux-ci aux hommes de justice, ses regards
effarés et ses pensées incertaines, qu'il ramenait toujours aux piles de
doublons. Il n'osait en croire ni ses yeux, ni ses espérances, ni ses
craintes ; mais il avait comme un pressentiment vague qu'il allait assister
au dénoûment de mystères terribles dans lesquels sa destinée était en
jeu. Immobile, muet, il attendait avec une stupeur inquiète, impuissant
qu'il se sentait à prendre parti dans cette lutte fatale et dernière de deux
hommes qui possédaient un secret terrible dont l'un ou l'autre devait
mourir.

Le garde du commerce et ses compères, étonnés de l'étrangeté de
l'aventure, souriaient un peu de la nature et de la forme du jugement
auquel il en avait été appelé ; et cependant, en voyant la contenance du
mulâtre et du nègre, ils se surprenaient à éprouver quelque chose de
plus que de la curiosité. Le simulacre de juge de paix lui-même se sentit
dominé par la situation, quand Narcisse et Fête-Dieu l'eurent invité à
verser dans les deux verres l'eau qui allait faire éclater l'innocence
et punir le coupable.

Pendant que le petit vieillard s'acquittait de son rôle avec une gravité
toute magistrale et un léger tremblement de main qui annonçait son
émotion involontaire, il se passait entre Narcisse et Fête-Dieu une scène
muette d'action et d'observation que personne ne remarqua, dont seuls
ils avaient le secret, et qu'ils cherchaient à se dérober l'un à l'autre sous
le masque de la plus inattentive indifférence.

Fête-Dieu, la bouche légèrement railleuse, tenait ses yeux fixés sur les

LE COLON.

yeux de Narcisse, comme pour les forcer à l'immobilité; et durant
cette tentative de fascination, il avait fait, avec une nonchalance dédaigneuse, de la poche de son gilet un point d'appui pour le pouce de sa
main droite.

Narcisse, pour apercevoir ce mouvement en apparence si indifférent,
— et il l'avait aperçu, — n'eut pas besoin d'imprimer la moindre déviation
à son regard; sans quitter les yeux de Fête-Dieu, ses yeux couvraient le
mulâtre de la tête aux pieds, comme ces portraits dont les regards vous
suivent dans toutes les parties d'un salon.

L'eau versée, le nègre et le mulâtre, debout devant la table qui les
séparait, étendirent la main droite sur les verres posés devant eux, et,
d'une voix lente, mais ferme, ils prononcèrent le serment sacramentel.
« Que cette eau serve de poison et donne sur l'heure la mort à celui
d'entre nous qui, pour perdre l'autre, veut recourir au mensonge, à la
perfidie et à l'injustice. »

Pas plus en ce moment que durant celui qui avait précédé, les yeux
des deux terribles lutteurs ne s'étaient détournés de leur fixité fascina-
trice; et cependant le rapide trajet que fit la main de Fête-Dieu pour aller
de la poche de son gilet au-dessus du verre où elle s'étendit, suffit au
regard perçant de Narcisse pour reconnaître qu'une légère teinte rosée,
comme celle d'un grain détrempé de poudre de corail, s'était logée sous
l'ongle saillant du pouce du mulâtre. Mais son visage resté impassible
n'accusa aucune émotion intérieure; et quelque terreur ou quelque espérance que Narcisse et Fête-Dieu pussent fonder sur ces incidents imperceptibles, la prudence du premier avait été avertie sans que la sécurité
du second eût été effrayée.

Le serment achevé, le mulâtre, l'œil toujours fixé sur l'œil du nègre,
laissa retomber son bras droit jusqu'à la hauteur du verre qu'il saisit par
les bords, placés ainsi entre l'index et le pouce dont l'ongle effleura la
surface de l'eau; et il tendit le verre à Narcisse. Il fallait être sous l'obses-
sion d'étranges pensées pour soupçonner dans cette façon de prendre
un verre autre chose qu'une gaucherie; pour découvrir qu'au simple
contact de l'ongle de Fête-Dieu l'eau avait pris tout à coup la nuance des
plus pâles feuilles des roses du Bengale; et pour voir une autre intention
qu'une politesse de cabaret dans la présentation que le mulâtre en fit
au nègre, en lui disant : « Bois le mien, je boirai le tien. »

Et cependant l'ongle du mulâtre eut à peine effleuré l'eau, qu'un éclair
de joie féroce passa dans l'œil du noir; à peine aussi le verre fut-il dans
les mains de Fête-Dieu, que, laissant éclater un rire strident où perçait

le triomphe moqueur de la haine et de la vengeance, Narcisse se saisit rapidement du verre resté devant lui sur la table, et, l'ayant vidé d'un seul trait, il dit froidement au mulâtre : « J'ai bu ce que j'ai touché... fais comme moi. »

Et alors ce fut au tour de Narcisse d'attacher sur le mulâtre ses yeux qui avaient pris une expression terrifiante de colère et de fatalité vengeresse.

Dans le choix que le nègre avait fait du verre auquel le mulâtre n'avait point touché, il n'y avait rien que de raisonnable, de légitime et de conforme à la plus stricte loyauté... et cependant, lorsque Fête-Dieu se vit condamné à garder pour lui-même le verre qu'il tendait à Narcisse, son visage devint vert, son œil hagard, ses lèvres et ses dents se serrèrent par un mouvement convulsif, ses genoux craquèrent comme ceux d'un squelette à ressort....

« Allons, lui dit Narcisse avec l'ironie d'un vainqueur sans pitié, tu vois que je ne suis pas mort... à ton tour maintenant !...

— Non, non, pas celui-là... un autre ! » s'écria Fête-Dieu. Et, repoussant le verre avec horreur, il oublia dans son égarement tout ce que ce refus contenait de soupçons contre lui.

Et, en effet, les témoins de cette scène, qui prenait un singulier caractère de fatalité, commençaient à se douter non de la vérité tout entière, mais du peu de foi que Fête-Dieu avait dans la pureté de sa conscience.

« Celui-là et non pas un autre, répliqua Narcisse avec toute l'inflexibilité d'un juge qui prononce un arrêt. Préparé par tes mains, tu le trouvais bon pour moi ; pourquoi donc ne le serait-il plus pour toi ?

— Non, non, jamais... murmurait Fête-Dieu se débattant contre l'arrêt terrible qu'il avait appelé lui-même.

— Et moi, s'écria Narcisse, je te dis que tu le boiras ; et tu t'estimeras heureux que je te l'aie laissé, car l'heure est venue de te montrer mon bras gauche ! »

Jetant bas son habit, il fit sauter les boutons d'or qui attachaient au poignet la manche de sa chemise, et, la retroussant jusqu'à l'épaule, il montra son bras nu tatoué d'incisions et de croix ressemblant à des coches sur les tailles d'un boulanger : —livre-journal de sauvage qui avait à régler un compte de sang ! registre vivant où Narcisse avait porté, jour par jour et à leur date, les accusations dont il n'avait cessé de poursuivre Fête-Dieu.

Alors de cette mnémonique de sang et de chair jaillirent avec une implacable fidélité, comme un livre où tous auraient pu lire, les perfidies, les empoisonnements, les spoliations qui, depuis près de cinq ans, avaient frappé M. Alcindor dans sa famille, dans ses affections et dans sa fortune; et à chacune de ces infamies, à chacun de ces crimes revenait comme un refrain monotone ces paroles foudroyantes : Voilà l'œuvre de Fête-Dieu! »

Et quand, se débattant contre ces accusations comme un homme pris à la gorge et qui étouffe, Fête-Dieu s'écriait : « Pourquoi donc aurais-je fait cela? » Narcisse répliquait avec la sûreté inexorable de son instinct et de ses souvenirs.

« Ainsi, lui disait-il, tu as poussé Zéphyra, ta maîtresse, dans les bras de notre maître, afin qu'elle l'énervât de voluptés et l'enterrât dans ses débauches; tu as empoisonné la femme et l'enfant de notre maître, parce que vivants ils étaient un obstacle à tes projets, et qu'a-près leur mort notre maître était sans famille; tu as empoisonné l'en-fant que tu avais eu de Zéphyra, parce que tu espérais que, par la réaction de sa douleur, notre maître rendrait à la fois à la concubine réhabilitée et son cœur et ses sens, et qu'entre deux ivresses celle-ci lui arracherait un testament avec sa liberté : alors notre maître serait mort du mal inconnu qui a tué sa femme et son fils, et toi tu aurais épousé Zéphyra devenue la légataire des biens de notre maître... Bois donc, malheureux, bois donc!

— La preuve! la preuve! s'écriait Fête-Dieu.

— Il va venir quelqu'un qui te la donnera, » répliquait Narcisse.

Et alors il continuait la nomenclature de toutes les indélicatesses, de toutes les piperies au jeu, de toutes les soustractions de correspondances que Fête-Dieu avait employées, depuis l'arrivée en Europe, pour pousser son maître à la misère, puisqu'il ne pouvait le pousser à la tombe....
« Bois donc, malheureux!

— Les preuves! les preuves! criait encore Fête-Dieu.

— Je les ai prises sous le lit où Zéphyra, ta maîtresse, est morte écra-sée, à côté du jeune nègre qui t'avait remplacé.

— Tu mens! tu mens!... Zéphyra n'est pas morte, Zéphyra ne m'est point infidèle... Zéphyra n'avait aucune lettre de moi.

— Elle ne devait plus en avoir; mais je suis arrivé trois heures avant le *Flamer*, et le *Flamer* n'est arrivé qu'après la mort de Zéphyra.... Tu vois bien, je sais tout.... Bois donc, malheureux!

— Si tu savais tout, tu aurais gardé mes lettres, et tu les montrerais....

— Écoute, écoute, j'entends venir celui qui les apporte.... Bois, bois, tu n'as plus que deux minutes! »

Des pas pressés et bruyants retentirent sur les marches de l'escalier :

les matelots ouvrirent la porte de la mansarde, et Fête-Dieu, qui s'était levé tout grand debout, aperçut la pointe des baïonnettes des soldats qui montaient.... Il saisit le verre d'eau, et d'une main convulsive le porta à ses lèvres. Le garde du commerce, qui soupçonnait enfin la vérité, se précipita vers lui pour le lui arracher; mais Narcisse, le repoussant froidement, lui dit : « Avant la justice des hommes, laissez passer la justice de Dieu. »

Le capitaine de *l'Émilie* et un officier de police, délégué par le procureur du roi et porteur d'un mandat d'arrestation, se précipitèrent à ce moment dans la mansarde; mais quand ils demandèrent où était le nommé Fête-Dieu, Narcisse se retourna et leur montra le mulâtre qui, tenant encore un verre à la main, venait de s'abattre à terre comme si la foudre en le frappant eût soudainement tari en lui les sources de la vie.

L'officier de police dressa procès-verbal de l'événement; et d'après les témoignages du garde du commerce et de ses acolytes que n'infirmèrent point les révélations de Narcisse ou de M. Alcindor, il y fut déclaré que le nommé Fête-Dieu avait succombé à une attaque d'apoplexie foudroyante, provoquée par un verre d'eau froide bu dans le paroxysme d'une colère violente.

Six semaines après les événements de la rue Richelieu, le trois-mâts *l'Émilie* naviguait par la hauteur des Canaries. Le ciel était bleu, la mer était calme, et M. Alcindor, appuyé sur les bastingages, suivait d'un œil rêveur ces grappes verdoyantes de raisins maritimes que l'Océan promène entre les deux tropiques qui leur donnent leur nom. Ressemblant au conducteur mystérieux de ces vendanges que l'Atlantique roule en des celliers inconnus, un zoophyte tenait ouverte au-dessus des flots, comme une voile au vent, le cintre diaphane de sa conque membraneuse aux couleurs rosées et prismatiques.

« Ne dirait-on pas du char de Vénus Aphrodite ! s'écria, s'adressant au capitaine du navire, M. Alcindor qui, subissant déjà la tiède influence des vents alizés, sentait refleurir en lui les fleurs de l'imagination créole quelque peu engourdies et fanées par les âpres atteintes du ciel et de la vie d'Europe.

— Hé, hé, fit le capitaine, répondant par un sourire narquois à cette exhibition de science mythologique, vous appelez cela un char de Vénus !

je ne vous conseillerais pas de vous y asseoir. Vous ne vous y endormiriez
point au milieu des parfums qui annonçaient le passage de la déesse,
l'*incessu impatuit dea* de Virgile; mais en y touchant seulement du bout
du doigt, vous seriez brûlé, littéralement brûlé, entendez-vous? comme
avec un charbon ardent, comme avec du nitrate d'argent fondu.... Répétant alors avec la Phèdre de Racine :

> C'est Vénus tout entière à sa proie attachée!

vous trouveriez que cette Vénus Aphrodite ressemble à la Vénus infernale
et civilisée, et qu'elle a bien mérité son nom de *galère;* vous enverriez
au diable de bon cœur cette conque si jolie, si rose qui se traîne sur
ces mille ressorts glutineux et inaperçus, et qui, comme toutes les puissances de perdition en ce monde, ne montrant aux yeux que sa beauté,
laisse pendre dans l'abîme la difformité hideuse de ses membranes cor-
rosives.

— Le capitaine a raison, dit Narcisse d'une voix sombre et qui paraissait être l'écho d'un souvenir.

— Ah! pardieu! et qu'en sais-tu? fit M. Alcindor qui, depuis les événements de la rue Richelieu, avait fait de son noir moins un compagnon
qu'un ami.

— Ce que j'en sais, reprit Narcisse, c'est Fête-Dieu qui me l'a appris,
ou plutôt c'est à Fête-Dieu que j'en ai surpris le secret.

— J'ignorais, répliqua M. Alcindor, que Fête-Dieu se fût tourné vers
les études et les expériences d'histoire naturelle.

— Moi aussi, dit Narcisse, avant tous nos malheurs; quand, honorant
encore en lui la mémoire de votre père, j'allais quelquefois pagayer dans
son canot pour le conduire en mer.

— Oui, il avait une fureur pour la pêche; mais il était ou bien malheureux ou bien maladroit!

— Il n'était ni l'un ni l'autre.

— Il revenait toujours les filets vides.

— Oui, de poissons... mais non de galères. Il leur livrait la chasse
avec une rage de destruction à laquelle je cessai de m'associer un jour
où, voulant ressaisir une galère qui nous échappait, l'atroce animal en-
roula ses longues membranes autour de mon bras nu, et y laissa les
traces et la douleur de sillons et de mailles de feu.

— Fête-Dieu qu'en faisait-il? demanda le capitaine devenu pensif et
comme s'il était sur la voie d'une découverte longtemps cherchée.

... Il les faisait sécher, calciner au soleil dans un vase de verre hermétiquement fermé, et puis il les broyait en poudre : alors il y mêlait quelques gouttes de je ne sais quelle eau distillée qui lui rendait une jolie couleur de rose.

— A quoi diable cette poudre lui pouvait-elle servir? demanda M. Alcindor, avec une naïveté qui mit au front et sur les lèvres du capitaine une teinte fort prononcée de mauvaise humeur.

— A quoi? » répliqua Narcisse. Mais il mit sa tête dans les mains, et ne fit point de réponse.

« Oui, à quoi? reprit M. Alcindor qui, sous l'influence du tropique, semblait être retombé dans son indolence créole.... Le pauvre garçon, reprit-il bientôt, en faisait peut-être de la poudre pour ses dents, qu'il avait si blanches! »

Narcisse regarda son maître avec une stupeur douloureuse : et puis il retomba dans son silence et son immobilité, comme s'il se fût décidé à garder pour lui seul son terrible secret.

Mais le capitaine de l'*Émilie* avait deviné : il saisit vivement M. Alcindor au poignet, et lui jeta à l'oreille ces mots terribles :

« Il en faisait une poudre de succession... et elle s'appelle *poison de galère*, aussi subtil que notre acide prussique. »

M. Alcindor pâlit et leva ses yeux terrifiés sur Narcisse. Narcisse approuva de la tête et du geste les paroles du capitaine, et raconta comment Fête-Dieu, qui avait toujours sur lui du poison de galère, s'était pris au verre d'eau qu'il avait empoisonné, espérant y noyer les accusations et le témoignage de Narcisse.

« Pauvre diable! » fit M. Alcindor retombant dans sa rêverie.

Et on ne sut si ce mot de compassion, qui est un dicton de créole, s'appliquait à Fête-Dieu pour la mort qui l'avait frappé, ou à Narcisse pour les dangers que sa pieuse fidélité avait courus.

— Allons, dit le capitaine haussant les épaules et retournant à son banc de quart, ils sont tous comme cela! »

CAPO DE FEUILLIDE.

L'ÉGYPTIEN.

A M. CHARLES WAREE, EDITEUR.

Le Caire, mars 1847.

MONSIEUR,

Le prospectus de la nouvelle publication

que vous avez entreprise a causé sur les bords du Nil une vive émotion,
surtout parmi ceux d'entre nous qui ont fait séjour à Paris. Cette revue
narquoise, comme vous l'appelez, que vous prétendez passer de tous les
étrangers qui ont eu l'imprudence, volontaire ou non, de fouler le sol
parisien, éveille nos inquiétudes. L'œuvre sera exacte et impartiale, dit le
prospectus. Telle est votre intention, nous en sommes persuadés. Cette
intention se réalisera-t-elle? Grave question! Le Français est né malin,
du moins un de vos poëtes l'a dit; cette malice native nous fait peur.
Qu'il nous soit permis de prendre contre elle quelques précautions.

Vous voulez dire à vos lecteurs la figure que font au sein de la civilisation parisienne les croyances, les mœurs et les préjugés de la vieille
Égypte?... Eh bien! chargez de ce soin l'Égypte elle-même.

Il y a quelques années, une Mission composée d'une cinquantaine
d'Égyptiens a visité, par ordre, la ville qui s'intitule modestement la
métropole de la civilisation. Parmi ces visiteurs il en est plusieurs qui ont
tenu note de leurs impressions personnelles : je suis de ce nombre. Acceptez mon carnet de voyage, Monsieur : il a un mérite, celui d'être vrai;
il a un défaut, celui d'être long, car il renferme certainement la matière
d'un gros volume. Ce mal n'est pas sans remède, du volume extrayez
seulement quelques pages.

Peut-être encore mon manuscrit n'est-il pas des plus correctement rédigés. Qu'importe? Un de vos collaborateurs le purifiera, l'émondera, le
châtiera.

Doutez-vous qu'il soit franc, qu'il confesse naïvement les petits ridicules, les bévues, les désappointements de l'Égyptien à Paris? Pourquoi
cette défiance? N'avez-vous pas un proverbe qui dit : On n'est jamais
trahi que par les siens?

Quoi qu'il en soit, je vous envoie ma prose gallo-égyptienne; utilisez-la
si vous pouvez. Surtout ne m'en veuillez pas trop de mon orthographe :
je n'ai habité Paris que cinq ans, et, pendant ce court espace de temps,
j'avais reçu l'ordre d'apprendre la lecture, l'écriture, le calcul, l'art de

manger avec une fourchette, toutes les sciences connues et beaucoup d'autres encore.

Que Dieu nous conserve tous dans la voie du bien!

SAïD-BEY.

Membre de la première Mission égyptienne à Paris.

I.

LE DÉPART.

El hamdou Li-Llah! Son Altesse vient de prendre une étrange résolution : elle a décidé que cinquante de ses humbles sujets, Osmanlis, Arméniens et Égyptiens, vont partir pour la France! Pourquoi faire, mon Dieu? Pour y chercher, a dit Son Altesse, les lumières de la civilisation et revenir ensuite éclairer les bords du Nil. Comme si le Nil, que nos pères appelaient *Horus* (Soleil), avait besoin d'être éclairé! Mais quand Méhémet-Ali a parlé, il faut obéir. C'est ce dont le vieil Béïram-Effendy vient d'acquérir une preuve nouvelle. Lorsqu'on est venu lui dire qu'il avait été désigné pour faire partie de la Mission, il a couru comme un fou au palais du vice-roi, il s'est jeté aux pieds de Son Altesse, et il l'a priée de ne pas l'éloigner d'elle, lui qui est un de ses plus anciens et de ses plus fidèles serviteurs. Son Altesse a répondu : « Tu iras en France étudier la marine; je veux faire de toi mon ministre de la marine. — Mais, Altesse, je ne sais pas la langue française. — Tu l'apprendras. — Altesse, j'ai la barbe grise.... — Raison de plus pour que ton ignorance te fasse honte.... J'avais quarante-cinq ans quand j'appris à lire. Tu seras un savant marin, te dis-je.... — Mais depuis trente ans que je fais la guerre, je ne me suis jamais embarqué que sur un cheval.... — Eh bien, à l'avenir, tu ne monteras plus à cheval que sur un navire, a répondu le vice-roi avec un aimable sourire. — Mais... » voulait encore répliquer le pauvre Béïram-Effendy. Son Altesse ne permit pas que la discussion allât plus loin, elle prononça d'une voix brève ces trois monosyllabes : « Je le veux! »

Béïram-Effendy se souvint alors de la maxime favorite du vice-roi : « Méhémet-Ali n'a jamais retiré son pied de là où il l'a une fois posé. »

Il sortit silencieux; mais comme il franchissait le seuil du divan, on vit une grosse larme s'échapper de ses yeux.

Les chefs de la Mission sont Abdy-Effendy et Mouktar-Effendy. Eux aussi ont un apprentissage à faire, celui-là de ministre de l'intérieur, celui-ci de ministre de la guerre. Quant à moi, je ne sais encore ni ce que l'on m'envoie étudier ni à quelle dignité on me réserve, mais je ne suis pas moins affligé que le futur ministre de la marine.

Le désespoir de ma femme est affreux; elle se figure déjà que je suis mort, et, depuis hier, elle me chante les touchants adieux que les épouses adressent à leurs époux au moment où l'on va procéder à leur enterrement :

« O mon maître! ô mon dromadaire! ô toi qui portais notre « nourriture, qui soutenais le fardeau de notre existence! ô mon lion! « ô appui de la maison! ô mon chéri! ô mon unique! ô mon malheur! « pourquoi nous abandonnes-tu? que te manque-t-il au milieu de nous? « nos soins n'ont-ils pas été assez dévoués? notre soumission n'était-elle « pas sans bornes? les témoignages de notre amour et de notre respect « n'avaient-ils pas touché ton cœur? »

Cette allocution sentimentale, qu'en bonne conscience je n'aurais dû entendre qu'après ma mort, me déchire l'âme. Je supplie ma femme de se calmer, lui faisant observer que ses larmes retombent goutte à goutte sur mon cœur; elle ne m'écoute pas, et parle d'envoyer chercher des *neddabehs* (pleureuses publiques), afin que, lors de mon départ, elles frappent sur leurs tambourins funèbres en faisant retentir l'air de leurs *oueloueleh* (lamentations), et chantent la litanie des qualités physiques et morales dont je suis orné.

Je m'oppose formellement à ces extravagances, et je promets à ma petite Zehra (c'est le nom de ma femme) qu'à mon arrivée à Paris je lui enverrai, sur les appointements mensuels que Son Altesse donne à chaque membre de la Mission, un chapeau à plumes comme en portent les Parisiennes.

L'espoir de ce chapeau à plumes console ma Zehra. Déjà elle devine combien elle sera plus séduisante quand un *bibi* parisien surmontera les longues tresses de ses noirs cheveux.

« Oh! me dit-elle en souriant au travers de ses larmes, que tu es bon, et que je t'aime! *Iah heny, iah kholbi, iah rohihï* (mes yeux, mon cœur, mon âme)! Envoie-moi tout ce qui rend les femmes belles, afin qu'à ton retour tu me trouves toujours digne de toi; envoie-moi des fla- cons de *khol* (antimoine) pour noircir le bord de mes paupières; envoie-moi des mouches noires qui feront ressortir la blancheur de ma peau ; envoie-moi du *henneh* parisien dont je teindrai mes ongles, de l'eau parfumée pour y baigner mes pieds, dont tu aimes à baiser la peau douce et fine.... »

Au moment où Zehra, m'enlaçant de ses bras ronds et potelés, me tient ces discours pleins de tendresse, mon *bowab* (portier) vient m'avertir qu'un certain *bimbachi* (chef de bataillon), qui est devenu, je ne sais trop pourquoi, mon ami intime depuis quelques semaines, fait demander à quelle heure je pars. Ce bimbachi me déplaît souverainement. Au commencement de notre liaison, je le trouvais divertissant quand il me racontait, avec une fatuité franque, les nombreuses bonnes fortunes dont jouit en Europe l'homme qui a eu l'honneur d'être *oun-bachi* (caporal) dans une des armées du grand Napoléon ; mais depuis que j'ai remarqué la coquetterie ridicule avec laquelle il campe son *tarbouch* (bonnet rouge en laine) sur l'oreille gauche, et comment il bombe sa poitrine pour que la demi-lune et l'étoile d'or, marques distinctives de son grade, n'échappent aux regards de personne, surtout depuis qu'il a eu l'impudence de me demander s'il ne lui serait jamais permis d'apercevoir en face le visage de Zehra, j'ai conçu pour cet ami intime une haine profonde. J'ordonne à mon *bowab* de lui déclarer que je ne pars plus.

Précaution inutile ! Demain il saura que je ne suis plus là ; demain peut-être, Zehra, qui me caresse amoureusement les moustaches et verse des larmes d'une grosseur prodigieuse, Zehra ne mourra pas de douleur, si le *bimbachi* parvient à se trouver sur son passage ; demain peut-être....

Mais *inchallah* (si c'est la volonté de Dieu), qu'y puis-je ?

II.

QUELQUES CONTRASTES ENTRE LE CAIRE ET PARIS.

Je marche d'étonnement en étonnement.

Combien les mœurs de Paris ressemblent peu aux mœurs du Caire !

Au Caire, quand je passe dans les rues personne ne se retourne pour me regarder ; ici, je ne peux faire un pas sans avoir une foule de curieux sur mes talons ; parfois même des cris discordants me poursuivent, et des marchands goguenards, placés sur la porte de leurs boutiques, m'adressent un geste qu'au Caire on n'adresse jamais qu'aux chiens, et me jettent, avec un sourire moqueur, cette singulière interpellation :

« Ici, Turc, ici!... »

Au Caire, lorsque j'entre dans un café on m'apporte d'excellent tabac, du café délicieux : puis viennent soit des *moadditin* (conteurs d'histoires) qui me racontent quelque aventure d'Antar, le grand héros de la race arabe, soit des *choaras* (poëtes) tout prêts à charmer mes oreilles par une gaie chansonnette ou par quelques vers amoureux. Si je suis disposé à rire, le poëte entonne la *Chanson du soldat :*

« Je suis natif de Galioub, et depuis l'heure de ma naissance j'avais vu seize fois le Nil couvrir nos champs.

« Et j'avais un voisin qui avait une fille dont le visage n'était connu que de moi seul ; rien n'égalait Fatma en souplesse et en beauté : ses yeux étaient grands comme des tasses à café. L'on s'apprêtait à nous unir, lorsque le *cachef* (officier recruteur), que Dieu damne, me fait lier les deux mains, et, m'attachant par le cou avec cinquante autres, me conduit au camp.

« Et on me fit cadeau d'un fusil, d'un habit de nizam, d'une giberne ; puis il fallait tourner la tête à droite et à gauche, se tenir sur un pied en l'air. En garçon adroit, j'appris bientôt *divan dour! sal em dour* (l'arme au bras! présentez arme)! et beaucoup d'autres belles choses.

« Et on me fait caporal, etc., etc. »

Le poëte a-t-il lu sur mon visage que les refrains de caserne ne me conviennent pas? Il s'interrompt tout à coup, et d'une voix langoureuse et pénétrante, il dit :

« Dans les jardins de Kaïpha il y a une fleur que le rayon du soleil cherche à travers le treillis des feuilles de palmier.

« Cette fleur a des yeux plus doux que la gazelle, des yeux qui ressemblent à une goutte d'eau de la mer dans un coquillage.

« Cette fleur a un parfum si enivrant, que le scheik qui s'enfuit devant la lance d'une autre tribu, sur sa jument plus rapide que la chute des eaux, la sent au passage et s'arrête pour la respirer.

« Le vent du simoun enlève des habits du voyageur tous les autres parfums, mais il n'enlève jamais du cœur l'odeur de cette fleur merveilleuse.

« On la trouve au bord d'une source qui coule sans murmure à ses pieds.

« Jeune fille, dis-moi le nom de ton père, et je te dirai le nom de cette fleur. »

A Paris, je me hasarde dans un café : on m'y donne de la chicorée au lieu de moka, un journal au lieu de poésie!

Au Caire, les femmes que l'on rencontre affectent de ne pas vous voir : elles sont d'ailleurs si complétement enveloppées dans l'épaisseur de leurs voiles, que, même en les regardant, on ne les apercevrait pas. Les

femmes de Paris n'y font pas tant de façons. La plupart d'entre elles
n'ont pas de voiles; quelques-unes en portent un, mais si court, si clair,
si inutile, qu'en vérité elles feraient mieux de n'en pas avoir. Ce serait
plus franc. Leurs yeux, loin de se baisser quand ils rencontrent les yeux
d'un homme, lancent des regards qui dardent la flamme. Pour ma part,
je ne saurais soutenir ces attaques si directes, et sous ces feux plus
ardents que les rayons du soleil d'Égypte, je sens la rougeur et la honte
me monter au visage.

Ceci n'est pas tout, car, n'en déplaise à Mahomet, je m'habituerais
aux femmes; mais il est des inconvénients auxquels ma résignation ne
se fera jamais. S'il faut qu'à Paris je vive sans manger, je retourne au
Caire. Or, voici ce qui m'est arrivé hier.

Pressé par la faim, je pénètre dans un restaurant. Les choses s'y passent de telle sorte, que j'en sors comme j'y suis entré, avec la fringale.

D'abord je pensais qu'avant tout un domestique de l'établissement allait
se présenter devant moi avec un *tischt* (bassin) et une *ebrik* (aiguière),
soit en argent, soit en laiton, soit, du moins, en cuivre étamé; qu'il allait
m'offrir un savon parfumé, afin qu'il me fût permis de faire l'ablution qui
doit précéder tout repas. On ne me donna pas de savon parfumé, mais
on m'apporta un petit cahier de papier couvert en carton. Que dois-je
faire de ce petit cahier? Est-il destiné à me tenir lieu de savon? Ou bien
se mange-t-il?

Après quelques débats mimiques entre les garçons, le maître de l'établissement et moi, on soupçonne que je veux dîner. On me sert du veau.

Je ne mange pas de veau : la loi musulmane nous interdit la viande
des jeunes animaux, attendu qu'il n'est pas convenable que l'homme
nuise à la propagation de l'espèce animale. Par cette même raison, je
renvoie à la cuisine une côtelette d'agneau qu'on m'avait proposée en
remplacement du veau dont je ne voulais pas.

On m'offre du homard, je le refuse : l'Égyptien abomine les crustacés.
Pourquoi? Je l'ignore. Ce que je sais parfaitement, c'est que, dès ma plus
tendre enfance, j'ai été élevé dans la crainte de Dieu et l'abomination
des crustacés.

A la suite des crustacés vient un filet de porc. Je repousse cette infamie. Comment pourrais-je consentir à souiller mes lèvres et mon estomac d'une chair que le Coran déclare immonde?

Ce nouveau refus paraît désoler le garçon que je crois à bout de ses
ressources culinaires.

Eh quoi! les Parisiens ont-ils donc une autre nourriture que la nôtre?

Ne mangent-ils pas comme nous du buffle, du chameau, de la mauve, des lupins, des pois chiches, du *rouz moufelfel* (riz en pilau), ou des gâteaux aux herbes?...

Pendant que je me fais ces questions, le garçon me présente un nouveau plat.

O bonheur! cette fois c'est du bœuf qu'on me donne.

Je peux manger de cette chair, elle semble avoir appartenu à quelque quadrupède hors d'âge : en la dévorant je ne risque pas de porter préjudice à la reproduction. Donc, je ne perds pas mon temps, et, allongeant avec la dextérité qui me caractérise le pouce, l'indicateur et le médius de la main droite, je saisis proprement, au milieu du jus qui l'environne, le fragment de bœuf qui m'a été servi....

Tout à coup, mon voisin de droite part d'un éclat de rire ; mon voisin de gauche fait un geste de dégoût, se lève de table et s'échappe.

Je devine que j'ai commis une sottise, et que je dois me servir de ma fourchette si je ne veux pas choquer les préjugés européens. Je repose dans le plat le morceau que je tenais à la main, je m'arme de ma fourchette, je la pique profondément dans la viande objet de ma convoitise, je porte le tout à ma bouche.... Hélas! trois fois hélas! voici que ma bouche est en sang, les dents de la fourchette m'ont percé la langue!

Furieux, je quitte cette maison maudite qui me rappelle la tradition que nous ont transmise les poëtes arabes, de cet homme condamné par la justice divine à ne jamais s'abreuver de l'eau qui coule à ses pieds, à ne jamais se nourrir des fruits qui pendent au-dessus de sa tête.

III

UN PENSIONNAT.

Il y aurait des monceaux de notes à entasser à propos de tout ce que je vois. Par malheur, si je vois beaucoup, je comprends peu. Soyons donc prudent, et ne constatons ici que les étrangetés qui ne sont pas en dehors de mon intelligence.

Dès le second jour de mon arrivée à Paris, on m'a fourré dans un pensionnat de garçons dont le plus âgé a dix-sept ans, dont le plus jeune en a cinq.

Tout d'abord je jugeais que cette société ne pouvait guère me convenir, à moi qui, tout à l'heure, vais entrer dans ma quarantième année; mais j'ai dû me soumettre, car un membre d'un certain corps d'ulémas (qu'on appelle Institut parce qu'il est institué pour les savants et qu'on devient savant dès qu'on en fait partie) a été d'avis que si l'on voulait nous familiariser bien vite avec la langue et les usages français, il fallait nous mettre dans un pensionnat de petits enfants, dont pas un seul ne saurait un mot d'arabe ou de turc.

S. E. Abdy-Effendy a parfaitement goûté ce conseil, qu'il a néanmoins négligé de pratiquer pour lui-même. Il s'est logé dans un fort bel hôtel, et il nous a semés, quatre par quatre, dans les divers pensionnats de la capitale.

Il faut convenir que les petits garçons de Paris sont d'un naturel bien gai. Ils ne peuvent pas me regarder sans rire. La première fois que je suis descendu dans la cour pour me conformer à l'ordre qui m'a été donné de me mêler le plus fréquemment possible à leurs jeux enfantins, mon aspect a tout de suite excité leur hilarité. Ils m'examinaient de loin.

se parlaient tout bas, puis éclataient de rire. Comme je tenais à me concilier leur amitié, afin qu'ils voulussent bien m'apprendre leur satanée langue, je me hâtai de prendre ma figure la plus bienveillante. Ils s'enhardirent et vinrent me considérer d'un peu plus près. Je riais toujours. Un d'eux, plus jovial ou plus poli que les autres, m'a fait alors un geste tout à fait aimable : plaçant le pouce de sa main gauche sur le bout de son nez, il écarta les autres doigts en façon d'éventail; puis, après avoir appuyé le pouce de sa main droite sur le petit doigt de la main gauche, il remua les doigts comme aurait pu les remuer un habile joueur de flûte.

Comme cette démonstration, qui ne laisse pas d'avoir un caractère oriental, avait été accueillie par les autres enfants avec de bruyantes marques d'approbation, je pensai que ce geste était une sorte de salutation française, et je m'empressai de rendre au petit bonhomme salut pour salut.

Oh ! alors l'exaltation de la bande joyeuse ne connut plus de bornes. Tous à la fois ils firent entendre d'immenses clameurs. Bientôt ce fut à qui me prendrait les mains, à qui tâterait mes vêtements; quelques-uns, ne pouvant plus contenir l'expansion de leur joie, grimpèrent jusque sur mes épaules. La vivacité de leurs ébats était telle, que, sans le vouloir, ils dénouèrent les replis de mon turban et renversèrent mon *tarbouch*.

Je me trouvai alors n'avoir plus sur la tête que mon *tackyeh* (calotte en toile).

Il paraît que ce genre de coiffure me donnait une physionomie particulière, car tous s'écrièrent d'une voix unanime :

« Debureau ! Debureau ! »

Quoique je ne comprisse nullement ce mot, je voulus faire acte de bonne volonté, et je répétai :

« Debureau ! Debureau ! »

Leur satisfaction fut telle, que je crus qu'ils allaient me porter en triomphe.

Heureusement une cloche retentit; ils durent rentrer en classe. Je remontai fort content dans ma chambre : je connaissais un salut et un mot français.

Le premier jour avait rompu la glace. Dès le lendemain, je fus très-bien avec mes petits camarades. Une semaine ne s'était pas écoulée, que j'étais *trop* bien. Les familiarités avaient fait de rapides progrès : elles devinrent bientôt intolérables.

La première chute de mon *tarbouch* avait été un effet du hasard : mes jeunes amis résolurent de renouveler ce plaisant hasard aussi souvent

que faire se pourrait. Aussi, chaque fois que je paraissais, j'étais immédiatement escaladé, et mon *tarbouch* roulait à terre. D'abord je me prêtai
au jeu, et je me résignai à me promener dans la cour en simple *tackych*,
pendant que soixante têtes se disputaient mon turban.

Il paraît que ce n'était pas assez.

Il y a quelques jours, un des plus espiègles imagina de m'enlever jusqu'à mon *tackych*. Mon crâne apparut alors dans sa quasi-nudité ; ma
choucheh flotta au vent.

Cet incident me contraria. Grâce à Dieu et à Mahomet, je suis bon
musulman, et je suis fier de n'avoir qu'une mèche de cheveux, puisque
le Coran nous défend d'en avoir davantage. Cependant je ne me dissi-
mulais pas que, pour ces jeunes Français qui respectent assez peu les
prescriptions du Prophète, la vue de mon chef dépouillé pouvait avoir

quelque chose de bouffon. Je manifestai donc l'intention de ravoir mon *tackyeh*. L'enfant qui s'en était emparé se sauva; je le poursuivis : il courait mieux que moi.

D'ailleurs ses compagnons affectaient de se jeter sur mon passage afin de m'empêcher d'arriver jusqu'à lui; d'autres se glissant derrière moi se pendaient à ma *choucheh*.

Ce dernier outrage, joint au dépit qu'avait excité en moi le mauvais succès de ma course, m'exaspéra. Ma colère, que j'avais pu contenir jusqu'alors, fit explosion ; je ne me souvins plus que mes auditeurs ne pouvaient pas me comprendre, et je leurs dis :

« Malheureux ! voulez-vous donc rendre mon crâne semblable à une
« écaille de tortue ou à une boule d'ivoire? Ne devinez-vous pas à quel
« usage est destinée cette houppe de cheveux que la sagesse du Prophète
« nous ordonne de conserver? Ne savez-vous pas que, si dans une guerre
« contre les infidèles, je tombe entre les mains des ennemis de Dieu, il
« faut qu'ils puissent au moins me saisir commodément la tête afin de
« me la trancher? Si vous m'arrachez ma *choucheh*, qu'arrivera-t-il? Ne
« sachant par où me prendre, ils introduiront dans ma bouche ou dans
« mes narines *leur main impure* (la main gauche), et quand je paraîtrai
« devant Dieu, je serai *souillé*; alors il me précipitera dans le feu, le
« visage prosterné ! »

Cette allocution furieuse, prononcée en arabe, aurait-elle eu le don de persuader cette troupe de démons? J'en doute, car, tout en m'écoutant avec attention, ils se gardaient bien de me restituer mon *tackyeh*. Grâce à l'intervention d'un *pion* (les petits Français désignent par cette dénomination élégante les maîtres chargés de la surveillance intérieure des maisons d'éducation), les pièces de ma coiffure me furent rendues. Je regagnai ma chambre, jurant qu'on ne me reprendrait plus à frayer avec des compagnons si turbulents.

Je communiquai ma résolution au chef de l'institution ; il m'approuva.

A dater de ce jour, mon genre de vie subit une grave modification : on arrêta que je ne fréquenterais plus les élèves du pensionnat, et que j'étudierais la langue française sous la direction d'un professeur particulier. Ce fut encore le membre de l'Institut qui dicta cette décision, dont le principal considérant fut que deux mois passés dans la société de jeunes garçons, naturellement bavards, avaient dû m'initier aux principales difficultés de l'idiome français. De fait, j'avais retenu quelques locutions dont la signification n'était pas très-claire pour moi, mais que je prononçais assez bien, au dire de mes petits camarades.

Voici celles qui se sont le plus profondément gravées dans ma mémoire :

« Oh ! c'tte balle ! — Est-y sciant c'moutard-là ! — Gare au pion ! — Donne-moi d'quoi qu't'as, j'te donnerai d'quoi qu'j'aurai. — C'est mon copin. — Passer la jambe. — Flanquer une pile. »

IV.

UN PROFESSEUR. — UNE PREMIÈRE LEÇON DE FRANÇAIS.

Le professeur qu'on m'a donné est un vieillard à la figure bourgeonnée, au ventre proéminent, qui, m'a-t-on dit, est fort érudit.

J'ai demandé à S. E. Abdy-Effendy si ce savant connaissait les premiers éléments de la langue arabe. Cette demande, transmise par Son Excellence au membre de l'Institut chargé de la haute direction de nos études, a fait scandale. En France, les professeurs ne savent presque aucune des langues que parlent les autres peuples, mais ils possèdent à fond celles que personne ne parle plus. Le mien est un helléniste fort distingué. Ce matin il a essayé de me donner une première leçon. Cette tentative a rencontré d'incroyables difficultés. D'abord il a longuement parlé, en accompagnant son discours de gestes fort animés. J'écoutais, espérant que je saisirais au vol quelques-unes des expressions que déjà je connaissais. Impossible d'en retrouver une seule !

Quand mon helléniste a eu longuement péroré, il a jugé convenable de m'adresser quelques questions. Je suis resté muet. Ce silence a été une révélation pour cet homme ingénieux. Comprenant que sa parole était pour moi une lettre morte, il a appelé la pantomime à son aide. Quittant la chaise sur laquelle il était assis, il s'est mis à parcourir la chambre de long en large. Je le regardais faire. Il s'est approché de moi, et, ouvrant une bouche énorme, il a dit très-distinctement :

« Marcher.

— Marcher, ai-je répété.

— Très-bien ! a-t-il dit avec joie.

— Très-bien ! » ai-je répété.

Sans ajouter un mot de plus, l'helléniste a tiré de sa poche une énorme tabatière ; il l'a ouverte, et m'indiquant ce qu'elle contenait, il a dit en articulant avec effort :

« Ta-bac.

— Ta-bac, ai-je répété.

— Très-bien ! a-t-il dit.

— Très-bien ! » ai-je répété.

Le professeur semblait dans le ravissement. Il huma une grosse prise de son tabac, ce qui sans doute lui donna une idée, car tout à coup il enleva la petite table sur laquelle j'étais appuyé, ayant sous l'un de mes coudes un énorme Dictionnaire de l'Académie française, sous l'autre une volumineuse Grammaire des Grammaires (le monsieur de l'Institut nous ordonne de ne jamais nous séparer de ces gros livres) ; il rangea à droite et à gauche, avec un empressement merveilleux, les chaises, les coussins, les *chibouk* (pipes) épars çà et là sur le plancher.

Ces préparatifs terminés, le voilà qui, souriant d'un sourire assez peu spirituel, s'efforce d'abord de se tenir tantôt sur un pied, tantôt sur l'au-

tre, puis tâche de sauter en se frottant à plusieurs reprises le mollet droit contre le mollet gauche.

Le spectacle ne manquait pas d'un certain intérêt, mais le sens caché sous ces hauts-le-corps n'était pas facile à saisir. J'avais beau écarquiller les yeux, je ne comprenais pas du tout. Le professeur vit sur ma physionomie que son explication n'était pas complète ; il la recommença en criant à haute voix :

« Danser ! danser !

— Danser, ai-je répété.

— Très-bien ! a-t-il dit.

— Très-bien ! » ai-je répété.

L'helléniste était en nage. Je lui offris un chibouk et une tasse de café : il refusa le chibouk, but plusieurs tasses de café, sans me dire un seul mot. Il paraissait soucieux, consultait de temps en temps, avec une certaine impatience, une grosse montre d'argent qu'il tirait de sa poche. L'horloge du pensionnat sonna le premier coup de midi. L'helléniste se leva vivement, prit son chapeau et sortit.

Je suis fâché qu'il se soit esquivé si vite : j'aurais désiré lui faire le salut que l'on m'a récemment enseigné.

Ce sera pour une autre fois... si du moins il m'en laisse le temps.

Au moment où je trace ces lignes, il me revient à la mémoire un fait dont j'ai été témoin hier ; ce fait n'est pas sans quelque rapport avec la fuite si rapide de mon professeur.

Cinquante maçons travaillaient à la construction d'une maison : ceux-ci gâchaient le plâtre, ceux-là le tamisaient ; les uns posaient les moëllons, les autres les scellaient. C'était quelque chose de charmant à voir que l'activité de ces cinquante paires de bras. Deux heures vinrent à sonner : les cinquante ouvriers s'arrêtèrent tout net ; on eût dit que la baguette d'une fée les avait immobilisés.

Entre un professeur et un maçon existerait-il quelque ressemblance ?

V.

UN ÉTUDIANT EN DROIT PASSIONNÉ POUR L'ORIENT.

Allah kerim (Dieu est bon) ! Mon professeur n'est plus obligé de se livrer à de folles gambades pour me faire connaître la signification des mots. Six mois d'études persévérantes m'ont mis à même d'entendre à peu près ce que l'on veut me dire. Soyons franc ! mon professeur n'a pas seul opéré ce miracle ; l'ami Dubois, qui loge à la pension dans une chambre voisine de la mienne, est bien pour quelque chose dans ma glorieuse transformation. Deux mots de cet ami. La reconnaissance exige que je lui garde une place dans mes Impressions de voyage.

Dubois a trente-six ans ; voilà dix-huit ans qu'il fait son droit ! Dubois avoue que d'ordinaire trois années suffisent, même aux intelligences médiocres, pour acquérir le titre d'avocat. Titre superbe qui vous donne un privilége magnifique, celui de justifier tous les crimes possibles et de n'être pas criminel; celui de soutenir indifféremment, mais toujours avec la même conscience, ou que Paul a volé Pierre ou que Pierre a volé Paul, selon que Paul est venu avant ou après Pierre solliciter le secours de votre puissante parole, selon qu'en sollicitant ce secours il vous a offert une rémunération plus ou moins honnête....

Et, à ce propos, qu'il me soit permis de constater ici que, dans cette honnête profession, tout est honnête, tout!... depuis le filou qui paye pour qu'à force de rhétorique on le fasse déclarer honnête homme, jusqu'à l'honnête homme qui paye pour qu'on ne le déclare pas filou, jusqu'au juge qui dort du sommeil du juste pendant qu'on discute devant lui ou l'honneur d'une femme ou le patrimoine d'un orphelin.

— Oh! la grande et sainte chose que l'honnêteté, telle que la civilisation l'a perfectionnée!

Si Dubois n'est pas avocat, s'il n'a pas fait en dix-huit ans ce que d'autres font en trois, ce n'est pas qu'il soit plus sot qu'un autre, c'est que Dubois, — Français pur sang s'il en fut, — était fait pour la vie orientale. Je ne plaisante pas. Dubois s'est trompé en venant au monde sur la terre de France. Lui-même me l'a dit. Écoutez-le, je vous prie, me racontant ce qu'il appelle plaisamment sa « bévue géographique. »

« ... Vous êtes étonné, mon cher Crocodile (*crocodile* est un petit nom
« d'amitié que me donne mon ami Dubois), qu'à mon âge j'en sois encore
« à n'être rien; que voulez-vous? je n'ai jamais pu me décider à un tra-
« vail quelconque. J'aime trois choses au monde : la pipe, le repos et la
« femme. D'après ce que vous me dites des mœurs de votre pays, c'était
« à ces mœurs-là que la sagesse divine m'avait prédestiné. Assurément,
« quand, après m'avoir doué d'un penchant monstrueux pour le chibouk,
« le café, la femme et le *far niente*, le créateur m'envoyait dans ce bas
« monde, c'était au Caire qu'il m'expédiait; mais moi qui, avant ma
« naissance, étais ignorant comme je le suis resté après, je me serai fi-
« guré sans doute que la capitale de l'Égypte devait être située en France,
« et, tout niaisement, je suis venu naître sur les bords ridicules qu'ar-
« rose la Seine. C'est un malheur! Je l'ai déploré amèrement quand mon
« auguste famille, — estimable famille de bonnetiers de la rue Saint-
« Denis, qui, selon la coutume des toutes les familles quelconques, rêvait
« pour moi ce qu'elle n'avait pas eu pour elle, c'est-à-dire la science, la
« gloire, *et cœtera*, — a entrepris de m'incarcérer dans un collége où des
« pédants, — que le ciel confonde! — s'escrimaient à bourrer ma jeune

« cervelle de vers latins et de racines grecques. Oh! de combien de
« larmes je les ai arrosées ces maudites racines ! Puis, après le collége,
« l'école de droit. Autre charme de la vie. Au lieu des *Géorgiques* la
« *mitoyenneté!* Je fuyais la *catachrèse* et je ne sais quelles baroques fi-
« gures de rhétorique, je tombe sur des termes inintelligibles : la *reprise*
« *des apports,* le *préciput,* les *biens paraphernaux!* Je n'avais mordu que
« très-médiocrement au grec et au latin, je ne mordis pas du tout au
« droit. Mais la famille s'est entêtée. Elle tenait les cordons de la bourse :
« il a bien fallu céder. On m'a condamné au droit. Je fais mon temps.
« Ce temps, je l'ai fait d'abord dans les hôtels garnis du quartier latin.
« Alors je dépensais, bon an mal an, cinq ou six mille francs, sans parler
« des dettes. Mon illustre famille, pensant que la vie libre était contraire
« à ma santé, à mes progrès et trop favorable à mes goûts sardanapa-
« lesques, m'a enfermé dans cette institution, sorte de bagne classique
« où mon indépendance est mise à la portion congrue. Je n'ai pas d'ail-
« leurs à me plaindre des sévérités de la règle; car, pourvu que le tri-
« mestre de ma pension soit exactement payé, pourvu que je ne passe
« pas toutes mes nuits dehors, le chef de l'institution est satisfait. Le
« boulet que je traine n'est donc pas fort lourd et ne m'interdit nulle-
« ment la *polka.* Mais enfin, c'est un boulet. En ai-je pour la vie? la
« clémence paternelle me graciera-t-elle jamais? Dieu seul le sait!

« Hélas! mon cher Crocodile, combien j'eusse été moins à plaindre si
« j'avais eu le nez assez fin pour aller ouvrir les yeux à la lumière sous
« le ciel bleu de votre Égypte! Et d'abord j'aurais été élevé dans un *ha-*
« *rem,* au milieu de jeunes femmes uniquement occupées à se parer du
« matin au soir, à prendre des sorbets, à fumer du tabac parfumé, à boire
« d'innombrables tasses de café. De tout cela j'aurais pris ma part. Je
« sais bien qu'à cinq ans on m'aurait soumis à la circoncision et peut-
« être même, — si j'avais eu le malheur de descendre de parents lettrés,
« — à la lecture du Coran; mais une fois ce double ennui passé, tout
« était dit ou à peu près. Ainsi à neuf ans, j'étais un jeune homme; à
« douze ans, on me proclamait un homme fait. Alors je jouissais du droit
« de me marier. J'épousais quatre femmes légitimes; j'en avais un cer-
« tain nombre d'autres, blanches, noires ou jaunes, qui passaient leur
« vie à se disputer mes regards et mes préférences. Quand mes femmes
« légitimes seraient devenues vieilles, c'est-à-dire quand elles auraient
« eu vingt à vingt et un ans, je les aurais répudiées. Ce qui m'eût un
« peu contrarié, c'est qu'en les répudiant, j'aurais été obligé de leur
« laisser la dot que, dans cet estimable pays, tout mari apporte à cha-

« cune de ses femmes; mais pour tant d'avantages il faut bien quelques
« petites compensations! Et d'ailleurs, quelle douce existence j'aurais
« menée!

« Il me semble que j'y suis, cher Crocodile.

« Tenez, écoutez mon plan :

« Je me lève de très-bonne heure, afin de jouir de la fraîcheur du ma-
« tin; et puis le devoir d'un bon musulman n'est-il pas d'être sur pied
« et habillé avant l'aurore, afin de réciter, en temps voulu, la prière du
« matin? Tout en accomplissant ce premier devoir religieux, je me lave
« soigneusement la bouche, l'intérieur des narines, la barbe, les mains,
« les bras jusqu'au coude, même les pieds, mais pas plus haut que la
« cheville. — Ainsi l'ordonne la loi du Prophète. — Alors mon *chibouki*
« me présente ma pipe, que je fume; mon *cavedji* me présente mon café,
« que je hume. Si mon appétit est déjà ouvert, je me permets une tranche
« de chameau froid, quelques gâteaux à la viande, un peu de confiture au
« miel. Ainsi lesté, j'appelle mon *saïs* (palefrenier), il prépare mon che-
« val; je vais rendre quelques visites, dans le courant desquelles je fume
« une demi-douzaine de pipes et je bois autant de *fingeans* (tasses) de
« café. Je rentre à onze heures, et je dîne aussi longuement, aussi co-
« pieusement que l'exige la capacité de mon estomac; en dînant, je
« fume, et je bois quelques verres de vin de Chypre, que l'œil com-
« plaisant du Prophète n'aperçoit pas. Après dîner, je fume une pipe et
« je bois du café; puis je passe dans mon harem.

« Là, par les soins attentifs de ma femme favorite, un matelas a été
« préparé sous une moustiquière en mousseline. Je m'insinue dans cette
« cage, et je m'y livre au sommeil; si le sommeil tarde à venir, ma
« femme, aidée d'une esclave, me frotte délicatement les jambes jusqu'à
« ce que je cède à cette influence magnétique.

« Après trois heures de repos, ou je m'éveille tout seul, ou ma femme
« se charge de ce soin en me chatouillant la plante des pieds avec sa
« main plus douce que le satin.

« A peine éveillé, je me lave la figure et je fais le *kheff*.

« Voilà une opération agréable et peu fatigante que celle du kheff! Je
« suis là les jambes croisées, les yeux à demi ouverts, les bras ballants,
« immobile et muet, pensant ou ne pensant pas, assez éveillé pour être
« bien sûr que je ne suis pas mort, assez endormi pour ne rien éprouver
« des fatigues de la vie. Ceci s'appelle être en extase ou faire le kheff.
« Je reste enseveli pendant une bonne heure dans cette inertie volup-
« tueuse d'où personne ne se permettrait jamais de m'arracher, quand

« il s'agirait de m'annoncer que la plus adorée de mes femmes est morte.
« Cependant, comme il faut que tout ait une fin, même le kheff, je me
« décide, — lorsque je suis las de ne rien faire, — à sortir de mon lin-
« ceul de fainéante béatitude, et je rappelle à la vie mes facultés intel-
« lectuelles et physiques. Mon premier soin, après ma résurrection, est
« de refumer et de reprendre du café. Puis je soupe. Ensuite je fume de
« nouveau et je prends du café plus que jamais. Le soleil va se coucher,
« je l'imite, et je me glisse dans mon harem.

« Quelquefois je n'entre pas dans mon harem ; je me réfugie dans
« mon divan où, seul avec moi-même, je me livre corps et âme aux
« joies mystérieuses du *haschich*.

« On parle du bonheur que procure l'opium. La belle affaire vraiment !
« L'opium n'est qu'une misérable contrefaçon du kheff ; l'opium, c'est
« l'immobilité, rien de plus. Le haschich a bien d'autres vertus que ce
« narcotique.

« D'abord le haschich a cet avantage qu'on se le procure très-facile-
« ment ; on le tire du chanvre : or, le chanvre n'est pas rare en Égypte,
« Dieu merci ! Le chanvre n'a pas, je le confesse, un goût des plus
« agréables ; aussi mêle-t-on le haschich avec du miel, du poivre, de la
« muscade et des essences odoriférantes. De ce mélange on forme de
« petites tablettes verdâtres qui ont des propriétés tout à fait miracu-
« leuses. Que j'avale un seul morceau d'une de ces tablettes, — morceau
« de la grosseur d'une noisette, — et bientôt je nage dans un océan de
« voluptés toutes plus excentriques les unes que les autres.

« Je ne suis plus moi. Que suis-je ? Ceci et puis cela ; tout et rien !...

« Je deviens tour à tour une Circassienne à la prunelle de velours ;
« un oiseau-mouche au plumage d'or, au bec d'azur. Le monde entier
« me proclame empereur et roi ! Je renverse Jupiter du haut de l'Em-
« pyrée, et, par un effet de ma toute-puissance, la foudre de ce dieu
« terrible se transforme en un chibouk dont le *tarkib* (partie que l'on
« porte à la bouche) est une bouche de vierge, dont l'*hadjar* (la noix,
« le fourneau) est un calice de rose dans lequel je fume des baisers de
« houris....

« Et toutes ces satisfactions je les dois à des brins de chanvre !

« O Crocodile, Crocodile, pourquoi ne suis-je pas un des fortunés sujets
« du pacha-el-kébir (grand pacha) ? Je ferais d'effrayantes consommations
« de haschich !...

« En revanche, je fumerais bien peu de tabac caporal. »

VI.

AH ! QUEL PLAISIR D'ÊTRE ÉGYPTIEN !

Pendant qu'étendu sur sa couchette, l'ami Dubois se monte l'imagination en rêvant qu'il avale des tablettes de haschich ; pendant qu'il accuse le ciel de ne pas l'avoir réservé aux douceurs de la vie orientale,
le facteur entre et me remet une lettre venant du Caire. Elle est d'Ahmed - X....., mon meilleur ami. Je montre à Dubois les quelques
fragments qui suivent :

« ... Rien de nouveau ici, si ce n'est deux firmans que Son Altesse a daigné rendre la
semaine dernière. L'un décide qu'à l'avenir tout *fellah* (homme du peuple) qui ne pourra
pas payer le *miry* (l'impôt) recevra trois cents coups de bâton. De plus, le voisin du
contribuable retardataire sera tenu d'acquitter et sa cote personnelle et la cote du bâtonné.
Par l'autre firman il est dit qu'attendu les ravages récemment causés par le typhus, il est
ordonné à tout fellah en âge d'être marié de prendre femme ; tout retardataire recevra
cinq cents coups de bâton.

« ... J'ai fait hier une excursion dans les environs de Monfalout; le spectacle dont
j'ai été témoin est assez curieux. Des femmes, la figure et les vêtements souillés de boue,
parcouraient les rues en s'arrachant les cheveux, en se frappant la poitrine et poussant
des cris aigus. Je demandai la cause de ce tumulte : c'était jour de recrutement. Depuis
vingt-quatre heures, les Albanais irréguliers battaient le pays afin de ramasser le nombre
de conscrits mis en réquisition; mais comme les populations fuyaient devant eux, ils
avaient beaucoup de peine à former leur contingent. Néanmoins, à force d'activité, de
persévérance, ils avaient pu mettre la main sur trois cents individus, parmi lesquels j'ai
compté plus de cinquante vieillards qui ont à peine la force de se soutenir. Pourquoi
les jeunes hommes se sauvent-ils? les recruteurs sont bien obligés alors de prendre les
vieillards. Il leur faut leur compte à ces hommes!

« ... Mizhar-Bey, que S. A. Ibrahim-Pacha aimait comme son fils, est mort, la semaine
dernière, d'une apoplexie foudroyante.

« Et, à propos d'apoplexie, le *Moniteur ottoman* annonçait, il y a quelque temps
(septembre 1857), que le plus grand ministre du padischah Mahmoud, le ministre que
le sultan (qui a régénéré la Turquie comme S. A. Méhémet-Ali régénère l'Égypte) appelait son bras droit, — Pertew enfin, — vient aussi de mourir subitement.

« Un Franc de beaucoup d'esprit et de loyauté, M. Émile Barrault, qui était à Constantinople lors du décès de Pertew, me donne sur la fin de cet homme distingué des
détails pleins d'intérêt, que je transmets comme je les ai reçus de lui.

« Le *Journal de Francfort* s'était permis de dire que le ministre Pertew était le *soleil
de l'empire*. L'article dans lequel se trouvait cette glorification du ministre fut placé sous
les yeux de Mahmoud. Le lendemain, Pertew était exilé à Andrinople.

« Il y avait quelques semaines au plus que Pertew subissait son exil, lorsque Émin
pacha d'Andrinople, fait prévenir l'ex-ministre qu'il a des nouvelles de Stamboul à lui

communiquer. Pertew se rend au palais avec un de ses serviteurs. C'était à l'*asr* (trois heures après midi). Le pacha se leva, et le fit asseoir près de lui sur le divan. On servit la pipe et le café, puis à ce cérémonial succéda le silence. Pertew, le premier, prit la parole.

« Vous avez, m'a-t-on dit, des nouvelles de Stamboul à me communiquer? »

« A ces mots, les traits d'Emin révélèrent sa douleur ; sa langue balbutia, et, le cœur oppressé, incapable de signifier lui-même la sentence funeste, il remit le firman à Pertew. Après l'avoir porté à sa bouche et à son front, Pertew lentement déplia le rescrit impérial, et le lut lentement jusqu'au bout sans changer de visage ; ensuite il le replia, le plaça sous le coussin, et frappant dans ses mains pour appeler : « Qu'on m'apporte une pipe, » dit-il avec calme. Le pacha se taisait. « Dieu m'est témoin, reprit Pertew en laissant gravement tomber ses paroles entre les aspirations régulières de sa pipe, Dieu m'est témoin que j'ai toujours servi avec zèle et dévouement le sultan notre maître. Que son règne soit glorieux ! Je n'ai jamais travaillé que pour le bien de l'empire. Mon cœur et ma main sont purs. Qu'Allah pardonne à mes ennemis!... Laissez-moi, seigneur, le temps de faire ma prière, continua-t-il en s'adressant au pacha, qui se levait pour se soustraire au spectacle de l'exécution de l'ordre qu'il avait donné.

« Pertew étendit un tapis, fit son *namar* (prière), et, détaché de tous les souvenirs de sa puissance et de tous les regrets de la vie, n'aspirant plus qu'à l'existence nouvelle qui allait s'ouvrir pour lui, il exprima sa pieuse exaltation dans des vers dont voici le sens :

« Mon cœur est privé de l'objet de ses désirs ; mon œil est humide ; la coupe déborde.
« Que faire? Hélas! hélas! puisse bientôt l'aurore se lever! Veillerai-je? me coucherai-je
« en attendant le matin (*la mort*) qui me rendra à mes amis? La nuit d'angoisse se pro-
« longe. Viens, oh! viens, soleil (*Dieu*) de Tebrisi (nom poétique d'un saint personnage
« de la secte de Sophie)! »

« Il parlait encore quand le bourreau entra....

« La nuit était venue. Les gens de Pertew, inquiets de ne pas le voir paraître, allèrent le demander au sérail. On ne leur donna qu'un cadavre qu'ils reportèrent silencieusement chez lui.

« A quelques jours de là, le *Moniteur ottoman* annonçait que Pertew avait succombé à une attaque d'apoplexie. »

« *P. S.* T'ai-je dit que Mihzar-Bey a été emporté par une apoplexie foudroyante?... *Allaou dalem* (Dieu sait tout). »

Après avoir lu ces fragments, Dubois fit une moue significative qui pouvait vouloir dire :

« Assez d'Orient comme cela, j'aime mieux Paris! »

VII.

LE CHOIX D'UN ÉTAT.

Enfin je viens de choisir l'état que j'exercerai quand je retournerai
« porter sur les bords du Nil le flambeau de la civilisation. »

Ce matin, S. E. Abdy-Effendy est entrée dans ma chambre. Son Excellence était accompagnée par le membre de l'Institut que vous connaissez déjà. Celui-ci m'a dit que je faisais de très-grands progrès dans la connaissance de la langue française, et que je serais un jour « une des gloires de mon pays régénéré ». J'ai regretté que Dubois ne fût pas là quand cette phrase flatteuse est sortie de la bouche de l'illustre savant; il aurait compris qu'il a grand tort de me répéter du matin au soir que je ne parlerai jamais qu'un français de contrebande.

Le membre de l'Institut m'apportait une longue liste de toutes les professions qui existent dans l'Europe civilisée, afin que je fisse connaître celle pour laquelle je me sentirais les dispositions les plus prononcées. Son Excellence me fit observer que je dois une extrême reconnaissance au vice-roi qui veut bien me permettre de faire librement le choix d'un état, quand rien n'empêchait Son Altesse de m'imposer telle ou telle profession.

Je m'inclinai profondément pour faire comprendre à Son Excellence combien je suis pénétré de reconnaissance pour la bonté du vice-roi, et je me mis en devoir de parcourir la liste que l'on soumettait à mon libre examen. Elle contenait plus de deux cents états. Malheureusement, sur les deux cents mots dont le membre de l'Institut eut l'extrême bonté de me faire la lecture, je n'en connaissais pas dix; aussi mon embarras était grand. Abdy-Effendy, qui, pour me servir d'une des expressions favorites de mon excellent ami Dubois, est « patient comme un chat qui s'étrangle », stimulait mon incertitude par quelques interpellations familières qu'on ne saurait rendre exactement en français, mais qui répondent à peu près aux locutions suivantes :

« Allons! imbécile, finirez-vous?... Mais, animal, choisissez donc! »

Plus Son Excellence semblait s'irriter, moins j'avais la tête à moi; aussi je n'y étais plus du tout, et la nomenclature de tous les arts, métiers, industries et professions qui florissent dans les pays civilisés me papillotait devant les yeux comme autant de feux follets. Cependant je compris qu'il fallait me décider; car Son Excellence roulait des yeux furibonds et agitait convulsivement dans sa main puissante son *courbach* (sorte de cravache), dont mes épaules ont eu plus d'une fois l'occasion d'apprécier la nerveuse élasticité : je me hâtai donc, et je désignai au hasard un des mots de la liste...

Le membre de l'Institut partit d'un immense éclat de rire.

Son Excellence, voyant rire son ami le membre de l'Institut, daigna rire elle-même d'un rire très-bruyant.

L'ÉGYPTIEN.

Quand je vis que le savant et Son Excellence riaient de si bon cœur, je ne voulus pas rester en arrière, et nous voilà tous trois à rire comme des insensés.

Après que S. E. Abdy-Effendy eut bien ri, elle désira savoir pourquoi elle riait. C'était assez naturel. J'avouerai que j'étais curieux moi-même de connaître les causes de notre commune hilarité. Le membre de l'Institut nous expliqua, en continuant de rire, que j'avais choisi l'état de *couturière*.

« Couturière! dit Abdy-Effendy d'un air profondément surpris.

— Couturière! » repris-je avec un étonnement des plus prononcés.

Le membre de l'Institut n'insista pas; il s'aperçut que je ne comprenais pas la portée de ma méprise, et que Son Excellence ne la comprenait pas plus que moi. Voulant donc mettre fin à une scène dans laquelle le chef de la mission égyptienne jouait un rôle assez peu brillant, le savant prit une plume, écrivit deux mots sur une feuille de papier blanc, qu'il me remit en me disant :

« Tenez, mon cher ami, voilà l'état que vous préférez. »

Je remerciai cet aimable savant, et, quand je fus seul, je tâchai de déchiffrer les deux mots qu'avait tracés son illustre main. J'y parvins, non sans peine, et, après de courageux efforts, je lus : *Économie politique.*

Quel dommage que Dubois ne soit pas là! il me donnerait quelques renseignements sur l'état auquel je suis appelé; il me dirait, — ce que je tiens surtout à savoir, — si je gagnerai beaucoup d'argent quand je serai « économie politique. »

Vu l'absence de Dubois, je consulte mon autre conseiller intime, le Dictionnaire de l'Académie française, et j'y trouve :

« ÉCONOMIE POLITIQUE, science qui traite de la formation, de la dis-« tribution et de la consommation des richesses. »

Je ne comprends toujours pas.

VIII.

QUELQUES PARADOXES DE M. DUBOIS A PROPOS D'ÉCONOMIE POLITIQUE, DES HAREMS ÉGYPTIENS ET DES ALMÉES DE PARIS

En vérité, ce Dubois est un homme étrange! il se moque de tout. Ne voilà-t-il pas qu'aujourd'hui même il a prétendu me démontrer que la science de l'économie politique n'est pas une science!

« Mais, Dubois, lui disais-je, vous savez cependant que cette science est enseignée à mes camarades et à moi par un homme fort grave....

— Qu'importe !

— Un conseiller d'État....

— Quand il serait pape, il n'aurait pas le pouvoir de me faire croire qu'une prétendue science dont les adeptes les plus illustres se traitent entre eux d'ignorants, de niais ou de charlatans, repose sur des fondements assez positifs pour qu'on puisse en faire l'objet d'un enseignement sérieux.

— Cependant, Dubois, je vous ferai observer que notre professeur a fait des livres....

— Quel économiste n'en fait pas ? M. A..... en fait, M. B..... aussi. M. C..... de même : eh bien, que disent ces livres ? Ceux de M. A.....

prouvent que M. B..... n'a pas le sens commun ; ceux de M. B.... prouvent que M. A..... mériterait une loge à Charenton ; ceux de M. C..... prouvent que MM. A..... et B..... ont raison de s'injurier réciproquement....

— M. C..... possède-t-il donc seul la véritable économie politique?

— M. C..... ne possède rien du tout; mais comme il parle le dernier, il fait le procès à ses devanciers. C'est la règle. Quand un avocat réplique à un confrère, il commence inévitablement par cette phrase : « Mon éloquent adversaire a singulièrement altéré les faits; qu'il me soit permis « de les rétablir.... » Cet exorde une fois posé, il imite son éloquent confrère et ment lui-même, à dire d'experts. Les professeurs d'économie politique ne sont pas autre chose que des avocats.

— Ainsi j'ai tort d'étudier....

— Mais, Crocodile mon ami, vous ne pouvez pas avoir tort, puisque vous n'êtes pas libre de vos volontés; je ne vous blâme nullement, mais je plains l'Égypte si jamais vous essayez d'y implanter les théories qu'on essaye, en ce moment, de vous apprendre....

— Soyez sûr, Dubois, que j'essayerai.... Vous savez bien que je suis venu en France pour y chercher les lumières de la civilisation....

— Eh bien, je crois que celles que vous emporterez ne seront pas bien claires; elles feront peu de concurrence au soleil.... Au reste, tout est assez bon pour ce pays de barbares....

— Pays de barbares!... Mais, Dubois, vous n'y pensez pas.... Ce pays que vous traitez si durement est celui pour lequel, il y a quelque temps, vous n'aviez que des paroles d'enthousiasme et d'admiration....

— J'ai réfléchi.... La lettre que vous m'avez lue m'a donné à penser.... La patrie du courbach et des attaques d'apoplexie par ordre ne sera jamais la mienne...

— Mais n'aimez-vous plus le chibouk?

— Je préfère les cigares à vingt-cinq centimes....

— Le café?...

— Il a un arrière-goût de despotisme plus amer que la chicorée.

— Le kheff?...

— Volupté dite orientale sur laquelle la réflexion a singulièrement modifié ma manière de voir.... Le kheff, c'est la fainéantise.... Il y a trente ans que je fais le kheff, comme M. Jourdain faisait de la prose, sans le savoir.

— Et le haschich avec ses rêves fantastiques?...

— Et le vin de Champagne donc? n'a-t-il pas ses rêves, lui aussi?

n'enfante-t-il pas de mirobolantes fantaisies?... Lorsqu'une demi-douzaine de verres de la liqueur délicieuse d'Aï me petillent dans la tête,
ce n'est plus Méhémet-Ali qui est pacha d'Égypte, c'est moi qui le
détrône....

— Dubois, ne blasphémez pas, je vous en supplie....

— Soyez calme.... Pour peu que vous teniez à votre pacha, je ne le
détrônerai pas.

— Je ne vous reconnais plus, Dubois.... Et ces harems dont vous
paraissiez si bien apprécier les douceurs, ne les aimez-vous plus ?

— Je les aime toujours.... je les aimerai toute ma vie.... Mais, voyez-
vous bien, cher Crocodile, il en est des harems comme du kheff : pour
peu que l'on réfléchisse, on reconnaît que les harems sont de tous les
pays....

— Quoi! vous auriez un harem?

— Et pourquoi non? Beaucoup de Parisiens en ont.

— Vous voulez plaisanter?...

— Je ne plaisante pas.... Du reste, la question des harems parisiens
nous mènerait fort loin, ne l'entamons pas.... Tout ce que je tiens à nettement établir, c'est que Paris n'a rien à envier au Caire.... Or, c'est là
une vérité dont vous ne sauriez douter.... Tout ce que vous possédez,
nous le possédons.

— Ceci n'est pas démontré.... D'ailleurs vous ne pouvez pas ainsi
trancher la question, car vous ne connaissez pas les merveilles les plus
séduisantes de l'Égypte : je ne vous ai jamais parlé des *almées*....

— Parlez-m'en un peu, cher Crocodile; je suis un juge intègre, je ne
voudrais pas condamner votre pays sans avoir entendu tous ses moyens
de défense....

— Les almées, qu'on appelle aussi des *gaouasys*, sont des danseuses
publiques que l'on fait venir chez soi, moyennant quelques piastres.
Elles ne dansent jamais en présence des hommes et des femmes réunis.
Quand les recluses d'un harem font venir les almées, le chef de la maison s'abstient de paraître dans le gynécée. De même, si un musulman
veut se procurer la vue de ces exercices chorégraphiques, il invite un
petit nombre d'amis par des lettres circulaires, assez semblables aux invitations que vous autres Européens vous vous envoyez les uns aux autres
à propos d'un bal ou d'une soirée; seulement la phrase de rigueur : « Il
y aura un piano » est remplacée par celle-ci : « Nous aurons des almées. »
L'almée tient de l'artiste et de la courtisane. Son costume est le même
que celui des dames riches du pays : il se compose....

— Passez la description du costume, interrompit Dubois, je connais les tableaux de Decamps et de Diaz : ça vaut pour moi toutes les descriptions possibles. Je soupçonne parfaitement qu'entre le costume d'une femme comme il faut et celui d'une almée il y a la même différence qu'entre la toilette d'une élégante du faubourg Saint-Germain et celle d'une lorette... Occupons-nous, s'il vous plaît, de la danse ; c'est le point intéressant.

— Les almées dansent par groupes de deux ou de quatre ; néanmoins, quoiqu'elles mettent une certaine symétrie harmonique dans leurs mouvements, elles ne forment pas des figures régulières. Les premiers pas qu'elles dessinent sont, en quelque sorte, un prélude : à les voir agiter au-dessus et autour de leur tète de petites cymbales de cuivre, qu'elles tiennent entre le pouce et le médius de chaque main, pendant que de leurs pieds incertains elles semblent interroger le sol, vous diriez qu'elles s'efforcent d'appeler à elles l'inspiration, avant de se poser. Bientôt la danse commence.... Et ici, mon cher Dubois, souffrez une simple observation : je me sers du mot *danse*, faute d'en connaître un plus fidèle, mais peut-être ne s'applique-t-il pas très-exactement au fait que je vous explique....

— Continuez, cher Crocodile et ne vous arrêtez pas, je comprends à demi-mot.

— Pour exécuter cette danse, — puisque danse il y a, — les pieds sont d'une parfaite inutilité ; ils ne bougent pas. De même aussi, la partie supérieure du corps reste complétement immobile, sauf les yeux qui roulent en tous sens avec une rapidité et un désordre extraordinaires, sauf les bras qui tour à tour s'écartent, s'arrondissent, se baissent ou s'élèvent. Ce qui n'est pas immobile, ce sont les hanches et les reins qui, avec une rare souplesse, exécutent des mouvements tantôt vifs, tantôt lents....

— Connu ! connu ! fit Dubois.

— Pour cette fois, Dubois, mon ami, vous avez tort de dire, à propos de nos danses nationales : Connu ! connu !...

— Je n'ai pas tort, mon bon Crocodile, je suis très-familier avec les danses nationales que vous venez de me décrire.... Paris possède ses almées....

— Je vois que vous connaissez tout.... C'est un parti pris de nier l'Égypte.... Vous connaissez sans doute aussi la danse *nahleh?*

— Dites en deux mots ce que c'est que la nahleh, nous verrons bien si elle est la propriété exclusive de l'Égypte.

— Parfois l'almée feint d'avoir été piquée par une guêpe; alors elle fait entendre le cri : *Nahleh-oh! nahlch-oh* (la guêpe, ah! la guêpe)! Tout en criant, elle cherche dans ses vêtements l'insecte dont elle redoute la piqûre. Dans sa terreur impatiente, elle rejette loin d'elle son *gebbeh* (surtout à manches courtes), dénoue la ceinture qui lui serre la taille, se dépouille successivement de son *yalek* (tunique à manches longues), de son *chingtyan* (pantalon) et ne reste couverte que d'un simple voile. dans la mousseline duquel elle continue à chercher la guêpe, en ayant soin de permettre aux plis du voile de s'entr'ouvrir par moments ... A la fin, la guêpe est trouvée; l'almée, sans cesser un instant d'obéir à la mesure indiquée par le *tar* et le *daraboukah* (sorte de tambours de basque), rattrape un à un tous ses vêtements, pendant que les graves assistants se communiquent les observations que leur a suggérées la danse de la guêpe.

— Je serais désolé de vous contrarier, cher Crocodile, mais je vous avouerai franchement que votre *danse de la guêpe* n'est pas nouvelle pour moi : Carlotta Grisi la danse à ravir....

— Elle l'a dansée devant vous?

— Devant moi et devant dix-huit cents spectateurs ou spectatrices;... seulement elle s'arrête en route, elle se contente de dénouer sa ceinture....

— Et vous appelez cela la danse de la guêpe? vous n'êtes pas difficile... Si vos prétendues almées de Paris exécutent nos danses nationales comme votre Carlotta Grisi cherche la guêpe, vous devez avoir une opinion bien erronée sur les almées du Caire....

— Écoutez, cher Crocodile, — me dit mon ami Dubois. — tout en causant économie politique, harems et almées, nous avons fait du chemin. l'appétit a dû vous venir: voici un restaurant champêtre : entrons-y.... Aujourd'hui nos habitudes vous sont familières; un dîner à la française ne vous fait plus peur, n'est-ce pas?

— Vous n'ignorez pas que la civilisation m'a perverti. Je préfère la côtelette de chevreuil à la poitrine de buffle. C'est honteux, mais qu'y faire?

— Vous résigner, pauvre Crocodile !

— Ce n'est donc pas ce soir que vous me ferez voir vos soi-disant almées?

— Vous les verrez ce soir; car, pendant que nous dînerons, elles se livreront, sous les fenêtres mêmes du cabinet où nous allons entrer, à leurs évolutions les plus pittoresques.

— Seront-elles en costume oriental ?

— Pas du tout : elles seront, comme de simples Parisiennes doivent être, en costume des plus parisiens ; mais je vous certifie que vous serez satisfait de leurs grâces et de leur désinvolture.... »

Avouons-le ingénument, Dubois ne m'avait pas trompé : les almées de Paris ont de certaines petites façons de se trémousser qui peuvent soutenir la comparaison avec les trépidations les plus furieuses des almées du Caire. Quant à leurs partenaires, — car, différentes en cela de leurs sœurs d'Égypte, les almées de Paris ne dansent pas seules, — ce sont des jeunes gens dont les barbes fabuleuses, les chapeaux incroyables, les pipes mirifiques ont un certain mérite, mais leur danse n'est pas du tout ce que j'aime.

Dubois assure que le mot *almée* est aussi français qu'égyptien, seulement les Français le prononcent *grisettes*. Quelle singulière prononciation !

J'ai voulu savoir le nom du lieu où les almées de Paris décrivent leurs arabesques ; Dubois m'a répondu qu'elles n'ont pas de théâtre fixe : en hiver, elles hantent le Prado, le bal Musard et la salle de l'Opéra-Comique ; en été, elles courent partout où s'épanouissent les lilas en fleurs et les étudiants de toutes les écoles : à ce dernier titre, la *Grande-Chaumière* a toutes leurs sympathies.

C'est à la *Grande-Chaumière* qu'il m'a été donné d'assister à leurs exercices....

IX.

RETOUR AU PAYS.

... Mon Dieu ! mon Dieu ! que suis-je allé faire en France ?... Pendant que je m'efforçais d'apprendre les mœurs parisiennes sous la direction de Dubois, ma femme, — Zehra l'infidèle ! — enseignait les mœurs égyptiennes au caporal français que vous savez. A mon retour, la maison conjugale est déserte.

Comme compensation d'un si grand malheur, Son Altesse, qui persiste plus que jamais à vouloir éclairer les bords du Nil, me nomme profes-

seur d'économie politique, avec le grade de colonel et des appointements
fort honorables.

Et maintenant une question embarrassante surgit : Que montrerai-je
à mes élèves?

-- Tout ce que je sais.... Hélas!...

SAÏD-BEY.

Vu et déclaré conforme au manuscrit gallo-égyptien.

ÉDOUARD LEMOINE.

LE BELGE.

Tous les étrangers viennent à Paris

pour avoir l'agrément d'être étonnés ; ils savent que quelles que soient les splendeurs de leur propre pays, elles s'effacent devant le bruit, l'éclat, la magnificence, la grandeur de cette ville qui a toujours été considérée comme la capitale des plaisirs de l'Europe.

Ils sont donc étonnés et de bonne foi.

Le Belge, au contraire, vient à Paris pour ne s'étonner de rien.

M. Jérémie cadet, petit banquier retiré des affaires, est un Belge pur sang, l'un de ceux qui, après la révolution de septembre, ont repoussé la réunion avec la France pour que *Bruxelles fût une capitale.* M. Jérémie a sa capitale, et il la croit la première ville du monde. Cependant il a vaguement entendu dire qu'il y a sur les bords de la Seine une cité à la population énorme, aux monuments gigantesques, à la physionomie tumultueuse et agitée, dont Bruxelles pourrait être un faubourg. L'amour-propre national de M. Jérémie s'est irrité. Après avoir longtemps ruminé dans sa tête un plan de voyage, il se décide enfin à faire part de son projet à madame Jérémie, sa femme, bonne et sincère dévote comme toutes les Flamandes, mais d'ailleurs femme de bon sens et d'esprit, qui a vécu dix ans de sa vie dans son comptoir de banque de la place de l'Hôtel-de-Ville, et qui n'a jamais dépassé le *boulevard*, cette fraîche et joyeuse enceinte de la ville, — même pour aller visiter le champ de bataille de Waterloo.

Madame Jérémie se récrie. « Aller à Paris, dans cet atelier de corruption, dans ce foyer d'athéisme, où tous les jeunes gens se sont donnés au diable et portent des barbes de bouc comme Satan ! Et puis vois, mon ami, que de fatigues ! que de dérangements ! que d'argent dépensé ! Que fera notre servante Cathen pendant notre absence ? elle s'ennuiera beaucoup, elle n'ira peut-être pas à la messe. Et puis, quel voyage pour moi qui n'en ai point encore fait ! J'ai peur. »

M. Jérémie rassure sa femme. Il lui dit d'abord que les barbes de bouc ne doivent lui inspirer aucune crainte, puisqu'elle sera sous la protection de lui, Jacques Jérémie, sergent-major dans la garde civique.

Quant à Cathen, elle ira passer le temps du voyage chez M. Jérémie aîné, marguillier de l'église Sainte-Gudule.

Sur la question d'argent, M. Jérémie croit devoir donner à sa chère moitié des explications assez étendues. Le bourgeois de Bruxelles est si économe, qu'il a toutes les allures d'un avare. Mais notre homme a le plus vif désir de comparer Bruxelles à Paris ; et il fait si bien, qu'il prouve à sa femme, la plume en main et à l'aide de chiffres, qu'ils ne dépenseront *guère plus* pendant ce voyage qu'en restant chez eux.

Enfin le digne couple dit adieu les larmes aux yeux à sa rue de *la Montagne aux Herbes potagères*, prend une *Vigilante* pour se rendre à la *station du chemin de fer du Midi*, et s'embarque dans un waggon.

seconde classe. Le signal a retenti, la vapeur se dégage, le piston siffle, la machine entraîne le convoi, et madame Jérémie fait de nombreux signes de croix lorsqu'elle voit Bruxelles s'effacer à l'horizon brumeux.

Voilà nos deux Belges à Paris. M. Jérémie écrit la lettre suivante :

A M. Jérémie aîné, rue de l'Escalier, à Bruxelles.

« Mon cher frère,

« Nous sommes enfin arrivés, non sans fatigue. Il a été bien dur pour

nous de voyager en France après avoir traversé d'une manière si commode notre heureuse et fertile Belgique. Imaginez-vous que l'on sort de
nos waggons si doux, si rapides, si confortables, pour entrer dans les
lourdes et massives diligences dont, nous autres Belges, nous nous
sommes si *crânement* débarrassés; et l'on passe toute une nuit là dedans! J'avais contracté la douce habitude de toujours coucher dans mon
lit, même en voyage. Je suis rompu.

« Comment! la France, ce pays qui se dit puissant, n'est point
encore sillonnée de chemins de fer! Cela confirme, mon cher frère.
une vérité que nous avons bien souvent reconnue et proclamée dans nos
conciliabules du dimanche, c'est que la Belgique est à la tête de la civilisation. Que nous manque-t-il en effet? Nous avons des rails de Mons à
Gand et de Liége à Ostende; nous avons un roi à bon marché et qui ne
se mêle de rien, des *mackintosch* au même prix qu'à Londres, des députés payés par la nation, des fabriques à chaque coin de rue, et des
pauvres que nous expatrions au moyen de la commandite. Cherchez bien
en Angleterre, allez jusqu'aux États-Unis, et vous ne trouverez rien de
mieux, rien de plus complet sous le rapport politique et industriel. Je
chanterais bien : *Ah! quel plaisir d'être Belge!* si l'un de nos poëtes avait
fait une chanson de contrefaçon sur ce sujet-là, — et si nous avions des
poëtes; mais il faut espérer qu'il nous en viendra : l'industrie fait tant
de progrès dans le Brabant et dans le pays de Liége!

« J'ai parcouru, mon cher ami, la Flandre française avec grand plaisir.
C'est un beau pays plat, riche et gras, tout à fait semblable au nôtre.
On n'y rencontre pas, ainsi que dans certaines contrées, de ces diablesses de montagnes qui arrêtent la vue et troublent l'harmonie générale. En nature, comme en toute autre chose, rien n'est beau que le
plat continu. Je sais que les artistes en général, artistes en couleurs, en
littérature ou en politique, ne sont pas de cet avis-là, et qu'ils préfèrent
les *accidents* et le pittoresque. Je repousse ce système : il est anarchique,
il est révolutionnaire, et l'on doit détester les révolutions, surtout quand
on en a fait une. C'est assez d'une révolution par existence d'homme
et de citoyen. A nos petits-neveux à faire la leur.

« Les villes de la Flandre semblent être copiées sur les nôtres, et vraiment, cette fois, je serais tenté de prendre notre revanche et d'accuser les
Français de contrefaçon.

« La Belgique et la Flandre sont sœurs. Aussi, en parcourant cette
dernière province, il m'est venu un regret bien cuisant. Pourquoi.
en 1815, au moment où les puissances étaient occupées à couper l'Eu-

rope en morceaux dans leurs congrès, n'ont-elles pas eu la pensée d'adjoindre la Flandre à feu le royaume des Pays-Bas, d'exécrable mémoire? Pourquoi, en 1830, la France, qui disait nous porter quelque intérêt, ne nous a-t-elle point fait ce cadeau, afin de nous constituer une nationalité un peu plus respectable?

« Je dois vous dire, mon frère, que j'ai communiqué cette idée à un gros monsieur à moustaches grises et décoré de la Légion d'honneur, qui était avec nous dans le coupé de la diligence, — et qu'il l'a fort mal accueillie. Il s'est presque fâché. Il a prétendu que nous avions toujours été soumis à d'autres nations, que nous avions été tour à tour Bourguignons, Espagnols, Autrichiens, Français, Hollandais, et qu'en voulant faire de nous des *Belges*, on avait essayé quelque chose de malheureux et d'un court avenir. Sur ce, je me suis récrié, et j'ai opposé à mon antagoniste les *Commentaires* de César, dans lesquels il est question des Belges et de leur bravoure : *Belgæ, Belgarum, Belgis*. Le gros monsieur m'a répondu qu'il était triste pour un peuple d'avoir à remonter jusqu'aux *Commentaires* de César pour y trouver les traces d'une nationalité douteuse. Enfin il a ajouté que le protocole le plus remarquable, sans contredit, de la conférence de Londres, était celui dans lequel on déclarait les Belges *peuple neutre*. J'ai bien compris qu'il y avait là-dessous une mauvaise plaisanterie, et j'ai été sur le point de me mettre en colère; mais j'ai réfléchi que mon adversaire était Français, et que les Français ne peuvent pardonner aux Belges de leur avoir gagné la bataille de Waterloo. Il faut bien passer quelque chose à la vanité nationale blessée.

« Nous logeons ici dans une petite rue très-étroite et assez sale que l'on nomme, je crois, la rue du Bouloy. Elle le cède autant en beauté à notre rue du Parc que la lune le cède en éclat au soleil. Ils ont sans doute quelque chose de mieux à Paris. Pour venir jusqu'ici, nous avons traversé un vilain faubourg. Est-ce donc avec raison que l'on a appelé nos voisins les Gascons de l'Europe?

« La maison dans laquelle nous sommes descendus est mal tenue. Ah! qu'il y a loin de là au *confortable* belge (nos amis d'outre-mer nous ont volé le mot)! que les hôtels anglais, allemands, hollandais, américains, français dont Bruxelles est peuplé, offrent une physionomie plus régulière et plus attrayante! La Belgique est un lieu de passage; Bruxelles est un caravansérail : nous sommes les aubergistes de l'Europe.

« *P. S.* Je ne pourrai pas faire samedi prochain ma partie de flûte dans notre sextuor hebdomadaire ; excusez-moi auprès de nos amis. Mais j'espère me trouver le jeudi suivant à la réunion de la société philharmonique, et exécuter avec vous la grande symphonie de Beethoven. »

Seconde lettre de M. Jérémie cadet à M. Jérémie aîné.

« Mon cher frère,

« Nous venons d'avoir deux ou trois journées bien employées.

« Nous devions d'abord une visite à notre voisin le Palais-Royal ; c'est un bâtiment gentil. Mais le Palais-Royal est-il digne de la réputation qu'on lui a faite ? on me permettra d'en douter. O vanité des choses humaines ! ô injustice des hommes ! le Palais-Royal est célèbre de Val paraiso à Saint-Pétersbourg, du pôle nord au pôle sud. Dès qu'un Esquimau ou un Sandwichien arrive à Paris, il se fait conduire au Palais-Royal ; et notre place de la Monnaie, si jolie, si bien alignée, si propre, si calme, n'est point connue au delà de Vilvorde !

« J'ai vu le canon du Palais-Royal, et je l'ai entendu, avec beaucoup de satisfaction, partir au coup de midi. Ici, je l'avoue, les Français nous sont supérieurs ; à Bruxelles, ville d'exactitude et de régularité, nous devrions avoir une *institution* pareille. Il serait fort agréable de pouvoir mettre tous les jours sa montre d'accord avec le soleil. Les honnêtes gens connaissent le prix du temps, même quand ils n'ont rien à faire.

« Les Tuileries n'ont point produit sur moi l'effet auquel de maladroits enthousiastes avaient voulu me préparer. On m'a ri au nez quand je leur ai comparé, et avec quelque succès, notre place du Parc ; cependant je maintiens la comparaison. Notre place du Parc est à la fois magnifique et gracieuse, avec son palais de la royauté bourgeoise, ses petits ministères bien clos, sa chambre des représentants et son jardin au milieu. Vous avez besoin du roi, vous êtes à sa porte ; vous avez besoin d'un ministre, vous allez sonner chez lui comme chez votre médecin : il y a un cordon, un factionnaire et un paillasson (essuyez vos pieds, s'il vous plaît). Et la place du Parc a encore cet immense avantage, qu'elle est tout à fait l'image du gouvernement représentatif... en miniature. Ici le roi et le pouvoir exécutif, là le pouvoir délibérant, et au milieu, dans le jardin, le peuple, le pouvoir payant, qui se promène..... quand il ne travaille pas. Touchante allégorie ! spectacle digne de notre dix-neuvième siècle ! Trouvez-moi donc quelque chose de plus beau et de plus *actuel* sur toute la surface du globe !

« Les Champs-Élysées sont trop grands et ne valent pas nos boulevards extérieurs, qui ressemblent à l'allée sablée d'un jardin de petit rentier. C'est le défaut des Français de tout exagérer. Vous me direz peut-être, cher frère, que c'est parce qu'ils ont plus de place que nous : c'est juste; mais cependant ils pourraient être plus modestes. A quoi bon avoir de si hauts monuments, tant et de si gros arbres, de si vastes promenades, de si gigantesques palais? Je ne puis voir là que l'intention de nous humilier, nous autres Belges; mais je vous jure que pour ce qui me concerne, ils n'y réussiront guère, car je garde toujours dans mon cœur le sentiment bien prononcé de notre supériorité.

« J'ai passé avec douleur devant la colonne de la place Vendôme : elle m'a rappelé le triste temps où Bruxelles n'était que le chef-lieu d'un département français, où les Belges étaient forcés de cueillir avec leurs nouveaux compatriotes des lauriers sur tous les champs de bataille de l'Europe, et de voir prospérer leur industrie sous l'œil de l'empereur. Triste, triste temps! Mais effaçons ces déplorables souvenirs et entonnons la *Brabançonne*, chanson nationale *faite par un Français*. Nous sommes aujourd'hui un peuple; nous sommes devenus les alliés *belges* des Anglais, des Prussiens, des Autrichiens, des Russes, dont nous avions autrefois l'indélicatesse d'enlever les canons en qualité de Français. Nous ne prendrons plus de canons, c'est vrai; mais nous sommes Belges, mais nous sommes neutres, mais nous avons un roi pour nous seuls.

« Je ne vous parlerai pas des boulevards intérieurs qui traversent Paris dans toute son étendue; nous n'en avons pas à Bruxelles.

« La colonne de Juillet, c'est un hymne de triomphe qui s'élance vers le ciel. Cela n'a pas assez l'air d'un tombeau. Les Français mettent de l'enthousiasme lyrique partout. Leurs conscrits rejoignent en chantant le régiment pour lequel le sort les a désignés; avec des mots poétiques et qui, depuis je ne sais combien de siècles, conservent la même influence, on fait marcher leurs soldats à un trépas certain. Chez eux, le fond disparaît sous la broderie.

« Nous autres, gens positifs, nous avons montré dans l'hommage rendu à nos héros de septembre, que, tout en appréciant la victoire à sa valeur, nous savions à quel prix on l'achète. Notre *place des Martyrs* ressemble à un mausolée; le silence et le recueillement y règnent. C'est une oasis de la mort au milieu des bruits de la ville. On vient là pour prier et non pour triompher.

« Que vous dirai-je des théâtres? J'en ai vu plusieurs et j'y ai goûté un médiocre plaisir. En effet, les pièces qu'on donnait ne sont pas meilleures que celles qu'on joue à Bruxelles, et cela par une bonne raison, c'est que ce sont les mêmes. Nous empruntons nos pièces aux auteurs parisiens, et nous ne leur payons aucun droit de représentation. Vous m'avouerez que c'est encore là un des arguments qui militent en faveur de la non-réunion à la France ; je ne manquerai pas de le faire valoir à la première occasion.

« Les acteurs ne m'ont pas stupéfié. Mademoiselle Rachel a un talent de premier ordre, mais qui ne fait pas pâlir, à mon avis, celui de notre célèbre mademoiselle X***, et Arnal, tant vanté, m'a beaucoup moins fait rire que notre charmant V***, du théâtre du Parc. Je disais cela hier à l'un de mes voisins au théâtre du Vaudeville, et il me répondit : « Mais si votre célèbre mademoiselle X*** et votre charmant V*** avaient autant de mérite que vous voulez bien leur en accorder, ils seraient tous les deux à Paris. — Vous parleriez d'or, répliquai-je, si Bruxelles était une de vos villes de province ; mais vous oubliez que Bruxelles est une capitale : or Bruxelles peut avoir ses acteurs de premier rang comme Paris les siens, et, à tout prendre, je ne vois pas pourquoi ceux de Bruxelles ne vaudraient pas mieux. »

« Mon voisin parut atterré par ma logique ; car il me regarda fixement, puis se tint coi.

« Heureux d'avoir enfin rencontré un Français sur lequel je produisais quelque effet, je poursuivis mon raisonnement en ces termes :

« Bruxelles a un roi, Bruxelles a des ministres, Bruxelles a un directeur général des contributions indirectes, Bruxelles a un intendant de la liste civile, Bruxelles a un musée et un opéra, Bruxelles a une chambre des représentants, Bruxelles a son Rambuteau et son Delessert : pourquoi Bruxelles n'aurait-il pas sa Rachel et son Arnal?

« — Je puis vous l'apprendre, reprit mon voisin en souriant.

« — Eh bien, pourquoi..., pourquoi?

« — Parce que la copie, je veux dire la contrefaçon, ne vaut jamais le modèle. »

« J'allais vertement répliquer, lorsque la toile se leva pour la représentation de *Brutus*.

« J'ai été assez content de l'orchestre du grand Opéra. Mais que Van-Bietten, le digne chef de notre société philharmonique, se console : on m'a assuré qu'il y avait beaucoup de Belges dans le bataillon d'instrumentistes placés sous les ordres de M. Habeneck.

« Vous voyez bien, mon frère, qu'ils ne peuvent se passer de nous.

« Ce qui me manque surtout ici, c'est mon estaminet du *Mouton d'or*, si rempli de bruit et de fumée; c'est ma pipe à la gorge si luisante et si noire, c'est mon verre de vrai faro à la beurrée.... Mais j'espère rejoindre bientôt tout cela. »

Lettre de madame Jérémie CADET *à madame Jérémie* AÎNÉ.

« Ma chère belle-sœur,

« Quel tapage! quel luxe! quelle ville! Quoi que M. Jérémie en dise, Paris est bien plus grand que Bruxelles; mais je n'ose pas le contrarier sur ce point, car il est sujet à de bien grandes colères depuis que nous sommes ici.

« Nous voilà dans la semaine de Pâques, et je croyais bien que nous serions de retour à Bruxelles au commencement de la semaine sainte. Le Ciel en a ordonné autrement.

L'autre jour, à l'exposition des tableaux, M. Jérémie est entré en discussion avec un amateur, et a voulu soutenir la prééminence de l'école belge sur l'école française; il s'est si bien échauffé, qu'il a gagné un gros rhume et qu'il garde la chambre. Cela ne sera pas dangereux, mais cela nous arrête.

« J'ai été forcée de faire mes dévotions ici. Je me suis adressée à un prêtre de l'église Saint-Eustache; il m'a accueillie avec beaucoup de charité et de bienveillance. Ce prêtre français a pour ses pénitentes une bonté tout à fait touchante; on dirait qu'il ne vous parle qu'avec crainte, et qu'il veut vous conduire à Dieu par l'extrême douceur. Et puis il est éclairé, il a de l'esprit, et se sert d'un langage clair, épuré et qui frappe agréablement l'oreille. Je trouve que ces petits ornements ne font pas de tort à la religion.

« On m'a dit que la majorité du clergé français se composait de ministres semblables. Je puis bien avancer, sans m'écarter du respect que l'on doit à la religion, qu'on ne saurait en dire tout à fait autant du nôtre.

« Vous savez si notre digne abbé Garnier est bon, indulgent, et s'il nous aime. Cependant toutes les fois qu'il aborde les questions religieuses, il a l'habitude de prendre un air de suprématie et d'autorité, qui du reste, en pareille circonstance, est familier à tous nos prêtres. Il n'est plus lui; on dirait qu'il a un masque. Enfin si le cœur de l'abbé Garnier est excellent, son esprit n'est pas tout à fait assez orné; ses idées et son langage se ressentent un peu de son éducation de village. Je trouve que les vérités de la religion ne perdraient rien à être enseignées avec plus de clarté et de charme; elles auraient plus d'autorité aussi.

« J'ai entendu plusieurs sermons; les prédicateurs discutaient avec beaucoup de talent et de liberté des questions dont la seule mention effrayerait beaucoup nos prêtres.

« J'ai visité les principales églises de Paris, comme vous me l'aviez recommandé, ma sœur. Que vous dirai-je de Saint-Séverin, de Notre-Dame, de Saint-Germain des Prés, de Saint-Eustache? ce sont nos vieilles églises gothiques de Belgique, si calmes, si sombres, si religieuses, disposant si bien au recueillement, à la foi et à la prière. Les nouvelles églises ne m'ont pas satisfaite à un égal degré. Notre-Dame de Lorette est, comme on l'a fort bien dit, un boudoir; la Madeleine, un temple grec; Saint-Sulpice, un temple protestant. Nous sommes accoutumés à une forme d'église catholique; on devrait la conserver : le gothique est un symbole. On a tort de laisser croire au peuple, sur qui la forme a d'ailleurs tant de puissance, qu'il est indifférent de prier Dieu partout.

« Venons maintenant, ma sœur, à des sujets moins graves.

« Les Parisiennes ont une tournure charmante : et ne croyez pas que ce soit là seulement le privilège des classes aisées : une simple grisette, avec son tartan et sa robe d'indienne, a dans l'allure quelque chose de dégagé et d'élégant qui séduit. Une Parisienne sait beaucoup de choses que nous ne savons pas, nous autres *en province* (Dieu! si M. Jérémie m'entendait!) : une Parisienne sait marcher, sait se draper dans son châle, sait porter son chapeau. Ah! c'est ce dernier talent surtout que j'admire! Le chapeau a été inventé à Paris; il aurait dû y rester, car là seulement on sait s'en servir. Nous avons commis une grande faute, nous autres femmes de province, quand nous avons renoncé à notre costume local pour suivre la mode de Paris. Je ne sais pourquoi, mais le chapeau nous va toujours mal.

« Je vous avouerai, ma chère sœur, qu'en admirant les grâces agaçantes des Parisiennes, j'ai compris les fréquents voyages que fait dans la capitale de la France notre riche et galant sénateur, M. de ***, et l'abandon dans lequel il laisse sa colossale épouse. Dieu me pardonne cette mauvaise pensée !

« J'ai encore un aveu à vous faire, chère sœur. Moi qui depuis cinq ans n'ai pas mis le pied au spectacle, je me suis laissé entraîner par M. Jérémie au théâtre du Palais-Royal. J'y ai entendu de très-fortes choses, et qui m'ont fait rire bien malgré moi; mais enfin j'ai ri, et sans trop me scandaliser. D'ailleurs c'était le mardi après Pâques, et le meilleur chrétien peut bien se permettre quelques distractions à la suite des macérations du carême. Cependant, chère sœur, ne racontez cette petite débauche ni à l'abbé Garnier, ni à ma tante Marguerite.

« Envoyez régulièrement Cathen aux offices, et recommandez-lui de ne pas prendre mon livre d'heures neuf; car j'y ai marqué avec une feuille de papier une belle prière à la Vierge, et je ne voudrais pas perdre la page; qu'elle nettoie et lave notre maison tous les matins, sans laisser les trois marches de la rue qu'elle oublie trop souvent; enfin qu'elle ait bien soin de mes oiseaux. — Et à bientôt, chère sœur. »

Troisième lettre de **M. Jérémie** *cadet à* **M. Jérémie** *aîné.*

« Cher frère,

« Cette lettre sera la dernière que vous recevrez de moi; dans une heure nous montons en diligence.

« Hier soir, j'ai été faire une visite de départ à notre ambassadeur. M. le prince de Ligne, qui nous représente si bien ici.

« J'ai rencontré dans ses salons beaucoup de nos compatriotes; j'ai été heureux de les trouver presque tous du même avis que moi. Il est bien convenu que nous n'avons rien à envier à la France.

« J'ai dit *presque tous*; c'est que malheureusement il y avait un opposant, M. V***, négociant liégeois, qui a l'esprit le plus mal fait du monde. Vous ne sauriez croire jusqu'où il pousse l'excentricité. Non-seulement il ne veut pas reconnaître que nous luttons sans désavantage avec nos voisins du Midi, mais il professe encore, et tout haut, l'hérésie politique la plus révoltante. Il soutient qu'il eût été avantageux pour le Brabant, le Hainaut, le pays de Liége, d'être réunis à la France en 1830; il dit que cette réunion a été empêchée par les Bruxellois, qui voulaient absolument habiter une capitale, et par quelques ambitieux sans talent qui aimaient mieux être ministres ou ambassadeurs dans le royaume de Belgique que chefs de bureau ou premiers commis en France. Vous comprenez bien que cette thèse a été très-vivement réfutée par les bons Belges qui étaient là; je me serais mis de la partie, si un très-gros rhume que j'ai eu ne m'avait laissé une extinction de voix complète.

« M. R***, ce jeune capitaine aux guides si bien corsé et si bien frisé, que vous avez souvent vu aux bals de notre bourgmestre, a parlé pendant près d'une heure d'une manière très-intéressante sur ou plutôt contre l'armée française. Il a trouvé, avec raison, que les officiers français n'avaient pas l'élégance ravissante, théâtrale de nos officiers, et que leur tournure était trop brave, trop martiale, trop *troupière*; quant aux soldats, les nôtres sont beaucoup plus gros : donc ils tiendraient mieux en place dans une bataille. Cela est parfaitement logique. J'ai applaudi lorsque M. R*** s'est indigné de ce que les Français avaient osé venir prendre la citadelle d'Anvers à notre barbe et sans notre concours. Dans ce moment, le Liégeois a osé dire que le meilleur moyen d'empêcher les Français de venir en Belgique eût été de prendre la citadelle avant eux. Il y a eu un hourra contre lui.

« Il est midi. La voiture est attelée, le postillon fait claquer son fouet : je prends ma houpelande et ma casquette de voyage. Demain, à midi, je serai dans vos bras et dans la rue de la Montagne aux Herbes potagères.

« FRANÇOIS JÉRÉMIE. »

M. Jérémie est de retour à Bruxelles; il vit plus que jamais dans sa croyance à la supériorité de la Belgique sur toutes les autres nations. Quant à sa femme, elle met plus coquettement son chapeau, se drape mieux dans son châle, va une fois par mois au théâtre, et se permet de discuter quelquefois avec l'abbé Garnier.

Sa tante Marguerite la croit damnée.

LOUIS COUAILHAC.

LES GRECS À PARIS

LE GREC.

Qui que vous soyez, habitant de la Chaussée-d'Antin, du quartier de la Bourse ou du *pays latin*, vous avez dû rencontrer, plus d'une fois, sur votre passage, un de ces hommes au teint bronzé, à la figure pâle et calme illuminée par les éclairs rapides de deux yeux perçants. Ses cheveux bruns et crépus se cachent sous un bonnet rouge orné d'un gland noir retombant coquettement sur l'oreille ; un justaucorps brodé, ouvert sur la poitrine, dessine sa taille ordinairement peu élevée, mais fine et cambrée. De sa *fustanelle*, — sorte de jupe blanche à plis flottants, — s'échappent des *cnémides* noires ou bleues qui trahissent les élégantes proportions d'une jambe nerveuse. Son pied est chaussé de riches brodequins qui, évidemment, n'ont point accoutumé de fouler les pavés fangeux de nos rues. Le costume de cet homme rappelle tout d'abord à votre esprit les chefs-d'œuvre de la scène française. La fierté et la régularité de ses traits ne sont point au-dessous de la mâle physionomie des héros évoqués par la muse tragique. Ses ancêtres ont inspiré les plus beaux poëmes et posé pour tous les modèles de la peinture et de la statuaire. Aujourd'hui encore il est le type vivant le plus parfait de la beauté humaine. Son histoire est la plus glorieuse de celle des peuples de l'antiquité. Ses aïeux s'appelaient Thémistocle, Léonidas, Démosthène, Sophocle, Phidias ou Platon, et lui-même, sans doute, ajoute au nom moderne de sa famille quelqu'un des poétiques surnoms d'Ulysse, de Philopœmen ou d'Odyssée... Cet homme est Grec, en effet. C'est un riche Athénien qui a transporté momentanément ses pénates à Paris, dans le quartier de la *Nouvelle-Athènes*, afin d'apprendre, à son tour, chez les barbares, la civilisation et les arts que le monde emprunta autrefois à sa patrie. C'est un jeune citoyen de Sparte, de Mycènes ou d'Argos venu pour étudier la langue et la littérature françaises dans les écoles du *pays latin*. C'est un marchand d'Egyne, de Corinthe ou de Mistra apportant à l'ancienne capitale des Gaules les fruits savoureux, les riches étoffes et les parfums renommés de l'Attique, de la Thessalie et du Péloponèse..... Noms magiques qu'on ne peut évoquer sans une religieuse émotion !... Étrange destinée d'un peuple pour qui l'admiration ne peut vieillir !...

Le Grec lui-même subit, sur la terre étrangère, l'influence des souvenirs glorieux qui ont bercé son enfance et des poétiques contrées qui l'ont vu naître. Là, tout est pour lui un sujet d'étonnement naïf ou la cause d'une erreur plaisante. Nos usages, nos mœurs, notre langage même, renversent toutes ses idées et tous ses sentiments innés.

A Paris, on est surtout frappé de la préoccupation et, il faut bien le dire, de l'ennui qui se lisent sur la physionomie des descendants d'Homère. Cette circonstance n'a pourtant rien de particulièrement blessant pour nous. Le Grec porte partout avec lui le souvenir et le regret de sa chère patrie. Aucun peuple n'est aussi profondément, aussi exclusive-

ment attaché à sa terre natale, pour laquelle il a si longtemps combattu
et où dorment tant de héros, ses ancêtres !

Les environs de la Sorbonne et du collége de France sont le quartier
de Paris le plus fréquenté par les Grecs et le lieu de leur domicile habituel. Hors de là, on ne les rencontre guère que dans les rues qui avoisinent l'ambassade. C'est presque toujours un tout jeune homme envoyé
pour demander à nos écoles le complément d'instruction que les nouveaux lycées d'Athènes n'ont pu lui donner, ou quelque vénérable sectateur d'Homère ou de Platon qui vient, dédaigneux de la langue de Racine,
rire, du fond de sa longue barbe, au nez de nos plus savants hellénistes.
En général, à côté de cet amour des sciences qui distingue les modernes
Hellènes et qui leur fait souvent quitter momentanément leur patrie, ce
qui les caractérise profondément, c'est leur admiration exclusive, légitime d'ailleurs, pour leur bel idiome national, si harmonieux et si riche
encore aujourd'hui, malgré les profondes altérations qu'il a subies. « Nous
« envions votre civilisation que nous avons perdue, disent les Grecs aux
« étrangers ; mais il y a deux choses que nous défendrons toujours contre
« ses envahissements : la langue qu'ont parlée nos aïeux, et les vertus
« domestiques qu'ils ont léguées à nos femmes. »

Il y a quelques années, un jeune Athénien du nom de Théologue arriva
à Paris, autant pour s'y fortifier dans les lettres et les sciences que pour y
acquérir ce *fini* de politesse et d'élégance qui convenait à sa haute naissance. Théologue était un honnête et candide jeune homme tel qu'on chercherait vainement son pareil parmi nous ; c'était une suave nature tout
imprégnée de poésie et d'enthousiasme. De tous les peuples du continent,
il n'estimait guère, au fond, que les Français, à cause de leur courage et
de leur urbanité renommés. Encore était-il aisé de s'apercevoir que la reconnaissance entrait pour une grande part dans cette flatteuse exception.
La France était pour lui l'asile de la liberté et de l'indépendance des
peuples. Il brûlait surtout du désir de connaître Paris, qu'il se représentait comme l'ancienne Athènes aux plus beaux jours de sa splendeur.

Théologue, nous l'avons dit, était d'Athènes et non de Sparte ; aussi
aimait-il le luxe et tout ce qui contribue à rendre la vie élégante et douce.
C'est pourquoi, quoiqu'il fût sur tout le reste d'une sévérité au-dessus de
son âge, il choisit, au centre de la Chaussée-d'Antin, un appartement qu'il
fit décorer avec un goût et une somptuosité dignes de ce quartier modèle
de la mode et de l'opulence. Un riche équipage le transportait tour à tour
dans le monde aristocratique que de hautes recommandations lui avaient
ouvert, ou dans les promenades publiques fréquentées par la société élé-

gante. Il était souvent accompagné par un jeune Parisien qui n'avait de commun avec lui que son goût pour l'étude et son admiration pour la terre classique de la poésie. Ce point de ressemblance les avait promptement rapprochés, et ils avaient conçu l'un pour l'autre une vive amitié. Du reste, il n'existait aucun autre rapport entre eux, ni au physique ni au moral. Autant Théologue était sérieux, réfléchi, autant Octave paraissait léger, sceptique et moqueur dans ses discours, quoique sa physionomie respirât la franchise et la bienveillance. Homme d'esprit et de goût autant qu'ami dévoué, Octave avait compris tout d'abord qu'il devait commencer la conversion intellectuelle du jeune Grec aux mœurs et à la civilisation françaises, en l'initiant à la connaissance de la littérature classique. C'est pourquoi il lui offrit de le conduire aux théâtres où se jouent les chefs-d'œuvre de Corneille, de Racine et de Molière, ainsi qu'aux théâtres secondaires destinés à recevoir spécialement les inspirations de la muse moderne. Théologue consentit avec joie à entreprendre ce pèlerinage artistique.

Mais comme le jour où cette proposition lui fut adressée, il était déjà tard, il engagea Octave à dîner préalablement avec lui. Les deux amis montèrent donc en voiture, et se transportèrent d'abord au Café de Paris, d'où ils devaient repartir pour le Théâtre-Français.

On était alors en carême, au milieu même de la semaine sainte ; et Théologue, accoutumé à suivre à la lettre les prescriptions fort rigoureuses de l'Église grecque à cette occasion, fut fort scandalisé de voir la foule des convives, composés presque entièrement de jeunes gens en apparence très-bien portants, manger sans scrupule les viandes proscrites et les mets les moins orthodoxes. Octave lui-même suivit l'exemple général et se fit servir à sa guise, abandonnant à leur libre arbitre la conscience et l'estomac de son ami.

« Qu'aurai-je l'honneur de servir à monsieur ? dit le garçon s'adressant à Théologue d'un ton obséquieux. Nous avons des suprêmes de volaille, des poulets rôtis, des filets de chevreuil, des faisans truffés, des canards aux navets....

— J'aimerais mieux une tourte de feuilles de mauves, » interrompit Théologue.

A cette étrange déclaration, le garçon, se croyant mystifié, répondit de l'air d'un homme qui ne s'offense point d'une plaisanterie et qui a toujours le mot prêt pour la riposte :

« Monsieur, je n'ai jamais vu la plante que vous venez de nommer que dans la boutique des herboristes, et pour ce qui est de la manière de la préparer, je présume que monsieur ne saurait mieux s'adresser qu'au pharmacien le plus voisin. »

Théologue eut beaucoup de peine à retenir sa colère excitée par l'insolence de cette réponse, et regardait tour à tour l'impertinent valet et Octave, qui s'efforçait d'étouffer une violente envie de rire en avalant une aile de volaille.

« Puisque vous ignorez l'art d'accommoder cette plante potagère, reprit tranquillement Théologue, au moins pourrez-vous peut-être me servir un plat d'oignons cuits au four?... ou de chardons?... d'orties?... de gratterons?... de coquelicots?... »

A chaque mot de cette burlesque énumération, le garçon se contentait de sourire d'un air d'intelligence en faisant un signe de tête négatif...

Octave, voyant son ami dans l'alternative de ne pas dîner ou de déroger aux prescriptions canoniques de son pays, vint généreusement à son aide, en demandant pour lui six douzaines d'huîtres accommodées, un plat de moules et trois douzaines d'escargots frits dans du beurre.

Après dîner, les deux amis se dirigèrent vers le premier Théâtre-Français....

Au moment où il arrivait, avec Octave, sous le péristyle du théâtre, Théologue remarqua une affiche placée à la porte et commençant par ces mots écrits en gros caractères : *Par ordre, les comédiens ordinaires du roi....*

« Eh quoi! s'écria Théologue hésitant à franchir le seuil de sa porte, m'auriez-vous conduit, par surprise, dans la demeure du roi de France?

— Rassurez-vous, mon cher Théologue, répondit Octave en souriant, ce théâtre est un lieu public, quoique la vaste salle qui lui est affectée communique avec le palais qu'habitait le prince avant qu'il fût appelé à porter la couronne royale.... Il y a même dans ce palais une salle où l'on montre encore le siége modeste qui servit d'abord de trône à cette royauté populaire.

— Mais, à ce que je vois, du moins, les comédiens de ce théâtre appartiennent au roi et sont à ses gages.... S'il en est ainsi, expliquez-moi, je vous prie, à qui est destinée la taxe que nous venons de payer à la porte.

— Vous vous trompez, mon cher Théologue, ces comédiens sont aussi libres que vous et moi et ne reçoivent pas une obole de Sa Majesté. L'argent perçu à la porte est destiné à solder leurs gages, ainsi qu'à payer au roi la location de cette salle qui lui appartient.

— Quoi! s'écria Théologue, ces comédiens sont des hommes libres, exerçant un art réputé libéral, et ils s'intitulent volontairement *comédiens du roi!* Quoi ! ces hommes ne relèvent que de leurs talents et du peuple qui les paye, et ils se glorifient de recevoir les *ordres* du roi créé par ce peuple !...

— Là, là, ne vous emportez point contre eux, interrompit Octave, ce n'est là qu'une flatterie de leur part, je vous assure, une simple formule empruntée à un autre siècle et passée en usage.... Ce titre, ne fût-il aujourd'hui qu'un hochet, il faut bien le leur pardonner : ces hommes ne sont-ils pas accoutumés à se parer d'oripeaux ? »

En disant cela, Octave entrait dans la salle. Déjà la triple galerie circulaire était remplie par une double rangée de spectateurs impatients : une multitude compacte encombrait le parterre et se pressait dans les couloirs. On jouait ce soir-là *Andromaque*, dont le rôle devait être rempli par une jeune tragédienne qui excellait principalement à représenter les héroïnes du théâtre grec. Les dames, parées avec une recherche extrême, garnissaient le devant des loges et des galeries. A la vue de toutes ces femmes aux seins et aux bras nus, au sourire provoquant, et dont quelques-unes, armées d'instruments d'optique, examinaient avec une curiosité indiscrète et un intérêt marqué le costume étranger et la belle figure du jeune Grec, Théologue se sentit rougir.

« Comment, dit-il à Octave d'un air embarrassé, vos magistrats sont-ils assez peu soucieux des mœurs publiques, pour permettre à tant de courtisanes de paraître ainsi en public à visage découvert ?

— Heureux Théologue ! répondit Octave, les dames qui vous font l'honneur de vous regarder en ce moment sont la gloire de leurs époux, l'ornement de nos fêtes, l'objet de l'admiration et des hommages des hommes les plus recommandables et de notre brillante jeunesse.... »

La toile qui se levait en cet instant détourna tout à coup l'attention des dames, et arrêta sur les lèvres de Théologue les réflexions malsonnantes suscitées dans son esprit par la réponse de son ami.

Lorsque Andromaque parut sur la scène, Théologue fit un mouvement qui n'échappa point à son ami. Octave comprit que la vue de la grande tragédienne avait réveillé au fond de l'âme du jeune Athénien un souvenir poétique et touchant. Du reste, ce fut la seule marque extérieure qui trahit les sensations de Théologue. Cependant la salle tremblait au bruit des applaudissements. Théologue lui-même semblait absorbé dans le sentiment d'une émotion intime et profonde ; de temps en temps, ses lèvres entr'ouvertes s'agitaient comme pour murmurer les beaux vers du poëte français.... Octave triomphait.... Quand la pièce fut finie, il saisit le bras de Théologue et l'entraîna hors de la salle.

« Eh bien, lui dit-il dès qu'ils furent parvenus dans la rue, que dites-vous du chef-d'œuvre que vous venez d'entendre et du beau génie qui l'a créé? Quelle puissance de conception! quelle chaleur d'âme! quelle exquise sensibilité! et quelle richesse, quelle grâce et quelle harmonie de langage! Je vous ai surpris vous-même répétant tout bas ces vers admirables....

— Admirables, en effet! s'écria Théologue : tour à tour tendres, passionnés, humbles ou menaçants. Quel rhythme abondant, facile et sonore!... Ah! l'on conçoit que des demi-dieux seuls étaient dignes de parler une telle langue, et que les premiers poëtes n'aient été que des chantres inspirés.... Les chœurs accompagnent dignement l'action du poëme....

— De quels chœurs et de quel poëme parlez-vous, je vous prie?

— De quelle autre chose me parlez-vous vous-même, mon cher Octave, si ce n'est de notre immortel Euripide et de sa tragédie d'*Andromaque?* »

Octave baissa la tête sans répondre; il comprit qu'il avait mal interprété l'admiration manifestée par Théologue : au lieu des vers de Racine, c'était la tragédie du poëte grec que l'enthousiaste jeune homme avait imperturbablement murmurée tout entière, en plein Théâtre-Français, à la face même du chef-d'œuvre de Racine!...

Le lendemain, Octave conduisit son ami à l'un des théâtres secondaires, espérant qu'au moins la muse moderne n'aurait rien à redouter de ses patriotiques souvenirs; mais l'ignorance où il était de nos usages et de nos mœurs l'empêcha de rien comprendre à la plupart des traits et des bouffonneries de ce qu'on est convenu d'appeler, au théâtre, l'esprit français. Quant au drame, toute cette passion bourgeoise l'effleura à peine, et il s'obstina à ne voir là qu'une querelle de ménage.

Décidément cet homme était incorrigible, et Octave dut renoncer au dessein de le faire descendre des sommets orgueilleux où l'avaient placé naturellement ses souvenirs nationaux. Il résolut néanmoins de le soumettre à une dernière épreuve, en le mettant en face de nos plus superbes monuments. C'est pourquoi il lui fit voir en un seul jour, et pour ainsi dire coup sur coup, le château de Versailles, le Louvre, la Madeleine, le Panthéon, la place Louis XV, la colonne Vendôme et l'arc de triomphe de l'Étoile.... A sa grande surprise, Théologue resta impassible.

« Quoi! s'écria Octave avec une légitime indignation, nierez-vous que ce soient là des monuments dignes des plus beaux siècles d'Athènes?

— Je ne le nierai pas, répondit gravement Théologue; mais, croyez-moi, tout admirables qu'ils sont, il leur manquera toujours, pour les couronner dignement et leur donner toute leur valeur, deux choses qui ne manquèrent point aux monuments de la Grèce, le ciel et l'espace !... »

Cette réplique, rendue péremptoire par l'aspect terne et gris du ciel parisien, et par le voisinage des constructions mesquines ou ignobles qui entourent la plupart de nos monuments, humilia profondément Octave....

« Au moins, reprit-il avec dépit, la France n'en est-elle pas réduite à évoquer éternellement des souvenirs pour avoir le droit d'être fière; et ces monuments de notre architecture attestent le génie de mes contemporains.

— J'aime mieux mes ruines, » répondit fièrement Théologue en s'éloignant.

Les deux amis ne se revirent plus.

Il ne faut pas croire, d'après cet exemple, que tous les Grecs modernes professent, à l'étranger, la même rigidité de mœurs et un pareil fanatisme national. Loin de là ; en général, leur organisation passionnée les dispose merveilleusement à recevoir les impressions d'une civilisation plus avancée. On connaît l'histoire de ce courageux patriote grec, qui, venu à Paris après le désastre de Missolonghi, finit par oublier, dans les délices de la nouvelle Capoue, l'ardeur martiale dont il avait donné d'éclatants témoignages, aussi bien que l'austérité d'une vertu longtemps éprouvée. Obligé de se répandre surtout dans le monde élégant et riche pour y implorer la pitié en faveur de sa malheureuse patrie, il sentit son âme s'amollir au contact de notre luxe et de nos plaisirs. Les charmantes *quêteuses*, qui lui prêtèrent volontiers le secours de leurs pieuses séductions, achevèrent de le convertir à la civilisation parisienne. Cependant son zèle patriotique n'en fut point refroidi ; il envoya d'abondantes offrandes aux Hellènes ; mais il resta parmi nous... Aujourd'hui sa maison est le centre du monde élégant, et rien n'y rappelle l'origine étrangère du maître, hormis peut-être l'*atticisme* parfait de ses manières et les chapiteaux corinthiens des colonnes qui forment le péristyle de son opulente demeure.

Quelques Grecs même, emportés sans doute par l'enthousiasme habituel qui forme comme le fond du caractère de la nation, ont voué un culte fervent aux grâces faciles et piquantes des femmes françaises: cependant, il faut le dire, ce culte est singulièrement tempéré par un certain esprit de parcimonie commun à tous les Grecs. Témoin ce qui arriva, il y a quelques jours, au prince C.....ski, le plus brillant représentant de la cour du roi Othon à Paris.

Le prince avait remarqué, à l'un de nos théâtres secondaires, le minois agaçant et les yeux en amande d'une de nos actrices à la mode ; il lui écrivit pour solliciter la faveur d'une audience particulière.... L'entretien, dit-on, dura jusqu'au lendemain matin.... Le prince, ravi d'admiration et touché de reconnaissance, se retira en laissant sur la cheminée de l'actrice un billet... de mille francs ! Madame D.... habituée sans doute à

de plus magnifiques procédés, fut fort mécontente de la munificence du prince, et se hâta de lui écrire pour l'engager à réparer, d'une manière digne d'elle et de lui, ce qu'elle regardait comme le résultat d'un *malentendu ;* mais sa réclamation resta sans réponse.... Alors madame D.... justement indignée, adressa au prince la lettre suivante, que nous reproduisons textuellement :

« Monsieur,

« Je n'aime point à traiter personnellement les affaires sérieuses. Votre
« silence relativement à la réclamation que j'ai eu l'honneur de vous
« adresser me prouve que vous partagez mes répugnances à ce sujet.
« C'est pourquoi, si, avant demain, vous n'avez point fait droit à ma de-
« mande, en m'envoyant la somme de cinq mille francs pour acquit de
« la dette que vous avez contractée envers moi, je vous préviens que je
« suis décidée à choisir pour arbitre de notre différend une personne digne
« de votre confiance et de la mienne..., madame la princesse C.....ski. »

Cette fois, la réponse ne se fit pas attendre. Elle arriva incontinent
sous la forme de cinq billets de banque de la même valeur que le premier.

Appuyés sur quelques faits isolés de leurs dernières luttes et sur l'autorité d'un proverbe fort ancien, les Turcs affectent, en toute occasion,
de suspecter la loyauté des Grecs. *Græca fides, nulla fides*, dit le proverbe. Nous ne partageons point cette prévention que nous croyons injuste, en général. Écrasés par un ennemi sans pitié et bien supérieur en
forces, les Grecs ont dû plus d'une fois recourir à la ruse et peut-être
au parjure. L'oppression appelle et justifie le manque de foi.... Mais ce
qui est excusable envers un ennemi ne mérite que blâme et châtiment
quand il s'agit d'un hôte et d'un ami. Aussi l'aventure suivante, qui est
d'une date toute récente et dont nous garantissons l'authenticité, n'in-
spire-t-elle aucun sentiment de pitié pour celui qui en fut le héros le plus
malheureux.

M. K.... est un riche Athénien arrivé à Paris depuis peu de temps et
qui, quoique marié, a su conserver la jouissance de la meilleure part des
priviléges attachés à la condition de garçon. Le jeune comte de B..., —
un adorable mauvais sujet, comme disaient nos grand'mères, — est devenu le confident le plus intime et comme l'*alter ego* de M. K.... Cette
dernière qualification lui a été donnée par son ami lui-même, et Arthur
de B... l'a prise à la lettre...

Or, un des derniers jours gras de cette année, les deux amis, afin sans
doute d'enterrer carnaval, comme on dit, le plus joyeusement possible,
résolurent d'aller dîner ensemble dans une de ces maisons à deux visages
qui servent, dit-on, d'abri complaisant aux amours qui ont besoin de
mystères et aux femmes égarées qui ont des ménagements à garder. Il fut
donc décidé, d'une commune voix, que l'amour servirait d'auxiliaire au

champagne et serait spécialement chargé d'égayer le dessert. Tous deux pouvaient choisir à leur aise dans la liste des jeunes filles qu'ils avaient plus ou moins séduites ou des femmes qu'ils avaient compromises. Arthur de B... avait, entre autres, une maîtresse dont il vantait souvent à son ami la beauté et les charmes enivrants, sans que cette description provoquât de la part de ce dernier d'autres manifestations qu'une admiration fort calme et souvent même un sourire singulièrement narquois. Arthur eut un instant la pensée d'enlever, en quelque sorte, les suffrages de K... en faisant apparaître la belle Julia devant lui. Mais il répugnait à son amour-propre, sinon à son amour, de convoquer lui-même sa maîtresse dans une telle circonstance. Les deux amis semblaient éprouver le même embarras.

« J'ai trouvé ! J'ai trouvé ! » s'écria tout à coup l'Athénien en se frappant le front d'un air inspiré.

Et se levant aussitôt, il alla écrire un nom et une adresse sur un registre placé *ad hoc* sur un élégant bureau. Arthur se disposait à l'imiter, en écrivant au-dessous de la ligne tracée par son ami un nom pris au hasard dans sa mémoire ; mais celui-ci l'arrêta, en lui remontrant l'indiscrétion qu'il allait commettre, et l'engagea à écrire sur la page suivante.

« Par ce moyen, poursuivit M. K..., nous ne connaîtrons réciproquement la femme choisie par chacun de nous qu'à l'instant même où elle entrera dans cette chambre. Ce sera bien plus piquant. Le mystère ! mon cher, le mystère ! ajouta-t-il, c'est l'assaisonnement de l'amour ! »

Arthur étonné fixa sur son ami un regard où se peignaient le doute et la défiance. Puis, prenant tout à coup son parti, il traça, à son tour, un nom à l'endroit indiqué.

« N'oubliez pas, au moins, l'adresse de votre belle, fit M. K..., en manière d'avertissement amical.

— C'est inutile, répliqua Arthur, son adresse est connue ici...

— Et sa vertu aussi, par conséquent, » ajouta M. K.. en riant...

Arthur, sans répondre, enleva du registre la page sur laquelle il venait d'écrire. L'Athénien en fit autant et sonna pour appeler la maîtresse de la maison à laquelle chacun d'eux présenta séparément la feuille mystérieuse, en recommandant la plus grande diligence.

Tous deux se remirent à table un peu émus et préoccupés, comme il arrive toujours quand l'attente est mêlée d'incertitude... Pourtant, l'attente ne fut longue. Une demi-heure environ après le départ du messager, deux femmes entrèrent, en même temps, par deux portes opposées, le visage soigneusement voilé, dans la chambre où elles avaient été demandées. A la vue de ceux qui les attendaient, elles firent simultanément un mouvement d'effroi qui n'échappa point aux deux convives et essayèrent de se retirer. Mais Arthur et M. K..., qui s'étaient levés pour les recevoir, les en empêchèrent; et comme elles essayaient de résister, M. K..., plus bouillant et plus hardi, enleva par un geste rapide le voile qui cachait les traits de celle dont il s'était emparé, comme par instinct.

C'était Julia, la maîtresse tant vantée d'Arthur!

« A mon tour! » s'écria celui-ci. Et imitant le geste de M. K... il exposa à ses regards le visage pâle et effrayé de la légitime épouse de son ami...

La noble Grecque s'évanouit... Julia se contenta d'accabler de reproches l'infidèle Arthur.

Quand madame K... fut revenue de son évanouissement, son mari lui offrit la main pour la reconduire jusqu'à la voiture qui l'attendait dans la rue et s'installa près d'elle. Le trajet fut silencieux, et l'on assure même que les deux époux, de retour au domicile commun, ne se parlèrent point de cette double mésaventure.

Quant à Arthur, qui ne se croyait point sans doute obligé à la même réserve et aux mêmes égards, il eut la dureté de laisser partir seule la belle Julia et même de cesser de la voir.

Les deux amis ne se demandèrent pas la moindre satisfaction pour leur commune perfidie, et convinrent de garder entre eux, en apparence, les mêmes relations d'amitié.

Voici une autre aventure, mais d'un genre beaucoup plus tragique, où c'est un Grec qui joue encore le rôle de victime.

Dans un des plus aristocratiques salons de la rive gauche, on blâmait devant un riche étranger la piraterie exercée longtemps par les Grecs dans l'Archipel.

« Eh! messieurs, s'écria vivement l'étranger qui n'était autre qu'un Grec, il vous sied bien, vraiment, d'adresser un tel reproche à un peuple égaré par la misère et l'oppression, lorsque vous-mêmes, au sein de la liberté et de la civilisation, dans cette cité florissante qui en est comme la représentation vivante, vous exercez les uns sur les autres une piraterie plus sauvage, plus odieuse encore, sanctionnée et payée par le gouvernement, sous un stupide prétexte d'humanité! »

Cette sortie incompréhensible fut accueillie par un murmure de surprise générale... Le Grec poursuivit sans se déconcerter :

F. LEROUX.   Eustache-Lorsay.

LE GREC.

« Il y a cinq ans, j'habitais, en qualité d'étudiant en droit, ce que vous appelez le *quartier latin*... Un soir qu'à la sortie d'une représentation d'un des théâtres de la rive droite, je regagnais seul, à pied, mon domicile, je fus subitement accosté, sur le pont Saint-Michel, par deux hommes qui se saisirent de moi, avant que j'eusse le temps et la faculté de me défendre. Un mouchoir enfoncé dans ma bouche étouffait mes cris. Terrassé promptement et facilement maîtrisé par mes adversaires, je fus traîné par eux sur le parapet, d'où ils me précipitèrent dans la Seine. L'affaire n'avait pas duré une minute... Ce qui se passa ensuite et combien de temps je restai dans l'eau, je l'ai toujours ignoré. Tout ce que je puis dire, c'est que, après avoir perdu peu à peu la respiration par l'effet de l'immersion, je recouvrai l'usage de mes sens dans le cabinet d'un commissaire de police. Cet honorable magistrat m'interrogea avec sollicitude sur les circonstances qui avaient précédé mon asphyxie. Mais ce ne fut qu'au bout d'une heure environ que, renouant par degrés la chaîne brisée de mes perceptions, je parvins à me rappeler l'attaque nocturne dont j'avais été l'objet.

« Ce récit parut faire impression sur le magistrat qui me dit gravement, après avoir réfléchi quelque temps :

« — Tout me porte à croire, mon cher monsieur, que vous serez tombé entre les mains de deux de ces bandits, d'une espèce toute nouvelle, communément surnommés les *sauceurs*, par analogie à la nature même de l'industrie coupable qu'ils exercent, laquelle consiste à vous tenir plus ou moins longtemps plongé dans l'eau, selon que leur dessein est de vous en retirer mort ou vivant. Dans le dernier cas, la loi, afin de stimuler et de propager les sentiments d'humanité et de dévouement, accorde à celui qui vous a sauvé une récompense de *trente francs*. Dans le premier cas, la prime n'est que de la moitié de cette somme. Néanmoins, les industriels dont je vous parlais tout à l'heure préfèrent généralement laisser leur victime au fond de l'eau jusqu'à ce que mort s'ensuive, afin, sans doute, de ne pas s'exposer, de sa part, à quelques fâcheuses indiscrétions. L'homme qui vous a retiré du milieu du fleuve, et qui vous a cru mort, comme je l'ai pensé moi-même, avait été sans doute aposté, à cet effet, par ses affidés, à moins que ce ne fût un des *sauceurs* en personne. Le tour serait hardi, mais non sans exemple, je l'avoue. J'aurais dû y songer plus tôt, et je regrette vivement à présent de m'être trop hâté d'accorder à ce misérable la récompense promise ; mais je me réjouis encore davantage, mon cher monsieur, que vous ayez échappé, comme par miracle, à la mort.

« Après avoir ainsi parlé, le commissaire eut l'obligeance de me faire reconduire jusqu'à mon domicile. Quant à moi, peu désireux de courir la chance d'un second miracle de ce genre, je me hâtai de terminer mes études de droit, afin de retourner dans ma patrie où je ne serais pas du moins exposé à une piraterie bien plus sauvage que celle qui s'exerçait naguère dans le fond de l'Archipel, et d'autant plus dangereuse qu'elle est placée sous le patronage des lois. »

AUGUSTE DE LACROIX.

LES BRÉSILIENS A PARIS

LE BRÉSILIEN.

Un visage osseux, une peau tannée, une prunelle de feu, un certain air de roideur

militaire, font reconnaitre le citoyen du Brésil au milieu de la population cosmopolite de Paris. Le sang de trois races différentes est souvent mélangé dans ses veines. Il forme lui-même une quatrième race, fière et sauvage comme les naturels du pays, paresseuse comme les Africains d'Angole importés au Brésil, calculatrice et prosaïque comme les marchands de Lisbonne.

Tout Brésilien qui n'est pas planteur de sucre est actionnaire d'une compagnie pour l'exploitation des mines. Dans les deux cas, il coopère directement ou indirectement à la traite des noirs. L'esclavage est le pivot de la constitution du Brésil. Le Brésilien n'est pas moins dévot à l'institution de l'esclavage qu'à la croyance catholique, apostolique et romaine. Il ne conçoit pas plus de société sans esclaves que de religion sans messe. A ses yeux, la rigoise est la meilleure forme de gouvernement ; cependant la rigoise n'est rien de plus qu'un nerf de bœuf tressé en double ou triple natte.

Habitué aux témoignages de crainte respectueuse de la population noire, le Brésilien se fait difficilement à la familiarité de nos classes inférieures. Elle bouleverse toutes ses idées de discipline. S'il se promène à pied dans nos rues, il est arrêté au passage par un dégraisseur en plein vent qui prétend, bon gré, mal gré, faire sur son habit l'essai d'un savon infaillible ; ici c'est un cireur de bottes qui l'appelle, sans respect pour l'éclat de sa chaussure vernie. Un orage subit vient-il fondre sur Paris, le Brésilien se voit disputer la portière d'un fiacre par un homme en veste de velours qui escorte une cuisinière. Enfin, à son retour, son concierge lui refuse l'entrée de la maison sous prétexte qu'il s'est attardé, et son valet demande l'arriéré de ses gages avec une politesse ironique cent fois pire qu'une franche grossièreté.

Le Brésilien comprend l'inconvénient de se livrer à ses habitudes d'autorité avec les habitants de Paris ; aussi se fait-il toujours accompagner dans ses voyages par ses esclaves africains. Il communique avec les blancs par l'intermédiaire des noirs, et avec les noirs par l'entremise de la rigoise. Ainsi chacun conserve ses habitudes.

Si vous voulez voir le caractère du Brésilien se développer sans contrainte, il ne faut pas vous diriger vers l'hôtel de l'ambassadeur de don Pedro II, rue Neuve-des-Capucines. La diplomatie exclut toute originalité de cette demeure. La physionomie des hommes politiques n'a qu'un seul et même vernis dans le monde entier ; et le premier devoir de tout ambassadeur est de suivre l'exemple d'Alcibiade, c'est-à-dire de manger le brouet noir à Sparte et de souper chez les courtisanes à Athènes.

Mais tournez vos pas vers le Pont-Neuf, entrez dans le passage Dauphine, vous y trouverez l'*hôtel du Brésil*. Ce n'est qu'un campement pour
la petite propriété du pays. Le Brésilien ne fait que passer au milieu de
cet amas de moellons, sans air ni soleil, qu'on nomme Paris. Pénétrons
dans cette salle. On y respire par tous les pores la fumée du tabac mêlée
à la vapeur du café. Quel assemblage de figures basanées, d'yeux étincelants, de chevelures de jais! quelle pantomime animée! que de paroles
brûlantes! Mais quoi! il n'est question que de *rail-ways*, de *steamers*,
de voitures marines, terrestres ou aériennes; à toutes les tables j'entends
parler l'argot des ingénieurs. C'est à propos du percement d'une route,
de l'exploitation d'une forêt, du creusement d'un canal que se déploie
toute cette verve d'élocution, toute cette pantomime de gestes passionnés.
En vérité, il n'y a de piquant dans tout cela que le contraste des physionomies sombres et ardentes avec les préoccupations prosaïques.

Cependant, ne nous y trompons pas, le Brésilien choisit de préférence
les opérations aventureuses. Il aime le commerce où il y a des risques
personnels à courir; le commerce des esclaves, par exemple. C'est sur
les mers, en hardi pirate, que plus d'un Brésilien a gagné, à la barbe des
croiseurs anglais, la grandesse et l'insigne de la clef d'or. La traite, qui
nous paraît un crime, n'est pas envisagée sous le même point de vue par
les Brésiliens; ils la considèrent tout au plus comme une contrebande.

Mais pourquoi venir à Paris? Pourquoi quitter Rio-Janeiro, la ville
impériale qui porte pour couronne un magnifique aqueduc et pour fleu-
rons de cette couronne les forêts séculaires du mont Corcovado; qui
baigne le pied de ses édifices dans la plus belle rade du monde, une rade

chargée d'ilots verdoyants sortant des eaux comme autant de bouquets placés à la ceinture de la mer? Pourquoi changer l'or du soleil brésilien contre le cuivre de notre soleil ; les diamants des fleuves du Brésil contre les cailloux de nos rivières?

Si Paris est un grand centre d'affaires, il est aussi un centre de plaisirs. Paris est la ville la plus amusante du monde entier. Ce titre lui suffit pour justifier les plus longs voyages.

Il y a quelques années, la venue d'un certain Alvarez Rial fit sensation parmi les gens d'affaires et parmi les hommes de plaisir. Don Rial passait pour l'homme le plus riche de l'empire du Brésil ; il frisait la quarantaine, mais sa figure bronzée était de celles qui n'ont pas d'âge, ou plutôt qui ont toujours trente ans, avant et après. Bien fait de sa personne, généreux avec les moyens d'être prodigue, il jeta l'alarme parmi tous ceux qui avaient la prétention de posséder en tout ou en partie le cœur de nos actrices à la mode. On épia ses débuts ; on l'attendit aux courses, à l'Opéra, au club, mais ce fut en vain. Don Rial menait une vie fort retirée. On lui fit visite dans l'espoir de deviner ses projets. Jugez de l'étonnement des visiteurs ! le salon de don Rial, qui habitait un hôtel dans une avenue des Champs-Elysées, était meublé de la façon que nous allons décrire.

Le long de la muraille, tendue en nattes des Indes, étaient adossés des canapés en jonc, des fauteuils en cannes et en fer creux. Une table couverte d'une natte du Sénégal s'arrondissait au centre du salon. Sur le manteau de la cheminée on voyait une pendule de bronze avec ornements de cuivre ; puis, jetés pêle-mêle à droite et à gauche, des pistolets, des éperons d'argent, une cravache, symbole de l'autorité, sceptre dont le poids se faisait sentir indistinctement aux chevaux, aux chiens, aux nègres et généralement à tous les animaux de la maison ; une superbe collection de pipes, de cigares et de cigarettes. Trois fusils de chasse et une carabine étaient pendus par la bandoulière , ou placés à un angle de l'appartement sous la main.

Après cette visite, les gens de plaisir cessèrent de redouter la rivalité de don Rial ; ce fut le tour des gens d'affaires.

Il n'est pas de suppositions absurdes auxquelles les spéculateurs n'aient ajouté foi en cette occasion ; tant l'imagination des industriels est ardemment excitée par l'idée d'une grande affaire et l'espoir de gros bénéfices ! Cependant notre Brésilien ne paraissait ni à la grande ni à la petite bourse ; on ne le voyait ni dans les couloirs de la chambre, ni dans le salon des ministres, ni dans le cabinet des chefs de division influents. Quand les gens d'affaires furent à bout de conjectures, ils cessèrent de s'occuper aussi activement de don Rial; mais le germe de la curiosité demeura dans leur esprit, comme une passion non assouvie qui ne demandait qu'une occasion pour prendre de nouvelles forces.

Un jour, à la petite bourse du soir, un certain Renaudet, qui cumulait les honneurs de la députation avec les travaux d'un grand commerce de denrées coloniales, et qui, par la nature même de ce commerce, avait des relations assez étendues avec le Brésil, déclara qu'avant deux jours il saurait le secret de don Rial.

« Messieurs, dit un membre d'un des clubs les plus élégants qui, sous le prétexte d'assister à la petite bourse, exposait sur le boulevard les merveilles de sa toilette, M. Renaudet se fait fort de savoir avant deux jours le secret de don Rial. Deux mille écus qu'il n'y parviendra pas!

— Je tiens le pari, répondit Renaudet.

— Vous paraissez bien sûr de votre fait, dit un négociant espagnol. Connaissez-vous don Rial?

— Je dois dîner demain en sa compagnie chez H***, le banquier.

— C'est un homme d'une énergie terrible, continua l'Espagnol. Et comment vous y prendrez-vous pour obtenir son secret?

— Je le lui demanderai, dit Renaudet.

— Prenez garde, monsieur, don Rial n'aime pas les questions. Avez-vous entendu parler de son duel?

— Racontez-nous son duel, dirent en chœur vingt personnes qui faisaient cercle autour des trois interlocuteurs.

— Volontiers, messieurs, reprit l'Espagnol; ce récit pourra servir à l'instruction de M. Renaudet, à qui je ne saurais trop recommander la prudence.

Il faut vous dire, avant tout, que la vie de don Rial a été absorbée dans un amour malheureux. A l'âge de vingt ans à peu près, il est devenu amoureux d'une jeune et belle Espagnole, fille d'un négociant de cette nation établi au Brésil. Le négociant était riche, et don Rial ne possédait pas alors deux cents piastres de revenu. Sa recherche ne fut point agréée. Don Rial se retira, non sans avoir échangé avec la jeune personne des serments d'amour éternel. Dès ce moment, il jura d'acquérir à tout prix et à tous risques cet or qui seul pouvait le rapprocher de sa maîtresse. Il était brave et d'antique noblesse. Après avoir vendu le peu qu'il possédait, il trouva aisément à louer un navire négrier; c'est alors qu'il commença le métier dangereux, mais lucratif, de la traite. Personne n'a jamais été plus heureux que don Rial, parce que personne n'a jamais été plus habile. Chaque voyage lui rapportait de grosses sommes qu'il amassait pour

les offrir à sa maîtresse. A chaque retour, l'espérance des amants croissait, et leurs serments étaient renouvelés. Déjà don Rial se croyait au
terme de ses vœux. Il se laissa tenter par une dernière expédition qui
promettait de très-grands bénéfices; il partit. Pendant dix-huit mois on
n'entendit plus parler de lui. Le bruit se répandit pourtant que son navire
avait été pris après un combat opiniâtre, dans lequel lui-même avait reçu
la mort. Le dix-neuvième mois, don Rial reparut seul à Rio ; son navire
avait été détruit, et lui blessé. Dans l'intervalle, le négociant espagnol
avait cédé sa maison et était parti pour l'Europe !

J'essayerais vainement de peindre la fureur et le désespoir de don Rial.
C'est ce moment qu'un Anglais choisit, avec l'à-propos ordinaire à ce
peuple, pour railler agréablement notre Brésilien, et pour lui demander
s'il comptait se rendre en Europe. Il s'ensuivit une querelle, dans laquelle don Rial apporta toute la haine qu'il avait vouée à l'Angleterre, et
son adversaire toute l'animosité résultant des nombreux échecs que le
Brésilien avait fait éprouver à la marine anglaise. Un duel fut convenu, et
le sort laissa aux témoins de don Rial la charge de déterminer la nature
des armes et les conditions du combat. Il fut décidé que les deux adversaires se rendraient dans une île inhabitée du fleuve San-Francisco,
armés chacun d'une carabine, d'une paire de pistolets et d'un couteau de
chasse. Les pistolets et le couteau étaient destinés à protéger les combat-
tants contre les animaux de proie ; mais ils ne pouvaient faire usage l'un
contre l'autre que de la carabine, et un seul coup de feu leur était accordé.
C'était une espèce de chasse à l'homme, un duel à l'affût dont l'image
souriait au Brésilien.

Le canot de don Rial était déjà depuis quelques minutes au lieu du
rendez-vous, quand l'embarcation de son adversaire arriva en vue de
l'île. Ils débarquèrent l'un au nord, l'autre au midi, et ne tardèrent pas à
disparaître sous la sombre voûte des arbres.

Tout était silencieux et immobile. Le soleil veillait seul au-dessus du
désert et ruisselait sur les poitrines cuivrées des quatre canotiers. Ils
laissèrent tomber les rames, et prêtèrent l'oreille dans l'attente du coup
de feu qui devait annoncer le commencement et la fin du combat. Mais
tant que dura le jour le silence du désert ne fut pas interrompu ; la forêt
garda le secret du drame qui s'accomplissait sous ses ombres. Enfin le
soleil descendit dans les flots de l'océan Pacifique ; à l'appel du vent
d'ouest qui accourait sur les crêtes écumeuses de la marée montante, la
nature sortit de son sommeil : du sein de la forêt s'éleva un bruit confus
composé de toutes les voix du désert ; le rugissement du jaguar et le

hurlement de la panthère, qui s'excitaient aux combats de la nuit, roulèrent d'échos en échos sur les eaux sonores. La lune se leva, projetant sur les canotiers pleins d'effroi des ombres monstrueuses et fantastiques. Héroïques le jour, les quatre matelots noirs étaient sans courage contre les fantômes de la nuit; ils se précipitèrent au fond des canots, la face contre les planches. En cet état, ils ne s'aperçurent pas que la mer, qui entrait dans le fleuve à cette heure, avait soulevé leurs embarcations et les entraînait doucement, en remontant le courant, jusqu'au-dessus de l'île. Quand vint le moment du reflux, le San-Francisco reprit son cours avec une violence irrésistible. Les quatre noirs, stimulés par la grandeur du péril, voulurent alors saisir leurs rames, mais déjà il n'était plus temps. Les deux canots, poussés contre un rocher, furent brisés en même temps. C'est en ce moment qu'une détonation alla porter le trouble jusqu'au fond des cavernes du fleuve. Un second, un troisième coup de feu se succédèrent, et furent accompagnés d'un épouvantable rugissement; puis tout retomba dans le silence.

Un quart d'heure après, un homme sortit du massif des arbres de l'île se dirigeant du côté où les deux canots avaient été laissés le matin. Il parcourut d'un œil d'aigle toutes les sinuosités du rivage opposé; après avoir sondé les ombres de toutes les criques, interrogé tous les rochers, tous les arbres de l'autre bord, son regard repassa le fleuve, et suivit les détours du rivage de l'île elle-même. Un objet d'une forme bizarre flottait dans l'obscurité accroché aux joncs et aux lianes qui tendaient leurs lacs à la pointe occidentale de l'île. L'inconnu se dirigea de ce côté. Après avoir reconnu la nature de cet objet, qui n'était autre que le gouvernail d'un des canots, il détacha sa ceinture de cuir, et s'en servit pour fixer sur sa tête son fusil et sa poire à poudre; puis il descendit résolûment dans le fleuve, et gagna d'un bras vigoureux l'autre rive.

Cet homme était le Brésilien. Il avait passé la journée sur un arbre, à l'affût de son adversaire. Celui-ci, de son côté, était demeuré tout le jour en embuscade dans le creux d'un rocher, et en avait été chassé à l'entrée de la nuit par son appétit tout britannique. Tandis qu'il avançait, la main sur la détente du fusil, l'oreille et le cou tendus, deux yeux de flammes le guettaient dans les ténèbres; un jaguar avait traversé le gué. Accroupi sur les pattes de devant, le mufle posé sur ses puissantes griffes, il allait s'élancer, quand la foudre, tombant du sommet de l'arbre au pied duquel il était placé, suspendit son élan; un second coup de feu, parti du même point, l'étendit à terre; un troisième coup traversa la poitrine de l'Anglais, qui n'était pas encore revenu de son étonnement. Cependant le jaguar, après avoir mordu le sol, s'était relevé furieux de ses blessures mortelles; il déchirait l'écorce de l'arbre en rugissant, et ses yeux, flamboyant dans l'ombre, semblaient vouloir lancer des traits mortels au sein du feuillage qui servait de retraite à son ennemi.

Don Rial suivait tous les mouvements de cette rage impuissante. Guidé dans l'ombre par l'œil en feu de l'animal, il lança son couteau de chasse; la lame tourna deux fois sur elle-même, et au troisième tour s'enfonça tout entière dans le crâne du jaguar. Le Brésilien descendit alors en poussant du pied le cadavre. Deux heures après, il ne restait plus de l'Anglais blessé à mort que des ossements dispersés par les bêtes féroces.

— Tenez-vous toujours votre pari? dit à Renaudet celui qui avait proposé la gageure.

— Plus que jamais, répondit Renaudet piqué au jeu.

— Vous avez ma parole, reprit l'autre; si le Brésilien vous tue, je payerai la somme à vos héritiers. »

Cependant M. Constantin Renaudet professait un très-grand respect pour les lois qui défendent implicitement le duel; il n'avait nulle envie de la violer. Il avait inventé une ruse qui lui paraissait victorieuse pour pénétrer sans danger le mystère dont s'entourait le Brésilien.

En qualité de négociant, il avait eu de fréquents rapports avec un certain James Brown, Américain trois fois millionnaire, qui occupait ses loisirs à préparer l'abolition de l'esclavage dans le monde en général et aux États-Unis en particulier. M. James Brown était un des plus ardents négrophiles d'Amérique et d'Angleterre.

Renaudet avait donc fait observer à M. Brown que, la loi française accordant la liberté à tous les esclaves qui mettaient le pied sur le territoire de France, les nègres venus à la suite du Brésilien don Rial étaient émancipés de droit; il avait ajouté que ces malheureux ignoraient sans doute le vœu de la loi, et qu'il convenait de la rappeler devant eux à leur maître.

Un pareil discours devait produire sur l'esprit de M. James Brown le même effet qu'un coup d'éperon dans les flancs d'un cheval de course. Il arrêta avec Renaudet qu'une visite serait tentée en commun pour rappeler au Brésilien et à ses malheureux esclaves le vœu de la loi française. Renaudet fixa le jour et l'heure où il savait que don Rial serait absent, car pour s'instruire il comptait beaucoup plus sur ses yeux que sur son courage.

L'hôtel de don Rial était un bâtiment isolé entre cour et jardin. Une ruelle, habituellement déserte, tournait autour des murailles du jardin ; la porte cochère s'ouvrait sur l'allée des Veuves ; l'herbe croissait entre les pavés sur lesquels s'appuyaient les deux battants de cette porte. A l'intérieur on n'entendait ni bruit ni mouvement. Cette porte, derrière laquelle venaient expirer tous les bruits, semblait, quand elle ouvrait et refermait ses deux battants sur la voiture des visiteurs ou du maître, un noir géant serrant entre ses bras ceux qu'il voulait étouffer.

Il était nuit quand Renaudet et son compagnon, en costume de circonstance, se présentèrent à cette porte. Le premier leva le marteau de bronze, et le coup retentit dans toute la maison d'étage en étage. L'écho vint expirer au cœur de Renaudet, qui sentit ses dents claquer de frayeur. Au moment de frapper un second coup, il s'aperçut que la porte était ouverte. La loge du concierge était abandonnée ; pas une lumière ne brillait aux croisées ni sous le vestibule, qui se présentait dans la nuit comme la sombre caverne d'une bête fauve. Le vaillant abolitioniste commença à gravir l'escalier en se tenant à la rampe, tandis que Renaudet se tenait aux basques de son habit. Leurs pas, qui retentissaient sur les degrés de pierre, n'amenaient personne à leur rencontre.

« Je crois qu'il serait à propos de revenir demain au jour, dit-il d'une voix entrecoupée par la frayeur ; nous ne savons pas ce qui nous attend là-haut.

— Il y a ici des malheureux qui souffrent, répondit M. James Brown ; il est de mon devoir de les secourir.

— Au moins, reprit Renaudet dans sa détresse, avançons sans bruit, afin de ménager au besoin notre retraite. »

James Brown fit un signe d'assentiment, et ils traversèrent l'antichambre sur la pointe du pied en retenant leur haleine. Devant eux s'ouvrait une deuxième chambre, qui se trouva heureusement couverte d'un tapis ; ils purent s'y introduire sans troubler les individus qui causaient dans une autre salle. A la faveur de l'obscurité qui les enveloppait, ils purent voir sans être vus la scène que nous allons décrire.

Elle avait lieu dans le salon ordinairement habité par don Rial. Assis devant une table chargée de plusieurs flacons, le concierge vidait et remplissait alternativement son verre, n'interrompant cet exercice que pour aspirer et rendre avec délices des bouffées de tabac qu'il puisait dans la provision de son maître. Congo, le valet de chambre du Brésilien, était debout devant une armoire à l'angle de l'appartement ; sur un des rayons de cette armoire, on voyait se prélasser un superbe pâté, admirable édifice aux murailles dorées, aux colonnettes pleines de suc, véritable temple de gourmandise qui recélait dans ses flancs les exploits truffés d'un heureux chasseur. Congo avait engagé, à l'occasion de ce pâté, un colloque ou plutôt un monologue qui trahissait les divers épisodes de la bataille livrée par sa gourmandise à sa crainte du rotin.

« Toi sentir trop bon, disait-il dans un patois moitié brésilien, moitié français, que nous renonçons à reproduire ; toi tenter moi : toi prendre garde ! »

Et Congo feignait de se promener avec indifférence devant l'armoire ouverte. Tout à coup il saisit un couteau, et s'écria en le brandissant vers le pâté :

« Ah ! toi toujours sentir bon, toi toujours tenter moi. Attends ! attends ! »

Et il avançait la main vers le pâté ; son geste brusque fit tomber la rigoise qui était posée sur la cheminée. Congo la ramassa, et regarda son compagnon d'un air piteux. Celui-ci suivait ses manœuvres de l'air le plus sérieux du monde ; il comprit son regard, et se hâta de lever ses derniers scrupules.

« Maître donner nous coups de rigoise, mais pâté bien bon !

— Pâté bien bon, » répéta Congo en établissant mentalement la balance entre le désagrément qui attendait son dos et le plaisir que se promettait son estomac.

L'aiguille pencha de ce côté, car il se jeta avec une espèce de joie furieuse sur le pâté, auquel il fit une profonde entaille. La tranche coupée fut apportée par lui sur la table. Il s'assit en face de son compagnon noir, et tous deux se mirent à manger sans avoir besoin d'assiette ni de fourchette. Quand la dernière miette eut disparu, Congo s'assit voluptueusement devant le feu, et se mit à improviser un air sur les paroles de son compagnon : « Maître donner nous coups rigoise, mais pâté bien bon. » Son camarade se joignit à ce refrain, et les deux voix discordantes, s'élevant graduellement, allèrent frapper dans leur nid, à l'angle des corniches, tous les échos de la maison. Quand les deux noirs eurent achevé de s'enivrer avec leur propre chant, ils se prirent les mains, et commencèrent à tourner avec une rapidité effrayante jusqu'à perdre la respiration. Ils se laissèrent alors tomber sur le tapis devant le feu, et cinq minutes à peine après, leurs ronflements annoncèrent qu'ils étaient profondément endormis.

C'est le moment que choisirent James Brown et Renaudet pour pénétrer dans l'appartement. A l'autre bout du salon était une porte fermée qui laissait briller une lumière à travers ses interstices.

« Don Rial est là sans doute, » dit Brown en s'avançant vers la porte.

Renaudet l'arrêta d'une main, en lui faisant signe de garder le silence ; puis il s'approcha, et appliqua son œil contre la serrure. Alors son compagnon le vit pâlir et lever les mains dans l'attitude du plus profond étonnement. Au même instant, le bruit d'une voiture se fit entendre dans la cour ; des pas pressés, accompagnés de voix confuses, retentirent sur l'escalier, et Renaudet n'était pas encore revenu de son émotion, que don Rial entrait dans l'appartement, entouré de serviteurs. Il fit un geste de surprise, et, contre l'attente de James Brown, ce fut d'un ton mal assuré qu'il demanda aux deux intrus le motif de leur visite. L'Américain se chargea de répondre, car pour Renaudet il était incapable de prononcer un seul mot.

« Je m'appelle James Brown, dit-il, et mon compagnon est monsieur Constantin Renaudet.

— A merveille, messieurs ! répondit don Rial qui avait eu le temps de se remettre ; je connais le motif qui vous amène : vous êtes philanthropes, et vous voulez tirer mes esclaves des mains barbares de leur maître. Sur ma parole, messieurs, il y a longtemps que je les aurais remplacés par des domestiques européens, si ce n'était la pitié qu'ils m'inspirent. Mais la loi parle, et il faut lui obéir, puisque vous prenez soin de me la rappeler.... Holà ! eh ! vous autres, ajouta-t-il en poussant du pied les deux noirs qui se réveillèrent aussitôt. Debout, drôles ! écoutez dans une attitude plus respectueuse l'honorable monsieur Renaudet et monsieur James Brown, un apôtre de la liberté ! Ces messieurs vous annoncent que vous êtes libres ; sortez donc de chez moi, et que je ne vous revoie plus. »

Les deux noirs ouvraient leurs gros yeux d'un air stupide et ne bougeaient pas de place ; ils attendaient l'ordre d'aller chercher la rigoise.

« Êtes-vous sourds, s'écria don Rial, ou êtes-vous plus bruts que les brutes ? est-ce ainsi que vous vous montrez reconnaissants des bienfaits de la liberté ! Or çà, écoutez-moi. Vous êtes libres, entendez-vous ? libres autant qu'il est possible de l'être. Dès ce jour, je cesse de répondre de vous ; dès ce jour, je cesse de vous vêtir, de vous nourrir, de vous loger, de vous chauffer, je cesse aussi de vous corriger. Vous êtes libres, jusqu'au jour où vous serez mis en prison comme vagabonds. Et maintenant tournez-moi les talons. Hors d'ici ! Je vous conseille, chemin faisant, de semer les miettes de mon pâté et les gouttes de mon vin, vous verrez s'il en pousse. »

Les deux noirs s'étaient jetés aux genoux de leur maître. Congo versait d'abondantes larmes. Une punition aussi sévère leur paraissait disproportionnée au délit de gourmandise que leur conscience leur reprochait. Tous deux juraient qu'ils ne le feraient plus, et imploraient le pardon de leur maître.

« Faites bien attention à ce que je vais vous dire, reprit don Rial. Vous avez mangé mon pâté et bu mon vin sans permission ; vous méritez d'être punis. En conséquence, je vous donne à choisir entre la liberté et trente coups de rotin. »

Il n'y eut pas un instant d'hésitation de la part des coupables. Ils se prononcèrent immédiatement pour le rotin.

Don Rial regarda James Brown ; celui-ci regarda Renaudet, lequel ne quittait pas des yeux la porte de la chambre à coucher.

« Il ne nous reste plus qu'à nous retirer, dit enfin James Brown. Je ne veux pourtant pas vous quitter sans vous recommander une malheureuse race de l'abrutissement de laquelle nous aurons sans doute à répondre. Laissez-moi espérer qu'un jour viendra où la même civilisation donnera à tous les peuples les mêmes principes de charité et le même code de morale. Ce jour-là, l'esclavage sera aboli. N'est-ce pas, mon cher Renaudet ? »

Renaudet ne répondit pas à cette apostrophe ; mais il se leva machinalement, et suivit son compagnon qui se dirigeait vers la porte. Don Rial se pencha et lui dit à voix basse :

« Si vous avez quelque explication à me demander, je suis à vos ordres.

— Que voulez-vous dire ? répondit brusquement Renaudet.

— Partons ! » s'écria James Brown en s'emparant du bras de son ami. Ils descendirent.

« Quel est donc le spectacle qui vous a tant ému dans la chambre à coucher du Brésilien ? » disait, chemin faisant, James Brown avec une naïveté tout à fait exotique.

Renaudet soupira et ne répondit rien. — Dans la chambre de don Rial il avait aperçu sa femme !!!

Madame Renaudet était cette Espagnole que don Rial avait tant aimée. Renaudet se souvint alors de ses pleurs et de ses refus au moment où il demanda sa main. S'il n'avait écouté que la fureur dont il était transporté en ce moment, il eût fait scandale ; mais sa femme était séparée de biens ! Renaudet dissimula sa colère. Il déclara qu'il avait perdu le pari, et paya.

Quelques mois après, don Rial mourut. Nul ne connut jamais le motif qui l'avait amené à Paris.

PAUL MERRUAU.

LE SUISSE.

C'était un dimanche matin. Mon

ami Julien Bellefonds avait été nommé, depuis trois semaines, secrétaire particulier du ministre de la justice, et je n'avais pas encore été le
féliciter. Je résolus de m'acquitter de ce devoir, et je m'acheminai vers
la place Vendôme. Arrivé au ministère, j'entrai dans la loge du portier.
Il ne s'y trouvait que trois enfants de l'âge de six à dix ans, tous les
trois à la mine rose et fraîche, à la chevelure blonde. et joufflus comme
des chérubins. En voyant un étranger, l'aîné des enfants, s'adressant à
son frère, lui dit en allemand : « Cours vite chercher papa, il doit être
dans la cour. »

Étonné d'entendre l'idiome germanique parlé par ce petit garçon, je
levai machinalement les yeux au-dessus de la porte de la loge, et j'y lus
les mots suivants tracés en grosses lettres : *Parlez au Suisse.*

« Parbleu, me disais-je, c'est singulier : j'ignorais qu'il y eût encore
des Suisses faisant fonction de concierges ; j'en croyais la race éteinte.
Après cela, il est possible que la tradition s'en soit conservée dans les
ministères et dans les châteaux royaux.... Mais je veux en avoir le cœur
net, et si le Suisse en titre n'est pas un cerbère inabordable, je saurai
bien à quoi m'en tenir. »

J'en étais là de mon discours mental, lorsque le petit garçon revint en
courant et en sautant, et me criant du plus loin qu'il me put apercevoir :
« Monsieur, voilà papa qui arrive. » En effet, je vis s'avancer vers la loge
un homme grand et gros, à la face rubiconde et aux rares cheveux blonds ;
il portait des culottes courtes, des bas d'une éclatante blancheur. une
vaste redingote bleue qui le serrait fort peu, et un ruban rouge à la boutonnière.

« Qui demandez-vous, monsieur? fit-il en m'abordant.

— M. Julien Bellefonds est-il chez lui?

— Non, il est sorti, mais il ne doit pas tarder à rentrer. Si monsieur
voulait attendre un peu....

— Avec plaisir, si vous voulez bien le permettre.

— Comment donc ! voilà une chaise, veuillez vous asseoir. »

J'étais enchanté de trouver une aussi bonne occasion de satisfaire ma
curiosité; aussi ne tardai-je pas, encouragé par l'air de bonhomie répandu
sur toute la personne du concierge, à reprendre la parole:

« Ces jolis enfants sont à vous?

— Oui, monsieur.

— Tout à l'heure j'ai entendu l'un d'eux parler allemand à l'autre. En
rapprochant cette particularité de l'inscription au-dessus de votre porte.
je ne crois pas me tromper en voyant en vous un Suisse?

— Vous ne vous trompez pas. Cela paraît vous étonner?

— Franchement, oui, cela m'étonne. Je vous demande pardon de mon mauvais compliment, mais je m'étais figuré jusqu'à présent que les Suisses devaient infailliblement écorcher le français, et vous le parlez sans aucun accent; et puis, ce qui est encore plus sot, je ne me les représentais jamais autrement que revêtus d'un costume à la Henri IV, portant une épée inoffensive suspendue à un large baudrier, et ne quittant jamais la hallebarde à manche d'ébène.

— Pour ce qui est de parler passablement le français, il n'y a là rien de très-surprenant : je suis venu en France à l'âge de vingt ans; j'ai servi dans l'armée française pendant les dernières années de l'empire, ce qui m'a valu un bon coup de lance de Cosaque, le grade de sergent et ce ruban; ensuite je suis entré dans la garde royale, et puis j'ai obtenu l'emploi de concierge au ministère. Vous voyez qu'il aurait fallu y mettre de la mauvaise volonté pour ne pas apprendre à parler couramment la langue de ma seconde patrie, dans un laps de temps aussi considérable. Quant à votre seconde observation, relativement au costume, elle n'est pas aussi sotte que vous voulez bien le dire; les Suisses d'église portent précisément le costume dont vous parlez. Seulement j'ai quelques raisons de croire que ces Suisses-là, ou du moins la plupart d'entre eux, n'ont jamais vu les montagnes de l'Helvétie; en d'autres termes ce sont des Suisses de contrebande.

— Je vous avoue que vos paroles ne font qu'augmenter ma surprise; elles renversent toutes les idées que j'avais sur vos compatriotes. Ainsi vous dites que la France est votre seconde patrie : vous reniez donc la première? Et comment accorder cela avec la nostalgie, — le mal du pays, — dont on prétend atteints tous les Suisses en pays étrangers, maladie portée chez eux à un tel point, que jadis il était défendu, sous peine de mort, de jouer l'air du *Ranz des vaches* dans les villes ayant garnison de troupes helvétiques, parce qu'en entendant cette mélodie, les soldats, entraînés par une force irrésistible, désertaient par centaines pour retourner à leurs montagnes?

— Dame! c'est que les temps sont changés. Il y aurait bien des choses à dire à ce sujet; mais je craindrais d'abuser de votre patience, de n'avoir pas le talent nécessaire pour vous conter ça comme il faut, et puis ce serait trop long. »

Je vis clairement que le brave homme ne demandait pas mieux que de parler, qu'il était flatté du compliment que je lui avais fait sur sa prononciation, et qu'il affichait quelque prétention à l'endroit du talent d'orateur. Cela servait parfaitement ma curiosité ; aussi me hâtai-je de lui répondre :

« Loin d'abuser de ma patience, je vous demande plutôt excuse de mettre la vôtre à une trop rude épreuve ; je serais ravi, au contraire, d'entendre parler un homme si au-dessus de sa position comme vous me paraissez l'être, et qui paraît si bien instruit de tout ce qui concerne son pays et ses compatriotes. »

L'honnête concierge, malgré tous ses efforts pour dissimuler sa satis-faction, ne put retenir un sourire d'amour-propre agréablement chatouillé ; il me tendit la main avec bonhomie, main que je m'empressai de serrer, et après s'être mouché méthodiquement, il reprit :

« Tenez, monsieur, vous me paraissez un brave jeune homme ; vous n'avez pas l'air moqueur de la plupart des jeunes gens de votre pays, et vous m'inspirez de la confiance. Je vais donc vous communiquer les ré-sultats de mon expérience et de mes réflexions ; seulement permettez-moi de commencer d'un peu haut.

« Par une bizarre contradiction, nul peuple ne porte aussi loin l'amour de la patrie que les Suisses, et nul peuple n'émigre, proportion gardée, en aussi grand nombre. Ce fait n'est pas le résultat d'un engouement mo-mentané et ne se borne pas à une certaine classe de citoyens. Jaloux à l'excès de leur liberté et de leur indépendance, ils aliènent l'une et l'autre au service des gouvernements étrangers qui se servent d'eux pour main-tenir leurs peuples dans l'obéissance. Pendant les trois derniers siècles, il y avait peu d'États en Europe qui n'eussent pas de troupes helvétiques à leur solde : la France, l'Espagne, l'Autriche, Naples, la Hollande, le pape, entretenaient des agents de recrutement en Suisse, et prodiguaient l'or et les priviléges à ces corps d'élite. La première et essentielle con-dition pour s'assurer le concours de ces soldats de fortune était une paye élevée et régulière : *pas d'argent, pas de Suisses!* Mais aussi, ce point réglé, l'on pouvait compter avec assurance sur leur fidélité, leur bravoure et leur probité.

« De tous les pays étrangers, celui que le Suisse affectionne le plus, c'est la France. Il y trouve tous les avantages possibles ; depuis les plus humbles artisans jusqu'aux rois de la finance, la France offre à leur ac-tivité et à leur industrie un vaste champ d'exploitation. Cette affection et ces relations de bon voisinage entre les deux peuples datent de loin. Déjà, en 1444, un traité mit un corps de troupes suisses à la solde de la France, et depuis 1553 jusqu'en juillet 1830, il y eut constamment, sauf un intervalle de peu de durée, de douze à seize mille hommes au service français. Il serait inutile d'insister sur les services rendus par ces auxiliaires aux gouvernements qui les payaient. Si ces troupes ne se battaient pas toujours pour la meilleure cause, l'on ne peut du moins pas nier leur loyauté, leur courage, leur persévérance. La journée du 10 août à la première révolution, et les 28 et 29 juillet 1830, sont là pour témoigner qu'ils préféraient la mort au parjure, et leurs ennemis les plus acharnés leur rendent justice sur ce point. Je ne vous parle pas de leur admirable discipline, de l'inflexibilité de leur code militaire, de leur respect pour les lois du pays qu'ils servent. Ces éloges pourraient être par vous taxés de partialité de ma part, en qualité de Suisse et d'ancien soldat; mais, je vous l'ai dit, je regarde la France comme une seconde patrie, et je reconnais aussi bien les défauts que les qualités de mes compatriotes. Ce n'est pas ma faute si les dernières me semblent l'emporter de beaucoup sur les premiers. — Avant d'aller plus loin et de vous entretenir des autres classes de la société qui émigrent en France, il est nécessaire de vous donner une idée de l'état de la Suisse et des causes qui poussent à l'émigration. Comme vous le savez sans doute, mon pays, avec une population qui ne dépasse guère deux millions d'âmes, est une agglomération de vingt-quatre États souverains, indépendants l'un de l'autre; d'autant plus jaloux de leur indépendance qu'ils sont plus petits. Tous ces petits États ont des constitutions, des lois, des douanes différentes; les religions catholique et réformée y sont en constante hostilité; dans beaucoup de cantons vous vous croiriez en plein moyen âge, tant il y existe de lois et de coutumes surannées, absurdes, d'un esprit d'étroitesse et d'intolérance incroyables; le commerce y est insignifiant, par suite des entraves qu'y mettent les barrières et les péages que l'on franchit par douzaines en une journée : additionnez tous ces inconvénients avec l'amour du gain et l'esprit actif et aventureux que l'on attribue à mes compatriotes, et vous vous expliquerez facilement leur empressement à quitter leur pays, dans lequel ils ne retournent qu'après avoir acquis assez pour vivre sans souci pendant leur vieillesse. Or, en France ils trouvent tout ce qui leur manque chez eux : unité de lois, tolérance religieuse et gain considérable. Que pourraient-ils demander de plus?

« Cet état des choses en Suisse n'est pas fait, vous en conviendrez, pour contenter un esprit tant soit peu indépendant et aventureux; aussi l'émigration est-elle immense, surtout dans les classes moyenne et inférieure. En bons voisins, c'est vers la France que mes compatriotes se dirigent de préférence, ainsi que je vous l'ai déjà dit. A part les ouvriers, parmi lesquels les horlogers sont en majorité, il y en a un grand nombre qui n'ont pas d'état proprement dit. Ces derniers se contentent de tous les emplois, si humbles qu'ils soient. A défaut de places de portiers et de Suisses d'églises, places pour lesquelles les Français leur font une rude

concurrence, ils recherchent et obtiennent facilement des places de domestiques, de valets de chambre, de chasseurs et de cochers; et ce n'est pas une des choses les moins curieuses de voir ces républicains, si orgueilleux de leur liberté dans leur patrie, se soumettre à la domesticité dans le pays qui leur donne l'hospitalité. D'autres se livrent à un petit commerce, au moyen de quelques faibles épargnes; d'autres encore.... »

Mon narrateur s'arrêta court. La cause de cette interruption était l'arrivée dans la loge d'un personnage assez étrange pour mériter une description particulière. Cet homme paraissait avoir de quarante-cinq à cinquante ans; il était haut de couleur, portait des moustaches très-noires. couleur obtenue au moyen de cosmétique dont il restait de nombreuses traces; ses cheveux ébouriffés, presque blancs, étaient abrités par un vieux chapeau à cornes, posé de travers sur un coin de l'oreille; le reste de son costume se composait d'un habit écarlate à queue de morue, écourté sur les hanches et garni de galons d'or ternis par la vétusté; d'un gilet de piqué jadis blanc, et d'un vieux pantalon de grosse toile grise, frangé aux extrémités des jambes; ses pieds, veufs de bas, étaient chaussés de vieux souliers éculés, et sous son bras gauche il portait un paquet soigneusement enveloppé de papier. Ce nouveau venu s'arrêta sur le seuil, prit la position du soldat sans armes, fit le salut militaire et ne desserra pas les dents. A son arrivée, mon interlocuteur me fit un signe des yeux, qui pouvait se traduire par ces mots : « Voilà quelqu'un qui ne pouvait mieux arriver ! » Et s'adressant à l'étranger, il lui dit :

« Eh ! bonjour, pays ; comment ça va ?

— Merci, ça va tout doucement. Je venais voir, en passant, si vous aviez besoin de quelque chose.

— Non, pas pour le moment ; mes provisions ne sont pas encore épuisées.

— Tant pis, diantre, tant pis !

— Le commerce ne va donc pas ?

— Il n'y a plus de commerce. Personne ne mord plus au vulnéraire ; on n'y a plus confiance. L'eau de Cologne s'écoule encore un peu ; mais il y a tant de concurrence, que bientôt on n'en voudra plus pour rien.

— Allons, il ne faut pas perdre courage comme ça, mon brave. Le vulnéraire redeviendra à la mode, et personne n'en vend à Paris d'aussi bon que vous.

— Pour ce qui est de ça, je m'en flatte. Au revoir, pays, je m'en vas. »

Le concierge s'était levé pour reconduire son compatriote, et je le vis sous la porte glisser quelque chose dans la main du pauvre diable, qui fit un nouveau salut militaire et partit.

« Vous voyez, me dit le digne concierge en reprenant sa place sur son antique fauteuil, qu'il remplissait totalement malgré sa vaste capacité ; vous voyez un échantillon des petits marchands dont je vous parlais tout à l'heure. Mais, à propos, ce brave homme ne doit pas vous être inconnu ; car voilà vingt ans qu'il foule infatigablement le pavé de la capitale, et je crois qu'il n'y a pas beaucoup de Parisiens qui ne l'aient vu.

— Ah ! parbleu, si je le connais ! à telles enseignes que, lorsque j'étais encore enfant, je l'avais déjà remarqué, grâce à son habit rouge galonné qui, à cette époque, avait encore un certain lustre. Mais tout passe en ce bas monde, et les hommes et les habits rouges. Je me souviens même qu'ayant questionné ma bonne sur ce pauvre homme, elle me répondit que c'était l'ambassadeur du roi de Suisse. Cela ne fit qu'augmenter le respect que m'avaient inspiré pour lui son chapeau à cornes et son air grave.

— Eh bien, monsieur, ce pauvre diable est le type parfait du caractère de mes compatriotes. Bon, patient et sobre, — malgré le proverbe : *Boire comme un Suisse*, — il est d'une fierté qui lui fait refuser tout secours venant d'une autre personne que d'un Suisse, et cela non par amour-propre, mais par patriotisme, disant que des étrangers ne doivent jamais connaître la gêne dans laquelle peut se trouver un enfant de l'Helvétie. Du reste, ses besoins sont très-restreints ; il boit peu, mange encore moins, et ne se ruine pas pour son loyer. Son unique plaisir consiste, lorsque le commerce, selon son expression, a bien été, à aller voir *Guillaume Tell* à l'Opéra ; lorsqu'il n'a pas le sou, chose, hélas ! assez fréquente, il va à Trianon se réjouir de la vue de la laiterie et des chalets suisses. Pour achever de le peindre, je n'ai qu'à vous rapporter une dernière particularité : cet homme si pauvre, si misérable, trouve et vient en aide, selon ses faibles moyens, à plus pauvre et à plus misérable que lui. C'est là une qualité fort commune parmi mes compatriotes ; en pays étrangers surtout, ils s'entr'aident avec un empressement et un désintéressement dignes des plus grands éloges. Il n'est pas besoin pour être secouru de recommandation particulière : être Suisse et se trouver dans le dénûment, en voilà assez pour éveiller la commisération.

— C'est bien vrai ce que vous dites-là ; il y a peu de jours, j'ai été témoin moi-même d'une petite scène qui témoigne du bon cœur de vos compatriotes et de leur sympathie pour les pauvres de leur pays. Malheureusement le digne homme dont je vous parle a été assez mal récompensé de ses bienveillantes intentions. Je me promenais dans le jardin du Palais-Royal ; devant moi marchait un couple qu'à première vue on ne pouvait méconnaître comme étranger. Un peu plus loin flânait un jeune garçon aux vêtements débraillés et déchirés, et dont le bonnet de papier trahissait clairement le métier. Ce garçon, tout en flânant, tout en marchant, chantait à tue-tête, en s'accompagnant de grands coups de poing qu'il s'administrait libéralement dans la poitrine, une vieille chanson commençant par ces mots :

Allons donc, petit Suisse, à l'ouvrage ! etc.

Aux premières mesures de ce chant peu harmonieux, l'étranger laisse tomber le bras de sa dame, et prête l'oreille en manifestant une vive émotion. S'approchant du chanteur, il lui demande du ton du plus grand intérêt : « Mon ami, n'êtes-vous pas Suisse ? » Le mauvais garnement le fixe effrontément, et s'écrie : « De quoi !.. Suisse ? je suis Français... et

troubadour ! En voilà-t-il un Chinois ! — Mon ami, je ne suis pas Chinois,
mais Suisse, et vous entendant chanter un air de nos montagnes, je pen-

sais que vous étiez du même pays que moi. » Et le pauvre homme reprit le bras de sa femme et s'éloigna fort désappointé, fredonnant sans
s'en douter l'air qu'il venait d'entendre.

— Je gagerais, reprit le concierge, que c'était un riche financier de
Genève ou quelque fabricant de Berne ; parmi les opulents banquiers
dont Paris renferme un si grand nombre, la Suisse est largement et dignement représentée. Cela se conçoit : Paris offre à leur activité un vaste
champ d'opération qui leur permet de déployer leur intelligence et leur

savoir-faire ; et gardez-vous bien, monsieur, de prendre ce dernier mot dans son acception la plus défavorable : les maisons de banque à la tête desquelles se trouvent placés des Suisses ont une réputation méritée de loyauté et de solidité qui ajoute encore à leur splendeur.... Mais je vous demande pardon, je crois m'apercevoir que mon bavardage vous ennuie, et vraiment il y a de quoi.

— Bien loin de là, mon cher ami, je me félicite au contraire de l'heureux hasard auquel je dois votre connaissance, et vous ne sauriez croire combien je vous en suis reconnaissant. Si j'ai paru distrait tout à l'heure, c'est que je pensais malgré moi au sort qu'a dû atteindre ceux de vos compatriotes servant dans l'armée française, et qui ont été licenciés après la révolution des trois jours. Je plains surtout ceux qui, n'ayant pas d'état ou d'autres ressources, se trouvaient livrés sans défense aux étreintes de la misère. Que peuvent-ils être devenus?

— Dans le premier moment, oui, ils étaient fort à plaindre ; mais, je le dis sans vanité nationale, le Suisse est courageux autant au moral qu'au physique, et, le gros de l'orage passé, ils ont su se créer des ressources et mettre d'autres cordes à leurs arcs. Et d'ailleurs il y a un dicton populaire — très-juste selon moi — qui dit qu'*à quelque chose malheur est bon;* et il arrive souvent qu'un événement qui vous paraît accabler est la source de votre bonheur ou de votre fortune. Mon ancien capitaine, M. le comte de Niederthal, en est un exemple remarquable.

— Qu'est-ce donc que ce capitaine? il me semble que vous ne m'en avez pas encore parlé.

— C'est tout un roman. Si cela peut vous amuser, je vais vous le conter. Le 28 juillet 1830, j'étais stationné avec mon bataillon dans la rue Saint-Honoré, entre la rue de l'Arbre-Sec et la place du Palais-Royal. Le combat avait commencé avec le jour, et se continuait avec un égal acharnement des deux côtés. Le peuple parisien voyait en nous des étrangers contre lesquels il pouvait combattre ouvertement sans craindre de frapper un ami, un frère; nous, de notre côté, nous voyions bien que nous n'avions à attendre ni pitié ni merci, et nous vendions chèrement notre vie. Malgré notre résistance désespérée, nous cédâmes du terrain ; harcelés de tous côtés, réduits déjà de plus d'un bon tiers, il fallut songer à la retraite. Nous nous retirâmes vers la place du Palais, et après de nouvelles pertes, nous continuâmes notre mouvement rétrograde. Arrivés à une cinquantaine de pas de Saint-Roch, mon capitaine, qui avec ma compagnie formait la tête du bataillon, crut apercevoir derrière une barricade des canons de fusil dirigés sur nous, sans qu'il fût possible de voir un seul combattant. Ne voulant pas exposer ses hommes, il s'avança seul, malgré mes instances, vers la barricade pour la reconnaître, tout en suivant le long des maisons pour éviter la grêle de projectiles qui pleuvaient de toutes les fenêtres. Il s'était approché assez près pour avoir pu s'assurer qu'il ne s'était pas trompé, et qu'à l'abri de la barricade se tenait un parti d'insurgés. — On appelait encore insurgés en ce moment les gens que le lendemain on appela héros. — L'objet de sa reconnaissance terminé, le capitaine songea à rejoindre le bataillon, car derrière la barricade il avait entendu le petit bruit sec et peu rassurant de batteries de fusil que l'on arme; il s'attendait à une décharge générale, lorsque les éclats d'une voix forte frappèrent son oreille. « Qu'est-ce que vous allez faire? perdre une vingtaine de coups pour en descendre un seul, lorsque nous avons tant de mal à nous procurer de la poudre? Que personne ne tire, je me charge de l'homme aux épaulettes! » Au même moment, un coup de feu, un seul! partit de la barricade, et je vis mon pauvre capitaine, que je n'avais pas quitté des yeux un seul instant, porter la main à la poitrine, chanceler, et se retenir pour ne pas tomber au marteau d'une porte. Malgré sa défense formelle, je m'élance, suivi de quelques hommes, à son secours; mais avant que nous eussions pu atteindre la porte contre laquelle il était appuyé, cette porte s'entr'ouvrit, et une jeune femme, prenant le capitaine par la main et le soutenant de son bras libre, le fit entrer dans la maison et referma la porte. Pendant que ceci se passa, notre bataillon avait ouvert le feu contre la barricade, d'où l'on nous riposta vigoureusement. Quant à moi, voyant mon capitaine en sûreté, autant du moins qu'il pouvait l'être en un pareil moment, je revins, non sans peine, rejoindre ma compagnie; seulement j'avais eu soin de retenir le numéro de la maison où se trouvait mon chef. Au bout d'une heure de combat, pendant laquelle le peuple recevait constamment du renfort, tandis que nous éprouvions de nouvelles pertes, nous fûmes repoussés vers les Tuileries, où nous passâmes la nuit du mercredi au jeudi. Vous savez, monsieur, quelle a été l'issue de la lutte : chassés de Paris avec la famille déchue, nous fûmes licenciés quelques jours après. A cette époque, je n'étais pas encore marié, j'avais fait quelques petites économies, et le premier usage que je fis de ma liberté fut de me procurer des habits bourgeois, à l'aide desquels, et moyennant le sacrifice de mes moustaches, je pus rentrer sans danger à Paris. Je courus à la rue Saint-Honoré, je reconnus la maison, et m'informai de mon pauvre capitaine auprès du portier, qui devait nécessairement être instruit de son sort. Ma bonne étoile voulut que le bonhomme fût légitimiste; il me reçut donc avec em-

pressement. « Car, me disait-il, quoique vous soyez en bourgeois, je vois
bien que vous avez servi nos princes légitimes; on ne perd pas si facilement la prestance et la tournure militaires, et.... — Oui, oui, vous avez
bien deviné : je sors de la garde suisse.... Mais, au nom du ciel, dites-
moi ce qu'est devenu l'officier qu'une jeune dame a fait entrer dans votre
maison le second jour de la révolution. — Eh! monsieur le Suisse, cet
officier doit une fameuse chandelle à la Vierge et à madame de Triel,
qu'est cette dame dont vous parlez. — Comment cela? — C'est elle qui
lui a sauvé deux fois la vie. D'abord à peine l'avait-elle fait entrer dans
la cour, que l'officier, épuisé par le sang qu'il avait perdu, tomba quasi-
ment à la renverse; heureusement que madame de Triel avait appelé ses
domestiques, qui le reçurent dans leurs bras et le portèrent évanoui dans
une chambre, où on le déshabilla à la hâte et le coucha dans un lit. Mais
ne v'là-t-il pas, pendant que ça se passait dans l'intérieur, les enragés
républicains qui se battaient contre vous, ayant vu entrer l'officier blessé
dans notre maison, se mirent à crier : « Il nous faut le Suisse! Mort au
Suisse! A mort le Suisse! » que c'était une horreur; et puis ils se mettaient à carillonner à la porte, et ils cognaient, ils cognaient, que ça n'en
finissait pas. Il y en avait un surtout qui avait une grosse voix comme
M. Frédéric Lemaître dans *la Révolte au sérail....* Je ne le voyais pas,
mais je l'entendais... qui criait : « Portier, si vous n'ouvrez pas à l'instant, je f...lanque le feu à la maison! » Je vis bien qu'il n'y avait pas à
balancer.... avec ça que j'ai une peur terrible du feu.... Je tire en tremblant le cordon; la porte était à peine entr'ouverte, que v'là qu'y se précipitent comme des cannibales dans la cour, dans l'escalier, et qu'y
hurlent : « Où est le Suisse! il nous faut le Suisse! Vive la Charte! A bas
les jésuites! Mort aux Suisses! » et un tas d'autres sacriléges. Aucun
des locataires ne disait mot, comme vous le pensez bien; v'là que je
rentends la grosse voix, vous savez, comme M. Frédéric Lemaître dans
la.... — Oui, je sais, mais dépêchez-vous, je vous en prie. — Vous allez
voir. La grosse voix se remet à crier : « Demandez au portier où l'on a
caché le Suisse; s'il refuse, je lui f...lanque une balle dans la tête! » Ma
foi, quand j'entends ça, je me dis : « Poinsinet, mon ami — je m'appelle
Poinsinet (Jean-Chrysostôme), — le proverbe dit : *Charité bien* PARDON-
née commence par soi-même; tu es père de famille, il ne faut pas te sacrifier inutilement. » Enfin je me dis tout ce qu'on peut se dire quand
on se trouve dans une passe comme la mienne; un pistolet que je vis se
diriger vers ma poitrine mit fin à mon indécision : j'indique l'appartement!... Alors ils enjambent l'escalier quatre à quatre, enfoncent la porte

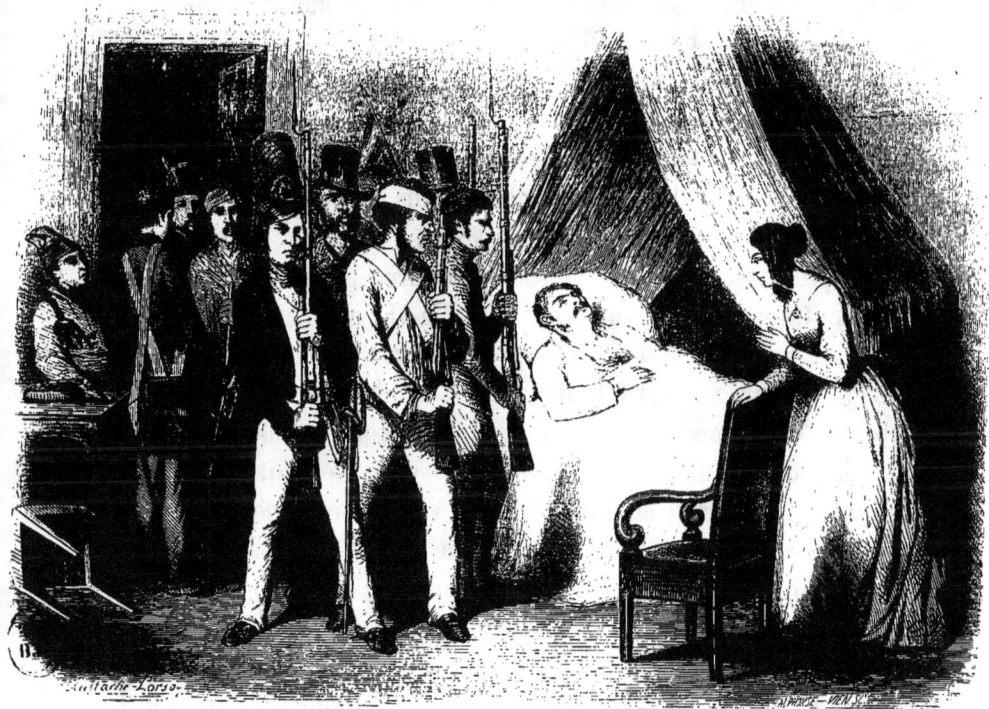

LE SUISSE.

à coups de crosse, et se précipitent dans la chambre où était couché l'officier, en répétant toujours leur éternel refrain : « Mort aux Suisses! » Au moment où ils s'élancent vers le lit, madame de Triel s'approche d'eux, et leur dit comme ça de sa petite voix douce, mais sans trembler du tout : « Je ne puis croire que des Français soient capables d'outrager un ennemi mort! » Vous comprenez la frime : l'officier était sans connaissance, il ne pouvait pas la démentir. Mais quand ces démons incarnés eurent entendu que l'officier était mort, ils cessèrent aussitôt leurs cris, présentèrent les armes et s'en allèrent après, tranquilles comme Baptiste. C'est égal, la frime était fameuse! Et voilà comme quoi madame de Triel a sauvé la vie une première fois à votre officier. — Une première fois! mon capitaine a donc couru de nouveaux dangers? — Je le crois bien, qu'il en a couru de nouveaux dangers! Sa blessure dans la poitrine était très-grave, et le médecin, qui demeure dans la maison, et que l'on avait cherché, a recommandé les plus grands soins, de ne pas le quitter d'un instant; madame de Triel alors s'est dévouée à son salut; jour et nuit elle veillait auprès de lui : ç'aurait été son propre frère, elle n'aurait pu en faire davantage. Ce qui fait qu'elle lui a sauvé la vie une seconde fois. — Et maintenant comment va-t-il? — A présent il est hors de danger; mais il est obligé de garder encore le lit, il est si affaibli! — Puis-je au moins le voir? — Je ne sais pas: je vais demander. Voulez-vous me dire votre nom, sans vous commander? — Joseph Fuessli. — Bien. » Au bout de cinq minutes, le portier était de retour. « Vous pouvez monter; l'officier a paru très-content de votre visite; je m'en vas vous conduire. »

Quelques instants après j'étais en présence de mon capitaine.

« Te voilà, mon brave Joseph! tu as donc échappé au massacre? — Capitaine, votre sort m'inquiétait davantage que le mien. Dieu merci, vous voilà sauvé! — Oui, mon brave, grâce à un ange qui m'a prodigué ses soins, qui s'est dévoué pour moi avec une tendresse sans égale. Toute ma vie sera désormais consacrée à lui prouver ma reconnaissance. » En ce moment, une porte latérale que je n'avais pas aperçue s'ouvrit, et je vis paraître la jeune dame, que je reconnus aussitôt, quoique je ne l'eusse aperçue le jour fatal qu'un seul instant. « Mon ami, dit-elle au capitaine, je viens de vous entendre parler, et c'est imprudent; vous oubliez déjà les recommandations du médecin! — Ma chère Ernestine, je n'ai pu résister au plaisir de faire connaître votre dévouement à mon bon Joseph, mon compagnon d'armes. Tu ne sais pas encore, mon vieil ami, que je bénis la blessure à laquelle je dois mon bonheur; tu ne sais pas que madame et moi nous sommes d'anciennes connaissances, et que

madame de Triel, ici présente, va dans peu de temps s'appeler madame
la comtesse de Niederthal. — Je vous félicite de tout mon cœur, capitaine ; mais je ne comprends pas encore comment il se fait que vous
connaissiez madame d'ancienne date, vous ne m'en avez jamais parlé.
— Je vais t'expliquer cela.... — Mon ami, l'interrompit madame de Triel ;
vous vous fatiguez trop : je vous défends de parler.... Je vais vous conter
moi-même l'histoire de notre première connaissance, ajouta-t-elle en se
tournant vers moi. Votre capitaine m'a parlé de vous comme d'un ami
éprouvé, et j'espère que vous voudrez bien devenir aussi le mien. Et pour
commencer, vous allez déjeuner avec moi auprès du lit de votre capitaine. » Madame de Triel sortit pour donner ses ordres ; nous déjeunâmes
gaiement, et aussitôt après, elle commença son récit en ces termes :

« Orpheline de père et de mère, j'avais seize ans lorsque mon tuteur
« m'amena faire un voyage en Suisse et en Italie. La principale cause
« de cette résolution était une folle passion que m'avait inspirée un jeune
« élégant parisien, M. de Triel. Mon tuteur désapprouvait ce choix. Il
« chercha à m'éclairer à ce sujet ; il voulut me démontrer comment ce
« jeune homme, criblé de dettes, ne cherchait à me plaire que pour
« épouser ma dot : tout fut inutile, je ne voulus rien entendre. En dés-
« espoir de cause, mon tuteur entreprit le voyage dont je vous parle.
« M. de Triel, ayant appris notre départ, nous suivit : il trouva moyen
« de me le faire savoir ; et, grâce à ce que je croyais alors une grande
« preuve d'amour, ma ferme volonté de l'épouser ou de mourir s'affer-
« mit de plus en plus. Journellement en butte aux remontrances de mon
« tuteur, qui me déclara formellement que jamais il ne donnerait de
« bonne volonté son consentement à une union dont il prévoyait les mal-
« heurs, je finis insensiblement par me familiariser avec l'idée de me
« donner la mort ; bientôt, m'affermissant dans cette résolution, je son-
« geai aux moyens de l'exécuter. Malgré son opposition énergique à ce
« que j'appelais mon bonheur, je chérissais mon tuteur, qui avait tou-
« jours été pour moi un second père ; je ne voulais pas qu'après ma
« mort il pût se reprocher d'en être la cause, et j'arrêtai mon plan.
« Nous étions arrivés en Suisse. Pendant une excursion dans les mon-
« tagnes, j'avais remarqué une pointe de rocher s'avançant au-dessus
« d'un précipice au fond duquel coulait un torrent. Cet endroit me parut
« convenable pour mettre mon projet à exécution : en me jetant dans le
« précipice sans être vue de personne, ma mort serait attribuée à un
« accident, et j'épargnerais ainsi des remords à mon tuteur. Bientôt, en
« effet, je laissai mon tuteur et nos guides prendre les devants ; je restai

« sans affectation en arrière. A peine avaient-ils disparu derrière un
« angle de rocher, que je pris mon élan et courus vers le précipice.
« Malgré le trouble dont j'étais saisie en ce moment, j'entendis des pas
« rapides derrière moi ; sur le bord de l'abîme, je me retournai à demi :
« j'aperçus un jeune homme qui était sur le point de m'atteindre et qui
« avançait déjà la main pour me saisir par la robe. Il était trop tard,
« j'avais disparu.... J'entendis un cri d'horreur, et puis je ne me sou-
« vins plus de rien... J'appris plus tard que mon tuteur, averti par les cris
« du jeune homme, revint précipitamment sur ses pas, et, précédé par
« lui, il s'engagea dans un sentier escarpé et dangereux pour aller à ma
« recherche, pendant que les guides prirent un autre chemin. Ces der-
« niers, connaissant mieux les localités, arrivèrent auprès de moi avant
« eux. J'étais étendue sur le bord du torrent, évanouie et le front ouvert

« par une large blessure ; mais, à part cette blessure, grâce à quelques

« arbres qui avaient amorti ma chute, je n'avais que des contusions.
« L'inconnu, aidé par les guides, — mon pauvre tuteur était hors d'état
« d'agir, — me prodigua les premiers soins; à l'aide de son mouchoir,
« il arrêta le sang, et lorsque j'eus repris connaissance, il me transporta
« dans un chalet voisin, d'où je pus être ramenée à notre hôtel quelques
« jours après. J'étais hors de danger. A partir de ce moment, je ne revis
« plus celui qui fut pour moi un sauveur; il s'était éloigné sans nous
« faire ses adieux. J'appris son nom par nos guides : c'était M. le comte
« de Niederthal. A la suite de cette catastrophe, mon tuteur ne s'opposa
« plus à mon union avec M. de Triel. Hélas! mon pauvre tuteur eut pleine-
« ment raison dans ses tristes prévisions : mon mari m'avait épousée
« pour rétablir sa fortune. Son mariage n'arrêta que pour un très-petit
« espace de temps sa vie de plaisirs et de dissipation. Ma situation était
« d'autant plus affreuse, que je ne pouvais en accuser que moi-même,
« et l'orgueil me défendait de me plaindre. Deux ans s'étaient écoulés
« depuis mon mariage, lorsque mon mari fut tué dans un duel provoqué
« par lui, et je recouvrai la liberté. Depuis mon veuvage, j'habitais cette
« maison. Pendant le combat dont la rue venait d'être le théâtre, j'a-
« perçus un officier blessé s'appuyant à la porte; descendre et le faire
« entrer fut l'affaire d'un instant. Et jugez de ma surprise et de ma joie
« quand, dans l'officier que je venais de sauver, je reconnus le comte
« de Niederthal, aux généreux soins duquel je devais la vie. Votre ca-
« pitaine ne voulut jamais croire que l'humanité seule me portait à lui
« témoigner ce qu'il veut bien appeler mon dévouement : je fus obligée
« de me nommer; cette cicatrice à mon front a contribué à la recon-
« naissance, et, — ajouta-t-elle avec un sourire charmant, — malgré la
« triste expérience d'un premier mariage, je vais essayer d'un second. » —

« Voilà, monsieur, me dit en terminant son long récit le concierge,
la fin de l'histoire; elle vous démontre la vérité de mon assertion :
A quelque chose malheur est bon. »

En ce moment, un cabriolet s'arrêta à la porte; un homme en descendit : c'était mon ami Julien Bellefonds.

« Bonjour, mon cher ami! Y a-t-il longtemps que tu m'attends?

— Mais, non; d'ailleurs je n'ai pas eu le temps de m'ennuyer. »

En répondant, j'avais machinalement tiré ma montre : il était quatre
heures de l'après-midi!

CHARLES SCHULLER.

L'AMÉRICAIN.

L'Amérique, pour nous autres Français qui nous vantons d'ignorer tant de cho-

ses, n'est pas du tout ce monde immense et presque illimité qui a au
nord la mer Polaire, à l'est l'Atlantique, à l'ouest le grand Océan.
qu'un grand homme parti un beau jour de Palos en Espagne a commencé à découvrir il y a près de cinq siècles, et que l'on est encore en
train de découvrir à l'heure où nous écrivons. Pour nous, ce monde
infini se résume dans une bande de terre qui s'étend le long de l'Océan;
sur cette terre se trouvent éparpillés quelques petits États ou même
quelques villes qui ont nom New-York, Boston, Washington, etc.... La
réunion de ces villes s'appelle, pour les uns, l'Amérique fédérée, pour les
autres l'Amérique anglaise. Quant à nous, nous pourrions tout aussi
bien l'appeler l'Amérique française, car tout ce que nous savons et tout
ce que nous voulons savoir de l'Amérique est là, dans ces ports de mer
qui semblent n'en faire qu'un seul, dans ces jeunes cités toutes floris-
santes qui ont posé leur nid entre la mer et une chaîne de montagnes.
Ne nous interrogez que sur ces points-là : voilà notre Amérique, à nous
simples mortels qui ne sommes ni armateurs, ni membres de la Société
de géographie, ni membres du bureau des longitudes.

Pourquoi cette préférence? Demandez-en les causes à l'auteur de *la
Prairie* qui nous a apprivoisés avec tant de charme et d'intérêt à ces
sites inconnus encore dans le monde de l'invention ; demandez-les surtout à l'auteur d'*Atala* qui, le premier, a fait résonner dans son style
ces cataractes gigantesques, déroulé ces fleuves immenses que les voyageurs primitifs appelaient des *mers d'eau douce*, fait mugir ces forêts de
platanes, de tulipiers et de chênes rouges ; demandez-les même au bon et
simple Washington-Irving qui, dans ses esquisses trop peu connues en
France, nous a initiés avec tant de vérité aux mœurs et aux ridicules de
ces peuples nouveaux que madame Trollope appelle *des Anglais ren-
forcés.*

C'est lui, c'est cet heureux et modeste *essayist* qui a commencé à nous
peindre la destinée aventureuse des défricheurs (*first settlers*). Singulière race, inconstante, hardie, qui ne sait se fixer nulle part. Chaque
année on voit s'élancer des rives de l'Ohio ou du Mississipi de ces défricheurs, Christophes Colombs particuliers, bohémiens maritimes, véritables
oiseaux voyageurs qui s'embarquent sur un canot, se confiant au cours
de ces fleuves immenses, sans autres moyens de défense qu'une carabine,
une hache d'Indien, enveloppés dans une couverture épaisse, vivant de
leur chasse, et abordant là où il plaît aux vents et au hasard. Où vont-ils?
Ils l'ignorent eux-mêmes ; ils vont chercher un plus beau ciel, des étés
plus doux, des champs qui produisent d'eux-mêmes du tabac, du blé, du

chanvre et du maïs. Ne les plaignons pas, l'espérance est assise à leur bord, l'espérance, cette patronne des peuples nouveaux qui les pousse en avant et leur ordonne de marcher et d'oser. Ainsi ont été défrichés les champs de Kentucky et de Tennessée ; ainsi s'est faite cette Amérique septentrionale dont nous vantons tant l'industrie, le commerce et les finances, tant que nous ne sommes pas ses créanciers. Ainsi avait vécu le héros de notre histoire, George Tanner, qui avait commencé par être simple *défricheur* avant de coopérer à toutes sortes de travaux industriels et métallurgiques qui lui eussent fait en France une grande réputation, s'il eût pu toutefois les exécuter, mais ne lui avaient valu en Amérique d'autre titre que celui de simple citoyen de la très-riche et très-active ville de New-York qu'il habitait.

Comme on naît journaliste ou vaudevilliste à Paris, on naît ingénieur aux États-Unis. Les canaux de l'Ohio, qui offraient tant d'obstacles, ont été construits par des avocats et des agronomes. Un simple *mechanic* de Pittsburg vous expliquera tout aussi bien qu'un des plus brillants adeptes de notre école des ponts et chaussées comment s'alimente un point de partage et se fonde une écluse. Ne cherchons donc pas comment George Tanner avait pu, dès sa jeunesse, être initié à tous les mystères de la canalisation, de la fabrication des chemins de fer, qui sont devenus des sciences toutes d'instinct que l'Américain du Nord possède et surtout applique sans le secours des écoles spéciales. Cependant, même au milieu de cette population tout industrielle, il est des esprits qui devancent les autres en activité et en hardiesse, qui cherchent sans cesse de nouvelles conquêtes à faire. L'industrie a ses conquérants comme la guerre, et surtout depuis que la guerre n'existe plus : tel fut le fameux John Cokrill qui avait juré d'enlever à l'Angleterre, en faveur des Belges, la palme de l'industrie métallurgique ; tel était aussi George Tanner qui, dans un cercle plus humble, entretenait les mêmes illusions, nourrissait les mêmes projets. Condottiere de l'industrie, il se demandait où il pourrait répandre les trésors d'inventions et de découvertes qu'enfermait son cerveau. « Qu'on me donne, disait-il en appliquant, sans s'en douter, à son usage un mot célèbre, du fer et de la vapeur, et je fais un nouveau monde. »

En sa qualité d'Anglo-Américain, Tanner détestait l'Angleterre et admirait la France. Pour lui la France était toujours cette puissante et magique contrée du temps de Louis XIV qui étendait à toutes les parties du monde le double empire de l'intelligence et des armes. Il la voyait imposant sa langue et ses mœurs à toutes les cours de l'Europe, forçant l'Afrique à subir son joug, recevant les ambassadeurs de Siam venus du fond de l'Asie pour reconnaître son pouvoir, dressant ses arsenaux et ses forteresses jusque sur les plages alors si lointaines de la Louisiane et du Canada. Cet homme, doué d'une de ces imaginations puissantes que l'on ne saurait séparer du génie des affaires, avait ainsi conservé en lui-même une image de la vieille France agrandie encore par l'idée d'une France nouvelle qui était venue, vers la fin du dernier siècle, traverser les mers pour prêter main forte à l'affranchissement de la jeune Amérique. George Tanner, comme tous les hommes pratiques, agissait et méditait beaucoup plus qu'il ne lisait. Cependant, le peu de journaux français sur lesquels il avait par hasard jeté les yeux lui annonçaient que, depuis sa dernière révolution, la France était déterminée à s'ouvrir des destinées toutes nouvelles. L'industrie avait enfin germé dans le sein de cette reine du monde. Partout on creusait des canaux, on lançait les chemins de fer, on voyait fumer les hauts fourneaux, on déchirait le sol pour en faire sortir la houille, cette mine d'or de l'industrie. La plupart de ces merveilles n'étaient encore que sur le papier, mais qu'importe! Une fois la trace indiquée, les têtes françaises vont si vite!

De même que les officiers de fortune se disaient au moyen âge : « Où se bat-on en Europe? » ainsi, George Tanner se disait : « Où est-ce que l'on fabrique maintenant? où y a-t-il des nouvelles voies de communication à tracer, des districts manufacturiers à défricher, des usines, des machines, des ports, des *docks* à construire? » Les États de l'Union étaient comblés de tout ce que l'industrie peut produire. — Allez donc proposer des plans nouveaux à des hommes qui ont des chemins de fer jusque dans leurs maisons pour faire descendre un sac de farine de leur grenier ou pour transporter un tonneau de wiskey à leur cave. L'Anglo-Américain fait construire une machine à vapeur absolument comme on fabrique en France une horloge ou un tourne-broche. « Nous sommes déjà vieux pour les travaux d'utilité publique, disait George Tanner avec douleur, en voyant tous ses compatriotes se jeter à la fois dans cette route encombrée par la concurrence; un ingénieur vraiment supérieur ne saurait plus se faire jour ici, il se trouverait étouffé par la foule des artisans vulgaires, qui ne s'inquiètent pas de perfectionner pourvu qu'ils produisent. Quel plan n'a pas été proposé? quel est le point de notre Amérique où l'on ne retrouve l'empreinte de la spéculation et de l'industrie?... »

Puis il sentait redoubler sa tristesse en voyant des caravanes de jeunes gens fiers, hardis, robustes, qui sortaient de New-York ou de Baltimore, ne trouvant plus dans l'intérieur des États le moyen d'occuper leurs bras et leur intelligence. « Où allez-vous? leur disait-on; où transportez-vous ces corps gigantesques, ces yeux brillants comme ceux des gazelles, ces visages frais comme l'arbousier d'Orient? — Nous allons, répondaient-ils, chercher fortune sur les plages de la rivière Rouge, ou bien vers le terrain à coton de l'Yazoo ou du Texas. » Et George Tanner, qui avait cependant mené lui-même autrefois la vie de *défricheur*, ne pouvait se défendre d'un sentiment de tristesse en pensant que ces républiques encore si nouvelles et si jeunes étaient déjà obligées d'envoyer au loin leurs rejetons, faute de pouvoir les nourrir dans leur sein.

Possédé comme il l'était du démon de l'entreprise, cet homme à la fois positif et romanesque n'était donc pas si mal avisé en songeant à la France où il sentait devoir trouver un terrain assez vaste pour développer les plans qu'il avait en tête. Depuis quelque temps, d'ailleurs, les crises financières se multipliaient dans les États de l'Union : on sait que dans cette belle et riche Amérique du Nord, on trouve tout, excepté de l'or et de l'argent. Mais si l'argent manque, on a la ressource du papier, qui part de tous les coins des États et se multiplie avec une profusion qui rappelle un peu trop les promesses de Law et les châteaux en Espagne de la rue Quincampoix. Souvent même, on se trouve avoir entre les mains tant de papier, qu'il est indispensable de posséder au moins quelques espèces sous peine de ressembler à un millionnaire du temps des assignats; mais alors une difficulté presque insurmontable se présente. Autant le dollar-papier est commun aux États-Unis, autant le dollar-monnaie est rare et par moments à peu près introuvable. De là résulte beaucoup de gêne et d'embarras pour l'exécution des grands travaux, car il arrive plus d'une fois que les fabricants, les propriétaires de houillères, souvent même de simples ouvriers, refusent le papier de telle ou telle banque et ne s'engagent que sous condition du numéraire. Ce sont là des obstacles purement matériels que le plus grand génie du monde ne saurait surmonter. George Tanner n'était pas riche, on le devine à l'activité de son esprit et aux mille projets qu'il enfantait dans sa tête; mais il ne pouvait songer sans désespoir que, dans le cours de l'exécution de ses plans, il était exposé sans cesse à sentir, comme on dit, le terrain lui manquer sous les pieds. « L'Europe, se disait-il, est généralement peu prêteuse, mais elle est riche; et quand elle a prodigué avec tant de facilité ses richesses pour des guerres et des campagnes dont elle n'a presque jamais tiré d'autre avantage que beaucoup de sang répandu, que ne fera-t-elle pas pour des projets qui doivent assurer à jamais son repos et sa prospérité! »

George Tanner s'entretenait un jour de ses plans et de ses rêves en se

promenant autour du City-Hall avec un économiste français qui était
venu aux États-Unis pour étudier la question des paquebots transatlantiques :

« Quel est, lui dit-il, la somme que le gouvernement français a maintenant dans ses coffres et qu'il pourrait consacrer aux améliorations du
pays ?

— Mais, lui répondit l'économiste, à cause des derniers bruits de
guerre qui nous ont forcés à mettre une flotte en mer, afin d'avoir l'air
d'être disposés à nous battre, nous n'avons guère en ce moment que trois
milliards et demi dans nos coffres.

— Trois milliards et demi ! s'écria George Tanner en reculant de trois
pas en arrière. Quoi ! quand l'Angleterre, qui prend si fièrement le titre

de dominatrice du commerce et des mers, n'a guère à sa disposition qu'une somme d'un milliard. Mais savez-vous qu'on aurait beau réunir toutes les richesses des États de l'Union, on ne parviendrait jamais à réaliser le tiers, le quart, ni même le dixième de cette somme?... Et que prétendez-vous faire de ces trois milliards, qui ne sont pas destinés sans doute à demeurer éternellement oisifs entre vos mains?...

— Non, sans doute. Et nous avons d'abord une réserve pour les cas de guerre ; mais nous avons arrangé notre politique de telle sorte que les cas de guerre ne puissent pas se présenter, de façon que cette réserve se trouve à peu près superflue... Nous nous proposons d'employer nos économies à faire élargir nos ports, paver nos villes, à construire des paquebots gigantesques qui nous mènent d'un bout des mers à l'autre en quelques jours ; nous comptons même avoir des chemins de fer...

— Des chemins de fer ! interrompit George Tanner d'un air surpris. Quoi ! n'en avez-vous pas, et se peut-il que la France, que l'on dit si puissante et si riche?...

— Nous en avons un, reprit l'économiste d'un air piqué, et qui nous conduit en une demi-heure de Paris à une ville appelée Saint-Germain, où il y a un vieux château et une magnifique terrasse à voir. On nous en promet un autre, peut-être même deux autres pour l'année prochaine, qui nous conduiront en concurrence à une autre ville appelée Versailles, qui possède aussi un magnifique château, et où nous ne nous rendons absolument que pour nous promener et nous divertir.

— Ainsi vous possédez présentement en France une étendue de chemins de fer de...

— De six lieues, ajouta l'économiste d'un ton glorieux.

— Six lieues de chemins de fer ! dit en lui-même notre héros, dans la France de Louis XIV et de Napoléon ! Et nous qui ne sommes à l'œuvre que depuis quinze années à peine, nous en avons plus de cinq cents lieues !.. Et j'hésite encore à partir, et je me demande si un homme qui a déjà fait élever trente docks, creuser dix canaux, lancé quinze ponts, peut manquer de trouver à s'occuper dans un pays qui se croit industrieux et qui possède six lieues de chemins de fer ! »

Deux mois après cet entretien, George Tanner avait pris congé du peu d'amis qu'il avait dans un pays où l'on ne songe guère qu'à ses affaires, et il s'était embarqué pour la France sur un magnifique paquebot or et azur, doublé de soie dans l'intérieur, plus beau cent fois que la fameuse gondole de Faliero, surmonté d'un diadème de fumée qui allait se perdre en flocons argentés dans un ciel pur. Quelle fut l'émotion de notre héros lorsqu'il aperçut les côtes de cette France qu'il avait tant de fois rêvée et qu'il abordait presque en conquérant, croyant apporter avec lui la fortune d'un James Watt ou d'un Fulton !

Avant de proposer ses plans et d'entrer de fait dans la carrière que son imagination lui avait ouverte, notre Américain prit le sage parti de visiter dans tous ses détails cette terre sur laquelle il allait exécuter ses projets. Quel ne fut pas son étonnement, en voyant que cette France, qui s'était peinte d'avance à son esprit sous l'apparence d'un jardin cultivé, offrait sur tous les points des marais non desséchés, des landes, des côtes arides, des chemins à peine frayés ! Il voulut voir cette rivière célèbre qui est comme la ceinture de la France, cette Loire chantée par les poëtes et les romanciers, et qui parcourt, dit-on, les riants circuits d'un paradis terrestre, et il aperçut un flot jaunâtre mêlé de fange et de gravier, embarrassé de joncs et de nénufars, ici large à peine comme un ruisseau, plus loin impétueux et indiscipliné comme un torrent, et si chargé de sable, qu'on peut à peine distinguer son cours.

On lui montra aussi cette autre rivière moins vaste, mais plus fière, puisqu'elle lave du tribu de son urne le pied du palais des rois et traverse l'intérieur de la première ville du monde, la Seine, cette mère nourricière de Paris, qui, une fois échappée des digues de la grande cité, devient si mince et si inconstante, que, dans certains endroits et à six lieues à peine de la ville capitale, on ne saurait lui confier même les plus frêles esquifs. Notre héros fut pénétré à la fois de tristesse et de honte, quand les Français lui avouèrent que la Seine était encore maintenant ce qu'elle était au siècle de César, sans digues, sans frein, coulant lorsqu'il lui plaît, débordant à peu près dans toute l'étendue de sa course.

Il avait plus d'une fois entendu dire que la France devait être considérée, à cause de la fertilité de son territoire, comme le grenier de l'Europe, et il s'assura par lui-même que des départements entiers, tels que les Landes et la Sologne, étaient encore en grande partie en friche. Il visita la Bretagne, et, en considérant l'état intérieur et moral de certains villages, il rougit pour un pays qui a l'ambition de marcher en tête des peuples civilisés. Il admira la situation géographique de cette France, l'enfant privilégiée de la nature, qui se trouve assise entre deux mers dont les flots viennent lui apporter les richesses de deux mondes différents ; mais il ne put s'empêcher de sourire en remarquant que le canal séculaire, construit pour établir entre ces deux mers une communication, était bien moins un objet d'utilité réelle qu'un ornement qui devait être mis au rang de ces somptueux aqueducs destinés à voiturer de minces filets d'eau qui cheminent si lentement, qu'ils tarissent le plus souvent en grande partie avant d'arriver au bout de leur course. Enfin, il entendit sortir de tous les départements ce cri qui semble être aujourd'hui le mot de ralliement des générations modernes engagées dans la grande croisade de l'industrie : « Des chemins de fer! » Et ce cri devenu aussi puissant, aussi entraînant que la voix du fanatisme religieux au moyen âge, était souvent poussé par des communes qui se trouvaient pendant six mois de l'hiver bloquées dans leurs champs, faute d'un chemin vicinal qui les menât du moins jusqu'au chef-lieu du département.

« Tout est encore à faire dans ce beau pays! » s'écria George Tanner avec transport, lorsqu'il eut achevé son tour de France et qu'il eut pu s'assurer par lui-même de l'état où se trouvaient nos ports, nos routes, nos rivières, nos canaux, et surtout ces entreprises industrielles qui sont devenues comme les lieux communs de certains districts de l'Angleterre et des États de l'Union. Mais dès qu'il eut commencé à dérouler ses plans aux yeux de certains connaisseurs en matière d'industrie, à essayer ses nouveaux modèles de machines qui devaient surpasser tous les procédés connus sous le rapport de l'économie et de la vitesse, à exposer ses tracés inspirés à la fois par la hardiesse d'un esprit novateur et les lumières de l'expérience, tous les industriels, les ingénieurs de départements, manufacturiers, directeurs d'usines, lui répondirent par un seul mot : « Paris. — C'est là, lui dit-on de tous côtés, là seulement que vous pouvez espérer d'être entendu. Ce que vous appelez la France n'est qu'une fiction : sur quatre-vingt-sept départements, il est convenu que nous en avons quatre-vingt-six d'imparfaits, de disgraciés, réduits littéralement à l'état de serfs et d'ilotes. Il en est un quatre-vingt-septième qui possède tout, qui absorbe tout, et qui, à ce titre-là, a la haute main sur les autres et leur distribue comme il l'entend les biens, les honneurs et les priviléges. Ce département autocrate par excellence, c'est Paris; si vous êtes un homme supérieur, allez-y, vous y réussirez sans doute. Si, au contraire, pour tout prévoir, vous n'êtes qu'un homme médiocre, allez-y encore, car vous réussirez peut-être plus sûrement, attendu que vous pourrez recourir à une foule de moyens obliques que vous rougiriez d'employer si vous aviez un caractère élevé et un esprit d'élite. »

Muni de ces instructions, George Tanner se transporta donc dans la ville des grands projets et des petites choses. Une de ses premières visites fut pour le ministre des travaux publics, qui se trouvait être cette année-là un homme rempli d'affabilité, ancien élève de l'école polytechnique, aussi distingué d'esprit que de manières, et prêt à comprendre et admettre tout ce qui pourrait contribuer aux progrès de l'industrie. Notre héros lui soumit plusieurs de ses projets, qui le plongèrent dans l'enchantement et lui parurent être des chefs-d'œuvre de hardiesse et de simplicité. Il s'agissait surtout de chemins de fer, qui étaient alors, comme aujourd'hui, la grande affaire de la politique intérieure. Les tracés de l'Américain étaient infiniment supérieurs à tous ceux des Français : comme il n'avait aucun intérêt de clochers ni de députations à satisfaire, il n'avait songé qu'à économiser les deniers publics et avait choisi la voie la plus naturelle et la plus simple, qui se trouvait être, comme toujours, la meilleure.

Tanner fit aussi voir au ministre ses nouveaux modèles de machines qui semblaient être d'un siècle en avant sur les locomotives maintenant en usage, véritables citadelles mues par la vapeur, bien propres à exciter la risée de nos arrière-neveux, qui les compareront justement à des machines de guerre faites plutôt pour écraser que pour transporter les populations. Les machines de l'Américain furent non moins admirées du ministre que ses tracés Fier de l'approbation qu'il venait de recevoir, notre héros demanda aussitôt quand il pourrait se mettre à l'œuvre.

« A l'œuvre! lui dit le ministre d'un air étonné, y pensez-vous?... On voit bien que vous ne connaissez pas la France.... »

Tanner s'imaginait qu'on allait lui mettre sous les yeux la carte de France, et lui indiquer les points sur lesquels il aurait à exécuter ses plans.

« Apprenez, lui dit le ministre, que nous ne sommes pas encore bien décidés sur la question de savoir si les chemins de fer seront exécutés par l'État ou par les particuliers; ensuite il s'agira de déterminer la ligne qu'ils devront suivre....

— Mais, dit l'Américain, ce sera, je pense, la plus économique et la plus sûre....

— Point du tout, reprit le ministre, ce sera celle que soutiendra le député le plus influent. Nous verrons cinq ou six grandes villes réclamer à la fois pour que chaque chemin de fer passe le plus près possible de leurs portes; mais, comme nous ne nous occupons de ces questions-là qu'à la fin des sessions de la chambre des députés, c'est-à-dire à l'époque où nous ne pouvons plus nous occuper de rien, plusieurs années peuvent se passer sans que nous ayons même adopté nos tracés.... Ensuite viendra l'exécution, et si je déroulais devant vos yeux les difficultés que les entrepreneurs auront à surmonter, vous comprendriez vous-même qu'en fait de travaux publics, le mieux, en France, est de s'en remettre au hasard, qui se charge seul de tracer les routes, de creuser les canaux, de construire les ponts, et diffère souvent d'un demi-siècle ou d'un siècle tout entier telle ou telle entreprise dont l'achèvement demanderait à peine cinq ou six mois, non pas de discussion, mais d'exécution pure et simple... »

Le ministre, voyant Tanner sensiblement chagriné par ce qu'il lui annonçait, l'engagea, pour calmer un peu son déplaisir, à s'attacher surtout à faire valoir ses machines, qui ne pouvaient manquer de le conduire promptement à la célébrité et à la fortune. L'Américain, d'après ses conseils, les soumit à l'Académie des sciences, et il ne tarda pas à recevoir le tribut de louanges qu'il méritait.

Les membres de la section de mécanique confirmèrent l'approbation du ministre ; ils admirèrent tout ce qu'il y avait de neuf et d'ingénieux dans les modèles de George Tanner. Le secrétaire perpétuel fit même un rapport particulier aussi étendu et aussi favorable que possible ; plusieurs journaux consacrèrent jusqu'à six lignes d'analyse à ses machines, qui avaient coûté de longues années de réflexions et de tentatives. Tanner demanda pour ses machines, comme pour ses tracés, qu'on voulût bien les mettre en pratique ; mais on se contenta de lui répondre qu'on *ferait des essais.*

« Qu'est-ce, dit-il, que faire des essais ?

— Faire des essais, lui répondit un ingénieur français qui, depuis trente années, envoyait le même pont suspendu à chaque exposition des produits de l'industrie, c'est avoir l'espérance que l'on s'assurera de ce que peut valoir tel ou tel procédé que vous aurez soumis aux corps savants, et qui aura obtenu de leur part toutes sortes d'éloges. Ces éloges ne servent absolument à rien pendant plusieurs années ; enfin, quand le public est las d'entendre résonner certains noms à ses oreilles et vanter certains projets, il veut qu'on le mette à même de profiter de ces merveilles. Alors commence ce qu'on appelle les expériences : ces expériences sont presque toujours inutiles, attendu qu'elles se font sur une trop petite échelle pour qu'on puisse tirer la moindre conclusion, et rappellent généralement ce fou qui prétendait vendre sa maison en vous en montrant les pierres. Quand les expériences sont achevées, la commission prononce et ne manque pas de se déclarer en faveur du procédé ; mais les termes flatteurs du rapport ne hâtent en rien l'exécution. On décore l'inventeur, quelquefois même on en fait un académicien, mais sans pour cela qu'on s'occupe en rien de sa machine... Cependant, comme vous êtes Américain, vous avez de meilleures chances que tout autre pour voir adopter vos projets; car vous saurez qu'en France, en fait de travaux publics et d'industrie, les étrangers ont un grand avantage sur les nationaux. Telle machine que l'on néglige parce qu'elle a été conçue dans le Jura ou l'Aveyron, ferait fortune si elle pouvait être considérée comme anglaise ou anglo-américaine... »

Malgré le privilége particulier que lui laissaient entrevoir ces dernières paroles, George Tanner comprit bientôt que, dans la carrière des travaux dépendants du gouvernement, il essayerait vainement de se faire jour. Il apprit que plusieurs grands propriétaires d'un département éloigné s'étaient donné rendez-vous à Paris pour faire exécuter par actions un chemin de fer qui relierait ensemble deux villes commerçantes séparées l'une de l'autre seulement de quelques lieues. Il s'agissait d'achever ce chemin en peu de temps, l'entreprise étant principalement intéressée à ce que les choses se fissent avec une grande célérité. La plupart des ingénieurs demandaient deux, trois, quatre années pour achever l'entreprise; George Tanner se présenta, et s'engagea à livrer le chemin à la circulation en moins de six mois.

Mais quand il s'agit d'entrer dans les détails de l'exécution, il put bientôt s'assurer de cette grande vérité que, pour construire des chemins de fer en France, ce n'est pas tant le territoire que le caractère français qu'il est important de connaître. Il fut obligé d'assister à toutes les assemblées d'actionnaires, et, comme il parlait le français avec une grande difficulté et était incapable de terminer une période sans de nombreuses hésitations, il ne put malheureusement pas agir par l'autorité des discours, qui décident de tout en matière d'industrie.

Un des actionnaires lui ayant demandé ce qu'il comptait dépenser pour l'exécution du chemin de fer :

« Mais environ quinze cent mille francs, répondit-il.

— Vous voulez dire quinze cent mille francs par lieue? reprit son premier interlocuteur.

— Non, ajouta-t-il, pour la totalité du chemin. »

Cet excessif rabais commença par inspirer de l'inquiétude à la compagnie, qui avait compté sur une dépense d'au moins dix millions, et ne pouvait se persuader qu'il lui fût permis d'en être quitte pour un million et demi.

On demanda ensuite à notre héros quelle quantité de fer il comptait employer.

« Du fer est à peu près inutile pour un chemin de cette nature-là, reprit-il; du bois suffit...

— Des chemins de fer en bois! s'écria le chef des actionnaires en éclatant de rire ; je ne m'étonne plus alors si vous faites les choses avec tant d'économie. »

Tanner tira de sa poche un numéro de *Rail-road journal*, et lut un article qui prouvait clairement, d'après les expériences faites dans toutes les villes de l'Union, que le bois pouvait lutter avec un grand avantage avec le fer pour l'exécution des *rails;* or, comme le département où il s'agissait de construire le chemin était couvert de forêts en grande partie et se trouvait fort éloigné des minerais, il était naturel que l'on adoptât le bois de préférence au fer.

Personne dans l'assemblée ne comprenait l'anglais ; aussi fit-on peu d'attention à l'article de *Rail-road journal*, que George Tanner lut cependant jusqu'au bout d'un ton énergique et convaincu. On continua à lui adresser d'autres questions.

« Dans votre tracé, lui dit un autre actionnaire, n'avez-vous pas eu le soin de ménager des points de vue, des paysages, des perspectives?

— Des paysages, des perspectives! dit Tanner en ouvrant les yeux d'un air étonné.

— Oui, sans doute, ajouta l'actionnaire, nous tenons beaucoup à cela en France ; un chemin de fer n'est pas seulement destiné à nous transporter d'un point à un autre, il doit aussi servir à nous récréer la vue, à dérouler à nos yeux des échappées agréables, des horizons dignes d'un peintre...

— Je m'étais donné, répondit George Tanner avec modestie, pour un constructeur de chemins de fer, et non pour un faiseur de panoramas...

— Mais enfin vous aurez au moins des tunnels?...

— Pourquoi? dit l'Américain, la ligne que j'ai tracée parcourt presque constamment un pays de plaine.

— Mais, et cette colline, reprit le précédent interlocuteur, qui se trouvera juste au milieu de la ligne, n'avez-vous pas l'intention de la percer?

— A quoi bon? ajouta l'Américain, je ne vois pas ce qui pourrait empêcher nos trains de monter à l'aide des locomotives et de redescendre par leurs propres poids... »

A cette déclaration, un sentiment général de stupeur et d'épouvante se peignit sur toutes les figures de l'assemblée ; les actionnaires eurent la chair de poule, et ne doutèrent pas que le jour de l'inauguration du chemin de fer ne dût être le dernier jour de leur vie. Tanner eut beau leur assurer que dans l'Amérique du Nord les routes métallurgiques montaient sur la crête des montagnes Bleues, qui étaient aussi élevées

que les Pyrénées, sans que les voyageurs crussent pour cela leur sécurité
compromise, on n'écouta pas même ses raisonnements, et les membres
de l'assemblée se séparèrent en considérant d'une commune voix comme
fou à lier un homme qui n'avait pas craint de venir leur proposer de construire un chemin de fer en bois, sans paysages et sans point de vue, et
de faire passer les rails par-dessus les montagnes.

George Tanner, qui n'était pas homme à se décourager pour si peu de
chose, et joignait d'ailleurs à toutes les qualités d'un esprit pratique
un grand fond de philosophie, tenta d'autres voies pour faire son
entrée dans ce monde de l'industrie qu'il s'était d'avance représenté sous
des couleurs si différentes. Il proposa à plusieurs grands cultivateurs des
procédés de défrichement dont il n'eut pas de peine à démontrer les
avantages; mais il éprouva les mêmes difficultés qu'il avait rencontrées
pour les machines et les tracés de chemin de fer. On lui fit entendre que,
pour qu'il eût le droit de faire adopter le moindre procédé relatif à l'art
agricole, ne fût-ce même qu'un simple modèle de charrue, il était indispensable qu'il fût au moins membre d'une société d'agriculture et d'horticulture. Mais la première condition pour être admis dans les sociétés
de ce genre-là était de pouvoir prononcer un discours semé de fleurs de
rhétorique : or, nous l'avons dit, George Tanner parlait le français comme
un Anglais de vaudeville; il était donc destiné à voir ses procédés agricoles mourir avec lui, faute d'un meilleur accent.

Il essaya aussi de tourner ses idées vers les usines, les hauts fourneaux,
les exploitations de houillères, les filatures; mais il éprouva de tous les
côtés des refus ou des délais. On le prenait pour un aventurier, un uto-
piste; et d'ailleurs on lui répondait de tous côtés par ces deux mots qu'il
retrouvait inscrits en tête de tous les projets comme des caractères caba-
listiques : — Des capitaux !

« Je n'en ai pas, disait Tanner, mais j'ai ce qui vaut tout autant assurément : j'ai mon activité, mes projets, mes plans qui en peu de temps
doubleront, tripleront ces capitaux que vous tenez tant à conserver et à
augmenter... »

On eut beau lui expliquer qu'il n'y avait pas de comparaison à faire
entre la France et les États-Unis sous le rapport financier, il ne put jamais comprendre qu'il n'y eût pas, à Paris comme à New-York, des ban-
ques toutes ouvertes pour l'industriel qui se présentait avec un projet
utile. « Vous avez, disait-il, des monts-de-piété qui prêtent sur des habits,
des objets de la plus mince valeur, et vous n'avez pas un seul établissement où l'on puisse emprunter sur une idée qui rapporterait des mil-

lions. » On l'avait traité de fou, il ne put s'empêcher de considérer à son
tour comme un peu fou un peuple qui aimait mieux se passer de canaux,
de routes et de chemins de fer que de se démunir pendant un temps de
certaines sommes d'argent qui rentreraient dans ses coffres-forts aug-
mentées de plus du double. Il refusa longtemps de croire que tout Français se décidait à prêter son argent à l'État qui lui payait de si chétifs intérêts, qu'il était souvent presque dans l'impossibilité de vivre de son
revenu, plutôt que de le confier à l'industrie qui lui promettait de l'enri-
chir doublement et par les améliorations publiques dont il aurait sa part,
et par les bénéfices particuliers qu'elle lui procurerait. Il comprit enfin
que rien ne pouvait s'exécuter en France que par une classe d'hommes
qui décident de tout souverainement et sans appel, les députés et les actionnaires.

Les actionnaires, George Tanner les connaissait, il avait déjà eu affaire
à eux et avait pu se convaincre par lui-même que, pour peu qu'on soit
tenté de leur dire quelques mots de vérité et de les éclairer sur leurs propres intérêts, il est impossible de mériter leur confiance et de ne point
passer à leurs yeux pour un homme à systèmes et à chimères. Quant aux
députés, qui sont en grande partie des hommes éclairés et animés des
meilleures intentions, ils conviennent eux-mêmes qu'ils ont presque toujours les mains liées et cesseraient bientôt d'être députés pour peu qu'ils
voulussent suivre les lumières de leur conscience ; de façon qu'il est rare
que ce que veut un député, ou plutôt un groupe de députés, un autre
puisse le vouloir aussi. Il est aisé de se figurer, d'après cela, ce que sont
en France les travaux publics et les grandes entreprises que l'on peut
comparer à un convoi de wagons que deux locomotives chercheraient à
entraîner dans deux sens différents, l'une vers le nord et l'autre vers le
midi ; il est probable que le convoi demeurerait stationnaire, et telle est
l'image la plus fidèle et la plus exacte du monde industriel en France.

Ces réflexions de George Tanner, qui ne sont pas du tout les nôtres, se
trouvaient confirmées dans son esprit par les observations de l'un de ses
compatriotes qu'il voyait souvent, le célèbre opérateur B... qui jouissait
à Paris d'une grande vogue qu'il devait en grande partie au titre d'Anglo-
Américain qui avait suffi pour mettre son nom en relief et lui attirer une
réputation d'homme extraordinaire.

« Je suis venu comme vous à Paris avec de grands projets, disait souvent B... à notre héros, j'ai voulu comme vous éclairer la France sur sa
situation matérielle, l'arracher à sa torpeur, faire son éducation financière, attacher mon nom à quelque grande entreprise ; mais dès que

j'eus acquis une connaissance exacte du caractère français, j'ai ri moi-même de mes projets, j'ai jeté au feu tous mes plans, je me suis fait dentiste et me voilà millionnaire... »

Tanner, sans imiter la singulière conversion du sceptique et spirituel B..., finit par comprendre, d'après ses conseils, que pour un étranger qui a son chemin à faire dans l'intelligence et dans l'industrie, Paris est après tout le seul et vrai théâtre, que c'est-là seulement qu'il peut espérer trouver des partisans ou plutôt des fanatiques que l'on ne rencontre guère sur la route de la province qui est souvent le pays du simple bon sens. Notre héros avait pu d'ailleurs reconnaître de ses propres yeux que cette cité si souvent vantée, et surtout par elle-même, était loin d'avoir atteint ce degré de luxe, d'agrément et même de simple commodité intérieure que l'on est habitué à rencontrer dans les moindres villes des États de l'Union.

Il avait imaginé depuis quelque temps un nouveau système d'éclairage de beaucoup supérieur à tous ceux qu'il voyait employer, et parlait souvent aux hommes publics de la nécessité d'éclairer Paris.

« Y pensez-vous, lui répondait-on, n'avez-vous pas vu dans toutes nos rues et sur nos places le gaz s'élever en gerbes éblouissantes, répandre des torrents de clarté dans les ruelles les plus étroites?... Il fait jour maintenant à Paris à minuit comme en plein midi... »

Le soir même, l'Américain se promenait dans les rues du Marais et du faubourg Saint-Germain, et il apercevait à peine de loin en loin quelques rares réverbères qui parodiaient bien plutôt qu'ils ne répandaient la lumière. Mais le lendemain il retrouvait dans un journal officiel la phrase que lui avait fait entendre l'homme public à qui il avait osé proposer un nouveau système d'éclairage; il lisait que *le gaz s'élevait partout en gerbes éblouissantes*. Il comprit alors que les Parisiens consentaient à se laisser éclairer avec des phrases de journaux.

« Mais enfin, disait-il aux membres du conseil municipal, ne serait-il pas juste au moins de paver cette grande et belle ville sur laquelle il est impossible de rouler en voiture sans revenir chez soi foulé, courbaturé, fracturé?... Hier, j'ai traversé cette place que vous proclamez la huitième merveille du monde, pour peu qu'on se décide à l'achever, et j'ai enfoncé au beau milieu dans la boue jusqu'à mi-jambe. Désormais, je jure bien de ne jamais m'y aventurer sans être au moins précédé d'un flambeau... S'il est vrai que Paris doive être aujourd'hui réputé la ville la mieux pavée et la mieux éclairée du monde, avouez que l'on doit au moins faire une exception en faveur de cette place que vous destinez, dit-on, à vos carrousels et qui ne serait pas même propre à une joute de fiacres.....

— Nous convenons, répondirent les personnages de l'édilité et de la municipalité, que cette place n'est pas encore parvenue à ce degré de perfection que sa situation semblerait mériter. Nous reconnaissons qu'elle n'est guère mieux entretenue qu'une route de troisième classe et n'est éclairée que par le reflet des lumières des bâtiments voisins qui eux-mêmes ne le sont pas toujours; mais que voulez-vous? Nous passons sur ces détails-là, et d'ailleurs nous autres habitants de Paris nous sommes habitués à ne considérer notre ville que sous ses beaux côtés et non pas sous ses points imparfaits et disgracieux..... Vous dites que Paris se compose en grande partie de rues étroites, obscures.

à peine alignées où ne pénètre ni l'air ni la lumière. A cela nous vous répondrons : Voyez la place de la Concorde ! Paris, dites-vous, n'est ni pavé, ni dallé, ni asphalté, ni *macadamisé*, voyez le place de la Concorde ! Asphalte, gaz, trottoirs, fontaines, tout est là ; cette place répond à tout. Nous avons orné, décoré, comblé cet emplacement privilégié, afin d'imposer silence aux étrangers qui seraient tentés, d'après certains détails, de nous considérer comme un peuple négligent, arriéré, parlant sans cesse de civilisation, d'améliorations, de progrès en tous genres et incapable d'achever même la plus simple parure de nos grandes villes... Quand on nous a fait de ces reproches-là, nous ne montons pas au Capitole comme ce Romain, mais nous menons nos accusateurs sur cette place merveilleuse ; et nous les plaçons de manière qu'ils tournent le dos au palais de la chambre des députés. »

George Tanner, après avoir passé plusieurs années à écouter de tels discours, vit bien qu'il chercherait vainement à lutter contre les goûts et les instincts d'un peuple qui avait de si bonnes raisons à donner pour éluder ou ajourner toutes les améliorations qu'on lui proposait, qui savait se passer de tout ce qui rend la vie publique agréable et commode pourvu qu'on pût lui persuader, à l'aide des bulletins de l'industrie, que ses machines à filer et ses locomotives sont de beaucoup supérieures à tout ce qui se fabrique en Angleterre. Que ces machines soient destinées à rester sous verre ou à se rouiller dans les ateliers de construction, qu'importe ? Il suffit qu'elles aient été fabriquées en France pour que les Français demeurent convaincus qu'ils surpassent les autres peuples en matière de travaux publics et d'industrie. « Il est vrai, disent-ils, que nous n'avons pas de chemins de fer ; mais il ne tient qu'à nous d'en avoir. Il est vrai que nos rivières n'ont ni quais, ni écluses, ni canaux ; mais il ne tient qu'à nous de les creuser. Ne sommes-nous pas maîtres d'achever nos routes, de fouiller nos mines, d'élargir nos ports, de faire communiquer les deux mers ? Et c'est ainsi que la France ne peut manquer d'être toujours le premier pays du monde. »

Cependant, après les grands projets avortés, les vastes entreprises qui n'ont laissé que le désenchantement et le regret, la vie n'en a pas moins les mêmes nécessités auxquelles on ne saurait se soustraire. George Tanner, qui était venu comme tant d'autres en France suivi du brillant cortége des illusions et des espérances que du moins avaient enfantées en lui l'expérience et le savoir, se retrouva bientôt en face de cette réalité si triste qui n'offre, hélas ! à la suite de tant de belles images que celles de l'abandon et du dénûment. Notre Américain eût pu sans doute retourner dans cette patrie qu'il avait appris à mieux connaître en visitant d'autres lieux. Mais comment quitter cette France où il avait vécu plusieurs années, comment surtout se séparer de ce Paris dont il était devenu le citoyen, puisqu'il y avait rêvé et souffert? Paris, ville incompréhensible, où l'on séjourne, où l'on s'arrête, que l'on aime au fond de l'âme, même alors qu'on la gronde et la maudit.

Tanner, doué de cette résignation de l'homme ferme et résolu qui sait se plier à toutes les fortunes, finit donc par suivre l'exemple de son ami B.... : il jeta au feu tous ses plans, il oublia tous ses projets ; il se figura à lui-même que son esprit n'avait fait pendant plusieurs années que se repaître de vaines fumées, pour entrer dans cette douce et simple condition privée qui n'impose plus à l'homme d'autre soin que celui de sa propre existence. Il abdiqua ce diadème industriel dont il s'était ceint lui-même ; il finit, comme tant de grands hommes et tant de rêveurs, après avoir demandé au monde la pourpre et le sceptre, par se contenter du bâton et du pain quotidien des mercenaires.

Vous qui avez bien voulu prendre part aux adversités et aux mécomptes de notre pauvre Américain, vous nous demanderez peut-être s'il faut croire à cette existence, ou bien si cet homme doit être considéré seulement comme un personnage fabuleux créé par l'imagination du narrateur. Non, George Tanner existe ; il est maintenant encore dans la force de l'âge, et s'est réduit de lui-même à être un des rouages secondaires de cette industrie dont il eût voulu devenir le principal moteur. — Si demain il vous prend fantaisie d'aller contempler du haut de la plus belle terrasse du monde ces plaines et ce clocher monarchique qui épouvantèrent, dit-on, Louis XIV, et furent cause que Versailles fut construit, vous verrez à l'arrière du convoi un homme enfumé, aux cheveux hérissés, aussi rouge que la fournaise qui respire et mugit à ses pieds : cet homme est George Tanner. Il s'est estimé heureux de pouvoir obtenir une place de simple conducteur sur cette ligne si courte qui excita sa risée autrefois, lorsqu'on lui annonça que la France avait des chemins de fer et qu'on lui cita la route de Saint-Germain.

Quand le convoi n'est pas ralenti par de trop nombreuses stations, quand il peut rentrer dans Paris à pleine vapeur, George Tanner sourit ; il ne peut se défendre d'un sentiment de fierté, debout sur son train comme un artilleur devant sa pièce : on peut le comparer à ces vieux soldats de l'empire qui éprouvent encore un certain plaisir à faire manœuvrer les pacifiques recrues de la milice imberbe. Il n'est rien, vous le voyez, et cependant, si jamais on parvient à le découvrir dans le souter-

rain où il vit enfoui, on verra qu'il ne s'était pas trompé sur lui-même,
qu'il a eu raison de se croire un génie supérieur, un homme fait pour
enfanter de grandes choses. Mais, que voulez-vous ? à lui comme à tant
d'autres, l'occasion a manqué ; et quand le génie n'est point marié à
l'occasion, n'est-ce point le don le plus inutile et souvent le plus funeste
que la destinée puisse nous faire ?

                                        ARNOULT FREMY.

LE PERSAN.

Le Français vient au monde le rire sur
les lèvres et la plaisanterie à la bouche;

LES
PERSANS
A
PARIS

il n'est donc pas étonnant de le voir, une marotte à la main, s'esquisser lui-même en bien ou en mal, plus souvent en mal qu'en bien : le public est fort amateur de semblables pastiches. Mais qu'un Persan, ce grave enfant de l'Irân, ce descendant d'un peuple auquel commanda Darius, ose entreprendre de poser devant sa propre plume, et surtout de se peindre lui-même sans flatterie, voilà qui paraîtra le comble de l'audace : *summum audaciæ gradum.* Beaucoup ne voudront pas y croire. Les Anglais d'Ispahan ouvriront à ce sujet d'énormes paris. Notre illustre schah, — qu'Allah nous le conserve longtemps! — dira, tant le fait lui aura paru exorbitant, qu'il n'ose rien en dire. Enfin l'écrivain lui-même, sa tâche accomplie, refusera peut-être de s'en reconnaître l'auteur. Qui sait les conséquences que peut avoir une semblable outrecuidance!

Et cependant, ô éditeur trop confiant, tu n'as pas redouté de réclamer mon concours ; tu as désiré que mon humble nom vînt se joindre à ceux des écrivains d'élite qui t'entourent... Puisses-tu ne pas éprouver une trop vive déception! puisse mon obscurité ne pas nuire à l'éclat de cette brillante pléiade sur le talent de laquelle tu fondes si justement le succès de ton livre! Puissent enfin mes compatriotes aussi bien, du reste, que les tiens, prenant en bonne part mes boutades, et faisant en ceci preuve d'esprit ; puissent-ils souscrire à tes *Étrangers* au nombre de dix mille, que dis-je! au nombre de cent mille, et te payer comptant! C'est ce que je te souhaite au nom d'Allah, d'Aly et de Fatime, la glorieuse fille de l'imâ Riza.

« L'empire de mon père, disait le jeune Cyrus à Xénophon, est si vaste, que l'on meurt de froid à l'une de ses extrémités, tandis que l'on étouffe de chaud à l'autre. » Aujourd'hui encore, bien que nos voisins du Septentrion nous aient aussi énormément qu'audacieusement écornés, on en pourrait dire autant de notre patrie, car son étendue est immense. Mais toutes reculées que soient ses frontières, elles ne le sont pas encore assez pour que le Persan, si peu touriste qu'il soit de sa nature, ne cherche pas à les franchir, afin de jeter un coup d'œil au delà et s'assurer de ce qui s'y passe.

Je fus du nombre des curieux. « Parcourir le monde, m'étais-je dit souvent, c'est acquérir une existence nouvelle. L'eau qui séjourne dans les étangs est amère et insalubre. C'est en courant qu'elle acquiert une douceur salutaire et une agréable limpidité. » Aussi, partant de ce principe, mes études à peine achevées au *médresséh* de l'antique Choâna, ville qu'habitait ma famille, quittai-je mes dieux lares, mes parents, mes amis, et me mis-je en route, mon Hamdoulla dans ma poche. Hamdoulla est pour le Persan ce que Balbi est pour le Français. Dix-sept jours de marche sur la bosse d'un quadrupède dont vous avez dépoétisé le nom et la forme, m'amenèrent au sommet du mont Shéki, l'un des plus hauts pitons du Korassan. Une fois en cet endroit, je promenai un regard avide autour de moi. Jusqu'alors je m'étais imaginé que la Perse était le monde, et qu'au bout de la Perse on rencontrait le vide. Quel ne fut pas mon étonnement en reconnaissant le contraire! Il me sembla qu'un bandeau épais tombait soudain de sur mes yeux, ou plutôt qu'ils s'ouvraient pour la première fois à la lumière. A deux parasanges du lieu où j'étais se dressait un *imâm-zadéh*; je m'y rendis en toute hâte, et m'inclinant avec respect vers la ville sainte des Croyants : LA ILLAHE ILLA ALLAH! ALY RESUL ALLAH! m'écriai-je dans un pieux transport : « Il n'y a point d'autre Dieu que le seul Dieu, et Aly est son envoyé! » Car vous savez que les Persans invoquent Aly de préférence à Mahomet. Puis, me relevant aussitôt, je me remis en route.

Le hasard m'amena à Stamboul, géographiquement la plus belle cité de l'univers; le même hasard me conduisit à Paris. J'y arrivai l'an 1230 de l'hégire, le 3 moharrem, c'est-à-dire le 5 décembre de l'an 1828 de de votre ère chrétienne.

Souvent on m'avait parlé de cette grande ville, de son immense population, de ses somptueux monuments, des plaisirs de toute sorte qu'elle offre aux étrangers, de l'invincible attrait qu'elle a pour les voyageurs. J'avais avidement recueilli ces récits; je m'en étais souvent amusé; souvent j'avais exprimé le désir de m'assurer par moi-même du degré de confiance qu'on pouvait leur accorder. Mais bientôt, je m'entendais dire que Paris n'était qu'un conte des *Mille et une Nuits;* qu'il n'avait jamais existé que dans la poétique cervelle de Djafir; que la ville du globe la plus grande, la plus riche, la plus belle, c'était Téhéran; et alors, je rentrais chez moi désillusionné, doutant de tout. Mon scepticisme alla si loin, pendant un moment, que je me demandai si j'étais bien sûr moi-même d'exister : car Djafir, l'Alexandre Dumas de la Perse, était mon écrivain de prédilection, et j'avais toujours eu pleine confiance en lui.

Je fis mon entrée dans Paris par la barrière de l'Étoile. Assurément, si tous les étrangers se contentaient de voir l'antique Lutèce à travers l'ellipse du gigantesque arc de triomphe élevé aux gloires nationales de la France, ils retourneraient chez eux avec cette idée que c'est la seule ville du monde! Je ne sache pas qu'il y ait sous le ciel un panorama comparable à celui qui vous y est offert. La barrière franchie, cinq *choses* absorbèrent d'abord toute mon attention : les Champs-Élysées, la place de la Concorde, le jardin des Tuileries, le palais du même nom et le Louvre.

Les Champs-Élysées sont le *Chen-Kaloun* de Paris; la place de la Concorde n'a point d'égale dans l'univers, surtout le soir : la *Kislira* danserait dedans; le jardin des Tuileries est petit, il est vrai, mais non moins frais et non moins agréable que celui de *T'chihil-Soutoun;* enfin le Louvre est un monument quadrilatéral dont l'ensemble est plus imposant que l'*Aïné-Khané* et le *Talari-Tavilé* réunis. J'oubliais le palais du schah. N'en déplaise à sa Sublime Majesté, pour laquelle d'ailleurs je professe la plus haute et tout à la fois la plus profonde estime, il est vaste, triste et mal entouré d'un côté, mais il ne vaut pas, architectoniquement, l'*Imaret-Nou* de mon très-auguste, très-magnanime et très-vénéré souverain.

Aujourd'hui les Orientaux, quels qu'ils soient, sont des plus favorisés : Chinois, Turcs, Mongols, Persans, Bulgares, Arabes ou Bédouins, tous, dès qu'ils mettent le pied dans Paris, sont sûrs d'y trouver un guide, un drogman, un ami, l'aga Bem.... Professeur de langues orientales à Paris, l'aga Bem... n'est pas seulement le plus célèbre polyglotte de France et de Navarre, il est encore d'une instruction aussi solide que variée, d'un commerce aussi facile qu'affectueux. Sa maison est un caravansérail qu'il met obligeamment à la disposition de la première babouche venue, — pourvu qu'elle soit musulmane; de même que ses instants sont au plus humble burnou, — pourvu qu'il soit africain. Un Oriental, à Paris, c'est son bien, sa propriété, — j'allais dire sa curiosité. Il n'a pas paru, qu'aussitôt il pose la main dessus, et alors, malheur à qui oserait lui en disputer la possession! Son zèle est si vif et son dévouement si pur, qu'il intenterait un procès ou ferait un mauvais parti à qui voudrait lui contester le droit de piloter ainsi l'Afrique et l'Asie. Je le répète, les Orientaux aujourd'hui sont des plus favorisés.

Il n'en était pas ainsi en 1828 : l'aga Bem... parcourait l'Orient; à sa place, on trouvait à Paris des *cicerone* en guenilles, qui, s'ils ne savaient rien vous dire, savaient du moins fort bien vous voler. Le vol et l'amour sont deux langues que comprennent tous les peuples de la terre, les Français particulièrement; ils les ont tellement perfectionnées, qu'ils en ont fait presque un art.

Le quidam que le ciel m'envoya se nommait *Salant*. Je le débaptisai, et l'appelai *Sélam;* c'était plus arabe. Je n'ai pas connu de plus franc bohémien. Sale comme un Santon, menteur comme un Kabyle, voleur comme un Kurde, buveur comme trois Suisses, il avait tous les défauts de l'espèce humaine, mais pas une de ses qualités. Pour un *yaremlec*, il se fût laissé pendre, — à condition cependant qu'on l'eût ressuscité vingt-quatre heures après. Il m'indiqua un hôtel où je reçus l'accueil le plus empressé, mais aussi où je payai en proportion de mon costume. A Paris, les étrangers ressemblent à un bois, on les exploite en coupes réglées. Le *f*ess et le *kalpack* y sont d'un rapport excellent, j'eus lieu de m'en apercevoir. Au reste, je ne m'en plains pas; là où j'ai semé des *tomans*, j'ai récolté de l'expérience. Il ne m'est resté qu'un regret, c'est que ce mot si vrai de Montesquieu : « Il n'y a personne qui ne sorte de cette ville plus « précautionné qu'il n'y est entré : à force de faire part de son bien aux « autres, on apprend à le conserver, » ne m'ait pas été appris plus tôt : le jour où je le sus pour la première fois je n'avais plus rien à perdre.

Paris m'a ébloui, m'a fasciné; Djafir n'en avait pas trop exagéré les merveilles, et cependant cette ville est, à mon sens, plus fantastique que réelle : c'est une belle décoration de théâtre. De loin elle produit beaucoup d'effet, de près l'enchantement diminue. Pénétrez dans les arcanes du détail, peut-être perdrez-vous toute illusion. Mais Paris est trop l'image du monde pour que je songe à descendre au fond de ses entrailles; je n'en veux examiner que la surface. La surface est belle, étonnante, admirable, indescriptible. Je ne sache pas de pays d'où les émotions soient plus vives et plus diverses, les impressions plus profondes, les souvenirs plus inaltérables.

En moins d'un mois je connaissais cette Persépolis moderne comme je connais Choâna. L'Institut, les bibliothèques, les mosquées, le Palais de Justice, le Luxembourg et les Invalides, le Palais-Royal, les prisons, le Jardin des Plantes, les lieux publics, les boulevards, j'avais tout parcouru, tout visité avec soin, tout interrogé. J'étais plus instruit qu'un Parisien même; car, ne vous y trompez pas, un Parisien connaît moins sa ville natale que ne la connaissent un étranger ou un provincial. « J'ai le temps! » se dit-il tous les jours, comme pour apaiser le cri de sa conscience, et il meurt dans l'impénitence finale en répétant ces trois mots.

A l'Institut, je vis un *mutchéïd* qui pérorait devant une vingtaine de ses confrères, lesquels l'écoutaient avec la plus grande attention; — il est vrai de dire que tous ils dormaient comme des pachas de France, ou des Pères Conscrits de l'extrême gauche. Comme je me demandais si cet assoupissement académique tenait à l'état embrasé de l'atmosphère ou au discours somnifère de l'orateur, un voisin m'insinua que c'était l'état normal de l'aréopage; qu'il s'endormait ainsi tous les jours dans la gloire de son immortalité. Je compris cette observation bienveillante, et je me retirai; car le sommeil est, comme le bâillement, sympathique, et je ne me sentais pas encore digne de m'y laisser aller en si haut lieu.

Dans les bibliothèques, je trouvai tous les livres dont je n'avais pas besoin ; quant à ceux qui m'étaient utiles, ils n'y étaient pas, ou plutôt, s'ils y étaient, il fallait·huit jours pour en faire l'exhumation. C'était un peu long ; je préférai m'en passer. Le lendemain, je demandai *Lockman*, l'Ésope de l'*Irack :* on ne le connaissait pas ; *Attar* et *Aboul-Hasif*, les Victor .Hugo et les Lamartine de mon cher pays : on faillit me rire au nez. Faudrait-il donc en induire que les bibliothèques de Paris sont les catacombes de l'esprit humain ?

Les mosquées m'ont paru décorées avec un luxe que le Koran des chré- tiens désapprouve. Jésus-Christ n'eût pas mis les pieds à Notre-Dame- de-Lorette ; s'y serait-il décidé, qu'il en eût du moins chassé, non pas les marchands, mais les sergents de ville et les loueuses de chaises. En gé- néral, tous les temples tournent au boudoir et au colifichet. Il n'y a plus guère, à Paris, que Saint-Eustache et Notre-Dame qui aient conservé une imposante majesté ; là seulement on reconnaît la maison de Dieu. Les derwiches et les imâms qui les desservent ont, dit-on, fait vœu de pau- vreté et d'obéissance. —Serait-ce à cause de cela qu'ils portent des chapes d'or, et qu'ils s'insurgent contre le vizir sous l'administration temporelle duquel la loi du royaume les a placés?

Le Palais de Justice est peuplé d'une foule d'hommes accoutrés de robes noires qui ne sont ce qu'ils sont qu'à la condition qu'ils ne seront pas ce qu'il faudrait qu'ils fussent. Si j'étais vizir des sceaux de l'Etat, je deman- derais le rappel de la loi *Cincia*. Vous savez qu'autrefois, à Rome, cette loi défendait aux avocats de recevoir le moindre salaire. Il y en a tant à Paris, que trop heureux sont ceux que l'on veut bien aider à se produire. Pour- quoi les payerait-on? Un avocat ne doit pas vivre pour lui, mais pour ses clients. Il faut qu'il sache d'autant mieux apprécier la fortune qu'elle lui sera venue lentement.

Le Luxembourg et les Invalides sont deux monuments aussi spacieux que bien aérés et splendides, l'un surtout. Je ne crois pas, comme vous le prétendez, vous autres Français qui trouvez partout à fronder, que ce soient deux nécropoles affectés aux pachas et aux guerriers les plus usés du pays. Que le second soit un lieu de repos, passe encore ; ceux qui l'ha- bitent ont bien acquis le droit de se croiser les jambes ou les bras, — quand il leur en reste : mais qu'il en soit de même du premier, je le nie ; et ce qui prouve que j'ai raison, c'est que si les pachas ne font rien qui vaille, ils ont du moins l'intention d'agir et de protester ainsi contre leur enterrement.

Le Palais-Royal, immense bazar qui n'a d'égal que celui d'*Abbas*, dont la principale galerie a plus d'une demi-lieue de longueur, contient une foule de marchands dont l'existence est problématique. Jamais, ou si rarement qu'il faut à peine en parler, vous ne voyez chez eux de chalands, et cependant ils payent mille écus par an une boutique de trois pieds carrés! Il faut que les étrangers qui leur tombent sous la main soient de bien bonne composition.

Les prisons renferment des centaines de malheureux souvent coupables d'une seule chose, c'est d'avoir été assez maladroits pour se laisser prendre. Je ne connais pas de pays où la prévention soit si bien organisée qu'en France, c'est une injustice à lui rendre. On punit d'abord, on juge ensuite, et toujours lentement. On appelle cela de la prudence.

Le Jardin des Plantes est un vaste enclos semblable à celui de *Djemâl-Abad*. On y trouve du matin au soir une foule d'animaux occupés à en regarder d'autres, et réciproquement; car il est probable que les bipèdes

ne sont pas moins curieux à voir pour les quadrupèdes que ceux-ci pour les premiers. C'est la création se mirant dans ses œuvres, et souvent ne s'admirant pas.

Les lieux publics, cafés, promenades, théâtres et boulevards, sont le rendez-vous habituel d'une foule d'oisifs et d'oisives, les uns ne songeant qu'à manger le plus joyeusement possible une fortune qu'ils n'ont pas;

les autres à étaler des attraits qui gagneraient beaucoup à n'être pas vus.

J'ai remarqué qu'en France, à Paris surtout, les femmes ne savent pas. — le dirai-je? — leur métier. Elles montrent trop souvent de leur personne ce qu'elles devraient laisser deviner. On s'habitue à tout, aux choses les plus belles comme aux choses les meilleures, et de l'habitude naît l'ennui, et de l'ennui le dégoût. Il n'y a que ce que vous appelez ici les Lovelaces pour qui cette exhibition en plein vent ait réellement quelque charme, et par malheur l'asphalte des boulevards en porte beaucoup. Aussi ne suis-je pas étonné qu'il y ait à Paris tant de maris... malheureux. C'est leur faute. Ils devraient forcer leurs femmes à rester dans le harem, ou à ne sortir que vêtues. Toutes jolies qu'elles soient, ils n'en disent jamais, il est vrai, un mot en public, mais ne croyez pas que ce soit par modestie : c'est parce qu'ils ont peur d'en parler devant des gens qui les connaissent mieux qu'eux.

Les vieilles femmes sont les plus coquettes. Elles veulent que l'artifice leur rende ce que la nature leur a ôté. Elles ont la prétention de se rajeunir en se parant d'objets qui ne vont plus à leur âge, et elles atteignent leur but; car, a dit un homme de beaucoup de sens et d'esprit, une semblable manière d'agir approche de l'enfance.

Paris contient ce que la France compte de plus distingué en hommes de lettres et en artistes de tout genre. En général, ils sont peu riches : beaucoup n'ont rien; la plupart même ne mangent pas tous les jours. La chambre des députés, en bonne mère, a voulu leur offrir le sein : elle leur a alloué cent cinquante mille francs sur les fonds secrets. Mais, dit un vieil axiome français, l'eau va toujours à la rivière : les plus gros bonnets, — ceux que l'on redoute, — quand vient la curée, ont la part du lion; les plus petits ont les os, quand on consent à les leur laisser. C'est ainsi qu'on leur fait les dents.

Assez de moi et de mes impressions. Peut-être ai-je été plus loin que je ne devais; peut-être, ô éditeur gracieux, ai-je traité tes compatriotes avec trop de rigueur : c'est afin d'avoir le droit de ne pas m'épargner moi-même et de traiter les miens sans merci. Tu excuseras ma faiblesse. Tu songeras que, se mettre si longuement en scène qu'il vient de m'arriver, c'est déjà laisser percer le bout de l'oreille. Je suis Persan; puis-je me défendre d'un peu de vanité?

La dissimulation poussée jusqu'au machiavélisme, la flatterie frisant de fort près la bassesse, la luxure dans tout ce qu'elle a de moins délicat, le mensonge sans frein, sans limites, — telles sont nos qualités distinctives. Nous pouvons encore nous vanter d'être les ennemis-nés du travail, et de l'avoir en une telle horreur, que s'il ne nous fallait pas manger pour vivre, ou plutôt vivre pour manger, nous nous mettrions à la diète la plus absolue, dans le seul but de n'avoir à remuer ni la mâchoire ni les bras, occupation fort pénible et très-fatigante en ce qu'elle se renouvelle plusieurs fois par jour. Philosophes sur les biens et les maux de la vie, aussi hospitaliers que les montagnards écossais, plus polis que la civilité elle-même, généreux comme des princes — quand ils le sont, ce qui est rare; dévoués enfin de ce dévouement sublime qu'ont les pélicans pour leurs petits privés de plumes, — tels sont, par contre, nos travers. On nous accorde de l'esprit, de la mémoire, de l'intelligence, voire de la disposition aux sciences et aux arts libéraux : n'en croyez rien, c'est une calomnie. On nous aura confondus avec les Arabes ou les Arméniens. Si nous avons de la mémoire, ce n'est que dans une proportion suffisante pour nous rappeler le lendemain ce que nous avons fait, — je devrais dire pas fait, — la veille. Peut-être ne sommes-nous pas dépourvus de toute intelligence, ne serait-ce que de celle de la marmotte, quadrupède avec lequel nous avons beaucoup d'affinité ; — nous adorons les maximes, les allégories, toutes les choses enfin qui ne signifient rien et n'exigent pas de frais d'imagination, autre travail écrasant ; — nous renfermons la sagesse dans de très-courtes phrases, faciles à enseigner, non moins faciles à retenir ; le grand Oléarius prétend même que nous mettons, sans nous en douter, en pratique, la philosophie d'Aristote, laquelle est surnommée en Perse la *demja piala*, ce qui veut dire *le gobelet du monde ;* — quant à de l'esprit, surtout de cet esprit subtil, élégant, imprévu, prime-sautier du Parisien, qu'en pourrions-nous faire? il n'a pas cours chez nous. — Enfin je ne dirai rien de la perfidie avec laquelle on a prétendu, — oh! le monde! — que nous avions une certaine disposition aux sciences et aux arts libéraux, ce serait relever une injure, et Aly nous enseigne à fermer les yeux sur celles dont nous sommes l'objet.

Je l'ai dit, les Persans, émules en cela, du reste, de beaucoup de Français, sont peu touristes de leur nature ; ils aiment le coin du harem : il a littéralement pour eux des *beautés à nulle autre pareilles.* Mais, comme je ne sache pas de règle sans exception, il en est pour qui le besoin de voyager est grand ; si grand, qu'ils ne reculent pas pour le satisfaire devant les plus violentes déterminations. Qui, à Paris, n'a conservé le souvenir de Mirza-Messoud? Premier secrétaire et parent très-proche de Djafer-Khan, ambassadeur persan à Constantinople, Mirza-Messoud avait depuis longtemps le plus vif désir de connaître la capitale du monde civilisé. Il s'ouvrit à cet égard à Djafer. Peu désireux, par tempérament, de voir et d'apprendre, Djafer lui conseilla de se contenir. « Mon fils, lui « dit-il, mange et fume, dors et rêve, et recommence le lendemain, — « le séjour des félicités t'est ouvert! » Mais vous auriez beau dire à un fleuve de remonter son cours, à une femme d'être moins curieuse, à un homme d'être plus constant, à l'aga Bem... d'abandonner les Orientaux à eux-mêmes, qu'ils n'en feraient rien; il y a des choses qui sont impossibles. Mirza-Messoud était comme moi et comme vous, — de ceux qui aspirent d'autant plus à posséder ce qu'ils désirent, qu'on met plus d'obstination à le leur refuser. Il usa de tous les moyens praticables et impraticables, de tous les raisonnements les plus captieux, sinon les plus convaincants, pour déterminer Djafer-Khan à le laisser partir; voyant que tous ses efforts n'aboutissaient à rien qu'à des aphorismes sans fin, il imagina de lui chercher querelle. Cette idée, entre nous, n'était déjà pas si sotte. La querelle cherchée, l'ambassadeur et son secrétaire se brouillèrent; tous deux ils échangèrent, dit-on, de gros mots, mais ne se battirent pas : le courroux des Persans s'évapore en injures, et non en coups de yatagan. Ils se font, à l'occasion, empaler, étrangler ou décapiter; quant à se battre, c'est trop dangereux.

Vingt jours après, Mirza-Messoud était à Paris.

Mirza-Messoud était un jeune homme de trente ans. Grand, beau, bien fait de sa personne, il portait admirablement sa barbe noire et son riche et élégant costume national. En peu de jours, ce fut le *lion* de Paris le plus à la mode. Les femmes en raffolaient. Les marchands d'estampes étalaient son portrait lithographié derrière leurs vitres. Les enfants s'arrêtaient pour le contempler, et l'aga Bem... lui-même en était tout fier.

Mirza-Messoud était poëte. C'est à lui, si nous ne nous trompons, que nous devons les strophes suivantes, lesquelles, aussi originales par le fond que par la forme, sont composées de rimes et même de mots qui se ressemblent sans cependant rendre la même pensée :

> Tziri, tziri tiiahh janitzœ?
> Adamira demagh janitzœ?
> Tziri, tziri tziragh es téri bud
> Admira demag chéri bud.

Nous avons copié textuellement ces vers qu'on a bien voulu nous communiquer; nous traduisons de même :

« Pourquoi est-ce que la chandelle va finir? Pourquoi est-ce que « l'homme se vante, et pourquoi est-il glorieux? Parce qu'à l'une il

« manque du suif humide, et parce que l'autre est chargé de graisse
« d'âne. »

Chaque fois que l'aga Bem... et Mirza-Messoud allaient ensemble dans
le monde, tous les regards étaient fixés sur eux. « Ah! monsieur est Persan? murmurait-on à droite et à gauche. — Ah! oui-da, c'est un Persan! —
Vous en êtes sûr? — Très-sûr. — C'est un Persan pur sang? — Pur sang. —
Bah! vraiment? Tiens, c'est drôle! » Le grand lama et la girafe n'avaient
pas eu plus de succès. Médiocrement flatté de cette faveur, Mirza-Messoud
cherchait le plus possible à s'y soustraire; il évitait les lieux où la foule
se portait, et ne sortait jamais qu'en voiture. Quand le temps était par
trop beau, il ne sortait pas; il restait des journées entières dans le *sélam-
lick* de son hôte, son bonnet d'Astrakan sur la tête et son *narguilèh* à la
bouche, ne songeant sans doute à rien, suivant l'habitude peu occupante
des Orientaux.

Mirza-Messoud devint amoureux comme un Persan d'une jeune fille.
De bonne maison, belle, aimable, musicienne, cette jeune fille avait tous
les dons, celui de la fortune excepté. Mirza-Messoud n'en voulut pas
moins l'épouser. Il la demanda en mariage.

« Lumière de mon âme, lui dit-il en son langage emphatique et en
portant sa main à sa poitrine, étoile de ma vie, ô toi qui t'es emparée
de ma tête et de mon cœur, viens avec moi habiter *Nouhi–Djehân*. Là,
dans le faubourg de *Djoulfa*, sur les bords fleuris et parfumés de la *Zen-
dehroud*, je possède un *yeïlack* charmant. On l'appelle *Djemal-Abad*, ou,
si tu l'aimes mieux, Lieu de Beauté. « *Be Khanéï ma techrïf bekem*, »
viens honorer ma maison; j'y serai ton *Yessaoul*, ton *Capidgis*, ton
Gôlam, ô ma belle Kiafer! En toutes choses je t'obéirai, et la fleur du
houblon coulera au fond de l'eau avant que j'aie cessé de t'aimer! »

La jeune fille ne demeura pas insensible aux séduisantes *gazhels* du
Persan; mais ses parents, qui, grâce à vingt-deux ans de ménage, n'a-
vaient désormais d'autre passion que celle de n'en plus avoir aucune,
surtout en fait d'amourettes, ne s'y laissèrent pas prendre. Mirza-Messoud
fut donc repoussé avec perte, et, de désespoir, il quitta Paris, qu'il habitait depuis huit mois.

Mirza-Messoud n'excellait pas seulement dans les vers et dans les déclarations sentimentales, il pratiquait encore l'art culinaire avec un succès
qu'eussent envié beaucoup de Vatels et de Chevets. Sous ce rapport, il
a laissé à Paris d'éloquentes preuves de son talent. Son pilaw y a fait
fureur. C'était une espèce de *couscoussou* dans la composition duquel en-
traient des œufs, des carottes, du sucre, du safran, du riz, des pommes de

terre, des oranges, des navets, des limons, des pastèques, des grenades,
des citrons, des feuilles de vigne en bas âge et des feuilles de mauves
non fleuries, sans compter une quantité d'autres produits et d'autres in-
grédients dont la nomenclature occuperait trop de place. Ce salmigondis
était délicieux... pour ceux qui l'aimaient. L'aga Bem... affirmait, et
affirme encore, que c'est le mets des dieux : c'est probablement pour cela
que si peu de mortels osent s'en donner le régal.

Il y a dix ans à peu près, un Persan, nommé Moussa-Nadir, vint à Paris.
Moussa-Nadir était riche comme un nabab, puissant comme un khan,
capricieux comme une sultane. A cette époque, ô bienveillant éditeur,
je parlais déjà quelque peu le français ; Moussa-Nadir me prit tout à la
fois pour *techrifatchy-bachy* et pour interprète. Je demeurai un an près
de lui en cette qualité. Ce laps de temps écoulé, il me fit approcher de son
divan, et me dit en langue loure :

« Maleck-Zadèh, j'ai assez habité la France ; le moment est venu où
je dois retourner en notre pays : mais, avant de quitter Paris, j'ai résolu
d'emmener de cette grande ville un *coja*. Tu sais quel est l'homme qu'il
me faut... Mets-toi donc en mesure de me le trouver ; je compte sur le
zèle dont tu m'as donné tant de preuves. »

Le caprice était bizarre et difficile à satisfaire : à tout autre homme
qu'à Moussa-Nadir, peut-être en eussé-je fait l'observation ; mais Moussa-
Nadir était de ces opulents sybarites qui pensent qu'avec de l'or il n'y a
rien d'impossible.

« Magnifique seigneur, lui dis-je en m'inclinant jusqu'à terre, tes
volontés seront exécutées. »

Et je sortis à reculons.

Le lendemain, on lisait dans tous les journaux de Paris : « On de-
« mande un *coja*. Beaux appointements. On n'exige pas de cautionne-
« ment, mais on veut que la personne soit fort laide. S'adresser à
« M. M.-Z., rue des Mathurins, 12. *Affranchir.* »

Séduits, les Parisiens répondirent à mon appel. En moins de trois
jours, cinq cents lettres et plus m'arrivèrent, — ce qui me prouva deux
choses : d'abord que Paris est loin de ne contenir que de beaux hommes ;
ensuite, que si le soleil luit pour tout le monde, — vérité qui, pour n'être
pas neuve, n'en est pas plus consolante, — il ne le nourrit pas.

De ces cinq cents lettres, — beaucoup étaient signées de plusieurs
noms, contre-signées, apostillées et accompagnées de certificats de bonnes
vie et mœurs, — je n'en gardai que douze ; mon portier s'arrangea des
autres avec l'épicier.

LE PERSAN.

Puis j'assignai un rendez-vous aux douze postulants, pour le lendemain, chez Moussa-Nadir.

Tous furent exacts. Rien ne rend ponctuel comme la faim.

Celui qui le premier fut admis devant moi était fort laid; espèce de
magot de la Chine, de Kichi-Khan, de Quasimodo, il eût fait fuir les enfants. Et cependant, j'aurais voulu mieux... en mal.

« Monsieur, lui dis-je, vous désirez être *coja*?

— Oui, monsieur.

— Vous y tenez beaucoup?

— Beaucoup.

— Diable! diable!

— Monsieur aurait-il conçu quelque crainte?

— Je ne vous le cacherai pas.

— Et laquelle?

— C'est que vous ne remplissiez pas assez rigoureusement les conditions physiques exigées.

— Quoi!...

— Ce n'est pas votre faute, je le sais; mais qu'y faire? Toute belle qu'elle est, votre laideur ne me paraît pas suffisamment remarquable pour mériter les faveurs de l'illustre Moussa-Nadir.

— Vous croyez? fit-il d'un air désolé en se regardant dans une glace. Il me semblait pourtant qu'il était difficile d'être plus... affreux que je ne le suis.

— Affreux est le mot, et cependant vous pourriez l'être davantage. Vous n'êtes pas l'idéal du laid. Nous avons en Perse des cojas qui sont infiniment plus repoussants que vous : c'est l'Éthiopie qui nous les fournit.

— Alors il me faut donc renoncer....

— Je ne dis pas cela; mais voyez..., tâchez de vous rendre plus hideux que vous ne l'êtes. Je ne demande pas mieux, moi, que de vous trouver horrible, mais au moins faut-il que vous le soyez réellement.

— Hé! monsieur, que voulez-vous de plus? Quand je traverse une rue, les passants s'arrêtent et se retournent, les roquets aboient et les mères de famille, sur le point de le devenir encore, mettent leur mouchoir sur leurs yeux.

— Je veux bien vous croire; malgré cela....

— Mon Dieu, suis-je assez infortuné! J'ai passé vingt ans de ma vie, monsieur, vingt ans! en stériles efforts pour rectifier sur ma personne les erreurs de ma pauvre mère, et voilà qu'aujourd'hui je suis obligé de reconnaître qu'en me faisant de la sorte elle avait raison, qu'elle songeait prudemment à l'avenir. Ah! si jamais elle a eu un tort, c'est de n'avoir pas complété son ouvrage en me rendant digne d'épouvanter le genre humain et de mériter ainsi vos bonnes grâces!... »

Le malheureux était au désespoir. De grosses larmes coulaient sur ses joues. Je fus ému.

« Écoutez, lui dis-je avec attendrissement, j'ai remarqué que vos compétiteurs n'étaient guère plus beaux que vous... en laideur. Je veux donc bien vous rendre quelque espoir; mais, avant tout, il convient que vous soyez parfaitement édifié sur l'importance de l'engagement que vous voulez contracter. Le poste que vous sollicitez est tout de confiance....

— Je le sais, se hâta-t-il de répondre.

— Il est inamovible....

— C'est ce qui en fait le charme.

— Soixante tomans en sont les émoluments....

— Je m'en contenterai.

— Peut-être, vu votre âge.... Vous avez trente ans?

— Trente-cinq.

— Peut-être donc, vu votre âge, aurez-vous, dans les premiers jours, beaucoup à souffrir....

— Je prendrai mon mal en patience.

— L'initiation, je ne vous le cacherai pas, sera... douloureuse.

— Qu'importe! pourvu que je sois reçu.

— Vous avez bien fait toutes vos réflexions?

— Toutes.

— Vous quitterez la France sans regret? vos parents, vos amis, vos foyers...

— Sans regret.

— Songez encore, ce que j'oubliais, qu'en devenant coja vous devenez aussi musulman!

— Je deviendrai derviche, s'il le faut; j'irai à la Mecque pieds nus, et je ne mangerai jamais de porc, et je ne boirai jamais de vin... qu'en cachette, comme doit le faire tout bon sectateur de l'islam.

— Vous le jurez?

— Je le jure!

— Allez m'attendre dans cette pièce. »

Il n'était pas sorti qu'un second postulant se présentait, et après lui ses autres concurrents. Je les renvoyai successivement. Trop jeunes ou trop vieux, trop gras ou trop maigres, bossus, boiteux, manchots, borgnes ou sourds, tous étaient tellement défectueux, que je n'aurais osé prendre sur moi de m'en charger. Car, cher éditeur, les volontés de Moussa-Nadir étaient bien que son coja fût l'homme de France le plus laid, mais non qu'il fût affligé de l'une des infirmités capitales dont je viens de faire l'énumération. Si dignes qu'elles fussent d'embellir en mal un individu quelconque, elles ne pouvaient convenir à l'emploi dont il est question. Il en résultait donc qu'après avoir bien fouillé parmi les parias, les ilotes, ou, si vous le voulez, les déchets de Paris, celui qui me convenait le mieux, sous tous les rapports, c'était mon premier solliciteur.

Voulant lui apprendre sans retard cette heureuse nouvelle, je me dirigeai vers la pièce dans laquelle je lui avais dit de se retirer. Au moment où je mettais la main sur le bouton de la porte, il me sembla entendre chuchoter non loin de moi; surpris, je retirai ma main et j'appliquai mon œil au trou de la serrure. Une jeune fille, aussi fraîche que jolie, et surtout délicieusement faite, était, vêtue en Persane, nonchalamment étendue sur un divan, tenant sur ses genoux une *tarr*, espèce de guitare mongole, sur laquelle se promenaient de temps à autre ses petits doigts. Assis à ses genoux se tenait un jeune homme. Quelle ne fut pas ma stupéfaction en reconnaissant dans la jeune fille l'odalisque favorite de Moussa-Nadir, et dans le jeune homme mon futur coja!... Ils s'entretenaient à demi-voix; je prêtai l'oreille.

« Est-il possible! disait le jeune homme. Quoi! *Fifine....*

— Monsieur, répliqua vivement la jeune fille, je vous l'ai dit et je me plais à vous le répéter, je ne suis plus Fifine, ici je me nomme *Zuleïma*.

— C'est un joli nom!

— N'est-ce pas?

— Mais comment se fait-il que je vous trouve en ces lieux profanes?

— Par une raison toute simple, c'est que j'y suis la *fleur du matin*, la *rose blanche*, l'*anémone chérie* d'un khan.

— Khan!

— Pas de mauvaise plaisanterie, monsieur, ou sinon.... Mais vous-même, comment vous rencontré-je dans le sérail?

— Adorable Fif..., je veux dire Zuléïma, j'y viens pour remplir un poste éminent, un poste tout de confiance.

— Et lequel?

— Celui de coja.

— Vous dites?

— Je dis celui de coja.

— Répétez encore?

— Vous êtes sourde, séduisante Zuléïma?

— Pas le moins du monde, dit en éclatant de rire la jeune fille.

— Alors pourquoi abuser ainsi de ma patience?... Ah! perfide *rose blanche*, vous ne m'aimez plus!

— Au contraire, je t'adore.

— Bah! vraiment, *belle anémone*, tu m'adores!

— Je t'idolâtre, surtout depuis que je sais que tu vas devenir le coja de Moussa-Nadir.... Ah! ce pauvre *Bouju* qui va être métamorphosé en vieillard! dieux! va-t-il être drôle ainsi!

— En vieillard? répéta le jeune homme.

— Le fait est, Bouju, poursuivit la jeune fille sans paraître prendre garde à l'exclamation de son interlocuteur; le fait est que si jamais quelqu'un fut créé et mis au monde pour aller en Perse en cette qualité, c'est toi. Je défie le plus habile naturaliste de me montrer un mammifère d'une physionomie plus ingrate que la tienne, — ça, je suis obligée de le reconnaître.

— En vérité, *fleur du matin* trop aimable, je ne comprends rien à tout ce que tu me dis de plus ou moins flatteur.

— Allons donc! Bouju, ne fais donc pas l'ignorant, tu sais bien qu'en Perse *coja* est synonyme de *vieillard*, et que *vieillard* est synonyme... d'*eunuque*. »

A ces mots, le jeune homme faillit se trouver mal.

— Jamais, jamais!... eu..eunuque..., moi!

— Tu es fou. Le malheur t'abrutit.

— Eh bien, c'est ce que nous verrons! » fulmina-t-il en se disposant à sortir.

Si je voulais l'arrêter, il n'y avait pas un instant à perdre. J'ouvris brusquement la porte et m'élançai à ses trousses. Au même instant il poussait la porte opposée; je ne pus saisir que le pan de son habit, dont il me resta moitié dans la main. Depuis lors, je n'ai jamais plus entendu parler de lui. Quant à Moussa-Nadir, il fut obligé de renoncer à son caprice et d'aller encore en Éthiopie chercher ses cojas.

A l'époque où *l'ombre du Très-Haut sur la terre*, — c'est ainsi que nos usages veulent que nous désignions humblement notre glorieux souverain; — à l'époque, dis-je, où ce *roi des rois*, ce *prince plus grand que le ciel*, daignait envoyer au schah des Français un ambassadeur, les Persans, à Paris, étaient fort connus et fort appréciés. Ils faisaient des dettes comme de grands seigneurs; mais, comme tels, ils payaient rarement. Ils agissaient, au reste, avec tant de bonne grâce, qu'il était impossible de prendre la chose en mauvaise part. Un créancier se présentait-il chez eux, aussitôt ils l'invitaient à s'asseoir, lui offraient le narguileh, et le renvoyaient au bout d'une demi-heure de silence avec force *sala, malecs*. Je crois, ô éditeur trop aimable, que cet expulsif équivaut à ce que chez vous on appelle *de l'eau bénite de cour*. Quoi qu'il en soit, il ne manquait jamais son effet.

Le dernier ambassadeur de Perse à Paris se nommait Hussein-Khan. C'était un Célador dans toute l'acception du mot. Pas de petit-maître plus coquet, plus recherché dans sa mise, plus amateur du beau sexe, tranchons le mot, plus mauvais sujet; et cependant Hussein-Khan avait soixante ans. Le lendemain du jour où il fit son entrée à Paris, il ne fut question que de lui. Les Parisiens n'en déparlèrent pas. Il y avait longtemps qu'une curiosité exotique ne leur était tombée sous les yeux, et, comme vous dites si plaisamment ici, *le besoin s'en faisait généralement sentir*.

« Vous avez vu l'ambassadeur persan? disait-on à droite et à gauche.

— Oui, et vous?

— Moi? certainement. Quelle belle barbe blanche!

— Vous voulez dire quelle belle barbe noire?

— Du tout, blanche.

— Allons donc! noire.

— Je vous dis qu'elle est blanche, je l'ai vu hier soir.

— Je vous dis qu'elle est noire, je l'ai vu ce matin.

— Messieurs, messieurs, s'écria quelqu'un à ce moment, ne vous échauffez pas, vous avez tous deux raison. Pourquoi, voulez-vous le savoir? C'est que Son Excellence ressemble aux jolies femmes qui, sur le retour, veulent *réparer des ans l'irréparable outrage*, elle se teint avec du *hénné*, non les cheveux, puisqu'elle n'en a pas, mais la barbe. »

Hussein-Khan alla à Londres et à Vienne, mais il préférait le séjour de Paris. Le gouvernement français mit à sa disposition un hôtel, et voulut pourvoir à toutes ses dépenses ainsi qu'à celles de sa maison. L'hôtel ne valait peut-être pas le *Scadet Abad* destiné aux ambassadeurs à Téhéran, mais il n'en était pas moins confortable et digne de l'illustre envoyé du schah. Hussein-Khan ne sortait jamais qu'en voiture. On le rencontrait toujours aux Champs-Élysées; c'était sa promenade de prédilection. Elle lui rappelait la fameuse avenue de *T'charbag*, qui n'a pas moins de trois mille mètres de longueur, et qui, outre quatre rangs de platanes, a été bordée sous la direction du schah Abbas, le Louis XIV de la Perse, d'une foule de jardins, de maisons de plaisance, de canaux, de bassins et de kiosques. Frileux comme un Turc, Hussein-Khan était toujours enveloppé de triples fourrures. Beaucoup, le rencontrant au cœur de l'été dans ce grotesque équipage, le prenaient pour un malade en convalescence. Beaucoup d'autres pensaient bonnement que c'était un *rider* qui, voulant courir les chances d'un *steeple-chase*, était en entrain de maigrir. Les Orientaux ne font rien sans motif. Le malin vieillard entendait tout et ne disait rien, — mais *il n'en pensait pas plus*.

Sa mission ne devait pas se borner à dire, suivant la formule consacrée, au schah des Français : « Grand prince, le plus humble de tes « esclaves vient au pied du trône resplendissant de gloire de ta Sublime « Majesté, te présenter le salut de son très-puissant souverain et maître, « et te porter une lettre contenant des paroles qui sont comme autant « de perles tirées du fond de la mer de l'amitié, » il avait encore reçu l'injonction d'étudier les us et coutumes du pays, afin d'en faire un rapport dont la Perse pût tirer parti. Un jour, voyant une émeute, il demanda ce que c'était.

« Excellence, lui répondit son cicerone, c'est une petite distraction que se donne la police à soi-même.

Flatté de la réponse, Hussein-Khan, tirant son calepin, écrivit dessus :
« La police de Paris, quand elle n'en a pas, se crée elle-même de
« l'occupation : elle fait des émeutes afin de pouvoir les défaire. C'est
« une manière comme une autre de prouver son zèle au gouvernement.

Vivante image de leur maître, les gens de Son Excellence agissaient
comme elle : ils entretenaient des houris et ils les payaient. Car ils pouvaient bien ne pas solder leurs mémoires ; — les mémoires sont des valeurs qui n'ont pas d'échéance certaine, on les a bientôt oubliés ; au
lieu que les houris, c'est bien autre chose ! On les oublierait, qu'elles ne
s'oublieraient pas.

Quoi qu'il en soit, nos braves Persans étaient généreusement rétribués ;
Hussein-Khan avait la main large : mais si à leur aise qu'ils fussent, ils
ne l'étaient pas encore assez pour agir comme ils le faisaient. Ne pouvant
y subvenir, et ne voulant cependant pas qu'on les prît pour ce qu'ils
étaient, c'est-à-dire d'obscurs serviteurs, et non d'adroits compères qui,
grâce à leurs largesses et à leur costume, s'étaient fait passer pour des
gentilshommes d'Ispahan, ils eurent recours à un expédient. Le fait est
curieux. L'un d'eux s'adresse à M. Jouannin, et lui exprime en termes
pathétiques l'état de détresse dans lequel se trouve la maison de l'ambassadeur. Suivant lui, les gens de Son Excellence manquent de tout :
leur pénurie est complète ; ils n'ont plus rien à se mettre sur le dos.
Tout le monde a connu ce pauvre M. Jouannin ; c'étaient la bonté, l'obligeance et la bonhomie personnifiées. Il va trouver le ministre et lui
expose l'humble requête des Persans. Fidèle à ses engagements, le ministre donne immédiatement des ordres, et aussitôt arrivent à l'hôtel de
Hussein du linge, des souliers, des bottes, des effets de toute sorte,
de quoi vêtir tout un bataillon. Heureux de sa négociation, M. Jouannin
retourne le lendemain même chez l'ambassadeur, afin de s'assurer par
lui-même si tout a bien été exécuté conformément à ses désirs. Au moment où il arrivait à l'hôtel, une foule de marchands d'habits stationnaient
sous le porche. Surpris de cette affluence, il va aux informations : on lui
répond que ces braves gens attendent le *kapoudgi* de Son Excellence,
qui a une masse d'objets à leur vendre.

« Ce sont sans doute les défroques de la maison, » se dit M. Jouannin,
et il passa outre.

Mais il ne tarda pas à reconnaître qu'il avait été dupe de son trop de
confiance ; bientôt il apprit que, loin de se servir pour leur propre usage
des effets qui venaient de leur être envoyés, les Persans les avaient,
comme vous dites pittoresquement, *lavés*.

Pendant le peu de temps que Hussein-Khan resta à Paris, il avait trouvé le moyen de dépenser beaucoup plus que son budget ne le lui permettait. La veille de son départ, il consulte sa caisse, elle était vide; il retourne les poches de ses habits, elles ne contenaient pas un para. Dans cette extrémité, il eut recours à M. Jouannin.

« Fais-moi le plaisir, lui dit-il, d'aller trouver le gracieux vizir qui m'a si bien accueilli; apprends-lui que Hussein-Khan a besoin d'argent, qu'il se sacrifie à ses souhaits, et lui désire toutes sortes de prospérités. »

Le gracieux vizir fut sensible aux vœux de l'ambassadeur, mais insensible, cette fois, à sa demande.

« Retournez vers Son Excellence, répondit-il à M. Jouannin, donnez-lui l'adresse de M. H***, et souhaitez-lui de ma part un heureux voyage. »

M. H*** est le banquier des consuls et des ambassadeurs. — ce qui ne veut pas dire qu'il mette son portefeuille à leur indiscrétion.

« Que jamais je ne puisse franchir l'*El-Serat*, eut beau lui dire Hussein-Khan, si, de retour à Téhéran, je ne m'acquitte pas envers toi. »

M. H*** connaît son Orient. Il a lu Hammer et Hafiz. Il sait que l'*El-Serat* est un pont de la largeur du fil d'une toile d'araignée, sur lequel les musulmans, vêtus à peu près comme l'étaient vos preux d'autrefois, le casque en tête, le panache au vent, le *djérid* à la main, et leur coursier couvert d'une peau de tigre, doivent passer au triple galop pour aller en paradis: qu'il n'y a point d'autre chemin, et que la rivière qui coule au-dessous est l'enfer.

« J'en suis désolé, dit-il, mais Votre Excellence me donne là une garantie qui n'a pas cours à la Bourse.

— Je te ferai décorer du *Soleil* de Perse. »

Le Soleil de Perse n'a du soleil que le nom ; ses rayons se composent d'émeraudes et de rubis de la plus éclatante fausseté, le tout enchâssé dans du chrysocal. M. H*** ne l'ignorait pas.

« Tant de bonté me rend confus, répliqua-t-il en s'inclinant jusqu'à terre ; mais j'aimerais autant une signature connue sur la place.

— Je t'offre la mienne, elle l'est, j'espère, bien assez.

— Elle l'est même beaucoup trop, murmura l'inflexible capitaliste, c'est ce qui lui ôte sa valeur : en France, nous avons la sotte habitude de n'attacher de prix qu'aux choses qui sont rares.

— Ne parviendrai-je pas à dépister un banquier plus accommodant que toi ? On m'avait cependant dit qu'à Paris l'on trouvait de tout.

— De tout, il est vrai, excepté des banquiers faciles. »

Hussein-Khan rentra à son hôtel fort désappointé. Il passa la nuit en réflexions très-peu gaies. A l'aube du jour, une idée lumineuse lui était venue. Il rassemble ses bijoux, ses pierreries, les met dans une boîte et les envoie à M. H***. M. H*** n'est pas un prêteur sur gages, et cependant il se laissa cette fois attendrir. L'abnégation de Son Excellence l'avait touché jusqu'aux larmes. Bien certain que ses bijoux étaient aussi *vrais* que le *Soleil* de Perse l'est *peu*, il envoya à Hussein-Khan trente mille francs.

Mais notre pauvre ambassadeur n'était pas au bout de ses tribulations. Instruit de sa prodigalité et de ses conséquences, le schah, aussitôt le retour de Hussein-Khan à sa cour, le fit venir au palais, lui reprocha vivement sa conduite, et termina l'admonition en lui faisant appliquer paternellement la bastonnade.

La bastonnade, en Perse, est un correctif d'une efficacité merveilleuse. Elle n'a aucun rapport avec le knout des Russes. Le knout tue, la bastonnade corrige et rend souple. C'est une sorte de gymnastique. Ceux qui la reçoivent s'en trouvent bien ; fort peu en sont morts. Hussein-Khan en éprouva de si heureux effets, qu'il rentra bientôt après en faveur, et M. H*** dans ses écus.

Il y a un an, deux princes persans, — l'histoire n'a pas conservé leurs noms, — vinrent à Paris. Tous deux étaient jeunes et fort amateurs de plaisir. Leurs aventures en tout genre furent nombreuses. Je n'ai pu recueillir que ce qui avait trait à celui qu'en raison de la couleur de soufre de son costume, on avait surnommé *le Chat-Jaune*. C'était un garçon de bonne mine, à la taille petite, mais bien prise, aux yeux vifs, au front haut, aux dents blanches, à la parole ardente et moqueuse. Pendant trois

mois, il mena grand train. Chez lui, on le trouvait toujours assis le dos
appuyé sur un coussin de satin jaune, vêtu d'une robe de même étoffe.
sur laquelle retombait sa barbe plus longue et plus noire que fournie.
Les parements de sa robe, de couleur verte ou rose, remontaient jusqu'au coude. Deux beaux bracelets de forme ronde, en pierres fines,
ornaient la partie supérieure de ses bras. Au lieu de kalpack, il portait
une espèce de tiare, dont un tissu de perles, semé de rubis et d'émeraudes, formait le rebord. Une aigrette en pierreries était placée sur le
devant de cette coiffure et surmontée de trois plumes de héron. Un riche
poignard passait dans un ceinturon que relevaient de belles émeraudes et
auquel était suspendu un superbe damas.

Le Chat-Jaune se prétendait l'un des cent quatre fils de Féth-Ali-
Schah. Sa hardiesse était sans égale. S'il eût eu en sa possession le diamant *kouhi-nour* (montagne de lumière), peut-être n'eût-il pas hésité à
se présenter comme le schah régnant lui-même venu en France *incognito*. On ne voyait que lui dans les lieux publics. L'Opéra était son
rendez-vous de prédilection. Il avait loué une stalle du milieu, afin de
jouir plus à son aise du rond de jambes des danseuses. Armé d'une
énorme lorgnette, il la tenait continuellement braquée vers la scène. Le
spectacle terminé, il envoyait le *mouchoir* à celles des *aliméhs* ou sylphides dont les pirouettes l'avaient le plus charmé. De leur côté, en-
chantées d'avoir obtenu ses suffrages, les sylphides se montraient rarement cruelles. Toutes tenaient à mériter son estime et à justifier ses cadeaux. Le corps du ballet a conservé le plus doux souvenir des brocarts
de Yezd, des colliers du Khoraçan et des perles de l'île de Bahhreïn
que l'illustre rejeton des Khosroës lui a prodigués.

Une fois cependant l'attention du noble étranger se trouva distraite.
Sa lorgnette, un instant détournée de la scène, s'était arrêtée sur une
loge, laquelle contenait la plus ravissante tête de jeune fille. Transporté
d'admiration et d'amour, il ne songea qu'au moyen de se rapprocher d'elle.
Ce soir-là, les sylphides eurent tort. Le Chat-Jaune avait continuellement
auprès de lui deux esclaves.

« Va-t'en, dit-il à l'un d'eux en lui désignant la loge, va-t'en demander
au respectable indigène qui accompagne cette *fleur de beauté* s'il veut
bien, pour vingt-quatre heures, m'accorder sa fille en mariage. Tu lui di-
ras que je veux que *la prunelle de mes yeux soit le sentier de ses pieds.* »

Ceci se passait pendant un entr'acte.

L'esclave partit, et revint dix minutes après en disant :

« Seigneur, le respectable indigène vers lequel tu m'as envoyé m'a

répondu sans détour que si tu n'étais pas ce que tu es, il te donnerait
non sa fille, mais une volée de coups de canne. — Chéfy, cet impur a
perdu la tête, répliqua le Chat-Jaune en haussant l'épaule; il n'a pas su
apprécier l'insigne faveur que je lui réservais. Je lui pardonne. »

Pourquoi, ô éditeur moraliste, froncer ainsi le front? Chez nous, de
la part de nos souverains, cet usage n'a rien qui surprenne. Dernièrement Méhémet-Schah, notre bienveillant et tout-puissant maître, — que
l'ange Gabriel, à l'heure éloignée de sa mort, ne manque pas de l'enlever
par sa houppe! — apprit qu'une jeune fille d'une beauté extraordinaire
habitait à Chiraz. Il la fit demander à son père pour trois jours. Méhémet-
Schah, — que son nom ne cesse de briller entre tous les autres! — était,
tu le vois, moins discret que le Chat-Jaune. La jeune fille venait d'être
fiancée; mais trop grand était l'honneur que lui faisait son souverain
pour qu'on hésitât à condescendre à ses désirs. Méhémet-Schah, — qu'Ali
ne cesse de l'aimer! — reçut la jeune fille avec toutes sortes de joyeuses
démonstrations, passa trois jours avec elle au milieu de fêtes plus brillantes les unes que les autres; après quoi il la fit reconduire chez son
père avec de riches présents.

Peut-être t'imagines-tu que le fiancé, à la nouvelle de cette impériale
fantaisie, aura renoncé à ses projets de mariage? Au contraire: non moins
flatté que son beau-père de la suprême distinction avec laquelle avait été
traitée sa future, il hâta le jour de son union avec elle, afin de couronner
l'édifice dont notre invincible souverain, — qu'Allah le bénisse et le
maintienne! — avait daigné poser la première pierre.

Nous sommes de deux cents ans plus jeunes que vous : or, il y a deux
siècles, n'aviez-vous pas, chez vous, les charmants droits du seigneur?

Le Chat-Jaune resta trois mois à Paris. Ces trois mois écoulés, il fut
obligé de déguerpir. Déguerpir est le mot, et voici pourquoi. Un jour,
son secrétaire lui lisant les journaux, son attention fut fixée par ce passage emprunté au *Sémaphore* de Marseille :

« Suivant les dernières lettres de l'Orient, un domestique de l'ambas-
« sadeur persan à Stamboul se serait emparé de la caisse de son maître,
« laquelle, outre d'importantes valeurs, contenait une quantité considé-
« rable de bijoux, et aurait aussitôt pris la fuite. On est depuis longtemps
« déjà à sa recherche. Tout fait présumer qu'il aura cherché un refuge
« à Paris. »

Ces sortes de nouvelles ainsi propagées ont un avantage, c'est celui de
mettre les coupables en éveil, et de leur offrir les moyens de se soustraire aux poursuites dont ils sont l'objet.

Le soir même, notre Chat-Jaune avait disparu.

Son départ laissa un grand vide parmi les danseuses. Beaucoup, en considération de ses largesses, lui auraient pardonné d'être quelque chose de moins que l'un des cent quatre fils de Féth-Ali-Schah. Les plus éplorées cherchèrent à savoir de quel côté il avait dirigé ses pas : ce fut en pure perte. On est encore à l'apprendre. Son confrère paya pour lui : il fut arrêté ; mais on le retint le moins possible en prison. L'enquête faite à ce sujet ayant démontré qu'il était véritablement prince, et qu'il n'avait rien de commun avec le fugitif, il fut relâché. Il n'avait subi qu'une prévention de *douze semaines*, le temps nécessaire pour écrire à Ispahan et recevoir une réponse.

· · · · · · · · · · · · · · · · ·

Et maintenant, ô magnanime éditeur, je m'arrête. A peine ai-je effleuré mon sujet, et déjà je m'aperçois que j'ai dévoré l'espace, bien court, du reste, qu'il t'avait plu de m'accorder. Ai-je rempli ton but? Ai-je répondu à tes espérances? Ai-je avec autant de succès que tu l'aurais voulu, que beaucoup de tes co-hommes l'ont fait, torturé cette belle langue française, la langue universelle aujourd'hui? Que le public en soit juge. On ne me refusera pas du moins l'intention. Si j'ai échoué, l'on me pardonnera en songeant que je suis étranger. A ce titre, et bien que je sois depuis de longues années déjà à Paris, je ne puis encore posséder toutes les ressources, toutes les finesses, toutes les subtilités d'une langue que je n'ai point apprise en naissant.

A Paris, le 8 de la lune de gemmadi

MALECK-ZADÈH.

LES TURCS A PARIS

LE TURC.
Le titre de cet article, il y a seulement

TH. FRERE   LE VALCHI

vingt-cinq ans, eût passé au moins pour une étrangeté. Paris n'avait jusqu'alors vu circuler dans ses rues qu'à de longs intervalles ces graves
figures à barbe, devenues si rares aujourd'hui, vêtues de caftans aux
plis soyeux, coiffées du caouk de feutre drapé, et enturbanées d'une
vingtaine d'aunes de mousseline des Indes, lesquelles composaient le
personnel des ambassades extraordinaires envoyées chez nous par la Sublime Porte Ottomane.

Quant aux touristes poussés hors de chez eux par le désir de se distraire ou de s'instruire, il ne s'en était peut-être pas rencontré un seul
exemple avant les réformes du sultan Mahmoud. C'est d'ailleurs, comme
on sait, un point de dogme chez les musulmans de ne pas se souiller au
contact des infidèles; et les marchands que leurs affaires amenaient dans
nos ports, bien loin de songer à faire le pèlerinage de la grande capitale,
n'avaient rien de plus pressé que de retourner fouler le sol natal, et d'aller
se purifier, par les ablutions et la prière, dans quelque mosquée réputée
sainte, celle d'Eyoub, par exemple, à Constantinople.

Aussi était-ce tout un événement dans le monde parisien que l'arrivée
de ces superbes diplomates que chacun voulait voir passer au moins dans
la rue, et que les plus heureux ou les mieux protégés allaient visiter dans
leur hôtel, ainsi que nous avons depuis visité la girafe, le dey d'Alger,
don Miguel, Sidi-Ben-Arach et autres excentricités, et comme nous irons
saluer quelque jour peut-être Abd-el-Kader ou le dey marocain Abd-
er-rahman.

Beaucoup se rappellent encore l'ambassade du fameux Halet-Efendi,
sous l'empire, et les cachemires merveilleux qu'il donna en présent à
quelques dames, sans compter les tissus de contrebande que les gens de
sa maison vendaient à la barbe des douaniers impériaux. La guerre de
l'empereur contre l'Europe vint, à cette époque, intercepter toutes les
communications entre Paris et Constantinople; et le représentant du padischah, du *dispensateur des couronnes*, du *possesseur de Damas*, *odeur
du Paradis*, l'envoyé de l'*ombre de Dieu* sur la terre, se trouva, par force
majeure, privé de ses appointements et réduit aux expédients pour subvenir à ses premiers besoins.

Or, je vous le demande, qu'est-ce qu'un ambassadeur sans le sou, fût-ce
l'ambassadeur d'un padischah? Des actes de chancellerie ne sont pas, par
malheur, des effets négociables à la Bourse. Il est plus aisé de traiter de
la paix et de la guerre avec les cabinets de l'Europe, que d'annuler une
échéance quand on a souscrit des billets. On n'envoie pas un ultimatum
à un créancier récalcitrant, et la justice du tribunal de commerce est

basée sur cet inamovible principe, qu'il faut payer ses dettes même lorsqu'on n'a pas d'argent.

Halet-Efendi, le somptueux favori du sultan Mahmoud, eut beau invoquer tous les saints du paradis islamique, lire et relire les sourates du Koran, consulter son *imâm* (aumônier), son cuisinier, ses secrétaires, son portier, et les orientalistes qui se chargeaient de son *exhibition* en public, il ne put trouver une raison pour rétorquer les petits carrés de papier timbré qui pleuvaient des quatre coins de Paris à son hôtel.

Le moment arrivait cependant où la honte d'un jugement consulaire allait descendre sur la splendeur de son nom. Il fallait une inspiration d'en haut. Cette inspiration arriva.

L'ambassadeur se fit apporter son écritoire et ses calems de roseau taillé, et, roulant entre ses doigts une belle feuille de vélin glacé, il écrivit à l'empereur Napoléon une lettre noble et touchante, dans laquelle il suppliait Sa Majesté de lui avancer la somme nécessaire à l'extinction de ses dettes.

L'empereur répondit le jour même, et fit don à l'ambassadeur du double de la somme qu'il avait demandée à emprunter.

Ce trait du grand empereur est de la plus complète authenticité, et je le consigne ici, parce qu'il ne me souvient pas de l'avoir jamais vu rapporter ailleurs.

Les temps sont bien changés depuis l'ambassade d'Halet-Efendi. Outre que la guerre générale n'est pas à nos portes, et que le grand empereur dort avec sa gloire sous le dôme des Invalides (singulier rapprochement de mots qui est de l'histoire aussi cependant), nos honorables représentants ne seraient pas aussi généreux des deniers publics quand il s'agit d'autre chose que de la pêche de la morue, leur idéal, comme on sait, ou de la protection illimitée des électeurs herbagers qui font les députés, et des huit ou dix gros propriétaires de mines de charbons qui font les électeurs, et dont la spécialité est de rendre jusqu'à présent les chemins de fer improductifs.

C'est de la réforme opérée dans ses États par sultan Mahmoud que date la venue des voyageurs turcs à Paris. C'est aussi depuis ce temps que les ambassades ottomanes ont été choisies parmi les fonctionnaires les plus intelligents et les plus distingués de la Porte, et que le gouvernement et les riches dignitaires de l'empire ont envoyé des jeunes gens étudier chez nous les sciences et les arts du monde civilisé.

Nous avons donc à passer en revue trois catégories de Turcs à Paris :

les ambassades, — les étudiants — et enfin les simples touristes amateurs.

Pour commencer par la partie sérieuse de notre sujet, nous donnerons la préséance, comme de raison, aux ambassades, et nous enregistrerons aussi brièvement que possible les personnes remarquables qui les ont composées. Les deux plus illustres de ces missions furent, sans contredit, celles de S. Exc. Réchid-Pacha et de S. A. Ahmed-Féthi-Pacha.

Réchid-Pacha est pour la troisième fois ambassadeur à Paris, après avoir occupé, avec une incomparable habileté, le poste de ministre des affaires étrangères pendant la fameuse crise égyptienne qui faillit naguère mettre l'Europe en feu. Assez de biographes ont raconté comment cet habile politique, âgé aujourd'hui d'une quarantaine d'années seulement, fut d'abord un poëte élégant, puis un employé du ministère des affaires étrangères, puis un ambassadeur, puis un ministre d'État; assez de personnes du monde ont été et sont tous les jours à même d'apprécier l'esprit fin et délicat, le tact exquis, l'urbanité toute française de ce représentant de la nouvelle Turquie, pour que nous puissions nous dispenser de répéter des éloges acceptés désormais par tous comme une incontestable vérité.

Un fait achèvera de le peindre.

Le 29 juillet dernier, une foule immense s'était portée vers la place de la Concorde, afin de voir de plus près le feu d'artifice tiré en l'honneur des victimes de la révolution de 1830, et les magnifiques illuminations des Champs-Élysées. Réchid-Pacha avait mis obligeamment son hôtel à la disposition d'une société aussi élégante que distinguée. Des députés, des diplomates, des artistes circulaient dans les vastes salons du rez-de-chaussée, qui tous resplendissaient de lumières. Aux dames avaient été réservés les appartements particuliers de Son Excellence, dont les fenêtres ouvrent immédiatement en face de la place. Vêtu avec une extrême simplicité, l'ambassadeur se promenait de long en large dans la grande allée de son jardin, tantôt fumant son tchibouck et s'entretenant familièrement avec ses secrétaires, tantôt répondant avec affabilité au salut des personnes qui venaient l'aborder; le plus souvent s'occupant lui-même de caser ses hôtes, et veillant avec une galanterie toute française à ce que les dames fussent convenablement placées.

La fête terminée, de nombreux domestiques paraissaient armés de plateaux couverts de glaces et de sorbets, lorsque soudain des cris affreux se font entendre : c'est la foule qui, satisfaite du spectacle auquel elle vient d'assister, veut refluer dans Paris, tandis qu'une autre foule, qui n'en a pas assez vu, s'avance en sens opposé et lui ferme ainsi toute

S. E. Aali Efendi.   Nedim Efendi.   S. E. Rechid Pacha.

LE TURC.

issue. Le choc est terrible. Repoussés sur eux-mêmes, des femmes, des enfants, des vieillards, des hommes même dans toute la force de l'âge, sont renversés, asphyxiés ou cruellement écrasés!...

A la vue de cette affreuse mêlée, l'ambassadeur fait un signe; et tandis que ses domestiques, avec un courage digne de grands éloges, vont arracher des victimes du sein de cette mer agitée, lui-même, du haut du mur de son jardin, soulevant dans ses bras plusieurs personnes évanouies, les soustrait à une mort presque certaine, leur fait administrer les soins les plus empressés par le jeune et habile médecin de l'ambassade, et veille à ce qu'elles ne soient transportées chez elles qu'alors que leur état le leur permet sans danger.

Les journaux de Paris ont bien quelque temps gardé rancune à Réchid-Pacha pour le fameux traité du 15 juillet et pour la brusque terminaison de l'affaire égyptienne par l'intervention en Syrie; ce qu'ils ne lui pardonnaient pas surtout, c'était d'avoir enterré sous les ruines de Saint-Jean-d'Acre, ce boulevard inexpugnable réduit en cendres en trois heures, leurs magnifiques plans de campagne et leurs dithyrambes sur la puissance de Méhémet-Ali.

Mais aujourd'hui qu'on y voit clair, aujourd'hui que le gouvernement et la presse ont reconnu, à n'en pas douter, qu'ils ne savaient pas un mot de la question qu'ils traitaient, on pardonne à Réchid-Pacha de n'avoir pas sacrifié les intérêts qui lui avaient été confiés par son souverain pour sauver quelques petites vanités compromises.

Celui qui écrit ces lignes sait mieux que personne quelles sympathies Réchid-Pacha a toujours manifestées pour la France, dans ces temps difficiles où il eut le courage de refuser aux instances réitérées des ennemis de la France le renvoi des Français alors au service du gouvernement turc. Combien peu de nos hommes d'État, en pareille circonstance, auraient hésité à sacrifier leurs créatures et leurs amis, et quelles belles phrases ils n'auraient pas manqué de trouver dans le sac de leur rhétorique pour mettre leur lâcheté et leur ingratitude sur le compte de la grandeur d'âme et de la dure nécessité!

L'ambassadeur actuel de la Porte à Londres, S. Exc. Aali-Efendi, a débuté en Europe comme conseiller d'ambassade de Réchid-Pacha, dont il est l'un des élèves les plus distingués. C'est à Paris qu'il s'est initié aux secrets de la politique européenne, à notre civilisation, à nos arts, à nos sciences, et qu'il est parvenu en peu de temps, comme son illustre modèle, à parler et à écrire notre langue avec correction et facilité. Aali-Efendi n'a pas plus de trente ans, et il a déjà occupé les postes de conseiller d'ambassade, de sous-secrétaire d'État au département des affaires étrangères à Constantinople, et enfin d'ambassadeur à Londres. C'est un des meilleurs esprits du parti réformiste, et nous le verrons, sans aucun doute, entrer dans la composition du premier cabinet que le sultan appellera aux affaires, quand le système de réaction aura fait son temps.

Il a été remplacé dans les fonctions qu'il remplissait à Paris par Nédim-Efendi, que la mort vient de frapper à l'instant même où nous écrivons ces lignes. Également élevé à l'école et sous les yeux de Réchid-Pacha, qui, comme les sultans Mahmoud et Abdul-Meujid, avait reconnu en lui des qualités rares, Nédim-Efendi occupait son poste avec distinction. Les connaissances profondes en politique et en diplomatie qu'il avait acquises par un long séjour en Europe, jointes à son âge, — trente-deux ans, — lui promettaient le plus brillant avenir. Homme de progrès et de sens, il secondait son illustre protecteur avec autant de dévouement que de modestie. Sa fin prématurée a douloureusement affecté les nombreux amis qu'il avait su se faire en France par l'aménité de ses relations, son esprit, ses talents, et surtout son excellent cœur.

Fuad-Efendi, aujourd'hui ambassadeur extraordinaire en Espagne, n'était pas attaché à l'ambassade de Réchid-Pacha, quand il accompagna Son Excellence à Paris, c'était un simple visiteur. La presse espagnole s'est chargée de publier sa galanterie envers les dames et le charme de ses conversations spirituelles et pleines de tact et de goût. Fuad-Efendi est un jeune homme de trente ans, parlant le français et l'anglais avec la plus grande facilité. Ces brillantes qualités n'excluent pas le savoir et l'habileté politique dans cet élégant diplomate, qui peut compter parmi les meilleures têtes du parti de la réforme.

S. A. Ahmed-Féthi-Pacha était ambassadeur à Paris avant la mort du sultan Mahmoud, dont il était particulièrement estimé. C'est à son intrépidité dans la dernière guerre des Russes en Turquie (1828–1829) qu'il dut son rapide avancement et ce surnom de Féthi (vainqueur) qui lui fut donné par le sultan après qu'il eut enfoncé un carré russe, sous les murs de Varna, avec un régiment de cavalerie dont il était alors colonel. Promu au grade de *férik* (général de brigade), puis à celui de *liva-pacha* (général de division), il fut enfin créé *muchir* (feld-maréchal), puis ambassadeur à Paris. Il était ministre du commerce pendant la dernière administration de Réchid-Pacha; il préside aujourd'hui le conseil suprême de justice, espèce de conseil d'État composé des ministres et de quelques hauts dignitaires de l'empire, et il s'y fait remarquer par son

patriotisme et par le courage avec lequel il combat les mesures réaction-
naires. C'est à lui que l'on doit la chute du fanatique ministre des finances
Nafiz-Pacha, qu'il osa attaquer en face, en plein divan, après l'assassinat
juridique du malheureux Arménien Ovaghim.

Le caractère noble et chevaleresque de Féthi-Pacha respire tout entier
dans sa physionomie franche et ouverte. En disant adieu aux vieux préjugés du fanatisme turc, il a conservé les qualités fortes et solides qui
constituent le fond de cette race osmanlique moins dégénérée qu'on ne
le croit. Personne n'est plus dévoué à son souverain, qu'il aime à la fois
comme un maître et comme le fils de son ancien protecteur. Le jeune
sultan, qui sait apprécier un aussi loyal serviteur, lui a donné en mariage,
il y a trois ans, la sultane Atiyé, sa sœur, et il est probable qu'il le rappellera au ministère aussitôt que les circonstances politiques le per-
mettront.

Dans son court passage au pouvoir, Féthi-Pacha avait préparé une foule
de projets pour la réforme ou plutôt pour la création de l'administration
turque. Entraîné trop tôt dans la chute du ministère réformiste, il n'eut
le temps que d'installer un service régulier de poste aux lettres dans les
principales provinces de l'empire, et de mettre fin aux dilapidations des
marchés de l'État par les *traitants*, en faisant prévaloir et en appliquant
le mode des concessions par adjudications. Il avait fait rédiger un code
de commerce, discuté jusqu'aux deux tiers de son texte et accepté par
une commission composée des négociants les plus éclairés de Constantinople, turcs, grecs, arméniens, français, anglais et russes. Ce recueil
nécessaire et en l'absence duquel le tribunal de commerce du pays rend
les jugements les plus incroyables, en se fondant sur l'*équité naturelle*,
sera mis un jour en vigueur; mais il serait indispensable qu'il fût précédé de quelques lois civiles sur la propriété.

Parmi les secrétaires attachés à l'ambassade de Féthi-Pacha, nous
devons citer les noms de Sami-Efendi, depuis rédacteur du *Moniteur
turc*, et auteur d'un curieux voyage en France publié en langue turque à
Constantinople; et Emin-Mouhlis-Efendi, aujourd'hui premier traducteur
de la Porte, noble et excellente nature, jeune homme plein de droiture
et de capacité, que sa trop grande modestie a seul empêché jusqu'ici de
parvenir à un emploi plus important.

Tal'ât-Efendi n'a fait que passer à Paris comme chargé d'affaires;
mais, comme il n'y avait pas d'affaires pendant son séjour à Paris, l'occasion lui a manqué sans doute pour faire parler de lui. Il a été plus heureux depuis dans son intendance de l'île de Chypre, où il a su introduire

quelques bonnes améliorations; il est aujourd'hui ministre plénipoten-
tiaire à Berlin.

Citons encore parmi les ambassadeurs turcs à Paris S. Exc. Nouri-
Efendi, mort si malheureusement, il y a une année, sur la frontière de
Perse, où il avait été envoyé par son gouvernement, en qualité de commissaire impérial, pour régler le différend qui existait alors avec la cour
de Téhéran. Nouri-Efendi n'était pas un grand diplomate; mais c'était un
excellent homme dont on pouvait rire sans le fâcher, très-habile aux
échecs et jouant le whist comme M. de Talleyrand, à qui il disputait encore la palme de la gastronomie.

Son Excellence turque ne dédaignait pas de mettre elle-même la main
à la pâte, comme on dit, quand il s'agissait de se procurer quelque bon
plat national. Elle excellait dans la confection des *beuréks*, espèce de
pâtisserie très-lourde et qui rappelle nos *gâteaux de plomb;* nul ne savait mieux piler des blancs de poulet dans un mortier avec du sucre, de
l'essence de rose et de la cannelle, pour en former cet entremets si goûté
depuis Constantinople jusqu'à Bagdad, et que l'on appelle *taouk-geuksou.*

Les cuisines de l'hôtel des Champs-Elysées n'étant pas un laboratoire
assez vaste et assez digne du talent d'un si grand artiste, c'est sur la terrasse du jardin de l'ambassade que l'excellent Nouri-Efendi établissait
parfois son cabinet culinaire. On étendait sur le sable d'une allée un tapis
aux riches couleurs; on apportait triomphalement un fourneau allumé,
et le diplomate oriental, entouré de ses garçons de cuisine comme un
sacrificateur de ses lévites, retroussait jusque par-dessus l'épaule les
larges manches de sa chemise de soie et se mettait bravement à l'œuvre.

Un matin (Nouri-Efendi avait passé la nuit plongé dans ses méditations); un matin, disons-nous, le Talleyrand turc se leva plus joyeux que
de coutume, et fit porter l'appareil culinaire dans le jardin.

Il avait médité qu'il mangerait à son déjeuner des *yolandji-dolma.*

Ce sont des boulettes de riz roulées dans des feuilles de vigne.

Il mit bas sa pelisse de renard noir, releva ses manches, passa la main
sur sa barbe, inclina sur la partie inférieure de son crâne vénérable son
rouge *fessi* dont la houppette de soie bleue lui pendait entre les deux
épaules, et, à genoux sur son tapis de prières, il commença le sacrifice
sur le fourneau de briques qui tenait lieu d'autel et où pétillait le charbon
embrasé en guise de nard et de cinnamome. Le soleil était radieux, et la
lune elle-même, curieuse sans doute de ce spectacle, entr'ouvrait avec
sa corne d'argent un petit coin du manteau bleu du ciel; les oiseaux
chantaient dans les branches des lilas; les abeilles et les papillons trô-

LE TURC.

naient sur les tulipes et sur les rosiers ; tout faisait silence autour du laboratoire en plein air. Tout à coup un pas cadencé se fait entendre sur le sable du jardin. L'ambassadeur tourne la tête pour savoir quel est l'audacieux qui ose le troubler ainsi dans son travail, et il se trouve en face de M. le comte d'Appony, l'ambassadeur d'Autriche, qui venait en grand costume lui rendre sa visite de cérémonie !

Nouri-Efendi n'était pas seulement un gastronome remarquable, il était, en outre, grand mathématicien et astronome forcené, toujours plongé dans les x, et s'intéressant beaucoup plus aux révolutions du ciel qu'à celles de la terre. Ainsi vont les choses humaines. M. de Talleyrand et Nouri-Efendi ne sont plus ; pourtant les révolutions célestes et terrestres marchent toujours leur train, comme les parties de whist ; et la gastronomie ne chôme pas plus que la diplomatie ; ajoutons, pour être vrai jusqu'au bout, que nous voyons faire plus de bons repas que de bonne politique.

Complétons cette nomenclature diplomatique en citant aussi le nom de Nafi-Efendi, dont le *Charivari* s'est plus occupé que le monde ministériel. Nafi-Efendi, élève et partisan de l'ancien régime, fit son entrée à la cour du roi des Français, à l'antique mode turque, en faisant porter sur la tête de son premier secrétaire la lettre du sultan qui l'accréditait en qualité d'ambassadeur. Il prodigua, dit-on, à la reine et aux princes, dans ses compliments officiels, les perles les plus rares de l'éloquence orientale. Il honora de sa présence quelques représentations de l'Opéra et de la chambre des députés. Le *Charivari*, qui enregistrait les faits et gestes de Son Excellence, prétend qu'il prit congé de S. M. Louis-Philippe dans un état quelque peu voisin de l'ivresse. Nous n'avons pu vérifier ce fait, assez compromettant, mais nous ouvrons nos colonnes aux rectifications de M. l'introducteur des ambassadeurs, qui seul peut démentir ou confirmer l'anecdote.

Après avoir présenté à nos lecteurs cette silhouette des ambassades turques à Paris, voyons ce que sont devenus les étudiants envoyés chez nous pour s'instruire.

Deux de ces jeunes gens que vous avez vus en redingotes de drap fermées militairement jusqu'au cou, et coiffés de ces bonnets rouges à flots de soie bleue qui vous ont fait tant de fois regretter le classique et poétique turban, sont devenus pachas.

C'est d'abord Réchid-Méhémet-Efendi, qui étudia à Paris, puis à Metz, où il suivit tous les cours d'application de l'école d'artillerie. De retour à Constantinople, après sept années passées en France, il fut nommé général et directeur de l'artillerie de Top-Hané. Réchid-Méhémed-Pacha organisa promptement et avec un succès complet le matériel et l'administration de l'établissement confié à ses soins. Quant au personnel de ses officiers, la chose était plus difficile, la plupart d'entre eux, les officiers inférieurs surtout, vieux débris des anciens *toptchis*, ne connaissant rien aux mathématiques, et toute leur science consistant dans le pointage des pièces. Le nouveau directeur ne se rebuta pas pour cela, et il fit venir de France un des officiers les plus distingués de cette arme, son camarade à l'école de Metz, pour instruire les officiers de Top-Hané; deux sous-officiers choisis parmi les plus habiles furent aussi mis à la disposition du gouvernement turc par notre ministre de la guerre.

Les études commencèrent; mais l'insubordination de ces élèves à barbes grises, le fanatisme qui les empêchait d'obéir à un chef *infidèle*, et les misérables intrigues de quelques chancelleries de Péra offusquées de voir les Français gagner du crédit quelque part, mirent peu à peu le désordre dans l'école.

Les instructeurs partirent, malgré les supplications et les sincères efforts de Réchid-Méhémet-Pacha; puis vint le revirement ministériel, qui fut précédé de la destitution du directeur de l'artillerie. Tout alors rentra dans le traditionnel désordre qu'on regrettait; des officiers prussiens furent appelés : ils changèrent le matériel et le système d'instruction, et bientôt officiers et soldats, embrouillés par les manœuvres qu'il leur fallait oublier non moins que par celles qu'il leur fallait apprendre, en surent beaucoup moins qu'aux beaux jours de leur ignorance native.

Réchid-Méhémet-Pacha fut envoyé de là à l'armée de Syrie, où il se distingua. On le fit, après la campagne, gouverneur de la citadelle de Saint-Jean-d'Acre, puis pacha de Jérusalem. On l'avait destitué à Constantinople sous prétexte qu'il était trop Français; on le destitua à Jérusalem sous prétexte qu'il était trop Turc. En désespoir de cause, il porte aujourd'hui le costume arabe et se promène dans les rues de Stamboul, en attendant qu'il plaise à la Providence de lui faire tomber dans la main un autre commandement de province ou d'armée. Malgré tout ce qu'on a pu dire et faire contre lui, Réchid-Méhémet-Pacha n'en est pas moins un homme très-éclairé, très au fait des affaires de sa spécialité, et qu'on devra se hâter d'employer de nouveau quand on voudra autre chose qu'un simulacre d'artillerie, bon tout au plus pour les jours de réjouissances publiques.

Méhémet-Emin-Efendi, qui fit aussi en France des études militaires complètes, fut, comme son ami Réchid-Méhémet, nommé général à son retour à Constantinople, et adjoint à la direction de l'artillerie. Il partagea les travaux et la disgrâce de son chef. Il est aujourd'hui simple pacha titulaire, et il attend qu'une administration plus juste sache utiliser ses talents acquis et sa rare capacité. N'étant encore que simple étudiant, suivant les cours de l'école d'état-major à Paris, il avait déjà de lui-même organisé, dans son modeste logis de la rue de l'Ancienne-Comédie, une espèce d'école préparatoire, où il admettait ses jeunes compatriotes, auxquels il démontrait les mathématiques, la physique et les principes de la langue française avec une ardeur et un dévouement dignes des plus grands éloges. A Constantinople, il continua son enseignement avec succès, tout occupé qu'il était des innombrables détails d'organisation de l'artillerie. Si jamais le gouvernement ottoman se décide à établir à Paris une école normale où se formeraient des professeurs turcs destinés à répandre l'instruction dans les provinces de son vaste empire, c'est Méhémet-Emin-Pacha qu'il devra choisir pour diriger cet utile établissement.

La plupart des autres étudiants envoyés en France ont bien profité du temps qu'ils ont passé chez nous ; nous espérons qu'ils donneront quelques jours à leur pays de bons médecins, de bons administrateurs, des savants, des artistes ; mais leurs noms n'appartiennent encore, à aucun titre, à la publicité.

Nous avons maintenant achevé la partie historique et pour ainsi dire officielle de notre sujet ; il nous reste à examiner le simple touriste turc débarqué en France uniquement pour se distraire et pour faire son éducation aux frais de sa propre bourse.

Nous avons dit que le Turc est peu voyageur de sa nature. Il craint surtout la mer ; et si vous joignez à ces motifs la répugnance traditionnelle qu'il éprouve à s'aventurer dans les pays où règne une autre foi religieuse que la sienne, vous comprendrez facilement pourquoi il figure en si petit nombre parmi les étrangers à Paris. J'en ai connu pourtant qui ont affronté les flots et les préjugés, uniquement pour venir fouler d'un pied libre l'asphalte de nos boulevards et les parquets de nos foyers de théâtres.

De ce nombre était un derviche des extrémités de l'empire et qui était parti sans un sou dans sa poche pour faire le tour du monde ou à peu près. Il avait déjà visité la Perse, l'Inde et la Chine, tantôt soldat, tantôt mendiant, tantôt au service d'un maître croyant ou infidèle, chiite ou sunni, orthodoxe ou hérétique. Il était revenu de la Chine par terre avec la mission russe jusqu'à Pétersbourg ; puis il avait visité l'Angleterre ;

puis enfin, quand je le vis, il arrivait à Paris toujours aussi pauvre, toujours aussi confiant et inventif, toujours résigné à tout ce qui pourrait le porter en avant dans sa pérégrination incessante. Il parlait un jargon composé des lambeaux de toutes les langues qu'il avait entendu parler. Faute de mieux, il entra comme cuisinier au service de Réchid-Méhémet-Pacha. Quelle cuisine ! J'en ai mangé, moi qui vous parle ; chaque jour.

E-LORSAY. E-LEROUX.

selon son caprice, il vous faisait dîner à la persane, à la chinoise, à la mongole. Je puis me flatter, grâce à Dervich-Agha, d'avoir fait le cours le plus complet de géographie culinaire-pratique qui jamais se soit fait au monde. Dieu lui pardonne ses ragoûts en faveur de l'esprit drôlatique dont il assaisonnait ses immenses démonstrations à l'appui de ses œuvres. Réchid-Méhémet-Pacha l'emmena avec lui à Constantinople, puis en Syrie, où, quittant le tablier de cuisine pour le sabre du soldat. Dervich se distingua sur le champ de bataille. J'ai depuis perdu sa trace; mais je ne serais pas étonné de le rencontrer quelque jour sur le boulevard des Italiens marchand de pastilles du sérail ou diplomate attaché à quelque mission d'Abd-el-Kader ou du dey de Maroc.

J'ai vu à Paris les deux seules voyageuses turques qui, je crois, y soient jamais venues. Elles avaient été amenées de Constantine, après la prise de cette ville, par un vieil osmanli qui les tenait enfermées avec un soin extrême. Elles ne sortaient jamais qu'en voiture, et encore les obligeait-on à tenir constamment les stores baissés. Une négresse les gardait au logis pendant que leur protecteur, qui se prétendait leur mari, allait se promener, en fumant son tchibouk, au Palais-Royal ou aux Champs-Élysées. Un jeune Turc de mes amis vint un matin chez moi et me tint, à propos de ces deux femmes, le discours suivant :

« Il faut que vous m'aidiez à accomplir un grand acte de justice et d'humanité.

— Tout à vos ordres, lui répondis-je.

— Il s'agit, reprit-il, de rendre à la liberté et de sauver de l'infamie deux pauvres créatures, mes compatriotes.

— Où sont-elles?

— Ici-même! à Paris.

— Des femmes turques à Paris? m'écriai-je. Et vous les avez vues?

— Je les ai vues.

— Et vous les connaissez?

— Je ne les connais pas.

— Au moins vous leur avez parlé?

— Je ne leur ai pas parlé.

— D'où vient cet intérêt subit? Je pense qu'elles sont jeunes et jolies.

— L'une des deux m'a paru telle. Toutefois, vous pouvez me croire, je n'agis comme je le fais que par un pur sentiment d'humanité.

— Soit! repris-je. Je vous servirai. Quand et comment voulez-vous agir?

— Je vous mettrai d'abord au fait de ce que je sais, me répondit mon ami. La plus jeune de ces deux femmes a perdu son père à l'attaque de Constantine. Elle appartient à une famille turque de Constantinople, où elle est née elle-même. Elle a plu à un grand personnage de l'armée française qui a quitté l'Afrique sans avoir pu obtenir d'elle ce qu'il désirait. L'homme qui se dit son mari ne l'est pas; il abuse de son pouvoir et de l'ignorance de la jeune femme pour la séquestrer ici, en dépit des lois, et le but de son voyage est de la mettre aux mains du puissant personnage dont je vous ai parlé, au lieu de la reconduire à Stamboul, comme il est censé vouloir le faire.

— Parbleu, mon cher, répondis-je, vous me commencez là un conte des *Mille et une Nuits*.

— Aidez-moi, répliqua-t-il, et vous aurez la preuve de ce que j'avance. »

Le soir même nous faisions la connaissance de l'osmanli de Constantine en buvant un sorbet dans le jardin du Palais-Royal. Le lendemain, nous étions au mieux ensemble, et il nous récitait des poésies turques de sa composition. Deux jours plus tard, mon ami remettait à une marchande qui avait ses grandes entrées chez les deux recluses une lettre écrite en langue turque et conçue à peu près en ces termes : « Si, comme tout porte à le croire, vous êtes retenues ici contre votre volonté, faites-le savoir par un mot à un de vos dévoués compatriotes, qui s'engage à vous délivrer et à vous renvoyer à Constantinople, votre patrie. »

Notre émissaire remit le billet aux deux femmes pendant que nous prenions des sorbets au Palais-Royal avec notre poëte constantinien. Il nous tint fort tard à nous réciter des vers, et ce ne fut que le lendemain que nous pûmes revoir la marchande.

« Eh bien, la réponse?

— La voici, » répliqua-t-elle.

Et elle nous rendit notre lettre telle que nous la lui avions donnée.

« Vous ne vous êtes donc pas acquittée de votre promesse?

— Si fait.

— Qu'ont dit les femmes?

— Beaucoup de paroles que je n'ai pas comprises.

— Ont-elles lu la lettre?

— Elles ont examiné, tourné et retourné vingt fois le papier dont vous m'aviez chargée, et elles me l'ont rendu en soupirant bien fort.

— Comment? Et pas un mot de réponse?

— Tenez, si vous voulez savoir mon avis, interrompit notre ambassadrice, ce n'est pas mauvaise volonté de leur part, mais c'est que peut-être elles ne savent ni lire ni écrire. »

La pensée était lumineuse. En effet, nous avions oublié que le cas est assez fréquent chez les femmes de province et de médiocre condition : il fallut imaginer un autre moyen.

La phrase turque composant à elle seule le billet fut apprise de mémoire par la marchande, qui, au bout d'une demi-heure d'exercice, la prononça de manière à se faire parfaitement comprendre. Nous retînmes de nou-

veau le protecteur hors de son logis, et notre négociatrice put s'acquitter
de sa mission.

Les pauvres femmes, la plus jeune surtout, bondirent de joie en apprenant quel soutien venait au-devant de leur mauvaise fortune. Elles saisirent du premier coup le système de cette correspondance, et la marchande revint à nous la mémoire chargée d'une réponse catégorique
qu'elle transmit, comme le télégraphe, sans la comprendre.

Bien sûr désormais que ses soins étaient agréés, mon ami se détermina
à l'explosion finale de l'intrigue. Profitant d'une promenade du mari, il
alla tout droit frapper au logis des deux recluses, et quand la négresse,
après avoir entre-bâillé la porte, voulut le repousser, il força la consigne et
se trouva bientôt dans l'appartement, en face de ses protégées.

Il résulta de l'explication qu'elles connurent leur droit de réclamer l'intervention de la justice pour recouvrer leur liberté. Une supplique fut incontinent adressée en leur nom à l'ambassadeur ottoman à Paris, qui fit
venir le poëte voyageur et lui demanda sévèrement ce qu'il comptait faire
de ces deux femmes. Il fut convenu qu'il les reconduirait lui-même à
Constantinople au sein de leur famille, et que le voyage serait payé par le
gouvernement turc. Mon ami pourvut à leur prompt embarquement sur
un paquebot de l'administration des postes, et nous eûmes la satisfaction
d'apprendre bientôt l'arrivée des belles constantiniennes à Stamboul.

Le touriste turc qui arrive pour la première fois à Paris suit l'un ou
l'autre de ces deux systèmes : ou il tombe dans l'excessive admiration, ou
il affecte de ne s'étonner de rien. Ces deux variétés ne sont pas moins
curieuses l'une que l'autre à examiner.

L'enthousiaste débute par faire venir chez lui un tailleur, un bottier,
un chemisier (spécialité), un bonnetier, etc. Il ne sort pas de sa chambre
qu'il ne soit complétement équipé *à la franca*, au chapeau près cependant, car l'apposition, même fortuite, d'un chapeau sur la tête d'un musulman est une affaire des plus graves ; il faut qu'il soit arrivé à l'extrême
point de la civilisation pour se la permettre ; un peu plus loin nous aurons occasion de dire pourquoi, et de traiter plus amplement cette grave
matière.

Notre voyageur ainsi métamorphosé, chaussé de bottes vernies, cravaté jusque sous les oreilles, bien pincé dans son pantalon et dans les
entournures de sa redingote, qui est ordinairement une polonaise à
brandebourgs de soie, et coiffé de son bonnet rouge national, s'empresse
d'aller acheter une canne et des gants jaunes ; c'est le complément indispensable. Puis, muni d'un ami complaisant déjà initié aux enchantements

de la capitale, il se lance avec impétuosité à travers les promenades, les spectacles et les restaurants. Dans ce dernier lieu de distraction il ne se sent pas toutefois parfaitement à l'aise. Tout musulman, plutôt par habitude que par préjugé religieux, a un profond dégoût pour la viande de porc. Il s'imagine naturellement que l'élément proscrit par la cuisine de Mahomet se glisse traîtreusement sous les mille formes de comestibles étalés devant lui. C'est pourquoi il se livre avec timidité aux entraînements de la carte et de son appétit et se contente de manger quelques pâtisseries et une ou deux côtelettes de mouton, arrosant le tout d'une quantité indéterminée de vin de Champagne *non frappé* (ce progrès de la glace appliquée aux boissons ne se faisant jour qu'après six mois d'études et d'expériences).

L'attente des bonnes fortunes est son idée fixe. Toutes ces femmes à visage découvert qui le regardent passer en souriant lui semblent autant de houris provoquantes entre lesquelles il n'ose, par pudeur, se décider. Il attend souvent très-longtemps et il s'en retourne même parfois s'embarquer à Marseille toujours en espérant une aventure impossible; à moins encore qu'il ne passe le temps du retour à en regretter une trop facile.

Même avant les spectacles, ce que le touriste turc visite avec le plus d'intérêt, ce sont les cages du jardin des plantes, les députés en séance, et une revue de la garde nationale. Il trouve que M. Guizot est bien petit pour un si grand orateur, et qu'en revanche M. de Rambuteau est bien grand.

La gymnastique des singes dans leur palais de fil de fer lui paraît l'une de nos plus belles institutions, et il salue les inspecteurs bleu de ciel galonnés en argent, et généralement décorés, parce qu'il les prend pour des officiers supérieurs de nos armées de terre ou de mer. Mais, au bout de quelques jours, il se formera, et il apprendra que dans cette capitale de la civilisation tout ce qui reluit n'est pas or, et que les bêtes les plus curieuses ne sont pas celles qu'on enferme.

Le touriste contempteur ou dépréciateur de nos merveilles en tout genre (car nous avons des merveilles en ridicule comme en autre chose) ne change rien à sa toilette composée d'un large pantalon, d'une redingote plus large encore à boutons de métal mal dorés, et d'une cravate de taffetas sale nouée comme une corde autour de son cou, au bas de laquelle sa chemise ouverte forme une baie qui laisse voir les attaches de ses clavicules. Il regarde le ruisseau quand on lui montre le portail de Notre-Dame, hausse les épaules devant les tableaux du Musée, et donne à son domestique une loge d'Opéra dont on vient de lui faire présent. Rien n'est beau, rien n'est bon que ce qu'il a vu chez lui. Tout ce qu'on lui montre provoque en lui un sourire de pitié. Nos arts, nos sciences, nos monuments, tout le confortable de notre existence, ne sont que barbarie et qu'impiété. Vous reconnaîtrez à ces signes un fanatique, ou autrement dit un partisan de l'ancien régime.

Est-ce réellement l'esprit de religion qui ferme les yeux à cet homme et qui le fait parler ainsi? Est-il possible qu'il préfère les rues boueuses, les maisons malsaines de sa ville natale, à la propreté de nos voies publiques et de nos commodes habitations? Ne voit-il pas notre richesse et notre puissance? et se peut-il qu'il ne reconnaisse pas que le dernier de nos mendiants mène une vie de sybarite auprès des paysans affamés, nus et fiévreux de ses provinces qu'il vante?

Non; cet homme ment et cherche à se mentir à lui-même. Le fanatisme du parti rétrograde en Turquie, ce n'est pas la religion, c'est l'orgueil, le dépit de se voir dans un état d'infériorité aussi complet. La plupart de ces prétendus fanatiques ne croient pas en Dieu. Leur démoralisation est au comble. Leur conduite publique et privée en est la preuve. Vivre de rapines et d'abus, s'opposer à tout ce qui pourrait entraver leurs concussions et leurs violences, empêcher que de plus habiles et de plus honnêtes ne portent le flambeau dans leurs caverneuses intrigues, voilà leur but, leur croyance, leur foi religieuse.

Quelques-uns suivent cette malheureuse ligne sans y avoir un intérêt direct, mais pour flatter les vices au pouvoir. Qu'ils viennent à Paris, et bientôt les circonstances font tomber ce masque dont ils se couvraient. Ils se fatiguent de la gêne qu'ils s'imposent, et, pour se livrer en liberté à leurs penchants et à leurs plaisirs, ils finissent par avouer qu'ils ne croient pas un mot des belles sentences qu'ils vous ont débitées.

Il y a quelques années j'eus occasion de suivre une conversion de ce genre chez un Turc de Bagdad appartenant à une famille riche et qui avait profité d'une affaire qui l'appelait à Marseille pour venir se promener jusqu'à Paris. Ce touriste me fut présenté, et je ne tardai pas à voir que j'avais affaire au plus farouche croyant qu'eussent jamais produit les steppes désolés de l'Irâk-Arabie.

Il ne manquait pas une de ses cinq prières; il faisait dans les formes les ablutions exigées par le rite orthodoxe; il ne voulait pas toucher du bout des lèvres une goutte de vin; il ne paraissait curieux de rien, sinon pour le dénigrer amèrement; le pacha de Bagdad, à l'entendre, était un souverain plus riche et plus puissant que le roi des Français: enfin pas une de nos jolies femmes à la mode ne pouvait être comparée, pour les grâces du maintien et du visage, à la plus jeune beauté de l'ancienne capitale des califes.

Le scandale de ces paroles fut tel parmi nos amis turcs et français, que chacun jura d'abattre cette morgue par trop démesurément insolente. L'occasion ne tarda pas à se présenter d'elle-même. Notre homme, que j'affublerai du pseudonyme de Mourad Efendi, se laissa un jour entraîner à l'Opéra-Italien. Dans la loge voisine de celle que nous occupions se trouvait une très-jolie femme dont les grâces étaient encore rehaussées par une toilette de la plus grande richesse et du meilleur goût. Mourad. placé sur le premier rang de la loge, n'était séparé d'elle que par une mince cloison.

L'éclat argentin d'une voix charmante, l'enivrant parfum d'un gigantesque bouquet de violettes passé dans la ceinture de la dame, firent incliner de son côté la tête de notre fanatique. Quand il eut parcouru d'un rapide coup d'œil les suaves contours de ce buste aux lignes harmonieuses, quand il eut arrêté son regard sur ces beaux yeux noirs dont l'éclat électrique le fit bondir sur son fauteuil, il ne s'occupa plus de nous ni de ce qui se passait sur le théâtre ; mais, tout entier à cette apparition féerique, il demeura plongé toute la soirée dans un extase indicible.

Lorsque le rideau fut baissé, il sortit le premier de la loge pour voir passer dans le corridor cette angélique figure qu'un chasseur à plumes de coq, chamarré de galons d'argent, enveloppa comme une relique dans un manteau d'hermine. Les prunelles de Mourad flamboyaient comme des escarboucles. Il suivit pas à pas la mystérieuse inconnue jusqu'au péristyle du théâtre, où une voiture armoriée vint la prendre pour l'enlever avec la rapidité de la foudre.

En voyant ainsi disparaître le rêve qu'il avait caressé, Mourad poussa un gros soupir ; et comme il crut remarquer sur nos lèvres un sourire de moquerie, il recomposa son visage et se laissa conduire tranquillement à son hôtel sans prononcer une parole sur les événements de la soirée.

Le lendemain, le domestique de Mourad vint trouver l'un de nous dans une extrême agitation. Ce domestique était un jeune Grec habitant Paris depuis plusieurs années et parlant le turc et le français avec autant de facilité que sa langue maternelle. Questionné sur l'inquiétude que trahissaient les traits altérés de son visage, il répondit ainsi :

« Mourad-Efendi, mon maître, me menace de me chasser et de me faire donner deux cents coups de bâton sur la plante des pieds si, d'ici à ce soir, je n'ai pas trouvé une femme qu'il a vue hier au théâtre où vous l'avez conduit. Trouver une femme dans Paris sans autre signalement que des yeux noirs et un bouquet de violettes, c'est une entreprise au-dessus de mes forces. Aussi, désespérant d'y réussir, je quitte le service de Mourad, et je viens vous prier de me trouver une autre place.

— Un instant, Dmitri, répliqua l'ami à qui le domestique grec s'adressait ; au lieu de quitter un service aussi lucratif que celui de Mourad, ne vaut-il pas mieux chercher à le contenter ?

— Sans doute ; mais le moyen ?...

— Le moyen est tout trouvé. Je connais la dame dont ton maître s'est épris si subitement.

— Je pourrai donc lui rendre la lettre dont mon maître m'a chargé !

— Il y a une lettre ? s'écria l'interlocuteur de Dmitri avec un élan de joie.

— Oui, monsieur : la voici.

— Retourne vers ton maître ; dis-lui que tu as vu la dame, que tu as remis son billet, et qu'elle répondra... demain.

— Mais, monsieur, si Mourad-Efendi s'aperçoit que nous le trompons ?....

— Eh bien, alors, Dmitri, tu feras ce que tu voulais faire aujourd'hui, tu viendras me voir, et je te trouverai une autre place. D'ici là tu auras eu de bons pourboires de la part de ton maître, car je te préviens qu'il sera dans le ravissement, et tu sais qu'il est généreux. »

Une heure après ce prologue, la comédie commençait par la lecture que nous faisions en commun de la lettre de Mourad. Elle était écrite en turc ! Le pauvre garçon ne doutait pas qu'une aussi belle créature ne dût savoir le turc !

Cette missive contenait une déclaration d'amour des plus orientales. Après s'être égarée dans la quintessence du sentiment, elle tournait soudainement au positif, et demandait avec instance la faveur d'un très-prochain rendez-vous.

Le soir même, Mourad avait sa réponse, non moins expressive, non moins poétique, non moins passionnée que l'avait été la demande. Elle était écrite en français sur un joli vélin parfumé, et elle disait entre autres choses : « Je suis contrainte dans mes inclinations par un frère barbare. « O Mourad ! sois mon sauveur comme tu es déjà le bien-aimé de mon « âme. Du mystère, de la prudence. Bientôt nous nous verrons. J'aurai « soin de te ménager un tête-à-tête. »

Et Mourad répondait le surlendemain par l'entremise de son domestique-interprète Dmitri, qui nous remettait l'épître comme nous en étions convenus : « O âme de mon âme, mon agneau, mes deux yeux, quand

« pourrai-je te voir? » Et il était répondu au lieu et place de la belle inconnue : « O Mourad, prends patience. Je t'aime, et Dieu est grand ! »

Après quinze jours de cette correspondance fantastique, Mourad était
amoureux fou, et pour tromper son chagrin il se mettait, par le conseil
de Dmitri, au régime quotidien du vin de Champagne. De ce moment,
adieu les cinq prières et les ablutions consacrées, adieu le chapelet
d'ambre et les amulettes portées au cou. Le jour, dans l'espoir de rencontrer l'inconnue, on allait se promener en voiture au bois de Boulogne,
et le soir on louait une stalle à l'Opéra-Italien. On portait des bottes vernies, des chemises brodées, des cravates ébouriffantes, des redingotes à
brandebourgs, des chaînes d'or, une canne à pomme ciselée, des gants
jaunes, et des gilets... sans nom !

Enfin il fallut se résigner à faire sonner l'heure du berger. C'était le
rouage le plus délicat de l'intrigue. Les amis de Mourad s'enquirent et
trouvèrent sans trop de difficultés deux yeux noirs et un bouquet de violettes qui consentirent à paraître à un rendez-vous aux Tuileries, moyen-

E·LORSAY

nant une écharpe de cachemire qu'on se chargea de faire offrir par Mourad-Efendi. Dmitri assista à l'entrevue comme interprète, et l'amoureux
habitant de la ville des khalifes ne se douta pas le moins du monde de

la substitution. On lui promit un autre rendez-vous plus secret et plus mystérieux, et, qui plus est, on le lui donna, ainsi que je vais le dire.

Mourad avait fait jusque-là de grands pas dans la civilisation ; on lui en ménageait un autre plus concluant. La lettre qui l'invitait au rendez-vous tant espéré disait au post-scriptum : « Je te demande, ô Mourad, un « léger sacrifice que tu feras sans doute à mon honneur, à ma sûreté. « Tu ne peux venir chez moi avec un bonnet rouge qui attirerait trop les « regards. Prends un chapeau ! »

Ces trois derniers mots faillirent arracher des mains du touriste musulman la bouteille de vin de Champagne qu'il achevait de vider.

« Un chapeau ? s'écria-t-il ; à moi, un chapeau !

— Mais, Efendi, c'est nécessaire, hasarda Dmitri.

— Un chapeau ! tu veux donc que je me damne, que je sois un chien comme toi, un impur, un *ghiaour*, en un mot ? Non, c'est impossible, je ne puis pas mettre un chapeau.

— En ce cas, Efendi, point de rendez-vous !

— Point de rendez-vous, Dmitri, mais tu veux donc que je meure !

— En ce cas, Efendi, le chapeau.

— Mais si cela vient à se savoir, Dmitri, je suis déshonoré, perdu parmi les fidèles. Ne sais-tu pas que, d'après nos saints commentateurs, ce fait équivaut à une apostasie, et qu'il nécessiterait de ma part une nouvelle profession de foi ?

— Eh bien, Efendi, vous la ferez. D'ailleurs, hors vous et moi, qui saura cette équipée ? Personne ! »

Mourad hocha la tête et fit sauter le bouchon d'une seconde bouteille de champagne.

« O destinée ! murmura-t-il avec un soupir caverneux, en remplissant du liquide prohibé un grand verre à pied qu'il vida tout d'un trait. Il faut donc que je te cède, basilic acharné à la perdition de mon âme ?

— Eh bien ?

— Eh bien !... écris que ce soir je viendrai.

— En chapeau ?

— En chapeau !... »

C'était l'heure où le gaz s'allume, où s'ouvre à tous venants la gueule béante des restaurants et des théâtres, où le *Messager* et la *Gazette de France*, munis de petites lanternes, apprennent à l'Europe les belles choses débitées au palais Bourbon par ceux qui y siègent à cet effet ; — enfin le soir était venu. Le passage des Panoramas voyait s'agiter dans le moindre de ses compartiments une foule murmurante d'oisifs qui regardaient, en poussant devant eux la fumée de leurs cigares, les devantures des boutiques splendidement éclairées.

Tout ce qu'il y avait alors de musulmans à Paris avait reçu rendez-vous pour la même heure au passage des Panoramas sous différents prétextes. Dmitri accourut tout essoufflé, et, retenant un éclat de rire prêt à se faire passage, il murmura ce peu de mots à l'oreille de celui qui avait improvisé cet intermède :

« Notre homme est sur mes pas. Il vient de descendre de voiture à la porte du passage. »

A peu de distance, en effet, on voyait distinctement marcher, en se balançant sur ses hanches et les mains dans ses poches, un gros homme court, vêtu d'une belle redingote blanche *à la propriétaire*, et la tête ombragée d'un chapeau de soie tout neuf, à larges bords. Cet homme portait la barbe et la moustache. Malgré sa tournure massive et un peu empruntée, il semblait s'acheminer vers un triomphe, portant haut la tête, et l'œil tant soit peu animé par quelque libation supplémentaire. Il allait tourner le coin du petit passage qui débouche dans la rue Montmartre, lorsqu'une main tomba sur son épaule en même temps qu'une voix de stentor lui criait : « Mourad-Efendi, où donc allez-vous dans ce costume? »

La foudre qui éclate aux pieds d'un homme ne le terrifie pas davantage. Mourad bondit sur lui-même, et se retourne pour tomber dans les bras d'un de ses compatriotes qui lutte vainement avec lui pour le retenir. Il s'échappe comme une flèche; mais quelques pas plus loin il est encore arrêté par un Turc de son intime connaissance qui le salue, en riant, par son nom. Arrivé à la rue Neuve-Saint-Marc, il croit se réfugier dans sa voiture; mais, par un malentendu calculé, sa voiture l'attendait à l'autre bout du passage. Là il est de nouveau circonvenu de bonnets rouges qui le félicitent sur sa nouvelle coiffure. Il s'échappe derechef, s'élance en furieux à travers les rues, et, excédé de fatigue et de honte, il parvient enfin avec son malencontreux chapeau à regagner son hôtel.

Cette aventure acheva de civiliser Mourad-Efendi, qui, ne pouvant faire autrement, rit lui-même de la plaisanterie, et désormais renonça pour toujours à l'hypocrisie de son fanatisme. Grâce à la nouvelle méthode qu'il venait d'adopter et qu'il continua de pratiquer, il apprit en très-peu de temps le français; et aujourd'hui, de retour dans sa patrie, il donne sans doute des leçons de grâce et de bonnes manières aux jeunes lions de la Mésopotamie.

ALPHONSE ROYER.

LE PORTUGAIS.

Quoi' dans cette galerie des physionomies étrangères qui

viennent animer et diversifier le tableau mobile et inconstant de nos figures parisiennes, nous oublierions l'enfant de cette terre enchantée. couronnée de fruits si doux, qui voit fleurir deux fois l'année les orangers et a vu naître le Camoëns? Faut-il rappeler que nous devons au Portugal les premiers navigateurs qui s'élancèrent autour de l'Afrique et pénétrèrent jusqu'au fond de l'Asie? Heureux siècle où les dames de Lisbonne ne prenaient pour époux que les marins qui avaient fait leurs preuves vers les plages africaines et portaient des ancres et des mâts au cou et à la ceinture! Ce temps-là est bien éloigné de nous, il faut l'avouer, et de même que le Portugal occupe peu de place sur la carte, il a depuis longtemps cessé de jouer un rôle dans le monde. En vain au commencement du siècle a-t-il vaillamment résisté aux armes de Napoléon, ces jours d'éclat n'ont guère laissé de traces, et on s'est insensiblement habitué à ne plus le considérer que comme un vague et frêle rejeton de cette tige battue par tant d'orages, mais néanmoins toujours vivace, que l'on appelle la Péninsule hispanique.

Mais ce n'est qu'en nous approchant de notre tâche que nous avons pu reconnaître tous les périls et les difficultés d'une semblable peinture : le *Portugais à Paris*. — Malheur aux derniers venus! pouvions-nous dire, nous qui, trouvant tous les coins de ce monde cosmopolite occupés, tous les royaumes dignement envahis par d'autres plumes si vives et si élégantes, avons été obligé de nous réfugier dans cette bande de terre à demi noyée dans l'Océan, et qu'il semble qu'un observateur de nos jours puisse franchir en trois pas. Ce n'est pas que le Portugal n'ait, comme tous les autres pays de l'Europe, ses exils, ses migrations, ses bandes de touristes qui viennent, dans certaines saisons, voltiger et se jouer dans les brillants horizons de notre existence parisienne; mais comment les reconnaître? A quel trait, à quel signe particulier distingue-t-on l'hirondelle portugaise de l'hirondelle anglaise ou italienne? Qu'est-ce enfin que les représentants d'un petit peuple perdus dans cette immense population des étrangers à Paris dont le chiffre égale presque celui de la population de Lisbonne?

Nous cherchions cependant, nous poursuivions le Portugais dans Paris avec l'ardeur et la bonne foi des premiers navigateurs partis pour découvrir les peuplades du cap Bojador. Mais, eussions-nous réussi, quel profit avions-nous à tirer de nos découvertes? Géographes de mœurs, Vasco de Gama de types et de caractères, pouvions-nous trouver à nous satisfaire avec la première physionomie venue que le hasard nous présenterait? — Voilà, nous disait-on dans un cercle ou à quelque *raout* d'ambassade.

un Portugais; et on nous indiquait un jeune homme à la peau blanche, aux cheveux châtains, emprisonné dans un frac de Blain, les yeux ensevelis sous un triple rempart de lorgnons. Nous voulions lui parler du Tage, du port de Lisbonne, des montagnes d'Estrella; mais il nous regardait d'un air étonné, affectait de ne rien comprendre à nos questions. Nous comprenions enfin que sa plus grande prétention était de ne point passer pour Portugais. — Et cette femme qui vient de s'élancer avec tant de grâce au milieu de cette danse nouvelle si heureusement imaginée pour réchauffer les froids et uniformes anneaux de nos quadrilles français? A voir sa peau cuivrée, ses dents si blanches, ses cheveux touffus, ses attitudes si pleines d'abandon et de vivacité, on ne peut se tromper sur son origine, elle est Espagnole, n'en doutons pas... — Point du tout, elle est Portugaise, son nom est *Marfida*; voyez ses pieds d'ailleurs : sont-ce là des pieds de Barcelone ou de Séville? — Ainsi pour trouver une différence entre les deux peuples, c'est aux pieds qu'il faut nous attacher; et c'est, hélas! un portrait en buste que nous avons à représenter!

Mais après avoir vainement cherché le Portugais dans les hautes sphères, il fallait bien nous décider à porter nos regards dans des régions plus humbles, nous éloigner de ce monde brillant où s'épanouissent les fleurs de l'aristocratie étrangère, abandonner les sentiers des fêtes officielles, des réunions diplomatiques, des déjeuners d'ambassade. Croyez-vous donc, après tout, que l'étranger à Paris ne vive que sur les trottoirs du faubourg Saint-Honoré ou sous les splendides arcades du quartier Rivoli? Passez les ponts, et sous ces bérets blancs qui peuplent le quartier latin et garnissent les bancs de nos écoles, combien de jeunes physionomies anglaises ou allemandes ne découvrez-vous pas, amenées dans le sein de notre Paris scientifique par la célébrité de l'Esculape français! Il nous a donc fallu pénétrer dans les détours de ce quartier docte et paisible pour découvrir enfin notre Portugais prêt à poser devant nous librement et sans affectation. O Lisbonne, quand tu laissais mourir à l'hôpital l'auteur de la *Lusiade*, t'attendais-tu que l'on retrouverait un jour un des arrière-neveux du poëte à Paris, au sommet du quartier Saint-Jacques?

Dans une des rues étroites et sombres voisines de la Sorbonne, et qui ont remplacé la fameuse rue des Cordiers, vivait, il y a de cela quelques années, un jeune homme appelé Alvarez de Mena, qui ne sortait guère que vers la brune pour aller entendre chanter les rossignols du Luxembourg. Il était poëte: sa barbe inculte, ses yeux brillants, ses traits inspirés le disaient assez. Mais comment cet enfant de la province de Tras-

os-Montès se trouvait-il transplanté à Paris, au dernier étage d'un hôtel
garni d'étudiants? voilà ce que nous apprendra la lettre suivante qu'Alvarez avait reçue de Paris quelques jours après la première représentation
d'*Hernani* :

« Se peut-il, mon cher Alvarez, qu'un homme tel que toi, doué d'une
« imagination si riche et pénétré du feu sacré de la poésie, consente à
« végéter dans une mansarde du faubourg d'Ajuda, obligé pour vivre de
« donner des leçons de français aux petites-maîtresses de Lisbonne qui
« se proposent de faire le voyage de Paris? C'est en France qu'il faut te
« rendre si tu veux trouver le digne emploi de tes talents, toi qui, sen-
« tant combien l'idiome portugais est insuffisant et rebelle, t'es habitué
« à penser et à rêver en français; toi qui sais Racine par cœur, et as déjà
« envoyé plusieurs dithyrambes à l'Académie française. Figure-toi, mon
« cher Alvarez, qu'il n'est plus question maintenant le moins du monde
« en France de Racine, de Boileau, de Voltaire et de tous ces auteurs
« classiques que nous avons eu la folie d'étudier pendant de longues
« années à notre couvent de Saint-Vincent-de-Fora. On n'aime plus en
« France, on n'étudie plus, on n'imite plus que les auteurs étrangers. Si
« tu as lu les poésies françaises qui ont la vogue en ce moment, tu as dû
« remarquer qu'on n'y voit absolument que des métaphores orientales,
« des comparaisons, des figures dans le goût moresque. J'ai assisté hier
« à une soirée littéraire; on n'a cessé, pendant trois ou quatre heures, de
« lire des fragments de nos meilleurs poëtes traduits en vers de toutes
« les mesures. Je te citerai Hernando de Acuna, Saa de Miranda, Jorge
« de Montemayor et beaucoup d'autres non moins célèbres. On n'appelle
« plus à Paris les pièces de théâtre qu'*autos sacramentales;* on ne dit
« plus des actes, on dit des *journées.* Hier, dans la rue de l'École-de-Mé-
« decine, un jeune homme tout couvert de cheveux m'arrête, et, devinant
« à ma tournure que je devais être Portugais, me prie de lui traduire
« plusieurs pages du *Cancionero,* qu'il se propose de mettre en rimes et
« d'introduire dans un volume de *Poésies polyglottes* qu'il vient de mettre
« sous presse. D'après cela, mon cher Alvarez, tu dois comprendre quel
« succès obtiendrait en ce moment à Paris un homme tel que toi, qui
« pourrait transporter dans la littérature française non pas seulement un
« échantillon, quelques rejetons épars de notre poésie portugaise, mais
« la tige même de cette poésie en pleine fleur, qui saurait faire résonner
« la lyre de Lisbonne sur le mode parisien. Ne doute pas que tu ne de-
« viennes bientôt ce messie littéraire que les Français cherchent à la fois
« en Angleterre, en Écosse, en Turquie, en Grèce, en Arabie et jusque

« sous les feux des tropiques, et qui va venir les trouver chez eux pour
« peu que tu consentes à venir t'établir à Paris avec ta muse et tes manu-
« scrits, auxquels je promets d'avance plus d'hommages, de lauriers et
« d'éditeurs qu'un poëte tel que toi n'est en droit d'en attendre ; etc... »

Cette lettre, que nous abrégeons, était d'un certain Juan de Gayoso,
ami d'enfance d'Alvarez, et que plusieurs circonstances qu'il serait trop
long d'énumérer ici avait jeté à Paris dans le quartier latin, où il étudiait en médecine. La lettre de Juan fut pour Alvarez une révélation
soudaine : il pressentait, sans en bien connaître les détails, car il lisait
peu de journaux, la révolution romantique dont Paris était en ce moment le théâtre. Il s'y associait de loin, et plutôt d'instinct que de
fait ; il luttait, il combattait en pensée, comme le soldat qui, se trouvant
éloigné du champ de bataille, suit du cœur la marche de l'armée dont il
n'entend que le bruit et les fanfares. Il rêvait la France depuis longtemps ; il se proposait de secouer tôt ou tard la chaîne du pédagogue
pour se transporter à Paris, la ville des poëtes, la seule ville du monde
où l'imagination littéraire puisse trouver une clientèle et un auditoire :
la lettre de son ami Juan le détermina. Il quitta un matin pour n'y plus
rentrer le faubourg d'Ajuda, n'ayant pour tout bagage que trois malles
remplies de vers de tous les genres et de beaucoup de pièces de théâtre
qu'il avait écrites dans ses moments de loisir. Il s'envola de Lisbonne et
prit son essor vers la France. Nous devons dire cependant que ses manuscrits ne faisaient pas sa seule ressource. Il avait eu le soin d'économiser sur le prix de ses leçons une somme d'argent qui devait donner à
sa muse le temps de déployer ses ailes et de construire son nid.

La première personne qu'il aperçut en arrivant à Paris fut son ami
Juan de Gayoso, qui le conduisit à l'hôtel des *Quatre-Nations*, où lui-
même résidait. Juan le fit monter, par un escalier aussi ténébreux qu'un
tunnel, à un cinquième étage, où il lui avait retenu d'avance un cabinet
garni d'un lit, d'une table et d'une cruche.

« Avoue, dit Juan à son compatriote, que tu seras ici logé comme un
Dieu.

— C'est donc ici que j'habiterai ! dit Alvarez en soupirant et en jetant
un œil consterné sur la rue étroite et boueuse.

— Plains-toi donc, ajouta Juan, c'est la plus jolie chambre de l'hôtel
qu'on t'a réservée ! Comme tu es poëte, j'ai eu soin que tu pusses voir
le ciel, car on dit que rien n'est plus inspirateur et ne retrempe mieux
l'imagination que d'avoir la faculté de contempler les nuages... Mets-toi
à la fenêtre, allonge la tête, penche le corps, et tu t'inspireras... »

Alvarez fit ce que Juan lui prescrivait, et aperçut en effet, au milieu d'une forêt de cheminées, un espace bleu qu'il supposa pouvoir être le ciel ; mais il comprit en même temps que chaque fois qu'il entreprendrait de le contempler, il lui en coûterait un torticolis et des courbatures, et résolut de s'inspirer le moins possible.

Pour le remettre un peu de l'impression triste qu'avait produite en lui l'intérieur de la mansarde qu'il allait habiter avec sa muse, Juan le conduisit le soir même de son arrivée au Luxembourg. On était alors au printemps ; les arbres étaient couverts de ce premier duvet de verdure si doux à contempler pour le cœur du poëte ; les oiseaux gazouillaient au sein des marronniers ; des fleurs de pourpre et d'or couronnaient les corbeilles et remplissaient l'air de leurs suaves émanations. Alvarez se crut dans le paradis ; il comprit qu'il y avait, même dans l'intérieur de ce Paris, si lugubre lorsqu'on y pénètre par la barrière d'Enfer, un asile pour les Muses, un coin de terre embaumé et silencieux où l'on peut promener ses rêveries et ses rimes.

Il se promit de se rendre tous les jours au Luxembourg ; et comme les allées de ce vaste et beau jardin étaient alors toutes remplies de poëtes dramatiques, intimes, mélancoliques, élégiaques, dont on voyait chaque jour éclore quelque espèce nouvelle, il ne tarda pas à connaître une grande partie de la littérature contemporaine, et à être admis dans plusieurs sociétés où il ne s'agissait que de savoir manier l'hyperbole de l'admiration et le superlatif de la louange pour être accueilli à bras ouverts.

Alvarez loua beaucoup et fut beaucoup loué : on l'admit dans tous les cénacles comme une nouveauté brillante ; ses poésies, qui n'avaient rien de la froideur et de l'uniformité des vers traduits de l'étranger, parurent être la consécration solennelle de l'alliance conclue entre la muse française et la muse du Midi. Dans les clubs romantiques, on ne l'appelait jamais autrement que *le Portugais*, et quand il commençait à réciter quelque essai poétique, le léger accent qu'il avait conservé enchantait tellement les auditeurs, qu'un murmure d'enthousiasme parcourait les rangs de l'assemblée même avant qu'il eût achevé la première strophe.

Cependant les esprits qui dirigeaient alors le mouvement romantique, et prononçaient en arbitres souverains sur le mérite des poëtes qu'il convenait de faire entrer dans la grande pléiade des hommes de génie, ne tardèrent pas à élever quelques objections sur les productions d'Alvarez. Ses vers leur semblaient encore trop unis, trop rapprochés des modèles classiques qui avaient été, comme nous l'avons vu, pendant plusieurs

LE PORTUGAIS.

années, l'objet principal de ses études, et dont on abattait en ce moment les statues.

« Livrez-vous davantage dans vos productions, lui disaient sans cesse les meneurs de l'insurrection littéraire ; tâchez que dans vos odes nous retrouvions l'émail du ciel, les brumes de la mer, les teintes à la fois sombres et bleues des collines d'ardoise de Lamégo. Que votre style nous fasse voir les neiges éternelles du Gaviana, et qu'en même temps on y respire l'haleine des orangers et le feuillage des figuiers. Puisez vos épithètes et vos métaphores dans les mines d'or du Minho ou de l'Algarve ; soyez dans vos descriptions à la fois tendre et savoureux comme les fruits de Portalègre, enivrant comme l'amandier d'Almada ; chaud, brillant, coloré comme le citronnier de l'Estramadure ; » etc...

Alvarez ne tarda pas à mettre en pratique les lois de cette poétique nouvelle. Il lâcha la bride à son imagination, et prit place parmi les poëtes qui donnaient des espérances sous le rapport de l'audace de la forme et de la nouveauté du coloris. Il eut plusieurs pièces de vers insérées dans les Annales romantiques, et deux morceaux traduits d'Eustacio de Faria et de Geronimo de Corte-Real publiés dans le *Mercure de France*. Il se crut parvenu au comble de la gloire, et put pendant quelques mois se regarder comme le plus grand poëte du quartier Saint-Jacques, attendu qu'il ne se passait pas de jour où il ne trouvât chez son concierge quelque lettre signée d'un nom plus ou moins célèbre, dans laquelle on lui déclarait solennellement que le Portugal devait être fier d'avoir mis au monde un phénomène tel que lui. La plupart de ces lettres d'ovation commençaient par ces mots : *Mon cher Camoëns*, et continuaient sur le ton de l'exaltation lyrique. Il résultait de là que notre héros avait tous les mois pour quinze francs de ports de lettres à payer, car, généralement, on n'affranchit pas l'enthousiasme.

Cependant Alvarez, qui, même au sein de l'atmosphère de l'ultra-romantisme, avait su conserver sa raison et son jugement, n'avait pas tardé à reconnaître que le public était loin d'avoir pour les poëtes nouveaux cette admiration absolue que la plupart ressentaient pour eux-mêmes. On les louait, mais toujours avec certaines restrictions : on leur reprochait d'être beaucoup plus sublimes en théorie qu'en pratique, et surtout de n'avoir su produire dans aucun genre une œuvre complète. Les grandes choses de la nouvelle école poétique n'étaient, après tout, que des strophes, des ébauches, des pages isolées ; on n'avait fait jusqu'alors que rassembler les matériaux, les pierres, le ciment, restait à construire l'édifice.

Alvarez prit la résolution noble et ferme de l'élever à ses risques et périls; puisqu'on l'avait appelé le Camoëns, il voulait que ce titre ne fût pas seulement la vaine formule d'une adulation trop outrée pour n'être pas dérisoire. Pour le justifier, il résolut de tenter un de ces grands efforts de la pensée qu'il n'est donné qu'aux imaginations puissantes, secondées par la volonté, d'entreprendre. Son œuvre, son monument serait un poëme aussi étendu et aussi hardi que la *Lusiade*, mais qu'il se proposait de dédier à la gloire de la France. Il avait son plan dans la tête, et en mesura l'étendue sans trouble et sans épouvante. Il comprit que pour l'exécuter le sacrifice d'au moins trois ou quatre années était nécessaire. Il résolut de ne pas reculer plus longtemps une pareille entreprise, et prit une de ces résolutions que l'on ne rencontre plus que sur la rive gauche de la Seine : il jura de consacrer pendant quatre années toutes ses pensées, tous ses instants à l'exécution de son poëme, dans lequel il vivrait enfermé comme l'araignée dans sa trame. Il quitta le pays des stances, des odes, des poésies détachées pour se lancer dans cet océan sans limites qu'on appelle le poëme épique.

Son ami Juan de Gayoso, qui venait d'achever son cours de médecine

et se préparait à regagner Lisbonne, où il devait exercer, chercha vainement à détourner Alvarez de son dessein en lui laissant entrevoir bien
des mécomptes et de vaines illusions, lui rappelant que si les Français
n'ont pas, comme on l'a dit souvent, la tête épique, leur bourse l'est encore moins. Alvarez n'écouta pas ses raisons, et lui répondit par l'exemple
du Camoëns qui essuya tant de traverses, fit naufrage plusieurs fois, mourut de faim, n'eut de célébrité qu'après sa mort, et n'en fut pas moins le
premier poëte du Portugal.

Alvarez fut fidèle à sa résolution : pendant quatre années entières, il
s'occupa de son poëme, ne sortant de sa chambre que pour se rendre au
Luxembourg sous une certaine allée solitaire où les rimes et les pensées
venaient d'elles-mêmes à sa rencontre. Quand il apercevait quelques-uns
de ses amis les poëtes, ses confrères de cénacles, il détournait la tête,
évitant leur rencontre, ne voulant mêler à ses idées aucune inspiration
contemporaine. Il poursuivait souvent son travail jusqu'au milieu de la
nuit, et ses personnages, ses fictions, ses peintures le poursuivaient même
au sein du sommeil. Enfin, à force de persévérance et d'invention, il vit
arriver le jour fortuné où il put écrire sur son manuscrit le mot *fin*, mot
aussi doux, aussi désiré pour les écrivains et les poëtes, que celui de *terre!*
terre! pour les navigateurs.

Alors, exténué, amaigri par le travail, mais fier de lui-même et du
dessein qu'il avait su achever, il rentra dans le monde littéraire qu'il n'a-
vait abandonné pendant plusieurs années que pour y reparaître avec plus
d'éclat et d'honneur. Il ne doutait pas qu'il n'y fût accueilli comme un marin qui a vécu longtemps sur les mers lointaines pour découvrir quelque
archipel ou quelque continent nouveau, dont il rapporte les richesses et
la possession au territoire de la mère patrie.

Un des premiers écrivains qu'il rencontra lorsqu'il eut mis la dernière
main à son œuvre lui dit :

« Qu'êtes-vous devenu pendant quatre années? On n'a pas vu paraître
de vous depuis longtemps la moindre colonne de prose, un seul morceau
de poésie...

— J'ai travaillé pour l'art, répondit Alvarez d'un ton de dignité; j'ai
consacré plusieurs années de ma vie à composer... un poëme épique.

— Un poëme épique! » dit l'écrivain. En même temps, il regarda fixement Alvarez, et ne douta pas qu'il n'eût le cerveau dérangé. Il haussa
les épaules, et prit congé de lui sans même vouloir continuer l'entretien.

Alvarez, fort scandalisé d'un pareil procédé, alla trouver un des poëtes
qu'il avait vu, à l'époque de son arrivée à Paris, combattant avec le plus

d'ardeur aux premiers rangs de la phalange romantique. C'était de lui
qu'il avait reçu le conseil de donner carrière à son imagination, d'imiter
dans son style les contrastes et les grands effets de la nature inanimée.
de tremper sa plume dans *le bleu*, de n'écrire que sur la cime des montagnes, sous l'influence d'une pluie de printemps ou devant un coucher
de soleil.

« J'ai suivi vos avis, lui dit Alvarez; je viens enfin d'achever une grande
composition du genre épique où j'ai, je crois, réussi à introduire dans la
littérature française la couleur et les images de nos vieux poëtes portugais
du temps du roi Sébastien... Mon héros s'appelle...

— Pardon de vous interrompre, dit tout à coup le poëte, mais, avant
d'aller plus loin, veuillez répondre à cette question... Votre poëme peut-il
s'illustrer?

— S'illustrer? reprit Alvarez; mais s'il est vrai que mes inspirations
ne m'aient pas trompé, et si surtout vous voulez bien prêter à mon poëme
l'appui de votre influence, j'ose me flatter qu'il pourra peut-être un jour
devenir illustre...

— Vous ne me comprenez pas, dit le poëte. Quand je vous demande
si votre poëme peut *s'illustrer*, je veux savoir s'il est possible d'y introduire des vignettes, des *bois*, de façon que le public puisse d'un simple
coup d'œil faire connaissance avec vos personnages en les voyant représentés à l'aide du crayon... Il n'est possible de vendre et même d'imprimer votre poëme qu'à cette condition-là... »

Ce fut au tour d'Alvarez de croire qu'il y avait quelques grains de folie
dans la tête de son interlocuteur. Il avait apporté son manuscrit pour lire
à son confrère quelques fragments de son poëme, mais il se garda bien
de le dérouler. Il prit congé du poëte, qui n'essaya pas de le retenir : il
avait compris sans doute qu'Alvarez était porteur d'un poëme épique
inédit, et s'estimait heureux d'en être quitte pour la peur.

Comme notre héros sortait de la maison du grand poëte, il rencontra
un jeune écrivain qu'il avait autrefois connu dans les allées du Luxembourg, celui qui l'appelait *cher Camoëns*, et avec lequel il avait souvent
passé des soirées entières à disserter sur Dante, Milton, Shakspeare,
Lope de Vega, Calderon, don Alonzo d'Ercilla, etc.

« Eh bien, lui dit Alvarez dès qu'il l'aperçut, avez-vous enfin fait paraître ce volume de vers où vous deviez réunir à la fois les teintes des
bardes écossais, des romances espagnoles, des myriologues grecs, des
poésies erses, des psaumes hébraïques, des...

— Ah! ah! interrompit l'écrivain en éclatant de rire, de quoi venez-

vous me parler là, et d'où sortez-vous, mon cher?... Apprenez que je me
vends à trois mille exemplaires.

— Je me souviens aussi que nous n'étions pas toujours d'accord sur
la question d'art, sur les trois unités, sur les rapports de l'architecture et
de la poésie...

— Trois mille exemplaires...

— Vous me reprochiez de ne pas me préoccuper assez de la forme...

— Trois mille exemplaires, vous dis-je!

— C'est un très-beau résultat assurément, et je ne croyais pas que des
vers pussent avoir un si grand débit...

— Des vers? moi! des vers?... Ah çà, décidément, mon cher Portugais, vous êtes aujourd'hui piqué de quelque tarentule! Sachez donc que
les vers n'ont plus accès qu'auprès de certains bas-bleus. Il est vrai qu'au-

trefois j'ai *commis*, comme on dit, quelques poésies, mais il y a longtemps
que je suis revenu de ce travers-là. Depuis que les éditeurs ont solennellement déclaré aux écrivains que les vers n'avaient plus cours, j'ai fait
comme tant d'autres, j'ai pendu ma lyre au croc, j'ai jeté mes stances et

mes odes aux orties, et depuis que j'ai pris ce parti-là, mes affaires n'en
vont pas plus mal... Venez me voir demain, nous irons à ma maison de
campagne que j'ai achetée avec mon dernier roman... Je travaille depuis
quelques jours à un immense feuilleton qui n'aura ni fin ni tête, pour
achever de payer mes chevaux et ma calèche : c'est un mélange de Paul
de Kock et de d'Arlincourt que les éditeurs et les journaux demandent
beaucoup en ce moment. Je trouve cela détestable pour ma part, sans
goût, sans grâce, sans distinction; mais, que voulez-vous? ils disent que
le public aime ça... »

Pour le coup, Alvarez crut rêver, et se demanda si celui qui lui tenait
ce langage était bien ce poëte si brillant et si fier qui ne parlait jamais,
quelques années auparavant, que par figures et par métaphores, qui prétendait qu'il ne fallait jamais faire au public la moindre concession, qu'on
devait penser et écrire seulement pour l'*art*, et livrer ses œuvres au hasard, sans même s'inquiéter de leurs destinées. D'après l'entretien qu'il
venait d'avoir avec lui, Alvarez comprit que ce poëte était maintenant
converti en un simple industriel qui tenait comptoir de manuscrits, et
vendait romans, nouvelles et feuilletons à bureau ouvert.

Ce fut ainsi qu'en rentrant dans le monde littéraire, notre héros comprit que l'empire de l'invention et de la poésie était tout différent de ce
qu'il l'avait connu à son arrivée à Paris; il reconnut qu'il n'était que
trop vrai que le plus grand homme du jour était celui qui vendait ses
livres au prix le plus élevé : la gloire avait son tarif, chaque imagination
avait son cours comme telle ou telle denrée coloniale, les écrivains étaient
cotés à prix fixe comme les articles de nouveauté.

Quand Alvarez eut pu constater de ses yeux ce changement si étrange
et si brusque qui s'était opéré en quelques années dans les habitudes et
les pensées des lettrés français, il ne put s'empêcher de s'écrier d'un ton
désespéré : « Et mon poëme, qui le lira? qui me décernera la palme que
j'ai méritée et que je croyais avoir achetée par tant de veilles et d'études? »

Il proférait un jour ces plaintes devant un homme d'un âge mûr qui
n'avait jamais donné dans les travers ni les excès des écoles nouvelles et
se trouvait maintenant plus avancé et plus jeune d'idées que beaucoup
d'esprits qui avaient passé pour jacobins littéraires dix années auparavant.
Il est vrai qu'il n'avait jamais ambitionné d'autre gloire que celle du critique.

« Pour qu'on lise votre poëme, dit cet homme à Alvarez, il faut d'abord
qu'on l'imprime..... Or, si vous voulez vous mettre à faire de la prose
franchement et courageusement. — mais j'entends de celle que le public

paye et sur laquelle un libraire puisse spéculer, — peut-être obtiendrez-vous d'un éditeur charitable, en considération des bénéfices que vous lui aurez procurés, qu'il imprime votre poëme et fasse de vous un Camoëns. »

Alvarez sourit amèrement, et répondit en poussant un profond soupir :

« Et la France se plaint de n'avoir jamais eu de poëmes !

— Nous en avons, reprit le critique d'un ton de sarcasme ; prenez et lisez, voilà les épopées de notre temps. »

Il remit en même temps à Alvarez les deux premiers volumes d'un roman qui venait d'avoir une vogue inouïe et promettait de faire le tour de l'Europe.

Alvarez rentra chez lui, lut les deux volumes en deux heures, et fut si attaché, si captivé, si magnétisé, qu'il alla louer les autres et passa la nuit à lire l'ouvrage entier qui n'avait pas moins de dix volumes, et encore l'auteur promettait-il de donner une suite.

Le lendemain, notre poëte avait une migraine affreuse. Il chercha à résumer dans sa tête ce qu'il avait lu la veille, et il n'y trouva absolument que des coups d'épée, des enlèvements, des empoisonnements, des vols, des escalades et des scènes de cour d'assises. Alors il alla ouvrir avec un grand sang-froid le tiroir de sa table, prit un cahier de papier qui était le manuscrit de son poëme ; il le feuilleta rapidement, le baisa, répandit quelques larmes, puis fit comme tous les poëtes épiques modernes, jeta son poëme au feu, se consolant avec la pensée qu'il n'en avait lu, du moins, aucun fragment à personne. — Pourquoi ne pas croire que ce poëme pouvait être un chef-d'œuvre? Qui peut assurer qu'il n'était pas digne de la *Lusiade* du Camoëns?

Alvarez avait écrit depuis quelques jours à son ami Juan de Gayoso, qui exerçait avec un grand succès la médecine à Lisbonne, pour lui demander si la mansarde qu'il occupait dans le faubourg d'Ajuda était encore libre. Juan lui ayant répondu que son ancien domicile était toujours vacant, Alvarez quitta aussitôt Paris, sans même prendre congé du monde littéraire.

Comme s'il n'eût ni rêvé ni voyagé, il reprit ses anciennes fonctions de professeur de langue, et continua, comme par le passé, à choisir ses modèles de goût et de style dans les œuvres de Racine et de Boileau. Il ne parle jamais, depuis son retour, de la littérature française, et si, par hasard, quelqu'une de ses belles disciples le met sur ce chapitre, il répond en parodiant un passage d'une chanson d'un vieux poëte castillan.

nommé, je crois, Macias, qui fut l'écuyer du marquis de Villena : « O filles de Lisbonne, n'allez pas contempler vos traits si séduisants et si doux dans les miroirs infidèles et trompeurs que l'on fabrique en France!... »

ARNOULT FRÉMY.

L'ESPAGNOL.

A Paris! quoi! lui aussi ce dédai-

y a pour un poëte à être dépourvu de tout, vous allez travailler pour le théâtre de la Cruz du fond de la rue des Boucheries. » Il me regarda, puis il sourit tristement et courut à un tiroir. Après qu'il en eut extrait plusieurs lithographies coloriées :

« Ces enluminures me font vivre, répondit-il.

« En France, ajouta-t-il, la vie d'un réfugié est plus agréable qu'on ne pense. Vous paraissez railleurs, sceptiques et légers, vous autres Français, au fond vous êtes généreux. Blessés dans votre sentiment national, vous comprenez mieux nos malheurs et nos blessures. Notre terre poétique aura toujours, pour vous, la senteur d'un arome ou la saveur d'un fruit ; on aura beau faire, on ne tuera jamais les sympathies. Le seul roi qu'on ne détrône pas, après Dieu, c'est le courage ; il enfante la haine de l'oppression et de la peur. Malheureusement c'est à l'Angleterre que nous devons le peu qu'on a fait pour nous ; il est vrai que les secours de la mercantile Albion sont intéressés. Votre politique, à vous autres, était une politique d'amour-propre, celle du cabinet de Saint-James est une politique de contrebandiers. *Timeo Danaos et dona ferentes*, oui, nous préférons votre insouciance et votre oubli à ces politesses captieuses. L'Angleterre sait à merveille ce que Figaro savait : l'argent est le nerf de l'intrigue, aussi ne se fait-elle faute d'entretenir chez nous son crédit par tous les moyens de vénalité. Posséder, corrompre et s'accroître en Espagne à vos dépens ; voilà le grand objet, le plus ardent désir de John Bull. Il a sur notre côte des cristalleries et des mines de plomb ; il achète à Grenade des monuments respectés, mais dont le fisc est assez lâche pour faire denrée ; il soudoie des espions et protége ouvertement la contrebande. Que feriez-vous avec vos ambassadeurs français contre un pareil ennemi ? Leurs instructions se renferment dans ce mot : *regarder ;* aussi n'agissent-ils point. Une intervention dans les circonstances actuelles serait un prodige, nous sommes à moitié Anglais ; nous saluons Victoria devant Isabelle. Honteuse contradiction ! L'intérêt rapproche nos deux pays ; la France est sœur de l'Espagne : et c'est à des accapareurs que nous devons les fusils prêtés dans l'affaire d'Hernani, les transactions de commerce et les traités ruineux ! Encore une fois, nous étions nés pour être frères, et nous voilà vendus à l'invasion ! Le schisme anglais dans un pays catholique, les ballots anglais sur le trône de Philippe V ! Mais c'est trop vous entretenir de notre misère ; parlons de votre Opéra ! En France, on rit toujours depuis Mazarin ; en Espagne, on se lamente depuis Godoy. Donnez-moi du moins votre gaieté, elle me servira contre ma misère ! Je sais parfaitement que tous mes compatriotes sont loin de penser ainsi.

Oui, cela est vrai, poursuivit-il avec une légère teinte d'ironie et d'amertume, l'Espagnol à Paris se distingue surtout par son apathie absolue pour tout ce qui touche les affaires de la Péninsule. Peu lui importe l'état actuel du cabinet, pourvu qu'il dîne chez Véry et termine sa soirée au théâtre Italien.

« Il y a peu de réfugiés politiques, qui, une fois en France, se souviennent de la *Puerta del Sol* et de ses émeutes. Leur plus grande occupation est de mettre savamment le nœud de leur cravate qui ressemble à une trilogie, de jouer au club méthodiquement, et d'aller voir danser la Carlotta. Heureux amis qui opposent la guitare et le plaisir aux ennuis de la politique! Quant à moi, je me contente d'enluminer des images.

« Voici le portrait de Diégo Léon; il est allé se mêler sur ma table à celui de son meurtrier, le régent : Judas à côté du Christ. Ce panorama de figures égaie ma tristesse. Cette lithographie de la reine Christine est du moins placée à côté d'un ministre ingénieux et fin, d'un poëte qui a fait des vers charmants avant de composer des protocoles; vous reconnaissez Martinez de la Rosa.

« Ces lithographies, bonnes ou mauvaises, courent l'Espagne, où l'on n'a pas encore inventé la statuette à l'usage des grands hommes. Dans cette maussade petite chambre ou plutôt ce grenier où je dessine, vos plus habiles peintres m'ont fait l'honneur de me visiter; il y a pour moi des instants où je [me nomme Velasquez, et où je me crois logé au Buen-Retiro.

« La vie de Paris est d'ailleurs assez facile; avec du chocolat et des cigares, on s'accommode de tout. Seulement avec le prix d'un de vos cigares on déjeunerait dans une *posada!* Ce qui me récrée au delà de tout, ce sont vos romanciers qui n'ont jamais visité notre pays. Quelle consommation inouïe de mensonges et de poignards, de sérénades et d'échelles de corde! Ils en sont encore à l'Espagne de Florian. La scène s'ouvre invariablement chez eux par une *senora* à sa fenêtre et un bandit payé pour tuer l'amoureux au clair de lune. Ils ne manquent jamais à faire couler le Mançanarez au bas du tableau; par malheur, ils ignorent que ce fleuve est souvent à sec. Pour le *fandango*, la danse populaire, ils s'obstinent à la faire danser aux duchesses, qu'ils confondent avec les *manolas* au peigne d'écaille.

« Et les duègnes! ils s'imaginent que la constitution les a respectées, elles et leur costume! Pour les bandits, les alcades et les moines, ils en fourrent partout. En un mot, ils ont les notions les plus arriérées sur l'Espagne. Il est vrai que nous le leur rendons bien dès que nous franchissons avec nos bagages la douane française. Nous nous figurons votre Paris comme un véritable pays de Cocagne. La grande mine qu'y firent autrefois nos pères nous en fait bien augurer. Nous croyons aussi, comme de vrais enfants, à votre presse et à votre littérature. Le Prado aura-t-il le pas sur les Tuileries, et Breton de los Herreros, notre plus fécond auteur actuel, égalera-t-il l'activité de M. Scribe? Questions graves pour un peuple aussi sérieux que nous le sommes.

« Songez donc qu'au retour on nous interrogera, on nous demandera de tous côtés :

« *Eh bien, Paris?*

« Or, grâce à Dieu, je suis en fonds, moi, pour répondre à cette interrogation.

« Voulez-vous que je vous fasse ici moi-même la critique de notre vie parisienne? Le portrait sera fidèle; mais, prenez-y garde, je tiens ici le journal d'une dame espagnole qui ne vous ménage pas davantage que je ne vais, moi, me ménager pour l'instant.

« Le premier soin de l'Espagnol arrivé à Paris est de s'acheter immédiatement un manteau.

« Le manteau, n'est-ce pas le meuble indispensable de tout honnête citadin de la Péninsule, et tout le monde n'en fait-il pas usage à Madrid, Valence ou Séville?

« L'Espagnol consent bien à remplacer sa guitare par une canne à pomme d'or de Verdier, mais il a horreur du paletot. Vive au contraire le manteau classique! Il se drape, s'arrange dans les vastes plis de l'elbeuf; il pose son chapeau fièrement sur l'oreille gauche, et, le cigare de la régie à la bouche, il arpente les galeries du Palais-Royal, se croyant sans doute encore aux *Portales*.

« Ce qui le surprend au delà de tout, c'est de voir tout d'abord le mouvement parisien de vos rues; en Espagne on marche gravement et prudemment.

« A Madrid, les cochers de cabriolet se croisent les bras et ne *chargent* pas deux fois en une semaine ; ici, quelle consommation de roues, de lanternes, de harnais! Les conducteurs de cabriolet-milord, les cochers d'omnibus, les cochers de citadine, les voitures pour les pensions, les voitures pour les décors d'opéra, les fiacres de remise et les fiacres d'enterrement!

« L'indigène madrilain ou sévillan demeure ébloui; il croyait aborder une ville paisible, il trouve une cité aussi bruyante que Naples!

Cependant il faut convoquer le ban et l'arrière-ban des fournisseurs ; il faut s'équiper pour faire figure.

Courons vite chez le chapelier, le tailleur ! Le chapelier descend de son cabriolet à lui ; il a un boudoir orné de glaces, une femme qui a déjà été lithographiée et *biographiée* dans vingt journaux, des fauteuils de Lemas, et tous les ornements en pâte dorée qu'inventa le siècle de Louis XV. Il a tout cela auprès de chapeaux laids, communs, impossibles ; mais l'Espagnol, qui se rappelle son *almacen de sombreros* de la rue de la Montera, admire ce luxe avec lequel jurent les feutres.

« Chez le tailleur, c'est bien autre chose : le tailleur a mis quatre salles d'attente et une armée de commis avant son cabinet de réception, où il siége comme un avoué ou un ministre devant des liasses de correspondance ; sans le ciseau qu'il tient à la main, notre étranger aurait peine à se dire : Voilà un tailleur !

« Que veut monsieur ? demande celui-ci à l'hidalgo : combien lui faut-il d'habits, de pantalons, de gilets ? Nous avons M. de B... qui se commande quatre-vingts gilets par an ; il menace de nous quitter si nous donnons jamais le même nombre aux étrangers qui arrivent. Mais tout se concilie, et monsieur se contentera sans doute de six habits (trois d'été et trois d'hiver), de quatre paletots et de cinq redingotes. Pour les pantalons et les gilets, c'est affaire de fantaisie ! » —

« L'Espagnol, qui n'a jamais porté de sa vie que le manteau, sous lequel son frac peut braver les injures du temps, trouve cette liste du tailleur bien longue ; il hésite et balbutie.

« En rentrant à son hôtel sans avoir pu se décider encore à rien, il est effrayé lui-même de la pâleur de son hôte.

« Monsieur, murmure celui-ci, je ne sais, en vérité...

— Allons, parlez, qu'est-ce donc ?

— Eh bien, monsieur..., c'est-à-dire monseigneur, car il se peut bien que vous soyez un prince déguisé..., et je ne puis croire décemment que vous soyez un voleur...

— Comment ! maraud !...

— Eh bien, oui, monsieur, pendant que vous étiez sorti, il a pris envie à mon épouse et à moi de visiter votre unique malle. Miséricorde ! qu'y avons-nous rencontré ? Des couteaux de toute sorte, des poignards catalans, toute une boutique d'armurier. De mémoire d'aubergiste, je ne m'étais jamais trouvé à pareille fête. Cours prévenir la police, m'a dit alors mon épouse d'un air effaré ; par le temps qui court, on ne sait qui on loge dans ce Paris. Et c'est ce que nous avons fait, mon-

sieur... ou monseigneur ; votre malle est entre les mains de l'autorité...
Voilà ! » —

H.E.ME.

« Pour un pays libre, voilà d'étranges façons de liberté, pense alors
notre hidalgo. Cependant le fils de Castille. qui est au demeurant le meilleur fils du monde, se résigne ; il court, il vole redemander ses effets.
La police les lui rend ; mais elle prend ordinairement prétexte d'une
conspiration carliste ou espartériste pour confisquer ses plus beaux poignards. Le poignard catalan, qui a la longueur d'un compas, étonne les
naïfs employés de la préfecture ; ils ne savent pas, ou ils feignent d'ignorer

qu'un Espagnol sans couteau est un homme à qui il manque un œil. En
général, la police française se mêle beaucoup trop des réfugiés de tout
pays. Le réfugié est le meilleur et le plus pacifique de tous les êtres. Il y
en a qui font des aquarelles, d'autres écrivent comme ils pensent dans
les journaux. L'hospitalité que Paris leur accorde, ils la reconnaissent,
ils l'estiment; la France est pour eux une seconde patrie. Non qu'ils
jugent la capitale de la civilisation française en adorateurs exclusifs et
prévenus, je n'en veux pour témoin que le journal tenu par la jolie madame d'A..., l'une des plus spirituelles *lionnes* de Madrid.

« Madame la comtesse d'A..., née à Valence, est belle et jeune; c'est
une des merveilles de notre Prado : elle est au courant de tout, excepté
de la France. Il lui manquait de visiter votre pays, elle qui a visité
l'Orient, la terre classique des roses. Elle s'est décidée, il y a un mois,
à suivre ici la reine Christine, et voici le résultat de ses observations de
chaque jour. Je vous donne ce journal nonchalant et caustique pour ce
qu'il est, mais songez que c'est une Espagnole qui le rédige. Excusez le
décousu de ses remarques.

« JOURNAL DE LA COMTESSE D'A....

« *A mon amie dona Carmen de B....*

« Paris, . . février 1844.

« Chère Carmen, me voilà enfin Parisienne ! Ne t'effraye pas trop, et
songe que je veux te revenir Espagnole avant toutes choses. Je quittais
Barcelone il y a dix jours par un bon vent, je suis maintenant au sein
de la nouvelle Athènes. Quel changement, ma Carmen ! Hier encore, je
foulais les planches d'acajou d'un bateau à vapeur, aujourd'hui je sors
des Bouffes. Je pense encore à ce brave capitaine français qui m'avait
prise à son bord en rade de Cadix, et qui m'énumérait sur son bâtiment
les merveilles que j'allais voir. Tout en me pelant une belle orange de
Murcie, il m'expliquait déjà le Palais-Royal, l'Opéra, les Champs-Élysées.
Le vent était frais, le soleil se couchait triomphalement derrière le Mont-
juich, tous nos matelots chantaient. Moi cependant, Carmen, je me sentis
prise alors d'un invincible besoin de pleurer... Est-ce donc une loi de
notre nature qu'il nous faille toujours donner une larme à ceux que nous
laissons en arrière? Dieu nous ouvre un livre immense, il déroule à nos
yeux des magnificences étrangères à notre ciel, mais ce n'est pas là que
le bonheur nous attend ; nous quittons le bon morceau, comme le chien
de la fable, pour courir après une ombre. Et cependant, Carmen, que ne

me disaient-ils pas ceux de nos compatriotes qui avaient pu voir Paris!
Il est vrai que la plupart de ces narrateurs complaisants étaient déjà vieux,
et qu'ils avaient pu admirer la France dans ses beaux jours. Et d'abord,
ma Carmen, pour moi qui ne m'occupe de politique qu'autant que la
politique amène les belles modes et les belles manières, il est incontestable que lorsqu'il y-avait une cour à Paris, cette capitale était moins
bourgeoise. Que d'équipages à livrées, que de carrosses à grandes guides,
quel luxe de gentilshommes, de courtisans, de valets de pied! Aujour-
d'hui tout cela est bien changé! la royauté a des socques et un parapluie
constitutionnel. Les Tuileries étaient grandes; elle les a rétrécies, cou-
pées, losangées en petits morceaux; la place Louis XV elle-même, cette
place si vaste, si monumentale, ressemble aujourd'hui, avec son obélisque
de Luxor et ses deux fontaines, à un surtout de dessert. Pour ce qu'ils
osaient opposer à Buen-Vista, c'est-à-dire, Carmen, pour le bois de Boulogne, c'est un vrai talus de fortifications qui peut récréer messieurs du
génie, mais qui fait saigner le cœur du pacifique bourgeois. De tout ce
que ces gens m'avaient indiqué comme admirable, je ne trouvai vraiment
que la Madeleine et la Bourse; encore la première sera-t-elle noire
comme de l'encre au bout de cinq ans sous les pluies et les neiges du
ciel parisien, et l'autre a-t-elle le tort, en sa qualité de temple *grec*, de
se terminer par des paratonnerres et d'affreux tuyaux de poële. Pour le
Palais-Royal, ne m'en parle pas, c'est plus que jamais un palais de bourgeois; aucun prince, aucune princesse ne l'habite. J'ai vu le roi des
Français traverser hier l'un des guichets qui mènent au château; il était
en castor gris et en habit bleu. On m'a raconté qu'il allait à peine au
spectacle quatre fois l'an; il est obligé de se donner à lui-même la comédie à Versailles. Ce premier aspect d'une cour mesquine, étriquée,
silencieuse, me déplut. En me rendant hier au baise-main de la reine
Christine, rue de Courcelles, je trouvai cette princesse plus souverainement respectée et entourée que le roi des Français lui-même; c'est qu'en
Espagne on n'en est pas encore aux poignées de main dans la rue, et que
le peuple demande encore de la représentation au trône. Cependant tous
les plaisirs semblaient vouloir me prendre par la main dès mon arrivée;
le premier de tous, celui que l'on tint le plus à m'offrir, ce fut un échantillon de la cuisine nationale, un dîner superbe, auquel le baron de S....
l'un des lions de Paris les plus à la mode, voulut me faire assister.

« Le potage m'y parut d'abord d'une telle fadeur, que je le crus fait
d'herbes et d'un peu d'eau chaude. Nous étions à la *Maison-d'Or*, et jamais je ne vis une série de plats plus curieuse : le pain que nous mangions

L'ESPAGNOL.

n'était pas salé, les légumes étaient fades, le vin sans saveur. Mon étonnement devint profond, ma chère Carmen, quand je les vis tous se récrier
sur la bonté du repas. Durant tout le cours du dîner, le baron, croyant
sans doute me faire plaisir, avait fait venir une boisson glacée qu'on
nomme ici le vin de Champagne. Cette boisson nous fut servie dans de
grands vases d'argent *plaqué* qui auraient fait monter le rouge au front
d'un honnête *diamantista* de la calle Mayor à Madrid. Le dessert fini,
tous les hommes se levèrent, et allumèrent des cigares. J'entendis alors
des mots confus ; la politique, l'Opéra, les clubs, les étoffes nouvelles, les
chevaux faisaient les frais de cette belle conversation. Il y avait parmi
les convives un ancien ministre, une danseuse et un *sportman* ; ajoute à
ce monde la bigarrure de deux journalistes dont un parlait de l'Espagne
et du cabinet à tort et à travers, tandis que l'autre s'évertuait à déprécier
nos poëtes ; un vieux banquier empoisonnant le musc, un faiseur d'opéras, et un *bas-bleu* qui parlait raison, ne pouvant plus la faire perdre.
Mais ce qui me parut surtout admirable dans cette réunion, ce fut un ex-
jeune homme en habit noir qui avait, m'apprit-on, la fourniture de tous
les ballets à l'Académie royale de Musique. En Espagne, il ne nous serait
pas venu à l'idée d'accorder place à de pareilles fantaisies à notre premier théâtre et surtout de les rétribuer si richement ; ici un faiseur de
ballets gagne presque autant qu'un ministre. Malfilâtre en France et Larra
chez nous sont morts de misère ; ici l'ex-chorégraphe a carrosse. Nous
fûmes à l'Opéra. L'orchestre y faisait un tel bruit, que nous ne pouvions
entendre le chanteur ; ce chanteur gagnait cependant cent mille francs
par an, juste quarante mille francs de plus qu'un premier ministre pour
sauver la France. Les toilettes me parurent assez maussades, et les loges
trop éclatantes pour les toilettes. Un de mes voisins me demanda ce que
je pensais de la musique ; je ne saurais mieux la comparer qu'au bruit
d'un régiment pareil à celui de Zumala-Carrégui passant sous votre balcon, fanfares en tête. Ce qui ne me surprit pas moins, ce fut le choix
de la localité pour ce qu'ils nomment leur premier théâtre ; il est situé
dans l'une des rues les plus étroites, et ce temple des arts est coté dans
la liste de l'édilité sous le n° 21.

« Le lendemain il y avait bal masqué, et le baron me proposa cette
partie. Que devins-je, bon Dieu ! en voyant le domino de satin noir devenu le costume à la mode, la livrée joyeuse sous laquelle devait se cacher le plaisir ! Je ne te parle ici que pour mention d'une foule horrible,
compacte, nauséabonde, vêtue d'oripeaux, de plumets, d'épaulettes, de
casques romains ; sorte de mer vivante dont chaque flot menaçait de

m'engloutir, et à laquelle j'échappai comme par miracle. Le baron ne
tarissait pas en éloges et en gros rires sur tout ce pêle-mêle grotesque.
Ces malheureux qui n'avaient pas de quoi déjeuner le lendemain dansaient alors une sorte de danse frénétique, et décrivaient sur le parquet
de l'Opéra une spirale dont tu ne peux te faire une idée. C'était d'abord
comme un murmure sourd et continu, une répétition de ce qui allait se
jouer; puis tout d'un coup, au signal du chef d'orchestre, cette armée en
guenilles commençait sa fantastique bataille. La ronde infernale balayait
tout; ceux qui tombaient à terre se trouvaient entraînés, labourés par ce
torrent aux lames sonores. Je t'ai déjà dit que les costumes les plus
excentriques (c'est leur mot) décoraient les héros de cette nuit. Ce qui
me surprit beaucoup, ce fut de voir de graves Espagnols donner dans la
contagion d'un tel exemple.

« Je rencontrai à ce bal le grave avocat de Madrid, le señor O..., déguisé lui-même en *Chicard*. Mais qu'est-ce que Chicard? vas-tu me demander. Hélas! ma chère Carmen, c'est déjà ici une royauté déchue :
Chicard, l'illustre Chicard, le coryphée de ces bals nocturnes, ce Chicard
l'effroi de ses rivaux, la gloire de ses adeptes, subit lui-même les retours
de sa popularité; la contrefaçon s'attaque à lui, et on le copie trop pour
qu'il puisse longtemps demeurer original. C'était lui, en effet, qui avait
trouvé ici le *déguingandé* romain, le *chic* du plumet et des bottes à l'é-
cuyère. Chicard était un dieu trois minutes durant; on l'enlevait et on
le portait à bras au milieu de ses saturnales; ses amis se pendaient aux
basques triomphantes de son habit. Aujourd'hui Chicard a mérité le fauteuil de l'académicien, il se repose et daigne à peine professer.

« Après me l'avoir indiqué, le baron me demanda ce que je pensais du
bal de l'Opéra, et de la danse du peuple parisien en général.

« — Vous m'embarrassez, lui répondis-je. Je vous avouerai que si la
danse doit être jamais l'expression d'un peuple ou d'une société, la danse
à laquelle j'assiste m'effrayerait, cher baron. Je me suis crue d'abord
dans quelque maison de fous à Madrid ou à Grenade. —

« Un brave général russe placé à deux pas de ma loge, et qui assistait
comme moi pour la première fois de sa vie à ce singulier spectacle, s'est
écrié au moment du galop : *A cette heure, les Français eussent gagné la
bataille de Waterloo!* tant cette ivresse fougueuse, inexplicable l'avait
saisi, tant il ne pouvait se lasser de son propre étonnement! Et voilà le
peuple qui s'en tenait jadis au menuet, malgré son titre de *peuple léger*;
voilà les danseurs sévères qui nous reprochent le *fandango!*

« L'hôtel dans lequel je descendis avait un peuple de laquais: mais

parmi toutes ces gens aucun ne parlait espagnol. Je fus d'abord très-dé-
paysée. Heureusement mon ami le député L... vint à mon aide; il se mit
fort obligeamment à mon service. Je n'ai jamais pu me plaire, hélas !
dans ce qu'on appelle une chambre d'auberge; tout y est banal et triste,
depuis la corniche jusqu'au parquet. Au moment où je franchis le seuil
il y avait une fumée si épaisse dans la cheminée, que je regrettai les
braseros. On me fit venir une modiste qui m'apporta un chapeau; je ne
comprenais guère que d'aussi charmantes femmes que les Parisiennes
pussent s'engloutir sous cette cloche à rubans : on me dit que c'était la
mode. Le soir, on me promena en calèche aux Champs-Élysées; le lendemain, la médaille magique du député m'ouvrait les musées et les établissements parisiens. Que te dirai-je enfin? il ne me manquait que les
bals, et depuis huit jours on me traîne à tous les bals.

« Je te l'avouerai, Carmen, cette vie me paraît triste : là-bas je vivais,
ici je me trouve éteinte. On a beau me dire encore quelquefois que je suis
belle, c'est une politesse française qui me laisse chagrine. Mon voile, ma
mantille, tout cela reste ployé dans mon coffre avec les lettres d'amour
du capitaine d'A...; tout cela y dort avec mon cœur. Je suis quelque
chose de morne et de maladif; en ce maudit pays j'ai toujours froid. Hier
je suis allée voir le cirque des Champs-Élysées; ma chère petite Carmen,
que cela est loin de valoir le cirque des taureaux ! Des sauteurs qui dansent
sur la tête, des acrobates vêtus de paillettes et qui passent dans des cer-
ceaux peuvent-ils lutter une seconde avec l'admirable sérénité de *Montès*
quand il tue le taureau, en escarpins? Nous sommes un peuple *sérieux;*
en France ils ont peur de ce mot-là : aussi, ma bonne Carmen, n'ont-ils
pas même le sérieux dans la passion. L'amour à Paris se compose de tant
de chiffons, que c'est à grand'peine que vous trouveriez du cœur là-
dessous; pour la jalousie, ils ne s'en doutent même pas. Imagine-toi que
j'ai vu ici des maris si complaisants, qu'ils s'absentaient au spectacle de
leur propre loge, dans la crainte de gêner sans doute l'amoureux qui en
occupait la première banquette. En ce qui regarde les amants, c'est bien
autre chose : ils sont si aveugles, si confiants, si infatués d'eux-mêmes,
qu'il leur paraîtrait impossible que leur maîtresse pût un instant les
tromper; ils ont passé avec elle un bail de fidélité à toute épreuve. Rien
de plus libre cependant, Carmen, qu'une Parisienne; celles qui ne le sont
pas se font bien vite des ailes. Elles sortent, elles rentrent sans que personne y puisse trouver à redire; notre liberté si vantée n'est rien près de
la leur; elles ont partout droit de cité. Il est vrai que, pour être libres
de leur côté, les maris de ces dames ont inventé quelque chose de fort

ingénieux, les clubs, cette excuse qui ne leur fait jamais défaut. Avec ce mot magique, ce mot de *club*, un mari s'esquive de tout mauvais pas conjugal; il conquiert ses franchises et assure le repos de ses foyers. Cette stratégie est maintenant à la mode. Mais en regard de ces clubs, les femmes ont aussi les leurs, et tu rirais bien de voir leurs coalitions! En Espagne on ignore encore le seul nom de *bas-bleu*; ici c'est un animal fort à la mode. Un râtelier, des cheveux postiches et du rouge de Martin semblent suffire, au premier abord, pour jouer le rôle de bas-bleu; erreur, ma chère Carmen, il faut avec cela une coterie dans laquelle on enrégimente un vieux marquis, un député conservateur, un moine quêteur pour la Trappe ou la terre sainte, deux poètes fourbus, un journaliste en herbe, et un magnétiseur en frac noir.

« La société française ressemble maintenant à ces malades fatigués qui usent de tout; il lui faut dans la même soirée un procès criminel, un discours à la tribune et la *polka*, le magnétisme et la résurrection de la tragédie. Il est assez plaisant de voir cette société sceptique qui se moquait tant autrefois du magnétisme par la bouche d'un de ses plus spirituels antagonistes, Hoffmann, se jeter aujourd'hui à corps perdu dans ces représentations de salon. Les docteurs de ce pays-ci m'ont paru aussi des êtres curieux; on les rencontre une partie du jour en cabriolet : de sorte que l'on pourrait croire qu'ils soignent leurs malades à la course, ou en prenant l'air pour leurs clients. Autant de cabriolets de médecins, autant de systèmes. Du reste, nous en sommes toujours au bon temps de Sangrado.

« Tu m'as demandé de te répondre franchement, dans ta dernière lettre, au sujet de la beauté et de la laideur parisiennes; c'est là, chère Carmen, un chapitre délicat! Sache, avant toutes choses, qu'une Parisienne serait peu de choses sans sa marchande de modes. L'achat d'une robe ou d'un bonnet détermine ici la beauté physique, souvent même la beauté morale. La Parisienne est grêle, étiolée, maladive; vous la rencontrez à peine debout, si ce n'est aux promenades et aux églises. Mais que l'annonce d'un bal ou d'un concert la fasse sortir de sa léthargie, adieu le moelleux coussin du divan, les feuilletons de Sue frôlés d'une main capricieuse, les oiseaux de la volière à qui l'on présente le doigt ganté, les fleurs de Prévost et les *paysages de Théodore Frère* et *les albums de Théodore Guérin!* La Parisienne était, il n'y a qu'un instant, une indolente créature, une femme automatique; dès qu'elle s'est vu toucher par la baguette magique de l'annonce, dès qu'elle est certaine qu'elle a un bal et surtout une robe hyperbolique à mettre pour ce bal, elle sort armée comme Pallas. Otez à la Parisienne son arsenal de coquetteries, de rouge, de pinces d'acier, de savons, de vétyver, qu'en restera-t-il? Une femme commune ou sujette aux attaques de nerfs; il lui faut un coupé, des souliers mignons, un coiffeur habile et une loge à l'Opéra. Avec cela on fait bien des réputations!... »

(A la date du 7 mars, même année.)

. . . .

« Le chapitre de mes étonnements ne finit pas. L'éducation des femmes d'ici n'en serait pas le moins intéressant, crois-le bien. Comme les organes du nègre ou du mulâtre sont incessamment tendus vers le vol et l'astuce dès leur enfance, ainsi, dès son berceau, la Parisienne apprend-elle l'hypocrisie et la ruse. Les manéges de cette vie ne sont rien près de ceux de la fantaisie espagnole : une femme est façonnée ici de si bonne heure au mensonge, que vous n'occupez jamais, vous son amant, que les mansardes de son cœur; le rez-de-chaussée, le premier et le second étages sont pour ses amis. Nos *cortejos* de Séville seraient bien étonnés d'un tel régime. Les amoureux de Paris s'en accommodent fort bien. Peut-être se souviennent-ils de la fin de ce couplet :

> « On vous cherchait, on vous évite...
> D'un autre on a le cœur épris;
> Eh! qu'importe que l'on vous quitte;
> Le grand objet, c'est d'être pris!
>
> (BEAUMARCHAIS.)

. . . .

« Tu ris de ces remarques galantes, ma chère Carmen; tu me traites déjà sans doute de petite fille; mes éblouissements parisiens et ma puérilité te surprennent : que serait-ce, bon Dieu! si, avec la tête folle que je te sais et à défaut d'amoureux, tu avais espéré trouver au moins ici quelques bandits! les bandits d'Espagne, fine et dernière fleur de la chevalerie errante; les bandits de *Gil Blas* et de *Don Pablo de Ségovie!* Je reconduisais hier une amie qui n'a qu'un défaut, celui de demeurer aux antipodes. La nuit était noire, le ciel roulait autour de nous ses nuages les plus maussades. Quelle affreuse métamorphose! une demi-heure avant, j'écoutais Molière au théâtre Richelieu, Molière ou Marivaux, je ne saurais trop te dire lequel (pardonne à ta pauvre amie); mais je voyais encore palpiter et rayonner devant moi cette comédie agile et vivante, ces héroïnes à la taille de guêpe, ces sirènes à la voix douce. Je me rappelais madame Volnys et mademoiselle Doze, ces deux perles du théâtre; je revoyais l'une avec ses yeux noirs comme l'enfer, l'autre avec sa joue formée d'un paquet de lis et de roses. Je pensais à la Mathilde du théâtre du Prince, à Madrid; à Roméa, à tant d'autres interprètes du vieux et noble Calderón! J'avais remarqué aussi certain valet rusé comme un juif et leste comme une couleuvre. Cet homme-là, disais-je à mon amie, est le plus fieffé des Frontin; il use de la poche de son maître comme de la sienne; il a de ces distractions qui le feraient envoyer par tous les juges de Madrid au *Présidial* ou à *Ceuta*. Quelle école de mœurs que cette comédie qui veut à toute force singer la société française! Ici un pantin brodé, un égoïste inutile à tous excepté à lui, qu'on nomme le *Chevalier à la mode*, homme unique, préconisant le vol au bout d'un baiser comme nos voleurs de grande route au bout de leur *trabucco* chargé; ici une vieille folle couverte de pendeloques qui ouvre sa bourse, son cœur et sa chambre à un pareil spéculateur! La servante vaut le valet, le valet n'a rien à céder à la servante. Et l'on accuse après cela nos bandits d'Espagne! Mais quel Frontin, quel Crispin, quel Sbrigani vaudrait Josè-Maria, ce soleil du drame espagnol entrelardé de coups de couteau! quelle Lisette, quelle Dorine lutterait avec une adroite et brave cabaretière de la Manche! En France on fait tout du bout des dents, l'amour d'abord, puis la guerre de l'esprit après celle de l'amour. Tout y effleure l'épiderme, et rien n'y mord le cœur; la passion n'en prend jamais à son aise, et l'on rougit d'avoir à recourir ici à la fatalité du théâtre grec qui excuse tout. Aimons en France, oui, soit; mais aimons tout ce qui brille, aimons les dandys fourbus qui lorgnent de l'avant-scène et les chevaux poussifs du *turf* de Chantilly; aimons l'impossible, le faux, le paradoxal, le frelaté; aimons et vivons de cette folie de chaque jour! Ici le mensonge est en honneur; ici l'on ruse pour le plaisir de ruser; ici l'on prend à tâche de mentir une fois par jour à son amant et à son cœur. Pour une Espagnole toute d'un morceau (*una de uno pezzo*), comme nous disons là-bas, voilà une nouvelle vie! Mais c'est un vol manifeste! me diront les casuistes galants des dix-huitième et dix-neuvième siècles; quoi! madame, vous prenez bien vite les mœurs d'un pays, vous nous copiez, vous nous volez! Ce mot de *volez*, ma chère Carmen, me ramène malgré moi à l'idée de nos brigands. Eh quoi! me disais-je, ou plutôt disais-je alors à mon amie; quoi! nous ne rencontrerons pas un pauvre petit accident de grand chemin, un Mandrin ou un Cartouche!... Cependant la France n'a rien à céder en ceci à l'étranger!

« Des notaires, les saint Vincent de Paul du notariat; des boursiers, des capitalistes, des gens de robe et de toute classe, des agioteurs de conscience à tant le cours, des faiseurs de pièces qui détroussent leurs confrères et payent des valets pour voler chez eux des manuscrits! Sans compter les quêtes, les quêteurs et les quêteuses, les souscriptions à bout portant et les assurances contre l'incendie! Et la *réclame*, ce mensonge de tous les matins! Et la pommade pour les cheveux, l'opiat pour les dents, les primes pour les souscripteurs; et le dividende, ce rêve des actionnaires! Josè-Maria me paraissait un grand innocent près de ces turpitudes-là. La veille, j'étais allée voir Bicêtre; j'y avais trouvé un de nos Espagnols de Bilbao : celui-là gardait son air et son vêtement de la Biscaye. Je ne sais pour

quelle infraction commise envers la discipline de la prison ils l'avaient

attaché à un poteau, lui laissant, par une raillerie cruelle, un vieux bois
de pistolet pendu à sa ceinture. Lui cependant, dès qu'il m'aperçut, se
mit à chanter à tue-tête la fameuse chanson des voleurs :

> « No semos ladrones,
> « Semos voluntarios, etc. »

« L'aspect de ce malheureux m'affligea. Je demandai au gardien quel
était son crime.

« — Il a volé une montre, » me répondit l'homme.

« Ce malheureux manquait littéralement de pain, *circonstance exté-
nuante*, m'ajouta le soir le jeune fils du baron S..., mais que le jury prît
peu en considération vis-à-vis du réfugié. Je m'approchai de lui et lui
donnai quelque monnaie. J'étais vraiment confuse de lui avoir donné si
peu. Tout d'un coup, je trouvai au fond de mon sac un paquet de cigarettes ; je le lui présentai, il s'en empara avidement. Ici, sache-le, on
fume plus qu'en Espagne ; les *lionnes* elles-mêmes s'en mêlent, tandis
que chez nous cela est dévolu aux *manolas*.

« A quelques jours de là, je fus condamnée moi-même à voir une exécution. Je dis *condamnée*, car tu sais, Carmen, combien ces spectacles
cruels me répugnent. Il n'est jamais entré dans l'idée d'une Espagnole
d'aller voir donner le tourniquet (*el garotte*) à un bandit ; mais les
Français, qui nous en veulent toujours pour nos courses de taureaux, sont
très-affamés de ce spectacle de la guillotine. Permets-moi de ne t'en rien
dire, si ce n'est que le bourreau arrive ici en cabriolet de place, et qu'il
a une lorgnette de spectacle pour voir venir la charrette du condamné,
voiture qu'on nomme ici le *panier à salade*. Ce spectacle me parut le
comble de la dégradation ; on riait, on chantait presque autour de moi.
Mais me voilà bien loin des voleurs qui nous attaquèrent, mon amie et
moi, dans notre carrosse (lisez *citadine*, ma chère Carmen). Nous eûmes
l'avantage d'être attaquées à la lueur du gaz...

« Un homme en manteau bleu se présenta vers minuit à la portière.

« Arrêtez ! » dit-il au fiacre.

« Le cocher obéit ; et nous vîmes alors un furieux le sabre au poing,
les cheveux hérissés, — une figure bonasse après tout, mais fort détraquée
par la colère.

« Mesdames,... » — s'écria-t-il en grinçant des dents avec fureur et
en mettant la main sur mon bras.

« Je m'apprêtais à lui donner ma montre, quand, aux cris de ma compagne, plusieurs soldats du poste voisin arrivèrent.

« C'est Corniquet! crièrent-ils.

« — Qu'est-ce que Corniquet? dis-je à mon amie en me serrant contre elle toute pâle de frayeur.

« — Mais je ne sais pas... moi...; c'est un nom qui doit bien aller avec Vidocq... »

« Le chef de la patrouille s'approcha du fiacre, et nous rassurant du geste :

« Excusez-le, mesdames, il est fou ; c'est un pauvre homme à qui on a enlevé sa femme...

« La physionomie de Corniquet s'harmonisait plus en effet avec celle d'un mari qu'avec celle d'un brigand.

« Ce pauvre Corniquet, reprit le chef du poste, aura été trompé par le numéro de votre voiture... N'est-ce pas, cocher, que sa femme, une dame qui demeure rue Coq-Héron, vous a pris aujourd'hui vers les onze heures?

« — Certainement, commandant, même qu'elle sortait de l'Odéon et avec un beau jeune homme... »

« Corniquet, notre voleur, était, hélas! le volé ; nous le laissâmes, bien convaincues que les amants et les maris sont les seuls chevaliers nocturnes que Paris enserre. Ce sont les rois de la nuit.

« Le lendemain, je lus une bien triste nouvelle dans les journaux.

« La veuve du noble et malheureux général Diégo de Léon assistait, à Saint-Cloud, près de la reine Christine, à la représentation du *Déserteur*. A la vue des fusils, l'infortunée pousse un cri terrible et tombe évanouie sur le parquet. Ceci se nomme un spectacle ingénieusement choisi.

« En somme, je ne puis croire que je te revienne avant un mois. Il me reste à voir les Catacombes et l'Institut, deux sénats de morts dont je te parlerai peut-être un jour ; la chambre des députés, et les prédicateurs en renom. Écris-moi bien vite ce que font, en revanche, à Madrid, nos lions et les cortès. Je te rapporte six robes, des pommades sans nombre et des chapeaux. Pour mon cœur, cher Carmen, dis à C... qu'il n'a reçu ici aucune atteinte. Une Espagnole à Paris est un véritable contre-sens. Tout y ramène involontairement son pied vers le sol natal ; tout ne lui dit que trop qu'elle n'est ici qu'une étrangère. Je ne sais rien de plus triste que ces avertissements de l'*étrangeté* et de l'*ennui*. Ma conclusion, c'est que les Français doivent venir nous voir, mais que nous perdons beaucoup à les visiter. Ils se sont fait de nous tant d'idées bizarres et fausses, que dans notre intérêt nous devons les en laisser au roman. Paris était pour moi un bouquet d'illusions, j'en rapporterai les feuilles fanées. Je regarde chaque soir une petite étoile au firmament, elle seule et toi connaissent mon cœur. Imprudente que je suis! j'ai ouvert le chaton de la grande bague du monde, et maintenant me voilà forcée de la refermer. Carmen, on n'est bien que dans son pays, on ne se complaît qu'avec les siens. Le soleil qui éclaira mon berceau éclairera, je l'espère. ma pauvre tombe. En attendant, Carmen, aime-moi et parle-moi de Madrid.

« Ta fidèle amie.

« THERESA D.... »

Le journal de l'Espagnole était semé d'autres réflexions plus cruelles peut-être pour notre amour-propre national. Nos dames de Paris s'en consoleront, d'autant que toutes les Castilles n'ont pas des juges aussi sévères que Theresa. Et d'ailleurs ne lui rendraient-elles pas bonne justice si, depuis madame d'Abrantès et madame de Schulembourg, on avait mémoire d'une femme qui s'aventurât en Espagne?

ROGER DE BEAUVOIR.

LE SUÉDOIS.

En jetant un coup d'œil sur les différents États de l'Europe, il est impossible de n'être pas frappé du rôle grandiose départi à la France par un pouvoir providentiel.

Toujours en tête de la civilisation, elle est appelée à guider le monde dans la voie des progrès : achetées au prix de cruels déchirements, sa puissance et son unité font l'admiration et provoquent l'envie des autres nations. Bon gré, mal gré, elles sont forcées de subir directement ou indirectement l'influence civilisatrice de notre patrie.

C'est là ce qui fait de Paris la capitale du monde. Princes et prolétaires, savants, artistes et marchands, tous viennent s'instruire des choses de la vie à Paris.

Et puis la France n'est-elle pas le refuge de tous les exilés, de tous les proscrits ?

Les Polonais fuyant le knout de l'autocrate ; les Espagnols de tous les partis échappés aux atrocités de la guerre civile ; les Italiens peu soucieux du *carcere durissimo* du Spielberg, des galères du pape et des fusillades napolitaines ; les Allemands qui ont la prétention de penser librement et d'écrire librement ce qu'ils pensent, sont là pour témoigner de l'hospitalité généreuse, universelle et désintéressée de la France qui, elle, se trouve suffisamment récompensée, en songeant aux idées grandes et libérales répandues par ces mêmes proscrits et exilés de retour dans leur patrie.

Aucun peuple n'est aussi homogène, aussi intimement uni dans ses diverses parties que la France.

Voyez l'Angleterre, notre rivale : elle s'intitule orgueilleusement le *Royaume-Uni ;* le nom de royaume *désuni* lui conviendrait beaucoup mieux, témoin l'Irlande qui veut s'en détacher politiquement, pendant que l'Écosse s'en est déjà séparée religieusement.

Voyez la Russie, dont on veut faire un épouvantail pour le monde civilisé : il faudrait une liste commençant par *A* et finissant par *Z* pour nommer tous les peuples divers réunis sous le sceptre du czar et qui tous se détestent cordialement.

Voyez encore l'Italie se consumant en efforts stériles pour arriver à une unité qui, si elle l'obtenait, serait le signal des mêmes guerres civiles qui ensanglantèrent le sol de ce pays au moyen âge.

Voyez enfin l'Allemagne où, sauf la langue, il n'y a rien de commun entre les différents pays dont se compose son territoire, où l'on ne connaît d'autre patriotisme que le patriotisme de clocher ; pays ou règne en souveraine la philosophie mystique et transcendante, mais où l'on ne s'occupe guère de l'unité du pays.

Nous n'en finirions pas si nous voulions citer tous les pays où se retrouvent les mêmes anomalies :

La Suisse, puissante république de deux millions d'habitants qui se répartissent en vingt-deux patries ou cantons, où le char de l'État, tiré de tous côtés, menace de se briser à chaque instant;

L'Espagne, où l'on joue à la constitution à Madrid, pendant que chaque province fait tous les huit jours son petit *pronunciamiento*, où l'on change de ministère plus souvent que de chemise, et de système de gouvernement autant que de ministère;

Le feu royaume des Pays-Bas, qui ne put subsister par suite de l'incompatibilité d'humeur des deux parties, et dont la séparation de corps fut peu amiable.

Les réflexions qui précèdent se sont présentées à notre esprit en songeant au sujet du présent article.

Nous espérons que l'on ne nous comparera pas à cet avocat qui, ayant à plaider à propos d'un mur mitoyen, commença son plaidoyer en parlant de la création, et qui fut engagé par le président du tribunal à passer au moins le *déluge*.

En effet, l'on ne peut s'empêcher de s'étonner de la bizarrerie des événements politiques dont la *Suède*, la *Norwége* et le *Danemark* furent le théâtre, et de la diversité des combinaisons gouvernementales dont ils furent l'objet.

Ces trois contrées formaient tantôt trois royaumes indépendants, tantôt elles étaient réunies sous la même couronne : un jour c'était le Danemark auquel était réunie la Norwége; un autre jour la Norwége était annexée à la Suède sans cesser de former un État distinct.

Que de sang, d'efforts, d'intelligence perdus pour amener et consolider ces divers changements!

Que de forces perdues dans ces luttes stériles, et que n'eût pesé dans la balance européenne la puissance unie de ces trois pays de la Scandinavie! C'est cette considération qui nous a décidé à réunir sous la même rubrique les trois peuples dont se compose l'antique *Scandie*.

Et que l'on ne nous dise point que ceci est une utopie, le passé vient à l'appui de notre opinion.

Sans remonter jusqu'aux Romains qui, sous la dénomination de *Scandia*, considéraient comme un seul pays les trois États dont nous parlons, il suffit de rappeler le traité de Calmar, conclu en 1393, en vertu duquel la Suède, la Norwége et le Danemark furent réunis sous le même sceptre.

Cette réunion ne dura pas longtemps, il est vrai; des querelles sanglantes survinrent, à la suite desquelles la Suède forma un royaume séparé, et le Danemark et la Norwége restèrent réunis jusqu'en 1812.

En 1814 eut lieu définitivement l'annexation de la Norwége à la Suède ; nous disons *annexation* et non *réunion*, ces deux pays, gouvernés par le même prince, formant deux États tout à fait distincts, quant à leur administration. Chacun des deux a son assemblée législative particulière, son armée, sa marine, son budget.

Or, de nos jours, où toutes les tendances des peuples sont dirigées vers l'unité, ne serait-il pas facile et glorieux à la fois pour un prince de se mettre à la tête du mouvement, de renverser — par persuasion et non par violence — les barrières élevées par un égoïsme mal entendu, égoïsme dont l'unique résultat a été jusqu'à ce jour la ruine des gouvernants et des gouvernés.

Espérons qu'un temps viendra où disparaîtront pour toujours la rivalité haineuse et la jalousie mesquine de peuple à peuple : où les armées, le plus pur du sang des populations, deviendront inutiles et accroîtront, dans une proportion immense, les richesses industrielles et agricoles, et où les guerres seront désormais impossibles.

En attendant cette heureuse époque, revenons à notre sujet et au but que nous nous sommes proposé : décrire les mœurs des peuples scandinaves dans notre grande cité.

LE SUÉDOIS.

De tout temps, il existait une attraction singulière entre la France et la Suède ; le caractère des deux peuples offre des analogies frappantes, et les Suédois partagent avec les Polonais l'honneur d'avoir été surnommés les *Français du Nord*.

A l'appui des rapports bienveillants qui ne furent troublés qu'à de très-rares intervalles entre la France et la Suède, il nous suffira de citer quelques exemples des plus remarquables.

La famille des Lagardie, une des plus illustres de Suède, était d'origine française. Pontus de Lagardie, gentilhomme de Carcassonne, ayant été fait prisonnier dans un combat contre les Suédois, prit du service auprès d'Éric XIV ; puis se révolta contre lui en faveur du prince Jean, qui, devenu roi, le combla de faveurs, et lui donna la main de sa fille naturelle.

Christine de Suède, malgré toutes ses excentricités, eut toujours un penchant prononcé pour les Français. Grâce à ses sollicitations réitérées, Descartes se rendit à Stockholm et y demeura le reste de sa vie. Dès son abdication, Christine ne manqua pas de venir visiter la France. Après son entrée solennelle à Paris, le 20 juin 1656, elle se rendit à Fontainebleau, lieu où s'accomplit la vengeance sanglante qu'elle tira de Monaldeschi.

A peu près un siècle plus tard, un autre célèbre personnage suédois, le naturaliste Linné, vint visiter la France au milieu de ses pérégrinations. Sa réception honora et le savant qui en fut l'objet et le peuple qui la lui prépara.

Mais le plus éclatant témoignage d'estime et de considération que la Suède pût donner à la France, ce fut de se choisir un roi dans les rangs de l'armée française. Cet exemple, unique dans les annales des peuples, est surtout remarquable en ce que l'homme appelé à de si hautes destinées n'était pas de naissance princière. Né à Pau en 1764, d'une famille aisée, mais bourgeoise, Charles-Jean Bernadotte entra au service dès l'âge de seize ans, en qualité de simple soldat.

Parvenu rapidement aux grades supérieurs, il était déjà, en 1794, général de division ; il devint successivement ambassadeur à Vienne et ministre de la guerre. Il se distingua dans cette dernière position par l'énergie et la sagesse de son administration. Éconduit du ministère par Sieyès, il fut nommé général en chef de l'armée de l'Ouest, et, en 1804, Napoléon le fit maréchal. Sa conduite brillante à Austerlitz lui valut le titre de prince de Ponte-Corvo. Après maints prodiges de valeur en Prusse et en Pologne, il fut désigné en 1810, par les quatre états de Suède, pour remplacer le prince de Sleswick-Augustenbourg, qui venait de mourir.

Ayant obtenu l'autorisation de l'empereur, il accepta, et fut adopté par le roi de Suède Charles XIII, auquel il succéda dans l'année 1818

sous le nom de Charles XIV. Son administration habile et sage lui acquit à juste titre l'amour et l'estime de ses peuples, qui rendirent hommage à sa droiture et à son bon cœur. Mort en 1844, son fils, le prince Oscar, lui succéda, et tout présage au nouveau roi un règne glorieux et fertile en améliorations de tout genre.

Déjà sa conduite généreuse envers les partisans de la famille proscrite des Wasa lui a valu l'approbation unanime non-seulement de ses sujets, mais encore de l'Europe entière, et sa prudence et sa loyauté au sujet des discussions animées qui surgissent au sein des états font concevoir les plus légitimes et les plus belles espérances.

Si nous nous sommes étendu un peu longuement sur le roi Bernadotte et son successeur au trône de Suède, il faut en chercher la raison dans le juste orgueil que nous inspire, à nous, Français, le choix fait d'un de nos compatriotes pour veiller sur les destinées d'un peuple étranger; mais patience, chacun son tour : après avoir parlé des rois, occupons-nous du peuple.

Le *Suédois* est *le type de l'homme*. Hardi, gai, entreprenant, spirituel et prodigue, tel est son caractère. A l'appui de cette appréciation, faisons comme tous les romanciers qui ont chacun leur héros; nous en choisirons un parmi les Suédois qui ont le plus marqué dans la capitale du monde civilisé.

Le comte *Frédéric de Nikœping* était le type le plus avancé de l'élégance et des bonnes manières. Comme le baron de *Trenck*, de fameuse mémoire, et à la famille duquel il était allié, il avait obtenu une grande célébrité dans les fastes de la galanterie. Personne n'ignore avec quelle bravoure il combattit au milieu de nos braves, en Afrique, où il s'était rendu en volontaire; son intrépidité fit l'admiration de l'armée; à son retour, il vint à Paris, où il fut accueilli avec la plus haute distinction; les salons de l'aristocratie lui furent ouverts, la reine daigna le recevoir et lui adresser les éloges les plus flatteurs; le roi, sur la proposition du général Changarnier, le nomma chevalier de la Légion d'honneur et le décora de sa main.

Le comte Frédéric admirait la belle tenue de nos troupes; il n'hésitait pas à reconnaître que les Français étaient les premiers soldats du monde. C'est lui qui, enthousiasmé de l'habileté avec laquelle nos officiers du génie avaient conduit les travaux des fortifications, dit, en examinant la ligne de Saint-Denis : « Si jamais l'ennemi vient de ce côté, il pourra « déposer sa carte au pied de ces murailles et rebrousser chemin, car il « lui serait impossible d'avancer plus loin. »

Quelqu'un lui demandait un jour ce qui l'avait le plus frappé à Paris.

« C'est, répondit-il, l'exquise courtoisie avec laquelle les *étrangers* y sont reçus.

— Et ensuite?

— L'élégance et la distinction des femmes.

— Puis après?

— Le manque d'usage des hommes.

— Et à quoi attribuez-vous ces diverses nuances? poursuivit l'interlocuteur, frappé de la justesse des observations du Suédois.

— Entre nous, c'est à cette espèce de *vestales* qu'on ne trouve qu'à Paris, et que vous avez, je ne sais pourquoi, décoré du nom *sacro-profane* de *lorettes*.

— Vous croyez?

— J'en suis certain. Les femmes honnêtes leur empruntent généralement leur gracieux visage, leur tournure et leurs modes; car remarquez que les lorettes sont toujours les premières à la tête de la mode. Les hommes ne conservent d'elles que leurs façons cavalières et leur langage tant soit peu hasardé. »

Avec ce rare sentiment des convenances, le comte Frédéric était aventureux comme un Castillan, humeur qui fut cause de sa mort. Voici comment :

Il s'était épris d'une jeune veuve dont la beauté était des plus justement réputées. S'étant aperçu qu'elle n'était pas indifférente à ses assiduités, il la demanda en mariage. Un vieil oncle, qui la destinait à son fils, répondit par un refus formel. Le comte ne se tint pas pour battu; il revint à la charge; cette fois le cousin lui-même se chargea de le repousser. Il alla le trouver et eut avec lui une explication à la suite de laquelle il fut convenu que les deux soupirants agiraient, chacun de son côté et comme bon lui semblerait, pour obtenir la main de la personne aimée. Toutefois, et pour faire les choses en gentilhomme, le comte Frédéric s'engageait à ne plus remettre les pieds au logis de sa belle maîtresse; il devait agir auprès d'elle par tout autre moyen; le cousin seul devait y avoir accès.

Le lendemain, madame V***, qui demeurait rue de Choiseul, au deuxième étage, fut réveillée par les sons plus ou moins harmonieux d'un orgue de Barbarie. Elle se lève, ouvre sa fenêtre, et ne peut en croire ses beaux yeux, qui lui font reconnaître dans le musicien le comte suédois.

Il s'était affublé de la veste et du pantalon de velours comme un simple Auvergnat, et jouait bravement de l'orgue, tandis qu'un jeune singe de l'espèce des sapajous sautillait sur ses épaules. Le comte ne perdit pas de temps; à peine la fenêtre ouverte, il prit son singe, et, comme s'il lui eût dit quelques mots à l'oreille, il lui glissa une petite bourse de cuir

LE SUÉDOIS.

autour du cou; le singe, dressé sans doute à cet exercice, s'élance, embrasse le conduit d'une gouttière et arrive en un clin d'œil auprès de madame V***. Celle-ci, qui avait compris l'adroit manége de son amant, ouvrit la bourse, y prit un petit billet qu'elle contenait, et y glissa en place une pièce d'or qu'elle avait été chercher.

Cet exercice se renouvela pendant huit jours, au bout desquels madame V***, harcelée par son oncle, répondit qu'elle n'accorderait jamais sa main qu'au comte Frédéric. Le mariage fut donc arrêté.

La veille du jour où il devait avoir lieu, ne pouvant se résoudre à le voir s'accomplir, Charles S*** alla pour la seconde fois trouver son heureux adversaire, et le provoqua en duel. Malgré sa bravoure, et averti sans doute par un de ces secrets pressentiments dont on ne peut se défendre, le comte fit tout ce qu'il put pour éviter cette rencontre. Ce fut en vain : elle eut lieu dans le bois de Vincennes.

Le comte reçut une balle dans la poitrine. Transporté dans sa voiture, il mourut pendant le trajet du bois à son hôtel !

Il n'avait que vingt-neuf ans et possédait, avec la plus belle physionomie et la tournure la plus distinguée, une fortune de 100,000 francs de rente.

Madame V*** se retira dans un couvent, et son cousin est en ce moment parti pour les Indes.

Heureusement que le sort fatal du comte Frédéric n'est qu'une très-rare exception. Beaucoup d'autres de ses compatriotes n'ont pas maille à partir avec de féroces cousins, et ne sont pas obligés, pour communiquer avec des veuves plus ou moins véridiques, de revêtir le costume en velours de coton du Savoyard ou de l'enfant du Puy-de-Dôme.

Car — pardon de la digression, mais cette réflexion se présente tout naturellement à notre esprit — un grand nombre de Parisiennes sont très-friandes de cavaliers ou de maris étrangers, soit qu'elles les croient plus constants que les Français, soit que ce qui vient de loin soit pour elles la raison de leurs préférences ; bref, si nous n'en connaissons pas bien la cause, nous en voyons et subissons malheureusement l'effet.

Il n'est sorte de prévenances de leur part dont ces heureux mortels ne soient l'objet; à leur arrivée en France, la plupart des étrangers ne parlent que difficilement le français. Pour obvier à cet inconvénient, ces dames prodiguent les œillades et se livrent à une pantomime des plus significatives, ce langage étant intelligible à tous les habitants du globe.

C'est à ces provocations muettes que nous attribuons la vogue prodigieuse qu'obtiennent, depuis quelque temps auprès des femmes, les gants

de Suède portés par tant de jolies mains. Cela ne veut-il pas dire tout
simplement : Voyez comme j'apprécie tout ce qui vient de la Suède? Par
Odin! si nous n'avions le bonheur d'être né Français, nous aurions désiré naître Suédois, et la capitale aurait retenti de nos succès.

Outre cette préférence marquée dont le Suédois — plus encore que les
autres étrangers — est l'objet de la part du beau sexe parisien, ce qui
lui plaît le plus en France, ce qu'il regarde comme un bienfait inesti-
mable, c'est..... la facilité de pouvoir fumer dans les rues.

Pour comprendre sa satisfaction, il est nécessaire de savoir que cela
est sévèrement défendu dans sa patrie, à cause du danger d'incendie, le
plus grand nombre des maisons en Suède étant construites en bois. Il
n'y eut de tolérance à ce sujet que pendant le choléra.

Rien ne manquerait donc à la félicité du Suédois à Paris, si malheureusement il n'avait un travers qui empoisonne fréquemment les plaisirs
de tout genre que lui offre la grande cité. Historien impartial, nous ne
pouvons dissimuler cette légère tache qui dépare le brillant caractère de
notre héros : le Suédois n'entend nullement la plaisanterie. Il pardonne
plutôt une injure qu'un trait malin; un calembour le blessera davantage
qu'une violence. Or le Français, né malin, ainsi que le prouve le vaudeville, est éminemment... *caustique*, comme le dit M. de Lamartine dans
ses *Méditations*, et pour avoir le plaisir de dire un bon mot ou de lancer
une spirituelle méchanceté, il se coupera la gorge avec son meilleur ami.
On comprend dès lors facilement que, sous ce rapport, il n'existe pas toujours une *entente cordiale* entre les deux peuples, et que plus d'un Suédois qui adore les Françaises ne professe pas la même vénération, à l'égard
de la partie masculine de notre nation.

Mais, somme toute, il n'y a rien de parfait sous le soleil. Pardonnons
ce petit travers à un peuple qui possède tant et de si éminentes qualités,
et songeons que si un étranger s'avisait de rechercher nos défauts, il
pourrait en découvrir dont nous ne soupçonnons pas même l'existence.

LE NORWÉGIEN.

Parmi les traits les plus saillants du caractère des Norwégiens, surtout
parmi le peuple, il faut citer une excessive lenteur d'esprit et de mouvement. Si on leur adresse la parole, il s'écoule toujours un certain intervalle avant qu'ils répondent; mais aussi leurs réponses sont d'une justesse

remarquable. Fiers de leur indépendance qu'ils ont su maintenir intacte, ils ont conservé l'usage de tutoyer tout le monde, leurs pasteurs comme les étrangers. Aimant l'isolement, chaque famille est établie dans une espèce de ferme (*gaard*), où elle vit séparée et sans communications avec ses voisins. Cette existence isolée exerce une grande influence sur leur esprit, et il n'est pas de superstition à laquelle ils n'ajoutent une entière croyance; la foi qu'ils y apportent peut leur être parfois très-dangereuse. Nous en citerons un exemple qui s'est passé, il y a quelques années, à Paris :

Le Norwégien, entre autres idées superstitieuses, croit qu'une jeune fille, *une vierge*, peut braver impunément les plus grands dangers. En 1827, un soldat fit le pari qu'il irait chercher un *écu de six livres* dans la fosse aux ours, au jardin des plantes. Il descendit à l'aide d'une échelle, parvint à ramasser la pièce, et remontait lestement l'échelle, lorsqu'un ours, qui était sorti de sa cage, le saisit par la jambe et le fit retomber. Témoin des cris de la victime, une jeune fille, dernier enfant d'un invalide norwégien, voulut, malgré toutes les remontrances, lui porter secours. Elle avait déjà franchi la balustrade, et pour la faire renoncer à ce projet téméraire, il ne fallut rien moins que les poignets de deux vigoureux spectateurs, qui, ne partageant nullement ses idées au sujet de l'influence de la virginité sur les ours, l'enlevèrent, malgré sa résistance, à un péril imminent : elle se nommait *Luléa Verdad*.

La Norwége n'a que fort peu de représentants à Paris, du moins font-ils peu parler d'eux. Nous devons en attribuer la cause au petit nombre de gens riches qui quittent le sol natal. Cependant, parmi les rares exceptions à cette règle, nous avons remarqué quelques personnages qui, par leur excentricité, nous donnaient une haute idée du caractère norwégien. Parmi ces personnages de distinction, nous placerons en première ligne le baron Knabb.

Quelques heures après son arrivée pour la première fois à Paris, le baron Knabb se fit connaître par l'impétuosité de son caractère. Il alla se promener aux Champs-Élysées, et, après une longue course à pied, il lui prit fantaisie de se rafraîchir. Les Suédois ont chez eux une espèce de ronce appelée *Rubus chamærorus*, avec les baies de laquelle ils font une boisson délicieuse, et qui se vend sur la voie publique. Nobles et artisans viennent se désaltérer sans que le ridicule y ait jusqu'à présent trouvé sujet à s'exercer.

S'imaginant être encore dans son pays, le baron s'approche d'un marchand de coco, se fait verser un verre de sa détestable décoction, et le porte à ses lèvres. A peine l'a-t-il goûtée, que, faisant une horrible grimace, il lance avec colère le gobelet, contenant et contenu, à la tête du pauvre marchand étourdi du coup. Celui-ci crie à la garde ; contre l'ordinaire, trois sergents de ville surviennent ; honteux et désespéré de s'être laissé emporter de la sorte, le baron offre de réparer généreusement ce qu'il a fait, au moyen d'une douzaine de *risdales*. Le pauvre diable y eût bien volontiers consenti, mais les braves et incorruptibles défenseurs de l'ordre public n'entendaient pas de cette oreille ; le baron alla passer sa première nuit *au violon*, où il paya par dix heures d'insomnie et de dégoût son antipathie pour notre boisson nationale, *le coco*. Il fut mis en liberté le lendemain, sur la réclamation de M. P***, son compatriote, dont la considération égale la fortune et le crédit.

Le baron Knabb est d'origine *laponne* : c'est peut-être pour cela qu'il a *cinq pieds six pouces*. C'est lui qui, un des premiers, nous a démontré que les Lapons ne sont pas plus des pygmées que les Patagons ne sont des Titans. Il a partagé avec le capitaine Warmfield l'honneur de renverser une erreur accréditée depuis des siècles. Les Lapons et les Patagons, ces deux extrémités de l'espèce humaine, sont désormais des mythes : on n'y croit plus.

Il y a quelques années, ce digne baron avait un riche traîneau conduit par deux rennes. Rien n'était plus curieux à voir que cet élégant attelage, courant ventre à terre, ou plutôt rasant le sol comme une hirondelle ; on ne pouvait se lasser d'admirer la grâce, la vigueur et la charmante encolure de ces deux animaux, si rares à Paris.

Chacun s'arrêtait émerveillé pour contempler ces intéressants quadrupèdes parcourant les boulevards.

Jamais M. Horace Vernet avec son drosky, ni M. le prince Tuffiakin avec son splendide équipage à la Rupert ou à la Daumont, n'éveillèrent autant d'intérêt.

Le baron Knabb, chez qui les vieilles traditions exerçaient encore leur pouvoir, professait, comme ses ancêtres, un grand culte pour le champagne et le beau sexe ; on aurait pu lui attribuer cette fameuse devise de mademoiselle *Esther de Bongars* : « Bon sang ne peut mentir. » Séduit par les charmes d'une facile beauté du quartier Saint-George, il lui fit don de ses deux rennes.

La lorette — elle est assez connue pour que nous puissions divulguer son nom, elle se nommait *Lydia Valin* — s'éprit tellement de ces deux animaux, que, loin de les faire courir, elle voulut les garder chez elle dans son appartement ; elle les faisait coucher sur une moelleuse ottomane, leur servait elle-même à manger, et s'ingéniait à leur procurer mille distractions. Mais cette vie molle et renfermée ne pouvait leur convenir; il

leur fallait le grand air, le froid, la neige, les glaces. Ils dépérissaient à vue d'œil. Un jour un riche Anglais, lord W ***, le successeur du baron dans le cœur de Lydia, les aperçut, et, avec cette excentricité qui caractérise les enfants de la perfide Albion — style du *Constitutionnel* — il offrit à leur belle maîtresse de les lui acheter leur pesant d'or. Celle-ci, après s'être longuement fait prier, consentit enfin à un aussi énorme sacrifice. L'Anglais paya, et les fit sur-le-champ transporter chez lui; mais à peine étaient-ils arrivés, qu'ils rendaient le dernier soupir, les yeux languissamment tournés vers le Nord.

Notre héros, le baron Knabb, est, nous a-t-on dit, en ce moment auprès de l'un des premiers souverains de l'Europe, dont il est le filleul, et qui lui a accordé la clef de chambellan. Puisse-t-elle lui être légère !

LE DANOIS.

Défiez-vous des géographes ; rien n'est tranché comme leurs assertions, que très-souvent l'on considère à l'égal des paroles de l'Évangile.

Par exemple, ouvrez la première géographie qui vous tombera sous la main, vous trouverez infailliblement, à l'endroit où le savant auteur traite des mœurs et du caractère des Danois, une appréciation formulée à peu près en ces termes :

« Le Danois est lourd, tout dans sa démarche annonce la pesanteur : son air froid et cérémonieux laisse de prime abord sur son compte une impression fâcheuse ; son intelligence ne paraît pas très-vive, et son esprit manque de vivacité. »

Mais, malheureux géographes que vous êtes, chacune de vos paroles est un blasphème !

Comment ! vous accusez cette nation d'être lourde ? vous ne connaissez donc pas *Lucile Grahn*, cette sylphide d'entre les sylphides ?

Vous ne l'avez donc pas vue bondir avec la légèreté de la gazelle sur la scène de l'Opéra, dont elle effleurait à peine le plancher ?

Comment ! l'intelligence du Danois ne paraît pas très-vive ?

Vous ne connaissez donc pas Thorwaldsen, le sculpteur, dont le vaste front rayonnait de génie, dont les traits et le sourire étincelaient d'esprit ?

Des deux suppositions l'une, géographes que vous êtes : ou le premier d'entre vous a écrit cette sottise qui fut copiée successivement par ses émules et ses successeurs, ou la science vous a abrutis au point d'avoir confondu les habitants du Danemark avec les Danois de la race canine, au sujet desquels nous voulons bien admettre jusqu'à un certain point le manque d'intelligence.

Pour les confondre — non les Danois, mais les géographes — citons-leur, parmi les notabilités de la nation danoise établies à Paris, le banquier T***, qui, après avoir amassé, à force de travail et de persévérance, une fortune colossale à Paris, en fait le plus digne usage.

Il ne protége pas les artistes comme le faisait son confrère M. Aguado, marquis de Las Marismas ; mais il encourage, avec cette bonté et cette noblesse qui le distinguent, les jeunes négociants, en les appuyant de son crédit et en leur ouvrant sa caisse. C'est, nous n'hésitons pas à le dire, un second Laffitte.

On cite de lui un trait rare, et qui vient naturellement à l'appui de ce que nous disons.

Un de ses employés, sachant qu'il avait en caisse une somme considérable, résolut de s'en approprier une partie.

Pendant la nuit, il descend dans les bureaux, force la caisse, l'ouvre ; mais au moment où, après avoir accompli son crime, il va se retirer, un ressort caché part, une griffe de fer le frappe à l'épaule, pénètre profondément dans les chairs, et le retient prisonnier. Le lendemain, M. T*** le trouva évanoui, tenant dans ses mains *dix mille francs*. Surpris de ne lui voir que cette somme, tandis qu'il pouvait s'emparer de la totalité, le banquier l'interroge, et apprend de lui qu'il n'a pris que la somme nécessaire pour s'associer, dans son pays, avec l'un de ses parents qui possédait la même valeur.

Le malheureux, jusque-là, avait toujours fait preuve d'une probité irréprochable et d'une assiduité des plus méritantes.

« Écoutez, lui dit M. T***, je pourrais vous livrer à la justice : vous
« seriez condamné et envoyé aux galères. Allez, que cette leçon vous porte
« profit, et que surtout la marque que vous portez à l'épaule vous rappelle
« toujours celle que le bourreau aurait pu y imprimer... »

Et avant de le renvoyer, l'excellent financier remettait à son infidèle commis les dix mille francs dont il prétendait avoir besoin, en ajoutant :
« Le passé me répondra de votre avenir. »

Confus de tant de bonté et de générosité, le commis se jeta aux genoux de son patron et lui promit, les larmes aux yeux, de réparer ses torts.

En effet, il les a si bien rachetés, qu'il est aujourd'hui à la tête d'une des principales maisons du Midi, et qu'il jouit de l'estime publique qu'il a su conquérir par sa probité.

M. T*** a longtemps donné l'hospitalité à l'un des descendants de la famille des Wasa ; ce prince, qui mourut dans un âge très-avancé, avait perdu non-seulement son rang, mais encore sa fortune, et se trouvait à Paris sans ressources.

Le malheur avait aigri son caractère ; on le disait même atteint d'une espèce de folie. Le banquier lui offrit sa table, un appartement chez lui, et eut toujours pour lui les plus grands égards.

Le proscrit avait une singulière manie. Il n'est pas un Parisien qui ne l'ait vu tous les matins, vêtu d'une redingote verte à brandebourgs noirs, doublée de fourrures, devant la grille des Tuileries, sur le Carrousel ; il se montrait surtout empressé et assidu le jour de grande revue.

Dès que le roi paraissait, il lui faisait la grimace comme un écolier à son maître : les passants souriaient, les gamins sautaient autour de lui, les officiers n'y comprenaient rien ; le roi finit enfin par s'en apercevoir, et reconnut le pauvre prince : il en parut plus ému, plus touché qu'irrité. Que pouvait-il dire ou faire à un vieillard dont les premières années s'étaient passées sur les degrés d'un trône et dont les cheveux avaient blanchi dans l'exil?

Le descendant des Wasa en voulait à Louis-Philippe d'être monté sur le trône des Français; suivant lui, il avait usurpé la couronne de France, comme Charles-Jean, de glorieuse mémoire, avait usurpé celle de Suède, et c'était pour lui témoigner son mépris qu'il venait chaque jour inoffensivement lui faire la grimace.

Le proscrit est mort il y a une dizaine d'années. Depuis cinq ans, comme le bon roi Casimir et le grand empereur Charles-Quint, il s'était retiré dans un monastère français de l'ordre de Saint-Dominique.

En lui s'éteignit l'une des branches de cette illustre maison qui compte Charles XII parmi ses enfants, et qui n'a plus aujourd'hui pour représentant que le prince George Wasa, feld-maréchal au service de l'Autriche.

Nous n'avons pas connaissance que Paris renferme dans son sein un grand nombre de notables Danois; en revanche, la classe moyenne y est dignement représentée dans le commerce, et surtout parmi les mécaniciens qui presque tous sont Danois, et habitent les abords du canal ainsi que le Marais.

Ceux-ci, tels que nous les connaissons, sont industrieux, sobres, économes et aimant à rendre service.

Le trait suivant, dont nous fûmes témoin, semblerait donner une apparence de raison aux *géographes* relativement à l'esprit des Danois; mais, en réfléchissant, l'on verra qu'il faut plutôt en chercher la cause dans la connaissance imparfaite de la langue française que dans un manque d'intelligence.

Quoi qu'il en soit, voici le fait.

Nous nous trouvions à table, il y a quelques jours, chez un Danois, riche négociant du quartier d'Angoulême; son fils, jeune homme très-porté à faire des compliments, se trouva placé à côté de la jeune et belle madame S***. Celle-ci, s'apercevant que son voisin ne faisait nullement honneur au repas, lui dit : « Monsieur, pourquoi ne mangez-vous pas? seriez-vous malade?

— Ah! madame, lui répondit notre Danois, non; mais lorsqu'on vous voit, on n'a plus d'appétit. »

Cette réplique fut trouvée charmante parmi les compatriotes du jeune homme; mais je doute fort qu'il en ait été de même de madame S***.

CHARLES WARÉE.

LES RUSSES À PARIS

LE RUSSE.

Le 1er novembre 1840, une chaise de poste attelée de quatre chevaux entra à Paris par la barrière du Trône, descendit le faubourg Saint-Antoine, suivit la ligne des boulevards et s'arrêta dans un des brillants hôtels du quartier des Tuileries. Le voyageur qui occupait seul l'intérieur de la voiture, et qui prit un des plus beaux appartements de l'hôtel, était un Russe de distinction, le comte Alexis Limanoff.

Comprenez-vous la joie d'un homme condamné à une détention perpétuelle, vivant depuis de longues années dans une obscure prison, et qui tout à coup voit s'ouvrir l'étroite et lourde porte de son cachot? Sa chaîne est brisée; il jouit de l'espace et de la lumière, un air pur soulève sa poitrine; ses regards contemplent avec délices l'éclat du soleil, tous ses sens sont charmés, tout son être s'épanouit aux sources fécondes d'une existence nouvelle. Telles sont les impressions et les joies qui s'emparent d'un Russe au sortir de son pays, qui se développent à mesure que la frontière moscovite disparaît derrière lui, mais qui ne se trahissent jamais par d'éclatantes manifestations; car le Russe, fût-il à mille lieues de Saint-Pétersbourg, se dégage rarement de la réserve parfaite et de la prudente retenue qu'il tient de la nature et de l'éducation. En examinant avec une scrupuleuse attention la physionomie du comte Limanoff, lorsqu'il jeta son premier regard sur Paris, ou lorsqu'il descendit de sa voiture, on ne se serait guère douté qu'il atteignait enfin, et après bien des traverses, le but de ses vœux ardents, de ses opiniâtres poursuites, et que son âme nageait dans la joie. Rien de ses émotions intérieures ne se révélait au dehors; le visage du comte était aussi impassible que celui d'Ivan, son domestique, son esclave, à qui le voyage et l'arrivée à Paris ne faisaient ni plaisir ni peine. Cependant, à Saint-Pétersbourg, M. de Limanoff passait pour un étourdi. Peut-être aussi que l'œil exercé d'un observateur moscovite aurait pénétré sous cette enveloppe et découvert les traces de la vive et profonde satisfaction qu'éprouvait le voyageur.

Le comte Limanoff avait trente ans. Il était grand et bien fait, mais sa tournure manquait d'aisance et de grâce. Son costume faisait ressortir les formes rondes et busquées, particulières aux gens de sa nation, et que l'habit militaire surtout accuse d'une façon parfois *choquante*. Il avait, du reste, tous les signes distinctifs des hommes de sa race : le pied long, la main large, la tête petite, le visage court, peu de physionomie, de grands et beaux yeux gris clair, le teint blanc et rose, le nez mignon et sans caractère, la bouche grande et lourde, des cheveux d'un blond d'or mat. Malgré l'imperfection de quelques détails, l'ensemble de sa personne était satisfaisant; à tout prendre, c'était ce qu'on appelle vulgairement un beau garçon, remarquable surtout par un air de distinction aristocratique.

Issu d'une des plus nobles familles de l'empire, le comte Limanoff possédait une de ces fortunes formidables dont on ne trouve guère d'exemples
que parmi les grands seigneurs russes, fortune immense qui échappait
par mille filières à l'analyse et au calcul ; opulent patrimoine composé de
terres grandes comme des provinces, de forêts, de villages, de paysans,
de mines, de redevances et d'exploitations de toute espèce, qui ne rapportaient pas un revenu fixe et réglé, mais dont le produit était presque
sans bornes : source féconde à laquelle on pouvait indiscrètement puiser
sans risquer de la tarir.

A Paris on trouve aisément l'emploi de tant de richesses ; mais qu'en
faire à Saint-Pétersbourg ? Limanoff s'était donné tout ce qu'on peut acheter en Russie ; il avait goûté tous les agréments dispendieux que peuvent
fournir les bords de la Newa, et il en était résulté pour lui un vif désir
de voir la France. Tant qu'il n'aurait pas fait ce voyage, il ne lui était pas
même permis de se placer au premier rang parmi les dandys de Saint-
Pétersbourg. A tous les avantages qu'il avait reçus de la nature et de
l'éducation, il manquait ce vernis parisien qui ne s'acquiert que par le
séjour, l'observation directe et la pratique immédiate de nos mœurs.
Mais la difficulté était d'obtenir la permission de faire le voyage ; car, en
Russie, le plus grand seigneur n'est pas libre de se mouvoir à sa fantaisie
et d'aller où il lui plaît. Le gouvernement russe est très-avare de passe-
ports, surtout lorsque la France est le but de l'excursion ; il craint pour
ses sujets le contact de nos idées, et pourtant, par une étrange inconséquence, il favorise tout ce qui provient et tout ce qui est imité de la
France ; il appelle à lui nos industries et nos arts ; il veut que ses monuments soient construits par nos architectes, que ses galeries soient décorées par nos artistes qu'il récompense avec une impériale munificence ;
il fait venir à grands frais nos artistes, nos comédiens, nos chanteurs ; il
ne veut voir et entendre qu'eux ; il adopte avec ardeur nos modes et nos
usages ; enfin il parle officiellement notre langue, et il encourage toutes
les classes aisées de la société à suivre cet exemple en laissant au menu
peuple l'idiome national, qui n'est plus qu'une espèce de patois dédaigné
par les gens instruits. Or, comment voulez-vous que les Russes ne soient
pas entraînés vers un pays qui leur sert de modèle, qui leur envoie sans
cesse les plus brillants échantillons de ses produits ? comment n'éprouve-
raient-ils pas une sympathie que l'éducation fait naître et cultive en eux ?
et comment les empêcher d'être en communication avec nos idées, quand
on leur permet de parler notre langue ?

Lorsque Limanoff demanda un congé, avec l'autorisation de le passer

prudences : il avait tenu parfois des propos légers ; il s'était trouvé en
relations avec des Polonais proscrits et des étudiants entachés de libéra-
lisme. Ce n'était pas assez pour l'envoyer en Sibérie, mais c'était suffisant
pour l'empêcher d'aller à Paris.

Lorsque le chambellan eut rendu compte à son neveu du peu de succès
de sa démarche ; quand il lui eut raconté ce qui s'était passé dans son
entrevue avec l'empereur, Limanoff tomba dans un profond abattement ;
il perdit tout espoir, et, sans doute, il aurait complétement abandonné
ses projets de voyage, si une Parisienne ne fût venue à son secours.
Une jeune et spirituelle actrice, attachée au théâtre français de Saint-
Pétersbourg, remarqua la tristesse du comte, et lui en demanda le
motif avec tant d'instances gracieuses, qu'elle finit par recevoir sa confidence.

« Pourquoi vous désespérer ? lui dit-elle ; jusqu'ici vous avez suivi la
ligne droite, c'est le chemin le moins sûr ; prenez un détour, employez
la ruse : nous en trouverons aisément une dans mon répertoire. »

Fort de cette nouvelle assistance, Limanoff se remit à l'œuvre. Le
ministre à qui il s'était adressé d'abord jouissait d'un grand crédit à la
cour ; c'était un vieux diplomate, marié depuis peu à une jeune et jolie
femme dont il était extrêmement jaloux. A partir de ce moment, le comte
ne négligea rien pour éveiller cette jalousie qui était sa dernière ressource : il annonça à ses amis les plus indiscrets qu'il était éperdument
amoureux de la femme du ministre ; il se plaçait en face de sa loge au
spectacle ; il la suivait dans les promenades, dans les salons ; il l'entourait
de soins et d'hommages si éclatants, que le jaloux ne tarda pas à manifester son trouble et son mécontentement. Limanoff, qui était pressé
d'arriver au dénoûment de cette comédie, écrivit une lettre très-signifi-
cative, très-inquiétante, et s'arrangea de façon à ce que cette épître,
adressée à la femme, tombât entre les mains du mari. La pièce obtint le
succès que l'auteur ambitionnait. Le ministre, *qui était un homme de
tête*, se rappela que Limanoff avait demandé l'autorisation de visiter
Paris ; ce voyage éloignait le danger, et donnait au mari le temps de préparer sa défense. « Sans doute, pensait-il, le comte reviendra avec d'autres idées ; il se compromettra peut-être dans ce voyage, et cela pourra
le mener loin. En tous cas, son départ est le moyen le plus expéditif
pour me débarrasser de ce jeune fat. » Dès que ce fut pour lui une affaire
personnelle, le ministre trouva dans son portefeuille d'excellentes raisons
qui déterminèrent le consentement de l'empereur. Limanoff reçut donc
son passe-port, avec l'autorisation de passer six mois à Paris.

Si tous les Russes que nous voyons paraître en France n'ont pas été obligés d'employer de pareils expédients pour quitter leur pays, il n'en est pas un, du moins, qui n'ait éprouvé des lenteurs et des obstacles de plus d'une sorte avant de monter dans sa chaise de poste; et ces obstacles n'ont cédé que devant des considérations d'une certaine force. Les voyageurs des autres nations viennent à Paris quand bon leur semble; ils n'ont de permission à demander qu'à leurs affaires et à leur bourse. Les difficultés qu'il lui a fallu surmonter rendent le Russe heureux et fier d'être à Paris; son séjour parmi nous a presque la saveur du fruit défendu, et il n'épargne rien pour mettre à profit une liberté si difficile à conquérir, si sévèrement limitée, et qui ne se renouvellera peut-être pas une seconde fois dans sa vie. La proximité de la situation ou la facilité du voyage font que les autres nations nous envoient une foule de visiteurs peu considérables : de petits bourgeois allemands, des Anglais de mince aloi, de médiocres Hollandais, de piètres Belges, des Espagnols au manteau troué, des lazzaroni italiens, des flibustiers, des aventuriers, des banqueroutiers; en un mot, toutes sortes de voisins qui ont eu des démêlés avec la fortune ou avec la justice. La Russie, au contraire, la Russie qui garde si bien ses frontières, ne nous expédie guère que des gens de première qualité; voilà pourquoi les Russes jouissent à Paris d'une considération toute particulière et sont très-recherchés dans le monde, si souvent trompé par les autres nations.

Le premier soin du comte Limanoff, à son arrivée, fut de se rendre chez l'ambassadeur de son souverain. C'est là un devoir qu'un Russe ne s'aviserait pas de négliger. Rien de ce qui touche l'étiquette ne saurait lui être indifférent; il doit scrupuleusement éviter tout ce qui ressemblerait à un oubli ou à un mystère. La chancellerie a besoin de notes : on veut savoir combien de temps il a mis à son voyage ; quel jour il est arrivé, dans quel hôtel il est descendu. Les petits renseignements entretiennent la diplomatie.

Après cette visite officielle, le comte s'empressa de satisfaire sa curiosité. Il voulut d'abord connaître la ville, ses monuments, ses divers aspects, ses beautés physiques ; les études morales devaient venir ensuite, lorsque l'étranger se serait un peu acclimaté. Les Russes aiment beaucoup le spectacle ; ils sont familiers avec les chefs-d'œuvre de nos anciens auteurs et avec les principales pièces de notre répertoire moderne, qu'on leur donne à Saint-Pétersbourg, revues, corrigées et quelquefois singulièrement défigurées par la censure moscovite, la plus ombrageuse, la plus tranchante de toutes les censures. Limanoff commença sa tournée dramatique par l'Académie royale de Musique. A tout seigneur, tout honneur.

Dans le premier entr'acte, pendant que le comte, debout à l'orchestre et armé d'une excellente lorgnette, passait en revue la brillante assemblée qui garnissait les loges et l'amphithéâtre, un jeune homme parfaitement élégant vint se placer à côté de lui, dans la stalle voisine de celle qu'il avait fait retenir le matin. Le nouveau venu, ayant légèrement effleuré le coude du comte, lui demanda pardon avec une exquise politesse; le comte lui fit un léger salut, et aussitôt le dandy, qui paraissait très-communicatif, engagea la conversation d'abord d'une manière indirecte, puis en attaquant son homme de front. Il nomma tout haut les femmes les plus remarquables de l'assemblée; il lança quelques mots à double sens qui devaient piquer la curiosité la plus engourdie, et il manœuvra si habilement, que le comte finit par lui adresser la parole. On aurait difficilement trouvé un meilleur cicerone. Le complaisant voisin connaissait tout Paris, était au courant de toutes les anecdotes, et ne demandait pas mieux que de débiter sa chronique.

« A vos questions, monsieur, dit-il au comte, je vois que vous êtes étranger?

— Oui, monsieur.

— Et arrivé depuis peu à Paris?

— Depuis quelques jours seulement.

— A votre diction si pure, à la manière à la fois si correcte et si élégante dont vous parlez notre langue, il est aisé de deviner que vous êtes Russe.

— En effet, monsieur, je suis Russe.

— Je ne vous ferai pas l'injure de vous demander si vous êtes gentilhomme.

— Je me nomme le comte Alexis Limanoff.

— Et moi, le chevalier Anatole de Montalbin, » reprit le dandy après avoir incliné la tête devant le nom et le titre qu'on venait de lui révéler.

Le comte lui rendit son salut, et le chevalier continua :

« J'ai rencontré beaucoup de vos compatriotes dans le monde parisien, et j'ai eu l'honneur d'être particulièrement lié avec quelques-uns d'entre eux qui sont retournés en Russie.

— Je serai peut-être assez heureux pour pouvoir vous donner de leurs nouvelles, répondit le comte.

— Oh! vous me feriez un grand plaisir. J'ai conservé d'eux un si agréable souvenir !

— Ils en pensent autant de vous, je n'en doute pas.

— Vous êtes trop aimable! Par exemple, me direz-vous ce qu'est devenu un charmant garçon avec qui j'ai fait de bien bonnes parties, le comte Isidore Kaméraneiff?

— Peu de temps après son retour à Saint-Pétersbourg, il a été exilé en Sibérie.

— Ah! voilà qui est affreux!... ce pauvre ami!... Et le prince Paul Dolanewitch? celui-là était un jeune homme grave, un savant, un penseur. Nous avons souvent débattu ensemble des questions d'une haute portée. Où est-il? que fait-il maintenant? Sans doute, il occupe quelque poste important, car il était en passe d'arriver à tout?

— Il est arrivé en Sibérie presque en même temps que Kaméraneiff.

— Ah! voilà qui est étrange! s'écria le chevalier.

— Oui, vos amis ont eu du malheur. »

Cette observation, à laquelle le comte était loin de prêter une intention maligne, troubla le chevalier : une légère rougeur passa sur son visage; mais il sut dissimuler cette impression fâcheuse. Le rideau venait de se lever; le chevalier reprit son rôle de cicerone pour dévoiler au comte quelques mystères de coulisse. Les danseuses firent particulièrement les frais de ce nouveau chapitre, dans lequel la Russie devait nécessairement figurer. « Oui, vraiment, disait le chevalier, la Russie est fort à la mode aujourd'hui dans le monde des arts et dans la vie privée des comédiennes. Sur ce terrain, votre pays a complètement détruit l'influence anglaise. Le poids de vos roubles a effacé l'éclat des guinées, et la perfide Albion s'est vue contrainte de vous céder l'empire des cœurs dramatiques. Vous régnez sur le ballet, sur l'opéra, sur le drame, sur le vaudeville, et il ne tiendra qu'à vous de prendre votre part dans cette toute-puissance irrésistible... »

Le spectacle était fini: Limanoff et Montalbin sortirent ensemble. Arrivé au bout du passage de l'Opéra, le comte voulut prendre congé de son compagnon.

« Je ne rentre pas encore chez moi, lui dit-il; je vais souper au Café Anglais.

— Volontiers; j'accepte, répondit le chevalier. Vous voyez que je suis sans façons.

— C'est vrai, » repartit Limanoff, qui était encore beaucoup trop Russe pour déguiser sa surprise; mais comme il était poli, il se hâta d'ajouter : « C'est vrai, vous êtes sans façons, et c'est ainsi que j'aime les gens. D'ailleurs ne le suis-je pas aussi, moi qui, pendant tout le spectacle, vous

ai accablé de mes questions auxquelles vous avez bien voulu répondre
avec une complaisance dont je ne saurais trop vous remercier. »

Il y eut un échange de compliments jusqu'au moment où l'on se mit
à table. Le chevalier, qui était véritablement en fonds, redoubla de saillies
et multiplia ses anecdotes, entremêlées de renseignements instructifs et
piquants; il acheva ainsi de captiver le comte. La connaissance était faite,
il ne s'agissait plus que de la cultiver; le chevalier sollicita cette faveur
avec une grâce dont Limanoff se montra tout attendri. Les Russes sont,
en général, très-disposés à l'attendrissement, vers deux heures du matin,
après un souper où les vins de Sauterne et de Chambertin n'ont pas été
épargnés. — En se séparant, on se promit de se revoir bientôt. Le comte
était enchanté de sa soirée. « Voilà, disait-il, une rencontre charmante.
Ce chevalier est un compagnon précieux; il est rempli d'esprit, aimable,
bienveillant; il sait son monde sur le bout du doigt, et, de plus, c'est un
homme très comme il faut : on s'en aperçoit à ses manières, à son langage, aux secrets qu'il possède et aux personnes qu'il salue. »

Le lendemain, à son réveil, Limanoff ne fut pas médiocrement surpris
lorsque Ivan lui remit une douzaine de lettres, toutes timbrées de Paris.
Qui donc pouvait lui écrire dans une ville où il était à peine arrivé, et où,
à l'exception du chevalier de Montalbin, il ne connaissait personne. —
Il ne savait pas qu'un étranger riche n'est jamais inconnu à Paris. Dès
qu'il a mis le pied sur le sol parisien, son apparition est signalée de tous
côtés par d'invisibles agents et de mystérieux télégraphes. Les argus de
l'industrie, de la spéculation, de l'intrigue sont aux aguets, et apprennent
bientôt tout ce qu'il leur importe de savoir. Ils ont un art merveilleux
pour obtenir des renseignements exacts et secrets sur le nouveau débarqué, sur ses goûts, ses projets, sa fortune et la valeur de ses lettres de
crédit; — puis ils dressent leurs batteries en conséquence.

C'était un premier feu que le comte recevait par la petite poste.

Une de ces lettres était d'un tailleur breveté qui avait déjà habillé plusieurs seigneurs russes, et qui priait le comte de lui accorder l'honneur
de sa pratique. L'industriel s'engageait à lui donner une tournure parisienne et lui garantissait tous les genres de succès qu'un jeune homme
peut obtenir dans le monde à l'aide d'un habit bien coupé, d'un pantalon
avantageux et d'un gilet flamboyant.

Cette autre lettre, imprégnée d'une forte odeur de musc, était de madame la marquise de ***. La marquise faisait savoir au noble étranger
qu'elle tenait une table d'hôte servie à cinq heures et demie et fréquentée
par la meilleure société des deux sexes. Ses dîners, d'un prix modéré,

étaient aussi distingués par le choix des mets que par la délicatesse et le piquant de la conversation. Après le repas on se réunissait dans de beaux salons pour jouer à la bouillotte et danser au piano. Une fois par semaine, il y avait grand bal et souper. Le comte Limanoff était particulièrement invité à venir prendre sa part de ces festins et de ces réjouissances.

Ainsi de suite. — Toute la correspondance était pleine de propositions diverses et d'offres de services. Au milieu de ces épîtres, le comte trouva une invitation à une soirée chez madame la baronne de Tamankin, dont il avait souvent entendu citer le nom à Saint-Pétersbourg. Enfin, comme si le hasard eût voulu le dédommager d'un quart d'heure d'ennui, les deux dernières lettres qu'il lut étaient les plus engageantes. Chacune était signée du nom d'une actrice appartenant à un de nos théâtres de vaudevilles. L'une lui disait :

« Monsieur le comte, j'ai beaucoup connu l'année dernière, pendant « son séjour à Paris, M. le prince Alexandre Berkaïloff. Vous devez l'a- « voir vu depuis peu à Saint-Pétersbourg, et vous seriez bien aimable « si vous vouliez me donner de ses nouvelles en détail et de vive « voix. »

L'autre écrivait : « Mon excellente amie Adeline, qui joue la comédie « à Saint-Pétersbourg, m'a souvent entretenu de vous dans ses lettres. « monsieur le comte. Sa dernière m'annonçait votre départ pour Paris ; « j'ai appris votre arrivée, et je viens vous dire combien je serais heureuse « si vous vouliez causer d'elle un moment avec moi. Excusez l'indiscré- « tion de l'amitié. »

Limanoff achevait la lecture de ce billet, — dont l'orthographe n'était pas très-instructive pour un étranger, — lorsque le chevalier de Montalbin entra chez lui.

« Comment se porte Votre Seigneurie, s'écria le dandy en entrant. Avons-nous rêvé ballet et ronds de jambes ? Vous voyez que je continue à être sans façons. Je pénètre dans votre appartement sans me faire annoncer, et de plus je viens vous enlever pour toute la matinée. Mais je suis dans mon droit : je n'ai pas refusé le souper que vous m'avez si galamment offert hier soir, et j'espère qu'à votre tour vous accepterez le déjeuner que je vous offre ce matin.

— Volontiers, répondit le comte.

— Et puis, ajouta le chevalier, je voulais vous faire savoir que je suis tout à vous. Un vieux Parisien comme moi peut se trouver de quelque utilité pour un étranger comme vous, arrivé d'hier et tout neuf dans notre monde. Disposez donc entièrement de moi, je vous en prie ; je m'estimerai fort heureux si je puis vous être bon à quelque chose. »

Le comte fut touché de cette ouverture cordiale, et il témoigna sa gratitude au chevalier en lui serrant affectueusement la main. C'était déjà un commencement d'amitié.

« Je compte profiter de votre obligeance, répondit Limanoff à Montalbin ; — et d'abord, continua-t-il en souriant, voulez-vous bien, pendant que je vais achever ma toilette, jeter un coup d'œil sur les lettres que j'ai reçues ce matin, et me donner quelques notions sur mes divers correspondants.

Montalbin ne se fit pas répéter cette invitation : mais à peine eut-il jeté un regard sur les missives soumises à son examen, qu'il s'écria avec un profond dédain :

« Charlatans !... intrigantes !... Vous ne sauriez trop vous méfier des gens qui viennent ainsi se jeter à votre tête. »

Cette parole fut à peine lancée, que Montalbin eût bien voulu la reprendre ; — mais Limanoff ne songea nullement à en faire l'application : une autre idée l'occupait : il s'approcha du chevalier, et lui montrant les deux lettres qu'il avait lues les dernières :

« Ne ferons-nous pas une exception en faveur de celles-ci ? lui demanda-t-il.

— Allons ! reprit Montalbin avec un sourire de satisfaction, je vois que vous voulez soutenir dignement la réputation de galanterie que messieurs les Russes se sont faite à si juste titre et à si grands frais. Du reste, vos deux correspondantes méritent toute votre politesse : elles sont charmantes. Mais de toutes les lettres que vous avez là, une seule doit être d'un grand intérêt pour vous : c'est l'invitation de madame la baronne de Tamankin. La baronne est votre compatriote ; son salon est un des plus distingués de Paris ; on rencontre chez elle la fleur du beau monde, et tous les étrangers de quelque valeur tiennent beaucoup à se faire présenter dans cette maison, qui est le rendez-vous de l'Europe. »

Limanoff promit d'aller à la soirée de la baronne, qui devait avoir lieu la semaine suivante ; mais en attendant, le plus pressé pour lui était d'organiser son établissement à Paris. Bien qu'il ne dût y rester que six mois, il ne voulait pas demeurer en camp volant dans un hôtel garni. C'est là un scrupule aristocratique qui est tout à fait dans le caractère russe : les plus grands seigneurs anglais ne se trouvent pas déplacés dans une auberge, et ils ne pensent pas déroger en y logeant, pourvu que cette auberge soit la plus belle de la ville et la plus confortable. Le Russe entend

LE RUSSE.

autrement sa dignité. Quand il séjourne dans une capitale, il veut, autant que possible, être chez lui, et habiter une maison qui ne soit pas
ouverte au premier venu ; il veut surtout pouvoir déployer dans sa demeure le luxe, qui est un besoin pour lui. En Russie, la noblesse opulente obéit toujours à ses instincts de splendeur ; l'avarice est chez elle
un vice très-rare et presque sans exemples ; les roueries de la vanité par-
cimonieuse sont inconnues dans cette civilisation peu avancée, où l'orgueil domine, où le faste remplace l'élégance. — Limanoff voulait donc
prendre un bel appartement, le meubler avec magnificence, avoir des
voitures qui ne fussent pas de louage et des chevaux pur sang.

« Rien n'est plus facile, lui dit Montalbin, et vous serez servi promptement, pourvu que vous y mettiez le prix. Combien comptez-vous dépenser à tout cela ?

— Ce qu'il faudra, répondit négligemment le comte. Je ne regarderai
pas à la dépense ; peu m'importe. En quittant Saint-Pétersbourg j'ai pris
chez le banquier de la cour une lettre de crédit illimité sur M. Roth-
schild. »

Ainsi que Montalbin l'avait annoncé, les choses marchèrent grand
train. La magie de l'or déploya ses ailes, et en quelques jours Limanoff
fut équipé, logé, meublé et monté de la façon la plus somptueuse. Le
chevalier était réellement un homme fort entendu ; il avait sous la main
des fournisseurs habiles et actifs qui ne demandaient qu'à faire de gros
bénéfices ; et du moment que le comte n'y regardait pas, tout devait aller
à miracle. — Limanoff s'installa dans un des plus élégants hôtels du faubourg Saint-Honoré ; il occupait un corps de logis séparé du reste de
l'habitation, avec un beau jardin dont il avait seul la jouissance. Le chevalier lui procura un cocher anglais, un groom très-expert dans le maniement des chevaux et un valet de chambre d'une excellente tenue. Ivan
fut transformé en chasseur, habillé de vert, doré sur toutes les coutures,
et coiffé d'un grand chapeau à plumes de coq ; il accepta ses nouvelles
fonctions et leur brillant uniforme avec l'insouciante impassibilité de
l'esclave moscovite.

Dans le salon de la baronne Tamankin, Limanoff rencontra tous les
Russes qui se trouvaient alors à Paris. Il aurait pu se croire encore à
Saint-Pétersbourg en entendant les noms prononcés autour de lui. La
maîtresse de la maison le reçut avec beaucoup de grâce, et le présenta
aux personnages les plus marquants de la société. Il y avait là huit ou dix
princes et autant de princesses. On sait combien ce titre est commun en
Russie, où l'ancienneté qui manque à l'aristocratie est remplacée par

l'exagération, et où les faveurs des czarines ont improvisé tant d'altesses du soir au lendemain.

Parmi ces princes il y en avait un qui habite Paris depuis nombre d'années ; l'empereur lui a donné carte blanche, et il en a profité pour se faire tout à fait Parisien. C'est un vieillard plein de coquetterie, toujours blond, toujours frisé, portant la tête gracieusement inclinée sur un collet de velours ; aimant à se promener à pied incognito et suivi de son secrétaire ; allant tous les jours au bois de Boulogne dans un grand carrosse écussonné d'énormes armoiries et garni de laquais bleu et or ; très-grand seigneur avec les dames, célèbre dans les fastes de l'Opéra, ayant eu jadis les honneurs d'une chanson populaire, et donnant parfois des bals où il invite tout Paris. — Un autre de ces princes, plus jeune, plus alerte, voudrait bien aussi recevoir de son souverain un congé définitif et la permission de transporter en France ses immenses revenus ; mais le czar lui tient la bride courte et l'oblige à venir chaque année faire acte de présence à la cour et remplir son office de chambellan. Celui-là n'est prince qu'à Paris, où l'on n'y regarde pas de trop près, et en Italie, où il a acheté son titre : en Russie, il n'est que comte de très-fraîche date, par la grâce de ses millions, et il ne peut parvenir à s'élever au-dessus de ce rang, malgré l'espoir que lui avait donné une illustre alliance. Plein de faste, avide de toutes les distinctions que la fortune peut procurer, il tranche du Mécène et protége les arts comme le ferait un aveugle les mains pleines d'or ; et pour que rien ne lui manquât, il s'est gratifié du titre d'écrivain comme du titre de prince, à beaux deniers comptant.

Au nombre des princesses qui ornent le salon de madame Tamankin, il en est deux surtout qui occupent depuis longtemps le monde parisien : — l'une ne s'est remariée qu'à condition de conserver le titre et le nom de ses premières noces; si quelqu'un s'avisait de chicaner cette noble prétention, elle entamerait aussitôt dix procès plutôt qu'un, car elle est plaideuse de sa nature et plus peut-être qu'il ne conviendrait à une princesse ; — l'autre a toujours vécu dans les hautes régions de la politique. Dédaignant de frivoles triomphes, elle a consacré au service de la diplomatie les grâces de sa personne et le charme de son esprit. Dès son entrée dans le monde, jeune, belle, admirée, elle n'était sensible qu'aux hommages des hommes d'État. Pour aspirer à lui plaire, il fallait avoir assisté à un congrès, tenir un portefeuille ou figurer dans une ambassade. Elle aimait les protocoles comme une autre eût aimé les tendres déclarations. Elle voulait être louée pour son importance diplomatique comme une autre eût voulu l'être pour ses attraits. Les succès ne lui ont pas manqué; elle a eu l'honneur d'être consultée par les hommes les plus habiles; elle a pris part à toutes les grandes crises qui ont signalé notre siècle, et aujourd'hui encore son influence est de quelque poids dans la balance des intérêts européens.

Limanoff contempla tous ces personnages avec indifférence. Ce n'était pas pour eux qu'il était venu à Paris, et il le dit franchement au chevalier de Montalbin, qui paraissait fort à son aise dans cette société. Le comte aurait battu en retraite au bout d'une heure, si Montalbin ne l'avait retenu sous divers prétextes. Pour se désennuyer, il se mit à une table de whist, où il eut pour partenaire un de ses compatriotes nommé le baron Nikeli. transfuge de Saint-Pétersbourg, établi depuis longues années à Paris. Après la partie, Limanoff se mit à causer avec le baron, qui était homme d'esprit ; il lui fit part de sa position et de ses projets tout aussi naïvement qu'il l'avait fait avec Montalbin.

« Jeune homme, lui dit le baron, mon âge m'autorise à vous donner un conseil. Amusez-vous, observez, donnez-vous tous les plaisirs que vous offre Paris ; mais soyez prudent, car vous marchez au milieu des écueils. »

Cela dit, le baron prit son chapeau et se retira ; Limanoff ne tarda pas à en faire autant, et il fut suivi du chevalier qui décidément s'attachait à ses pas.

Mais qu'était-ce donc que ce chevalier de Montalbin qui avait tant de penchant pour les Russes ? Au premier abord, Limanoff avait jugé que c'était un homme très comme il faut. Si ce jugement était porté avec quelque légèreté, nous devons avouer que le monde parisien n'y avait pas mis plus de circonspection. Montalbin était reçu partout ; on ne lui connaissait ni famille ni fortune, et nul ne s'inquiétait d'où lui était venu son nom et son titre, d'où lui venait son luxe et son train. Les apparences étaient en sa faveur, on n'en demandait pas davantage. Il était toujours parfaitement bien mis ; il était aimable et spirituel, beau joueur, beau danseur, causeur amusant, il savait l'anecdote du jour, quelquefois l'anecdote du lendemain ; il valsait à merveille ; que pouvait-on exiger de plus ? On ne savait trop par quelle porte il était entré dans le monde ; mais il y tenait agréablement sa place, et cela suffisait. Ses dehors étaient une bonne caution, et puis il n'avait pas de dettes, avantage qui, aux yeux de la foule, passe pour le luxe de la moralité. Après cela personne ne se serait avisé de contrôler l'existence brillante et problématique du chevalier, qui d'ailleurs maniait l'épée et le pistolet de façon à intimider une inconvenante curiosité.

Pour se dédommager de la soirée qu'il avait passée chez la baronne Tamankin, Limanoff fit droit à la requête des deux dames qui lui avaient demandé des renseignements sur la Russie. — Le voilà lancé. La vie parisienne se révèle à lui dans tout le charme de sa joyeuse indépendance. On le conduit par tous les bons chemins, par toutes les pentes douces et faciles. C'est un monde tout nouveau qui s'ouvre devant ses pas ; c'est une langue toute nouvelle qui résonne à son oreille. Et il croyait savoir le français, parce qu'il le savait comme l'écrit l'Académie française ! Pauvre barbare du Nord, quelle n'était pas son erreur ! Mais vous êtes jeune, monsieur le comte, vous êtes riche, et l'on s'empressera de compléter votre éducation ; l'école est charmante, les professeurs sont indulgents ;

la science parle avec le sourire aux lèvres ; la classe se tient à table et ailleurs. Voulez-vous suivre les cours publics? voulez-vous des leçons particulières ? Vous n'avez qu'à parler et à payer le cachet, comme il convient à Votre Seigneurie. On sait que les Russes sont d'excellents élèves, et les meilleurs maîtres sont à leur disposition.

La renommée ne tarda pas à citer les hauts faits du jeune et magnifique étranger ; on vanta ses grandes manières, son luxe et ses galantes prodigalités. Non-seulement il avait un crédit illimité sur la caisse Rothschild, mais encore il avait apporté quelques diamants de famille, deux ou trois poignées de pierreries qu'il distribuait avec une grâce irrésistible. Un vaste champ semé de fleurs s'ouvrait à ses études ; nos usages lui apparaissaient dans toute leur franchise ; nos mœurs s'offraient à lui toutes nues ; on l'initiait aux finesses de notre langue ; on le façonnait sur le modèle de nos viveurs les plus robustes, de nos dandys les plus merveilleux.

Au milieu du nombreux cortége qui l'entourait sans cesse, Limanoff échappait à l'intimité de Montalbin. Le chevalier était trop indolent et trop blasé pour suivre le jeune Russe dans la carrière qu'il parcourait avec tant d'ardeur. Parfois il essayait de le retenir et de le ramener à une vie non moins élégante, mais plus mesurée.

« Pourquoi changer, répondait Limanoff ; je me trouve bien ainsi.

— Mais vos amis vous grugent.

— Que m'importe ! ils m'amusent.

— Les femmes vous trompent.

— Non, puisque je le sais. »

Montalbin était singulièrement piqué de voir ses conseils si peu écoutés, mais ce qui le contrariait surtout, c'est que Limanoff avait renvoyé son valet de chambre ; un homme que le chevalier lui avait choisi et recommandé d'une façon toute particulière. Le comte s'était aperçu que ce valet de chambre le volait, et de plus qu'il s'amusait à pervertir Ivan. L'esclave qui autrefois tremblait devant son maitre et n'osait pas lever les yeux sur lui, se permettait maintenant de tomber en faute avec préméditation. Un jour il s'oublia jusqu'à prendre les habits du comte pour aller faire figure dans je ne sais quel casino des faubourgs. C'était là un immense progrès, et Limanoff fut obligé de convenir qu'Ivan marchait encore plus vite que lui dans la voie de la civilisation.

Cependant le chevalier n'était pas homme à abandonner sa proie. Il veut nous échapper, se dit-il, mais nous saurons bien le reprendre. Nous verrons s'il résiste à la comtesse Fœdora.

Le carnaval venait de finir et Limanoff était un peu fatigué de ces joies bruyantes qu'il avait goûtées avec la fougue du Tartare et l'impétuosité du Cosaque. Il avait dépensé là tout ce qui lui restait de sauvage. Le besoin du repos se faisait sentir ; le carême invitait aux plaisirs tranquilles, et Montalbin fit aisément comprendre au jeune comte que la politesse exigeait qu'il rendît une visite du soir à la baronne Tamankin.

Ce soir-là, on dansait chez la baronne, et parmi les danseuses se trouvait la comtesse Fœdora, que Limanoff n'avait pas encore vue. La comtesse était une femme d'une beauté charmante : elle réunissait tout ce qui plaît et séduit : un visage enchanteur, une grâce adorable, un esprit entraînant. Elle était blonde, avec des yeux noirs vifs et doux ; elle avait une taille fine et souple, des épaules admirables, un pied merveilleusement petit ; tout en elle était d'une perfection idéale.

Limanoff dansa une contredanse avec la comtesse, et il fut charmé.

Il valsa avec elle, et il fut pris.

Jusque-là son cœur ne s'était pas engagé. Les plaisirs faciles l'avaient disposé à une passion ; la passion arrivait.

Le baron Nikeli voulut lui parler, il ne l'écouta pas.

Le lendemain de ce bal, Limanoff alla au Théâtre-Italien, où il savait devoir rencontrer la comtesse. Il pria Montalbin de le conduire dans sa loge. On l'invita à y rester pendant tout le spectacle : ce fut une délicieuse soirée.

Dès ce moment, le comte rompit avec ses anciens compagnons. Ses études étaient terminées, il avait donné son dernier diamant, il savait tout ce que Paris peut apprendre ; il avait goûté tous les plaisirs, maintenant il voulait être heureux : il le fut.

Tant qu'il joua le rôle d'un vulgaire héros de roman, nous n'avons pas à nous occuper de lui. Qu'importe de savoir ce que la poitrine d'un Russe peut contenir de soupirs amoureux ? La comtesse Fœdora elle-même ne les comptait pas. La comtesse n'était que coquette. Cependant un jour, Limanoff, en rentrant chez lui plus tôt qu'on ne l'attendait, la trouva occupée à parcourir ses papiers et ses lettres qu'elle avait pris en brisant la serrure d'un secrétaire. Surprise dans cette occupation illicite, la comtesse s'éleva à la hauteur de la circonstance : elle fixa sur le comte étonné un regard étincelant, et elle lui joua une scène de jalousie avec un talent qui eût fait honneur à une comédienne éprouvée.

« Vous me trompez, s'écria-t-elle, et je cherche ici des preuves de votre perfidie. »

La jalousie qu'ils inspirent plaît aux hommes innocents et amoureux ;

c'est un gage de tendresse exaltée, de passion farouche, qui flatte à la fois leur cœur et leur amour-propre. Limanoff rassura la comtesse, et pour lui donner une preuve irrécusable de son vif attachement et de son éternelle fidélité, il lui proposa de l'épouser.

« C'est impossible, répondit Fœdora.

— Pourquoi donc? je suis libre, et vous êtes veuve.

— Libre? vous?... Et le czar?

— J'obtiendrai son consentement.

— Songez d'abord à obtenir la permission de prolonger votre séjour à Paris. »

En effet, le congé de six mois allait expirer. Pour le faire prolonger, la comtesse conseilla un moyen que les Russes emploient ordinairement avec succès. Limanoff acheta plusieurs tableaux de maître et quelques objets d'art d'une grande valeur qu'il expédia en même temps que sa demande. C'était un hommage qu'il faisait au musée de Saint-Pétersbourg et à son gracieux souverain. On lui accorda six autres mois.

La comtesse Fœdora avait repris toute sa coquetterie; mais ce fut bientôt au tour de Limanoff d'être jaloux. Le prince D....., nouvellement arrivé de Russie, s'occupait de la comtesse qui ne paraissait pas indifférente à ses attentions. Pour comble de trahison, c'était Montalbin qui avait présenté ce rival.

Limanoff proposa de nouveau sa main; on le refusa nettement. Pourtant le comte était un beau parti. Sa jalousie ne s'oublia pas jusqu'à briser la serrure d'un secrétaire, mais il surprit un jour Fœdora écrivant une lettre qu'il lui arracha de force. Quelques lignes seulement étaient écrites et contenaient ces mots :

« Rien de nouveau sur Limanoff. Toujours la même conduite. Toutes « ses actions et ses moindres démarches me sont connues, et je n'ai rien « à en dire. C'est un homme complétement nul sous le rapport de.... »

Limanoff était arrivé à propos. Un mot plus tard, il recevait sans doute un mauvais compliment ou peut-être un trait de lumière.

« A qui écrivez-vous cela? demanda-t-il.

— Que vous importe?

— Au prince D... probablement.

— Au prince? reprit la comtesse en éclatant de rire.

— Je ne vois pas ce que ma supposition a de si plaisant.

— C'est qu'en vérité vous vous trompez: le prince ne s'occupe guère de vous; il n'est pas curieux.

— Mais il vous fait la cour.

— Vous croyez ?

— Il faut que cela finisse. J'aurai une explication avec lui.

— Et que lui direz-vous.

— Je lui dirai que vous m'appartenez, et si cela ne suffit pas, je le pro-voquerai ; nous nous battrons.

— Un éclat ! du scandale !

— Vous m'y forcez. Je verrai le prince aujourd'hui même.

— Vous ne le trouverez pas ; il est allé passer trois jours à la cam-pagne.

— Vous êtes bien instruite ! Ce sera donc dans trois jours.

— Qui sait ce qui se passera d'ici-là ! »

Limanoff ne fit pas attention à ces derniers mots ; mais il se les rappela et il en trouva l'explication dans une lettre qu'il reçut le soir même de l'ambassade russe.

Cette lettre était un ordre de quitter Paris dans les vingt-quatre heures et de se rendre en droite ligne à Saint-Pétersbourg.

Devant une pareille injonction, un Russe ne saurait hésiter. Limanoff courba la tête, et son cœur saigna, car il avait reconnu la main de la com-tesse dans le coup qui le frappait.

« Quel est donc, se dit-il, le pouvoir de cette femme ? »

C'était le baron Nikeli qui devait répondre à cette question. Ivan venait de l'annoncer ; il entra chez Limanoff et il lui dit :

« Je viens vous faire mes adieux, je sais que vous partez, je sais pour-quoi, et malgré la réserve qui m'est imposée par la prudence, je viens vous consoler en vous éclairant. Le gouvernement russe a le bras long, je m'en méfie, mais vous m'intéressez et je ne veux pas que vous partiez avec un regret. La comtesse Fœdora vous aimait par ordre ; elle est pen-sionnaire de la Russie, et les devoirs de son emploi l'obligent aujourd'hui à aimer le prince D... comme elle vous a aimé. »

Accablé sous le poids de cette révélation, Limanoff garda un instant le silence ; puis il reprit courage, et relevant fièrement la tête :

« Je ne l'aime plus, dit-il ; je la méprise.

— Vous n'avez pas été plus heureux dans votre amitié que dans votre amour, continua le baron.

— Vous voulez parler de Montalbin ?

— Le chevalier de Montalbin vous était attaché au même titre que la comtesse. Lui aussi est pensionnaire de la Russie. Malheur à vous, si vous aviez eu les moindres relations avec les sociétés secrètes fondées pour l'émancipation de l'Europe ; si vous aviez fréquenté les idéologues, les

ennemis du pouvoir absolu qui vous auraient initiés à leurs maximes sub-
versives, à leurs projets criminels ! Mais vous êtes resté pur : vous n'avez
commis que de petits péchés, on n'a guère à vous reprocher que d'avoir
souscrit et dansé au profit des Polonais exilés. Rassurez-vous donc, vous
ne risquez pas d'aller en Sibérie comme Dolanewitch et Kaméraneiff,
ces deux anciens et infortunés amis de Montalbin.

— Non, reprit Limanoff, je n'emporterai que la tristesse de quitter
Paris, pour regagner notre froide et sombre patrie. Il serait si bon, si
doux de rester, en rompant tout commerce avec les Montalbin et les
Fœdora ! On s'amuse tant ici, on s'ennuie tant là-bas, que je ne sais
vraiment pourquoi je pars...

— Parce que là-bas vous avez des terres, des palais, des paysans, des
mines, des millions que vous ne pourriez pas transporter ici. Le gouvernement russe permet le voyage, mais non pas le déménagement. Si
vous restez, il garde vos biens ; vous ne sauriez donc vous ménager ici
qu'une position médiocre, et quand vous auriez perdu votre grande fortune, Paris perdrait beaucoup de ses charmes.

— Vous avez raison. Je partirai, mais avec l'espoir de revenir... Ivan,
ajouta le comte, fais préparer ma chaise de poste et mes malles. Nous
partons dans deux heures.

— Monsieur le comte, répondit Ivan, je ferai vos paquets, mais c'est
tout ce que je puis faire pour vous. Je connais mes droits ; rien ne m'o-
blige à vous suivre. Paris me plaît, et j'y reste.

— Tu fais bien, dit Limanoff, et je te porte envie. Le séjour de Paris
a révélé à chacun de nous deux sa véritable condition. Toi Ivan, le paysan
de mes terres, toi qui restes où tu te trouves bien, tu es l'homme libre.
Moi, le comte Limanoff, qui pars malgré moi, je suis l'esclave. »

EUGÈNE GUINOT

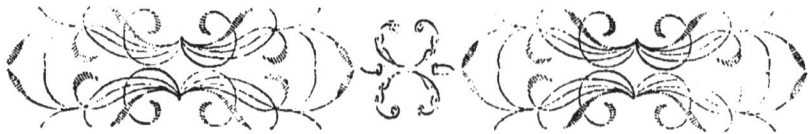

TABLE.

PLACEMENT DES GRAVURES.

Paris. — Imprimerie Schneider et Langrand, rue d'Erfurth, 1.

www.ingramcontent.com/pod-product-compliance
Lightning Source LLC
Chambersburg PA
CBHW070618270326
41926CB00011B/1724